Buchführung und Jahresabschluss

Einführung in die Finanzbuchführung und die Jahresabschlusserstellung

Von
Prof. Dr. Norbert Zdrowomyslaw
und
Dipl. Betriebswirt Karl Kuba

3., neu bearbeitete Auflage

R. Oldenbourg Verlag München Wien

Die Deutsche Bibliothek - CIP-Einheitsaufnahme

Zdrowomyslaw, Norbert:
Buchführung und Jahresabschluss : Einführung in die Finanzbuchführung und die Jahresabschlusserstellung / von Norbert Zdrowomyslaw und Karl Kuba.
- 3., neu bearb. Aufl.. – München ; Wien : Oldenbourg, 2002
ISBN 3-486-25855-9

Rosenheimer Straße 145, D-81671 München
Telefon: (089) 45051-0
www.oldenbourg-verlag.de

Gedruckt auf säure- und chlorfreiem Papier
Gesamtherstellung: Druckhaus „Thomas Müntzer" GmbH, Bad Langensalza

ISBN 3-486-25855-9

Vorwort zur 1. Auflage

Zielsetzung dieses Buches ist es, dem Leser das Grundwissen der doppelten Buchführung und des Jahresabschlusses (Bilanz und Gewinn- und Verlustrechnung) in umfassender, anschaulicher und verständlicher Art und Weise darzulegen. Die einzelnen Themenbereiche werden deshalb anhand von Beispielen und zahlreichen Abbildungen verdeutlicht und durch Literaturhinweise vervollständigt. Hierbei wird das didaktische Konzept verfolgt, dass neben der grundlegenden Einführung in die Finanzbuchführung bestehende Zusammenhänge und Wechselwirkungen betont sowie Anregungen für die weitere wissenschaftliche Durchdringung des gesamten Themenkomplexes gegeben werden.

Um den Leser in der gewünschten Form in den Stoff einzuführen, werden zunächst Historie, Aufgaben und Bedeutung sowie grundlegende Rechengrößen der Finanzbuchhaltung behandelt. Da sowohl die Führung von Büchern als auch der Aufbau und Inhalt des Jahresabschlusses in Handels- und Steuerrecht geregelt sind, werden anschließend die gesetzlichen Vorschriften zur Führung von Büchern und zur Aufstellung des Jahresabschlusses, die Grundsätze ordnungsmäßiger Buchführung sowie die Organisation der Buchführung, die Buchführungs- und die Jahresabschlusstechnik vorangestellt. Intensiv werden die verrechnungstechnischen Grundlagen und die Verbuchung ausgewählter Geschäftsvorfälle im Handels- und Industriebetrieb einschließlich der handels- und steuerrechtlichen Erstellung des Jahresabschlusses besprochen. Zum Abschluss runden wichtige Merksätze zur Buchführung und zum Jahresabschluss das Werk ab.

Das Buch richtet sich an Studierende der Wirtschaftswissenschaften und anderer Fachrichtungen von Universitäten, Fachhochschulen, Berufsakademien und Wirtschaftsakademien sowie an alle Personen und Bildungseinrichtungen, die sich mit dem betrieblichen Rechnungswesen generell zu beschäftigen haben.

Für die kritische Durchsicht des Manuskripts sowie wertvolle Verbesserungsvorschläge möchten sich die Autoren bei Dipl.-Ök. Birgit Gruhs, Dipl.-Ök. Claudia Meyer, Dipl.-Kfm. Birgit Richter, Betriebswirt (BA) Ralf Beckers und Betriebswirt (BA) Peter Goy sowie den studentischen Hilfskräften Ulrike Küster und Thomas Arndt (Fachhochschule Stralsund) bedanken. Ganz besonders danken wir Jost Mühlbach, ohne dessen akribische Lektoratstätigkeit und unermüdlichen Einsatz die Entstehung des Buches in der vorliegenden Form nicht möglich gewesen wäre.

Bei allen menschlichen Bemühungen können Irrtümer und Fehler nicht grundsätzlich ausgeschlossen werden. Über kritische Anregungen und Vorschläge aller Art aus Theorie und Praxis würden wir uns freuen.

Vorwort zur 2. Auflage

Die erfreulich starke Nachfrage nach dem Werk „Buchführung und Jahresabschluss“ erfordert nach relativ kurzer Zeit eine Neuauflage. Die im Rahmen von Lehr- und Weiterbildungsveranstaltungen bewährte Konzeption und Darstellungsweise des Buches wurde auch in der 2. Auflage beibehalten.
Angesichts des geringen Änderungsbedarfs werden im Anschluss an das Sachwortverzeichnis am Ende des Buches lediglich einige Druckfehler und kleinere Ergänzungen als Nachtrag aufgenommen.

Für die kritischen Anmerkungen sowie Hinweise auf Fehler möchten wir uns vor allem bei den Studierenden der Fachhochschule Stralsund sowie den Teilnehmern an Weiterbildungsveranstaltungen bedanken.

Vorwort zur 3. Auflage

Das Buch wurde in seiner bewährten Grundkonzeption nicht verändert, jedoch einige Teile stark überarbeitet und neue, erforderliche Aspekte mit einbezogen. Abbildungen und Tabellen sind in ihrem Aufbau überprüft und in ihrer Gestaltung verbessert worden.

Die vorliegende Auflage berücksichtigt den neuesten Stand der Gesetzgebung und Rechtsprechung in handels- und steuerrechtlicher Hinsicht. Angesichts des steigenden Einflusses der Globalisierung und wirtschaftlicher Verflechtungen wurde ein neues Kapitel zur internationalen Rechnungslegung aufgenommen, das die wesentlichen Unterschiede der Bilanzierung nach International Accounting Standards (IAS), Generally Accepted Accounting Principles der USA (US-GAAP) und HGB aufzeigt.

Für die gestalterische und druckreife Umsetzung des Werkes möchten wir uns ganz herzlich bei der Studentin Frau Henrike Krüger bedanken. Über kritische Anregungen und Vorschläge aller Art aus Theorie und Praxis würden wir uns auch in Zukunft freuen.

1. Kapitel: Historie, Aufgaben und Bedeutung

Vorwort

1. Kapitel: Historie, Aufgaben und Bedeutung

1 Einführung

Will man den Wirtschaftsprozess mit seiner Vielzahl wirtschaftlicher Vorgänge und Sachverhalte wertmäßig abbilden, so geschieht dies durch das **Rechnungswesen**[1]. Im weitesten Sinne lässt sich nach CHMIELEWICZ das Rechnungswesen wie folgt einordnen und definieren: "Das Rechnungswesen als Teilgebiet der Wirtschaftswissenschaft und -praxis beschäftigt sich nicht mit allen Rechnungen, sondern nur mit Wertrechnungen, d. h. mit Rechnungen über die Werte oder Preise von Wirtschaftsgütern. Diese Wirtschaftsgüter sind stets knapp und haben deshalb einen Wert. Ihre Bestände und Bewegungen werden vom Rechnungswesen wertmäßig überwacht, um eine wirtschaftliche Verwendung zu gewährleisten."[2]

In einer Marktwirtschaft hängt die Analyse des Wirtschaftsprozesses entweder von den Entscheidungen der **Einzelwirtschaften** oder von **gesamtwirtschaftlichen Prozessen** wie Produktion und Verteilung ab, in denen sich das wirtschaftliche Handeln aller Entscheidungsträger (Unternehmen, private Haushalte, staatliche Institutionen) ausdrückt. Demnach lässt sich - bezogen auf das Rechnungswesen - die mikroökonomische und makroökonomische Betrachtungsweise unterscheiden. Betrachtungsgegenstand dieses Buches ist die mikroökonomische Ebene, also das einzelwirtschaftliche Rechnungswesen.

Mit den Begriffen **einzelwirtschaftliches Rechnungswesen** und **Unternehmensrechnung** oder **Rechnungswesen einer Unternehmung** sowie **betriebswirtschaftliches** oder **betriebliches Rechnungswesen** wird in der Regel ein bestimmtes Informationssystem einer privatwirtschaftlichen Organisation gekennzeichnet. Im Sinne dieser weiten Abgrenzung des Vorstellungsinhalts werden die vier letztgenannten Begriffe in der Literatur in der

1 Grundsätzlicher Hinweis: Hervorhebungen in Zitaten (z. B. Fettdruck, Kursivdruck) entsprechen nicht immer der Originalform (z. B. Änderung von fett auf kursiv). Auf einen gesonderten Hinweis diesbezüglich wird im Rahmen des jeweiligen Quellennachweises verzichtet.

2 K. Chmielewicz (1973), S. 13

Regel synonym verwandt. Wir verwenden im folgenden in Anlehnung an die Wirtschaftspraxis den Begriff betriebliches Rechnungswesen.

Das betriebliche Rechnungswesen als eine Teildisziplin der Betriebswirtschaftslehre wird - allein schon angesichts des zu betrachtenden Stoffumfangs - nur von wenigen Autoren in ihrer Gesamtheit bearbeitet. Dagegen gibt es zahlreiche Bücher, die Teilgebiete des betrieblichen Rechnungswesens wie z. B. die Technik der Buchführung, das externe (Finanz- oder Geschäftsbuchführung) oder das interne Rechnungswesen (Betriebsbuchführung) zum Thema haben. Unsere Abgrenzung erfolgt dahingehend, dass in diesem Buch die Buchführung (Buchhaltung)[3] und der handels- und steuerrechtliche Jahresabschluss beleuchtet werden.

2 Rolle des Rechnungswesens in Theorie und Praxis

2.1 Rechnungswesen im Rahmen der Wissenschaftssystematik

Wissenschaftseinteilungen werfen beträchtliche Probleme auf, so dass ein einheitlich logisch zusammenhängendes System der Wissenschaft ebenso wenig wie eine allgemein gültige Gliederung aufgestellt werden kann. Unterschiedliche Auffassungen über Definitionen und Abgrenzungen herrschen vor. Demzufolge ist auch die Erkenntnis der Beziehungen zwischen den einzelnen Wissensgebieten und ihren Strukturen wichtiger als eine "exakte" Ein- bzw. Zuordnung von Wissenschaftsdisziplinen.

Der *Abbildung 1*[4] ist eine denkbare Einordnung der **Wirtschaftswissenschaften** (Ökonomie) und deren Teildisziplinen im System der Wissenschaften zu entnehmen. Im Gebilde des Systems der Wissenschaften lassen sich die Wirtschaftswissenschaften - nach der häufig verwendeten Unterscheidung zwischen Natur- und Kulturwissenschaften - den Kulturwissenschaften zurechnen.

---

3 Die Begriffe Buchführung und Buchhaltung werden vielfach synonym gebraucht. Geht man vom Wortsinn aus, so lässt sich folgende Differenzierung vornehmen: "Der Terminus 'Buchführung' kennzeichnet die Funktion des Buchführens und der Terminus 'Buchhaltung' den geographischen Ort, an dem Bücher geführt - also gehalten - werden." R. Buchner (1996), S. 1.

4 In Anlehnung an H. Raffée (1974), S. 23; H. Winkel (1980), S. 17.

Abbildung 1

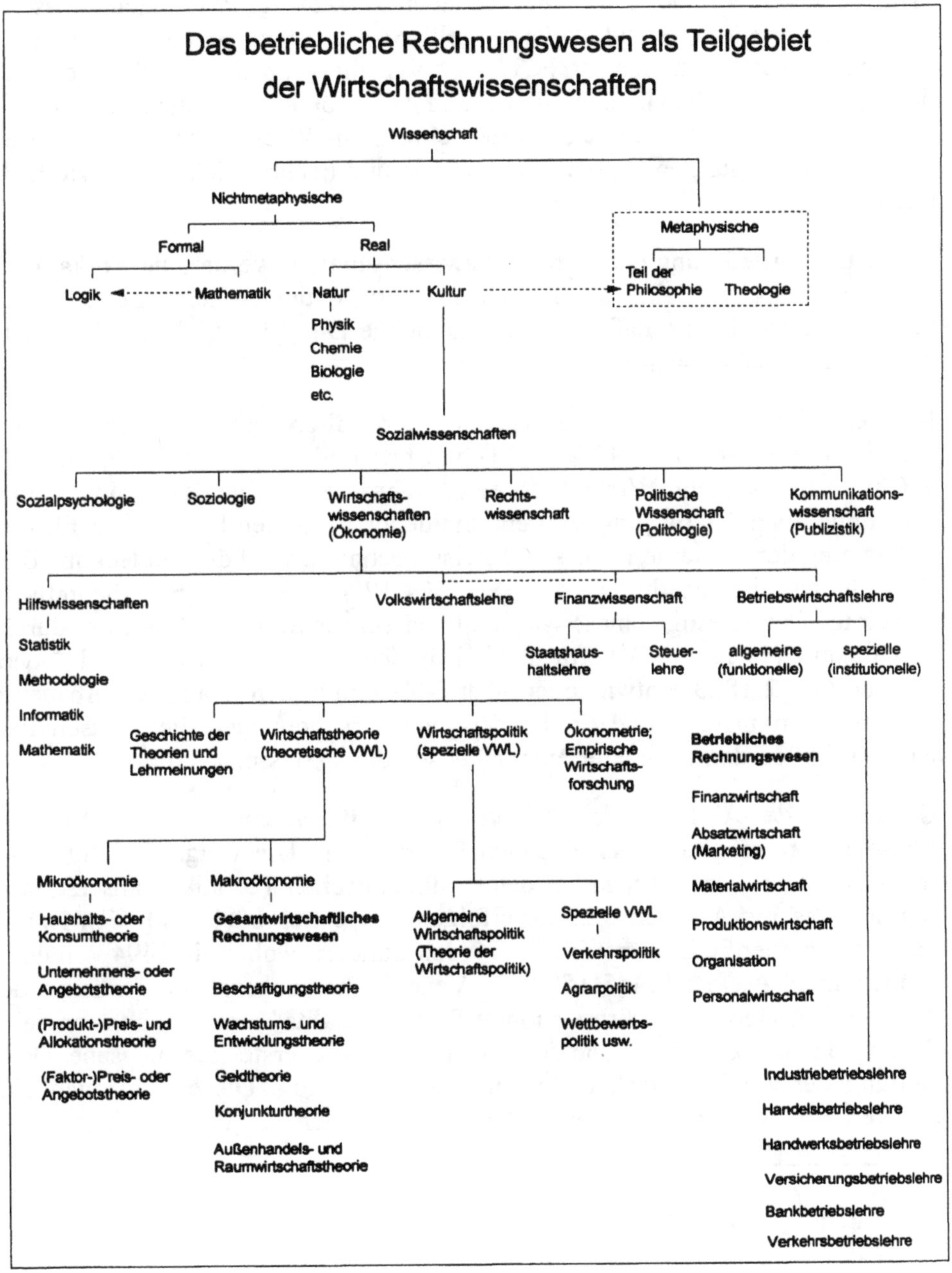
Das betriebliche Rechnungswesen als Teilgebiet der Wirtschaftswissenschaften
Wissenschaft
Nichtmetaphysische
Metaphysische
Formal
Real
Logik
Mathematik
Natur
Kultur
Teil der Philosophie
Theologie
Physik
Chemie
Biologie
etc.
Sozialwissenschaften
Sozialpsychologie
Soziologie
Wirtschafts-wissenschaften (Ökonomie)
Rechts-wissenschaft
Politische Wissenschaft (Politologie)
Kommunikations-wissenschaft (Publizistik)
Hilfswissenschaften
Statistik
Methodologie
Informatik
Mathematik
Volkswirtschaftslehre
Finanzwissenschaft
Betriebswirtschaftslehre
Staatshaus-haltslehre
Steuer-lehre
allgemeine (funktionelle)
spezielle (institutionelle)
Geschichte der Theorien und Lehrmeinungen
Wirtschaftstheorie (theoretische VWL)
Wirtschaftspolitik (spezielle VWL)
Ökonometrie; Empirische Wirtschafts-forschung
Betriebliches Rechnungswesen
Finanzwirtschaft
Absatzwirtschaft (Marketing)
Materialwirtschaft
Produktionswirtschaft
Organisation
Personalwirtschaft
Mikroökonomie
Makroökonomie
Haushalts- oder Konsumtheorie
Unternehmens- oder Angebotstheorie
(Produkt-)Preis- und Allokationstheorie
(Faktor-)Preis- oder Angebotstheorie
Gesamtwirtschaftliches Rechnungswesen
Beschäftigungstheorie
Wachstums- und Entwicklungstheorie
Geldtheorie
Konjunkturtheorie
Außenhandels- und Raumwirtschaftstheorie
Allgemeine Wirtschaftspolitik (Theorie der Wirtschaftspolitik)
Spezielle VWL
Verkehrspolitik
Agrarpolitik
Wettbewerbs-politik usw.
Industriebetriebslehre
Handelsbetriebslehre
Handwerksbetriebslehre
Versicherungsbetriebslehre
Bankbetriebslehre
Verkehrsbetriebslehre

Zu beachten ist jedoch, dass die detaillierte schematische Zuordnung der Wissenschaftsbereiche den heutigen, aber keineswegs von allen Wissenschaftlern geteilten, Stand widerspiegelt. So vertritt z. B. RAFFÉE die Auffassung: "Heute setzt sich - u. E. völlig zu Recht - immer mehr die Meinung durch, dass Betriebswirtschaftslehre und Mikroökonomie identisch sind."[5] Außerdem weicht die Abgrenzung der einzelnen Wissenschaften in früherer Zeit von den heute gewohnten Zuordnungen und Fachbezeichnungen vielfach stark ab.[6]

In der Untergliederung der Wirtschaftswissenschaften werden die **Volks-** und **Betriebswirtschaftslehre** als die beiden Hauptrichtungen herausgestellt, wobei die Finanzwissenschaft teilweise als eigene Disziplin, vielfach aber auch der Volkswirtschaftslehre angegliedert wird.

In ihren Wurzeln reicht die Entwicklung der **Volkswirtschaftslehre** bis auf die Philosophen PLATON (427 bis 347 v. Chr.) und ARISTOTELES (384 bis 322 v. Chr.) zurück. Die **Wirtschaftswissenschaften** im heutigen Sinne sind allerdings noch relativ jung. Als entscheidende Stationen bzw. Daten für die Entstehung der modernen Wirtschaftswissenschaften wird die Entdeckung des Wirtschaftskreislaufs durch QUESNAY (1694-1774) und die erste theoretisch fundierte Darstellung eines wirtschaftswissenschaftlichen Systems durch ADAM SMITH (1723-1790) betrachtet[7]. Mit dem von ADAM SMITH und DAVID RICARDO (1772-1823) entwickelten liberal-ökonomischen Konzept, aufbauend auf dem Konkurrenz- und Freihandelsgedanken, gewinnen die Wirtschaftswissenschaften den Charakter einer eigenständigen Wissenschaft.

Gegenüber der Volkswirtschaftslehre ist die **Betriebswirtschaftslehre** als Wissenschaft vergleichsweise jungen Datums. Die Ursprünge der Betriebswirtschaftslehre, soweit man bei den kaufmännischen Techniken ansetzt, lassen sich bis ins Altertum zurückverfolgen. Erste Lehrbücher für den Kaufmann erschienen jedoch erst im 15./16. Jahrhundert, wobei die 1494 von dem Mönch LUCA PACIOLI (1445-1509) in Venedig herausgegebene "Summa de Arithmetica, Geometria, Proportioni e Proportionalita" am bekanntesten sein dürfte. Bei diesem Werk handelt es sich um die erste geschlossene Darstellung der kaufmännischen doppelten Buchführung. Dieses wie auch die anderen Bücher jener Zeit beschränken sich jedoch auf Regeln einer prak-

---

5 H. Raffée (1974), S. 25.

6 Vgl. D. Schneider (1987), S. 77 ff.

7 Vgl. H. Winkel (1980), S. 59 ff.

tischen "Handelskunst", Anleitungen für den Kaufmann und allgemeine Informationen über Wechselrecht, Münz-, Zoll- und Währungswesen der Zeit und können als Vorläufer der Betriebswirtschaftslehre betrachtet werden. Erst ab ca. 1900 erhielt die Betriebswirtschaftslehre die methodische Fundierung, die sie als eigene wissenschaftliche Disziplin auswies. Es folgte die Detailforschung und später die Vertiefung einzelner Gebiete. Wissenschaftlich wurden u. a. der Handelsbetrieb, der Bankbetrieb, das industrielle Rechnungswesen und die Bilanzierung erforscht. Es entwickelten sich **Funktionslehren** (z. B. Finanzwirtschaft, Absatzwirtschaft) und **Institutionen-** bzw. **Wirtschaftszweig-Lehren**.

Die Entwicklung der Betriebswirtschaftslehre als eigene Wissenschaftsdisziplin lässt sich grob in **drei** Phasen[8] unterteilen:

- Die Aufbauperiode (ca. 1900-1945), verbunden mit den Namen EUGEN SCHMALENBACH, HEINRICH NICKLISCH, WILHELM RIEGER und FRITZ SCHMIDT.
- Die Ausbauperiode (ca. 1945-1970), verbunden mit den Namen ERICH GUTENBERG, ERICH KOSIOL und KONRAD MELLEROWICZ.
- Die Periode der Vertiefung und interdisziplinären Ausrichtung (ab ca. 1970), verbunden mit den Namen EDMUND HEINEN (Prägung des entscheidungsorientierten Ansatzes) und HANS ULRICH (Ausbau des systemtheoretischen Ansatzes).

Im Zuge der Entwicklung der Wirtschaftswissenschaften, die nicht losgelöst von der sich ständig ändernden natürlichen und gesellschaftlichen Umwelt zu bewerten ist, sind sowohl das **gesamtwirtschaftliche (volkswirtschaftliche)** als auch das **betriebliche Rechnungswesen** als Teilgebiete der Volks- bzw. Betriebswirtschaftslehre in Theorie und Praxis weiterentwickelt worden.

8 Vgl. F. W. Selchert (1991), S. 40.

2.2 Volkswirtschaftliches und Einzelwirtschaftliches Rechnungswesens

2.2.1 Untergliederung des Rechnungswesens

Während es die Aufgabe des **volkswirtschaftlichen Rechnungswesens** ist, die wirtschaftlichen Vorgänge und weitere Zusammenhänge in einer Volkswirtschaft detailliert und quantitativ darzustellen, bemüht sich das **einzelwirtschaftliche Rechnungswesen** um eine systematische Erfassung und Darstellung der wirtschaftlichen Abläufe in Einzelwirtschaften, also innerhalb einer Unternehmung, der öffentlichen Hand, der öffentlichen Betriebe und des privaten Haushalts.

2.2.2 Volkswirtschaftliches Rechnungswesen

Das **volkswirtschaftliche Rechnungswesen** (Volkswirtschaftliche Gesamtrechnung = VGR) ist jüngeren Datums als das betriebliche Rechnungswesen. Zwar gab es schon Mitte des 17. Jahrhunderts Versuche, das Volkseinkommen zu schätzen, aber erst nach dem Ersten Weltkrieg wurden nach und nach Volkseinkommensrechnungen von Wirtschaftsforschungsinstituten und statistischen Ämtern eingeführt, und es begann der Ausbau der Kreislaufanalyse (quantitative Abbildung des gesamtwirtschaftlichen Wirtschaftsprozesses) als Basis der volkswirtschaftlichen Gesamtrechnung. Seit dem Zweiten Weltkrieg ist die Erstellung und Veröffentlichung von volkswirtschaftlichen Gesamtrechnungen in den meisten Ländern Bestandteil der amtlichen Statistik.

Früher wurde die "VGR" auch als "volkswirtschaftliche Buchführung" oder "nationale Buchführung" bezeichnet. Entsprechend dem damaligen statistischen Stand handelte es sich bei der "traditionellen VGR" zunächst nur um sektorale Einnahmen-Ausgaben-Rechnungen. Im Laufe der Jahre ist die VGR kontinuierlich weiterentwickelt worden. Diese Entwicklung fasst STOBBE folgendermaßen zusammen: "Mit der Integration der gesamtwirtschaftlichen Vermögens-, Input-Output- und Finanzierungsrechnung sowie der Zahlungsbilanz wurde der Begriffsinhalt ausgedehnt ('erweiterte VGR'). Fügt man weitere statistische Ermittlungen auf sektoraler und gesamtwirtschaftlicher Ebene, wie die Messung von Produktionsfaktorbeständen, Preisniveauänderungen und Strukturkoeffizienten hinzu, kommt als Oberbegriff die Bezeichnung **Volkswirtschaftliches (Gesamtwirtschaftliches) Rechnungswesen** in Betracht, die in Analogie zum einzelwirtschaftlichen Rechnungswesen gebildet wurde, auf dem die VGR der Idee nach basiert. Die neueste Entwicklung führt zur Erweiterung der systematischen Rechnungslegung auf andere gesellschaftliche Bereiche. Für die Verknüpfung der VGR mit Subsystemen, in denen Ausbildung und Erwerbstätigkeit der Bevölkerung, das Gesundheits- und Sozialversicherungswesen, Zeitbudgets, Umweltbeeinträchtigung und -schutz und andere Aspekte der menschlichen Wohlfahrt erfasst werden, wird vorerst vereinzelt, die Bezeichnung '**Soziale Gesamtrechnung**' benutzt."[9]

Mit dem Ausbau und der zunehmenden Bedeutung der volkswirtschaftlichen Gesamtrechnung wächst aber gleichzeitig auch die Kritik von unterschiedlichen Seiten an den Resultaten (z. B. die weitgehende Vernachlässigung qualitativer Aspekte im Rahmen der "Wohlstandsberechnungen", zunehmende Belastung vor allem von Unternehmen mit statistischen Erhebungen aller Art). Unbestritten ist jedoch, dass die Ergebnisse des volkswirtschaftlichen Rechnungswesens - ähnlich wie die des betrieblichen Rechnungswesens - als unentbehrliche Entscheidungshilfe zu betrachten sind.

2.2.3 Einzelwirtschaftliches Rechnungswesen

Vor dem Hintergrund der obigen Einteilung der Einzelwirtschaften lässt sich das **einzelwirtschaftliche Rechnungswesen** unterteilen in das **betriebliche**, **kameralistische** und **hauswirtschaftliche Rechnungswesen**.

Das **betriebliche Rechnungswesen**, das sich von den drei eben genannten Systemen am stärksten entwickelt hat, wird erst an späterer Stelle detaillierter betrachtet werden.

Das **hauswirtschaftliche Rechnungswesen**[10] wird hier nur der Vollständigkeit halber kurz thematisiert. Verwiesen sei lediglich auf zwei Aspekte. Zum einen, dass sich grundsätzlich auch bei privaten Haushalten Wertebewegungen erfassen und Einkommens- und Vermögensrechnungen aufstellen lassen und zum anderen, dass im Gegensatz zu Unternehmen oder zur öffentlichen Hand keine gesetzliche Verpflichtung zu einer systematischen Rechnungslegung besteht. Allerdings müssen einkommen- und vermögensteuerpflichtige Haushalte den Finanzämtern in Verbindung mit den abzugebenden Steuererklärungen Einkommensnachweise und Vermögensaufstellungen vorlegen.

---

9 A. Stobbe (1980), S. 369.

10 Vgl. G. Gabisch/R. Hanschmann/W. Heßhaus (1977), S. 74 ff.

Das **kameralistische Rechnungswesen** (Kameralistik)[11] oder das Rechnungswesen staatlicher Stellen lässt sich bis in das 16. Jahrhundert zurückverfolgen. Die Entwicklung des kameralistischen Rechnungswesens wird üblicherweise in der Literatur in vier Stufen[12] untergliedert:

Erste Stufe (ca. 1500-1759): Einfacher Kameralstil.

Zweite Stufe (ca. 1750-1810): Einführung der Sollverrechnung.

Dritte Stufe (ab ca. 1810): Weitere Durchgliederung des kameralistischen Sachbuches.

Vierte Stufe (ab ca. 1910): Ausbau des kameralistischen Rechnungsstiles zur Betriebskameralistik.

Als Kern des kameralistischen Rechnungswesens gilt die sog. kameralistische Buchführung. Hierunter wird eine Buchführung verstanden, die sich zum einen auf das Rechnen mit den Wertgrößen Einnahmen und Ausgaben beschränkt und zum anderen von Sollgrößen für eine zukünftige Periode ausgeht und diesen jeweils die Istgrößen der laufenden Periode gegenüberstellt (Soll-Ist-Rechnung). Es hat sich ein Rechnungswesen herausgebildet, das sowohl den spezifischen Anforderungen des Staatshaushalts (Haushaltsrechnung bzw. Budgetrechnung) als auch denjenigen der vielfältigen Formen staatlicher Wirtschaftsbetriebe entspricht. Allerdings kann die (einfache) Kameralistik nicht als kaufmännische Buchführung bezeichnet werden, da sie

---

11 "Der Ausdruck kameralistisch lässt sich von dem lateinischen Wort 'camera' herleiten. Dieses bezeichnet etwa seit dem 9. Jahrhundert den Ort, an dem der Landsherr seine Schätze aufzubewahren pflegte. Das deutsche Wort 'Kammer' bezeichnete in diesem Zusammenhang den Raum, in dem die zur Verwaltung der Finanzen bestellten Räte sich versammelten. Mit den Ausdrücken 'Kameralistik' und 'kameralistisches Rechnungswesen' ist daher schon seit dem frühen Mittelalter die Vorstellung von Geld und dessen Verwaltung aufs engste verknüpft." G. Gabisch/R. Hanschmann/W. Heßhaus (1977), S. 65.

12 Vgl. K. von Wysocki (1965), S. 13 ff.

Abbildung 2

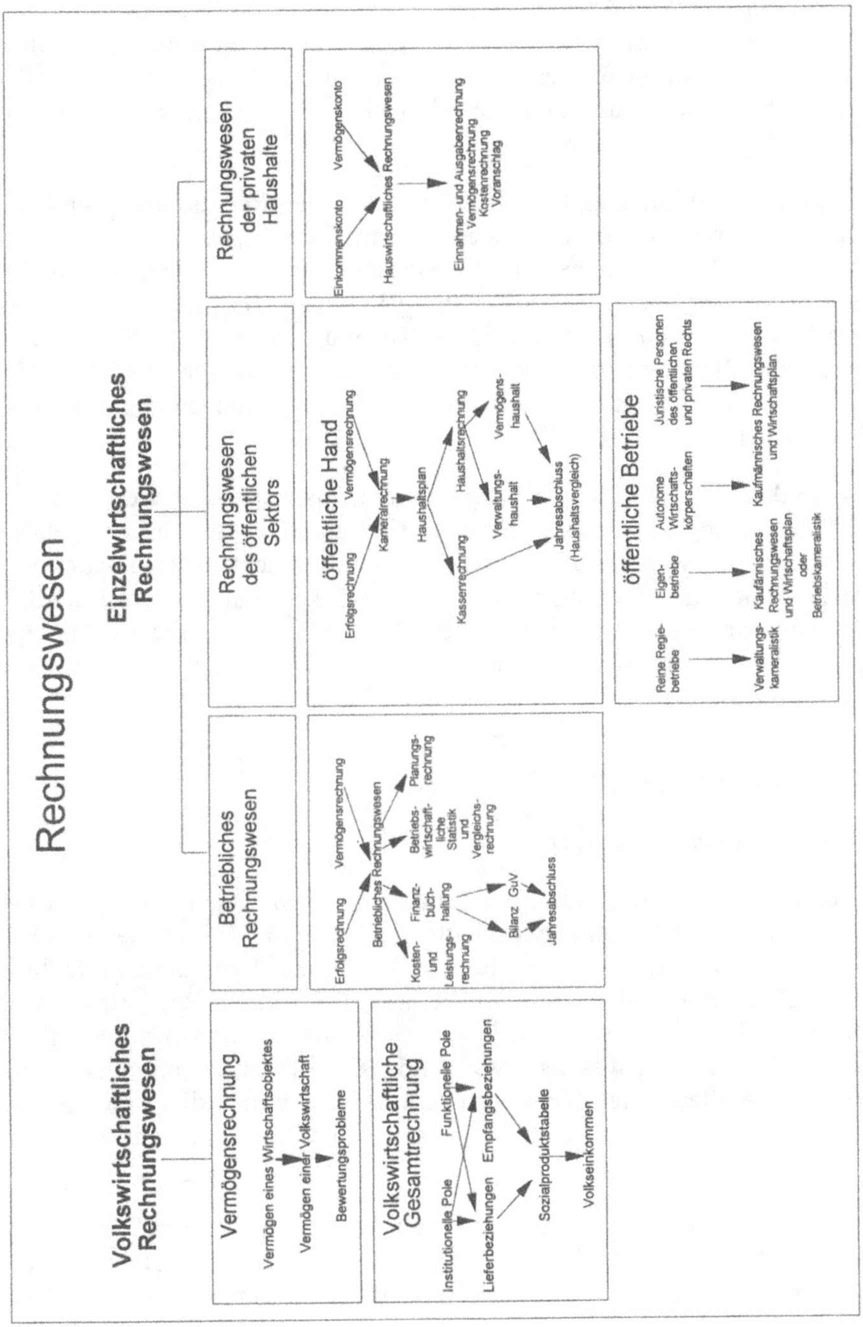
Rechnungswesen
Volkswirtschaftliches Rechnungswesen
Einzelwirtschaftliches Rechnungswesen
Vermögensrechnung
Vermögen eines Wirtschaftsobjektes
Vermögen einer Volkswirtschaft
Bewertungsprobleme
Volkswirtschaftliche Gesamtrechnung
Institutionelle Pole
Funktionelle Pole
Lieferbeziehungen
Empfangsbeziehungen
Sozialproduktstabelle
Volkseinkommen
Betriebliches Rechnungswesen
Erfolgsrechnung
Vermögensrechnung
Betriebliches Rechnungswesen
Kosten- und Leistungs-rechnung
Finanz-buch-haltung
Betriebs-wirtschaft-liche Statistik und Vergleichs-rechnung
Planungs-rechnung
Bilanz
GuV
Jahresabschluss
Rechnungswesen des öffentlichen Sektors
öffentliche Hand
Erfolgsrechnung
Vermögensrechnung
Kameralrechnung
Haushaltsplan
Kassenrechnung
Haushaltsrechnung
Verwaltungs-haushalt
Vermögens-haushalt
Jahresabschluss (Haushaltsvergleich)
Rechnungswesen der privaten Haushalte
Einkommenskonto
Vermögenskonto
Hauswirtschaftliches Rechnungswesen
Einnahmen- und Ausgabenrechnung
Vermögensrechnung
Kostenrechnung
Voranschlag
öffentliche Betriebe
Reine Regie-betriebe
Eigen-betriebe
Autonome Wirtschafts-körperschaften
Juristische Personen des öffentlichen und privaten Rechts
Verwaltungs-kameralistik
Kaufmännisches Rechnungswesen und Wirtschaftsplan oder Betriebskameralistik
Kaufmännisches Rechnungswesen und Wirtschaftsplan
Kaufmännisches Rechnungswesen und Wirtschaftsplan

weder eine Inventur (Bestandsaufnahme von Vermögen und Schulden) noch eine Bewertung des Vermögens kennt.
Im Laufe der Zeit ist das kameralistische Rechnungswesen erweitert worden, so dass die Erscheinungsformen der Kameralistik im Vergleich zu den Erscheinungsformen der kaufmännischen doppelten Buchführung außerordentlich vielgestaltig sind.

Wie *Abbildung 2* zeigt, hängt es vor allem von der Rechtsform staatlicher (öffentlicher) Betriebe ab, ob das reine kameralistische Rechnungswesen oder Mischformen (z. B. kaufmännisches Rechnungswesen und Wirtschaftsplan oder Betriebskameralistik) zur Anwendung kommen. Im wesentlichen sind die Vorschriften für das kameralistische Rechnungswesen der Reichshaushaltsordnung (RHO), den Reichswirtschaftsbestimmungen (RWB), der Reichskassenordnung (RKO) und der Reichsrechnungslegungsordnung (RRO) zu entnehmen.

Als globale Aussage kann festgehalten werden: Das Rechnungswesen der öffentlichen Hand und das privater Betriebe sind einander in den letzten Jahrzehnten in Rechenstil und Aufgabenstellung nähergerückt. Aber obwohl eine gewisse Angleichung der kameralistischen und kaufmännischen Buchführungssysteme stattgefunden hat, bleibt die Kameralistik für die Rechnungslegungszwecke (privater) kaufmännischer Betriebe ungeeignet.

2.2.4 Gegenüberstellung (Vergleich)

2.2.4.1 Definitionen im Vergleich

Im Laufe der Zeit hat sich aus der Buchführung bzw. Buchhaltung das betriebliche und später das volkswirtschaftliche Rechnungswesen herausgebildet. Beide Rechensysteme haben sich im Laufe der Jahre und Jahrzehnte weiterentwickelt und sind tendenziell thematisch immer weiter gefasst worden. Die zentrale Aufgabe - sowohl des volkswirtschaftlichen als auch des betrieblichen Rechnungswesens - war und ist, Informationen zusammenzuführen und bereitzustellen. Dies wird deutlich, wenn man die Literatur zum betrieblichen Rechnungswesen und die darin angeführten Definitionen vergleicht.

Im Erlass "Richtlinien zur Organisation der Buchhaltung" des Wirtschaftsministeriums des Deutschen Reiches von 1937 wurde das betriebliche Rechnungswesen noch kurz als "ziffernmäßige Erfassung der betrieblichen Vorgänge" definiert. Stellt man nun dieser "ursprünglichen" Definition einige ausgewählte Definitionen aus der Fachliteratur gegenüber, so wird ein Wandel von der Betonung der Dokumentations- zu einer stärkeren Betonung der Instrumentalfunktion des Rechnungswesens erkennbar. D. h., dass das Rechnungswesen von Unternehmen vor allem als Quelle quantitativer Informationen für unternehmerische Entscheidungen an Bedeutung zugenommen hat (vgl. *Abbildung 2*). Wie noch im Rahmen der historischen Entwicklung des betrieblichen Rechnungswesens verdeutlicht wird, bestand für eine lange Zeit dessen wesentliche Funktion im zahlenmäßigen Festhalten vergangenheitsbezogener Tatbestände.

Wird heute ein beliebiges Standardwerk zur Betriebswirtschaftslehre[13] oder zum betrieblichen Rechnungswesen aufgeschlagen, so enthält dieses eine mehr oder weniger ausführliche Definition des betrieblichen Rechnungswesens. Diese Aussage gilt analog für das volkswirtschaftliche Rechnungswesen.

Anhand der Gegenüberstellung von Definitionen des **volkswirtschaftlichen** und des **betrieblichen** Rechnungswesens wird nochmals deutlich, dass in beiden Systemen viele vergleichbare Größen, wenn auch i. d. R. auf verschiedenen Ebenen, erfasst werden. Zurecht betonen BASSELER/HEINRICH/KOCH, dass man das volkswirtschaftliche Rechnungswesen als die Buchhaltung der Volkswirtschaft ansehen kann und es viele Parallelen zur Buchhaltung eines einzelnen Unternehmens aufweist.[14]

2.2.4.2 Gemeinsame Rechengrößen

Alle oben genannten Rechnungswesen-Typen des volkswirtschaftlichen und des einzelwirtschaftlichen Rechnungswesens haben den gleichen logischen Aufbau, der sich mit den beiden Grundbegriffen **Bestandsgröße** und **Stromgröße** auch **Strömungs-, Fluss-** oder **Bewegungsgröße**) beschreiben lässt. (Sowohl in einer Volkswirtschaft als auch in einer Unternehmung lassen sich im Rahmen der rechentechnischen Erfassung des Wirtschaftsprozesses die Bestands-, Strom- und Bestandsänderungsgröße unterscheiden.

13 Vgl. z. B. E. Heinen (1985), W. Hopfenbeck (1990), H. Schierenbeck (1989), G. Wöhe (1997).

14 Vgl. U. Baßeler/J. Heinrich/W. A. S. Koch (1991), S. 218.

Volkswirtschaftliches Rechnungswesen	Betriebliches Rechnungswesen
„Unter einer volkswirtschaftlichen Gesamtrechnung versteht man die kontenmäßige Erfassung der Güter und Einkommensströme in einer Volkswirtschaft. Die volkswirtschaftliche Gesamtrechnung hat die Aufgabe, nach möglichst umfassendes, übersichtliches und hinreichend gegliedertes quantitatives Gesamtbild des wirtschaftlichen Geschehens zu geben. Sie stellt ein umfassendes Instrument der Wirtschaftsbeobachtung dar und dient damit als wesentliche Grundlage für gesamtwirtschaftliche Analysen und Prognosen.“ Streit, Manfred E./Umbach, Dieter C./Bartisperger, Richard; Die Wirtschaft heute, 3. Aufl., Mannheim/ Wien/Zürich 1984, S. 358	Unter dem Begriff betriebliches Rechnungswesen fasst man sämtliche Verfahren zusammen, deren Aufgabe es ist, alle im Betrieb auftretenden Geld- und Leistungsströme, die vor allem – aber nicht ausschließlich – durch den Prozess der betrieblichen Leistungserstellung und –verwertung (betrieblicher Umsatzprozess) hervorgerufen werden, mengen- und wertmäßig zu erfassen und zu überwachen (Dokumentations- und Kontrollaufgaben) Wöhe, Günter; Bilanzierung und Bilanzpolitik, 9. Aufl. München 1997
„ Das gesamtwirtschaftliche Rechnungswesen gibt Auskunft über Bestand und Entwicklung gesamtwirtschaftlicher Größen wie die Höhe und die Zusammensetzung des Volksvermögens und des Volkseinkommens, über die Geldmenge, den Konsum der privaten Haushalte, die Produktion in Bayern oder Niedersachsen, den Auftragsbestand der Industrie, die Preisentwicklung verschiedenster Gütergruppen, den Exportüberschuss usw.“ Brümmerhoff, Dieter; Gesamtwirtschaftliches Rechnungswesen, 2. Aufl., Köln 1982, S. 18	„Das betriebliche Rechnungswesen ist zentraler Bestandteil des Informationssystems eines Unternehmens. Es ist daher institutionell in Form eines Subsystems in die Gesamtorganisation des Unternehmens eingebunden. Durch eine Komplex funktional ausgerichteter, zielorientierter Abbildungsprozesse sollen die innerbetrieblichen ökonomischen Prozesse und die wirtschaftlich relevanten Beziehungen des Unternehmens zu seiner Umwelt quantitativ erfasst, dokumentiert, aufbereitet und ausgewertet werden.“ Eisele, Wolfgang; Technik des betrieblichen Rechnungswesens, 6. Aufl. München 1999, S. 3
In seiner Bedeutung kann man das volkswirtschaftliche Rechnungswesen mit der Gewinn- und Verlustrechnung vergleichen. So wie in der GuV-Rechnung Aufwendungen und Erträge gegenübergestellt werden, um den jährlichen Betriebserfolg zu ermitteln, zeigt das volkswirtschaftliche Rechnungswesen auf ähnliche Weise das Jahresergebnis der wirtschaftlichen Tätigkeit eines Landes (einer Volkswirtschaft). Aus dem Resultat des volkswirtschaftlichen Rechnungswesens kann man auf die ökonomische Leistungsfähigkeit einer Wirtschaft schließen, sie messen, d.h. zahlenmäßig darstellen. Das volkswirtschaftliche Rechnungswesen ist damit das wichtigste Instrument für die Erfolgskontrolle einer Volkswirtschaft Fischbach, Rainer; Volkswirtschaftslehre, 10. Aufl., München 1997, S. 103	Das betriebswirtschaftliche Rechnungswesen ist ein Tätigkeits- bzw. Sachbereich zur mengen- und wertmäßigen Erfassung betrieblicher Strukturen und Prozesse mit Plan- und Istwerten und zur Aufbereitung des Datenmaterials nach zweckgerichteten Gesichtspunkten für speziell Informationsbedürfnissen. Wedell, Harald; Grundlagen des Rechnungswesens Band 1, 8. Aufl., Herne/Berlin 2000, S. 15

Das Rechnungswesen basiert demnach auf einer Zeit**punkt**- und Zeit**raum**-rechnung.

Bei den Rechengrößen handelt es sich entweder um **Mengen**größen (z. B. produzierte Autos, verkaufte Radios) oder um **Wert**größen (z. B. Umsatzerlöse = verkaufte Autos x Preis). Allerdings spielen die Wertrechnungen die dominierende Rolle im Rechnungswesen.

"Eine **Bestandsgröße** gibt die bis zu einem bestimmten Zeitpunkt akkumulierte Menge (gemessen in Meter, Kilogramm, € usw.) einer Größe wieder, und ihr wird ein Zeitpunkt zugeordnet (Zeitpunktgröße, z. B. die Größe 'Kapitalstand am 31.12. des Jahres 1965').

Eine **Stromgröße** dagegen gibt die Veränderung einer Bestandsgröße pro **Zeiteinheit** wieder (Zeitraumgröße, z. B. die Nettoinvestitionen des Jahres 1976 = Wert dieser Investitionen dividiert durch ein Jahr).

Multipliziert man nun eine gegebene Stromgröße mit dem Zeitraum, also mit der Anzahl der Perioden (z. B. Jahre), auf die sie sich bezieht, so erhält man die **Bestandsänderung** der Bestandsgröße während dieses Zeitraums (z. B. Wert der Nettoinvestitionen eines Jahres). Der Bestandsänderungsgröße wird also ein Zeitabschnitt zugeordnet."[15]

Mit den zentralen betriebswirtschaftlichen Begriffspaaren Einzahlungen/Auszahlungen, Einnahmen/Ausgaben, Ertrag/Aufwand und Leistung/Kosten, bei denen es sich um **Stromgrößen** (= Wertbewegungsgrößen) handelt, die letztlich zu Bestandsgrößen führen bzw. eine Veränderung von Bestandsgrößen bewirken, werden wir uns später noch detailliert beschäftigen.

---

15 G. Gabisch/R. Hanschmann/W. Heßhaus (1977), S. 27 f.

3 Historie von Buchführung und Rechnungslegung in Einzelwirtschaften

3.1 Anfänge von Buchführung und Rechnungslegung

Die Geschichte der Buchführung und der Rechnungslegung beginnt bereits in den Urkulturen. Wird Rechenschaft[16] als Folge der Arbeitsteilung unter den Menschen definiert, so reicht sie weit in die menschliche Vergangenheit zurück. Die Anfänge der **Rechnungslegung**[17], im Sinne "Rechenschaft mit Hilfe eines Rechnungswesens geben"[18], können zwar weit in die Vergangenheit zurückverfolgt werden, aber ein eindeutiger Zeitpunkt als Geburtsstunde des betrieblichen Rechnungswesens lässt sich nicht benennen. Für eine Rechnungslegung im obigen Sinne sind folgende handwerkliche Vorbedingungen erforderlich: **Schreibunterlagen, Schrift** und **Zahlen.**

Während die Funde von Schriftunterlagen und Schriften bis in die Urkulturen zurückreichen, gab es in Europa erst ab dem späten Mittelalter (12. und 13. Jahrhundert) geeignete Zahlen für das Zusammenzählen und übersichtliche Darstellungsformen. Für diesen Zweck waren die römischen Zahlen nicht tauglich. Erst mit dem Einzug arabischer Zahlen um 1200 - aus Indien stammend - erhielt das Rechnen mit Zahlen eine neue Qualität.

In der Steinzeit waren Zahlen zwar noch unbekannt, aber von Jägern sind schon Aufzeichnungen über erlegte Tiere an Höhlenwänden, auf Steinen und Knochen gemacht worden.

Ethnographische Befunde bei den Akaw-Stämmen, nahe der Elfenbeinküste, verweisen auf eine Entwicklung von bloßem Zählen mit Hilfe von Kauri-Muscheln hin zu einer Recheneinheit "Kauri-Muschel". Die Kauri, in den

---

16 "Wer anderen Aufgaben überträgt, wird die Erfüllung der Aufgaben und den Verbleib der bereitgestellten Mittel kontrollieren wollen: Er wird Rechenschaft verlangen. Wer Aufgaben übernommen hat, wird nach Durchführung der Aufgabe oder eines Teils hiervon von der Verantwortung entlassen wollen: Er wird Rechenschaft geben. Rechenschaft geben heißt: nachprüfbares Wissen liefern über die Erfüllung übernommener Aufgaben." D. Schneider (1987), S. 405.

17 Wirtschaftshistorisch interessierte Leser finden einen lesenswerten Überblick über die Anfänge des Rechnungswesens bei D. Schneider (1987), S. 93 ff. sowie S. 118 ff.

18 D. Schneider (1987), S. 405.

Urkulturen von Ostasien bis Westafrika bekannt, gilt als Urform des Münzgeldes und Ursprung des Währungssystems.[19]

Tontafelfunde aus der Zeit der Sumerer um 3500 v. Chr., die frühesten Belege einer "Schrift", sind als Rechnungen für Lieferungen von Bier und Brot gedeutet worden. Auf einer der Tontafeln aus der Zeit um 3000 v. Chr. sind u. a. 22 Kupferminen und 20 Maßeinheiten gesiebte Gerste verzeichnet. Diese Auflistung wird als erstes Vermögensverzeichnis (Inventar) interpretiert.[20]

Inwieweit andere Hochkulturen der Antike über eine Buchführung verfügten, lässt sich nicht zweifelsfrei nachvollziehen. "Ob die Babylonier schon eine ausgebaute Buchhaltung hatten, die Ägypter die amerikanische Buchführung kannten, die Quipus der Inkas für eine doppelte Buchhaltung verwandt wurden, das alles sind Streitfragen, welche die Leidenschaften unter den Liebhabern der Altertumsforschung geschürt haben."[21]

Schriftliche, gut erhaltene Aufzeichnungen über das Rechnungswesen gibt es erst seit dem späten Mittelalter (12. und 13. Jahrhundert), da vorher die Technik der Papierherstellung (aus China kommend) in Europa unbekannt war. Bereits damals galten die Rechenbücher als streng geheim und wurden dementsprechend auch gut aufbewahrt.

Wozu dienten die Aufzeichnungen? Aufzeichnungen von Geschäftsvorfällen erlangten schon bei den Römern vor allem im Streitfall vor Gericht Bedeutung. So hat CICERO (106 bis 43 v. Chr.) in einer Verteidigungsrede demjenigen keinen Glauben geschenkt, der sein Hauptbuch nachlässig führte und nur Aufzeichnungen in der Kladde (Notizbuch) vornahm. Während Bankiers schon in Rom zur Kaiserzeit verpflichtet waren, Bücher zu führen und ihre Rechnungen (Konten) bei Streitigkeiten vorzeigen mussten, haben im späten Mittelalter dann auch die oberitalienischen Zünfte die **Buchführungspflicht** eingeführt.[22]

Die Weiterentwicklung der Buchführung und die Etablierung der Buchführungspflicht zwischen Antike (um 3000 v. Chr. bis 500 n. Chr.) und Mittelalter (um 500 bis 1500) geht vor allem auf Kirche, Staat, Handelsstädte und

---

19 Vgl. E. Gabele (1991), S. 4.

20 Vgl. D. Schneider (1987), S. 92.

21 D. Schneider (1987), S. 93.

22 Vgl. D. Schneider (1987), S. 94 f.

Kaufleute zurück. Bei allen Parteien standen hinter den Bemühungen um eine Rechnungslegung handfeste finanzielle Interessen. So war z. B. der Staat (damals die weltlichen Herrscher) - wie auch heute - bemüht, von den Bürgern Steuern einzutreiben. Die Herausgabe von Buchführungsvorschriften bildete hierfür vielfach die Grundlage. So mussten nach einer Verordnung Karls des Großen (768 bis 814) aus dem Jahre 795 über die Krongüter und Reichshöfe von an Schreib- und Rechenschulen ausgebildeten Amtmännern die Einnahmen des Staates nach verschiedenen Einkunftsarten (Zölle, Zinsen, Bußgelder sowie Abgaben von Mühlen, Forsten usw.) in einem Rechnungsbuch akribisch festgehalten werden.[23]

Die Buchführung oder Buchhaltung hatte bis ins 18./19. Jahrhundert zwei wesentliche Aufgaben: Sie diente zur Selbsterinnerung des Handelnden und als Beweis gegenüber Anfeindungen. "Für den Einzelkaufmann erschöpft sich in dem Zweck als Beweismittel (**Dokumentationszweck**) die Bedeutung damaliger Handelsbücher. Regelmäßige Rechnungen zum Zwecke der Unternehmensführung sind dem Denken jener Zeit noch fremd. Durchweg ist die Kaufmanns- oder Handwerkstätigkeit noch Nebenberuf zur eigenen Landwirtschaft."[24] Das folgende Zitat unterstreicht nochmals, dass damals die Kontrolle durch Rechnungslegung mit Inventaren (körperlichen Bestandsaufnahmen) und einfacher Buchhaltung sowie die Handelsbücher in erster Linie den Zweck der Dokumentation erfüllten: "Das bedeutendste Handelsgesetzbuch der betrachteten Zeitspanne, die Ordonnance de Commerce von 1673, greift deshalb nur gängiges Recht auf, wenn es die Kaufleute verpflichtet, ein Tagebuch (Journal) zu führen, und es verschärft das Gewohnheitsrecht nur mit der Verpflichtung, alle zwei Jahre ein Inventar zu errichten, das alle unbeweglichen und beweglichen Güter, Forderungen und Schulden enthalten soll (titre 3, article 1 et 8). Wer diesen Vorschriften nicht nachkommt, wird im Konkursfall des betrügerischen Bankerotts angeklagt, und darauf steht die Todesstrafe."[25]

Die damaligen Handelsbücher erfassten Daten vor allem für Beweiszwecke. Die "externe" Dokumentationsaufgabe des Rechnungswesens bestand in einer mehr oder weniger gesetzlich vorgeschriebenen Rechenschaftslegung und Information über die Vermögenslage. Von einer "entscheidungsorientierten"

---

23 Vgl. E. Gabele (1991), S. 6.

24 D. Schneider (1987), S. 95.

25 D. Schneider (1987), S. 96.

Selbstinformation des Rechnungswesens kann etwa seit dem **kameralistischen Rechnungswesen** des 18./19. Jahrhunderts gesprochen werden, da die kameralistische Rechnung als Soll-Ist-Vergleich angelegt war.[26] Zu dieser Zeit sind die ersten Weichen für die **Planrechnung** gestellt worden.

Für Einzelkaufleute beschränkten sich die Handelsbücher bis ins 19. Jahrhundert auf den Dokumentationszweck. "Lediglich in Handelsgesellschaften gewinnen die Handelsbücher schon in der Renaissance über die Dokumentation hinausreichende Zwecke: **die Kontrolle der Niederlassungen und die Vermögenszurechnung unter den Gesellschaftern.**"[27]

Die bisherigen Darlegungen machen deutlich, dass zum einen sich die Aufgabe des betrieblichen Rechnungswesens zunächst auf die Dokumentation (Erfassung) aller im Betrieb auftretenden Geld- und Leistungsströme erstreckte und erst später die Kontrollaufgabe (Überwachung) sowie Planungsaufgabe (Vorausrechnung von Zukunftserwartungen) hinzu kam. Zum anderen, dass die Wurzeln der heutigen handels- und steuerrechtlichen Rechnungslegung (Bilanzierung) sehr weit zurückreichen.

3.2 Überblick über die Entwicklungsstufen

Eine zentrale Voraussetzung für die Erstellung von Bilanz und Gewinn- und Verlustrechnung ist die **doppelte Buchführung**. Die Gewinn- und Verlustrechnung ist nämlich kein Bestandteil der einfachen Buchführung, die **nach** der doppelten entstanden ist. Bei dieser Art der kaufmännischen Buchführung erfolgt die Erfassung von Geschäftsvorfällen nur auf Bestandskonten (z. B. Kassenkonto) und die Erfolgsermittlung durch Bestandskontenvergleich. Die Meinungen darüber, wann zum ersten Mal die doppelte Buchhaltung, die die Ergebnisermittlung durch Saldierung von Ertrag und Aufwand vornimmt, angewandt worden ist, gehen in der Wissenschaft auseinander. Unbestritten ist allerdings, dass die Rechenbücher der Finanzverwalter der Stadt Genua ab 1340 in doppelter Buchhaltung geführt wurden. In Deutschland hielt die doppelte Buchführung, zunächst in Nürnberg und Augsburg, erst zu Beginn des 16. Jahrhunderts Einzug.

---

26 Vgl. D. Schneider (1987), S. 124.

27 D. Schneider (1987), S. 95.

Anhand der geschichtlichen Betrachtungen zur Bilanztheorie bis zum Allgemeinen Deutschen Handelsgesetzbuch von LION[28] wird deutlich, dass die Schriften zur Buchhaltung bis ins 18. Jahrhundert den Lösungsansätzen in der Praxis weit hinterherhinkten. So befassten sich nur vereinzelt Buchhaltungsschriftsteller jener Zeit mit der Bewertungsproblematik, die für die Ermittlung von Einkommen und Gewinn von maßgeblicher Bedeutung ist. Nach SCHNEIDER ist die "Wissenschaft der Buchhaltung" deshalb bis ins 18. Jahrhundert lediglich angewandte Mathematik: "eine Methode zum Aufdecken von Additionsfehlern, und nicht ein Teilbereich des einzelwirtschaftlichen Denkens. Das hält weder Buchhaltungslehrer noch Kaufleute ab, von 'Gewinnermittlung' zu sprechen: Wer seine Bücher lediglich zu saldieren pflegt, um die rechnerische Richtigkeit seiner Eintragungen zu überprüfen, kann natürlich den entstehenden Saldo 'Gewinn' nennen."[29] Der Einsatz der doppelten Buchführung bleibt, obwohl sie vor der einfachen "entstanden" ist, in den Unternehmen bis ins 19. Jahrhundert ein seltenes Ideal. Da bis ins letzte Viertel des 19. Jahrhunderts die Vorstellung vorherrschte, "dass die **Ermittlung des verteilbaren Gewinns allein durch eine Einnahmenüberschuss-** bzw. Gewinn- und Verlustrechnung ohne Berücksichtigung des Anlagevermögens (Vermögensstammes), **also nach römisch-rechtlicher Substanzerhaltung, unabhängig von nomineller Kapitalerhaltung**, zu erfolgen habe", war die Ermittlung von Einkommen bzw. Periodengewinn eben nicht Hauptzweck der doppelten Buchführung.[30]

Die folgende - stark geraffte - chronologische Übersicht zur Praxis der Buchhaltung, der Buchführungslehre (Lehrbücher) und gesetzlicher Bestimmungen der (handelsrechtlichen) Rechnungslegung gibt einen kleinen Einblick in die Entwicklungsstufen des Jahresabschlusses und der Rechnungslegung:

---

28 Vgl. M. Lion (1928).

29 D. Schneider (1987), S. 98.

30 D. Schneider (1987), S. 420.

3000 v. Chr.	Tontafeln mit Auflistungen von Gütern, die als erstes Vermögensverzeichnis (Inventar) interpretiert werden können.
1340	Genueser Finanzbeamte. Erste Urkunden der doppelten Buchführung; ohne Bilanzkonto; Gewinn- und Verlustkonto.
1494	Pacioli. Das wesentliche italienische Lehrbuch der doppelten Buchführung. Ohne Inventur. Keine Bewertungsvorschriften. Kein Bilanzkonto. Gewinn- und Verlustkonto, das durch das Kapitalkonto saldiert. Daneben: Probebilanz zur Kontrolle (Umsatzbilanz).
1511	Erste Fugger-Bilanz. Reine Vermögensbilanz mit Vermögensvergleichung; Inventur; Gewinn- und Verlustkonto nicht aufgenommen.
1592	Sartorius. Deutsches Lehrbuch. Gewinn- und Verlustkonto, saldiert nach dem Kapitalkonto, dieses nach Bilanzkonto.
1673	Ordonnance de Commerce in Frankreich. 2jährige Inventur. Keine Bewertungsvorschriften.
1675	Savary. Französisches kaufmännisches Lehrbuch. Jährliche Inventur. Bewertungsvorschrift: Niederstwertprinzip.
1794	Allgemeines Landrecht für die preußischen Staaten (ALR). Niederstwertprinzip.
1798	Österreichische Verordnung (Leuchs). Jährliche Inventur und Bilanz.
1807	Code de Commerce. Jährliche Inventur; keine Bewertungsvorschriften.
24.6.1861	Allgemeines Deutsches Handelsgesetzbuch (ADHGB). Inventur; Bewertungsvorschriften.
11.6.1870	Aktiengesetz des Norddeutschen Bundes.
10.5.1897	Verpflichtung zur Veröffentlichung der Bilanzen von Aktiengesellschaften und Kommanditgesellschaften auf Aktien.
19.9.1931	Notverordnung über Aktienrecht, Bankenaufsicht und über eine Steueramnestie. Erste Vorschriften über die Gliederung der Bilanz und der Gewinn- und Verlustrechnung, Aufstellung eines Geschäftsberichts, Pflichtprüfung von Aktiengesellschaften (und KGaA).
30.1.1937	Aktienrechtsreform.
6.9.1965	Weitere Aktienrechtsreform.
9.3.1968	Vorentwurf einer 4. EG-Richtlinie (Bilanzrichtlinie) auf der Grundlage eines Vorschlags der Studiengruppe Elmendorff.
15.8.1969	Publizitätsgesetz (PubL = Gesetz über die Rechnungslegung von bestimmten Unternehmen und Konzernen). Einführung der Publizität und Pflichtprüfung für sehr große Personenunternehmen und ebenso große GmbHs.
25.7.1978	Verabschiedung der 4. EG-Richtlinie vom EG-Ministerrat.
5.12.1985	2. und 3. Lesung des Bilanzrichtliniengesetzes (4., 7. [Konzernabschlussrichtlinie] und 8. [Bilanzprüferrichtlinie]) im Deutschen Bundestag.
1.1.1986	Inkrafttreten des Bilanzrichtliniengesetzes
23.9.1990	D-Markbilanzgesetz (DMBiLG).
8.11.1990	Verabschiedung der sog. Mittelstandsrichtlinie durch den Rat der Europäischen Gemeinschaften (Erleichterungen vor allem für kleine und mittelgroße Kapitalgesellschaften).
8.11.1990	Verabschiedung der GmbH und Co. KG-Richtlinie durch den Rat der Europäischen Gemeinschaften (EG).
30.11.1990	Bankbilanzrichtlinie-Gesetz (Deutschland).
24.6.1994	Versicherungsbilanzrichtlinie-Gesetz (Deutschland).
25.7.1994	Umsetzung der Mittelstandsrichtlinie in deutsches Recht.
Ab 1998	Gemäß *292a HGB* (Befreiung von der Aufstellungspflicht) können börsennotierte Mutterunternehmen anstelle eines Konzernabschlusses und eines Konzernlageberichts einen Konzernabschluss und den Konzernlagebericht nach international anerkannten Rechnungslegungsgrundsätzen (IAS oder US-GAAP) aufstellen; dieser Paragraph tritt am 31.12.2004 außer Kraft.
13.2.1998	Gesetz zur Verbesserung der Wettbewerbsfähigkeit deutscher Konzerne an Kapitalmärkten und zur Erleichterung der Aufnahme von Gesellschafterdarlehen (Kapitalaufnahmeerleichterungsgesetz – KapAEG) in Deutschland verabschiedet.
1.5.1998	Gesetz zur Kontrolle und Transparenz im Unternehmensbereich (KonTraG) in Deutschland verabschiedet.

9.6.1998	Gesetz zur Einführung des Euro (Euro-Einführungsgesetz EuroEG). Die in Artikel 16 EuroEG bezeichneten Vorschriften sind am 16.6.1998, die übrigen Vorschriften sind am 1.1.1999 in Kraft getreten.
19.12.1998	Steuerentlastungsgesetz 1999/2000/2002 (wichtige Änderung des Einkommensteuer- und Umsatzsteuerrechts)
13.8.1999	Gesetzesentwurf zum Referentenentwurf des Bundesministers der Justiz zum Kapitalgesellschaften- und Co.Richtlinie-Gesetz (KapCoRiLiG); Das KapCoRiLiG ist ein Artikelgesetz, das ausschließlich bestehende Gesetze ändert (HGB, PublG u.a.).
2004	Reform des HGB geplant.
	Zunahme der Doppik: Es besteht die Tendenz, die kameralistische Buchführung in der kommunalen Verwaltung und ähnlichen Institutionen durch die doppelte kaufmännische Buchführung zu ersetzen. Pilotprojekte werden bereits durchgeführt.

Die beiden Richtlinien vom 8.11.1991 sollen in nationales Recht transformiert und von den betroffenen Unternehmen spätestens für die ab 1.1.1995 bzw. im Laufe dieses Jahres beginnenden Geschäftsjahre angewandt werden. Durch das Gesetz zur Einführung des Euro (EuroEG) wurden die Grundlagen geschaffen, dass die Buchführung und der Jahresabschluss bereits ab dem 1.1.1999 auf den Euro umgestellt werden können. Während einer Übergangszeit bis zum 31.12.2001 können Euro und nationale Währung (DM) parallel als Buchgeld (Zahlungsmittel) verwendet werden. Den Unternehmen ist freigestellt, die Rechnungslegung in Euro oder DM vorzunehmen. Ab dem 1.1.2002 existiert nur noch der Euro als Buchgeld und dementsprechend kann bzw. muss die Rechnungslegung nur noch in Euro erfolgen[31].

Diese (unvollständige) Auflistung zeigt u. a.: Sowohl damals als auch heute beruht die Rechnungslegung **auf Gesetz**. Damit die Unternehmensleitung die im Rahmen der Rechenschaftslegung zu liefernden Informationen nicht beliebig manipulieren kann, hat der Gesetzgeber Umfang und Inhalt der Informationen an Außenstehende weitgehend gesetzlich verankert (Vorschriften über Buchführungs-, Aufzeichnungs-, Rechenschaftslegungs- und Informationspflichten). Die Grundlage für Rechenschaftslegung ist die Buchführung. Eine Vielzahl von Personen und Institutionen hat entweder ein Recht auf eine periodische Rechenschaftslegung oder zumindest ein berechtigtes Interesse an aktuellen Informationen über die Vermögens-, Finanz- und Ertragslage von Unternehmen. Abweichende gesetzliche Vorschriften (Handelsrecht und Steuerrecht), mit denen unterschiedliche Ziele verfolgt werden, führen dazu,

---

[31] Eine ausführliche Abhandlung zur Einführung des Euro in die Rechnungslegung hierzu: N. Zdrowomyslaw (2001), S. 145 ff.

dass bis heute zwischen einer Handelsbilanz und einer Steuerbilanz[32] unterschieden wird. Letztere richtet sich nur an das Finanzamt (Fiskus) und dient ausschließlich der Gewinnermittlung zu Besteuerungszwecken.

3.3 Bilanzauffassungen und gesellschaftsbezogene Rechnungslegung

3.3.1 Bilanztheorien

Da wir uns mit der Buchführung und dem Jahresabschluss **im Rechtssinne** noch detailliert beschäftigen werden, sei an dieser Stelle kurz dargelegt, dass der **materielle** Gehalt der Bilanz zwar im konkreten Fall durch die gesetzlichen Vorschriften vorgegeben ist, aber **allgemein** gesehen dahinter verschiedene Auffassungen über die Zwecke (Aufgaben, Inhalt und Ausgestaltung) der Bilanz bzw. des Jahresabschlusses stehen.

Mit der folgenden knappen inhaltlichen Darstellung der einzelnen Bilanztheorien der betriebswirtschaftlichen Literatur wird das Ziel verfolgt, beim Leser ein Interesse für die Probleme der Jahresabschlussrechnung zu wecken.

Die **bilanztheoretische Diskussion**[33] hat in Deutschland eine lange Tradition. Sie reicht bis in das 19. Jahrhundert zurück. Man spricht in diesem Zusammenhang auch von Bilanz**theorien**, obwohl die diskutierten Auffassungen den Anspruch einer Theorie (umfassendes, geschlossenes und begründetes Aussagesystem) nicht erfüllen. Bedenkt man, dass für den materiellen Gehalt der Bilanz die **Bewertungsprinzipien** eine zentrale Rolle spielen, wird nachvollziehbar, dass die Bilanztheorien ursprünglich vor allem Bewertungslehren waren. Seit damals beschäftigt man sich mit Fragen wie:

Was ist in der Bilanz als Vermögen und was als Schulden anzusetzen?

Welche Werte sind den einzelnen Bilanzposten zuzumessen?

---

32 Autoren neigen dazu, die Steuerbilanz als die "ältere" Bilanz anzusehen. So erwähnt Pausch aus Deutschland eine Fugger-Bilanz aus dem Jahr 1527, die der Steuerordnung der Stadt Augsburg entsprochen habe. Vgl. E. Castan (1990), S. 31.

33 Ausführliche Abhandlungen zur Entwicklung einzelner Bilanztheorien enthalten folgende Werke: H. Enger (1974), E. Heinen (1986), M. Heinhold (1987), G. Wöhe (1998), R. Federmann (1990), J. S. Tanski/K. Kurras/J. Weitkamp (1991), J. Baetge (1996), A. G. Coenenberg (2000).

Wie ist der Erfolg einer Periode zu bestimmen?

Die betriebswirtschaftlichen Bilanztheorien werden üblicherweise in **klassische** (statische, dynamische und organische) und **neuere** Theorien unterteilt (vgl. *Abbildung 3*).

Abbildung 3: Betriebswirtschaftliche Bilanztheorien und ihre Hauptvertreter

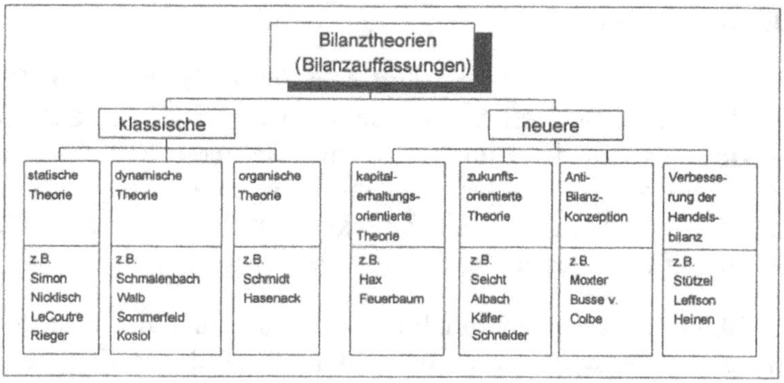

Der Inhalt der wesentlichen Bilanztheorien lässt sich nach LÜCK[34] folgendermaßen zusammenfassen:

1. Die **statische Bilanzauffassung** fasst die Bilanz als ein Instrument zur Darstellung der Vermögens- und Kapitalbestände zum Zwecke der Rechenschaftslegung gegenüber den Eigentümern, den Gläubigern und der Öffentlichkeit auf. Fragen der Bewertung (= nominelle Kapitalerhaltung, Mark = Mark) treten hinter Fragen der Gliederung zurück. Die Bilanzgliederung erfolgt so, dass Umfang, Sicherung und Entfaltungsmöglichkeiten des Betriebes aus Größe, Art und Zusammensetzung des Vermögens und Kapitals ersehen werden können. Zu diesem Zweck ist eine Rangordnung in der Gliederung von Vermögens- und Kapitalbeständen entsprechend ihrem Verwendungszweck notwendig. Die genannten Aufgaben können nicht mit einer einzigen Bilanz gelöst werden. Es sind daher Beständebilanzen und verschiedene Bewegungsbilanzen zu erstellen. Auf der rechten Bilanzseite erscheinen die Finanzierungsposten, auf der linken Seite die Investitionsposten. Abschreibungen erfolgen nur indirekt.

34 W. Lück (1998), S. 23 f.

2. Die **dynamische Bilanzauffassung** sieht in der periodengerechten Erfolgsermittlung ihre wichtigste Aufgabe. Nach der dynamischen Bilanzauffassung von SCHMALENBACH lässt sich in der Lebensdauer des Betriebes der Erfolg als Differenz der Einnahmen und Ausgaben ermitteln. Da aber in kürzeren Zeitabständen Erkenntnisse über die Entwicklung des Betriebes notwendig sind, müssen Zwischenabschlüsse erstellt werden. Eine Einnahmen-Ausgaben-Rechnung als Erfolgsrechnung ist dann nicht mehr möglich. Die Bilanz dient nun dazu, die noch nicht abgewickelten Geschäftsvorfälle (= schwebende Posten) aufzunehmen. Sie wird zu einem Hilfsmittel der Erfolgsrechnung, d. h. zu einem Abgrenzungskonto, das die im Unternehmen vorhandenen aktiven Kräfte und passiven Verpflichtungen aufnimmt.

3. Die **organische Bilanzauffassung** von FRITZ SCHMIDT verfolgt zwei Ziele: Die richtige Feststellung des Vermögens und des Erfolgs. Organisch bedeutet, dass der Betrieb ein Organ der Volkswirtschaft ist. Die richtige Ermittlung des Erfolgs geschieht durch die Eliminierung aller Geldwertänderungen und der daraus resultierenden Scheingewinne und Scheinverluste (Erhaltung der Unternehmenssubstanz). Effektive Gewinne entstehen nur durch Umsätze. Über den Ansatz von Tageswerten und mittels Buchungen über ein Wertänderungskonto werden diese Ziele erreicht. Die Bilanzauffassung HASENACKS umfasst sowohl Gedanken aus der Bilanzauffassung von FRITZ SCHMIDT als auch der eudynamischen Bilanzlehre von SOMMERFELD.

4. Die **kapitalerhaltungsorientierten Bilanzauffassungen** bauen auf einer dualistischen Erfolgsdefinition und Erfolgsermittlung auf, der nominellen und der substantiellen. Als Erfolg wird die kleinere der beiden Größen ausgewiesen. Daher der Begriff "doppeltes Minimum". Beim symmetrischen doppelten Minimum dürfen Verluste mit entsprechenden Gewinnen verrechnet werden, beim asymmetrischen doppelten Minimum dagegen nicht.

5. Die **Bilanz als Zukunftsrechnung** zu gestalten, baut auf der Idee auf, dass der Jahresabschluss im üblichen Sinne nicht den Informationsinteressen der mit dem Unternehmen in Lieferungs- und Leistungsbeziehung stehenden Wirtschaftssubjekte gerecht werden kann. Das Ziel "die Bilanz als Zukunftsrechnung" soll insbesondere durch eine entsprechende Gestaltung der Bewertungsvorschriften erzielt werden.

6. Die **Antibilanz-Konzeptionen** halten ebenso den Informationsgehalt des herkömmlichen Jahresabschlusses für zu gering. Sie entwickeln daher

Rechnungslegungsinstrumente, die von den traditionellen Instrumenten abweichen. MOXTER entwickelt ein finanzplanorientiertes Tableau, das im Interesse der Zielvorstellungen der Organisationsteilnehmer mit ihren jeweiligen finanziellen Zielströmen die Einzahlungen und Auszahlungen des Unternehmens nach Empfängern/Leistenden und Verwendungszweck untergliedert. BUSSE VON COLBE will den Mangel am Informationsgehalt des traditionellen Jahresabschlusses durch die Einführung retrospektiver und prospektiver (vergangenheits- und zukunftsorientierter) Kapitalflussrechnungen beseitigen.

7. Nach Auffassung einer breiten Gruppe von Autoren weist die handelsrechtliche **Rechnungslegung** verschiedene Mängel auf, die mit einer **Verbesserung der** bestehenden Rechnungslegungsinstrumente weitgehend beseitigt werden können. Ansätze dazu bieten zusätzliche Rechenoperationen, z. B. Rentabilitätsrechnungen (LEHMANN, ENGELS), Bewertungsänderungen (STÜTZEL, KOCH, LEFFSON), Ergänzungen durch Nebenrechnungen (LEHMANN, LEFFSON) oder die Mehrzweckbilanz von HEINEN. Unter einer Mehrzweckbilanz versteht HEINEN, dass die Bilanz dem jeweiligen Bilanzzweck in Aufbau und Inhalt angepasst werden muss und ggf. durch zusätzliche Nebenrechnungen (Kapitalflussrechnungen, Bewegungsbilanzen, Fondsrechnungen) zu ergänzen ist.

Da es angesichts bestehender Interessenvielfalt und -divergenz kein allgemeingültiges Bilanzzwecksystem geben kann, ist es nur konsequent, wenn HEINEN fordert, dass jeder Bilanzzweck eine entsprechende Gestaltung von Inhalt und Aufbau der Bilanz erfordert (vgl. *Abbildung 4*).[35]

---

35 E. Heinen (1986), S. 104.

Abbildung 4: Determinanten von Bilanzsystemen

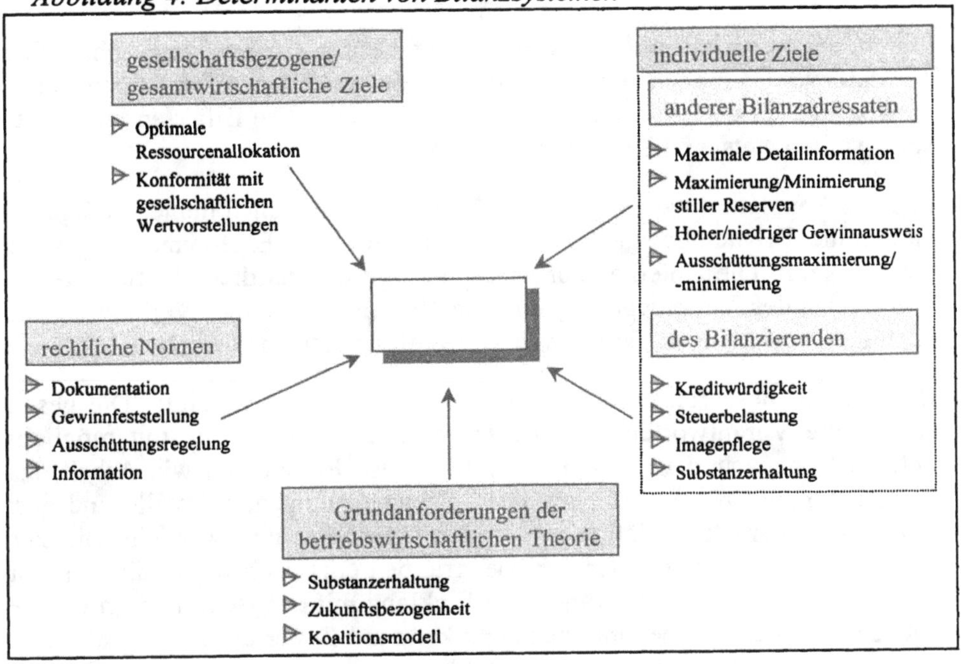

Abschließend kann festgehalten werden, "dass weder Handels- noch Steuerbilanz in homogener Weise einer betriebswirtschaftlichen Bilanzauffassung folgen."[36] Legt man jedoch zugrunde, dass der Gewinn nach § 4 Abs. 1 EStG (Einkommensteuergesetz) aus der Bilanz mit Hilfe des Betriebsvermögensvergleichs ermittelt wird, so kann von einer gewissen Dominanz der **statischen Bilanzauffassung** im **Steuerrecht** gesprochen werden, wobei sie dem **Handelsrecht** ebenfalls nicht fremd ist. Aber auch die Erkenntnisse der **dynamischen Bilanzauffassung**, insbesondere im Hinblick auf die **Bildung von Rückstellungen** und **Rechnungsabgrenzungsposten**, haben sowohl in die Handels- als auch in die Steuerbilanz Eingang gefunden.[37]

---

36 R. Federmann (1990), S. 100.

37 Detaillierter hierzu: R. Federmann (1990), S. 96 ff., J. S. Tanski/K. Kurras/ J. Weitkamp (1991), S. 83 f.

3.3.2 Adressaten der Rechnungslegung

Die bilanztheoretische Diskussion macht deutlich, dass, angesichts einer Vielzahl von Personen und Institutionen, die an Bilanzinformationen interessiert sind, es **den** Bilanzzweck nicht geben kann. Die Bilanzen im Rechtssinne stellen stets eine **Kompromisslösung** dar.

Es muss konstatiert werden, dass das heutige Unternehmen immer weniger als eine reine Privatangelegenheit der wirtschaftlichen Eigentümer angesehen werden kann. Die Unternehmung muss als "gesellschaftliche Institution" mit entsprechender Verantwortung für eine Vielzahl mit ihr in Verbindung stehender Adressaten und die Umwelt schlechthin verstanden werden.

HINTERHUBER beschreibt die Rolle des Unternehmens wie folgt: "Die gesellschaftliche Verantwortung der Unternehmung besteht darin, mit möglichst hoher Effizienz und auf kontinuierliche Weise Ressourcen wie Arbeit, Kapital, Ideen, Rohstoffe usw. in Güter, Dienstleistungen, sinnvolle und gesicherte Arbeitsplätze, Märkte und andere **Outputs** umzuwandeln, die zum einen den Vorstellungen der Personengruppen entsprechen, die die Ressourcen bereitstellen, und zum anderen in Einklang mit den Bedürfnissen der Gesellschaft stehen. Keine Unternehmung kann auf Dauer erfolgreich tätig sein, wenn sie sich den Ansprüchen der Abnehmer, Arbeitnehmer, Lieferanten, Kapitalgeber, staatlichen Aufsichtsbehörden, verbündeten Unternehmungen und Öffentlichkeit völlig entzieht. Aber auch eine Unternehmung, die jedem Anspruch nachgibt, der im Namen der sozialen Verantwortung an sie herangetragen wird, handelt unverantwortlich, denn sie untergräbt dadurch ihre eigene Lebens- und Leistungsfähigkeit und nimmt sich damit die Möglichkeit, ihren wirtschaftlichen Beitrag zum Allgemeinwohl zu leisten. Aufgabe der Unternehmensleitung ist es, hier den richtigen Ausgleich zu finden".[38]

Die Rechnungslegung als Rechenschaft über eine Wirtschaftsperiode unternehmerischer Aktivitäten in Form des Jahresabschlusses wendet sich nach ENGER an folgende Gruppen von Interessenten, die gewöhnlich **unterschiedliche Ziele** verfolgen:

" - **Eigentümer** (bzw. Anteilseigner, Aktionäre, Genossen der eGmbH) einschließlich derjenigen Personen, die den Erwerb von Eigentumsrechten planen (potentielle Eigentümer);

---

38 H. H. Hinterhuber (1989), S. 1.

- **Gläubiger** einschließlich derjenigen Personen, die eine Kreditvergabe an das Unternehmen planen (potentielle Gläubiger). Überschneidungen sind mit allen anderen Gruppen möglich, d. h. Eigentümer, Arbeitnehmer usw. können gleichzeitig Gläubiger sein;

- **Arbeitnehmer** einschließlich ehemaliger pensionsberechtigter Arbeitnehmer und potentieller Arbeitnehmer. Überschneidungen mit Eigentümern, Gläubigern, Unternehmensleitung sind möglich;

- **Unternehmensleitung**. Überschneidungen mit Eigentümern, Arbeitnehmern und Gläubigern sind möglich;

- **Marktpartner** (Lieferanten, Abnehmer, Konkurrenten) einschließlich potentieller Partner. Überschneidungen mit Eigentümern und Gläubigern sind möglich;

- **Finanzverwaltung**;

- **sonstige Öffentlichkeit**; hierbei handelt es sich um eine Sammelposition, zu der Individuen und Körperschaften gehören, wie z. B. Kartellbehörde, Wirtschafts- und Finanzministerien, Gewerkschaften, Arbeitgeberverbände, Wirtschaftszweigverbände, Journalisten, Wertpapieranalysten und last not least wissenschaftliche Institutionen."[39]

Wie bereits der *Abbildung 4* über die Determinanten von Bilanzzwecksystemen zu entnehmen war, sind nicht nur rechtliche Normen und individuelle Ziele des Bilanzierenden und anderer Bilanzadressaten im Rahmen der Rechnungslegung von Interesse. In verstärktem Maße wird für die Unternehmen eine **gesellschaftsbezogene Rechenschaftslegung** (Berichterstattung) gefordert.

3.3.3 Gesellschaftsbezogene Rechnungslegung

Die Rechnungslegung in Form des Jahresabschlusses, die bisher besprochen wurde, liefert lediglich Informationen über jene Prozesse und Gegebenheiten, die auf Zahlungsströmen beruhen. Die **gesellschaftsbezogene Rechnungslegung** (= Social Accounting) hat den Anspruch, im Interesse der Allgemeinheit von den Unternehmen Informationen abzufordern, die über diejenigen des traditionellen Rechnungswesens hinausgehen. Sie lässt sich grob

---

39 H. Enger (1974), S. 10.

als Ergänzung[40] des Informationsinstruments "betriebliches Rechnungswesen" charakterisieren (vgl. *Abbildung 5*). Mit ihr wird das Ziel verfolgt, die gesellschaftlich positiven Auswirkungen (z. B. Umweltschutzmaßnahmen) und/oder negativen Auswirkungen (z. B. Umweltbelastungen) der Unternehmensaktivitäten zu erfassen, auszuwerten und zu dokumentieren. Die gesellschaftsbezogene Rechnungslegung wird vielfach auch **Sozialbilanz** genannt, obwohl es sich hierbei keineswegs um eine Bilanz im zuvor diskutierten Sinne handelt.

Abbildung 5: Betriebliche Umweltbeziehungen und Umweltrechnungslegung

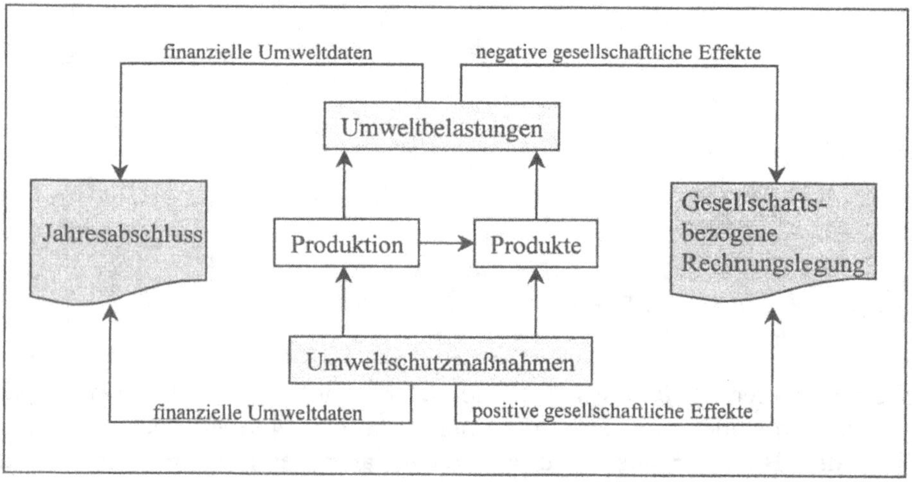

Wie die Handels- und die Steuerbilanz ist die Sozialbilanz ein Instrument der Rechenschaftslegung. Wesentliches Kennzeichen der gesellschaftsbezogenen Berichterstattung ist ihr **freiwilliger Charakter**. Die Sozialbilanz als vergangenheitsorientierte gesellschaftsbezogene "Mischrechnung" setzt sich nach Empfehlung des "Arbeitskreises Sozialbilanz-Praxis" aus den Elementen Sozialbericht, Wertschöpfungsrechnung und Sozialrechnung zusammen (vgl. *Abbildung 6*).

---

40 Vgl. W. Hopfenbeck (1990), S. 943 ff.

Abbildung 6: Einordnung und Elemente der Sozialbilanz

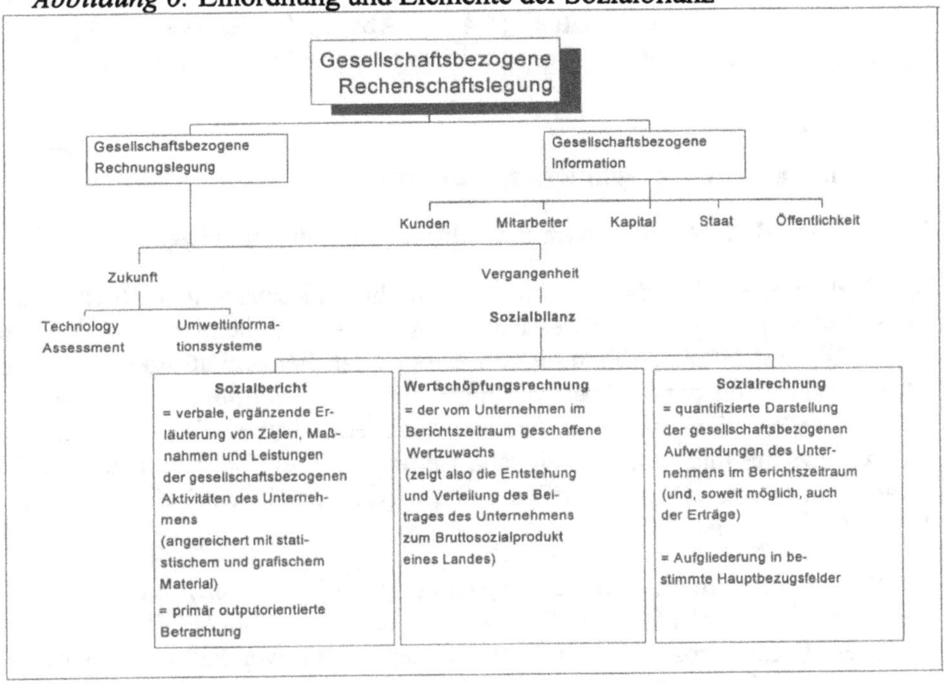

Zwar befindet sich die gesellschaftsbezogene Rechnungslegung noch im Entwicklungsstadium, aber die intensive Diskussion über die Notwendigkeit der Einführung einer ökologischen Buchhaltung, von Ökobilanzen bzw. einer betrieblichen Umweltrechnung weist auf zukünftige gesetzliche Änderungen im Hinblick auf das betriebliche Rechnungswesen und die Rechnungslegung hin.[41] Umweltverträgliches Wirtschaften erfordert ebenso Informationen wie ein gewinnorientiertes.

Da Sozialbilanzen im obigen Sinne von Unternehmen nicht erstellt werden müssen, werden Informationen, die Rechenschaft über die sozialen Leistungen und Verhältnisse des Betriebes ablegen, vor allem zur unternehmerischen Selbstdarstellung (Publizitätsinteresse) veröffentlicht. Eine gewisse Bedeutung im Hinblick auf eine gesellschaftsbezogene Berichterstattung kann

41 Zur Diskussion des ökologisch orientierten Rechnungswesens und Controlling siehe: E. Seidel/H. Strebel (1991), S. 257 ff., E. Seidel (1988), S. 307 ff., W. Hopfenbeck (1989), S. 933 ff.

dem **Lagebericht** (§ 289 HGB) und der **Zwischenberichterstattung börsennotierter Aktiengesellschaften** (§ 44 b Abs. 1 Börsengesetz, §§ 53-62 Börsenzulassungsverordnung vom 15.4.1987) zugeschrieben werden.

4 Beziehung des Unternehmens zur Umwelt

4.1 Geld- und Güterströme im betrieblichen Leistungsprozess

Die Darlegungen über das volkswirtschaftliche und betriebliche Rechnungswesen haben gezeigt, dass jedes Unternehmen (= Unternehmung) oder jeder Betrieb[42], und zwar unabhängig von seiner Branchenzugehörigkeit, in vielfältiger Weise mit der Umwelt verknüpft ist (vgl. *Abbildung 7*[43]). Eine Unternehmung existiert eben nicht isoliert, "sondern ist über die Beschaffungs- und Absatzseite mit anderen Wirtschaftseinheiten und über den gesetzlichen Zwang zur Steuerzahlung mit dem Staat (Gebietskörperschaften) verbunden."[44]

Der betriebliche Prozess der Leistungserstellung (Produktion) und Leistungsverwertung (Absatz) basiert auf der Kombination betrieblicher **Produktionsfaktoren.** Dieser Prozess ist ein Ergebnis des produktiven Zusammenwirkens von leitenden (dispositiven) und ausführenden (vollziehenden) menschlichen Tätigkeiten mit Betriebsmitteln und Werkstoffen unter der Beachtung sozialer Komponenten des Systems Unternehmen.

---

42 Die Begriffe Unternehmen und Betrieb werden in der betriebswirtschaftlichen Literatur nicht einheitlich abgegrenzt und definiert. Vgl. L. Haberstock (1985), S. 10.

43 In Anlehnung an M. Hüttner (1990), S. 164.

44 G. Wöhe (2000), S. 9 f.

Abbildung 7

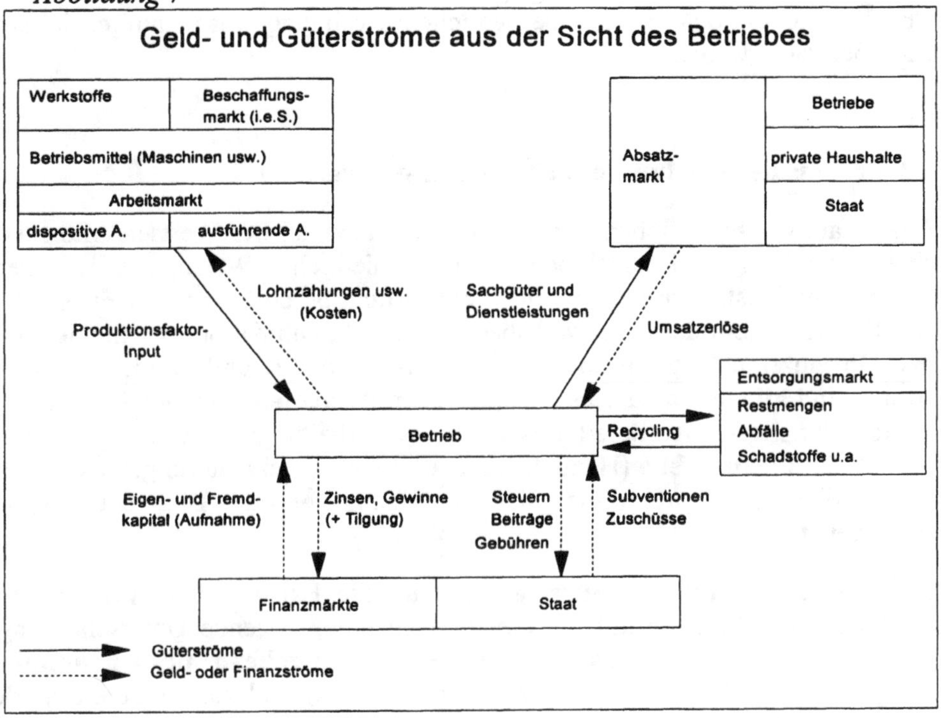

Beispiel: Auf den Geld- und Kapitalmärkten besorgt sich z. B. ein Augenoptikerbetrieb für die kontinuierlich stattfindende Transformation (Umformung bzw. Umwandlung) der Produktionsfaktoren in Güter (z. B. Brillen, Kontaktlinsen usw.) oder Dienstleistungen (z. B. Refraktion) das erforderliche Eigen- und Fremdkapital (Kredite, Darlehen usw.). Die finanziellen Mittel werden dazu verwendet, auf den Beschaffungsmärkten Roh-, Hilfs- und Betriebsstoffe zu beschaffen sowie qualifiziertes Personal einzustellen. Im Betrieb selbst werden, für einen zunächst anonymen Markt, durch den Einsatz bzw. die Koordination der Produktionsfaktoren einschließlich des Kapitals Güter hergestellt und Dienstleistungen bereitgestellt oder vermittelt. Erst durch den Verkauf (Absatz) der Produkte werden Verkaufserlöse erzielt, die zurück in den Finanzbereich fließen. Von den realisierten Geldmitteln ist zunächst ein Teil als Steuern, Gebühren und Beiträge an den Staat abzuführen, ein weiterer Teil dient zur Befriedigung der Kapitalgeber bzw. Kapitaleigner. Der verbleibende Rest wird - entsprechend der Ertragslage und Unternehmensstrategie - für Ersatz- oder Erweiterungsinvestitionen verwendet.

Sobald ein Betrieb gegründet und die Geschäftstätigkeit aufgenommen wird, findet ein ständiger Kreislauf (Geld -> Ware -> mehr Geld) statt, dessen sämtliche Güter- und Finanzbewegungen (leistungswirtschaftliche und finanzwirtschaftliche Sphäre) vom betrieblichen Rechnungswesen aufgezeichnet und überwacht werden.

4.2 Prozess der Leistungserstellung und -verwertung

Am gesamtwirtschaftlichen Leistungsprozess bzw. an der Wertschöpfung ist eine Vielzahl von Unternehmen in unterschiedlicher Weise beteiligt. Der Prozess der Leistungserstellung und -verwertung beschränkt sich keineswegs auf die Industrie- oder Handwerksbetriebe. Die Kombination von Elementar- bzw. Produktionsfaktoren sowie Input (Faktoreinsatz) und Output (Faktorertrag) sind **allgemein** zu verstehen, da sowohl **Sachleistungsbetriebe** (Rohstoffgewinnungs-, Aufbereitungs- und Verarbeitungsbetriebe) als auch **Dienstleistungsbetriebe** (Handelsbetriebe, Banken, Versicherungen usw.) als Produktiveinheiten aufzufassen sind, die **Sachgüter** oder **Dienstleistungen** erbringen.[45]

Im Hinblick auf die Buchführung bedeutet die Existenz unterschiedlicher Betriebe, dass, bezogen auf die Geschäftsvorfälle, folgende Unterscheidung getroffen werden kann: Es gibt zum einen **weitgehend branchenunabhängige** (z. B. Verbuchung des Zahlungsverkehrs) und zum anderen **stark branchenabhängige** (z. B. Verbuchung von Halbfertigfabrikaten) **Geschäftsvorfälle**. Die Besonderheiten lassen sich recht plastisch anhand der Gegenüberstellung des Leistungserstellungsprozesses von Handels- und Industriebetrieben aufzeigen.

Während **Handelsbetriebe** Waren einkaufen, die sie meist **unverändert** weiterverkaufen, werden in einem **Industriebetrieb** sog. Werkstoffe (Roh-, Hilfs- und Betriebsstoffe) gekauft und eingesetzt. Die Mitarbeiter be- und verarbeiten die Werkstoffe mit Hilfe von **Betriebsmitteln** (Maschinen und Werkzeugen) in der Regel in mehreren Fertigungsstufen zu neuen Erzeugnissen (Absatzprodukten). Da im Laufe eines Geschäftsjahres zwischen hergestellten und abgesetzten Produkten gewöhnlich eine Differenz entsteht, kommt es in einem Industriebetrieb zur **Bildung und zum Abbau von Lagerbeständen**. Der nicht synchron verlaufende Beschaffungs-, Produktions- und Absatzprozess sowie die mehrstufige Fertigung führen dazu, dass Bestände (in der Bilanz unter der Position Vorräte erfasst) von Halbfertig-

---

45 Vgl. J.-P. Thommen (1991), S. 57.

fabrikaten und Fertigfabrikaten im Rahmen des Jahresabschlusses zu berücksichtigen sind.

Zwar ist das betriebliche Rechnungswesen vor allem im Hinblick auf Industriebetriebe entwickelt worden, aber die dabei gewonnenen Erkenntnisse wurden schrittweise auf andere Betriebe übertragen. Das grundsätzliche System der Buchführung hat sich damit nicht geändert, sondern es wurden branchenbezogene Besonderheiten wie z. B. die Benutzung eines branchenbezogenen Kontenrahmens (z. B. Kontenrahmen des Einzelhandels) und die Beachtung spezieller Gesetze im Rahmen der Rechnungslegung (z. B. Versicherungsbetriebe) mit einbezogen. Spezifische Gegebenheiten sowie Branchenzugehörigkeit, Rechtsform und Betriebsgröße bestimmen die **Rechnungslegung**, den **Aufbau** und die **Organisation** des Rechnungswesens, ändern jedoch **nicht das eigentliche System der (doppelten) Buchführung**, dieses ist branchenneutral!

4.3 Produktionsfaktoren in Leistungserstellung und -verwertung

Vor dem Hintergrund, dass der Leistungsprozess als Kombinationsprozess von Input und Output aufzufassen ist und die Produktionsfaktoren in der Buchhaltung "verbucht" werden, seien die verschiedenen **Produktionsfaktoren**[46] - bezogen auf die Inputseite - kurz erläutert.

Zurückgehend auf Erich Gutenberg werden die Produktionsfaktoren vielfach wie folgt unterteilt:[47]

46 Die Einteilung der Produktionsfaktoren bzw. was überhaupt als Produktionsfaktor in der Volks- und Betriebswirtschaftslehre anzusehen ist, ist keineswegs unstrittig. So werden heute in der VWL üblicherweise die Faktoren Arbeit, Boden und Kapital genannt. Insbesondere die "alten" Schulen sahen dagegen oft nur einen einzelnen Faktor als "produktiv" an. Z. B. die Physiokraten den Boden, die Klassiker und vor allem Marx die Arbeit. Auch in der BWL steht weder die Zahl der Produktionsfaktoren noch ihre Zusammensetzung für alle Zeit fest. Vgl. R. Schultz (1988), S. 47 ff.

47 Vgl. L. Haberstock (1985), S. 8 f.

I. Elementarfaktoren
1. Menschliche Arbeitsleistung
2. Betriebsmittel
3. Werkstoffe
4. Dienstleistungen

II. Dispositive Faktoren
1. Originärer dispositiver Faktor
   (= Geschäfts- und Betriebsleitung)
2. Derivative dispositive Faktoren
   a) Planung
   b) Organisation

Unter dem Elementarfaktor "**menschliche Arbeitsleistung**" versteht man - in Abgrenzung zum dispositiven Faktor (leitende Arbeit) - die **objektbezogene** (ausführende, vollziehende) Arbeit. Ein Beispiel dafür ist Akkordarbeit.

Die "**Betriebsmittel**" (= Potentialfaktoren) umfassen die **gesamte technische Apparatur**, die zur Durchführung des Prozesses der Leistungserstellung und -verwertung eingesetzt werden. Dazu gehören z. B. Grundstücke und Gebäude, Maschinen, Werkzeuge, Betriebs- und Geschäftsausstattung einschließlich der sog. Geringwertigen Wirtschaftsgüter (GWG). Die spezielle Eigenschaft dieser Produktionsfaktoren ist, dass sie im Produktionsprozess **nur genutzt** und **nicht** verbraucht werden. Sie unterliegen einer **Wertminderung** oder **Abnutzung**, d. h., dass sie längerfristig (über mehrere Jahre) genutzt werden. In der Bilanz werden die Betriebsanlagen im Anlagevermögen ausgewiesen.

Unter dem Begriff "**Werkstoffe**" fasst man alle Güter zusammen, aus denen durch Umformung, Substanzveränderung oder Einbau neue Erzeugnisse hergestellt werden. Charakteristisch für sie ist, dass sie beim Einsatz **verbraucht** werden. Werkstoffe werden deshalb auch als **Verbrauchs-** oder **Repetierfaktoren** bezeichnet. Zu den Werkstoffen gehören vor allem Roh-, Hilfs- und Betriebsstoffe, aber auch alle Güter, die als fertige Bestandteile (fremdbezogene Fertigteile für die Produktion eines Autos, wie z. B. Windschutzscheibe) in ein Erzeugnis eingehen.

- Die **Rohstoffe** bilden die Grundmaterialien für ein Produkt (z. B. Holz, Metall, Kleiderstoffe) und gehen voll in dieses ein.

- Die **Hilfsstoffe** gehen ebenfalls in das Erzeugnis ein (z. B. Leim bei Möbeln, Grundiermittel, Faden bei Kleidern), sind aber nur Nebenbestandteil des Produkts.
- Die **Betriebsstoffe** ermöglichen dagegen lediglich den Betriebsmitteleinsatz (z. B. elektrische Energie, Schmiermittel, Kraftstoffe), werden verbraucht, gehen aber nicht in das Produkt ein.

In der Bilanz werden die Werkstoffe - soweit sie eine Bestandsgröße darstellen - im Umlaufvermögen ausgewiesen.

Hinter der "Verbuchung" der Produktionsfaktoren steht mehr als die gesetzliche Notwendigkeit der Erfassung dieser. Die Triebfeder des unternehmerischen Handelns ist das **erwerbswirtschaftliche Prinzip**. Konkret bedeutet dies, dass ein Unternehmen nicht zum Selbstzweck eröffnet und betrieben wird, sondern um Gewinne zu erzielen. Im Gegensatz zu einer auf Bedarfsdeckung ausgerichteten Wirtschaftstätigkeit beinhaltet das erwerbswirtschaftliche Prinzip in letzter Konsequenz das Ziel der Gewinnmaximierung.[48] Der Einsatz der Produktionsfaktoren ist aus der Sicht des Unternehmens so zu kombinieren bzw. alle betrieblichen Maßnahmen sind so zu treffen, dass die höchste Rentabilität (z. B. Umsatzrentabilität: Gewinn ins Verhältnis zum Umsatz gesetzt) erzielt wird. Ohne ein ausgebautes und aussagefähiges betriebliches Rechnungswesen ist eine planvolle Steuerung und Kontrolle des übergeordneten Ziels der Gewinnrealisierung nicht denkbar.

5 Betriebliches Rechnungswesen im Prozess der Unternehmensführung

5.1 Rechnungswesen als Informations- und Führungsinstrument

Die Historie von Buchführung und Rechnungslegung belegt, dass lange Zeit die wesentliche Funktion des Rechnungswesens (sowohl des externen als auch des internen) im zahlenmäßigen Festhalten vergangenheitsbezogener Tatbestände bestand. Vor diesem Hintergrund hat sich für das traditionelle Rechnungswesen sicherlich nicht zu Unrecht der Ausdruck "Dokumentationsfunktion" festgesetzt. In den letzten Jahren hat sich jedoch, nicht zuletzt

---

48 Das Prinzip der Gewinnmaximierung als zentrale unternehmerische Zielsetzung wird in der Literatur differenzierter und kritischer diskutiert. Vgl. G. Wöhe (2000), S. 40 ff.

vor dem Hintergrund sich ändernder Umweltbedingungen (z. B. durch den zunehmenden Wettbewerbsdruck, durch die technologische Innovationsrate oder durch gesellschaftlichen Wertewandel), das Rechnungswesen - insbesondere das interne - zusehends zu einer Servicefunktion für die Unternehmensführung entwickelt.[49] In vielen Unternehmen ist das Rechnungswesen als entscheidungsorientiertes Führungsinstrument ausgebaut worden, wobei in diesem Zusammenhang in der Literatur auch von der "Instrumentalfunktion" des Rechnungswesens gesprochen wird (vgl. *Abbildung 8*[50]).

Abbildung 8

Modernes Rechnungswesen – ein Informationsinstrument für Führungsentscheidungen

1. **Dokumentationsfunktion des Rechnungswesens**

   (Das Rechnungswesen als der Bereich der rationalen Quantifizierung des betrieblichen Geschehens, d. h. der Ort, in dem die quantifizierbaren Vorgänge in der Unternehmung erfasst und ausgewertet werden)

2. **Instrumentalfunktion des Rechnungswesens**

   (Das Rechnungswesen mit der hauptsächlichen Aufgabe, quantitative Information für unternehmerische Entscheidungen zur Verfügung zu stellen, damit der betriebliche Leistungsvollzug im Sinne des vorgegebenen Unternehmensziels optimal gestaltet werden kann)

   a) In Form der Entscheidungsrechnung

      (Bereitstellung quantitativer Informationen für unternehmerische Basisentscheidungen: z. B. Informationen für Investitions-, Programmentscheidungen, für „Break-even-Entscheidungen")

   b) In Form der Führungs- und Steuerungsrechnung

      (Bereitstellung kontinuierlicher Informationen über den betrieblichen Erfolg: z. B. „Soll-Ist-Vergleiche" in bezug auf Kostenarten, Kostenstellen und Kostenträger)

Welche Bedeutung viele Unternehmen heute dem Rechnungswesen als Quelle unternehmerischer Entscheidungs- und Steuerungsfunktion beimessen, lässt sich bei Großunternehmen bereits u. a. anhand der Stellenbeschreibungen bzw. der unterschiedlichen "Kontroll- und Steuerungs-Instanzen" ausmachen. Eine Vielzahl von Personen bzw. Abteilungen (Finanz- und Rechnungswesen, Controlling, Revision) ist damit beschäftigt, relevante gegenwarts- und insbesondere zukunftsbezogene Informationen zur Planung, Steuerung und Kontrolle des Unternehmens für das Management aufzubereiten.

---

49 Vgl. W. Männel (1988), S. 13 ff.

50 Vgl. W. Korndörfer (1989), S. 85.

Das betriebliche Rechnungswesen ist wohl das wichtigste Informations- und Führungsinstrument jedes Unternehmens. Das erfasste Datenmaterial ermöglicht Analysen und Auswertungen und die ermittelten und bereitgestellten Informationen dienen der Entscheidungsfindung und –unterstützung. Hierbei spielen insbesondere die auf Basis der Daten der Kosten- und Leistungsrechnung ermittelten Kennzahlen für die Beurteilung von Unternehmen eine wichtige Rolle.

Die Zielsetzung ist die Voraussetzung für die Planung, d. h. für die gedankliche Vorwegnahme der zukünftigen Entwicklung. Steuerung ist im Gegensatz zur Planung gegenwartsbezogen und besteht im Veranlassen, Überwachen und Sichern der Aufgabendurchführung. Kontrolle ist die notwendige Ergänzung der Planung. Es werden die Vorgaben durch Soll-Ist-Vergleich und die Gründe für die Nichterfüllung der Planvorgaben durch eine Abweichungsanalyse untersucht (vgl. *Abbildung 9*[51]).

Abbildung 9

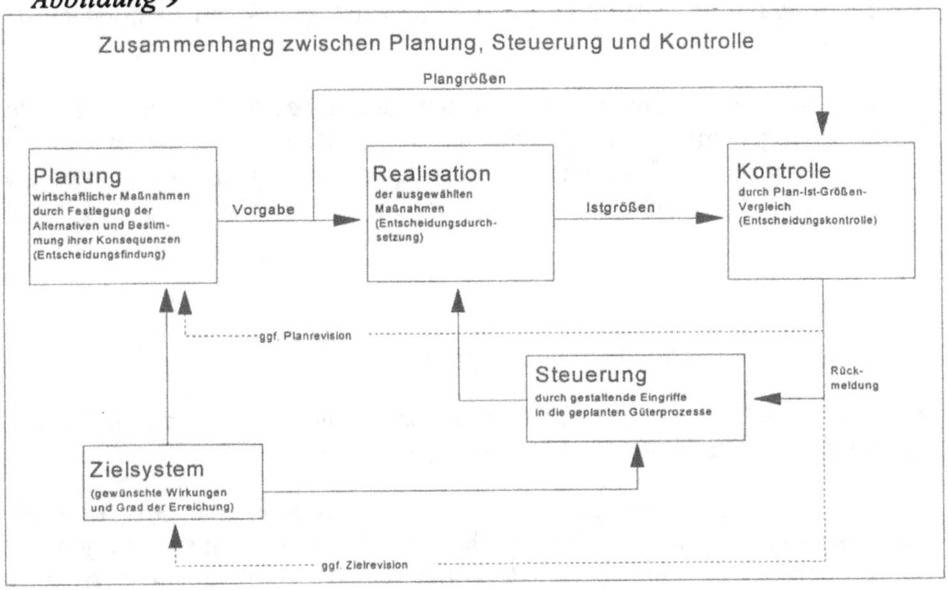

Zusammenhang zwischen Planung, Steuerung und Kontrolle

51 Nach M. Schweitzer/H.-U. Küpper (1991), S. 64.

5.2 Aufgaben des Rechnungswesens

Das moderne betriebliche Rechnungswesen mit seinen Teilgebieten – aufgefasst als **spezielle Dienstleistungsabteilung einer Unternehmung** - hat demzufolge folgende Aufgaben zu erfüllen:

1. **Kontrollaufgabe**. Die Überwachung der Wirtschaftlichkeit und Rentabilität des Betriebes sowie der Liquidität (Zahlungsfähigkeit) des Unternehmens.

2. **Planungs-** oder **Dispositionsaufgabe**. Die Schaffung und Bereitstellung von Unterlagen zur Unterstützung der Entscheidungsfindung (z.B. für Investitionsabwägungen).

3. **Dokumentationsaufgabe** und **Rechenschaftslegung**. Die zeitliche und sachliche Aufzeichnung aller Geschäftsvorfälle auf der Grundlage von Belegen sowie die gesetzlich vorgeschriebene oder freiwillige Rechenschaftslegung und Information über die Vermögens- und Erfolgslage des Betriebes.

Das betriebliche Rechnungswesen ist demnach als zentraler Bestandteil des Informationssystems eines Unternehmens aufzufassen, das Informationen über Geld- und Leistungsgrößen zu erfassen, zu verarbeiten, zu speichern und für externe (z. B. Gläubiger) und interne Stellen (Geschäftsführung) bereitzustellen hat.

5.3 Externes und internes Rechnungswesen

Aus der Verschiedenheit der Aufgaben haben sich in Theorie und Praxis verschiedene Teilgebiete[52] des Rechnungswesens entwickelt.

Die hier vorgenommene Zweiteilung in das **externe** und **interne Rechnungswesen** (gelegentlich auch innerbetriebliches Rechnungswesen genannt) erfolgt maßgeblich vor dem Hintergrund der Hervorhebung des Informationsgegenstandes und der Informationsträger. Die Differenzierung richtet sich also nach den beiden Fragen: **Welcher Ausschnitt des wirtschaftlichen Geschehens wird dargestellt? An wen wird berichtet?**

---

52 Zur detaillierten Darlegung einzelner Teilgebiete siehe: G. Wöhe (1997), S. 3 ff.

Die Aufgabenschwerpunkte sowie die Empfänger der Informationen des externen und internen Rechnungswesens dokumentiert *Abbildung 10*.

Abbildung 10

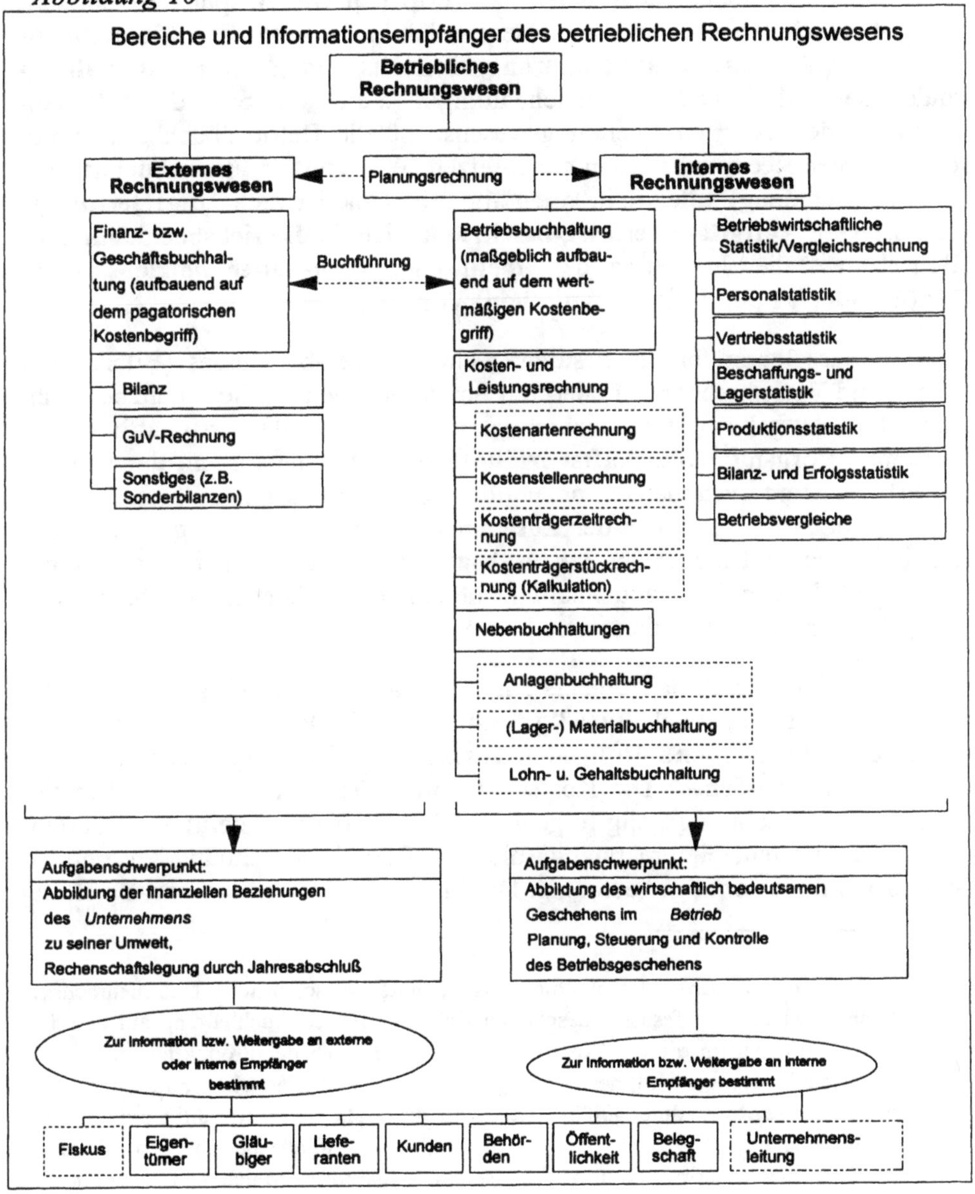

Das industrielle Rechnungswesen grenzt **Unternehmung** und **Betrieb** unter abrechnungstechnischen Aspekten ab. Die gewöhnlich unter abrechnungstechnisch-organisatorischen Gesichtspunkten vorgenommene Trennung (also nicht nach rechtlichen, räumlichen bzw. örtlichen Gesichtspunkten, sondern als gedankliche Unterscheidung) spiegelt sich in den Begriffen **Finanzbuchhaltung oder Geschäftsbuchhaltung** einerseits und **Betriebsbuchhaltung** andererseits wider. Die Finanzbuchhaltung lässt sich weitgehend mit der Abgrenzung des externen Rechnungswesens und die Betriebsbuchhaltung mit dem internen Rechnungswesen gleichsetzen. Während die Finanzbuchhaltung (= Unternehmung) **alle**, d. h. **auch die nicht sachzweck- und leistungsorientierten Aktivitäten** erfasst, **beschränkt** sich die Betriebsbuchhaltung (= Betrieb) auf die Sammlung der **eigentlichen sach- oder betriebszweckbezogenen (für den Betrieb typischen) Vorgänge**.

Die Voraussetzung für die Erstellung eines Jahresabschlusses (Bilanz, Gewinn- und Verlustrechnung) oder von Sonderbilanzen ist die Finanzbuchführung. Ihre Aufgabe besteht schwerpunktmäßig darin, alle wirtschaftlich bedeutsamen Vorgänge (**Geschäftsvorfälle**) des Unternehmens mit der Umwelt zu erfassen und systematisch abzubilden. Geschäftsvorfälle führen zur Änderung der Höhe und/oder der Zusammensetzung des Vermögens und des Kapitals eines Betriebes. Der **Jahresabschluss**, der das zahlenmäßig verdichtete Ergebnis von Finanzbuchhaltung und Inventar darstellt, richtet sich in erster Linie an externe Adressaten.

Im Unterschied zur Finanzbuchhaltung, die das gesamte wirtschaftliche Unternehmensgeschehen zahlenmäßig festhält, wird in der Regel unter dem Begriff der **Betriebsbuchhaltung** die **Kosten- und Leistungsrechnung** eines Betriebes verstanden.[53] Die Kostenrechnung wird üblicherweise - dem tatsächlichen Abrechnungsgang folgend - in drei Stufen eingeteilt: Kostenartenrechnung, Kostenstellenrechnung (hier als Betriebsabrechnung zusammengefasst) und Kostenträgerrechnung. Die Erfassung, Verteilung und Zuteilung

---

53 "Während die 'Geschäfts'buchhaltung das gesamte wirtschaftliche Unternehmensgeschehen zahlenmäßig festhält, beschränkt sich die 'Betriebs'buchhaltung auf den 'Betrieb', womit man in diesem Zusammenhang den Bereich der Produktion meint. Die Betriebsbuchhaltung; wird heute meist in statistisch-tabellarischer Form und nicht mehr in Kontenform durchgeführt, weil sich diese als zu schwerfällig erwies. Man spricht deshalb auch von Betriebsabrechnung;. Ihre Aufgabe besteht - vor allem im Industriebetrieb - darin, den Produktionsprozess (Faktorverbrauch und Leistungsentstehung) zahlenmäßig abzubilden. Sie ist deshalb dem Bereich des internen Rechnungswesens zuzuordnen." S. Hummel/W. Männel (1986), S. 7.

der Kosten, die bei der betrieblichen Leistungserstellung und -verwertung entstehen, ist die Aufgabe der Betriebsbuchführung. Dementsprechend lässt sich auch die Buchführung in die Finanz- und Betriebsbuchführung trennen.

Zur Durchführung der Kosten- und Leistungsrechnung sind im Rahmen der Betriebsbuchhaltung **Nebenbuchhaltungen** zur Unterstützung von Entscheidungsprozessen notwendig. Die Nebenbuchhaltungen, wozu Anlagen-, Material- sowie Lohn- und Gehaltsabrechnung zu rechnen sind, dienen der mengen- und wertmäßigen Erfassung der wichtigsten Produktionsfaktoren. Systematisch sind sie zwischen Finanzbuchhaltung und Kostenrechnung einzuordnen, da sie das Zahlenmaterial über Bestände (z. B. Maschinen) und Aufwendungen (bilanzielle Abschreibungen auf Maschinen) an die Finanzbuchhaltung und über Kosten (kalkulatorische Abschreibungen auf Maschinen) an die Kostenrechnung liefern.

Zur **betriebswirtschaftlichen Statistik und Vergleichsrechnung**: Die Betriebsbuchhaltung ist zwar ein wesentlicher Bestandteil des internen Rechnungswesens, aber darüber hinaus werden auch andere Gebiete, wie etwa die Personalstatistik, die Vertriebsstatistik, die Beschaffungs- und Lagerstatistik, die Produktionsstatistik, die Bilanz- und Erfolgsstatistik, Betriebsvergleiche[54] und weitere betriebsbezogene Statistiken und Vergleichsrechnungen hierzu gezählt. Während in der Finanzbuchhaltung und Betriebsbuchhaltung in erster Linie Werte, Wertbewegungen und Wertveränderungen erfasst werden, soll die betriebswirtschaftliche Statistik durch Vergleichen von betrieblichen Tatbeständen und Entwicklungen (Bildung von Kennziffern) oder durch Feststellung von Beziehungen und Zusammenhängen zwischen betrieblichen Größen neue zusätzliche Erkenntnisse für die betriebliche Kontrolle, Planung und Disposition liefern. Der Aufbau und die Organisation des internen Rechnungswesens (Betriebsbuchhaltung, betriebswirtschaftliche Statistik und Vergleichsrechnung) sind in das Ermessen des Betriebes gestellt.

Die **Planungsrechnung**[55], die eine mengen- und wertmäßige Schätzung der erwarteten betrieblichen Entwicklung darstellt, lässt sich nicht immer scharf

---

54 Vgl. G. Schott (1988).

55 Die Planungsrechnung wird heute von vielen Autoren nur bedingt oder gar nicht als Teilgebiet des betrieblichen Rechnungswesens gesehen. "Die betriebliche Planung wird nicht mehr wie früher als ein Teilgebiet des Rechnungswesens angesehen, sondern das betriebliche Rechnungswesen wird als ein wesentlicher Bestandteil des Informationswesens eines Unternehmens betrachtet, das die zur zweckmäßigen Lösung der Planungs- und Entscheidungsprobleme in- und außerhalb der Unternehmung notwendigen Informationen zu liefern hat. Gegenüber der Planung hat das betriebliche Rechnungs-

von den anderen Teilgebieten des Rechnungswesens abgrenzen, da sie sowohl die Daten der Finanz- als auch die der Betriebsbuchhaltung (z. B. Plankostenrechnung) verarbeitet. Bei der Erstellung des betrieblichen Gesamtplans, der sich aus mehreren Teilplänen (z. B. Absatz-, Produktions- und Finanzplan) zusammensetzt, werden wissenschaftliche Methoden und Verfahren (z. B. mathematische Gleichungsverfahren zur Verrechnung innerbetrieblicher Leistungen) eingesetzt, die in der Literatur üblicherweise der Unternehmensforschung (Operations Research) zugerechnet und auch dort ausführlich abgehandelt werden.[56] Das Einsatzgebiet von Operations Research überschneidet sich mit vielen Teilen des betrieblichen Rechnungswesens, so dass die Planungsrechnung als Hilfsinstrument des betrieblichen Rechnungswesens aufgefasst werden kann.[57]

Zu betonen ist außerdem, dass es sich auch bei der Finanzbuchhaltung oder Geschäftsbuchhaltung und der Kosten- und Leistungsrechnung keinesfalls um zwei voneinander völlig losgelöste Bereiche handelt. Zwischen den beiden Teilgebieten bestehen enge Wechselbeziehungen. Ein wesentlicher Unterschied liegt darin, dass die Finanzbuchhaltung auf **pagatorischen** (lateinisch pagare = zahlen) und die Betriebsbuchhaltung in der Regel auf **wertmäßigen bzw. kalkulatorischen** Kostengrößen aufbaut! Der Terminus pagatorische Kosten subsumiert letztlich sämtliche auszahlungswirksame Kosten.

Im Gegensatz zur pagatorischen Rechnung baut die wertmäßige bzw. kalkulatorische Rechnung nicht auf Zahlungsmittel-, sondern auf Realgüterbewegungen auf. Dies bedeutet, dass in der Betriebsbuchhaltung u. a. auch sog. **Zusatzkosten** (fiktive Kosten wie z. B. kalkulatorischer Unternehmerlohn) zu Vergleichszwecken bzw. zur Bewertung alternativer Verwendungsmöglichkeiten der Produktionsfaktoren (Nutzenentgang) erfasst werden. Solche **Zu-**

---

wesen jetzt gleichsam eine 'dienende' Funktion." G. Bähr/W. F. Fischer-Winkelmann (1990), S. 178.

56 Zum Begriff, Aufgaben und Verfahren von Operations Research siehe z. B. G. Wöhe (2000), S. 164 ff.

57 "Die Unternehmensforschung führt zur Bildung **mathematischer Entscheidungsmodelle**. Wie alle mathematischen Modelle in der Wirtschaftstheorie, so können auch diese Modelle nicht mehr an Erkenntnissen liefern, als man zuvor durch Auswahl der Voraussetzungen in sie hineingesteckt hat. Das entscheidende Problem ist also der Ansatz, die Auswahl der Prämissen. Die Verwendung der Mathematik als formale Sprache zwingt zu einer klaren Formulierung der Probleme und bietet in Verbindung mit dem Einsatz der EDV den Vorteil, dass auch Probleme solcher Größenordnung durchgerechnet werden können, die bisher als praktisch unlösbar galten." G. Wöhe (2000), S. 164.

satzkosten sind nicht ausgaben- und auszahlungswirksam und, entsprechend den gesetzlichen Bestimmungen, **nicht Bestandteil des Jahresabschlusses.**

Im Vergleich zum externen enthält damit das **interne Rechnungswesen** nicht nur andere, sondern auch erheblich **umfangreichere und aussagefähigere Daten** zur tatsächlichen wirtschaftlichen Situation und Geschäftspolitik einer Unternehmung. Der Aufgabenschwerpunkt liegt in der Abbildung des wirtschaftlich bedeutsamen Geschehens im Betrieb mit dem Ziel der Planung, Steuerung und Kontrolle des Betriebsgeschehens. Aber sowohl die Informationen der Finanz- als auch die der Betriebsbuchhaltung besitzen einen hohen Stellenwert als Instrument im Rahmen der Unternehmensführung und -politik.

5.4 Informationshierarchie und –verdichtung in der Buchhaltung

Wie umfangreich und vielschichtig die zu verarbeitenden Informationen des "Informationszentrums" Finanz- und Betriebsbuchhaltung sind, lässt sich anhand der schichtenweisen Verdichtung von Informationen unter Zugrundelegung von fiktiven Informationshierarchieebenen oder Aufgabenebenen ("Schichten") eines Großunternehmens (von der unteren zur oberen Ebene) veranschaulichen (vgl. *Abbildung 11*)[58].

Abstrahiert man von konkreten Zahlen aktueller Geschäftsvorfälle (Rechnungsdatum und -nummer usw.), so bilden **Stammdaten** oder besser **Basisinformationen**, die im allgemeinen selten zu ändern sind, die Grundlage für die weitere Informationsverarbeitung. Zu den Basisinformationen sind im wesentlichen der Lieferanten- und Kundenstamm, der Anlagenstamm für die Finanzbuchhaltung sowie der Erzeugnis- und der Kostenstellenplan für die Betriebsabrechnung zu zählen. Sie liefern das Informationsgerüst für die tägliche Arbeit der untersten Hierarchieebene im Rahmen der Finanz- und der Betriebsbuchhaltung.

Informationen, die Aktivitäten auslösen und mit den Basisinformationen zu verknüpfen sind, können von außen (z. B. Rechnungs- und Zahlungseingänge) oder aber von innerhalb der Unternehmung (z. B. Auslieferungen, Umlagen) kommen. Sie sind in *Abbildung 11* horizontal dargestellt. Die Ergebnisse der unteren Ebene teilen sich wiederum in Informationen, die nach außen (z. B. Rechnungs- und Zahlungsausgänge) oder nach innen (statistische Daten, hier nicht dargestellt) horizontal verlaufen und solche,

58 E. Gernet (1987), S. 158.

Abbildung 11

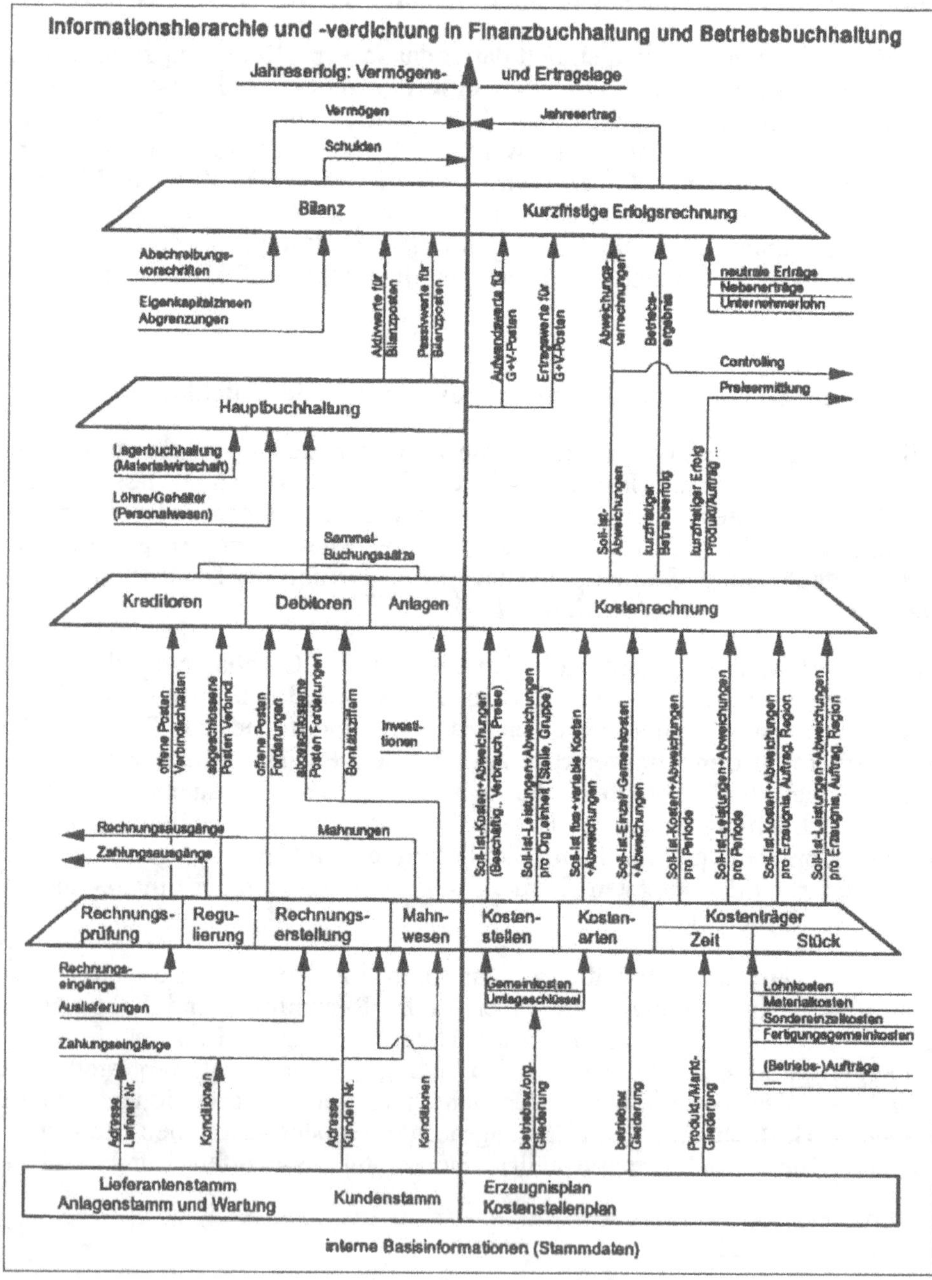

die an die nächste Ebene nach oben (z. B. offene und abgeschlossene Posten, Kosten und Abweichungen) weitergegeben werden.

In dieser Ebene werden die ankommenden mit horizontal auftretenden Informationen (z. B. Lagerbestände, neutrale Erträge) zusammengeführt, um ein Gesamtbild der Vermögens- und Ertragslage der Unternehmung erarbeiten zu können. Intern horizontal werden teilweise kumulierte Informationen weitergegeben (z. B. Preisbildungsinformationen).

In der obersten Ebene schließlich, wird das Gesamtbild des Jahreserfolges (höchster Verdichtungsgrad) dargestellt und der Unternehmensführung zur Verfügung gestellt.

Die veranschaulichte Zusammensetzung und Struktur der umfangreichen **Aufgaben** der Finanz- und Betriebsbuchhaltung im Sinne der Informationsverarbeitung und -verdichtung gilt nicht nur für Groß- und Mittelunternehmen, sondern prinzipiell auch für kleinere Unternehmen. Während aber in größeren Unternehmen sich mit der Bewältigung erwähnter Aufgaben oftmals mehrere Stellen befassen und in der Regel die Eingabe, Verarbeitung und Ausgabe der Informationen auf der hauseigenen EDV-Anlage erfolgt, verlagern kleinere Unternehmen nicht selten einen Teil dieser Tätigkeiten wie z. B. die Buchführung nach außer Haus (Steuerberater, externe Rechenzentren).

5.5 Doppelte Buchführung im System der Finanzbuchhaltung

Durch die Geschäftstätigkeit eines Unternehmens werden laufend Finanz- und Güterströme verändert, die nur durch eine lückenlose, ordnungsgemäße und dokumentierte Erfassung aller Geschäftsvorfälle später nachvollzogen bzw. überprüft werden können. Die "korrekte" Erfassung der laufenden Geschäftsvorfälle bis zur Erstellung des "offiziellen" Jahresabschlusses obliegt der Finanzbuchhaltung.

Abbildung 12 zeigt in schematischer und stark vereinfachter und verkürzter Form die Stationen vom Geschäftsvorfall zum Jahresabschluss bzw. zur Bilanz sowie Gewinn- und Verlust-Rechnung bei einer "klassisch"-manuellen

Abbildung 12

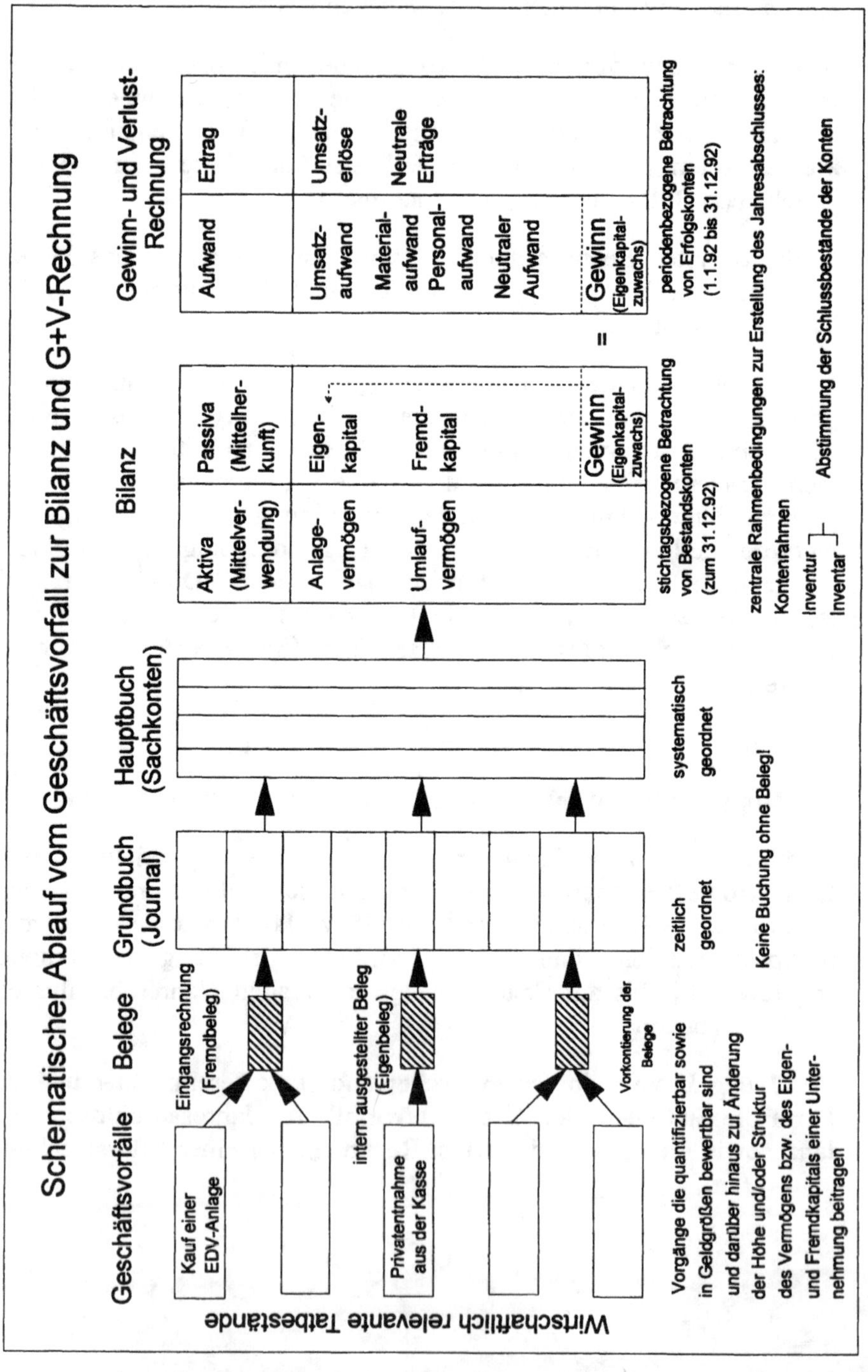

Buchführung, die heute allerdings keine Bedeutung mehr besitzt. Mit der Entwicklung der sog. manuellen und maschinellen Durchschreibebuchführung fiel das handschriftliche Übertragen der Buchungen aus dem Grundbuch ins Hauptbuch weg. Das amerikanische Journal ist wohl auch aufgrund der Einfachheit die einzige Form der manuellen Übertragungsbuchführung, die heute noch für kleine Betriebe eine gewisse Bedeutung besitzt. Die manuelle und maschinelle Durchschreibebuchführung ist weitgehend durch eine ausgereifte EDV-Buchführung ersetzt worden. Am grundsätzlichen Prinzip der Buchführung hat sich jedoch nichts geändert.

Die Dokumentation der Geschäftsvorfälle erfolgt in der Finanzbuchhaltung zum einen **zeitlich** (chronologisch) im sog. **Grundbuch** (Journal) und zum anderen noch einmal nach **systematischen Gesichtspunkten geordnet** im sog. **Hauptbuch** (Sachkontenbuch). Jeder Geschäftsvorfall wird also mindestens zweimal aufgezeichnet. Die wichtigsten Grundbücher sind die Kassenbücher, Rechnungseingangs- und Rechnungsausgangsbücher sowie Bankbücher. Das Hauptbuch umfasst alle Konten, die man abschließen muss, um die Bilanz sowie die Gewinn- und Verlustrechnung aufstellen zu können. Außerdem gibt es **Neben-** und **Hilfsbücher**, die bestimmte Hauptbuchkonten erläutern bzw. die Arbeitsabwicklung erleichtern. Das wichtigste Nebenbuch ist die Offene-Posten-Buchhaltung oder das Geschäftsfreundebuch, das gesetzlich (Abschnitt 29 Abs. 2 und 4 EStR) vorgeschrieben ist. In diesem Buch werden sämtliche Forderungen und Verbindlichkeiten gegenüber den Geschäftsfreunden von ihrer Entstehung bis zur Begleichung für jeden einzelnen Kunden (Debitoren) bzw. Lieferanten (Kreditoren) erfasst. Weitere Nebenbücher sind das Waren- oder Lagerbuch, das Besitzwechselbuch, das Schuldwechselbuch, das Lohn- und Gehaltsbuch und das Anlagenbuch. Hilfsbücher sind z. B. Mahnbücher oder Terminbücher.[59] Grundlage jeder Dokumentation ist der Beleg (Belegprinzip); er stellt die Verbindung zwischen dem zugrundeliegenden Geschäftsvorfall und seiner Verarbeitung (Verbuchung) im Grund- und Hauptbuch dar und dient somit der Beweissicherung. Der Grundsatz lautet: **Keine Buchung ohne Beleg!**

Die **Aufgabe der Buchführung** lässt sich wie folgt umreißen: Sie zeichnet alle wirtschaftlich bedeutsamen Vorgänge (Geschäftsvorfälle) planmäßig und

---

59 Zu den Merkmalen der einzelnen Buchführungsformen und Buchführungstechniken siehe viertes Kapitel dieses Buches und W. Eisele (1999), S. 480 ff., H. Falterbaum/ H. Beckmann (1996), S. 243 ff., G. Bähr/W. F. Fischer-Winkelmann (1990), S. 167 ff., M. Heinhold (1989), S. 32 ff.

lückenlos im zeitlichen Ablauf nach ihrem wesentlichen Inhalt und nach ihren Wertziffern auf. Sie sammelt, ordnet und gruppiert die Informationen und schließt dieses Zahlenwerk in regelmäßigen Zeitabständen (Jahresabschluss) ab. Unter wirtschaftlich bedeutsamen Vorgängen sind dabei alle diejenigen Geschäftsvorfälle zu verstehen, die zur Änderung der Höhe und/oder der Zusammensetzung des Vermögens und des Kapitals eines Betriebes führen. Alle in der Buchführung und Bilanz erfassten Bestands- und Bewegungsgrößen spiegeln einen Wert wider und werden in Geldeinheiten (€) ausgedrückt. Bei der Buchführung handelt es sich um eine Zeitrechnung. Sie gliedert sich auf in die Finanzbuchführung (Geschäftsbuchführung), die die offizielle Gesamtabrechnung (Jahresabschluss) der Unternehmung entwickelt und die Betriebsbuchführung, deren Ergebnis der (kalkulatorische) betriebsbezogene Abschluss (Betriebsergebnis) ist. Die Finanzbuchführung ermittelt demnach den gesamten Wertzuwachs oder Wertverbrauch sowie die Änderungen der Vermögens- und Kapitalstruktur während eines Zeitraumes (Jahr, Monat). Der gesamte Wertverbrauch einer Abrechnungsperiode wird als **Aufwand**, der gesamte Wertzuwachs als **Ertrag** bezeichnet. Die in der Buchführung an einem Stichtag (Bilanzstichtag) erfassten Bestände an Vermögen und an Kapital werden in der Bilanz, die erfassten Aufwendungen und Erträge einer Abrechnungsperiode in der Erfolgsrechnung (Gewinn- und Verlustrechnung) einander gegenübergestellt.

Eine isolierte lückenlose Aufzeichnung von Geschäftsvorfällen reicht allerdings nicht aus, um einen Einblick in die wirtschaftliche Lage einer Unternehmung zu vermitteln. Darüber hinaus müssen Rahmenbedingungen (z. B. ein Kontenrahmen) existieren, die eine systematische Auswertung ermöglichen, und damit ein Überblick über die Vermögenslage und den Stand der Schulden einer Unternehmung gewonnen werden kann. Zur Ermittlung der tatsächlichen Vermögenslage zu einem bestimmten Zeitpunkt reicht allerdings der periodische Abschluss der Buchführung, indem nach bestimmten Kriterien die Auswirkungen von Geschäftsvorfällen zusammengefasst und gruppiert werden, nicht aus. Erst durch eine **Inventur**, d. h. durch eine mengen- und wertmäßige körperliche Erfassung von Vermögen und Schulden und die daraus mögliche Aufstellung des **Inventars**, d. h. eines Bestandsverzeichnisses über Art, Menge und Wert der Vermögensteile und Schulden, lässt sich das Eigenkapital (Differenz zwischen Vermögen und Schulden) und der Erfolg oder Misserfolg eines Geschäftsjahres genau bestimmen. Denn nur wenn das Eigenkapital zum Ende des Geschäftsjahres gegenüber dem Beginn des Jahres (private Transaktionen bedürfen einer besonderen Betrachtung) zugenommen hat, wurde ein Gewinn erzielt.

Zusammenfassend kann festgehalten werden: Jeder Geschäftsvorfall in einem Unternehmen stellt eine Wertbewegung dar. Der formale Aufbau der doppelten Buchführung ermöglicht dabei die **Ermittlung des Periodenerfolges** auf zwei Wegen: durch **Vermögensvergleich** oder **Eigenkapitalvergleich** (Eigenkapital am Ende des Geschäftsjahres - Eigenkapital am Anfang des Geschäftsjahres = Erfolg des Jahres) und durch **Aufwands- und Ertragsvergleich** (Gewinn- und Verlustrechnung).

5.6 Ziele und Aufgaben von Finanz- und Betriebsbuchhaltung

Nachdem wir die Buchführung in groben Zügen kennengelernt haben und deren Ergebnisse als Hilfsinstrument der Unternehmensführung[60] besser in die Struktur einer Unternehmung einordnen können, werden nochmals die wesentlichen Unterscheidungsmerkmale von externem Rechnungswesen (Finanzbuchhaltung) und internem Rechnungswesen (Betriebsbuchhaltung) in *Abbildung 13*[61] Überblicksweise einander gegenübergestellt.

An der Gegenüberstellung wird u. a. ersichtlich, dass, angesichts abweichender Auffassungen darüber, was als Wertzuwachs (Ertrag, Leistung) und Wertverzehr (Aufwand, Kosten[62]) zu erfassen ist, es **keinen allgemeingültigen Gewinnbegriff** geben kann.[63] Diese Feststellung gilt auch für die "offiziell" ausgewiesenen Jahresabschlussergebnisse.

Deshalb sei an dieser Stelle - bevor wir uns genauer mit der Entstehung des Jahresabschlusses im Rechtssinne (Beachtung gesetzlicher, organisatorischer Rahmenbedingungen sowie Technik der doppelten Buchführung und Bilanzierung) beschäftigen - darauf hingewiesen, dass Gesetze in der Regel "Spielräume" für eine Bilanzpolitik (Bilanzgestaltung im Sinne der Unternehmenspolitik) beinhalten.

---

60 Vgl. N. Zdrowomyslaw (1992).

61 Nach K.-D. Däumler/J. Grabe (1996), S. 17.

62 "Der Kostenbegriff der Betriebswirtschaftslehre ist nicht souverän; er ist ein Begriff, der die Verfolgung gewisser Zwecke erleichtern soll und hat sich diesem Zwecke unterzuordnen." E. Schmalenbach (1927), S. 8.

63 N. Zdrowomyslaw/K. Kairies (5/1992).

Abbildung 13

Gegenüberstellung von externer und interner Erfolgsrechnung

Unterscheidungs-merkmal	Externes Rechnungswesen		Internes Rechnungswesen
	Handelsbilanz	**Steuerbilanz**	**Kostenrechnung**
Gewinnbegriff	Externer Erfolg oder Geschäftserfolg oder Gewinn	Steuerlicher Erfolg oder zu versteuernder Erfolg	Interner Erfolg oder Betrieberfolg
Aussage	Gibt an, was das Unternehmen aus Transaktionen mit der Umwelt verdient hat	Gibt an, welche Bemessungsgrundlage der Besteuerung zugrunde zu legen ist	Gibt an, wie der Betrieb gearbeitet hat
Ziel	Darstellung nach außen	Darstellung gegenüber dem Finanzamt	Auswertung für interne Zwecke
Organisation	Geschäftsbuchhaltung/Finanzbuchhaltung	Steuerberater/Geschäftsbuchhaltung/Steuerab teilung	Betriebsbuchhaltung/Kostenrechnung
Gesetzliche Verpflichtung	Handelsgesetzbuch (HGB) ggf. Publizitätspflicht	Einkommensteuergesetz (EstG) Abgabenordung (AO)	Keine (Ausnahme: öffentliche Verträge)
Zeitraum	Jährlich	Jährlich	mehrmals jährlich (z. B. monatlich)
Aufgaben	1. Ermittlung des Jahreserfolges 2. Ermittlung der Vermögens- und Schuldbestände 3. Bereitstellung von Zahlungsmaterial für dispositive Zwecke	Ermittlung des zu versteuernden Gewinns	1. Ermittlung des kurzfristige Erfolgsrechnung (KER) 2. Wirtschaftlichkeitskontrolle 3. Kalkulation der betrieblichen Leistung 4. Bereitstellung von Zahlungsmitteln für dispositive Zwecke 5. Bereitstellung von Zahlenmaterial für die Bewertung von Beständen
Gewinnermittlung	Externer Erfolg	Steuerlicher Erfolg 1. durch Betriebsvermögensvergleich (§ 4 Abs. 1 EStG) 2. durch Gegenüberstellung von Ertrag und Aufwand (§ 5 ESstG)	Interner Erfolg = Leistung - Kosten

Spätestens seit den ersten handelsrechtlichen Buchführungs- und Bilanzierungsvorschriften im Zuge des Allgemeinen Landrechtes für die preußischen Staaten (1794) dürften Bilanzmanipulationen und -fälschungen vorgekommen sein. Es gilt jedoch prinzipiell zwischen Bilanzfälschungen (absichtlichen Fehlschätzungen und Manipulationen) und Bilanzpolitik (Ausnutzen der rechtlichen Spielräume) zu unterscheiden. Die Bewertung in der Handelsbilanz wird heute vom **Grundsatz kaufmännischer Vorsicht** (nominelle Kapitalerhaltung, Gläubigerschutz und Schutz der Gesellschafter, die keinen Einfluss auf die Geschäftsführung und die Gestaltung des Rechnungswesens haben) beherrscht und bietet beachtliche Möglichkeiten, die Höhe des Gewinns zu steuern:

"Nun hat der Bilanzierende eine Reihe von Bilanzansätzen zu ermitteln, bei denen innerhalb der Bewertungsbestimmungen Schätzungen vorzunehmen sind. In solchen Fällen erfordert das Vorsichtsprinzip, bei Aktivposten die untere Grenze und bei Passivposten die obere Grenze des Schätzrahmens als Wertansatz zu wählen. Hieraus ergibt sich die Problematik, eine eindeutige Grenze ziehen zu müssen zwischen berechtigter Vorsicht und unberechtigter Willkür."[64]

Die Grenze zwischen berechtigter Vorsicht und unberechtigter Willkür ist fließend und im Einzelfall nur schwer - wenn überhaupt - feststellbar. Dass sich hinter dem betrieblichen Rechnungswesen tatsächlich mehr als nur die Buchführung und deren Technik verbirgt, lässt sich u. a. bereits anhand der **Mehrdeutigkeit des Gewinnbegriffs** erkennen. So ist zwischen dem "Handelsbilanz-Gewinn", dem "Steuerbilanz-Gewinn" und dem "Internen Gewinn" (Betriebserfolg ermittelt in der Kosten- und Leistungsrechnung) zu unterscheiden. Die Durchleuchtung der tatsächlichen Kosten- und Gewinnsituation einer Branche und erst recht eines Unternehmens von außen gestaltet sich prinzipiell recht schwierig, da es sich in der Regel seit jeher um das meistgehütete Geheimnis eines Unternehmens handelt.

"Der offizielle Gewinn ist diejenige Ziffer aus der Bilanz einer Firma, der man am wenigsten trauen darf. Das ist keineswegs neu. Jeder Revisor weiß das. Neu ist nur das Ausmaß, mit dem in jüngster Zeit Gelder in den Bilanzen verquetscht werden".[65]

Interessant und aufschlussreich in diesem Zusammenhang ist auch eine Passage aus einem Gespräch zwischen dem heute sehr bekannten US-amerikanischen Manager LEE IACOCCA und dem Miteigentümer der Fordwerke HENRY FORD II:

"Eines Tages sagte er (Henry Ford, d. V.) zu mir: 'Zahlst du Einkommensteuer?' 'Machst du Witze?' antwortete ich. 'Natürlich.' Was ich auch anstelle, 50 Prozent von allem, was ich

64 K. Küting/C.-P. Weber (1990), S. 31.

65 S. Welzk (1986), S. 30.

verdiene, gingen ans Finanzamt. 'Ich fange an, mir Sorgen zu machen', sagte er. 'Dieses Jahr zahle ich 11.000 Dollar. Und das ist das erste Mal seit sechs Jahren, dass ich überhaupt etwas zahle!' Ich konnte es nicht glauben. 'Henry', sagte ich, 'wie machst du das bloß?' 'Meine Anwälte kümmern sich darum', antwortete er. 'Hör mal', sagte ich, 'ich habe nichts dagegen, jedes Schlupfloch zu benutzen, das uns die Regierung lässt. Aber die Leute, die in unseren Fabriken arbeiten, zahlen fast so viel wie du! Meinst du nicht, du solltest deinen Teil beisteuern? Was ist mit der Landesverteidigung? Was ist mit der Army und der Air Force?' Aber er sah das nicht ein. Obwohl ich keinen Grund zur Annahme habe, dass er gegen die Gesetze verstieß, war seine Einstellung: behumse die Regierung, wo es nur geht."[66]

Wie geschickt und weitreichend Bilanzpolitik bzw. Bilanzmanipulationen sein können, belegen die spektakulären Skandalfälle der Neuen Heimat und der AEG, der VW-Devisenskandal oder die co-op-Affäre. Bekanntlich standen die beiden Großunternehmen AEG und co op vor dem wirtschaftlichen Zusammenbruch, obwohl die Jahresabschlüsse der Öffentlichkeit ein wesentlich günstigeres Bild der wirtschaftlichen Lage vermittelten. Bezogen auf den co-op-Fall schrieb beispielsweise die Süddeutsche Zeitung:

"Der vom Aufsichtsratsvorsitzenden Hans Friedrichs eingesetzte Sanierungsexperte Hans Schaefer hatte bereits Ende Februar nach monatelangen Recherchen herausgefunden, dass der co-op-Konzern seit 1982 im reinen Handelsgeschäft Verluste machte. Nur durch fiktive Geldzuflüsse seien in den Bilanzen Gewinne entstanden."[67]

Der Ausweis des Unternehmensgewinns als Ergebnis der Finanzbuchhaltung (externes Rechnungswesen), gestaltet nach bilanzpolitischen Überlegungen der Geschäftsleitung, stellt - wie die Beispiele aufzeigen - nur einen kleinen und sehr eingeschränkten Ausschnitt des "tatsächlichen" wirtschaftlichen Geschehens einer Unternehmung dar.

66 L. Iacocca/W. Novak (1987), S. 141.

67 Süddeutsche Zeitung vom 9.5.1989, S. 31.

2. Kapitel: Grundbegriffe des betrieblichen Rechnungswesens

1 Rechengrößen der Finanz- und der Betriebsbuchführung

Wer die Entstehung einer Bilanz sowie einer Gewinn- und Verlustrechnung verstehen und beurteilen möchte, der muss nicht nur die relevanten gesetzlichen Bestimmungen und den Aufbau des Kontenrahmens kennen, sondern sollte sich vor allem mit bestimmten Begriffen des betrieblichen Rechnungswesens auseinandersetzen.

Im alltäglichen Sprachgebrauch werden beispielsweise Begriffe wie Ausgaben, Auszahlungen, Aufwand, Kosten oder auch "Unkosten" recht willkürlich und häufig synonym gebraucht. Dies führt oftmals zu Missverständnissen und damit zu Fehlbewertungen und Fehleinschätzungen. Dagegen werden im betrieblichen Rechnungswesen vier Begriffspaare unterschieden, die mit voneinander abweichenden Wortinhalten belegt sind. Außerdem verwendet das Steuerrecht in den Vorschriften über die Gewinnermittlung mit Hilfe der Steuerbilanz ein weiteres Begriffspaar, nämlich Betriebseinnahmen/Betriebsausgaben, das sich mit keinem der oben genannten in vollem Umfang deckt.[1]

1. Einzahlungen - Auszahlungen

2. Einnahmen - Ausgaben

3. Ertrag - Aufwand

4. Leistung (Erlöse) - Kosten

5. Betriebseinnahmen - Betriebsausgaben

Bei den Begriffspaaren handelt es sich keineswegs um eine willkürliche Unterscheidung. Jede der fünf Kategorien von Rechengrößen (positive und negative Strömungsgrößen/€ je Zeitraum) dient vielmehr **speziellen Informationsbedürfnissen**. So erfordert beispielsweise eine Liquiditätsanalyse andere Rechengrößen als eine Rentabilitätsanalyse.

---

1 Vgl. G. Wöhe (1997), S. 24 ff.

1.1 Rechenelemente der Finanzbuchführung

Die Finanzbuchführung erfasst wertmäßig alle Geschäftsvorfälle, die die **gesamte Unternehmenstätigkeit** mit der Umwelt widerspiegeln und verwendet hierbei die Begriffspaare 1-3 und 5.

Einzahlungen - Auszahlungen

Alle Zugänge an Zahlungs- oder liquiden Mitteln (Bargeld und Sichtguthaben wie Schecks, Überweisungen) werden **Einzahlungen**, alle Abgänge von Zahlungsmitteln werden **Auszahlungen** genannt.

Einzahlungen = Zugänge an Zahlungsmitteln

Auszahlungen = Abgänge von Zahlungsmitteln

Die Summe aus Kassenbeständen und jederzeit verfügbaren Bankguthaben, also der Bestand an liquiden Mitteln, wird als **Zahlungsmittelbestand** (Bestands- bzw. Bilanzgröße) bezeichnet. Einzahlungen bzw. Auszahlungen müssen stets auf einem Zahlungsmittelkonto gebucht werden.

Einnahmen - Ausgaben

Unter **Einnahmen** ist der Wert aller veräußerten Güter und Dienstleistungen zu verstehen, die eine Unternehmung von der Umwelt empfängt und unter **Ausgaben**, der Wert aller abgegebenen Leistungen an die Umwelt. Einnahmen erhöhen und Ausgaben vermindern das Geldvermögen. Unter **Geldvermögen** ist dabei die Summe aus Zahlungsmittelbestand (liquide Mittel) und Bestand an sonstigen Forderungen abzüglich des Bestandes an Verbindlichkeiten zu verstehen.

Einnahmen = Einzahlungen + Forderungszugänge + Schuldenabgänge

Ausgaben = Auszahlungen + Forderungsabgänge + Schuldenzugänge

Einzahlung und Einnahme sowie Auszahlung und Ausgabe können zusammenfallen oder auch nicht, wie folgende Beispiele[2] im Hinblick auf die Veränderung des Zahlungsmittelbestandes bzw. Geldvermögens verdeutlichen:

---

2 In Anlehnung an G. Wöhe/H. Kußmaul (2000), S. 16.

Beispiele (Geschäftsvorfälle):

Einzahlung, **keine** Einnahme. Aufnahme eines Barkredits (z. B. Bankdarlehen): Einzahlung = Schuldenzugang;

Einzahlung, **gleich** Einnahme. Barverkauf von Waren: Zunahme des Zahlungsmittelbestandes = Zunahme des Geldvermögens;

Einnahme, **keine** Einzahlung. Warenverkauf auf Kredit ("auf Ziel"): Zunahme des Geldvermögens durch Zunahme der Forderungen;

Auszahlung, **keine** Ausgabe. Der Betrieb gewährt einen Barkredit: Auszahlung = Forderungszugang;

Auszahlung, **gleich** Ausgabe. Bareinkauf von Rohstoffen: Abnahme des Zahlungsmittelbestandes = Abnahme des Geldvermögens;

Ausgabe, **keine** Auszahlung. Wareneinkauf auf Ziel: Abnahme des Geldvermögens durch Zunahme der Schulden.

Das Begriffspaar Einnahmen/Ausgaben hat demnach einen weiteren Begriffsumfang als das Begriffspaar Einzahlungen/Auszahlungen.

Ertrag - Aufwand

Gemäß § 252 Absatz 1 Ziffer 5 HGB ist die **periodengerechte** Ermittlung des Jahreserfolges eines der Hauptziele der Buchführung und des Jahresabschlusses. Mit diesem Problem der Periodisierung ist das Begriffspaar Ertrag/ Aufwand eng verbunden.

Unter **Ertrag** ist der durch Einnahmen erzielende Wertzuwachs pro Periode, unter **Aufwand** der auf periodisierten Ausgaben beruhende Wertverzehr (-verbrauch) zu verstehen. Zu ergänzen wäre, dass es sich um Wertzuwächse bzw. Wertverbräuche handelt, die aufgrund gesetzlicher Bestimmungen und bewertungsrechtlicher Konventionen in der Finanzbuchhaltung verrechnet werden.

Ertrag = Wert aller erbrachten Güter und Dienstleistungen

Aufwand = Wert aller verbrauchten Güter und Dienstleistungen

Ertrag, definiert als **erbrachte** Güter und Dienstleistungen, enthält demzufolge nicht nur die mit der Umwelt erlösten Umsätze, sondern **alle** Wertzuwächse. So müssen gemäß § 275 Abs. 2 HGB in der Gewinn- und Verlustrechnung einer Kapitalgesellschaft neben den Umsatzerlösen folgende Ertragsarten ausgewiesen sein: Erhöhungen des Bestandes an fertigen und unfertigen Erzeugnissen, andere aktivierte Eigenleistungen, sonstige betriebliche Erträge, Erträge aus Beteiligungen, Erträge aus anderen Wertpapieren und

Ausleihungen des Finanzanlagevermögens, sonstige Zinsen und ähnliche Erträge sowie außerordentliche Erträge. Der "Verbrauch" von Werten kann einerseits in einer Umformung von Werten (z.B. Verbrauch von Rohstoffen zur Erstellung von Fabrikaten bzw. Verkauf von Waren und Fabrikaten) bestehen, dann steht dem Güterverzehr ein Gegenwert in Form von Betriebsleistungen gegenüber, oder er kann ohne Gegenwert erfolgen, wie z.B. bei der Zahlung einer Spende (freiwillig) oder der Zahlung von Steuern (zwangsweise).

Die Summe aus Geldvermögen und Sachvermögen bezeichnet man als **Nettovermögen** oder **Reinvermögen**. Erträge erhöhen und Aufwendungen vermindern das Nettovermögen.

Die Konvergenzen bzw. Divergenzen zwischen den Begriffspaaren Einnahmen/Ausgaben und Ertrag/Aufwand seien anhand von Geschäftsvorfällen verdeutlicht.

Beispiele (Geschäftsvorfälle):

Ausgaben, **kein** Aufwand. Kauf und Bezahlung von Rohstoffen, die in der laufenden Periode nicht verbraucht werden: Kompensation von Zugängen im Sachvermögen durch Verminderung des Geldvermögens lassen das Gesamtvermögen unberührt.

Ausgabe, **gleich** Aufwand. Kauf von Rohstoffen, die noch in der selben Periode verbraucht werden: Abnahme sowohl des Geld- als auch Gesamtvermögens.

Aufwand, **keine** Ausgabe. Entnahme von Rohstoffen aus dem Lager für die Produktion, die in der Vorperiode beschafft wurden: Abnahme des Gesamtvermögens, aber keine Veränderung des Geldvermögens (also nur Verminderung des Sachvermögensbestandes).

Einnahme, **kein** Ertrag. Verkauf von gelagerten Fertigprodukten, die in früheren Perioden hergestellt wurden: Kompensation von Zugängen im Geldvermögen durch Verminderung des Sachvermögens lassen das Gesamtvermögen unberührt.

Einnahme, **gleich** Ertrag. Verkauf produzierter Erzeugnisse in der laufenden Periode: Zunahme sowohl des Geld- als auch Gesamtvermögens.

Ertrag, **keine** Einnahme. Erbringen von betrieblichen Leistungen, die erst in den folgenden Perioden veräußert werden (Produktion auf Lager): Zunahme des Gesamtvermögens, aber keine Veränderung des Geldvermögens (also nur Erhöhung des Sachvermögensbestandes).

Die erörterten Beziehungen der drei Rechengrößen-Paare der Finanzbuchführung und die damit verbundenen Bestandsveränderungen zeigt zusammenfassend *Abbildung 14*.

Abbildung 14

Rechengröße der Finanzbuchführung		
Rechengröße		
positiv	**negativ**	**Bestandsrechnung**
Einzahlungen	Auszahlungen	Bargeld + Sichtguthaben ------------------------------ = Zahlungsmittelbestand
Einnahmen	Ausgaben	Zahlungsmittelbestand + alle übrigen Forderungen – alle übrigen Verbindlichkeiten ------------------------------ = Geldvermögen
Ertrag	Aufwand	Geldvermögen + Sachvermögen ------------------------------ = Netto- oder Reinvermögen

Betriebseinnahmen - Betriebsausgaben

Das Begriffspaar Betriebseinnahmen/Betriebsausgaben ist, wie die drei vorherigen Begriffspaare, dem externen Rechnungswesen zuzuordnen. Es handelt sich um Rechengrößen des Steuerrechts bzw. der Steuerbilanz. Gemäß § 4 Abs. 1 EStG wird der steuerpflichtige Gewinn wie folgt ermittelt: "Gewinn ist der Unterschiedsbetrag zwischen dem Betriebsvermögen am Schluss des Wirtschaftsjahres und dem Betriebsvermögen am Schluss des vorangegangenen Wirtschaftsjahres, vermehrt um den Wert der Entnahmen und vermindert um den Wert der Einlagen." Ebenfalls zum steuerlichen Periodengewinn gelangt man, indem man die Strömungsgrößen Betriebseinnahmen und Betriebsausgaben einander gegenüberstellt. Gesetzlich definiert ist nur der Begriff der steuerlichen Betriebsausgaben.

Betriebseinnahmen = Einnahmen, die als Geld oder Geldeswert zufließen und durch den Betrieb veranlasst sind.

Betriebsausgaben = Ausgaben (§ 4 Abs. 4 EStG spricht von Aufwendungen), die als Geld oder Geldeswert abfließen und durch den Betrieb veranlasst sind.

Zwar sind der handels- und der steuerrechtliche Gewinnbegriff **formell identisch, materiell** existieren aber **erhebliche Differenzen**, die sich auf die unterschiedlichen Ansichten und Vorschriften über die Höhe des jeweiligen Betriebsvermögens und über die Bewertung von Entnahmen und Einlagen zurückzuführen lassen.[3] So werden kraft steuerrechtlicher Vorschriften z. B. "echte" handelsrechtlich verrechnete Aufwendungen als **"nichtabzugsfähige" Betriebsausgaben** erklärt, "d. h. zu Betriebsausgaben, die im Gegensatz zum Aufwand den (steuerlichen) Erfolg der Periode nicht vermindern dürfen (z. B. Aufwendungen für Geschenke, Gästehäuser u. a., Körperschaft- und Vermögensteuer der Kapitalgesellschaften)."[4]

1.2 Rechengrößen der Betriebsbuchführung

Leistung (Erlöse) - Kosten

Während die bisher besprochenen vier Begriffspaare der Finanz- oder Geschäftsbuchhaltung in der Literatur identisch abgegrenzt und definiert werden, gilt dies nicht für das Begriffspaar Leistung (Erlöse)/Kosten, das dem internen Rechnungswesen zuzuordnen ist. So gibt es in der Betriebswirtschaftslehre, dies sei nochmals betont, keinen allgemein akzeptierten Kostenbegriff; er wird vielmehr unterschiedlich definiert und ausgelegt. Zu unterscheiden gilt es zwischen dem "pagatorischen" und dem "wertmäßigen" Kostenbegriff[5]. Auch der Leistungsbegriff unterliegt einer gewissen Mehrdeutigkeit.[6]

---

3 Zur Problematik der steuerlichen Gewinnermittlung siehe: L. Haberstock (1991), S. 45 ff.

4 G. Wöhe/H. Kußmaul (2000), S. 19.

5 "Der hier definierte Kostenbegriff wird als 'wertmäßiger' Kostenbegriff bezeichnet und steht im Gegensatz zum 'pagatorischen' Kostenbegriff. Nach dem pagatorischen Kostenbegriff sind Kosten Ausgaben, die für die in den betrieblichen Leistungsprozess eingehenden Verbrauchsmengen gezahlt werden. Die Divergenzen der beiden konträren Auffassungen liegen darin begründet, dass nach dem pagatorischen Kostenbegriff einmal nur solche Verbrauchsmengen in den Kostenbegriff eingehen, die mit Ausgaben verbunden sind, und zum anderen die Bewertung dieser Verbrauchsmengen nur aus realen oder fiktiven Verbrauchsmengen abgeleitet werden darf. Fiktive Ausgaben - wie sie etwa für den Terminus Opportunitätskosten maßgebend sind - haben nach dem pagatorischen Kostenbegriff keine Bedeutung für die Bewertung der leistungsbezogenen Verbrauchsmengen." R. Buchner (1997), S. 7 f.

6 Zu Problematik und Varianten des Leistungsbegriffs und dessen Beziehung zum Erlösbegriff siehe: S. Hummel/W. Männel (1986), S. 83 ff. In der Mehrdeutigkeit sowie der Hinwendung im wissenschaftlichen Bereich zum wertmäßigen Erlösbegriff als Gegenpol zum wertmäßigen Kostenbegriff, wird die Kosten- und Leistungsrechnung

Kosten und Leistung (Erlöse) sind ebenso wie Aufwendungen und Erträge **erfolgsbezogene Rechengrößen**. Aber während letzteres Begriffspaar den Erfolg des Unternehmens auf der Grundlage gesetzlicher Bestimmungen wiedergibt, soll die Gegenüberstellung von Leistung und Kosten ein "richtiges, objektives" Bild des betrieblichen Erfolges zeichnen. Das bedeutet, es sollen nur diejenigen Wertzuwächse bzw. Wertverzehre erfasst werden, die zur Erfüllung des eigentlichen (für den Betrieb typischen) Betriebszwecks erforderlich sind und bei der Ermittlung der Herstellkosten, der Selbstkosten und Festlegung der Angebotspreise einzubeziehen sind bzw. einbezogen werden können. Die Rechengrößen werden nach der herrschenden Meinung folgendermaßen definiert:

Leistung (Erlöse) = der in Geld ausgedrückte Wert aller erbrachten Güter und Dienstleistungen im Rahmen der eigentlichen (typischen) betrieblichen Tätigkeit.

Kosten = der in Geld ausgedrückte Wert aller verbrauchten Güter und Dienstleistungen, und zwar für die Erstellung der eigentlichen (typischen) betrieblichen Leistungen.

Die *Abbildung 15*[7] zeigt in schematischer Form die Abgrenzung zwischen Aufwand und Kosten. Auf eine entsprechende Darlegung der Abgrenzung von Ertrag und Leistung wird verzichtet, da es sich grundsätzlich um analoge Vorgänge handelt, allerdings mit umgekehrten Vorzeichen (positive Strömungsgrößen)[8].

---

auch manchmal als Kosten- und Erlösrechnung bezeichnet. Entsprechend der Kostenterminologie eröffnet der wertmäßige Erlösbegriff die Möglichkeit, für die während einer Periode erstellten Wiedereinsatzleistungen kalkulatorische Erlöse in Ansatz zu bringen.

7 In Anlehnung an S. Hummel/W. Männel (1986), S. 334.

8 Verwiesen sei auf einige Werke der Kosten- und Leistungsrechnung: K.-D. Däumler/ J. Grabe (1996), G. Ebert (1991), L. Haberstock (1985), S. Hummel/W. Männel (1986), W. Kilger (1987), K. Olfert (1991), M. Schweitzer/H.-U. Küpper (1992).

Abbildung 15

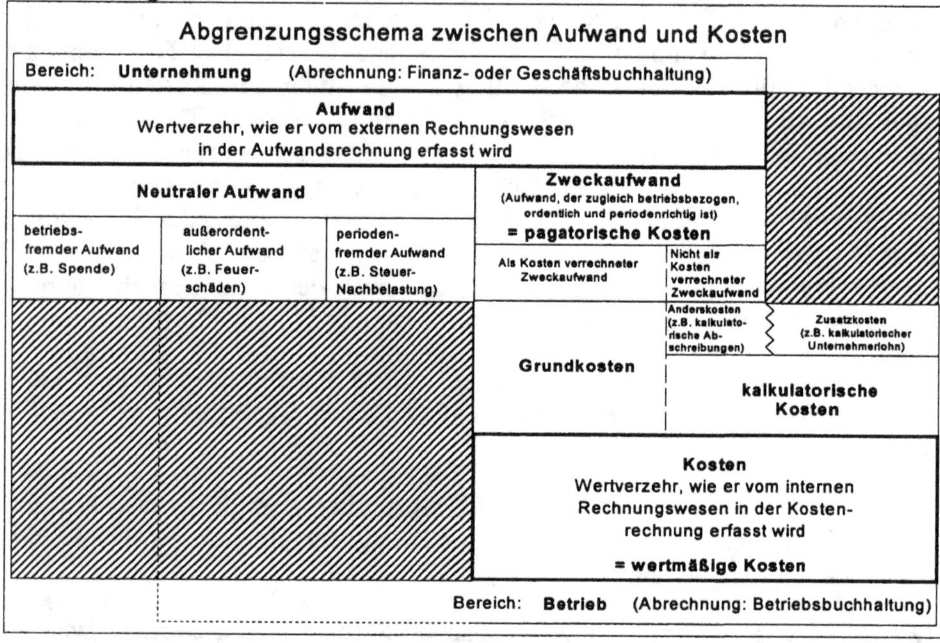

Da die Kosten sowohl von den Anhängern des wertmäßigen als auch von denen des pagatorischen Kostenbegriffs als rein betriebsbedingte Geldgrößen betrachtet werden, die vom unternehmensbezogenen Aufwand abzugrenzen sind, teilt man anhand des in der Theorie und Praxis dominierenden wertmäßigen Kostenbegriffs den **Gesamtaufwand** (Wertverzehr, wie er vom externen Rechnungswesen in der Aufwandsrechnung erfasst wird) in einen **neutralen Aufwand** (nicht dem Betriebszweck dienender und der Periode nicht zuzuordnender Wertverzehr) und einen **Zweckaufwand** (betriebs- und periodenbezogener Aufwand) ein. Beim neutralen Aufwand handelt es sich um eine Wertgröße, der nicht gleichzeitig auch Kosten entsprechen. D. h., dass es sich in diesem Falle um einen Aufwand handeln muss, der in der Kostenrechnung nicht in der gleichen Periode als Wert von Gütern und Dienstleistungen verrechnet wird, die für die Erstellung der betrieblichen Leistungen verbraucht wurden.

Der **neutrale Aufwand** wird in der Regel folgendermaßen untergliedert:

"- **betriebsfremde Aufwendungen**, die überhaupt nichts mit dem Betriebszweck zu tun haben und deshalb beispielsweise auch nicht in die Kalkulation des Betriebes eingehen (z.B. Spenden für wohltätige Zwecke),

- **außerordentliche Aufwendungen**[9], die zwar mit dem Betriebszweck in Zusammenhang stehen, aber wegen ihres schwankenden Anfalls (z. B. Gebäudereparaturen), wegen ihres unvorhersehbaren Eintritts oder wegen ihrer außerordentlichen Höhe (z. B. Feuerschäden oder Kursverluste) bei einer Erfassung in ihrer tatsächlichen Höhe die Aussagefähigkeit der internen Erfolgsrechnung beeinträchtigen können, und

- **periodenfremde Aufwendungen**, die in früheren Perioden verursacht, aber - beispielsweise, weil man sie übersah oder weil sich ihr Ansatz erst später als notwendig herausstellte - nicht schon innerhalb dieser Zeitabschnitte erfasst wurden (z. B. Steuernachbelastungen)."[10]

Neben dieser Trennung erfordert der wertmäßige Kostenbegriff eine zweite Abgrenzungsstufe, die sog. **kalkulatorischen Kosten** (vgl. *Abbildung 16*). Bezogen auf den pagatorischen Kostenbegriff sind allerdings nur die Kosten-abrechenbar, die den **Grundkosten** oder dem **Zweckaufwand** der Finanzbuchhaltung entsprechen. Es wird ausschließlich der tatsächliche Mittelabfluss als Bewertungsfaktor akzeptiert, wodurch die Werte der Kostenrechnung mit denen der Finanzbuchhaltung übereinstimmen. Da diese Gleichsetzung beim wertmäßigen Kostenbegriff aber bewusst nicht vorgesehen ist, werden den Grundkosten noch die kalkulatorischen Kosten hinzugefügt, die sich aus den sog. **Anderskosten** (aufwandsungleiche Kosten) und **Zusatzkosten** (aufwandslose Kosten) zusammensetzen. Während den Anderskosten in der Finanzbuchhaltung nur teilweise eine reale Auszahlung gegenübersteht (z.B. kalkulatorische Abschreibungen und kalkulatorische Wagnisse), so ist

---

9 Gemäß § 277 Abs. HGB fallen außerordentliche Aufwendungen außerhalb der gewöhnlichen Geschäftstätigkeit an (z. B. Verluste im Zusammenhang mit der Stillegung von Betriebsteilen, Verluste aus dem Verkauf von Beteiligungen). Sie sind ungewöhnlich, kommen selten vor und wiederholen sich nicht in absehbarer Zeit. Außerordentliche Aufwendungen nach Handelsrecht müssen sich also keinesfalls mit der Abgrenzung in der Kosten- und Leistungsrechnung decken. Vgl. M. Bornhofen/ E. Busch (1991), S. 228. Zum betriebswirtschaftlichen und gesetzlich kodifizierten Erfolgsspaltungskonzept siehe: A. G. Coenenberg (2000) S. 463 ff. und S. 978 ff.

10 S. Hummel/W. Männel (1986), S. 70.

dies bei den Zusatzkosten (z.B. kalkulatorischer Unternehmerlohn, kalkulatorische Eigenkapitalzinsen und kalkulatorische Eigenmiete) überhaupt nicht mehr der Fall. Mit der gezackten Linie soll verdeutlicht werden, dass Anderskosten größer oder kleiner als der entsprechende Zweckaufwand sein können, der nicht als Kosten verrechnet wird. **Anderskosten** sind demzufolge **umbewertete** Aufwandsposten. Wird z. B. die Periodenabschreibung im handelsrechtlichen Jahresabschluss **höher** angesetzt als in der Kostenrechnung, so handelt es sich um einen nicht als Kosten verrechneten Zweckaufwand oder um **bewertungsbedingten neutralen Aufwand**. Generell lässt sich festhalten, dass es in der Praxis häufig schwierig ist, die "neutralen" oder "Zusatz"-Bestandteile einwandfrei zu unterscheiden.

Zusammenfassend kann festgehalten werden, dass gegenüber den Rechengrößen Ertrag und Aufwand die Rechenelemente Leistung (Erlöse) und Kosten aus drei verschiedenen Gründen differieren können: Aufgrund von **Abweichungen in der Mengenbasis** (betriebsfremde Aufwendungen und Zusatzkosten), aufgrund von **Abweichungen zum Zeitpunkt des Ausweises** (z. B. kalkulatorische Wagniskosten, mit denen eine Periodennormalisierung von außerordentlichen und periodenfremden Aufwendungen angestrebt wird) und aufgrund von **Abweichungen im Wertansatz** (Anderskosten).

Zur Verdeutlichung entsprechender Differenzen sind die Begriffe "Zusatzleistungen", Zusatzkosten, neutraler Ertrag und neutraler Aufwand geprägt worden.[11]

---

11 Vgl. R. Buchner (1997), S. 8 f.

Abbildung 16

Kalkulatorische Kostenarten und deren Zweck

Anderskosten (aufwandsungleiche Kosten)	
Kalkulatorische Abschreibungen	Während bilanzmäßig alle Wirtschaftsgüter des Anlagevermögens auf der Grundlage der Anschaffungs- oder Herstellkosten abgeschrieben werden, werden kalkulatorisch dagegen nur solche Anlagegüter einbezogen, die betriebsnotwendig sind; die Berechnung erfolgt zu Wiederbeschaffungspreisen. Außerdem werden kalk. Abschreibungen solange einbezogen, wie das betreffende Anlagegut noch im Betrieb genutzt wird, also auch dann, wenn dieses Gut bereits bilanziell abgeschrieben ist.
Kalkulatorische Zinsen	Während die GuV lediglich die für das Fremdkapital tatsächlich gezahlten Zinsen als Aufwand erfaßt, werden dagegen in der Kosten- u. Leistungsrechnung kalk. Zinsen für das gesamte bei der Leistungserstellung erforderliche Kapital (sog. betriebsnotwendige Kapital) angesetzt, also auch für das Eigenkapital (kostenmäßige Einbeziehung eines entgangenen Nutzens).
Kalkulatorische Wagnisse	Soweit betriebsbedingte Wagnisse (spezielle Wagnisse) wie Bestände-, Fertigungs-, Entwicklungs, Vertriebswagnis und Sonstige Wagnisse nicht durch Fremdversicherungen gedeckt sind, werden entsprechende kalk. Wagniszuschläge ermittelt und in der Kosten- u. Leistungsrechnung verrechnet.
Zusatzkosten (aufwandslose Kosten)	
Kalkulatorischer Unternehmerlohn	Einzelunternehmen und Personengesellschaften ziehen in die Selbstkosten- und Betriebsergebnisrechnungen für die mitarbeitenden Inhaber oder Gesellschafter einen kalk. Unternehmerlohn ein. Dieser richtet sich in der Regel nach dem durchschnittlichen Gehalt eines leitenden Angestellten in einer vergleichbaren Position in einem vergleichbaren Betrieb.
Kalkulatorische Miete	Kalkulatorische Miete wird verrechnet, wenn der Einzelunternehmer oder Personengesellschafter dem Betrieb Räume zur Verfügung stellt, die Privatvermögen sind. Als kalk. Mietwert wird die ortsübliche Miete verrechnet.

1.3 Verschiedene Wertgrößen für spezielle Informationsbedürfnisse

Die fünf besprochenen Begriffspaare decken unterschiedliche Informationsbedürfnisse unternehmensexterner und -interner Personen und Institutionen ab.

Deren Salden werden im betrieblichen Rechnungswesen durch **periodenbezogene Bewegungsrechnungen** erfasst, die in Beziehung zu bestimmten **zeitpunktbezogenen Bestandsrechnungen** (Bilanzgrößen) stehen. Dies zeigt *Abbildung 17*[12].

Abbildung 17

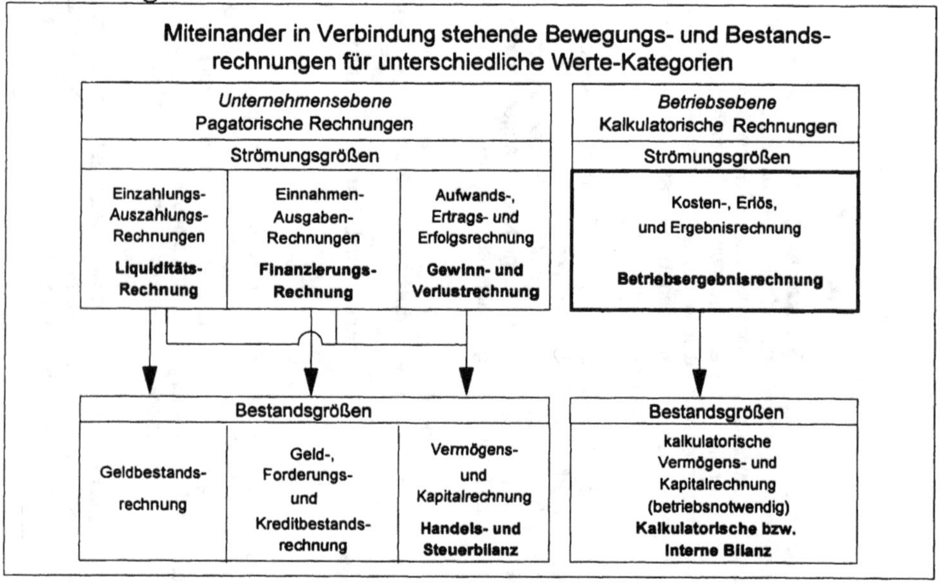

Durch die Erfassung der Einzahlungen und Auszahlungen erhält das Unternehmen Auskunft über die aktuelle **Zahlungsfähigkeit (Liquidität)**. Die Rechengrößen Einnahmen und Ausgaben dienen der Feststellung der mittel- und langfristigen Finanzlage, d. h. der **Finanz- und Investitionsplanung**. Mit den Rechengrößen Ertrag und Aufwand wird der **Erfolg** sowie das **Gesamtvermögen** und **-kapital** auf der Grundlage handels- und steuerrechtlicher Bestimmungen (Handels- und Steuerbilanz) ermittelt. Die kalkulatorischen Rechengrößen Leistung (Erlöse) und Kosten dienen u. a. der **kurzfristigen**

---

12 Nach S. Hummel/W. Männel (1986), S. 89.

Erfolgsermittlung der betriebsbezogenen Aktivitäten und der Bestimmung des sog. **betriebsnotwendigen Vermögens** bzw. **Kapitals.**

Abschließend sei darauf hingewiesen, dass selbst in den aktuellen Gesetzestexten nicht immer einwandfrei zwischen den Begriffspaaren im definierten Sinne unterschieden wird. Diese Feststellung gilt nicht nur für das Steuergesetz (§ 4 Abs. 1 und Abs. 4 EStG!). So ist beispielsweise im § 255 HGB von Anschaffungs- und Herstellungs**kosten** die Rede und § 275 HGB spricht von Vertriebs**kosten** und Umsatz**erlösen**, obwohl es sich keineswegs um kalkulatorische Rechengrößen handelt, da in der Bundesrepublik - ohne Ausnahmen - **pagatorische Rechengrößen die Gesetzesgrundlage** bilden.[13] Auch wenn in den Gesetzen gelegentlich dem herrschenden Sprachgebrauch Folge geleistet wird, verbergen sich hinter den Begriffen grundsätzlich immer Aufwendungen oder Erträge. Als Beispiel sei hier § 255 Abs. 1 HGB genannt, der ausführt, dass unter Anschaffungskosten die **Aufwendungen** zu verstehen sind, die geleistet werden müssen, um einen Vermögensgegenstand zu erwerben und ihn in einen betriebsbereiten Zustand zu versetzen.

13 Nicht in allen westlichen Ländern wird ausschließlich am pagatorischen Kostenbegriff festgehalten, so z. B. in England.

3. Kapitel: Gesetzliche Vorschriften zu Buchführung und Jahresabschluss

1. Handels- und steuerrechtliche Vorschriften

Das öffentliche Interesse an den Ergebnissen der Finanzbuchführung hat schon frühzeitig zur Festlegung von gesetzlichen Rechnungslegungsnormen geführt. Solche Regelungen zu Buchführung und Jahresabschluss, die sich im Laufe der Jahre verändert haben bzw. weiterentwickelt worden sind, sind heute in den unterschiedlichen Gesetzen verankert, insbesondere aber im **Handels-** und **Steuerrecht**. Im Rahmen der Rechnungslegung der Kapitalgesellschaften sind Sondervorschriften zu beachten, die vor allem das **GmbH-Gesetz (GmbHG)**, das **Aktiengesetz (AktG)** und das "Gesetz über die Rechnungslegung von bestimmten Unternehmen und Konzernen vom 15.07.1969" (sog. **Publizitätsgesetz = PublG**) sowie die entsprechenden Änderungsgesetze, Verordnungen und Richtlinien enthalten. Grundlegende Buchführungsvorschriften enthalten in erster Linie das **Handelsgesetzbuch (HGB)** in den §§ 238-263 und die **Abgabenordnung (AO)** in den §§ 140-147. Zu beachten sind außerdem das **Einkommensteuergesetz (EStG)**, die **Einkommensteuer-Durchführungsverordnung (EStDV)**, **Einkommensteuer-Richtlinien (EStR)**, das **Umsatzsteuergesetz (UStG)** und die **Umsatzsteuer-Durchführungsverordnung (UStDV)** (vgl. *Abbildung 18*).

1.1 Buchführungspflichten nach Handelsrecht

Die Buchführung als lückenlose, planmäßige und ordnungsmäßige Aufzeichnung aller Geschäftsvorfälle eines Unternehmens kann nur dann ihre Aufgabe als "externer Informant" erfüllen, wenn durch sie nachprüfbar und willkürfrei Rechenschaft gelegt wird. Um diesen Anspruch zu sichern, ist im Handelsgesetzbuch geregelt, **wer** buchführungspflichtig ist.

Im handelsrechtlichen Sinne unterliegt jeder Kaufmann, der ein Handelsgewerbe (Gewerbebetrieb) im Sinne der §§ 1-3 (Ist-, Kannkaufmann) und § 6 HGB (Handelsgesellschaften; Formkaufmann) betreibt, der Buchführungspflicht. Seit dem 1.7.1998 sind einige Vorschriften über den handelsrechtlichen Begriff des „Kaufmanns" neu geregelt. Durch das Handelsrechtsformgesetz (HrefG) vom 21.6.1998 (BGBl. I S. 1474) ist ein einheitlicher Kaufmannsbegriff geschaffen worden, demzufolge nicht mehr zwischen Muss- und Sollkaufmann und Voll- und Minderkaufmann zu unterscheiden ist. Es gibt nur noch Kaufleute und Nichtkaufleute, wobei im Gesetz wie folgt differenziert wird: Istkaufmann § 1 HGB, Kannkaufmann §§ 2 und 3 HGB, Kaufmann kraft Eintragung § 5 HGB und Formkaufmann (= Handelsgesellschaften) § 6 HGB. Nach § 1 Abs. 1 HGB ist jeder Kaufmann im Sinne des Gesetzes, der ein Handelsgewerbe betreibt, das in § 1 Abs. 2 HGB wie folgt definiert ist: „Handelsgewerbe ist jeder Gewerbebetrieb, es sei denn, dass das Unternehmen nach Art oder Umfang einen in kaufmännischer Weise eingerichteten Geschäftsbetrieb nicht erfordert." Grundsätzlich sind nach neuem Recht alle Gewerbetreibenden – ohne Rücksicht auf die Branche – Kaufleute[1].

Abbildung 18

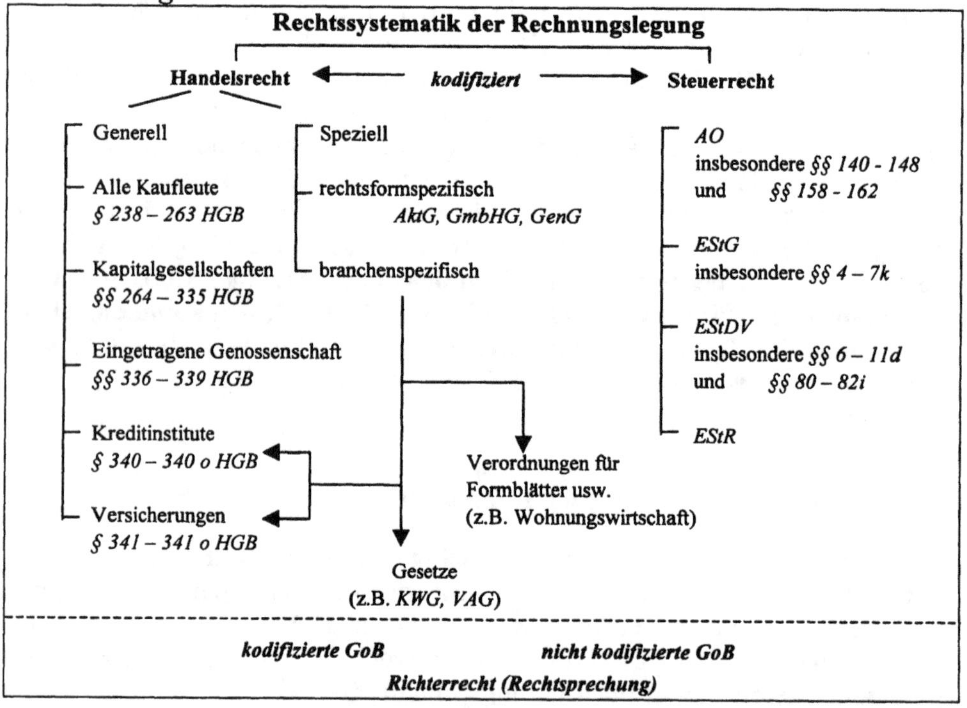

Wer nach § 1 Abs. 2 HGB eine gewerblichen Tätigkeiten (Personen, die ein Grundhandelsgewerbe betreiben) als **Kaufmann** ausübt, fällt grundsätzlich unter die Buchführungspflicht (vgl. *Abbildung 19*[2]) des § 238 Abs. 1 HGB, der besagt: "Jeder Kaufmann ist verpflichtet, Bücher zu führen und in diesen

1 N. Zdrowomyslaw (2001), S. 85 ff.

2 nach R. Federmann (2000), S. 57

seine Handelsgeschäfte und die Lage seines Vermögens nach den **Grundsätzen ordnungsmäßiger Buchführung** ersichtlich zu machen." Außerdem wird gemäß § 240 Abs. 1 und 2 sowie § 242 Abs. 1 und 2 HGB eine **jährliche Bestandsaufnahme** (Inventar), die Aufstellung einer **Bilanz** und einer **Gewinn- und Verlustrechnung** gefordert (vgl. *Abbildung 20*, S. 70).

Abbildung 19

	Bilanzierungspflicht nach §§ 242 ff. HGB				
Kurzbezeichnung / Merkmale	**Istkaufmann** (§1 HGB)	**Kannkaufmann** (§§ 2,3 Abs. 2, 105 Abs. 2 HGB)			**Formkaufmann** (§ 6 Abs. 2 HGB)
Rechtsform	EU, PersGes	EU, PersGes	EU, PersGes	PersGes	AG, KGaA, GmbH, eG
Unternehmensgegenstand	Gewerbe	Gewerbe	Land- und Forstwirtschaft	Verwaltung eigenen Vermögens	unabhängig
Erfordernis eines nach Art oder Umfang in kaufmännischer Weise eingerichteten Geschäftsbetriebs	ja	nein	ja	unabhängig	unabhängig
Registereintragung	unabhängig	nach freiwilliger Eintragung	nach freiwilliger Eintragung	nach freiwilliger Eintragung	nach Eintragung

Abbildung 20

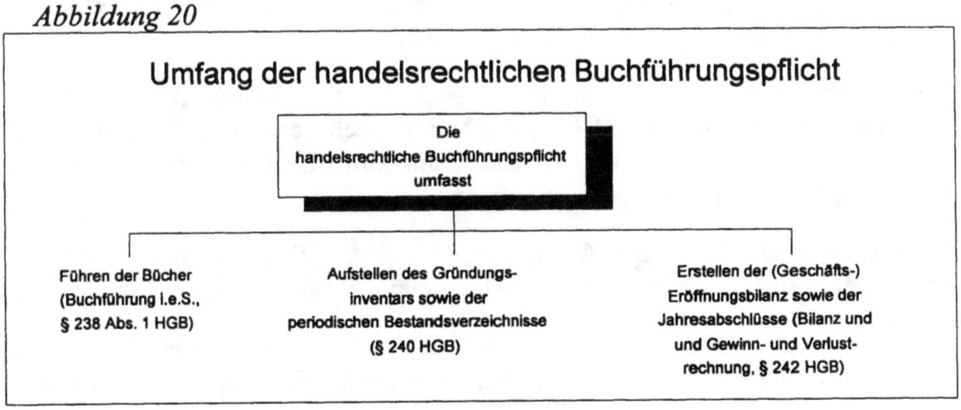

Kannkaufmann: Gemäß § 2 HGB beginnt die Buchführungspflicht mit dem Zeitpunkt, ab dem Kannkaufleute **verpflichtet sind, die Eintragung ins Handelsregister herbeizuführen** und endet durch **Löschung** aus demselben.

Kannkaufmann ist, wer ein **handwerkliches** oder **sonstiges gewerbliches Unternehmen** betreibt, das nicht schon nach § 1 Abs. 2 HGB als Handelsgewerbe gilt, aber nach Art und Umfang einen in kaufmännischer Weise eingerichteten Geschäftsbetrieb erfordert (z. B. Bauunternehmen, Hotels, Kinos, Reparaturwerkstätten).

Land- und Forstwirtschaft; Kannkaufmann: Die Vorschriften des § 1 HGB gelten grundsätzlich **nicht für Land- und Forstwirte**. Gemäß § 3 Abs. 2 HGB beginnt die Buchführungspflicht für Kannkaufleute erst **mit der Eintragung in das Handelsregister** und endet durch **Löschung aus dem Handelsregister**. Allerdings besteht keine Verpflichtung, die Eintragung ins Handelsregister vorzunehmen. Kannkaufmann ist, wer ein **land- oder forstwirtschaftliches Unternehmen** betreibt, das entweder nach Art und Umfang einen in kaufmännischer Weise eingerichteten Geschäftsbetrieb erfordert oder mit dem ein **gewerblicher Nebenbetrieb** (z. B. Brennerei, Sägewerk) verbunden ist (§ 3 Abs. 3 HGB).

Handelsgesellschaften; Formkaufmann: Gemäß § 6 HGB beginnt die Buchführungspflicht mit der **Gründung der Gesellschaft** und endet mit der **Auflösung der Gesellschaft**, wobei insbesondere bei der Auflösung entsprechende rechtsformspezifische Gesetze (§ 145 HGB, § 262 AktG, § 60 GmbHG, § 78 GenG) heranzuziehen bzw. zu beachten sind. Zu den **Handelsgesellschaften** werden die **Personenhandelsgesellschaften** OHG (§ 105 Abs. 1 HGB) und KG (§ 161 Abs. 1 HGB) sowie die **Kapitalgesellschaften** GmbH (§ 13 Abs. 3 GmbHG), AG (§ 3 AktG) und KGaA (§ 278 Abs. 3 in Verbindung mit § 3 AktG) gezählt. Die Handelsgesellschaften sind kraft Gesetz immer Formkaufleute im Sinne des HGB.

Nach herrschender Meinung besteht auch für den **Kaufmann kraft Eintragung** im Sinne des § 5 HGB **keine** handelsrechtliche Buchführungspflicht, da er zwar nach außen hin als Kaufmann auftritt, tatsächlich jedoch kein vollkaufmännisches Gewerbe betreibt.

Für **freiberuflich Tätige** (z. B. Steuerberater, Wirtschaftsprüfer, Rechtsanwälte) besteht grundsätzlich **keine** handelsrechtliche Buchführungspflicht.

Zusammenfassend kann gesagt werden, dass alle ins Handelsregister eingetragenen Kaufleute der handelsrechtlichen Buchführungspflicht unterliegen und diese prinzipiell dann endet, wenn die natürliche bzw. juristische Person (Personenvereinigung) nicht mehr als Kaufmann einzustufen ist.[3]

1.2 Buchführungspflichten nach Steuerrecht

1.2.1 Buchführungspflichten nach der Abgabenordnung

Gemäß § 158 AO sollen die Buchführungs- und Aufzeichnungspflichten die Ermittlung von Bemessungsgrundlagen erleichtern und sichern sowie im Streitfall als Beweismittel dienen. Buchführung und Aufzeichnungen unterscheiden sich dadurch, dass eine **Buchführung** alle jeweils relevanten Geschäftsvorfälle in einem geschlossenen System erfasst und zu einem Abschluss führt, während **Aufzeichnungen** nur einzelne Arten von Geschäftsvorfällen registrieren (z. B. das Tagebuch des Handelsmaklers nach § 100 HGB) und soweit erforderlich zusammenfassen.[4]

Die grundlegenden steuerrechtlichen Aufzeichnungsvorschriften findet man in der **Abgabenordnung**. § 140 AO besagt: "Wer nach anderen Gesetzen als den Steuergesetzen Bücher und Aufzeichnungen zu führen hat, die für die Besteuerung von Bedeutung sind, hat die Verpflichtungen, die ihm nach den anderen Gesetzen obliegen, auch für die Besteuerung zu erfüllen." Es werden demzufolge nicht nur die handelsrechtlichen Buchführungspflichten in das Steuerrecht (= sog. **derivative Buchführungspflicht**) übernommen, sondern auch spezielle Aufzeichnungspflichten (z. B. gemäß § 14 Depotgesetz, § 33 Börsengesetz, Apothekenbetriebsordnung), die bestimmte Betriebe zur Führung von Büchern verpflichten (vgl. *Abbildung 21*).[5]

3 H. Falterbaum/H. Beckmann (1996), S. 51.

4 L. Haberstock (1991), S. 26.

5 Eine Aufstellung im Hinblick auf die Aufzeichnungspflichten für Angehörige bestimmter Berufsgruppen findet man bei: H. Falterbaum/H. Beckmann (1996), S. 52 f.

Abbildung 21

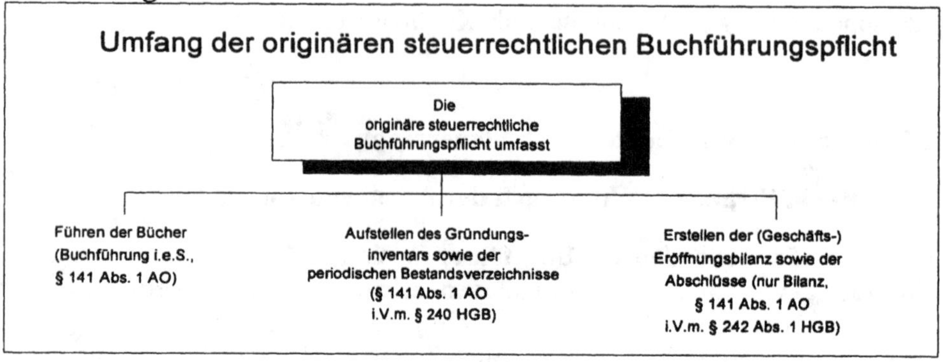

Angesichts der Tatsache jedoch, dass die **abgeleitete (= derivative)** steuerliche Buchführungspflicht nach § 140 AO einige Kaufleute grundsätzlich ausschließt, erweitert § 141 Abs. 1 AO den Kreis der Buchführungspflichtigen und zwar unabhängig von der Kaufmannseigenschaft aus Gründen der Gerechtigkeit (Gleichmäßigkeit und Verhältnismäßigkeit) der Besteuerung. Vor diesem Hintergrund wurde in § 141 Abs. 1 AO eine eigenständige und ergänzende Buchführungspflicht gesetzlich verankert, die deshalb auch als **originäre (= ursprüngliche = nicht derivative)** Buchführungspflicht bezeichnet wird. Gemäß § 141 Abs. 1 AO wird die Buchführungspflicht für bestimmte Steuerpflichtige wie folgt festgelegt: "**Gewerbliche Unternehmer** sowie **Land- und Forstwirte**, die nach den Feststellungen der Finanzbehörde für den einzelnen Betrieb

1. Umsätze einschließlich der steuerfreien Umsätze, ausgenommen die Umsätze nach § 4 Nr. 8 bis 10 des Umsatzsteuergesetzes, von mehr als 500.000 Deutsche Mark (255.000 €) im Kalenderjahr oder

2. selbsterwirtschaftete land- und forstwirtschaftliche Flächen mit einem Wirtschaftswert (§ 46 des Bewertungsgesetzes) von mehr als 40.000 Deutsche Mark (20.400 €) oder

3. einen Gewinn aus Gewerbebetrieb von mehr als 48.000 Deutsche Mark (24.480 €) im Wirtschaftsjahr oder

4. einen Gewinn aus Land- und Forstwirtschaft von mehr als 48.000 Deutsche Mark (24.480 €) im Kalenderjahr

gehabt haben, sind auch dann verpflichtet, für diesen Betrieb Bücher zu führen und auf Grund jährlicher Bestandsaufnahmen Abschlüsse zu machen, wenn sich eine Buchführungspflicht nicht aus § 140 ergibt."

Wird also **eine** dieser drei Grenzen überschritten, so kommt § 141 Abs. 1 AO zur Anwendung. Zu beachten ist allerdings, dass der Zeitpunkt der Buchführung vom Finanzamt mitbestimmt wird. Das **Finanzamt** muss auf die **Verpflichtung zur Buchführung ausdrücklich hinweisen**. Gemäß § 141 Abs. 2 AO müssen erst vom Beginn des auf die Mitteilung der Buchführungspflicht folgenden Wirtschaftsjahres an Bücher geführt werden.

Für diese **gewerblichen Unternehmer** wird dann die Gewinnermittlung nach § 5 EStG maßgebend. Da sie nunmehr gemäß § 141 AO zur Führung von Büchern verpflichtet sind, haben sie für den Schluss des Wirtschaftsjahres das Betriebsvermögen anzusetzen (§ 4 Abs. 1 Satz 1), das nach den handelsrechtlichen Grundsätzen ordnungsmäßiger Buchführung auszuweisen ist. Für **Land- und Forstwirte** gilt dann die Gewinnermittlung gemäß § 4 Abs. 1 EStG. Zusätzlich ist noch das Anbauverzeichnis nach § 142 AO zu führen. Dieses weist aus, mit welchen Fruchtarten die selbstbewirtschafteten Flächen im abgelaufenen Wirtschaftsjahr bestellt waren.

1.2.2 Weitere steuerliche Aufzeichnungspflichten

Es gibt eine Reihe weiterer Gesetze, die steuerlich motivierte Aufzeichnungspflichten beinhalten. So haben auch diejenigen, die keine Bücher nach § 140 und 141 AO führen müssen, der Finanzbehörde gegenüber bestimmte Aufzeichnungspflichten, deren Umfang sich vor allem nach der angewandten Gewinnermittlungsart richtet.

Kleingewerbetreibende (kleine Handwerker und sonstige kleine Gewerbetreibende) und freie Berufe ermitteln in der Regel ihren Gewinn nach § 4 Abs. 3 EStG (**Einnahmenüberschussrechnung**). Bei kleinen Land- und Forstwirten, die auch freiwillig keine Aufzeichnungen machen, erfolgt die Gewinnermittlung und Besteuerung gemäß § 13a EStG nach **Durchschnittssätzen**. Eine weitere Gewinnermittlungsart basiert auf den Richtsatzsammlungen der Finanzämter (Besteuerung nach **Richtsätzen**)[6].

---

6 Zu den Gewinnermittlungsarten im einzelnen siehe: L. Haberstock (1991); G. Söffing/ M. Söffing (1990).

Wichtige **Kontrollmittel** zur Überprüfung des steuerlichen Ergebnisses, insbesondere bei nicht buchführungspflichtigen Kleinbetrieben, sind gesonderte **Aufzeichnungen über Wareneingänge und -ausgänge**. Ohne entsprechende Daten über den Warenfluss ist eine Richtsatzbesteuerung bzw. Verprobung nach Richtsätzen nicht möglich.[7] Gemäß § 143 AO muss der gewerbliche Unternehmer eine detaillierte Aufzeichnung des **Wareneingangs** vornehmen (Datum, Lieferer, Menge, Preis usw.). Im § 144 AO ist vorgeschrieben, dass gewerbliche Unternehmer sowie Land- und Forstwirte, die nach § 141 AO buchführungspflichtig sind, den **Warenausgang** (Datum, Lieferer usw.) gesondert aufzeichnen müssen und dass über jeden Ausgang dem Abnehmer ein Beleg zu erteilen ist. Dies trifft dann zu, wenn von den genannten Gruppen Waren regelmäßig an andere gewerbliche Unternehmer zur Weiterveräußerung (z. B. Großhändler) oder zum Verbrauch als Hilfsstoffe geliefert werden. Es besteht damit seitens der Finanzämter die Möglichkeit, den gesamten Warenverkehr vom Hersteller über den Großhändler zum Einzelhändler zu verfolgen und das steuerlich deklarierte Ergebnis zu überprüfen (z. B. im Rahmen der steuerlichen Außenprüfung).

Nach dem EStG ergeben sich außer den Aufzeichnungspflichten zur Gewinnermittlung nach § 4 Abs. 3 für alle Steuerpflichtigen, die den Gewinn nach § 4 Abs. 1 oder § 5 EStG ermitteln, bestimmte besondere Aufzeichnungspflichten. So müssen laut § 4 Abs. 7 EStG die Aufwendungen (= Betriebsausgaben) im Sinne des § 4 Abs. 5 Nr. 1 bis 5 und 7 einzeln und getrennt von den sonstigen Betriebsausgaben aufgezeichnet werden. Solche **Betriebsausgaben** (etwa für Geschäftsreisen, Bewirtungen usw.) dürfen den Gewinn nicht mindern und somit bei der Gewinnermittlung abgezogen werden. Ferner schreibt § 7 a Abs. 8 EStG ein besonderes Verzeichnis derjenigen **Wirtschaftsgüter** vor, für die degressive **Abschreibungen** (§ 7 Abs. 2 Satz 3 EStG), erhöhte Absetzungen oder Sonderabschreibungen vorgenommen wurden. Gleiches trifft auch für geringwertige Wirtschaftsgüter gemäß § 6 Abs. 2 Satz 4 und 5 EStG zu[8]. Sofern von den oben benannten Steuerpflichtigen Bücher geführt werden, die den Grundsätzen der doppelten Buchführung entsprechen, kann nach § 60 Abs. 1 EStDV das Finanzamt die Beifügung einer **Hauptabschlussübersicht** verlangen. Auch aus der Tatsache, dass Steuerpflichtige

---

7 Die Richtsätze sind ein Hilfsmittel (Anhaltspunkt) für die Finanzverwaltung, Umsätze und Gewinne der Gewerbetreibenden zu verproben und ggf. bei Fehlen geeigneter Unterlagen zu schätzen (§ 168 AO). Es besteht jedoch kein Anspruch darauf, nach Richtsätzen besteuert zu werden.

8 L. Haberstock (1991), S. 31.

verpflichtet sind, für **dritte Personen Steuern einzubehalten**, ergeben sich Aufzeichnungspflichten. Im Rahmen der **Lohnsteuereinbehaltung** schreibt § 41 Abs. 1 EStG und § 4 LStDV die Führung eines **Lohnkontos** mit bestimmten Angaben vor. Neben der Lohnsteuer muss auch die Kapitalertragsteuer bei Ausschüttung von Kapitalerträgen vom Betrieb einbehalten und an das Finanzamt abgeführt werden (§ 43 und 45a EStG).

Ferner verlangen verschiedene **Verkehr- und Verbrauchsteuergesetze** eine ganze Reihe von besonderen Aufzeichnungspflichten und buchmäßigen Nachweisen zum Zweck der Steuerüberwachung. So sind z. B. Bücher für die Biersteuer (Sud-, Biersteuer- und Abfindungsbuch) oder für die Mineralölsteuer (Verwendungs- und Mineralöllagerbuch) zu führen[9]. Nach § 10 VersStG muss aus den Geschäftsbüchern u. a. die Versicherungssumme und -nummer sowie die Höhe des Versicherungsteuerbetrages hervorgehen.

Im Rahmen der **Umsatzbesteuerung** müssen Steuerpflichtige Aufzeichnungen vornehmen, aus denen ersichtlich wird, welche **Entgelte** erzielt wurden, die nach § 1 UStG der Umsatzsteuer unterliegen (z. B. aus inländischen Lieferungen und sonstigen Leistungen, Eigenverbrauch). Diese Vorschrift gilt für alle **Unternehmer** oder **Unternehmen** im Sinne des § 2 Abs. 1 UStG, also unabhängig davon, ob sie der handelsrechtlichen oder steuerrechtlichen Buchführungspflicht unterliegen. "Unternehmer ist, wer eine gewerbliche oder berufliche Tätigkeit selbständig ausübt. Das Unternehmen umfasst die gesamte gewerbliche oder berufliche Tätigkeit des Unternehmers. Gewerblich oder beruflich ist jede nachhaltige Tätigkeit zur Erzielung von Einnahmen, auch wenn die Absicht, Gewinn zu erzielen, fehlt oder eine Personenvereinigung nur gegenüber ihren Mitgliedern tätig wird."

Gemäß § 22 UStG ist der Unternehmer verpflichtet, zur Feststellung der Umsatzsteuer und der Grundlagen ihrer Berechnung Aufzeichnungen zu machen, aus denen die in § 22 Abs. 2 UStG bestimmten Sachverhalte erkennbar sein müssen. Einschränkungen, Besonderheiten und Erläuterungen sind in § 22 Abs. 3 UStG und §§ 63-68 UStDV enthalten. Ferner gelten gewisse Erleichterungen und Befreiungen von den allgemeinen Aufzeichnungspflichten für **Kleinunternehmer** im Sinne des § 19 UStG und für die **Besteuerung nach Durchschnittssätzen** laut § 23 und 24 UStG.

Außerdem ist mit der Einführung des EG-Binnenmarktes zum 01.01.1993 und der weitreichenden Delegation von Aufgaben der Zollbehörden auf die

9 G. Wöhe/H. Kußmaul (2000), S. 26.

betroffenen Unternehmen kraft Gesetz ein neuer umsatzsteuerpflichtiger Tatbestand geschaffen worden. Der durch Art. des USt-Binnenmarktgesetzes eingeführte **neue Steuertatbestand** des innergemeinschaftlichen Erwerbs (§ 1 Abs. 1 Nr. 5, § 1 a UStG) ersetzt seitdem bei Importen aus anderen EG-Mitgliedsstaaten die bisherige Einfuhr-Umsatzsteuer (EUSt). Allerdings werden die Unternehmen durch diese "neue Steuer" nicht belastet, da gleichzeitig mit dem Entstehen der Umsatzsteuer aus innergemeinschaftlichen Erwerben die Möglichkeit zur Bildung eines entsprechenden Vorsteuer-Abzuges entsteht.[10]

1.3 Gesetzliche Vorschriften zur Aufstellung des Jahresabschlusses

1.3.1 Wichtige Rechnungslegungsgesetze

Die gesetzlichen Vorschriften zur Aufstellung des Jahresabschlusses haben sich im Laufe der Jahre und Jahrzehnte verändert; zuletzt vor dem Hintergrund der Angleichungsbestrebungen im Rahmen der Europäischen Gemeinschaft (EG). Die **4. (Bilanzrichtlinie), 7. (Konzernrichtlinie)** und **8. EG-Richtlinie (Prüferrichtlinie)** wurden im Rahmen der Harmonisierung des Gesellschaftsrechts in der EG in der Bundesrepublik durch das **Bilanzrichtliniengesetz (BiRiLiG)** vom 19. Dezember 1985 in nationales Recht umgesetzt. Das BiRiLiG trat am 1. Januar 1986 in Kraft und war erstmals für die Jahresabschlüsse des Kalenderjahres 1987 anzuwenden. Rechnungslegungs-, Offenlegungs- (Publizierungs-) und Prüfungsrechte für den Jahresabschluss von Unternehmen und den Konzernabschluss, die vorher in mehreren Gesetzen (z. B. AktG) festgehalten waren, wurden in einem **neuen Dritten Buch** des **Handelsgesetzbuches** konzentriert.[11] Es ist entsprechend dem Grundsatz "Vom Allgemeinen zum Speziellen" aufgebaut. Umfang und Qualität der handelsrechtlichen (Finanz-)Buchführung hängen unmittelbar von der **Rechtsform** des Unternehmens ab (vgl. *Abbildung 22*, S. 79).

---

10 Zur Sicherstellung der Rechtmäßigkeit dieser umsatzsteuerlichen Vorgänge wurde ein umfangreiches gesamteuropäisches Kontrollsystem geschaffen (Umsatzsteueridentifikationsnummer, Zusammenfassende Meldungen innergemeinschaftlicher Ausfuhren, Aufbau des Bundesamtes für Finanzen in Saarlouis). Zum neuen Umsatzsteuerrecht bezogen auf die EG vgl. R. Sikorski (1992) und H.-D. Rondorf (1992).

11 Zum BiRiLiG und dessen "Entstehung" siehe z. B.: G. Eilenberger (1995), S. 8 ff. und W. Lück (1990), S. 196 ff.

Abbildung 22

Rechnungslegungsvorschriften			
HGB	**GmbHG**	**AktG**	**PublG**
Vorschriften, die für mehr als eine Rechtsform gelten	Sondervorschriften für GmbH §§ 41ff.	Sondervorschriften für die AG, KG a.A §§ 150ff.	Sondervorschriften für große Unternehmen (unabhängig von der Rechtsform §§ 1ff.
↓			
Vorschriften für alle Kaufleute	**Ergänzende Vorschriften für Kapitalgesellschaften**	**Ergänzende Vorschriften für Eingetragene Genossenschaften**	**Ergänzende Vorschriften für Unternehmen bestimmter Geschäftsbereich**
(Buchführung, Inventar, Jahresabschluss, Ansatz- und Bewertungsvorschriften, Aufbewahrung und Vorlage *§§ 238 - 263*	Jahresabschluss und Lagebericht, Prüfung, Offenlegung, Formblätter, Strafen, Buß- und Zwangsgelder Einzelabschluss und Konzernabschluss *§§ 264 - 335*	Jahresabschluss und Lagebericht, Vorschriften zur Bilanz, zum Anhang, Prüfung und Offenlegung *§§ 336 - 339*	Kreditinstitute *§§ 340 – 340o* Versicherungsunternehmen *§§ 341 – 341o*

1.3.2 Handelsrechtliche Vorschriften für alle Rechtsformen

Gemäß § 242 Abs. 1 HGB hat der Kaufmann, d. h. Einzelunternehmen, Personen- (OHG, KG) und Kapitalgesellschaften sowie Genossenschaften, "zu Beginn seines Handelsgewerbes und für den Schluss eines jeden Geschäftsjahres einen das Verhältnis seines Vermögens und seiner Schulden darstellenden Abschluss (Eröffnungsbilanz, Bilanz) aufzustellen." Nach § 242 Abs. 3 HGB bilden die Bilanz und die Gewinn- und Verlustrechnung den **Jahresabschluss**.

Zu beachten ist jedoch, dass der maßgebende **Stichtag des Beginns des Handelsgewerbes** von der Kaufmannseigenschaft bzw. von der Rechtsform abhängt. Gemäß § 240 Abs. 2 Satz 2 HGB darf die **Dauer des Geschäftsjahres** zwölf Monate nicht überschreiten. Demzufolge kann ein Geschäftsjahr auch eine kürzere Periode umfassen. Ferner muss das Geschäfts- nicht mit dem Kalenderjahr übereinstimmen, wie auch die Praxis vieler Unternehmen belegt. Im Gegensatz zu den Kapitalgesellschaften besteht für Nicht-Kapitalgesellschaften keine fest fixierte **Aufstellungsfrist** für den Jahresabschluss. § 243 Abs. 3 HGB besagt: "Der Jahresabschluss ist innerhalb der einem ordnungsmäßigen Geschäftsgang entsprechenden Zeit aufzustellen."

1.3.3 Vorschriften für Kapitalgesellschaften und Genossenschaften

Der zweite Abschnitt des Dritten Buches enthält **ergänzende Vorschriften** für **Kapitalgesellschaften** (§§ 264-335 HGB) und der dritte Abschnitt **ergänzende Vorschriften** für **eingetragene Genossenschaften** (§§ 336-339 HGB).

So setzt sich der "erweiterte" Jahresabschluss bei den Kapitalgesellschaften (§ 264 Abs. 1 HGB) und Genossenschaften (§ 336 Abs. 1 HGB) aus der **Bilanz**, der **GuV** und dem (erläuternden) **Anhang** zusammen. Diese drei Bestandteile bilden eine "Einheit". Außerdem ist ein **Lagebericht** aufzustellen (vgl. *Abbildung 23*).

Abbildung 23

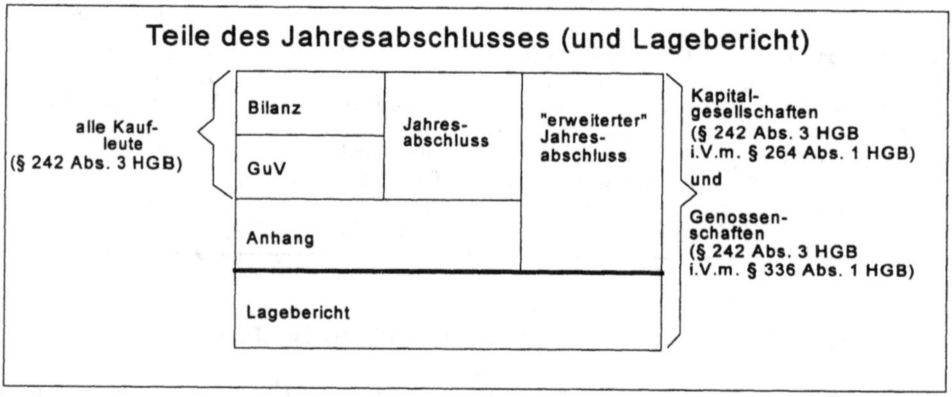

Von besonderer Bedeutung für die Ausgestaltung der Buchführung von Kapitalgesellschaften und Genossenschaften sind die differenzierten Gliederungs- und Ausweisvorschriften zur Bilanz und GuV, die wesentlich eingeschränkten Bilanzierungs- und Bewertungswahlrechte sowie die Vorschriften über die Offenlegung und Prüfung des Jahresabschlusses. Im Rahmen der Rechnungslegung hat dabei der Gesetzgeber abgestufte größenabhängige Erleichterungen geschaffen. Gemäß § 267 HGB wird zwischen kleinen, mittelgroßen und großen Kapitalgesellschaften unterschieden:

Die an die Größenklasseneinteilung anknüpfenden Aufstellungs-, Prüfungs- und Offenlegungspflichten sind *Abbildung 24* zu entnehmen. Dabei ist zu beachten, dass für die **Größenklasseneinteilung** maßgebend ist, dass jeweils zwei der drei Abgrenzungsmerkmale an zwei aufeinanderfolgenden Abschlussstichtagen über- bzw. unterschritten werden (§ 267 Abs. 4 HGB). Eine Kapitalgesellschaft gilt **stets als große**, "wenn Aktien oder andere von ihr ausgegebene Wertpapiere an einer Börse in einem Mitgliedsstaat der Europäischen Wirtschaftsgemeinschaft zum amtlichen Handel oder zum geregelten Markt zugelassen oder in den geregelten Freiverkehr einbezogen sind oder die Zulassung zum amtlichen Handel oder zum geregelten Markt beantragt ist" (§ 267 Abs. 3 HGB).

Abbildung 24

Drei Größenklassen der Kapitalgesellschaft (§ 267 HGB)

Größenklasse / Größenmerkmale	kleine Kapitalgesellschaft	mittelgroße Kapitalgesellschaft	große Kapitalgesellschaft
Bilanzsumme *	≤ 6,72 Mio. DM (3,4 Mio.) €	< 6,72 bis 26,89 Mio. DM (3,4 bis 13,7 Mio. €)	> 26,89 Mio. DM (13,7 Mio. €)
Umsatzerlöse **	≤ 13,44 Mio. DM (6,8 Mio. €)	< 53,78 Mio. DM (6,8 bis 27,4 Mio. €)	> 53,78 Mio. DM (27,4 Mio. €)
Arbeitnehmer ***	≤ 50	51 bis 250	> 250

* nach Abzug eines auf der Aktivseite ausgewiesenen Fehlbetrags (§ 268 HGB)
** in den 12 Monaten vor dem Abschlussstichtag
*** im Jahresdurchschnitt

Wenn Unternehmen nach dem Handelsrecht zur Aufstellung eines Konzernabschlusses verpflichtet sind, so besteht dieser aus der Konzernbilanz, der Konzern-Gewinn- und Verlustrechnung und dem Konzernanhang, ergänzt durch den Konzernlagebericht (§ 290 Abs. 1 und § 297 Abs. 1 HGB).

1.3.4 Rechnungslegung nach dem Publizitätsgesetz

Ergänzend zu den Vorschriften des HGB haben Großunternehmen wegen ihrer besonderen volkswirtschaftlichen Bedeutung die Rechnungslegungsvorschriften zu beachten und zu berücksichtigen, die im "Gesetz über die Rechnungslegung von bestimmten Unternehmen und Konzernen" (**Publizitätsgesetz = PublG**) enthalten sind. Mit diesem Gesetz werden auch diejenigen Unternehmen zur Offenlegung des Jahresabschlusses und des Lageberichts verpflichtet, die aufgrund der Vorschriften über die gewählte Unternehmensrechtsform nicht publizitätspflichtig wären. Gemäß § 1 Abs. 1 PublG gelten die Bestimmungen für alle Unternehmen, wenn an drei aufeinanderfolgenden Abschlussstichtagen mindestens zwei der drei folgenden Größenmerkmale zutreffen:

1. Die **Bilanzsumme** einer auf den Abschlussstichtag festgestellten Bilanz übersteigt 125 Mio. DM (63.911.485 €).
2. Die **Umsatzerlöse** der letzten 12 Monate vor dem Abschlussstichtag übersteigen 250 Mio. DM (127.822.970 €).
3. Das Unternehmen hat in den 12 Monaten vor dem Abschlussstichtag durchschnittlich mehr als 5000 **Arbeitnehmer** beschäftigt.

Zu beachten ist, dass die dem PublG unterworfenen Personenunternehmen im Hinblick auf den Umfang des Jahresabschlusses ausnahmsweise den kleinen Personenunternehmen gleichgestellt werden. Einzelheiten der Rechnungslegung sind in den §§ 2-16 PublG geregelt. *Abbildung 25* sind die Vorschriften zur Rechnungslegung, Prüfung und Offenlegung zu entnehmen.

1.4 Allgemeine Anforderungen an Buchführung und Aufzeichnungen

1.4.1 Beachtung der Grundsätze ordnungsmäßiger Buchführung

Für jeden Kaufmann besteht nicht nur die Pflicht, irgendwie Bücher zu führen, sondern es sind dabei gemäß § 238 Abs. 1 HGB die **Grundsätze ordnungsmäßiger Buchführung (GoB)** zu beachten.[12] In einigen Gesetzesstellen des HGB (§ 238, § 241, § 243) wird die Anwendung und Beachtung der GoB ausdrücklich gefordert, ohne dass sie weiter spezifiziert bzw. definiert werden. Obwohl das HGB lediglich von den Grundsätzen ordnungsmäßiger Buchführung spricht, schließen diese die Inventur und Bilanzierung mit ein. Gewöhnlich wird heute der Begriff GoB als Oberbegriff angesehen, unter dem die Grundsätze ordnungsmäßiger **Buchführung**, die Grundsätze ordnungsmäßiger **Inventur** und die Grundsätze ordnungsmäßiger **Bilanzierung** subsumiert werden (vgl. *Abbildung 26*). Eine Kodifizierung der GoB erfolgte zum ersten Mal im **neuen Dritten Buch** des **HGB** im Zusammenhang mit der Verabschiedung und Umsetzung des Bilanzrichtliniengesetzes ins nationale Recht zum Ende des Jahres 1985.

Beim Einsatz der EDV-Buchführung (moderne Buchführungsformen) sind neben den GoB auch die allgemeinen **Grundsätze ordnungsmäßiger Datenverarbeitung (GoDV)** zu beachten, die die GoB ergänzen. Zunächst sind infolge des technischen Fortschritts auf dem Gebiet der Dokumentation von Geschäftsvorfällen mittels verschiedener Speichermedien vom Ausschuss für

12 Die GoB werden detailliert von Leffson behandelt. U. Leffson (1987).

Abbildung 25: Größenabhängige Vorschriften zur Rechnungslegung

<table>
<tr><th rowspan="2"></th><th rowspan="2"></th><th colspan="3">Aufstellung</th><th rowspan="2">Prüfungspflicht</th></tr>
<tr><th>Bilanzschema</th><th>GuV-Schema</th><th>Frist</th></tr>
<tr><td rowspan="2">Einzelkaufmann und Personenhandelsgesellschaften i.e.S.</td><td>nicht publizitätspflichtig</td><td colspan="2">nach GoB, klar und übersichtlich (§§ 243, 247 HGB)</td><td>ordnungsgemäß. Geschäftsgang (§ 243 III HGB)</td><td>nein</td></tr>
<tr><td>publizitätspflichtig</td><td colspan="2">volle Schemata nach §§ 266, 275 HGB</td><td>3 Monate (§ 5 I PublG)</td><td>ja (§ 6 PublG)</td></tr>
<tr><td rowspan="3">Kapitalgesellschaften i.w.S.</td><td>klein</td><td>verkürzt (§ 266 I HGB)***)</td><td rowspan="2">1 bis 5 bzw. 1 bis 3 und 6 dürfen zu Rohergebnis zusammengefasst werden (§ 264 I HGB) ***)</td><td>ordnungsgemäßer Geschäftsgang, max. 6 Monate (§ 264 I HGB)</td><td>nein</td></tr>
<tr><td>mittelgroß</td><td rowspan="2">volles Schema nach § 266 HGB</td><td rowspan="2">3 Monate (§ 264 I HGB)</td><td rowspan="2">ja (§ 316 I HGB)</td></tr>
<tr><td>groß</td><td>volles Schema nach § 275 HG</td></tr>
<tr><td rowspan="3">Genossenschaft</td><td>klein</td><td colspan="2" rowspan="3">differenziert wie bei den Kapitalgesellschaften (§ 366 II HGB)</td><td rowspan="3">5 Monate (§ 336 HGB)</td><td rowspan="3">Bilanzsumme ≤ 2 Mio. DM alle 2 Jahre
Bilanzsumme > 2 Mio. DM jährlich (§ 53 GenG)</td></tr>
<tr><td>mittelgroß</td></tr>
<tr><td>groß</td></tr>
</table>

* Anhang: verkürzt nach § 274 a, 276, 288, 326, 327 HGB für kleine und mittelgroße Kapitalgesellschaften

** Zusatzpositionen wahlweise im Anhang

*** Auskunftsrecht nach § 131 AktG bzw. Recht der Feststellung des Jahresabschlusses durch die Gesellschafter nach § 46 Nr. 1 GmbHG

**** GmbH brauchen Ergebnisverwendung nicht offenzulegen, wenn sich anhand dieser Angaben die Gewinnanteile von natürlichen Personen feststellen lassen, die Gesellschafter sind

<table>
<tr><th colspan="5">Offenlegung</th></tr>
<tr><th>Bilanzschema</th><th>GuV-Schema</th><th>Handelsregister (Genossenschaftsregister)</th><th>Bundesanzeiger (Genossenschaftsblätter)</th><th>Frist</th></tr>
<tr><td colspan="4">keine Offenlegungspflicht</td><td>keine</td></tr>
<tr><td>volles Schema nach § 266 HGB, nur Eigenkapital in einem Posten (§ 9 III PublG)</td><td>außer einigen Details (§ 5 V PublG) nicht offen legen (§ 9 II PublG)</td><td colspan="2">Bilanz, GuV oder Anlage gem. § 5 V S. 3 PublG, Bestätigungsvermerk, Prüfungsbericht des Überwachungsorgans, Vorschlag (und Beschluss) über die Verwendung des Ergebnisses zum Handelsregister und in den Bundesanzeiger (§§ 9 I, 5 PublG)</td><td>9 Monate (§ 9 I PublG, § 325 HGB)</td></tr>
<tr><td>verkürzt (§ 266 I Satz 3 HGB) ***)</td><td>nicht offenzulegen (§ 326 HGB)</td><td>Bilanz, Anhang, *) (§ 326 HGB)</td><td rowspan="2">bei welchem Handelsregister und unter welcher Nummer eingereicht (§ 325 I Satz 2 HGB)</td><td rowspan="3">unverzüglich nach der Vorlage an die Gesellschafter, spätestens aber nach 12 Monaten (§ 325 I HGB)</td></tr>
<tr><td>nur teilweise verkürzt **) (§ 327 Nr. 1 HGB) ***)</td><td>offenzulegen, wobei Zusammenfassung der ersten Posten zum Rohergebnis möglich ist ***)</td><td rowspan="2">Bilanz, GuV, Anhang, *) Lagebericht, Vorschlag und Beschluss zur Gewinnverwendung,****) Bestätigungsvermerk und Bericht des Aufsichtsrats (§§ 325, 327 Nr. 2 HGB)</td></tr>
<tr><td>voll</td><td>offenzulegen nach vollem Schema</td><td>wie Handelsregister (§ 325 II GB)</td></tr>
<tr><td rowspan="2">in der Bilanz ist stets § 327 HGB zu beachten</td><td rowspan="2">differenziert wie bei Kapitalgesellschaften (§ 339 III HGB)</td><td>Bilanz, Anhang (§ 338 HGB beachten) *)</td><td>keine Pflicht</td><td rowspan="2">unverzüglich nach der Generalversammlung (§ 339 HGB)</td></tr>
<tr><td>Bilanz, GuV, Anhang (§ 338 HGB beachten), *) Lagebericht, Bericht des Aufsichtsrats (§ 339 I HGB), große Genossenschaften auch den Bestätigungsvermerk bzw. den Vermerk der Versagung</td><td>Jahresabschluss, Bestätigungsvermerk (§ 339 II HGB)</td></tr>
</table>

Abbildung 26

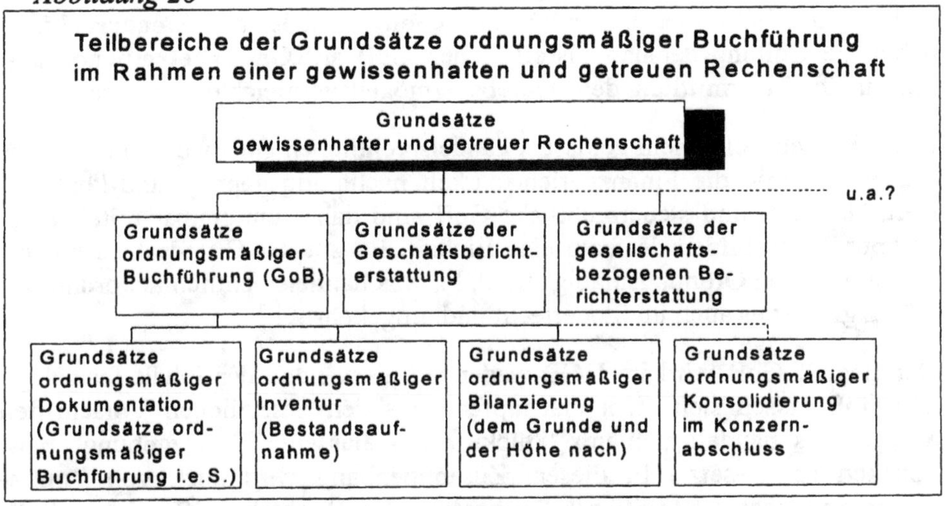

wirtschaftliche Verwaltung in Wirtschaft und öffentlicher Hand e.V. (AWV) unter Mitwirkung der von den Betriebsprüfungsreferenten der Obersten Finanzbehörden des Bundes und der Länder eingesetzten "Arbeitsgruppe Speicherbuchführung" die **Grundsätze ordnungsmäßiger Speicherbuchführung (GoS)** entwickelt worden. Laut Schreiben des Bundesministeriums der Finanzen vom 5.7.1978 (Erlass einer bindenden Verwaltungsanweisung) sollen die GoS auch für andere EDV-Buchführungen verwendet werden und die allgemeinen GoB ergänzen. Da die GoS nicht alle Aspekte einer ordnungsmäßigen EDV-Buchführung berücksichtigen, ist eine Erweiterung der GoS durch Einbeziehung aller wesentlichen ordnungsbedürftigen Erscheinungsformen der Datenverarbeitung in Richtung auf **Grundsätze ordnungsmäßiger Datenverarbeitung** erforderlich gewesen. Dazu kommen Grundsätze für die Verfilmung von gesetzlich aufbewahrungspflichtigem Schriftgut (**Mikrofilm-Grundsätze**) und die allgemeinen Grundsätze zur **"Ordnungsmäßigkeit der Buchführung beim Einsatz von Computern"**.[13]

Im folgenden betrachten wir an dieser Stelle nur die **GoB i. e. S.** oder die **Grundsätze ordnungsmäßiger Dokumentation (GoD)**, d. h. die Form- und Organisationsvorschriften der Buchführung. Grundanforderungen an die Ord-

---

13 Detaillierter zu den Grundsätzen und der Ordnungsmäßigkeit beim Einsatz von EDV-Buchführung siehe: W. Eisele (1999), S. 502 ff., J. Langenbeck/J. Wolf (1996), S. 153 ff. und W. Lück (1998), S. 36 ff.

nungsmäßigkeit der Buchführung stellt sowohl das Handels- als auch Steuerrecht. "§ 5 EStG bildet die **Brücke zwischen Handels- und Steuerrecht**. Er dehnt die Geltung der handelsrechtlichen GoB auf **Gewerbetreibende** aus, die zur Gewinnermittlung den Betriebsvermögensvergleich durchführen.

Die meist sehr allgemein gefassten handelsrechtlichen GoB wurden durch das Steuerrecht und die Finanzgerichtsbarkeit nachhaltig geprägt und konkretisiert. Handels- und steuerrechtliche GoB sind daher untrennbar miteinander verknüpft und bilden de facto eine Einheit. Es gilt der Grundsatz der übereinstimmenden Ordnungsmäßigkeit, d. h., was handelsrechtlich als ordnungsmäßig gilt, ist es auch im Steuerrecht und umgekehrt."[14]

Der Begriff GoB wird im HGB weder definiert, noch der Inhalt festgelegt. Die GoB lassen sich nicht erschöpfend aus den gesetzlichen Vorschriften ableiten. Es handelt sich um "Stücke offengelassener Gesetzgebung" bzw. "Lücken im Gesetz". In diesem Zusammenhang wird auch von **"unbestimmten Gesetzesbegriffen"**, **"unbestimmten Rechtsbegriffen"** oder **"allgemeinen Generalklauseln"** gesprochen. Die GoB als Rechtsnormen in Form unbestimmter Rechtsbegriffe müssen dann im Einzelfall bei der Rechtsanwendung konkretisiert werden. Die "Unbestimmtheit" der GoB erweist sich dabei durchaus auch als Vorteil, weil prinzipiell die Möglichkeit besteht, die Grundsätze den Veränderungen und Verfeinerungen der Methoden des betrieblichen Rechnungswesens entsprechend anzupassen. So bestand früher die Verpflichtung gebundene Bücher zu führen, was heute längst nicht mehr der Fall ist (Lose-Blatt-Buchführung ist erlaubt; EDV-Einsatz). GoB sind **allgemeine** Buchführungs- und Bilanzierungsnormen, die sich teilweise aus der **Rechtsordnung** (Handels-, Aktien-, Steuerrecht, Rechtsprechung), der **praktischen Übung** ordentlicher Kaufleute, den **Erlassen, Steuerrichtlinien, Empfehlungen und Gutachten** von Behörden und Verbänden sowie der **wissenschaftlichen Diskussion** ableiten lassen und geformt werden. Die Methoden zur Ermittlung der GoB können demzufolge in **induktive** (empirisch, durch Beobachtung und Erfahrung) und **deduktive** (sind aus dem Sinn und Zweck der Rechnungslegung abzuleiten) unterschieden werden.

Wenn auch für den Begriff GoB keine eindeutige Definition existiert, so werden immerhin in § 238 Abs. 1 Satz 2 und 3 HGB sowie § 145 Abs. 1 Satz 1 und 2 AO übereinstimmend folgende allgemeine Anforderungen an die Ordnungsmäßigkeit der Buchführung gestellt:

---

14 G. Wörner (2000), S. 28.

"Die Buchführung muss so beschaffen sein, dass sie einem **sachverständigen Dritten** innerhalb angemessener Zeit einen Überblick über die Geschäftsvorfälle und über die Lage des Unternehmens vermitteln kann.

Die Geschäftsvorfälle müssen sich in ihrer Entstehung und Abwicklung verfolgen lassen."

Hinter der dehnbaren "Definition" der Ordnungsmäßigkeit der Buchführung (auch für Inventur und Bilanzierung) steht ein **materieller** und **formeller** Aspekt. Denn nur wenn die Aufzeichnungen der Geschäftsvorfälle vollständig, richtig und damit auch begründet (**materielle Ordnungsmäßigkeit**) vorgenommen werden und die Bücher klar, übersichtlich und damit nachprüfbar (**formelle Ordnungsmäßigkeit**) geführt werden, ist ein sachverständiger Dritter in der Lage, die Buchführung jederzeit ohne Schwierigkeiten zu übersehen und die Aufzeichnungen zu überprüfen (vgl. *Abbildung 27*).

Abbildung 27

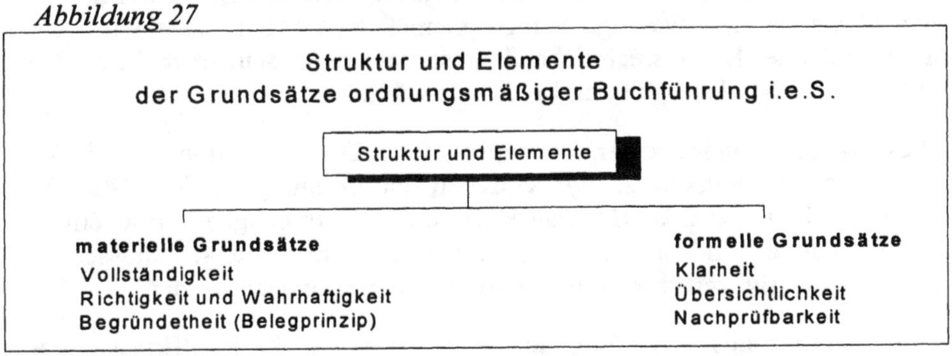

D. h., die Buchführung muss so beschaffen sein, dass ein Geschäftsvorfall sowohl von der Bilanz ausgehend bis zum zugehörigen Beleg (**retrograd**) als auch vom Beleg ausgehend bis zum Jahresabschluss (**progressiv**) verfolgt werden kann. Unter einem sachverständigen Dritten wird z. B. ein Wirtschaftsprüfer, Steuerberater oder Außenprüfer des Finanzamtes verstanden. Die Grundlage für die **formelle Ordnungsmäßigkeit** (Klarheit, Übersichtlichkeit und Nachprüfbarkeit) bilden das System der Buchführung und die Art der geführten Bücher sowie die Organisation der Buchführung (insbesondere die Anwendung eines Kontenrahmens und die Organisation des Belegwesens). Diese ist gewährleistet, wenn die in den §§ 239, 243, 244, 257, 261 HGB und den §§ 145-147 AO aufgeführten Grundsätze eingehalten werden. Allerdings ist zu berücksichtigen, dass die formellen und materiellen GoB nicht immer eindeutig voneinander abzugrenzen sind und zwischen einzelnen GoB eine gewisse Wechselbeziehung besteht.

1.4.2 Wichtige Grundsätze ordnungsmäßiger Buchführung i. e. S.

Mit den wichtigsten Grundsätzen ordnungsmäßiger Buchführung i. e. S. wollen wir uns im Folgenden beschäftigen. So gehört zu einer ordnungsmäßigen Dokumentation nach Steuerrecht (§ 146 AO Abs. 3) und Handelsrecht u. a. die Verwendung einer **lebenden Sprache**. In § 239 Abs. 1 HGB steht: "Bei der Führung der Handelsbücher und bei den sonst erforderlichen Aufzeichnungen hat sich der Kaufmann einer lebenden Sprache zu bedienen. Werden Abkürzungen, Ziffern, Buchstaben oder Symbole verwendet, muss im Einzelfall deren Bedeutung eindeutig feststehen." Der Vorschrift des zweiten Satzes kommt vor allem im Rahmen der Datenspeicherung bei EDV-Buchführung eine zentrale Rolle zu. Bekanntlich werden hier nämlich nicht die Schriftzeichen einer lebenden Sprache verwendet. Als "lebend" werden Sprachen bezeichnet, die gegenwärtig gesprochen werden. Unter Bezug auf § 239 HGB kann also auch z. B. die lateinische Sprache nicht verwendet werden. Soweit die Bücher nicht in deutscher Sprache geführt werden, können Übersetzungen verlangt werden. Gemäß § 244 HGB ist ein im Inland aufzustellender handelsrechtlicher Jahresabschluss in **deutscher** Sprache und in Deutscher Mark (ab 2002 in Euro) aufzustellen.

Wesentliche Grundsätze der ordnungsmäßigen Dokumentation sind die Vollständigkeit, Richtigkeit, Zeitgerechtigkeit und Ordnung, die in § 146 Abs. 1 AO und § 239 Abs. 2 HGB verankert sind. Die Eintragungen in Büchern bzw. die Buchungen und die sonst erforderlichen Aufzeichnungen müssen **vollständig, richtig, zeitgerecht** und **geordnet** vorgenommen werden.

Unter dem Grundsatz der **Vollständigkeit** ist eine lückenlose Erfassung aller Geschäftsvorfälle zu verstehen. Keine Buchung darf fehlen, aber auch keine fiktiv hinzugefügt werden. Zur Vollständigkeit der Buchführung gehört außerdem, dass Verrechnungen oder unzulässige Saldierungen zu unterlassen sind. "Das bedeutet, dass alle buchungspflichtigen Vorgänge, die nach Gesetz und GoB gesondert im Jahresabschluss auszuweisen sind, auch in der Buchführung gesondert und unverkürzt zu erfassen sind (z. B. keine Saldierung von Anlagezugängen mit Abschreibungen auf Anlagen)."[15]

Der Grundsatz der **Richtigkeit** untersagt alle Manipulationen, die sachlich und formell die Buchführung verfälschen. Das heißt, "dass

---

15 R. Buchner (1997), S. 34.

- die Buchführung auf richtigen Grundaufzeichnungen aufgebaut sein muss;
- die Beschreibung der Geschäftsvorfälle mit den zugrundeliegenden Tatbeständen dem Grund und der Höhe nach übereinstimmen muss;
- keine Buchung ohne Beleg erfolgen darf;
- die Geschäftsvorfälle richtig kontiert werden müssen;
- nach Maßgabe des Buchungssatzes und des Buchungstextes auf den in Betracht kommenden Konten richtig gebucht werden muss."[16]

An den aufgelisteten Punkten wird die zentrale Bedeutung des **Belegprinzips** für die Ordnungsmäßigkeit der Buchführung und als Beweissicherungsfunktion offensichtlich. Der ordnungsmäßige Beleg (Fremd- bzw. Eigenbeleg) bildet das unabdingbare Bindeglied zwischen Geschäftsvorfall und Buchung. Einer der wichtigsten Grundsätze der Buchführung lautet deshalb: **keine Buchung ohne Beleg!** Belege müssen geordnet, fortlaufend nummeriert und vollständig aufbewahrt werden. Eine systematische Ordnung ist zwingend erforderlich, um als Beweis für die Richtigkeit der einzelnen Buchungen herangezogen werden zu können. Außerdem muss gewährleistet sein, dass durch gegenseitige Verweise zwischen Beleg und Buchung ein bestimmter Vorfall jederzeit retrograd und progressiv (vom Buchungsvorfall auf den Beleg und umgekehrt) überprüft werden kann.

Hinter der Formulierung **zeitgerechte** Eintragungen steht die Sollvorschrift, die Geschäftsvorfälle **zeitnah** (nach Möglichkeit täglich) zu verbuchen. Eine konkrete Frist ist im HGB nicht festgelegt worden. Allerdings sollen nach § 146 Abs. 1 AO die Kasseneinnahmen und -ausgaben täglich festgehalten werden, soweit es für die Besteuerung von Bedeutung ist. Gemäß Abschnitt 29 Abs. 2 Nr. 2 EStR erfordert die zeitnahe Erfassung der Geschäftsvorfälle - mit Ausnahme des baren Zahlungsverkehrs - keine tägliche Aufzeichnung. Hiermit wird den Gepflogenheiten der Praxis Rechnung getragen, in der aus Gründen der **Rationalisierung der Buchführungsarbeiten** und zum wirtschaftlichen **Einsatz von Datenverarbeitungsanlagen** die Geschäftsvorfälle nicht laufend, sondern periodenweise verbucht werden. Selbstverständlich müssen Vorkehrungen getroffen werden, dass in dem Zeitraum bis zur Verbuchung die Unterlagen weder verloren gehen noch gefälscht werden können. Dies gilt insbesondere auch bei Datenfernverarbeitung (Buchführung außer Haus).

---

16 W. Lück (1990), S. 231 f.

Die Forderung in § 146 Abs. 1 AO und § 239 Abs. 2 HGB nach einer **geordneten** Vornahme von Eintragungen und Aufzeichnungen lässt sich folgendermaßen umschreiben: Sind sämtliche Geschäftsvorfälle sachgerecht kontiert, und ist durch die Erfassung in einem sinnvoll und planmäßig gegliederten Kontensystem sichergestellt, dass jeder Geschäftsvorfall durch einen sachverständigen Dritten in einer angemessenen Zeit hinreichend identifiziert werden kann, so liegt die geforderte Ordnung vor. Durch die abgeschwächte Forderung nach einer geordneten Buchung und nicht wie früher der fortlaufenden Buchung der Zeitfolge nach (§ 162 Abs. 2 Satz 1 AO 1931) sind die Voraussetzungen für die Zulassung der sog. Speicherbuchführung (Speicherung von Buchungen auf maschinell lesbaren Datenträgern) geschaffen worden.[17]

Zur ordnungsmäßigen Dokumentation gehört auch, dass gemäß § 146 Abs. 4 AO und § 239 Abs. 3 HGB die Eintragungen oder Aufzeichnungen nicht in einer Weise verändert werden, dass der **ursprüngliche Inhalt** nicht mehr festgestellt werden kann. "Auch solche Veränderungen dürfen nicht vorgenommen werden, deren Beschaffenheit es ungewiss lässt, ob sie ursprünglich oder erst später gemacht worden sind." Dies bedeutet, dass bei **konventionellen Buchführungsformen** in den Büchern und Aufzeichnungen keine unausgefüllten Zwischenräume (z. B. Ausfüllen durch Buchhalternase) gelassen werden dürfen. Überschreibungen, Durchschreibungen, Überklebungen, Auslöschungen, Radierungen usw. sind nicht erlaubt, da sie die ursprünglichen Eintragungen unleserlich machen. Die Verwendung von Bleistiften ist demzufolge nicht zulässig.

Da bei **modernen Buchführungsformen** (EDV-Buchführung) der ursprüngliche Inhalt recht leicht zu verändern ist, bedarf es spezieller Sicherungen und Sperren, die verhindern, dass Daten manipuliert werden können. Gemäß § 146 Abs. 5 AO und § 239 Abs. 4 HGB können Handelsbücher und Aufzeichnungen auch in der geordneten Ablage von Belegen (= Offene-Posten-Buchführung) oder auf Datenträgern (= Speicherbuchführung) geführt werden, soweit diese Formen der Buchführung den Grundsätzen ordnungsmäßiger Buchführung entsprechen. Nach den Regelungen in den oben genannten Paragraphen sind EDV-Buchführungen erlaubt, sofern sichergestellt ist, dass die Daten während der Dauer der Aufbewahrungsfrist verfügbar sind und jederzeit innerhalb angemessener Frist lesbar gemacht werden können. Beim Einsatz der EDV-Buchführung sind neben den GoB auch die **Grundsätze ordnungsmäßiger Speicherbuchführung (GoS)** zu beachten.

---

17 Vgl. W. Lück (1990), S. 232 f.

1.4.3 Aufbewahrungspflichten und -fristen

Zu einer ordnungsmäßigen Buchführung gehört ebenfalls die Einhaltung der gesetzlich vorgeschriebenen Aufbewahrungspflichten und -fristen. Gemäß § 147 AO (erfasst alle buchführungs- und aufzeichnungspflichtigen Personen) und § 257 HGB (gilt nur für Vollkaufleute und die nach § 262 HGB buchführungspflichtigen Sollkaufleute) besteht die Verpflichtung, folgende Bücher, Aufzeichnungen, Geschäftspapiere und sonstige Unterlagen **geordnet** aufzubewahren:

1. Handelsbücher, Inventare, Eröffnungsbilanzen, Jahresabschlüsse, Lageberichte, Konzernabschlüsse, Konzernlageberichte sowie die zu ihrem Verständnis erforderlichen Arbeitsanweisungen und sonstigen Organisationsunterlagen,

2. die empfangenen Handelsbriefe,

3. Wiedergaben der abgesandten Handelsbriefe,

4. Belege für die Buchungen in den von ihm nach § 238 Abs. 1 zu führenden Büchern (Buchungsbelege),

5. sonstige Unterlagen, soweit sie für die Besteuerung von Bedeutung sind.

Die **Fristen für die Aufbewahrung** dieser Unterlagen sind in § 147 Abs. 3 AO und § 257 Abs. 4 HGB geregelt: **10 Jahre** für alle unter § 147 Abs. 1 Punkt 1 AO und § 257 Abs. 1 Punkt 1 HGB aufgeführten Unterlagen und **6 Jahre** für die übrigen unter § 147 Abs. 1 AO und § 257 Abs. 1 HGB aufgezählten Unterlagen.

Von den aufzubewahrenden Unterlagen ist laut § 245 HGB der Jahresabschluss unter Angabe des Datums vom Kaufmann und laut Abschnitt 30 Abs. 2 EStR das Inventar von der/n aufnehmenden Person/en zu unterzeichnen. Sind mehrere persönlich haftende Gesellschafter vorhanden, so haben sie alle den Jahresabschluss zu unterzeichnen.

Zu den handelsrechtlichen GoB gehört auch, dass der aufzubewahrende Jahresabschluss laut § 243 Abs. 3 HGB innerhalb der einem ordnungsmäßigen Geschäftsgang entsprechenden Zeit aufgestellt wird. Gemäß § 264 Abs. 1 HGB sind mittelgroße und große Kapitalgesellschaften dazu verpflichtet, den Jahresabschluss und den Lagebericht "in den ersten drei Monaten des Geschäftsjahres für das vergangene Geschäftsjahr aufzustellen. Kleine Kapitalgesellschaften (§ 267 Abs. 1) dürfen den Jahresabschluss und den Lagebericht auch später aufstellen, wenn dies einem ordnungsmäßigen

Geschäftsgang entspricht; diese Unterlagen sind jedoch innerhalb der ersten sechs Monate des Geschäftsjahres aufzustellen."

Der **Beginn der Aufstellungsfrist** wird in § 147 Abs. 4 AO und § 257 Abs. 5 HGB geregelt. Der Aufbewahrungszeitraum beginnt jeweils am Schluss des Kalenderjahres, in dem der Beleg entstand, das Inventar aufgestellt, die Eröffnungsbilanz oder der Jahresabschluss festgestellt oder der Handelsbrief empfangen bzw. abgesandt wurde. Zu beachten ist dabei, dass mit Ausnahme der Eröffnungsbilanzen, Jahresabschlüsse und Konzernabschlüsse alle übrigen im HGB und der AO aufgezählten Unterlagen auch auf einem Bildträger (z. B. Mikrofilm) oder auf anderen Datenträgern (z. B. Lochstreifen, Magnetbänder, Disketten usw.) aufbewahrt werden dürfen, wenn das den GoB entspricht. Das bedeutet, dass bei der Buchführung mittels elektronischer Datenverarbeitung die Arbeitsanweisungen und sonstigen Organisationsunterlagen, die zum Verständnis der Buchführung erforderlich sind, wie z. B. Bedienerhandbücher, Arbeitsanweisungen, Programmdokumentationen 10 Jahre lang aufzubewahren sind. Eine entsprechende Aufbewahrungspflicht besteht dagegen für Lochkarten, Lochstreifen, Magnetbänder oder Plattenspeicher nur, "wenn sie Buchfunktion erfüllen, d. h. wenn sie an die Stelle von Konten der Buchhaltung treten, wie z. B. bei der Offene-Posten-Buchführung."[18] Kommen Bildträger oder Datenträger bei der Aufbewahrung von Unterlagen zum Einsatz, so kann auch § 147 Abs. 5 AO relevant werden. "Wer aufzubewahrende Unterlagen nur in der Form einer Wiedergabe auf einem Bildträger oder auf anderen Datenträgern vorlegen kann, ist verpflichtet, auf seine Kosten diejenigen Hilfsmittel zur Verfügung zu stellen, die erforderlich sind, um die Unterlagen lesbar zu machen; auf Verlangen der Finanzbehörde hat er auf seine Kosten die Unterlagen unverzüglich ganz oder teilweise auszudrucken oder ohne Hilfsmittel lesbare Reproduktionen beizubringen." Ferner ist gemäß § 147 Abs. 3 Satz 2 AO darauf zu achten, dass die Aufbewahrungsfristen nicht enden, bevor die Festsetzungsfrist für die Steuern abgelaufen ist, für die die Unterlagen von Bedeutung sind.

---

18 G. Wöhe/H. Kußmaul (2000), S. 44.

1.4.4 Zugelassene Buchführungssysteme und -formen

Zwar schreiben Handels- und Steuerrecht das Führen von Büchern vor, aber über die **Methodik**, d. h. wie und in welcher Form sie zu führen sind, existieren keine bzw. lediglich allgemein gehaltene Grundsätze. Ein bestimmtes Buchführungssystem (einfache oder doppelte Buchführung), eine bestimmte Buchführungsform (Formen der Übertragungsbuchführung, Formen der Durchschreibe- und maschinellen Technik) bzw. eine bestimmte Buchführungstechnik (manuelle oder maschinelle) ist gesetzlich nicht explizit vorgeschrieben.

In Abschnitt 29 Abs. 2 EStR wird ausgeführt: "Ein bestimmtes Buchführungssystem ist nicht vorgeschrieben; allerdings muss bei Kaufleuten, soweit sie nicht Minderkaufleute im Sinne des § 4 HGB sind, die Buchführung den Grundsätzen der doppelten Buchführung entsprechen ... Die Geschäftsvorfälle müssen sich in ihrer Entstehung und Abwicklung verfolgen lassen."

Zwar hat der Kaufmann nach dem geltenden Bilanzrecht theoretisch die Wahl zwischen der einfachen und der doppelten Buchführung, da aber gemäß § 242 Abs. 3 HGB der Jahresabschluss für alle Kaufleute mindestens aus Bilanz und Gewinn- und Verlustrechnung besteht, ist die einfache Buchführung (keine GuV-Rechnung!) nicht mehr zulässig. In Anbetracht der Maßgeblichkeit der handelsrechtlichen GoB für die steuerliche Gewinnermittlung (§ 5 Abs. 1 EStG) ist sie dementsprechend auch für Gewerbetreibende, die ihren Gewinn auf der Grundlage des § 5 EStG ermitteln, nicht mehr anwendbar.

Die Zulässigkeit bzw. Nichtzulässigkeit eines Buchführungssystems an sich ist allerdings noch kein Kriterium dafür, ob eine ordnungsmäßige Buchführung vorliegt oder nicht. Eine Buchführung gemäß Abschnitt 29 Abs. 2 Nr. 1 Satz 1 und 2 EStR ist ordnungsmäßig, "wenn sie den Grundsätzen des Handelsrechts entspricht. Das ist der Fall, wenn die für die kaufmännische Buchführung **erforderlichen Bücher** geführt werden, die Bücher förmlich in Ordnung sind und der Inhalt sachlich richtig ist." Wie bereits erwähnt, hat der Gesetzgeber mit der Vorschrift des § 146 Abs. 5 AO und § 239 Abs. 4 HGB, wonach die Bücher bzw. Handelsbücher und die sonst erforderlichen Aufzeichnungen auch in der **geordneten Ablage von Belegen** bestehen oder **auf Datenträgern** geführt werden können, ausdrücklich die **Offene-Posten-Buchhaltung** sowie die **Speicherbuchführung mit Hilfe der EDV** (die Buchungen erfolgen auf maschinell lesbaren Datenträgern und werden zunächst gespeichert und erst bei Bedarf vollständig verarbeitet und ausgedruckt) zugelassen. Demzufolge kann nach HGB und AO die Funktion der Grundbuchaufzeichnungen auf Dauer auch durch eine geordnete und übersichtliche Belegablage erfüllt werden. Alle **Formen** der Buchführung einschließlich des dabei angewandten Verfahrens sind gestattet, soweit sie den GoB entsprechen (vgl. *Abbildung 28*). Sehr weit verbreitet ist heute die **Lose-Blatt-Buchführung**, deren (steuerliche) Zulässigkeit in einem eigens dazu erstellten Gutachten der Industrie- und Handelskammer Berlin vom 25.2.1927 festgestellt wurde.

Abbildung 28

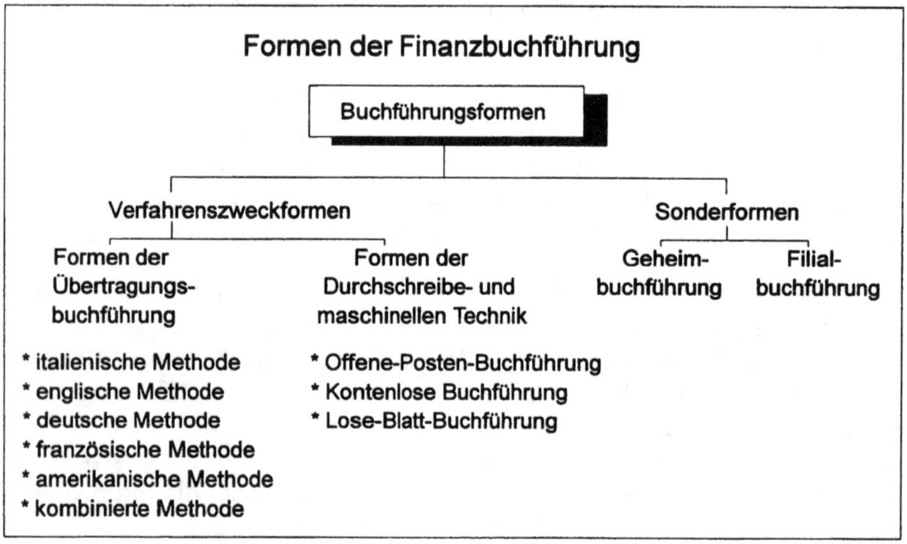

Obwohl grundsätzlich sowohl die einfache als auch doppelte Buchführung zulässig sind, dürfte die einfache Buchführung nur bei Kleinstbetrieben die laut Gesetz geforderten und durch die GoB gewünschten Informationen liefern. Aus den Gesetzestexten lässt sich ableiten, dass zur Einhaltung der formellen Ordnungsmäßigkeit ein gewisses Minimum an Büchern geführt werden muss. Eine rechtliche Fixierung bestimmter Mindestansprüche ist aber nicht gegeben. Welche Aufgliederung in den Büchern erfolgt und welche Hilfsbücher zusätzlich geführt werden, hängt maßgeblich von der Branchenzugehörigkeit des Unternehmens und der Unternehmensgröße ab. Als wesentliche **Grundlagen der Mindestbuchführung** werden folgende Bücher zugrundegelegt[19]: Das **Kassenbuch** (§ 146 Abs. 1 AO), das **Tagebuch** oder

19 Vgl. H. Falterbaum/H. Beckmann (1996), S. 243 ff., W. Eisele (1999), S. 34 f., G. Wörner (1991), S. 29 ff.

Journal, das **Wareneingangsbuch** (§ 143 Abs. 1 AO) und **Warenausgangsbuch** (§ 144 Abs. 1 AO), das **Kontokorrentbuch** (Abschnitt 29 Abs. 2 Nr. 3 und 4 EStR) als Offene-Posten-Buchführung oder als kontenlose Buchführung, das **Bestandsverzeichnis** (Anlagenkartei) für das bewegliche Anlagevermögen (BFH vom 14.12.1966, BStBL. III 1967, S. 247) und die jährliche Bestandsaufnahme (Inventur) mit **Inventarverzeichnis** und Abschluss (Bilanzbuch bzw. die gesammelten Bilanzen) zum Bilanzstichtag (§ 240 HGB).

1.4.5 Rechtsfolgen einer fehlerhaften Buchführung

Werden die für die Ordnungsmäßigkeit der Buchführung relevanten Paragraphen des Handels- und Steuerrechts (vor allem § 238 ff. HGB, § 146 und 147 AO) sowie die GoB nicht beachtet, so hat der Buchführungspflichtige bei **Verstößen**, die die Erfassung der Geschäftsvorfälle und die Aufstellung des Jahresabschlusses betreffen - je nach Art und Schwere der Fehler - die Rechtsfolgen bzw. die sich daraus ergebenden Konsequenzen zu tragen. Eine fehlerhafte Buchführung kann zum einen Fehlerbeseitigungen durch **handelsrechtliche Bilanzänderungen** und **steuerrechtliche Bilanzberichtigungen**[20] erforderlich machen und zum anderen **straf-**, **handels-** und **steuerrechtliche Konsequenzen** für die Verantwortlichen der Buchführung haben. Die einzelnen Konsequenzen einer fehlerhaften bzw. nicht ordnungsmäßigen Buchführung sind in den Handelsgesetzen, der Abgabenordnung und dem Strafgesetzbuch (StGB) - soweit mit einer fehlerhaften Buchführung Dritte geschädigt werden - verankert. In den §§ 331-334 HGB und §§ 399-410 AktG sind die Rechtsfolgen für das vertretungsberechtigte Organ (z. B. Vorstand) und den Aufsichtsrat von Kapitalgesellschaften im Zusammenhang mit falsch gemachten Angaben oder unrichtigen Darstellungen zum Jahresabschluss geregelt.

Prinzipiell kann die Buchführung **formelle** und **materielle Mängel** aufweisen. **Formelle Mängel** betreffen den Aufbau bzw. die äußerliche Beschaffenheit des Rechnungswesens und/oder sind im zeitlichen Buchungsablauf und bei der Belegordnung zu sehen. Das bedeutet, dass Verstöße gegen die formelle Ordnungsmäßigkeit der Buchführung nicht das sachliche Ergebnis (Gewinn bzw. Verlust, Vermögen) beeinflussen. Dagegen wird bei **materiellen Mängeln**, d. h. bei Verstößen gegen die materielle Ordnungsmäßigkeit der Buchführung, das sachliche Ergebnis beeinflusst. Dies ist dann der Fall,

20 Vgl. R. Buchner (1997), S. 62 ff., J. Langenbeck/J. Wolf (1996), S. 302 ff.

wenn beispielsweise Geschäftsvorfälle falsch, unvollständig oder überhaupt nicht aufgezeichnet sind, oder wenn wesentliche Teile der Vermögens- oder Kapitalposten in der Bilanz ohne Ausweis bleiben.

Gemäß Handelsrecht ergeben sich bei bestimmten **Bilanzdelikten**, die aufgrund der Verletzung handelsrechtlicher Buchführungspflichten auftreten, strafrechtliche Folgen. Hierzu zählen die **Bilanzfälschung** (die tatsächlichen Verhältnisse der Gesellschaft werden bewusst unrichtig wiedergegeben) und die **Bilanzverschleierung** (die Darstellung ist zwar sachlich richtig, aber unklar und dadurch sind die tatsächlichen Verhältnisse der Gesellschaft nicht oder nur schwer erkennbar). Keine strafrechtliche Verfolgung sieht dagegen das Handelsrecht bei verspäteter Aufstellung und Offenlegung des Jahresabschlusses vor. Allerdings hat das Registergericht die Möglichkeit, Kapitalgesellschaften, Genossenschaften und dem Publizitätsgesetz unterliegenden Unternehmen durch Festsetzung von Zwangsgeld zur fristgerechten Aufstellung und Offenlegung der Jahresabschlüsse anzuhalten (§ 335 HGB, § 21 PublG, § 160 GenG).[21]

Ein zentrales Interesse an einer korrekten Buchführung und damit an richtigen Besteuerungsgrundlagen (z. B. Gewinn, Umsatz usw.) hat seit je her die Finanzbehörde. Wann die Buchführung **nicht zu beanstanden** und wann sie **als nicht ordnungsmäßig zu betrachten** ist, fasst zusammen und regelt Abschnitt 29 Abs. 2 Nr. 5 EStR. *Abbildung 29* systematisiert und verdeutlicht im Rahmen der Buchführungs- und Aufzeichnungspflichten die **Arten der Mängel** (formelle und materielle jeweils differenziert in unwesentliche oder leichte bzw. wesentliche oder schwere), die **Folgen der Mängel** für die Ordnungsmäßigkeit der Buchführung (Buchführung ist in Ordnung, ist nicht in Ordnung bzw. ist in Ordnung nach Berichtigung oder Zuschätzung) und die sich hieraus für die Buchführungspflichtigen ergebenden **Konsequenzen**. Verstöße gegen die Buchführungs- und Aufzeichnungspflichten können folgende Konsequenzen haben:

1. Die Anwendung von **Zwangsmitteln** (i. d. R. Zwangsgeld) nach § 328 ff. AO (kommt selten vor).

2. Die **Schätzung** der Besteuerungsgrundlagen (z. B. Gewinn, Umsatz usw.) nach § 162 AO.

3. Die **Ahndung** (mit Geldbußen) einer Ordnungswidrigkeit nach § 377 ff. AO (hierzu zählen Steuergefährdung und leichtfertige Steuerverkürzung).

---

21 Vgl. R. Buchner (1997), S. 62 f.

Abbildung 29

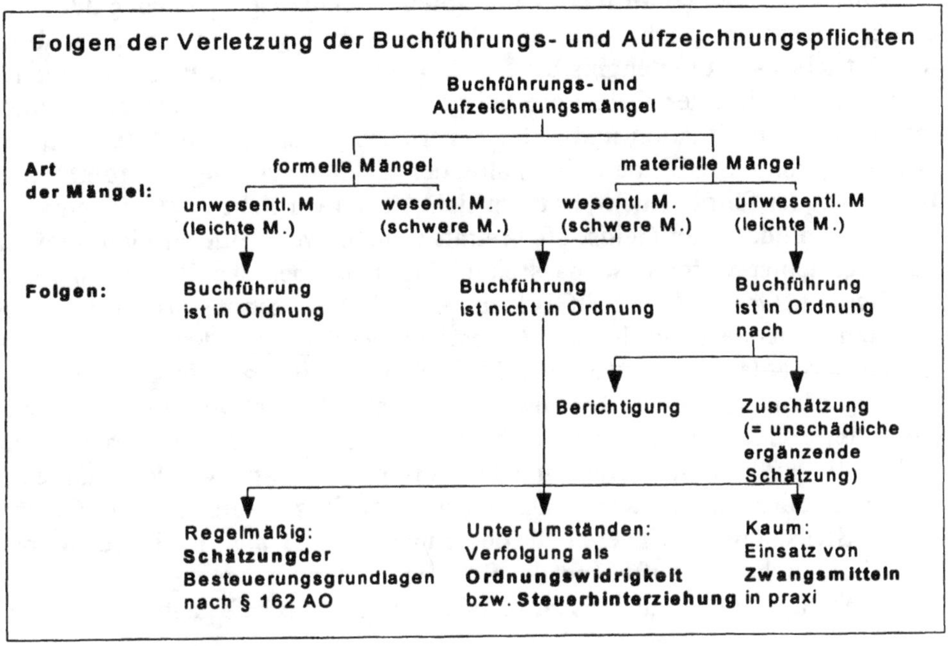

4. Die **Bestrafung** (Freiheits- oder Geldstrafen) wegen Steuerhinterziehung nach § 369 f. AO.[22]

Die strafrechtlichen Konsequenzen im Hinblick auf eine fehlerhafte Buchführung sind nach Steuerrecht und nach Strafgesetzbuch nicht mit denen früherer Jahrhunderte zu vergleichen. So musste damals, wer die Buchführungsvorschriften nicht einhielt und im Konkursfall des betrügerischen Bankrotts angeklagt wurde, mit der Todesstrafe rechnen.[23] Wird heute bei einer vor-

22 In detaillierter Form und mit Beispielen versehen werden die Folgen der Buchführungs- und Aufzeichnungspflichten dargelegt von: L. Haberstock (1991), S. 35 ff., R. Federmann (1990), S. 77 ff.

23 Das bedeutendste Handelsgesetzbuch der betrachteten Zeitspanne, die Ordonnance de Commerce von 1673, greift deshalb nur gängiges Recht auf, wenn es die Leute verpflichtet, ein Tagebuch (Journal) zu führen, und es verschärft das Gewohnheitsrecht nur mit der Verpflichtung, alle zwei Jahre ein Inventar zu errichten, das alle unbeweglichen und beweglichen Güter, Forderungen und Schulden enthalten soll (...) Wer diesen Vorschriften nicht nachkommt, wird im Konkursfall des betrügerischen Bankrotts angeklagt, und darauf steht die Todesstrafe." D. Schneider (1987), S. 96.

sätzlichen Verletzung der Buchführungs- und Aufzeichnungspflichten der Vorwurf einer **Steuerhinterziehung** (Steuerverkürzung) gemäß § 370 AO erhoben, kann der Buchführungspflichtige - unabhängig von der Rechtsform des Betriebes - mit Gefängnis bis zu 5 Jahren, in schweren Fällen bis zu 10 Jahren oder mit einer Geldstrafe belegt werden. Auch das Strafgesetzbuch regelt - je nach Situation und Art der Verletzung - das Ausmaß der Strafen. Gemäß § 283b StGB kann im Falle der Zahlungsunfähigkeit (**einfacher Bankrott**) der für die Buchführungspflicht Verantwortliche mit Gefängnis bis zu 2 Jahren oder einer Geldstrafe bestraft werden, wenn Bücher nicht geführt oder vernichtet werden, so dass eine Übersicht über das Vermögen nicht möglich ist. Gemäß § 283 StGB kann eine Gefängnisstrafe bis zu 5 Jahren und eine entsprechend höhere Geldstrafe verhängt werden, wenn nachgewiesen werden kann, dass die Maßnahmen **bewusst** erfolgten, um die Gläubiger zu schädigen. In diesem Fall spricht man von einem **betrügerischen Bankrott**, da absichtlich Bücher, Inventare und Bilanzen nicht rechtzeitig aufgestellt, gefälscht oder beiseite geschafft werden, um eine drohende oder eingetretene Zahlungsunfähigkeit zu verschleiern. Gemäß § 283a StGB können schwere Fälle des Bankrotts, z. B. aus Gewinnsucht oder bei wissentlicher Inkaufnahme der Schädigung Dritter begangene Zuwiderhandlungen, mit Gefängnis bis zu 10 Jahren oder Geldstrafe geahndet werden.

Neben diesen spezifischen strafrechtlichen Konsequenzen können Verletzungen der Buchführungsvorschriften auch unter allgemeine Strafbestände fallen, wie z. B. Unterschlagung (§ 246 StGB), Betrug (§ 263 StGB), Computerbetrug (§ 263a StGB), Kreditbetrug (§ 265 StGB), Untreue (§ 266 StGB), Urkundenfälschung (§ 267 StGB) und Fälschung technischer Aufzeichnungen (§ 268 StGB).

4. Kapitel: Die Organisation der Buchführung

1 Der Kontenrahmen

1.1 Rahmenbedingung einer systematischen Buchführung

Nach der Darlegung, dass es Vorschriften für eine Buchführungspflicht gibt und die Ordnungsmäßigkeit der Buchführung gewährleistet sein muss, stellt sich die Frage: welches Hilfsinstrument ist erforderlich bzw. existiert, um eine systematische Verbuchung von **Belegen** vornehmen zu können, und bei dem gleichzeitig sowohl die Erfordernisse der Finanz- als auch die der Betriebsbuchführung beachtet werden?

In jedem Betrieb fällt im Laufe einer Periode eine Vielfalt von Geschäftsvorfällen an, die die wirtschaftliche Lage des Betriebes beeinflussen. Hieran wird deutlich, dass eine systematische Erfassung und Aufzeichnung der geschäftlichen Aktivitäten erforderlich ist, auf dessen Grundlage in relativ kurzer Zeit ein Gesamtbild der Unternehmung erstellt werden kann. Hat ein kleiner Einzelhändler während eines Geschäftsjahres schon mehrere hundert Geschäftsvorfälle zu erfassen, so werden mit zunehmender Betriebsgröße an die Organisation der Buchhaltung erhöhte Anforderungen gestellt. Um die zahlreichen und unterschiedlich gearteten Geschäftsvorfälle systematisch verbuchen zu können, bedarf es spezieller **Konten** und **Unterkonten**, die in einem planmäßigen Zusammenhang zueinander stehen. Denn erst, wenn unter einer bestimmten Kontobezeichnung auch inhaltlich gleichartige Geschäftsvorfälle verbucht werden, lässt sich die Erstellung einer Bilanz und einer GuV-Rechnung vornehmen sowie ein Vergleich mit früheren Rechnungsperioden (Zeitvergleich) oder ein Vergleich zwischen branchengleichen Betrieben (Betriebsvergleich) sinnvoll durchführen. Der Organisations- und Gliederungsplan für das gesamte betriebliche Rechnungswesen (also sowohl für Finanz- als auch Betriebsbuchhaltung) ist der sog. **Kontenrahmen**. Vor dem Hintergrund innerbetrieblicher und außerbetrieblicher Erfordernisse, die an das betriebliche Rechnungswesen gestellt werden, erweist er sich seit Jahrzehnten als ein gutes Hilfsinstrument für eine systematische und ordnungsmäßige Buchführung, vor allem zur Erfüllung der **formellen Bilanzierungsgrundsätze** der Bilanzübersichtlichkeit und Bilanzklarheit. Als Kontenrahmen wird demnach ein generelles Ordnungsschema verstanden, in dem eine systematische Übersicht über die in der Buchhaltung der Unternehmen einzelner Branchen möglicherweise auftretenden Konten geboten wird. Allerdings besteht heute in der Bundesrepublik für die Unternehmen **keine gesetzliche Verpflichtung** zur Anwendung eines Kontenrahmens.

1.2 Einführung, Entwicklung und Anwendung

Der Kontenrahmen ist noch relativ jung. Zum ersten Mal wurde eine organisatorische Zu- und Unterordnung einzelner Konten im Jahre 1890 von J. F. SCHÄR unter der Bezeichnung "Kontensystem" vorgeschlagen. Die ersten Entwürfe einer konkreten Kontensystematik gibt es in Deutschland seit 1927; sie sind auf EUGEN SCHMALENBACH zurückzuführen. Der anschließend entwickelte Kontenrahmen wurde, im Jahre 1937, zur Zeit des nationalsozialistischen Wirtschaftssystems, das u. a. die staatliche Preisregulierung und Vereinheitlichung des Rechnungswesens anstrebte, durch einen Erlass des Reichswirtschaftsministers (Wirtschaftlichkeitserlass) für die Unternehmen als verbindlich erklärt. Auf Grundlage dieses sog. "Erlasskontenrahmens" wurden in Deutschland über 200 Kontenrahmen für einzelne Branchen erstellt.

In dem planwirtschaftlichen Ansatz des Systems, in der "Theorie vom angemessenen Gewinn" und dem Bestreben, die Kosten der Produkte vor allem bei Staatsaufträgen[1] nachprüfen zu können, wurde versucht, sowohl dem pagatorischen als auch dem kalkulatorischen Rechnungsziel in einem einzigen Kontenrahmen gerecht zu werden. Grundsätzliche Bedeutung für die Politik staatlicher Preisregulierung erlangten dabei die **Richtlinien für die Preisbildung bei öffentlichen Aufträgen (RPÖ)** und die **Leitsätze über die Preisbildung auf Grundlage der Selbstkosten für Leistungen für öffentliche Aufträge (LSÖ)** vom 15. November 1938. Diese Leitsätze legten eine Verfahrensweise zur Ermittlung des "volkswirtschaftlich gerechtfertigten Preises" eines Produktes auf Basis einer standardisierten Selbstkostenrechnung fest, um eine Kostenprüfung seitens der staatlichen Behörden vornehmen zu können. Die notwendigen Ergänzungen bildeten die Bestimmungen über die Errechnung des kalkulatorischen Gewinns.

Diese Konzeption der "Integration" von zwei an sich getrennten Abrechnungen (Finanz- und Betriebsbuchführung) hat bis heute überlebt und führt bei der Vermittlung des betrieblichen Rechnungswesens nicht nur bei den Ausbil-

---

1 Über die Besonderheiten der Kalkulation und der Preisbildung bei Staatsaufträgen siehe insbesondere H. Ebisch/J. Gottschalk (1987), speziell für Rüstungsaufträge siehe H.-J. Bontrup (1986).

dungsberufen (Großhandels-, Einzelhandelskaufmann usw.)[2], sondern auch bei Studenten und Praktikern zu einer gewissen Verwirrung.

Die Stationen der Entwicklung bzw. Weiterentwicklung des Kontenrahmens von der Gründung der Bundesrepublik bis heute lassen sich wie folgt skizzieren. Nach dem Zweiten Weltkrieg wurde, im Jahre 1950, zunächst der "Erlasskontenrahmen" vom Bundesverband der Deutschen Industrie (BDI) - trotz starker Kritik von Teilen der Wissenschaft - übernommen. Zwar wurde im Jahre 1953 die Verbindlichkeit des "Erlasskontenrahmens" und der von ihm abgeleiteten Branchenkontenrahmen durch das Bundeswirtschaftsministerium aufgehoben, aber am Grundprinzip des Kontenrahmens hat sich nichts Wesentliches geändert. Er wurde in den beiden Wirtschaftsgebieten Deutschlands entsprechend der dort vorherrschenden Wirtschaftsordnungen ersetzt. Dies erfolgte einerseits durch den sog. **Gemeinschaftskontenrahmen (GKR)** der Industrie in der Bundesrepublik und andererseits durch den **Einheitskontenrahmen (EKRI)** der Volkseigenen Industrie in der vormals Deutschen Demokratischen Republik[3]. Da sich der damals vom Bundesverband der Deutschen Industrie (BDI) empfohlene GKR in erster Linie an den Kontierungsbedürfnissen von Industriebetrieben orientierte, wurden entsprechend den Erfordernissen anderer Wirtschaftszweige angepasste Kontenrahmen entwickelt. Verwiesen sei z. B. auf Groß- und Einzelhandelskontenrahmen, die vorwiegend auf die Bedürfnisse von Handelsunternehmen, bei denen u. a. die Aufwandspositionen Skonti und Boni eine besondere Rolle spielen, abstellen (vgl. *Abbildungen 30-33*).

---

2 Vgl. W. Brunner (1990), S. 162 ff.

3 Zur Entwicklung und zum Aufbau der Kontenrahmen einzelner Länder (damalige DDR, Schweiz, Frankreich, Sowjetunion, Österreich) siehe: R. Tauscher/ W. Loitlsberger (1989), S. 108 ff.

Abbildung 30

Vereinfachter Industriekontenrahmen, aufgebaut nach dem Abschlussgliederungsprinzip				
Gliederung der Kontenklassen für die Finanzbuchhaltung				
Bilanzkonten (Beständerechnung)				
Aktivkonten (Kontengruppen entsprechend Bilanzgliederung nach § 266 Abs. 2 HGB)			**Passivkonten** (Kontengruppen entsprechend Bilanzgliederung nach § 266 Abs. 3 HGB)	
Klasse 0	Klasse 1	Klasse 2	Klasse 3	Klasse 4
Immaterielle Vermögensgegenstände und Sachanlagen	Finanzanlagen	Umlaufvermögen und aktive Rechnungsabgrenzung	Eigenkapital und Rückstellungen	Verbindlichkeiten und passive Rechnungsabgrenzung
00 Ausstehende Einlagen 01 Aufwendungen für die Ingangsetzung und Erweiterung des Geschäftsbetriebs 02 Konzessionen, gewerbliche Schutzrechte u. ä. Rechte u. Werte sowie Lizenzen an solchen Rechten und Werten 03 Geschäfts- oder Firmenwert 04 Geleistete Anzahlungen auf immaterielle Vermögensgegenstände 05 Grundstücke, grundstücksgleiche Rechte und Bauten einschließlich der Bauten auf fremden Grundstücken 06 Frei 07 Technische Anlagen und Maschinen 08 Andere Anlagen, Betriebs- und Geschäftsausstattung 09 Geleistete Anzahlungen und Anlagen im Bau	10 Frei 11 Anteile an verbundenen Unternehmen 12 Ausleihungen an verbundene Unternehmen 13 Beteiligungen 14 Ausleihungen an Unternehmen, mit denen ein Beteiligungsverhältnis besteht 15 Wertpapiere des Anlagevermögens 16 Sonstige Ausleihungen (sonstige Finanzanlagen)	20 Roh-, Hilfs- und Betriebsstoffe 21 Unfertige Erzeugnisse, unfertige Leistungen 22 Fertige Erzeugnisse und Waren 23 Geleistete Anzahlungen auf Vorräte 24 Forderungen aus Lieferungen und Leistungen 25 Forderungen gegen verbundene Unternehmen und gegen Unternehmen, mit denen ein Beteiligungsverhältnis besteht 26 Sonstige Vermögensgegenstände 27 Wertpapiere 28 Flüssige Mittel 29 Aktive Rechnungsabgrenzung	30 Kapitalkonto/ Gezeichnetes Kapital 31 Kapitalrücklage 32 Gewinnrücklage 33 Ergebnisverwendung 34 Jahresüberschuss/ Jahresfehlbetrag 35 Sonderposten mit Rücklagenanteil 36 Wertberichtigungen 37 Rückstellungen für Pensionen und ähnliche Verpflichtungen 38 Steuerrückstellungen 39 Sonstige Rückstellungen	40 Frei 41 Anleihen 42 Verbindlichkeiten gegenüber Kreditinstituten 43 Erhaltene Anzahlungen auf Bestellungen 44 Verbindlichkeiten aus Lieferungen und Leistungen 45 Wechselverbindlichkeiten 46 Verbindlichkeiten gegenüber verbundenen Unternehmen 47 Verbindlichkeiten gegenüber Unternehmen, mit denen ein Beteiligungsverhältnis besteht 48 Sonstige Verbindlichkeiten 49 Passive Rechnungsabgrenzung

Abbildung 31

Vereinfachter Industriekontenrahmen, aufgebaut nach dem Abschlussgliederungsprinzip (Forts.)

Gliederung der Kontenklassen für die Finanzbuchhaltung				
Ergebniskonten (Erfolgsrechnung)			**Konten für Eröffnung und Abschluss (Abschlussrechnung)**	**Konten der Kosten- und Leistungsrechnung**
Ertragskonten	**Aufwandskonten**			
(Kontengruppen entsprechend Gliederung der GuV-Rechnung nach § 275 Abs. 2 HGB)				
Klasse 5	Klasse 6	Klasse 7	Klasse 8	Klasse 9
Erträge	Betriebliche Aufwendungen	Weitere Aufwendungen	Ergebnisrechnungen	Kosten- und Leistungsrechnung (KLR)
50 Umsatzerlöse 51 Umsatzsteuersatz/Erlösberichtigungen 52 Erhöhung oder Verminderung des Bestandes an unfertigen und fertigen Erzeugnissen 53 Andere aktivierte Eigenleistungen 54 Sonstige betriebliche Erträge 55 Erträge aus Beteiligungen 56 Erträge aus anderen Wertpapieren und Ausleihungen des Finanzanlagevermögens 57 Sonstige Zinsen und ähnliche Erträge 58 Außerordentliche Erträge 59 Erträge aus Verlustübernahme	60 Aufwendungen für Roh-, Hilfs- und Betriebsstoffe und für bezogene Waren 61 Aufwendungen für bezogene Leistungen 62 Löhne 63 Gehälter 64 Soziale Abgaben und Aufwendungen für Altersverorgung und für Unterstützung 65 Abschreibungen 66 Sonstige Personalaufwendungen 67 Aufwendungen für die Inanspruchnahme von Rechten und Diensten 68 Aufwendungen für Kommunikation (Dokumentation, Informatik, Reisen, Werbung) 69 Aufwendungen für Beiträge und Sonstiges sowie Wertkorrekturen und periodenfremde Aufwendungen	70 Betriebliche Steuern 71 Frei 72 Frei 73 Frei 74 Abschreibungen auf Finanzanlagen und auf Wertpapiere des Umlaufvermögens und Verluste aus entsprechenden Abgängen 75 Zinsen und ähnliche Aufwendungen 76 Außerordentliche Aufwendungen 77 Steuern vom Einkommen und Ertrag 78 Sonstige Steuern 79 Aufwendungen aus Gewinnabführungsvertrag	80 Eröffnung/Abschluss 81 Herstellungskosten 82 Vertriebskosten 83 Allgemeine Verwaltungskosten 84 Sonstige betriebliche Aufwendungen 85 Korrekturkonten zu den Erträgen der Kontenklasse 5 86 Korrekturkonten zu den Erträgen der Kontenklasse 6 87 Korrekturkonten zu den Erträgen der Kontenklasse 7 88 Kurzfristige Erfolgsrechnung (KER) 89 Innerjährige Rechnungsabgrenzung	90 Unternehmensbezogene Abgrenzungen 91 Kostenrechnerische Korrekturen 92 Kostenarten und Leistungsarten 93 Kostenstellen 94 Kostenträger 95 Fertige Erzeugnisse 96 Interne Lieferungen und Leistungen sowie deren Kosten 97 Umsatzkosten 98 Umsatzleistungen 99 Ergebnisausweise

Abbildung 32

Kontenrahmen für Industriebetriebe (GKR), aufgebaut nach dem Prozessgliederungsprinzip								
Gliederung der Kontenklassen für die Finanzbuchhaltung und Betriebsabrechnung								
Klasse 0	Klasse 1	Klasse 2	Klasse 3	Klasse 4	Kl. 5/ Kl. 6	Klasse 7	Klasse 8	Klasse 9
Anlagevermögen und langfristiges Kapital	Finanz-Umlaufvermögen und kurzfristige Verbindlichkeiten	Neutrale Aufwendungen und Erträge	Stoffbestände	Kostenarten	Kostenstellen	Kostenträger Bestände	Kostenträger Erträge	Abschlusskonten
00 Grundstücke und Gebäude 01/02 Maschinen und maschinelle Anlagen 03 Fahrzeuge, Werkzeuge, Betriebs- und Geschäftsausstattung 04 Sachanlagen – Sammelkonto 05 Sonstige Anlagevermögen 06 Langfristiges Fremdkapital 07 Eigenkapital 08 Wertberichtigungen, Rückstellungen und dergleichen 09 Rechnungsabgrenzung	10 Kasse 11 Geldanstalten (Banken, Postscheck) 12 Schecks und Besitzwechsel 13 Wertpapiere 14 Forderungen aus Warenlieferungen und Leistungen 15 Sonstige Forderungen 16 Verbindlichkeiten aus Warenlieferungen und Leistungen 17 Sonstige Verbindlichkeiten 18 Schuldwechsel Bankschulden 19 Durchgangs-, Übergangs- u. Privatkonten	20 Betriebsfremde Aufwendungen und Erträge 21 Aufwendungen und Erträge für Grundstücke und Gebäude 22 Frei 23 Bilanzmäßige Abschreibungen 24 Zinsaufwendungen und -erträge (einschl. Diskont und Skonto) 25 Betriebliche außerordentliche Aufwendungen und Erträge 26 Betriebliche periodenfremde Aufwendungen und Erträge	30 Rohstoffe 33 Hilfsstoffe 34 Betriebsstoffe 38 Bezogene Bestand- und Fertigteile, auswärtige Bearbeitung 39 Handeslswaren und auswärts bezogene Fertigerzeugnisse **Klasse 2** 27/28 Gegenposten der Kosten- und Leistungsrechnung 29 Das Gesamtergebnis betreffende Aufwendungen und Erträge	40 Fertigungsmaterial 41 Gemeinkostenmaterial 42 Brennstoffe und Energie 43 Löhne und Gehälter 44 Sozialkosten 45 Instandhaltung 46 Steuern, Gebühren, Versicherungsprämien u. dgl. 47 Verschiedene Kosten 48 Abschreibungen 49 Sondereinzelkosten	Frei für Kostenstellenrechnung	78 Bestände an unfertigen Erzeugnissen (Halberzeugnisse) 79 Bestände an fertigen Erzeugnissen (Fertigerzeugnisse)	83 Verkaufskonten 85 Erlöse für Handelswaren 86 Erlöse aus Nebengeschäften 87 Eigenleistungen 88 Erlösschmälerung 89 Bestandsveränderungen an Halb- u. Fertigerzeugnissen	98 Ergebniskonten 980 Betriebsergebnis 987 Neutrales Ergebnis 989 Gewinn- u. Verlustkonto 99 Bilanzkonten 998 EBK 999 SBK

Abbildung 33

Kontenrahmen für den Groß- und Außenhandel

Gliederung der Kontenklassen für die Finanzbuchhaltung und Betriebsabrechnung

Klasse 0	Klasse 1	Klasse 2	Klasse 3	Klasse 4	Klasse 5	Klasse 6	Klasse 7	Klasse 8	Klasse 9
Anlage und Kapitalkonten	**Finanzkonten**	**Abgrenzungskonten**	**Wareneinkaufskonten, Warenbestandskonten**	**Kostenarten**	**Konten der Kostenstellen**	**Konten für Umsatzkostenverfahren**	**Frei**	**Warenverkaufskonten (Umsatzerlöse)**	**Abschlusskonten**
00 Ausstehende Einlagen und Aufwendungen für die Ingangsetzung und Erweiterung des Geschäftsbetriebs 01 Immaterielle Vermögensgegenstände 02 Grundstücke 03 Anlagen, Maschinen, Betriebs- und Geschäftsausstattung 04 Finanzanlagen 05 Wertberichtigungen 06 Eigenkapital 07 Sonderposten mit Rücklageanteil und Rückstellungen 08 Verbindlichkeiten 09 Rechnungsabgrenzungsposten	10 Forderungen auf Grund von Warenlieferungen und Leistungen 11 Sonstige Vermögensgegenstände 12 Wertpapiere 13 Banken (ohne Landeszentralbank und Postscheck) 14 Vorsteuer 15 Zahlungsmittel 16 Privatkonten 17 Verbindlichkeiten auf Grund von Warenlieferungen und Leistungen 18 Umsatzsteuer 19 Sonstige Verbindlichkeiten	20 Außerordentliche und sonstige Aufwendungen 21 Zinsen und ähnliche Aufwendungen 22 Steuern vom Einkommen und Vermögensteuer 23 Forderungsverluste 24 Außerordentliche und sonstige Erträge 25 Erträge aus Beteiligungen, Wertpapieren und Ausleihungen 26 Sonstige Zinsen und ähnliche Erträge 27 Sonstige betriebliche Erträge 28 Verrechnete kalkulatorische Kosten 29 Abgrenzungen innerhalb des Geschäftsjahres	30 Warengruppe | 31-35 Weitere Warengruppen 36 Sonstige Minderungen der Wareneinstandskosten (soweit nicht bei den einzelnen Warengruppen erfasst) 37 Sonstige Anschaffungsnebenkosten 38 Warenbestandsveränderungen 39 Warenbestände	40 Personalkosten 41 Mieten, Pachten, Leasing 42 Steuern, Beiträge, Versicherungen 43 Energie, Betriebsstoffe 44 Werbe- und Reisekosten 45 Provisionen 46 Kosten der Warenabgabe 47 Betriebskosten, Instandhaltung 48 Allg. Verwaltung 49 Abschreibungen				80 Warengruppe | 81-85 Weitere Warengruppen 86 Sonstige Erlösminderungen (soweit nicht den Warengruppen zuzuordnen) 87 Sonstige Erlöse aus Warenverkäufen	91 Eröffnungsbilanz 92 Warenabschluss 93 GuV-Rechnung 94 Schlussbilanz

Maßgebliche gesetzliche Änderungen zur Rechnungslegung der Unternehmen (1965: Novellierung des Aktiengesetzes; Anfang 1986: Einführung des Bilanzrichtliniengesetzes) und neue Erfordernisse der Wirtschaft im Hinblick auf die Kostenrechnung haben im Jahre 1971 zur Veröffentlichung des **Industriekontenrahmens (IKR)** und zu dessen Ablösung durch den Industriekontenrahmen 1986 (IKR 1986) geführt, der den Abschluss und Gliederungsvorschriften (**Abschlussgliederungsprinzip** bzw. **Zweikreissystem**) für große Kapitalgesellschaften folgt. Obwohl der Industriekontenrahmen seitens des BDI empfohlen wird, konnte er bisher den GKR, der sich am sog. **Einkreissystem** orientiert, nicht verdrängen und findet in der Praxis nur zögernd Anwendung.

Die bisherigen Ausführungen dürften verdeutlicht haben, dass für die Erstellung des Jahresabschlusses sowie für unternehmensbezogene Kontroll- und Planungszwecke die Daten des betrieblichen Rechnungswesens unter Verwendung eines Kontenrahmens zusammengeführt und aufbereitet werden. Dies erfolgt heute i. d. R. unter Anwendung von EDV-Standardprogrammen, entweder im eigenen Unternehmen oder über externe Rechenzentren. Die Möglichkeiten und Angebote (z. B. DATEV = Datenverarbeitungsorganisation des steuerberatenden Berufes in der Bundesrepublik Deutschland), auf der Grundlage des Kontenrahmens Auswertungen vornehmen zu lassen, sind vielschichtig.[4]

1.3 Aufbau und Struktur

Es gibt bei den am Wirtschaftsprozess teilnehmenden Unternehmen grundlegende Gemeinsamkeiten, die eine Standardisierung des Abrechnungssystems nahe legen. Jedoch existieren branchenbedingt teilweise so bedeutende Besonderheiten, dass nicht nur einer, sondern mehrere Kontenrahmen entwickelt worden sind und in der Praxis eingesetzt werden. So existieren heute in der

---

4 Vgl. S. Rudolph (1990), R. Rutschmann/W. Rutschmann (1988). Die DATEV hat, u. a. in Zusammenarbeit mit den Verbänden, für bestimmte Branchen "betriebswirtschaftliche Branchenlösungen" zur Unterstützung der Betriebsführung entwickelt. In einer Abhandlung über die DATEV-Kontenrahmen ist nachzulesen: "So kann in vielen Branchen durch geringfügige Umstellung der Konten (z. B. bei Augenoptikern) an einem externen Betriebsvergleich teilgenommen werden. Auch der interne Betriebsvergleich durch bzw. über die verschiedenen Auswertungsmöglichkeiten und die vergleichende Bilanz, sind in den letzten Jahren wesentlich verbessert worden."

Bundesrepublik nebeneinander z. B. der Gemeinschaftskontenrahmen der Industrie (GKR), der Industriekontenrahmen (IKR), der Kontenrahmen für den Einzelhandel sowie für den Groß- und Außenhandel. Branchenkontenrahmen sind von den Verbänden der einzelnen Wirtschaftszweige auf der Grundlage des GKR entwickelte spezielle Kontenrahmen (vgl. *Abbildung 34*)[5].

Abbildung 34

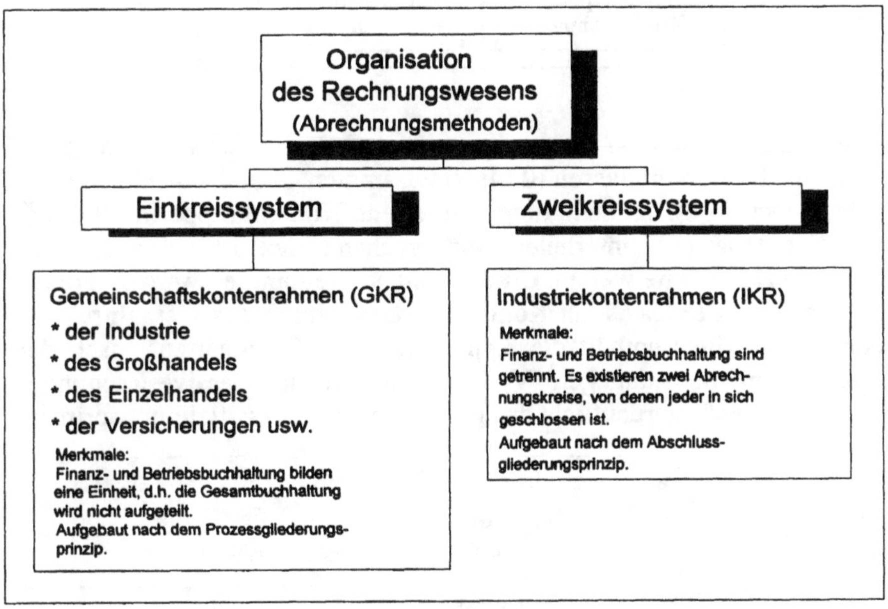

Auf Grundlage des Kontenrahmens (i. d. R. branchenspezifisch) wird von Unternehmen ein individueller Kontenplan aufgestellt (vgl. *Abbildung 35*). Zum einen werden nur diejenigen Konten übernommen, die auch tatsächlich benötigt werden und zum anderen, soweit erforderlich, zusätzliche Konten aufgenommen.

Bei einem Kontenrahmen handelt es sich demnach um eine General- bzw. Maximallösung eines Ordnungssystems. Wie gestaltet sich der **formale Auf-**

5 Nach K.-D. Däumler/J. Grabe (1996), S. 41.

Abbildung 35

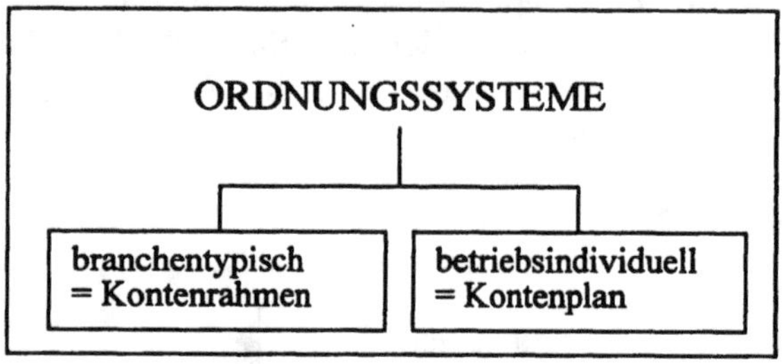

bau eines Kontenrahmens? Jeder dieser Kontenrahmen (bzw. Kontenpläne) setzt sich aus 10 Kontenklassen (0 bis 9) zusammen. Jede Kontenklasse wiederum lässt sich in 10 Kontengruppen und jede Kontengruppe in 10 Untergruppen (Kontenarten) unterteilen. Entsprechend den Erfordernissen des Unternehmens kann eine weitere Unterteilung vorgenommen werden. Folgendes Beispiel[6] auf der Basis der Kontenklassenbelegung des **Gemeinschaftskontenrahmens** (hier enthält die Kontenklasse 4 "Kostenarten", nach dem Industriekontenrahmen dagegen "Verbindlichkeiten und passive Rechnungsabgrenzungsposten") verdeutlicht das grundsätzliche Klassifizierungsprinzip:

Beispiel für die Kontenklassenbelegung des Gemeinschaftskontenrahmens			
Kontenklasse:	4		Kostenarten
Kontengruppe:	46		Steuern, Gebühren, Beiträge, Versicherungen
Kontenart	460		Steuern
	4600		Vermögensteuer
		4601	Gewerbesteuer
		4602	Grundsteuer
		4604	Umsatzsteuer
		usw.	
	462		Gebühren
		4620	Gebühren für den gewerblichen Rechtsschutz
		4621	Gebühren für den allgemeinen Rechtsschutz
		4625	Prüfungsgebühren
	466		Beiträge
	468		Versicherungen
		4680	Feuerversicherung
		4681	Diebstahl-Versicherung
		4682	Kfz-Versicherung
		usw.	

6 Entnommen aus: G. Wöhe (1997), S. 78.

Die Zuordnung von Konten zu bestimmten Kontenklassen - sieht man von weiteren unwesentlichen Lösungsvorschlägen ab - erfolgt i. d. R. nach dem Prozessgliederungs- oder nach dem Abschlussgliederungsprinzip.

Das **Prozessgliederungsprinzip** folgt grundsätzlich dem Ablauf eines industriellen Produktionsprozesses, d. h. der Buchungsablauf orientiert sich an dem betrieblichen Wertekreislauf. Die Zuordnung der Konteninhalte (0 bis 9) soll grob den Prozess, zunächst die Kapital- und Produktionsmittelbeschaffung, dann die Produktion und schließlich den Absatz widerspiegeln. Da der Kontenrahmen aber nicht nur die Grundlage für die ordnungsmäßige Erstellung eines Jahresabschlusses (Finanzbuchhaltung) darstellt, sondern auch Konten für Kontroll- und Planungszwecke (Betriebsbuchhaltung) enthält, ist – entsprechend dem Prozessgliederungsgedanken - die Kostenrechnung in das System der Finanzbuchhaltung eingelagert und bildet mit ihr einen geschlossenen Rechnungskreis. Angesichts dieser Verzahnung von Finanz- und Betriebsbuchhaltung, die, wie bereits erwähnt, nicht mit identischen Wertgrößen rechnet (!), spricht man in diesem Zusammenhang in der Literatur auch von dem sog. Einkreissystem. Das Prozessgliederungsprinzip beinhaltet hauptsächlich das folgende Problem: Die enge Verflechtung macht bestimmte Umwandlungen erforderlich, um einen getrennten Abschluss von Finanzbuchhaltung und Kostenrechnung durchführen zu können. Im Hinblick auf die Notwendigkeit eines schnellen Informationszugriffs handelt es sich um ein wenig praktikables Gliederungsprinzip. Vor dem Hintergrund, dass zur Ermittlung des internen Ergebnisses der Abschluss der **gesamten** Buchführung notwendig ist, haben sich Modifikationen des Einkreissystems in Form des ergänzten Einkreissystems und des Einkreissystems mit ausgegliederter Kostenstellenrechnung herausgebildet.[7]

Das **Abschlussgliederungsprinzip** bedeutet, dass in der Geschäftsbuchführung die Konten entsprechend den Positionen der Bilanz bzw. der Gewinn- und Verlustrechnung geordnet sind. Die Geschäftsbuchführung, deren Konten in den Kontenklassen 0 bis 8 angesiedelt sind, erfasst ausschließlich die Aufwendungen und Erträge des Rechnungszeitabschnitts ohne jede kostenrechnerische Abgrenzung. Zentral für das Zweikreissystem ist demzufolge eine organisatorische Aufspaltung des betrieblichen Rechnungswesens in der Weise, dass Finanz- und Betriebsbuchhaltung getrennt voneinander in jeweils

---

7 Die Form der Buchführungsorganisation auf der Grundlage des Einkreissystems kann durchaus unterschiedlich sein. So gibt es die recht weit verbreitete Form des "ergänzten Einkreissystems" und das sog. "Einkreissystem mit ausgegliederter Kostenstellenrechnung". Vgl. W. Eisele (1999), S. 564 f.

selbständigen Rechenkreisen realisiert werden. Jeder Buchführungsbereich besitzt einen eigenen Kontenplan und kann unabhängig vom anderen "Geschäftsbereich" abgeschlossen werden. Entsprechend der kontenmäßigen Verbindung und gegenseitigen Abstimmung der beiden Abrechnungskreise werden sog. **Übergangssysteme** oder **Spiegelbildsysteme** (eine Anwendung ist nur im Rahmen des Gesamtkostenverfahrens möglich) sowie die - von der kontenmäßigen Abrechnung im doppischen System der Buchführung losgelöste - **statistische Abwicklung ohne Systemverknüpfung** (statistisch-tabellarische Darstellung) unterschieden.[8]

Die Ausführungen dürften deutlich gemacht haben, dass es sich bei der Finanz- und Betriebsbuchhaltung zwar um zwei voneinander unabhängige Rechnungskreise handelt, diese aber inhaltlich stark miteinander verzahnt sind. Diesem Umstand versuchen u. a. die unterschiedlichen Kontenrahmen, unter Berücksichtigung branchenspezifischer Erfordernisse, gerecht zu werden.

In den folgenden Kapiteln wird mit den Bezeichnungen bzw. Kontennummern des neuen Industriekontenrahmens gearbeitet. Der Aufbau dieses Ordnungssystems für die Konten der Buchführung entspricht unmittelbar der Gliederung der Bilanz der Kapitalgesellschaften nach § 266 Abs. 2 und 3 HGB sowie der Gliederung der Gewinn- und Verlustrechnung nach § 275 HGB. Nur wenige Kontengruppen betreffen ausschließlich die Belange der Industriebuchführung. Damit ist der IKR für die anderen Wirtschaftszweige gleichermaßen geeignet.

1.4 Kontenrahmen - Hilfsinstrument der Betriebsbuchführung

Ein Unternehmen möchte nicht nur handels- und steuerrechtlichen Unternehmenserfolg ermitteln, sondern vor allem auch wichtige Informationen für die Unternehmenssteuerung und -kontrolle aus den Daten der Buchführung gewinnen. Der Kontenrahmen erweist sich in dieser Hinsicht als wichtiges Hilfsinstrument zur Erfassung und Abgrenzung von Aufwendungen und Kosten einerseits sowie Erträgen und Leistungen (Erlösen) andererseits. Der Einsatz eines Kontenplans erleichtert die systematische und differenzierte Erfassung der Kostenarten als auch deren Zuordnung zu Kostenstellen und schließlich Kostenträgern (z. B. Produkte, Absatzgebiete). Er dient der Ko-

8 Vgl. W. Eisele (1999), S. 564 ff.

stenrechnung bzw. innerbetrieblichen Abrechnung. In der Betriebsbuchhaltung wird der betriebsinterne Wertefluss erfasst und abgerechnet. Nebenrechnungen der Betriebsbuchführung sind Material-, Anlagen- sowie Lohn- und Gehaltsbuchhaltung. Die Kostenrechnung wird üblicherweise - dem tatsächlichen Abrechnungsgang folgend - in drei Stufen eingeteilt: Kostenartenrechnung, Kostenstellenrechnung und Kostenträgerrechnung.

Abbildung 36 zeigt - in schematischer Form - die Beziehungen zwischen den drei Teilbereichen der Kostenrechnung.

Die **Kostenartenrechnung** steht am Anfang der Kostenrechnung und dient der Erfassung und Gruppierung sämtlicher im Laufe einer Periode (z. B. Monat oder Quartal) angefallenen Kostenarten.

In der **Kostenstellenrechnung** werden dann die Kosten auf die Kostenstellen (Orte der Kostenentstehung) verteilt (verrechnet). Das Hilfsinstrument für die Verteilung der Kosten stellt der Betriebsabrechnungsbogen (BAB) dar. Im BAB werden grundsätzlich nur Gemeinkosten verrechnet, Einzelkosten werden i. d. R. abrechnungstechnisch um den BAB herumgeführt. Laut Definition lassen sich die Einzelkosten den Kostenträgern verursachungsgerecht zurechnen.

Am Schluss des Abrechnungsganges steht die **Kostenträgerrechnung** (Perioden- und Stückrechnung). Sie hat die Aufgabe, für sämtliche erstellten Güter und Dienstleistungen (Kostenträger) die Stückkosten zu ermitteln. Der verwendungsbezogene Ausweis der Kosten kann sich dabei sowohl auf die einzelne Produkteinheit (Kostenträgerstückrechnung) als auch auf die von einer Produktart innerhalb einer Abrechnungsperiode insgesamt erzeugte und abgesetzte Menge (Kostenträgerzeitrechnung) beziehen.

Die Teilbereiche Kostenarten-, Kostenstellen- und Kostenträgerzeitrechnung können unter dem Oberbegriff **Betriebsabrechnung** zusammengefasst werden.

Abbildung 36

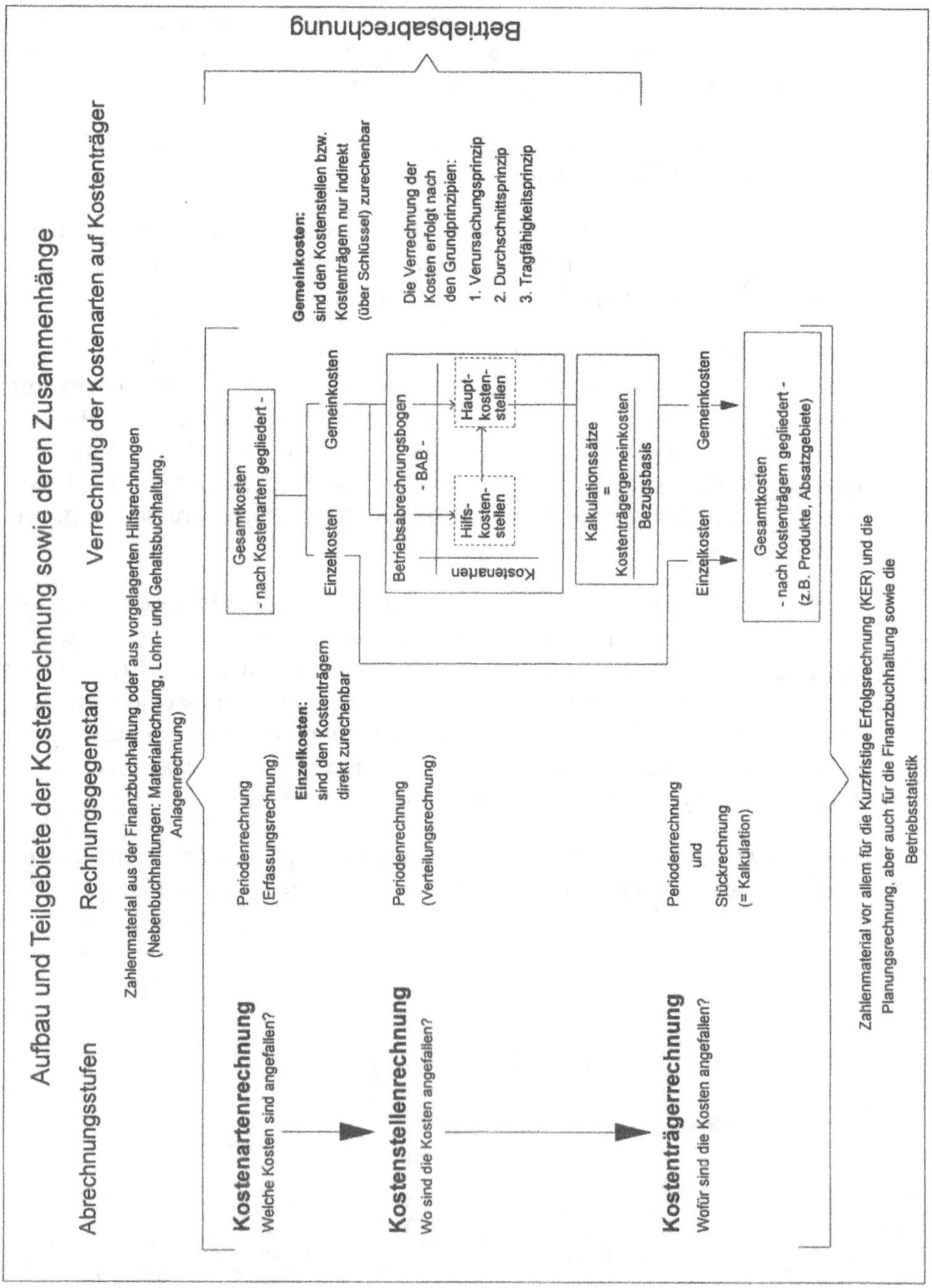

2 Belegorganisation

Buchungsbelege stellen das Bindeglied zwischen dem Geschäftsvorfall und der Eintragung in die Geschäftsbücher dar. Die Richtigkeit der Buchungen kann nur anhand der Belege nachvollzogen werden. Insofern haben die Belege bzw. die Belegorganisation (Ausfertigung, Ausstattung, Aufbewahrung und Verwendung der Belege) bezüglich der zu erfassenden betrieblichen Vorgänge eine Beweisfunktion; es besteht **Belegzwang**. Der wichtigste Grundsatz ordnungsmäßiger Buchführung lautet daher: **Keine Buchung ohne Beleg**.

Unter Belegen versteht man alle Schriftstücke (auch Maschinenbelege), die geeignet sind, die Richtigkeit der Buchungen zu beweisen. Folgende Belegeinteilungen lassen sich vornehmen: Nach der **Art der Herkunft** unterscheidet man zwischen **Fremdbelegen** oder **externen Belegen** (stammen von außerhalb des buchführenden Unternehmens, z. B. Eingangsrechnungen, Quittungen) und **Eigenbelegen** oder **internen Belegen** (stammen aus dem buchführenden Unternehmen, z. B. Durchschriften von Ausgangsrechnungen, Belege über Materialentnahmen). Nach der **Zahl der auf dem Beleg festgehaltenen Geschäftsvorfälle** wird zwischen **Einzelbelegen** (die nur einen Geschäftsvorfall enthalten, z. B. Quittung der Bank) und **Sammelbelegen** (die mehrere gleichartige Geschäftsvorfälle enthalten, z. B. Stücklisten für Materialentnahme, Lohnlisten) unterschieden. Bei gleichartigen, sich wiederholenden Sachverhalten wie Mietzahlungen reicht ein **Dauerbeleg** aus, z. B. der Mietvertrag. Außerdem kann zwischen **natürlichen** und **künstlichen** Belegen differenziert werden. Soweit ein Beleg zwangsläufig mit einem Geschäftsvorfall anfällt (z. B. Eingangsrechnungen, Quittungen, Lohnlisten), wird er als natürlicher Beleg bezeichnet. Muss jedoch für bestimmte Buchungen (z. B. Stornobuchungen, Eröffnungs- und Abschlussbuchungen) ein Beleg erst geschaffen werden, so spricht man von einem künstlichen Beleg. Da heute viele Unternehmen die EDV-Buchführung einsetzen, sind neben den Klarschriftbelegen sog. Maschinenbelege verbreitet, die nur maschinell lesbar sind (z. B. Platte, Diskette). Entsprechend den "traditionellen" Belegen müssen auch die Maschinenbelege die für die Buchung bzw. den Buchungssatz gesetzlich erforderlichen Informationen enthalten. Klarschriftbelege müssen folgende Elemente[9] enthalten:

9 J. Baetge (1991), S. 116 f.

1. Beschreibungen des Sachverhalts (= Geschäftsvorfalls)
   - **Firmenbezeichnung** des ausstellenden Unternehmens,
   - **Datum des Vorgangs**, z. B. der Materialentnahme,
   - **Art des Vorgangs**, z. B. Entnahme von Material aus dem Vorratslager,
   - **Ursache des Vorgangs**, z. B. Materialanforderung seitens des Produktionsbetriebs,
   - **Spezifizierung des Vorgangs**, z. B. Zweckbestimmung des Materials (Produktions-, Reparatur- oder Büromaterial),
   - **Beträge**, die für die Buchungen notwendig sind; entweder der zu buchende Betrag oder Mengen- und Wertangaben, aus denen der zu buchende Betrag errechenbar ist,
   - **Unterschrift des Belegerstellers**, der für diese Tätigkeit autorisiert sein muss und der mit der Unterschrift die Richtigkeit des Beleginhalts bestätigt.

2. Angaben für die Buchführung
   - **Datum** der Buchung,
   - "Ort" der **Journaleintragung**,
   - **Konten**(nummern) und Beträge des Haupt- und/oder Nebenbuchs (Buchungsanweisungen bzw. Kontierung),
   - **Unterschrift** des Mitarbeiters, der die Buchungsanweisung erteilt hat,
   - **"Entwertung"**, d.h. Kennzeichnung des gebuchten Beleges mit Buchungsdatum und Unterschrift des Buchenden.

Vielfach werden außerdem auf dem Beleg für interne Informationszwecke z.B. Kostenstellennummern (Abteilung) und Kostenträger- oder Auftragsnummern (wenn Einzelkosten einem bestimmten Auftrag belastet werden sollen) vermerkt. Die Belege werden nach Belegarten geordnet, und innerhalb jeder Belegart wird eine fortlaufende Nummerierung (Vergabe einer Belegnummer) vorgenommen.

Zur Erleichterung der Buchungsarbeit werden die Belege i. d. R. mit einem **Buchungs-** oder **Kontierungsstempel** versehen, der den für den Geschäftsvorfall entsprechenden Buchungssatz aufnimmt (Vorkontierung). In der modernen Buchführung (EDV) wird indes mit vom Computer erstellten Aufklebern kontiert, die gleichzeitig mit der Ausführung der Buchung nach der Eingabe des Buchungstextes ausgedruckt werden.

Konto	Soll	Haben
PC	2.000 €	
Vorsteuer	320 €	
Bank		2.320 €
Gebucht: 12.05.2001 (Beleg Nr. 215)		

Damit die Belege ihre Beweisfunktion erfüllen können, müssen sie geordnet, fortlaufend nummeriert und in lückenloser Weise aufbewahrt werden.

3 Merkmale der Buchführungssysteme, -verfahren und Bücher

3.1 Einfache und doppelte Buchführung und deren Bücher

Wie bereits im vorherigen Kapitel erwähnt, können in der Wirtschaftspraxis als kaufmännische Buchführungssysteme sowohl die einfache als auch die doppelte Buchführung und verschiedene Buchführungsformen zur Anwendung kommen. Entscheidend für den Einsatz eines Buchführungssystems ist, dass die GoB eingehalten und die gesetzlichen Mindestanforderungen (§ 238 und § 239 HGB, §§ 140 ff. AO) einer kaufmännischen Buchführung erfüllt werden. Diese Mindestanforderungen lauten wie folgt:

- Zeitliche oder chronologische Erfassung aller Geschäftsvorfälle in einem Grundbuch.
- Führung eines Hauptbuches in Form von Personenkonten für Kunden und Lieferanten.
- Jährliche Bestandsaufnahme und Führung eines Inventar- und Bilanzbuchs.
- Bei Bedarf die Führung von zusätzlichen Nebenbüchern (enthalten Erläuterungen bestimmter Hauptbuchkonten).

Heute dominiert allerdings die doppelte Buchführung, die in konventioneller Form oder mit Hilfe der EDV durchgeführt wird. Die wesentlichen Merkmale und die Bücher (Bücher können auch in Form loser Blätter geführt werden!) der beiden Buchführungssysteme seien im Folgenden vergleichend einander gegenübergestellt:

Doppelte Buchführung	Einfache Buchführung
Merkmale	
1. zeitliche (im Grundbuch) und sachliche (im Hauptbuch) Ordnung der Geschäftsvorfälle 2. Buchung alle Geschäftsvorfälle in Soll und Haben der Konten 3. Bestands- und Erfolgskonten 4. Erfolgsermittlung durch Betriebsvermögensvergleich und Gewinn- und Verlustrechnung	1. nur zeitliche Ordnung der Geschäftsvorfälle 2. Buchung nur in Soll oder Haben 3. nur Bestandskonten 4. Erfolgsermittlung nur durch Betriebsvermögensvergleich
Bücher	
1. Inventar- und Bilanzbuch 2. Grundbuch 3. Hauptbuch 4. Kontokorrentbuch oder Geschäftsfreundebuch mit den Personenkonten 5. Neben- und Hilfsbücher	1. Inventar- und Bilanzbuch 2. Grundbücher: - Kassenbuch - Tagebuch 3. kein eigentliches Hauptbuch 4. Kontokorrentbuch (Personenkonten-Hauptbuch) 5. Neben- und Hilfsbücher

Die einfache Buchführung nimmt im Gegensatz zur doppelten nur eine chronologische Aufzeichnung der Geschäftsvorfälle vor; eine sachliche Ordnung (im Hauptbuch) erfolgt nicht. Ferner erfolgt die Verbuchung der Geschäftsvorfälle nur im Soll oder nur im Haben und es werden auch keine Erfolgskonten (-rechnungen) geführt. Da es schließlich kein Hauptbuch mit Sachkonten gibt, kann der Erfolg auch nur einfach durch Betriebsvermögensvergleich ermittelt werden. Es wird also keine Gewinn- und Verlustrechnung geführt. Die Ordnungsmäßigkeit bei der einfachen Buchführung wird eingehalten, wenn in einem Kassenbuch die Bargeschäfte und in einem Tagebuch die unbaren Geschäftsvorfälle anhand der Belege in zeitlicher Reihenfolge aufgezeichnet werden. Die Eintragung in den beiden Grundbüchern bildet die Grundlage für die Eintragung auf den Geschäftsfreundekonten oder auf dem sog. Personenkonten-Hauptbuch (vgl. *Abbildung 37*). Das sog. Kontokorrentbuch ist Bestandteil sowohl der einfachen als auch der doppelten Buchführung.

Abbildung 37

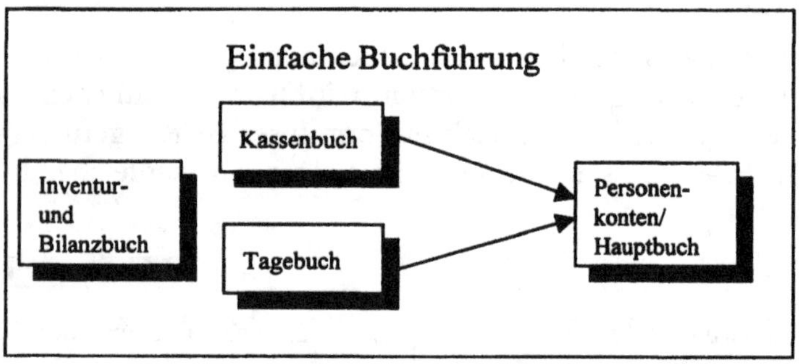

Charakteristisch für die doppelte Buchführung ist die doppelte Betrachtung von Gegebenheiten: Zeitliche und sachliche Ordnung von Geschäftsvorfällen, Verbuchung auf Hauptbuchkonten (Sachkonten), dabei wird mindestens einmal im Soll und mindestens einmal im Haben gebucht, Buchung auf Bestands- und Erfolgskonten und schließlich doppelte Erfolgsermittlung.

3.2 Systembücher und Nebenbücher der doppelten Buchführung

Bei den Büchern der Buchführung können grundsätzlich zwei Arten unterschieden werden, die Systembücher und die Nebenbücher. Hinzu kommen noch die Hilfsbücher (vgl. *Abbildung 38*).

Abbildung 38

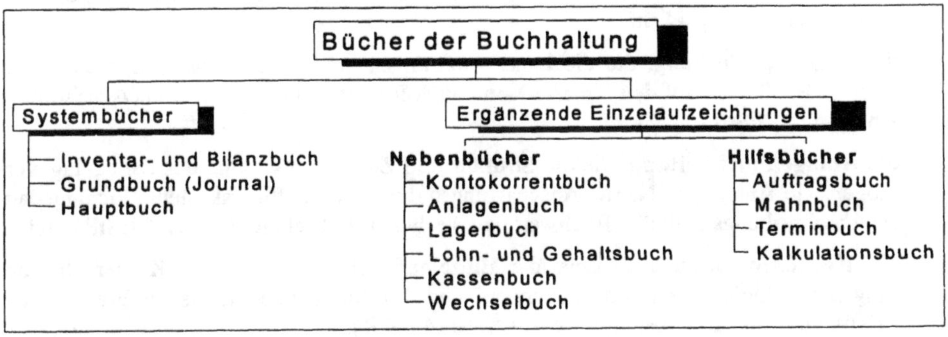

Die **Systembücher** halten den Wertefluss während einer Wirtschaftsperiode fest, also von der Eröffnungsbilanz bis hin zur Schlussbilanz. Im **Inventar- und Bilanzbuch** werden die Inventare und Bilanzen gesammelt. Das **Grundbuch** oder Journal (Tagebuch), auch zuweilen Memorial (Gedächtnisbuch) oder Primanota (Tag der ersten Eintragung) genannt, bildet die Grundlage der Buchführung und hält alle Geschäftsvorfälle **chronologisch** fest. Alle Eintragungen im Hauptbuch basieren auf den Eintragungen im Grundbuch. Im **Hauptbuch** erfolgt die **sachliche** Gliederung des Buchungsstoffes. Unter Verwendung eines Kontenplans werden alle Geschäftsvorfälle, die ein bestimmtes Konto (z. B. Bank, Maschine, Umsatzerlöse) betreffen, auf dem jeweiligen Konto sachlich geordnet verbucht. Somit lassen sich aus dem Hauptbuch jederzeit der Stand des Vermögens und der Schulden sowie der Erfolg feststellen.

Im Grund- und Hauptbuch werden die Buchungsinhalte nur kurz und knapp festgehalten. Abgesehen von gesetzlichen Erfordernissen ist es deshalb vom betrieblichen Steuerungs- und Kontrollinteresse her sinnvoll, **Nebenbücher** und ggf. **Hilfsbücher** zu führen, die die chronologische und sachliche Ordnung des Buchungsstoffes des Grund- und Hauptbuchs ergänzen. Diese Bücher stehen **außerhalb des Kontensystems**, d. h. dass in den Büchern lediglich Zugänge, Abgänge und Bestände **ohne Gegenbuchungen** eingetragen werden. Als wichtige Nebenbücher bzw. Nebenbuchhaltungen sind folgende zu nennen:

- das **Kassenbuch**, das Einzelaufzeichnungen zum Hauptbuchkonto "Kasse" enthält (§ 146 Abs. 1 Satz 2 AO),
- das **Wechselbuch** oder **Wechselkopierbuch**, das zur Kontrolle des Bestandes an Wechseln und des Wechselobligos dient,

- die **Lohn- und Gehaltsbuchhaltung**, die laut Gesetz bestimmte Erfordernisse erfüllen muss (§ 41 EStG, § 4 LStDV),
- die **Lagerbuchhaltung**, die die Lagerbewegungen aufzeigt und ausweist, welche Artikel in den Salden auf den Vorräte-Konten (Soll-Bestand) enthalten sind (Abschnitt 30 Abs. 2 Nr. 1 EStR),
- die **Anlagenbuchhaltung**, die die Struktur und Zusammensetzung des Sachanlagevermögens (je Anlagegut: Name, Anschaffungsdatum, Anschaffungskosten, Nutzungsdauer, Abschreibungsmethode, Buchwert usw.) erläutert (Abschnitt 31 Abs. 6 EStR) und
- die **Kontokorrentbuchhaltung**, die Einzelaufzeichnungen zu den Konten "Forderungen aus Lieferungen und Leistungen" und "Verbindlichkeiten aus Lieferungen und Leistungen" enthält (Abschnitt 29 Abs. 2 Nr. 4 EStR).

Als Beispiel für ein Nebenbuch soll hier kurz der Aufbau und die Bedeutung des Kontokorrentbuches erläutert werden. Es ist nur verständlich, wenn ein Unternehmen über die auf Ziel getätigten Käufe und Verkäufe sowie den jeweiligen Stand bezahlter oder noch nicht bezahlter (offener) Rechnungen bzw. über das gesamte Kreditgeschäft einen genauen Überblick haben möchte (Sicherung der Liquidität). Demzufolge enthält das Kontokorrentbuch oder Geschäftsfreundebuch für die einzelnen Kunden und Lieferanten jeweils separate Konten, auch **Personenkonten** genannt. Man bezeichnet auch die Kundenkonten als **Debitoren** und die Lieferantenkonten als **Kreditoren**. Jede Eingangs- und Ausgangsrechnung sowie Aus- und Einzahlung wird auf dem entsprechenden Sach- und Personenkonto gebucht, also die **gesamten** Verbindlichkeiten und Forderungen im **Hauptbuch** und die **individuellen** Kreditverhältnisse auf den **Personenkonten** bzw. im **Kontokorrentbuch** (Kontokorrent = laufende Rechnung für Jost Mühlbach aus Hamburg, für Franz Möllersen aus Dortmund, für Werner Voß aus Stralsund usw.).

Die in herkömmlicher Form geführte **Offene-Posten-Buchhaltung**, also die geordnete Belegablage von nicht ausgeglichenen Aus- und Eingangsrechnungen, ist eine Vereinfachungsform der Debitoren-/Kreditorenbuchhaltung. Diese **Beleg-Buchführung** führt als **kontenlose Buchführung** zu wesentlichen Vereinfachungen und findet bei kleineren Betrieben häufig Anwendung. Anstatt für jeden Lieferanten oder Kunden ein eigenes Personenkonto anzulegen, werden in der Offene-Posten-Buchhaltung die ein- und ausgehenden Rechnungen systematisch (z. B. alphabetisch) gesammelt. Da es sich zumeist um kleinere Betriebe handelt, die diese Methode anwenden, reichen einige wenige Ordner für das Sammeln aus. Bis zur Bezahlung einer Eingangsrechnung verbleibt diese im Ordner "Offene Rechnungen", ist die Rechnung bezahlt, wird umsortiert in den Ordner "bezahlte Rechnungen". Für Ausgangsrechnungen gilt gleiches Verfahren. Man spricht deshalb auch von

Offene-Posten-Kartei (Aufbewahrung bis Zahlungsausgang bzw. Zahlungseingang) bzw. **Ausgeglichene-Posten-Kartei** (Aufnahme bei Zahlungsausgleich).

Über die Zahlungen wird täglich ein Additionsstreifen zu den Zahlungsausgängen und -eingängen mit Rechnungsnummern und Einzelbeträgen erstellt und als **Sammelbeleg** im Hauptbuch auf den Konten Verbindlichkeiten, Forderungen und Bank verbucht.

Handelt es sich um eine **EDV-gestützte Buchhaltung**, so werden die Einzelnachweise als Offene-Posten-Konten (OP-Konten) geführt. Die integrierten Softwarepakete erleichtern das Buchen der Ausgangsrechnungen und Gutschriften sowie das Buchen der Zahlungseingänge, außerdem kann der OP-Ausgleich (die Zahlungen werden den offenen Forderungen zugeordnet) **programmgesteuert** automatisch erfolgen, und schließlich kann eine Mahnvorschlagsliste ausgedruckt werden[10].

3.3 Buchführungsverfahren

Die verschiedenen Verfahren der doppelten Buchführung, die sich im Laufe der Geschichte der Buchführung entwickelt haben, unterscheiden sich vor allem durch die **Zahl** und die **Organisation** der Bücher. Die konventionelle Buchführung kann - in Abgrenzung zur Buchführung mit Datenverarbeitungsanlagen - als gebundene Bücher-Buchhaltung, als Lose-Blatt-Buchführung und als Offene-Posten-Buchhaltung auftreten.

3.3.1 Konventionelle Buchführungsformen

Erfolgt zunächst die Grundbucheintragung und wird erst später die Grundbuchaufzeichnung in das Hauptbuch übertragen, so spricht man von der sog. **Übertragungsbuchführung**. Bekannte Methoden der Übertragungsbuchführung sind die italienische, englische, deutsche, französische und amerikanische. Bei der sog. **Durchschreibebuchführung** (manuelle und maschinelle), die gegenüber der Übertragungsbuchführung zweifelsohne einen Fortschritt darstellt, wird dagegen die Übertragung gleichzeitig mit der Grundbucheintragung in einem Arbeitsvorgang vollzogen. Da die meisten konventionellen

---

10 Vgl. J. Langenbeck/J. Wolf (1996), S. 143 ff.

Buchführungsformen, vor allem die Übertragungsmethoden in der Praxis wenig eingesetzt werden, seien sie hier nur überblicksweise vorgestellt.

Die Urform der doppelten Buchführung (die **italienische Buchführung**) wurde in Form der Übertragungsbuchführung geführt. Im ersten Arbeitsgang erfolgte die Eintragung der Geschäftsvorfälle in das Grundbuch (Journal oder Tagebuch), im zweiten Arbeitsgang wurden sie aus dem Journal auf die einzelnen Konten - das Hauptbuch - übertragen. Sowohl das Journal als auch das Hauptbuch waren gebundene Bücher. Diese Aufzeichnungsform dürfte den Terminus "Buchhaltung" geschaffen haben. Zu beachten ist in diesem Zusammenhang, dass das Hauptbuch, in dem für alle Bilanz- und Erfolgskonten ein Sachkonto eröffnet wird, eine völlig andere Bedeutung als das Hauptbuch bei der einfachen Buchführung hat; während es bei der **einfachen** Buchführung ein reines **Personenkonten-Hauptbuch** ist, wird es bei der **doppelten** als **Sachkonten-Hauptbuch** geführt (vgl. *Abbildung 37*). Wie die einfache, besteht auch die ursprüngliche Form der doppelten (italienischen) Buchführung, aus drei Büchern, wobei zu beiden Formen das Kassen- und das Tagebuch gehört (vgl. *Abbildung 39*).

Abbildung 39

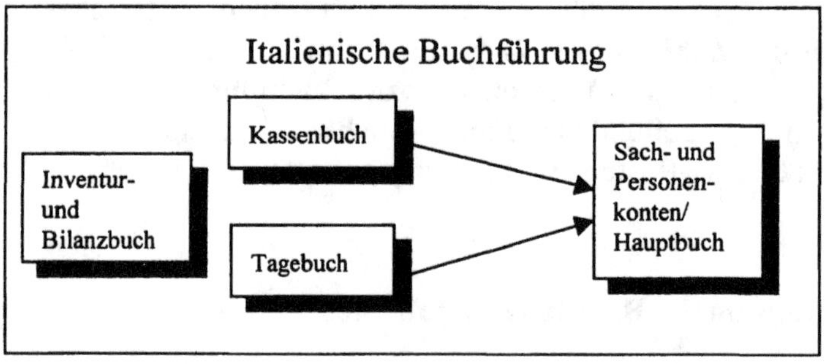

Im Gegensatz zu der eingeschränkten Bücherzahl der italienischen Buchführung weisen die **französische** und die **deutsche** mehrere Grundbücher auf (z. B. Kassenbuch, Einkaufsbuch, Verkaufsbuch). Bei der **deutschen** Methode wird der gesamte Buchungsstoff am Monatsende zunächst im **Sammelbuch** (Sammeljournal) sachkontenorientiert zusammengefasst und anschließend ins Hauptbuch übertragen. Auf den Konten des Hauptbuches erscheint somit nicht mehr jede einzelne Position, sondern nur noch die Sammelbuchung (Übernahme von Endsummen), was die Übersichtlichkeit verbessert. Außerdem werden Sach- und Personenkonten separat geführt (vgl. *Abbildung 40*).

Abbildung 40

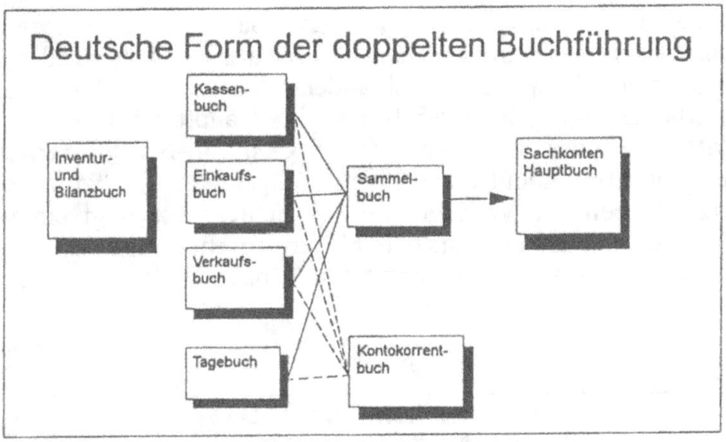

Eine Weiterentwicklung der Übertragungsbuchführung ist das sog. **amerikanische Journal** (vgl. Abbildung 41). Der zentrale Vorteil dieser **Tabellenbuchführung** ist die Vereinigung von Grund- und Hauptbuch, was die Übertragungsarbeit wesentlich vereinfacht und Übertragungsfehler auf ein Minimum reduziert. Die Geschäftsvorfälle werden tageweise in einem Zug - nicht zeitlich versetzt wie bei den oben angeführten Methoden - zunächst im Grund- und sogleich in eine Anzahl nebengeordneter Sachkontenspalten eingetragen. Diese Form der Buchführung kommt heute noch in kleineren Betrieben zur Anwendung, wenn sich die Zahl der benötigten Sachkonten in Grenzen hält.

Abbildung 41

Amerikanisches Journal

Grundbuch (Journal)			Hauptbuch (Sachkonten)											
			Forderungen		Bank		Kasse		...		...		...	
Datum	Geschäftsvorfälle	Betrag	Soll	Haben	Soll	Haben	Soll	Haben	Soll	Haben	Soll	Haben	Soll	Haben
1.1.	Kunde zahlt Rechnung bar	1000 ,--		1000			1000							
.	.	.												
.	.	.												
.	.	.												

Eine größere Bedeutung als die sog. Übertragungsbuchführungen haben die Durchschreibeverfahren, vor allem die maschinellen. Vom Charakter her – lässt man die EDV-Buchführung zunächst außer acht – handelt es sich bei der **Durchschreibebuchführung** um eine **Lose-Blatt-Buchführung**. Sie ist dadurch gekennzeichnet, dass die Journale und Hauptbücher in lose Blätter aufgelöst werden, die über eine gleichartige Lineatur verfügen. Dadurch ist es möglich, die Blätter zeilengenau übereinander zulegen und z. B. mit Hilfe von Kohlepapier die Buchung im Grund- und im Hauptbuch (sog. **Original-Journal-Methode**) oder umgekehrt (sog. **Original-Konto-Methode**) in einem Arbeitsgang und somit ohne Übertragungsfehler durchzuführen (vgl. *Abbildung 42*). Neben der Verringerung der Fehlerquote liegt ein weiterer Vorteil darin, dass der Kontenplan beliebig erweiterbar ist, da die einzelnen Konten in Form von Karteikarten geführt und nach Bedarf ergänzt werden können.

Abbildung 42

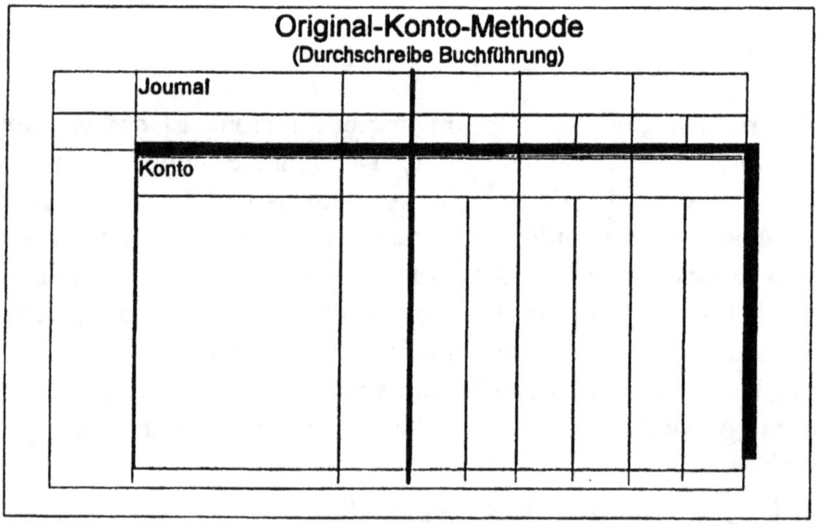

Zwar hat sich die konventionelle Buchführung im Laufe der Zeit weiterentwickelt, aber nach wie vor ist selbst bei der Lose-Blatt-Buchführung die Grenze der Übersichtlichkeit schnell erreicht. Darüber hinaus ist sie zweifelsohne arbeitsaufwendiger und bietet außerdem nicht die Verarbeitungs- und Auswertungsmöglichkeiten einer EDV-Buchführung.

3.3.2 EDV-gestützte Buchführung

Die Entwicklung der Buchführungstechniken ist ständig von dem Bemühen geprägt, den Aufwand der Buchungsarbeiten zu rationalisieren, Fehlerquellen zu reduzieren und gleichzeitig die Informationsfunktion des Rechnungswesens den laufend gestiegenen Anforderungen anzupassen sowie die Dokumentationsfunktion sicherzustellen.

Parallel zur Entwicklung der Durchschreibebuchführung wurden durch die Erfindung der Lochkarte und einer elektronischen Lochkartenmaschine (1889) Vorarbeiten für eine Mechanisierung der Buchführung geleistet. Dennoch dauerte es noch Jahrzehnte bis es zum Einsatz mechanischer Rechenwerke gekommen ist und schließlich die EDV-Buchführung, als diesbezüglich am weitesten entwickelte Technik, in vielen Unternehmen Einzug hielt.

Angesichts der Fülle im Rechnungswesen zu verarbeitender Daten ist eine ordnungsgemäße, zeitnahe und hinsichtlich des notwendigen Aufwandes angemessene Durchführung der Finanzbuchführung heute nur noch mit Hilfe der EDV möglich. Nicht zuletzt wegen fallender Preise für Hard- und Software hat sie sich heute in Unternehmen aller Größenordnungen durchgesetzt.

Die Buchführung per EDV hat vor allem den Effekt der Erhöhung der Wirtschaftlichkeit, d. h. durch Vereinfachung bzw. Automatisierung des Ablaufs und Wegfalls unnötiger Arbeitsschritte können Kosten gesenkt bzw. die Aussagekraft bei gleichen Kosten erhöht werden. Des weiteren bietet die EDV-Buchführung eine sehr hohe Aktualität, da z.B. Zwischenabschlüsse taggenau erstellt werden können. Zusätzlich werden Fehler bei Buchungsvorgängen vermieden und so die Sicherheit des Rechnungswesens bzw. des Unternehmens erhöht. Die wesentlichen Vorteile des DV-gestützten Rechnungswesens gibt nachstehende Übersicht wieder.[11] Hinsichtlich der Arbeitsgänge vollzieht sich die EDV-Buchführung – wie jede computergestützte Informationsverarbeitung in die drei Phasen Dateneingabe, Datenverarbeitung und Datenausgabe.

[11] Vgl. N. Gehrke (1997), S. 39f.

Rationalisierungsvorteile	Aktualitätsvorteile	Sicherheitsvorteile
▪ die durchschnittliche Buchungsanzahl pro Person wird wesentlich erhöht, da viele Buchungen voll- oder teilautomatisch (z.B. für Vor- und Umsatzsteuer, Skontobuchungen) durchgeführt werden oder durch eine Dialogsteuerung beschleunigt werden ▪ durch automatische Datenübernahme von vorgelagerten Systemen und Nebenbuchhaltungen wird die Anzahl der manuellen Buchungen stark reduziert ▪ zeitaufwendige Tätigkeiten wie Summieren, Zusammenstellen, Übertragen und Abstimmen von Konten und Beträgen entfällt bzw. wird automatisch erledigt ▪ durch höhere Sicherheit und geringere Fehlerzahl sinkt der Zeitbedarf für Fehlersuche und -behebung ▪ Auswertungen können vollautomatisch (z.B. Umsatzsteuervoranmeldung) oder teilautomatisch (Bilanz etc.) erstellt werden ▪ durch Verbesserung des Mahnwesens kann der Forderungsbestand verringert und der Zinsertrag erhöht werden ▪ durch bessere Ausnutzung von Zahlungsfristen können Skonti genutzt und Mahngebühren vermieden werden ▪ Vor-, Zwischen- und Nachkalkulationen werden durchführbar und ermöglichen eine bessere, gewinnbringende Preisgestaltung	▪ die automatische Übernahme der Daten von vorgelagerten und zu nachgelagerten Systemen erhöht die Durchlaufgeschwindigkeit des Gesamtsystems „Unternehmung“ und ermöglicht eine verzögerungsfreien Datenfluss ▪ der Abruf der Buchungen und des Saldos von Personen- und Sachkonten ist jederzeit möglich und spiegelt die aktuelle Situation des Unternehmens wider ▪ laufender Überblick über Liquidität und Wirtschaftlichkeit der Unternehmensbereiche und der angebotenen Produkte/ Dienstleistungen ▪ kurzfristige Abschlüsse und vielseitige betriebswirtschaftliche Auswertungen können mit minimalem Zeitaufwand jederzeit erstellt werden	▪ durch Plausibilitätsprüfungen bei der Erfassung der Daten werden Falscheingaben sofort erkannt und (automatisch) berichtigt. ▪ durch voll- oder teilautomatische Buchungen wird die Zahl der fehlerhaften Buchungen stark verringert ▪ Vereinfachung der internen Revision; eine permanente Durchführung und verstärkte Konzentration auf Sachfragen wird möglich

Die Dateneingabe kann manuell oder automatisch erfolgen. Bei manueller Dateneingabe werden die aufbereiteten Buchungsinformationen (Belegerstellung, -sammlung, -prüfung und Vorkontierung) in die EDV-Anlage eingegeben. Die Eingabe kann systembedingt auch über Zwischendatenträger (Magnetband, Diskette) erfolgen.

Die automatische Datenerfassung erfolgt über direkt maschinenlesbare Urbelege, Datenträgeraustausch oder Dauerbuchungen. Maschinenlesbare Belege enthalten die Buchungsdaten in maschinengerechter codierter Form, die sofort eingelesen und verarbeitet werden können. Beim Datenträgeraustausch werden die Buchungsdaten in maschinenlesbarer und –verarbeitbarer Form auf magnetischen Datenträgern (Magnetbändern, Disketten) ausgegeben und übermittelt. Im Rahmen dieser Form gewinnt die direkte Vernetzung von Rechnern immer mehr an Bedeutung.

Dauerbuchungsfunktionen erlauben es wiederkehrende Buchungen periodengerecht zu veranlassen. (z.B. Anlagenabschreibung, Zinsverbuchungen, Versicherungs- und Mietaufwand, Tilgungsverrechnung etc.). Bei der Eingabe der Buchungsdaten wird in aller Regel ein Kontrollblatt, die Primanota erfasst. Sie dient dem Anwender zur Kontrolle richtiger und vollständiger Datenerfassung. Sie erfüllt Grundbuchfunktion, das sie die Geschäftsvorfälle der zeitlichen Reihenfolge nach festhält, deren Unverlierbarkeit sichert und eine Verbindung zwischen Beleg und Konto herstellt. Das Journal dokumentiert welche Buchungsdaten von der EDV erfasst und verarbeitet wurden. Demzufolge ist die eigentliche Grundbuchaufzeichnung im Journal erfasst und unterliegt der üblichen Aufbewahrungsfrist. Sofern die Primanota mit dem Journal übereinstimmt, kann sie gelöscht werden. Der Verarbeitungsprozess eines Programms bewirkt, dass die eingegebenen Daten gelesen, sortiert, zusammengefasst, gespeichert, gelöscht oder ausgegeben werden. Art und Umfang der Auswertungen sind vom eingesetzten Programm abhängig. Neben der Primanota und dem Journal gehören ein Fehlerprotokoll (Dokumentation von Eingabefehlern bzw. fehlerhaft erkannten Buchungssätzen), der Kontenausdruck, die Summen- und Saldenlisten, Hauptabschlussübersicht und Jahresabschluss zu den Standardausdrucken. In der Regel sind auch Zusatzauswerten möglich, wie die Erstellung einer Umsatzsteuervoranmeldung und –erklärung oder auch betriebswirtschaftliche Auswertungen. Letztere umfassen Formen der Bilanzanalyse, Kostenstatistik und Liquiditätsrechnung etc. und werden grafisch, tabellarisch oder in Formen von Kennzahlen aufbereitet.

Um die Ordnungsmäßigkeit der EDV-Buchführung sicherzustellen, werden in den Programmen verschiedene Kontrollen der eingegebenen Daten vorgenommen.

Folgende Plausibilitätskontrollen werden dabei durchgeführt:

1. Vollständigkeitskontrollen: Buchungen werden nur durchgeführt, sofern sämtliche erforderliche Daten (z.B. Konto, Betrag, Gegenkonto) eingegeben wurden

2. Zulässigkeitskontrollen: Die eingegebenen Buchungsdaten werden mit den vorgegebenen Werten bzw. Ober- und Untergrenzen verglichen und nur bei Zulässigkeit akzeptiert (z.B. der Buchungsbeleg muss numerisch und mit einer maximalen Länge von 10 Stellen eingegeben werden; Kontennummern bzw. –bezeichnungen müssen mit dem Kontenplan übereinstimmen.

3. Logische Kontrollen: Buchungsdaten, die den Buchungsregeln bzw. der Logik widersprechen, werden abgelehnt (z.B. Soll- und Habenbeträge müssen übereinstimmen, bestimmte Konten dürfen nicht mit Mehrwertsteuer gebucht werden, das Belegdatum muss beim Tag kleiner gleich 31, beim Monat kleiner oder gleich 12 sein.)

Die marktmäßig verfügbaren Standardsoftwarepakete zur Finanzbuchführung unterscheiden sich hinsichtlich Programmumfang, Komfortabilität, Programmiersprache und vieler systemtechnischer Details. Da sie jedoch grundsätzlich dieselben Funktionen zu erfüllen haben, lassen sie sich auf ein einheitliches Grundmuster zurückführen, welches Abbildung 43 wiedergibt[12].

Der Markt für Standard-Anwendungssoftware weist ein sehr breites und heterogenes Angebot auf, so dass er kaum überschaubar ist. Die tabellarische Darstellung gibt einen Überblick über bedeutende Programmpakete und jeweilige Systemmerkmale zur Finanzbuchführung.[13]

---

[12] Vgl. W. Eisele (1998), S. 511f.

[13] W. Eisele (1998), S. 516ff.

Abbildung 43
Schematische Darstellung eines Softwarepaketes für die Finanzbuchhaltung

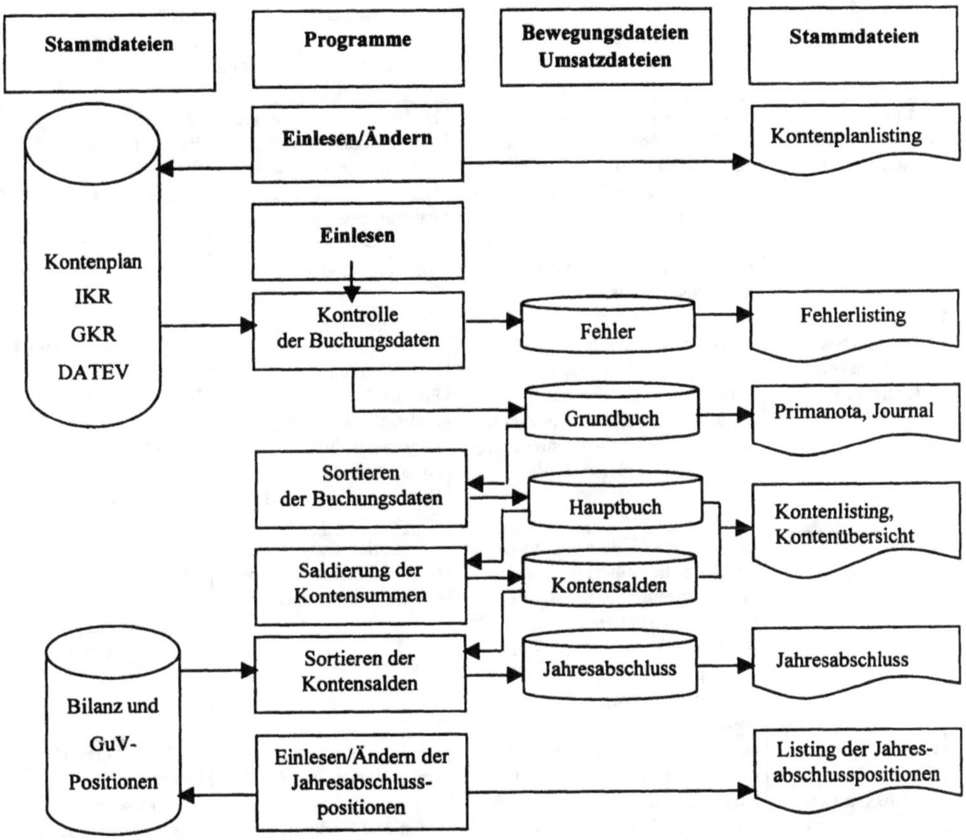

Standard-Anwendersoftware zur Finanzbuchführung

Produkt-bezeichnung	Zentrale Funktionsbereiche	Schnittstellen	Anbieteradresse
adata-FIBU	Sachkonten, Debitoren und Kreditoren, Offene Posten, automatisches Zahlungswesen, Zinsrechnung und Mahnwesen, Währungsrechnen, Hauptabschlussübersicht, Abschluss, Konsolidierung, Provisionsabrechnung, Kostenstellen- und Trägerauswertung, BWA	Anlagenbuchhaltung, Kostenrechnung, Bestell- und Einkaufswesen, Personalzeiterfassung, Lohn und Gehalt, List-Generator, Arbeitsvorbereitung, Auftragsbearbeitung	adata Software GmbH 27283 Verden/Aller adatasoft@aol.com

BAAN IV Finance	Stammdaten, Hauptbuch, Buchführungsverarbeitung, Debitoren und Kreditoren	Anlagenbuchhaltung Q4, HANSALOG, Personal-Informations- und Abrechnungssystem, Hyperion Enterprise, Hyperion Pillar, Hyperion Olap, Safari FST	BAAN Deutschland GmbH Scharnhorststr. 15 30175 Hannover info@baan.de
DATEV PC-Rechnungswesen	Zentrale Stammdatenverwaltung, DATEV-Kontenrahmen SKR 03 oder 04, Sach- und Personenkonten, Belegmanager, Funktionen zur Finanzbuchführung, Debitoren und Kreditoren, Offene Posten, Vor- und Umsatzsteuer	BWA: Standard und individuell, Kostenrechnung, Zahlungswesen, Mahnwesen, Angebots- und Auftragsbearbeitung (HS GmbH & CO oder gfu software service GmbH), Steuerberater / DATEV-Rechenzentrum	DATEV Palmgartenstr. 6-14 90329 Nürnberg info@datev.de
KHK Classic Line / Finanzbuchhaltung	Sachkonten, Debitoren und Kreditoren, Mahnwesen, Abschluss, UStVA etc., automatischer Zahlungsverkehr, innerbetriebliche Kostenrechnung mit Budgetvergleich, BWA	Lohn und Gehalt, Bestellwesen und Produktion, Auftragsbearbeitung und Lagerverwaltung, Anlagenbuchhaltung, Datentransfer zu MS Office	KHK Software GmbH & CO. KG Berner Str. 23 60437 Frankfurt / Main info@khk.de
Lexware buchhalter	Einnahmen- / Überschussrechnung, doppelte Buchführung, Budgetverwaltung mit Soll-Ist-Vergleich, Kostenstellenauswertung, Eigenverbrauchs-, Kredit-, und Währungsrechner, Kennzahlenauswertung, kompletter Jahresabschluss	Bestandteil des Lexware financial office mit lohn + Gehalt, fakturaplus	Lexware GmbH & Co. KG Jechtinger Str. 8 79111 Freiburg lexware@lexware.de
NAVISION Finanzbuchführung	Hauptbuch, individuelle Kontenrahmen, Selektionskriterien für alle Einträge in den Karteien, MWSt-Funktion, Währungsumrechnung, Abschluss Konsolidierung, Datenkomprimierung, Kostenstellen und –träger, Budgetierung, Berichtswesen	Die Fibu ist Bestandteil von Navision Financials mit den Modulen: Debitoren und Verkauf, Kreditoren und Einkauf, Marketing, Lagerverwaltung, Ressourcen, Unternehmens- und Projektmanagement, Anlagenbuchhaltung, Personalwesen	COMSOL GmbH Hauptstr. 221 65760 Eschborn comsol@t-online.de
ORACLE	Kontierungsstruktur, Buchungseingabe und –kontrolle, Fremdwährungsbuchhaltung, Abschluss, Berichtsgenerator, Kostenrechnung, Budgetierung, Debitoren, Kreditoren, Bankabstimmung, Liquiditätsvorausschau und –planung	Zahlreiche Einzelmodule, u.a. zu den Bereichen Vertrieb, Produktion, Beschaffung,, Auftragsbearbeitung, Projektmanagement, Anlagenbuchhaltung und Personalwesen	ORACLE Deutschland GmbH Forstenrieder Allee 61 81476 München ora_dir@de.oracle.com

PeopleSoft Finanzwirtschaft	Hauptbuch, Debitoren und Kreditoren, Kalkulation, Fakturierung, Konsolidierung, elektron. Zahlungsverkehr mögl., Abschluss	Personalmanagement, Fertigung, Vertrieb	PeopleSoft GmbH (Deutschland) Münchner Str. 14 85774 München-Unterföhring info@peplesoft.com
SAP-R/2 System RF	Sachkonten, Debitoren und Kreditoren, Offene Posten, Mahnwesen, Zinsrechnung, Finanzcontrolling, Vermögensverwaltung, Währungsrechnen, Abschluss, Konsolidierung, BWA	Materialwirtschaft, Kalkulation, Rechnungsprüfung, Produktion, Instandhaltung, Anlagenbuchhaltung, Kostenrechnung, Auftragsabrechnung, Projekte, Vertrieb, Versand, Fakturierung, Personalwirtschaft	SAP AG Neurottstr. 16 69190 Walldorf marketing. germany@sap-ag.de
SAP-R/3 F1 Finanzwesen	Hauptbuch (mehrere parallel/simultan), Debitoren und Kreditoren, flexibles Mahnwesen, Anlagenbuchhaltung, Währungsrechnen, Abschluss, Konsolidierung, Kredit- und Cash-Management, spezielle Ledger, versch. Sprachen, BWA u.a.	Rechnungswesenbereich: Unternehmenscontrolling, Investitionsmanagement, Treasuring, Bereich Logistik, Bereich Personalwirtschaft	SAP AG Neurottstr. 16 69190 Walldorf marketing. germany@sap-ag.de
SWF Finanzwesen	Sachkonten, Kontenspiegel, Debitoren und Kreditoren, Offene Posten, Mahnwesen, Währungsrechnen, autom. Buchung von Kursdifferenzen, Abschluss, autom. Zahlungswesen, Verbandsabwicklung, BWA	Personalwesen, Anlagenbuchhaltung, -wirtschaft, Erfolgsrechnung, Kostenstellen- und Kostenträgerrechnung, Unternehmenscontrolling, Vertriebsabwicklung	Steeb Anwendungssysteme GmbH 74232 Albstadt steeb.service@sap-ag.de
SILINE 200-AC Fibu	Sachkonten, Debitoren und Kreditoren, Wechselbuchhaltung, Anzahlungsbearbeitung, Abschluss, Verbandsregulierung, zusammenfassende Meldungen (EG-Recht)	Vertrieb, Produktion, Beschaffung, Anlagenbuchhaltung, Personalwesen, Kostenrechnung	Siemens Nixdorf Infomationssysteme AG 81739 München info1.kd@sni.de
TAYLORIX Financial Office	erweiterte Sachkontenbuchhaltung, Debitoren und Kreditoren, Mahnwesen, Zahlungsausgleichsmanagement, Anlagenbuchhaltung, Währungsrechnen, Abschluss vorbereitender Konsolidierung, Kostenrechnung, Controlling, BWA	Personalwirtschaft, ADP Rechenzentrum	ADP Employer Services GmbH Heddenheimer Landstr. 144 60439 Frankfurt webmaster@de. adp.com

Die Buchführung per EDV kann als Im-Haus-Verarbeitung oder Außer-Haus-Verarbeitung organisiert werden. Zwischen diesen Alternativen existieren unterschiedliche Mischformen die unternehmensindividuellen Gegebenheiten angepasst sind.

Bei der Buchführung im Hause werden sämtliche Buchungsvorgänge mit

Hilfe der eigenen EDV-Anlage durchgeführt. Aktuelle Salden verschiedener Konten, Journale oder Kontenblätter sowie Stammdaten können jederzeit abgerufen bzw. ausgedruckt werden.

Vielfach überlassen Unternehmen die Jahresabschlusserstellung oder die Steuererklärung einem externen Steuerberater und realisieren damit eine Mischform der Buchhaltungsorganisation. Bei der externen Verarbeitung wird die gesamte Finanzbuchhaltung vor allem aus Kostengründen an einen externen Steuerberater oder eine zentrale Buchungsstelle übertragen. Im Betrieb werden nur die Belege gesammelt und Kassenbücher für täglichen Einnahmen und Ausgaben geführt. Die externe Verarbeitungsstelle bearbeitet und kontiert die Belege. Die Buchungsdaten werden erfasst und gespeichert oder auch an ein externes Rechenzentrum (z.B. DATEV) geschickt. Das Rechenzentrum leitet nach der Datenverarbeitung Ausdrucke und Auswertungen (z.B. Betriebswirtschaftliche Auswertungen, Liquiditätsanalysen) an den Steuerberater zurück, der die Verarbeitung überprüft und die Auswertungen einschließlich der zugehörigen Belege an den Betrieb zurücksendet.

Für die Buchführung im Hause spricht die kürzere Bearbeitungszeit, es entfallen z.B. die Versandzeiten der Belege und die Rücksendungen der Ergebnisse, weiterhin ist die Erstellung von speziellen Auswertungen schneller möglich. Auf der anderen Seite wird Eingabe- und Bedienungspersonal benötigt, die Anlage bindet Kapital.

Abbildung 43a gibt einen Überblick über die Arbeitsabläufe für eine Außer-Haus-Verarbeitung im Zusammenarbeit mit der DATEV.[14] Die DATEV ist die Datenverarbeitungsorganisation für die Angehörigen der steuerberatenden Berufe in der Rechtsform einer eingetragenen Genossenschaft. Sie wurde 1966 gegründet und hat ihren Sitz in Nürnberg. Die DATEV verfügt über das größte berufsständische Rechen- und Servicezentrum in Europa und bearbeitet dort die Finanzbuchhaltung, Kostenstellenrechnung, Mahnwesen, Lohnbuchhaltung und Bilanzerstellung für die Klienten ihrer Mitglieder.

Vorteile der EDV-Buchführung sind vor allem die Beschränkung der eigentlichen Arbeitsgänge auf das Vorkontieren sowie die Eingabe der Buchungsdaten in das System. Arbeiten, wie Übertragung der Geschäftsvorfälle auf Personen- und Sachkonten, Berechnung und Buchung der

[14] Vgl. Falterbaum / Beckmann (1996), S. 260

Umsatz- bzw. Vorsteuer, das Erstellen des Journals, das Erstellen von Summen- und Saldenlisten bis hin zum Abschluss der Konten für den Jahresabschluss werden durch die EDV erledigt. Rechnerische Kontrollen und Abstimmungsarbeiten entfallen.

Abbildung 43a
Außer-Haus-Verarbeitung am Beispiel DATEV

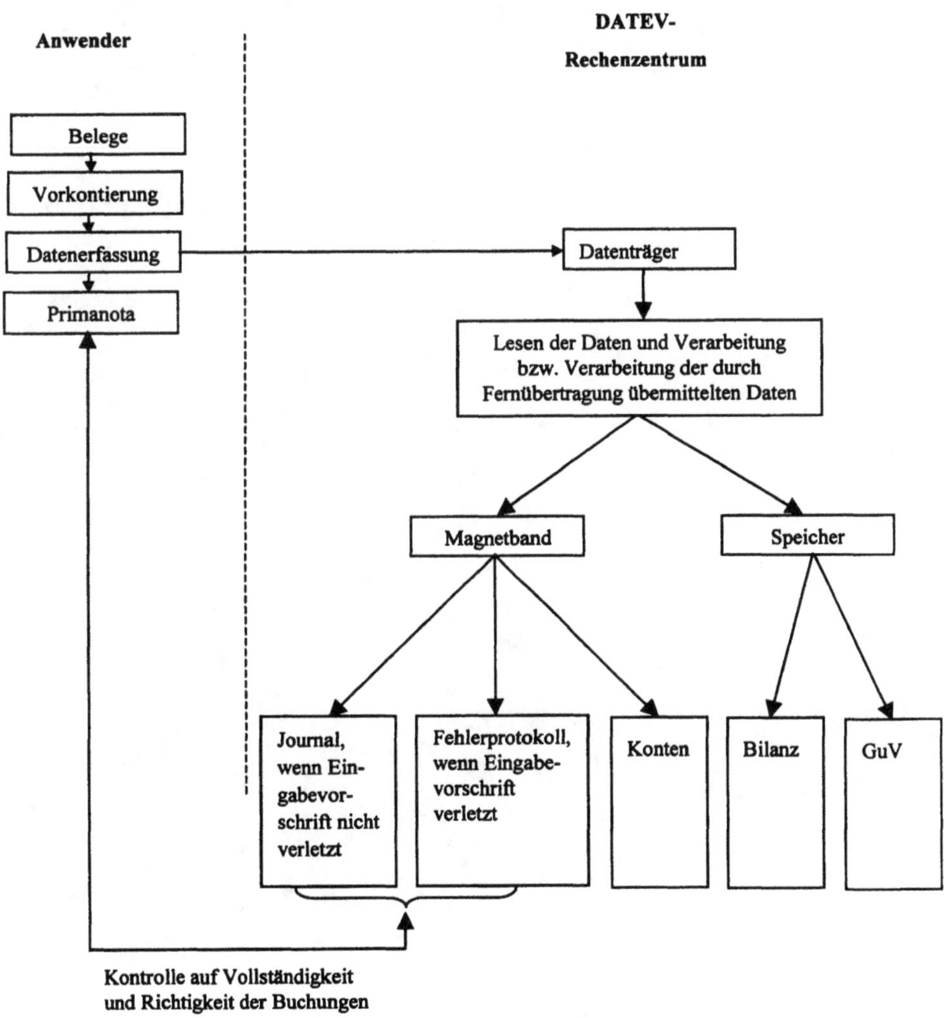

5. Kapitel: Grundlagen von Buchführung und Buchungstechnik

1 Von der Inventur zum Inventar

1.1 Notwendigkeit, Anlässe und Inventurarten

Wie bereits im Rahmen der Behandlung der GoB erwähnt wurde, stellen, unter Berücksichtigung der §§ 240 und 241 HGB, der §§ 140 und 141 Abs. 1 AO und Abschnitte 30 und 31 EStR, die vollständige und richtige Erfassung aller Vermögensgegenstände und Schulden am Ende eines Wirtschaftsjahres (**Inventur**) und die Erstellung eines Bestandsverzeichnisses (**Inventar**) sowohl die Voraussetzung für die **Überwachung der Ordnungsmäßigkeit der Buchführung** als auch die **Grundlage für die Aufstellung des Jahresabschlusses** dar.

Laut Handels- und Steuerrecht ist jeder Kaufmann verpflichtet, zu Beginn seines Handelsgewerbes und danach jährlich ein Inventar zu erstellen. Als **Inventar** wird das detaillierte Bestandsverzeichnis **aller Vermögensgegenstände** und **Schulden** des Unternehmens nach **Art, Menge** und **Wert** zu einem **Stichtag** bezeichnet. Ein solches Verzeichnis ist entsprechend den GoB zwingend notwendig, um die Bilanz (verkürztes Inventar) zu erstellen. Es gilt der Grundsatz: Keine Bilanz ohne Inventar!

Um zunächst das Inventar erstellen zu können, muss eine **Inventur** durchgeführt werden. Sie ist durchzuführen bei der **Gründung** oder **Übernahme** eines Unternehmens, am **Schluss eines jeden Geschäftsjahres** und bei der **Auflösung** oder **Veräußerung** des Unternehmens. Die Inventur ist demnach die Tätigkeit, durch die die Vermögensstände und Schulden im einzelnen aufgenommen werden.

Durch die **Inventur**, d. h. die Bestandsaufnahme aller Vermögensgegenstände und Schulden nach **Art**, **Menge** und **Wert** zu einem **bestimmten Stichtag**, wird der buchhalterisch erfasste wertmäßige (Buch-)Bestand (= Soll-Bestand) kontrolliert und gegebenenfalls eine Bestandskorrektur vorgenommen. Bei **körperlichen Vermögensgegenständen** (z. B. Sachanlagen, Vorräte, Bargeld) erfolgt die Inventur durch Zählen, Messen oder Wiegen (= **körperliche Inventur**) und bei **nicht körperlichen Vermögensgegenständen** und Schulden (z. B. Forderungen und Verbindlichkeiten) an Hand von Belegen (= **buchmäßige Inventur**) oder an Hand von Urkunden (= **Inventur an Hand von Urkunden**). Das bedeutet, dass bei Vermögensgegenständen die nicht körperlich erfasst werden können, die Aufnahme durch Prüfung der entsprechenden Vertragsunterlagen erfolgt.

Durch die Bestandsaufnahme soll zweierlei sichergestellt werden:

1. Alle Vermögensgegenstände und Schulden sollen **vollständig erfasst** und **sachgerecht bewertet** werden.

2. Die in der Bilanz auf Bestandskonten ausgewiesenen Vermögensgegenstände und Schulden sollen auf ihre **tatsächliche Existenz** hin überprüft werden (Inventurdifferenzen)[1].

Den **Schwerpunkt der Inventur** in Industrie- und Handelsbetrieben bildet die Aufnahme der Vorräte. Zu den Vorräten im Industriebetrieb zählen vor allem die Roh-, Hilfs- und Betriebsstoffe sowie die unfertigen und fertigen Erzeugnisse; im Handelsbetrieb i. d. R. lediglich die Handelswaren und in Einzelfällen auch die geleisteten Anzahlungen.

1.2 Vorbereitung und Durchführung der Inventur

Angesichts der Bedeutung der Inventur für die steuerrechtliche Gewinnermittlung und als zwingende Grundlage für die Eröffnung und den Abschluss der Buchführung bedarf es einer sorgfältigen Vorbereitung und Durchführung dieser. Die Verantwortung für die Inventur wird einem **Inventurleiter** übertragen; meistens der Person, die die Abteilung Rechnungswesen leitet. Für die mit der Inventur betrauten Personen werden **Inventurrichtlinien**, bestehend im allgemeinen aus dem Aufnahmeplan und den Arbeitsanweisungen, erstellt. Darin werden die Rahmenbedingungen für die personelle, sachliche und organisatorische Vorbereitung und Durch-

---

1 "Es geht um gigantische Verluste. Allein im vergangenen Jahr betrug die Differenz zwischen Einnahmesoll und tatsächlichem Umsatz im deutschen Einzelhandel rund sieben Milliarden Mark, mindestens drei Milliarden Mark gehen davon nach Schätzung von Experten auf das Konto diebischer Angestellter. Die Revisionsabteilung der Karstadt AG, des größten deutschen Warenhauskonzerns, macht intern folgende Rechnung auf: Knapp 70 Millionen Mark pro Jahr beträgt die Inventurdifferenz - 20 Prozent Schwund entstehen der Karstadt-Statistik zufolge durch Verderb und Bruch von Ware sowie statistische Mängel, 40 Prozent durch Kundendiebstahl, ebensoviel durch Personalklau." Der Spiegel (1990).

führung der Inventur sowie die Zusammenstellung, Abstimmung und Auswertung der Inventurunterlagen festgelegt:

"- Der **Zeitpunkt der Aufnahme**; an welchen Kalendertagen die Vorräte aufzunehmen sind. Während der Aufnahme dürfen keine Lagerbewegungen stattfinden.
- Die **Aufnahmebereiche** und die **Aufnahmepersonen**; welche Mitarbeiter nach einem Lageplan welche Lagerbereiche aufnehmen sollen.
- Die **Inventurprüfer**, die durch Stichproben die Richtigkeit der Aufnahme überprüfen.
- Die **Aufnahmevordrucke**, die heute meist aufgrund der in der EDV gespeicherten Stammdaten wie Artikelnummer, Artikelbezeichnung, Lagerort, Mengeneinheit usw. erstellt werden. Die Aufnahmepersonen ergänzen bei Aufnahme von Hand die vorgefundene Menge und bei nicht mehr vollwertigen Vorräten den Wertigkeitsgrad in Prozent vom vollen Wert. Die Aufnahmedrucke sind Belege, die von den Aufnahmepersonen und den Inventurprüfern unter Angabe des Aufnahmedatums abgezeichnet werden."[2]

1.3 Möglichkeiten der Bestandsaufnahme

Zwar besteht die Verpflichtung zur Aufstellung eines Inventars, allerdings wird gesetzlich nicht vorgeschrieben, auf welche Art und zu welchem Zeitpunkt eine Bestandsaufnahme durchgeführt werden muss. Unter Berücksichtigung der handels- und steuerrechtlichen Vorschriften sind **verschiedene Möglichkeiten** oder **Vorgehensweisen der Bestandsaufnahme** in der Praxis denkbar. Zulässig sind alle Inventurverfahren (§ 241 HGB), die zu einem Inventar führen, das vollständig, richtig und geordnet ist und auch dem Grundsatz der Klarheit und Übersichtlichkeit entspricht. Zur Verdeutlichung und zum besseren Verständnis der Inventur und des Inventars wird in der Literatur angestrebt, die bestehenden Möglichkeiten der Bestandsaufnahme (vgl. *Abbildung 44*)[3] zu systematisieren. Die Bestandsaufnahme kann nach der zeitlichen Abweichung der Bestandsaufnahme vom Bilanzstichtag (**Inventurtermin**), nach dem Umfang der Bestandsaufnahme (**Inventurintensität**) und nach der Technik der Bestandsaufnahme (**Inventurverfahren**) einer näheren Betrachtung und Analyse unterzogen werden.

---

2 J. Langenbeck/J. Wolf (1996), S. 30 f.

3 Nach W. Lück (1998), S. 34.

Abbildung 44

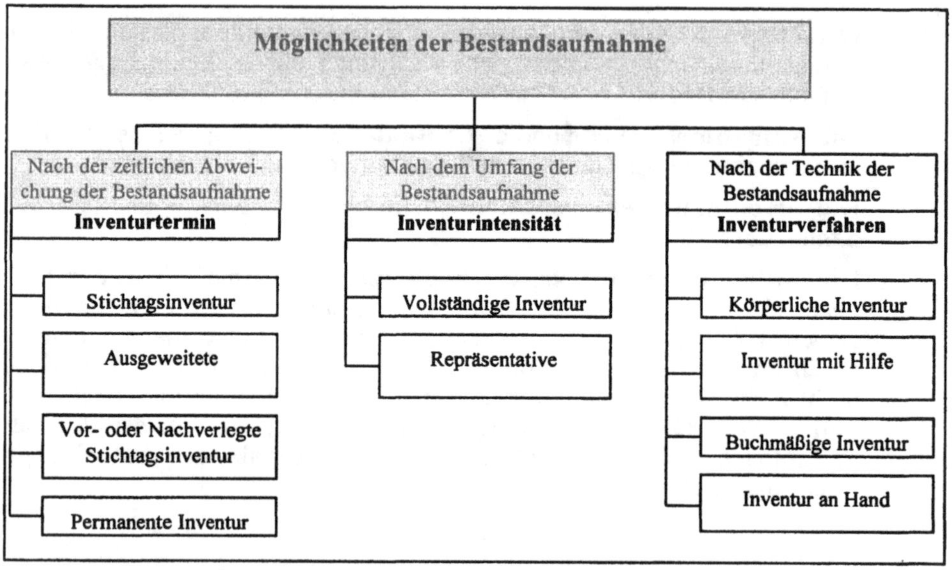

Die bestehenden Erleichterungen im Hinblick auf den Inventurtermin, die Inventurintensität und die Inventurverfahren sind allerdings an bestimmte Voraussetzungen geknüpft. So ist beispielsweise für einige Gruppen von Vermögensgegenständen eine vollständige Inventur vorgeschrieben, für andere nicht.[4] Gemäß § 240 Abs. 3 HGB können Vermögensgegenstände des **Sachanlagevermögens** sowie **Roh-, Hilfs-** und **Betriebsstoffe,** wenn sie regelmäßig ersetzt werden und ihr **Gesamtwert** für das Unternehmen **von nachrangiger Bedeutung** ist, mit einer gleichbleibenden Menge und einem gleichbleibenden Wert angesetzt werden, sofern ihr Bestand in seiner Größe, seinem Wert und seiner Zusammensetzung nur geringen Veränderungen unterliegt (sog. **Festwertverfahren**). Bei Anwendung des Festwertverfahrens ist jedoch i. d. R. **alle drei Jahre** eine körperliche Bestandsaufnahme durchzuführen. Außerdem ist nach § 240 Abs. 4 HGB die sog. **Gruppenbewertung** zugelassen. **Gleichartige** Vermögensgegenstände des Vorratsvermögens (z. B. Rohstoffe, Waren) sowie andere **gleichartige** oder **annähernd gleichwertige bewegliche** Vermögensgegenstände können zu einer Gruppe zusammengefasst und mit dem gewogenen Durchschnitt angesetzt werden. Mit der Festbewertung, Gruppenbewertung und der Sammelbewertung (Abschnitt 36 Abs. 3 EStR; § 256 HGB) gestattet der Gesetzgeber eine **Ab-**

4 Vgl. W. Lück (1998), S. 39 ff.

weichung vom Einzelbewertungsgrundsatz (Vermögensgegenstände und Schulden sind einzeln zu bewerten). Inventurerleichterungen bzw. -vereinfachungen (§ 241 HGB, Abschnitt 30 EStR) betreffen insbesondere die Bestandsaufnahme des Vorratsvermögens. Die Vereinfachungen beziehen sich vor allem auf die **Wahl des Zeitpunktes** (Stichtags- bzw. ausgeweitete Stichtagsinventur, vor- oder nachverlegte Stichtagsinventur und permanente Inventur) und außerdem auf die **Intensität** (vollständige Inventur, repräsentative Teilinventur), die eng gekoppelt ist mit der **Technik** der Bestandsaufnahme. So muss die **repräsentative Teilinventur** mit Hilfe anerkannter mathematisch-statistischer Methoden[5] durchgeführt werden.

1. **Stichtagsinventur bzw. ausgeweitete (zeitnahe) Stichtagsinventur**: Von einer Stichtagsinventur spricht man, wenn der Bilanzstichtag und der Inventurstichtag zusammenfallen. Die Bestandsaufnahme von Vermögensgegenständen des Vorratsvermögens zum Bilanzstichtag muss aber nicht zum Bilanzstichtag erfolgen, sondern kann **zeitnah**, d. h. **zehn Tage vor oder nach** dem Abschlussstichtag durchgeführt werden. Zugänge und Abgänge des Vorratsvermögens zwischen dem Aufnahmetag und dem Bilanzstichtag werden anhand von Belegen **mengen-** und **wertmäßig** auf diesen Tag fortgeschrieben[6] bzw. zurückgerechnet[7]. Eine ausgeweitete Stichtagsinventur bietet sich an, wenn eine stichtagsbezogene Bestandsaufnahme aus organisatorischen, personellen, produktionstechnischen (notwendige Betriebsunterbrechung oder -schließung), klimatischen (z. B. Witterungsbedingungen bei Lagerung im Freien) oder sonstigen Gründen nicht möglich oder wirtschaftlich nicht vertretbar ist.
2. **Vor- oder nachverlegte Stichtagsinventur**: Erlaubt ist nach Handels- und Steuerrecht auch die Verlegung der Bestandsaufnahme auf einen Zeitpunkt innerhalb der letzten **drei Monate vor** oder der ersten **beiden Monate nach** dem Bilanzstichtag. Die einzelnen Gegenstände des Vorratsvermögens dürfen zu unterschiedlichen Zeitpunkten erfasst werden. Der an diesem Tag ermittelte Bestand muss nicht mehr nach Art und Menge, sondern **nur noch wertmäßig** auf den Bilanzstichtag fortgeschrieben oder zurückgerechnet werden. Die Durchführung einer vor- oder nachverlegten Inventur bietet sich in beschäftigungsschwachen Zeiten oder in Zeiten mit geringem Lagerbestand an.

---

5 Eine Zusammenstellung der anerkannten mathematisch-statistischen Verfahren im Hinblick auf die Bestandsaufnahme findet man bei: W. Lück (1998), S. 39 f.

6 **Fortschreibung**: Wert des Bestandes am Inventurstichtag + Wert der Zugänge zwischen Inventur- und Bilanzstichtag - Wert der Abgänge (Verbrauch) zwischen Inventur- und Bilanzstichtag = Wert des Bestandes am Bilanzstichtag.

7 **Rückrechnung**: Wert des Bestandes am Inventurstichtag + Wert der Abgänge (Verbrauch) zwischen Inventur- und Bilanzstichtag - Wert der Zugänge zwischen Inventur- und Bilanzstichtag = Wert des Bestandes am Bilanzstichtag

3. **Permanente Inventur**: Der Bestand des Vorratsvermögens für den Bilanzstichtag kann bei der permanenten Inventur nach Art und Menge buchmäßig ermittelt werden. Die Voraussetzung für eine solche Inventur ist eine Lagerkartei, die für jede einzelne Warengruppe alle Warenbewegungen (Zu- und Abgänge) laufend belegmäßig erfasst. Es handelt sich aber keineswegs um eine reine Buchinventur (z. B. Forderungen), sondern um eine **Buchinventur mit einer zeitlich nicht festgelegten, vor- bzw. nachverlegten körperlichen Bestandsüberprüfung**. Während des laufenden Geschäftsjahres muss nämlich **mindestens einmal** zu einem beliebigen Zeitpunkt (!) ein Abgleich der Buch- bzw. Sollbestände durch eine **körperliche Bestandsaufnahme** erfolgen. Auftretende Soll-Ist-Abweichungen bilden die Grundlage für entsprechende Korrekturen in der Buchhaltung. Mit dem Einsatz einer Lagerkartei wird ein Unternehmen einerseits in die Lage versetzt, relevante Daten über Bestandsbewegungen - insbesondere bei Einsatz von EDV - auszuwerten und andererseits können die Störungen im Betrieb durch Inventuraufnahmen auf ein Minimum begrenzt werden, da die körperliche Bestandsaufnahme der einzelnen Gruppen auf den Betriebsablauf abgestimmt werden kann.
4. **Stichprobeninventur mit Hilfe anerkannter mathematisch-statistischer Verfahren**: Die gesetzlich möglichen Vereinfachungen der Inventur betreffen nicht nur die Wahl des Zeitpunktes, sondern durch die Anerkennung einer Stichprobeninventur mit Hilfe anerkannter mathematisch-statistischer Verfahren auch den **Umfang der Bestandsaufnahme (repräsentative Teilinventur)**. Bestimmte Lagerbestände müssen nicht vollständig ermittelt werden. Auf Basis der Stichprobenergebnisse werden die entsprechenden Lagerbestände hochgerechnet. Ist beispielsweise das Gewicht von 100 Schrauben bekannt, so kann durch Wiegen des gesamten Lagerbestandes die Anzahl der Schrauben insgesamt hinreichend genau berechnet werden, womit der Umfang der Erhebung vermindert wird.

Prinzipiell können in einem Unternehmen verschiedene Inventurarten und -verfahren nebeneinander und zeitlich gestaffelt zur Anwendung kommen: z. B. Erfassung der Sachanlagen sowie der Rohstoffe und Ersatzteile durch permanente Inventur, der Formen und Maschinenwerkzeuge durch Anwendung des Festwertverfahrens, des Werkstattbestandes, der Handelswaren und der Kasse durch zeitlich verlegte Inventur sowie der Finanzanlagen, Forderungen, Guthaben und Verbindlichkeiten durch Buchinventur.[8]

Die gemäß § 240 HGB aufzustellenden **Bestandsnachweise** werden z. B. für das Anlagevermögen durch eine **Anlagenkartei** oder ein **Anlagenverzeichnis**, für das Vorratsvermögen durch **Inventurlisten** und für Forderungen und Schulden durch **Saldenbestätigungen** erbracht.

---

8 Vgl. G. Bähr/W. F. Fischer-Winkelmann (1990), S. 17 f.

1.4 Inventar

Das Ergebnis der Inventur wird in einem **Bestandsverzeichnis**, dem **Inventar**, festgehalten (§ 240 Abs. 1 HGB). Es handelt sich dabei um ein vollständiges, detailliertes mengen- und wertmäßiges Verzeichnis aller Vermögensgegenstände und Schulden zu einem Stichtag. Entsprechend dem **Vollständigkeitsgrundsatz** des § 246 Abs. 1 HGB, der die Inventarisierung **sämtlicher** Wirtschaftsgüter vorschreibt, werden die ermittelten Vermögensteile und Schulden in Listen (z. B. ein Verzeichnis aller Maschinen, ein Verzeichnis der unfertigen Erzeugnisse, ein Verzeichnis der Verbindlichkeiten gegenüber den einzelnen Lieferern usw.) nach Art, Menge und Wert zusammengestellt. Den Verzeichnissen mit den Einzelaufzeichnungen lässt sich entnehmen, wie sich der im Inventar angeführte Betrag zusammensetzt. Das Inventar stellt die Grundlage für die Erstellung einer ordnungsmäßigen Bilanz dar.

Im Inventar werden die Vermögensgegenstände und Schulden untereinander aufgelistet, d. h. in **Staffelform**. Im Gegensatz zur Bilanz gibt es für das Inventar zwar keine Gliederungsvorschriften. Da aber bei dem Ausweis der Bilanzpositionen (bestimmte Arten von Wirtschaftsgütern oder Vermögensgegenständen werden zu Gruppen zusammengeführt) handelsrechtliche Gliederungsgrundsätze zu beachten sind, orientiert man sich in der Praxis bei der Erstellung des Inventars an der Bilanzgliederung.

Das Inventar besteht aus 3 Teilen (vgl. *Abbildung 45*). Der **erste Teil** umfasst die Vermögensgegenstände, die in Anlage- und Umlaufvermögen unterteilt werden. Zum **Anlagevermögen** gehören alle Vermögensgegenstände, die **dauernd** (mehrperiodisch) im Unternehmen eingesetzt werden sollen wie z. B. Grundstücke, Gebäude, Maschinen und Anlagen (§ 247 Abs. 2 HGB). **Nur vorübergehend** eingesetzte Vermögensgegenstände wie Rohstoffe, Waren, Forderungen zählen zum **Umlaufvermögen**. Die Reihenfolge für die Aufstellung ergibt sich aus der **Dauer des Verbleibs** in dem Unternehmen (nach zunehmender **Liquidierbarkeit** oder **Flüssigkeit**), d. h. nach der Eigenschaft der Vermögensgegenstände, in Geld umgewandelt werden zu können. Je kürzer ein Vermögensgegenstand im Unternehmen verbleibt bzw. je schneller er liquidierbar ist, desto später wird er im Inventar aufgeführt.

Der **zweite Teil** des Inventars umfasst die **Schulden** des Unternehmens, also das eingesetzte Fremdkapital in Form von Darlehen, Krediten und anderen Verbindlichkeiten. Die Reihenfolge der Verbindlichkeiten richtet sich nach abnehmender **Fristigkeit** oder **Fälligkeit** der einzelnen Titel. Je länger das Geld dem Unternehmen zur Verfügung steht, desto früher wird die Position aufgeführt.

Abbildung 45

Inventar der Möbelfabrik Reinhard Möllersen für den 31.12.2001		
A. Vermögen		
I. Anlagevermögen		
1. Gebäude		
Werkshalle	5.104.000	
Verwaltungsgebäude	2.601.000	
Lagerhalle	705.000	8.410.000
2. Maschinen lt. Anlagenverzeichnis AV 1		2.703.000
3. Fuhrpark lt. AV 2		427.000
4. Betriebs- und Geschäftsausstattung lt. AV 3		460.000
II. Umlaufvermögen		
1. Rohstoffe lt. Inventurliste 4		2.405.000
2. Hilfsstoffe lt. Inventurliste 5		704.000
3. Betriebsstoffe lt. Inventurliste 6		150.000
4. Unfertige Erzeugnisse lt. Inventurliste 7		528.000
5. Fertige Erzeugnisse lt. Inventurliste 8		
320 Schreibtische je Stk. 800 €	256.000	
780 Schränke je Stk. 1300 €	1.014.000	
Diverse Kleinmöbel	782.000	2.052.000
6. Forderungen an Kunden		
B. Richter, Hamburg	452.000	
N. Bork, Nürnberg	542.000	994.000
7. Kassenbestand		27.000
8. Bankguthaben		
Hamburger Sparkasse	512.000	
BfG, Hamburg	128.000	640.000
Summe des Vermögens		19.500.000
B. Schulden		
I. Langfristige Schulden		
1. Hypothek der Hamburger Sparkasse	8.000.000	
2. Darlehen der BfG, Hamburg	3.200.000	11.200.000
II. Kurzfristige Schulden		
Verbindlichkeiten an Lieferer		
H. Goertz, Hamburg	457.000	
G. Franz, Göttingen	233.000	690.000
Summe der Schulden		11.890.000
C. Ermittlung des Eigenkapitals		
Summe des Vermögens		19.500.000
- Summe der Schulden		11.890.000
Eigenkapital (Reinvermögen)		7.610.000

Im **dritten Teil** des Inventars erfolgt gewöhnlich die Differenzbildung der beiden ersten Teile: **Vermögen ./. Schulden = ?**. Ist diese Differenz positiv, wird sie als **Reinvermögen** oder **Eigenkapital** bezeichnet. Das buchmäßige Eigenkapital lässt sich als Rest- oder Residualgröße interpretieren, die übrigbliebe, wenn alle Vermögensgegenstände verkauft und von den so erzielten Erlösen die Schulden abgezogen würden. Ist das Vermögen kleiner als die Schulden, so liegt eine **Überschuldung** (negatives Eigenkapital) vor.

2 Betriebsvermögensvergleich und Gewinnermittlung

Zentrales Ziel eines jeden privatwirtschaftlichen Unternehmens ist es, das Reinvermögen im Laufe eines Geschäftsjahres zu erhöhen bzw. einen Gewinn zu erwirtschaften. Im Inventar werden jedoch nur Bestände (Zeitpunktgrößen) und keine Strömungsgrößen aufgeführt. Will man die **Veränderung des Eigenkapitals einer Periode** ermitteln, benötigt man demnach die Bestände zweier aufeinanderfolgender Zeitpunkte (Periodenbeginn und Periodenende). Aus der Differenz des Eigenkapitals an zwei aufeinanderfolgenden Stichtagen lässt sich der Gewinn bzw. der Verlust eines Unternehmens errechnen. Dieses Verfahren zur Gewinn- bzw. Verlustermittlung ist der sog. **Betriebsvermögensvergleich** nach § 5 EStG in Verbindung mit § 4 Abs. 1 EStG.[9]

Grundsätzlich wird die Eigenkapitalveränderung wie folgt errechnet:

	Eigenkapital am Ende des Geschäftsjahres$_{t2}$
-	Eigenkapital am Anfang des Geschäftsjahres$_{t1}$
=	**Kapitalmehrung bzw. -minderung**

Die so ermittelte Eigenkapitalveränderung entspricht jedoch nur dann dem Periodenerfolg, wenn in diesem Zeitraum weder Kapitaleinlagen noch Kapitalentnahmen durch den Unternehmer getätigt worden sind. Definitionsgemäß ändern **Privateinlagen** oder **Neueinlagen** (z. B. aus Erbschaft) und **Privatentnahmen** (z. B. Geld, Waren aus dem Betrieb) die Größe des Eigenka-

9 Die folgende Vorgehensweise ist mit der Gewinnermittlung des § 4 Abs. 1 EStG (Reinvermögens-/Vermögensvergleich) identisch. Zwar verlangt dieses Gesetz einen Vergleich des **Reinvermögens am Ende der Periode** mit dem **Reinvermögen am Ende der Vorperiode**, aber wegen des **Grundsatzes der Bilanzidentität** (§ 252 Abs. 1 HGB) müssen das Betriebsvermögen am Anfang eines Wirtschaftsjahres mit dem Betriebsvermögen am Schluss des vorangegangenen Wirtschaftsjahres übereinstimmen.

pitals. Privateinlagen **erhöhen** und Privatentnahmen **verringern** das Eigenkapital. Hierbei ist zu berücksichtigen, dass es sich nicht um erfolgswirksame, sondern um **erfolgsneutrale Vorgänge** im steuerlichen Sinn handelt. D. h., dass solche Vorgänge nicht der unternehmerischen Tätigkeit entstammen und den Erfolg nicht beeinflussen dürfen. Zur Ermittlung des Periodenerfolgs müssen deshalb **Entnahmen** (vorwegentnommener Gewinn!) zur Eigenkapitalmehrung bzw. -minderung **hinzugezählt** und **Einlagen** von dem Betrag **abgezogen** werden. Privat verursachte Kapitalveränderungen können nur bei Einzelkaufleuten und Personengesellschaften auftreten, da Kapitalgesellschaften keine "Privat"-Sphäre haben.

Für die obige Rechnung bedeutet dies, dass zur Ermittlung des Gewinns die Kapitalmehrung bzw. -minderung um die Privateinlagen bzw. Privatentnahmen korrigiert werden muss. Es ergibt sich somit auf Basis des Betriebsvermögensvergleichs folgendes Schema zur Gewinnermittlung:

	Eigenkapital_{t2}
-	Eigenkapital_{t1}
=	Kapitalmehrung bzw. minderung
-	Privateinlagen
+	Privatentnahmen
=	Gewinn bzw. Verlust

Fassen wir zusammen: Die Entwicklung des Eigenkapitals wird auf zwei Wegen beeinflusst. Zum einen durch Gewinne bzw. Verluste, zum anderen durch Privateinlagen bzw. Privatentnahmen. Um den Periodengewinn zu ermitteln, bedarf es der Korrektur privater Aktivitäten, die das Reinvermögen verändert haben. Diese Form der Erfolgsermittlung durch Bestandsvergleich bzw. die Verbuchung lediglich auf Bestandskonten bezeichnet man als **einfache Buchführung**. Die Erfolgsermittlung durch einen statischen Vergleich von Inventurstichtagswerten lässt jedoch **keine Aussagen** über **Quellen** und **Zusammensetzung** des Erfolges zu, so dass diese Methode für Kontrollzwecke unbrauchbar und für die Besteuerung nicht verwendbar ist. Im Rahmen der **doppelten Buchführung**, mit der wir uns im folgenden beschäftigen, wird dagegen der Periodenerfolg sowohl durch Bestandsvergleich als auch durch Gegenüberstellung von Erträgen und Aufwendungen (Gewinn- und Verlustrechnung) ermittelt.

3 Bilanz

3.1 Ableitung der Bilanz aus dem Inventar

Das Inventar als detaillierte Aufstellung aller Vermögensgegenstände und Schulden kann als ausführliche Bilanz oder umgekehrt, die Bilanz als stark verdichtetes Inventar bezeichnet werden (vgl. *Abbildung 46*).

Abbildung 46

Gemeinsamkeiten und Unterschiede bei Inventar und Bilanz	
Inventar	**Bilanz**
• Stichtagsinformation • vermittelt Detailinformationen • mengen- und wertmäßige Darstellung der Unternehmensstruktur • Ausweis personenbezogener Merkmale bei Ansprüchen und Verpflichtungen (Namen von Kunden und Lieferanten) • Darstellung des Vermögens und des Kapitals untereinander in: ⇒ **Staffelform**	• Stichtagsinformation • Kurz gefasste überschaubare Darstellung des Vermögens und des Kapitals • Nur Angabe der Gesamtwerte der einzelnen Bilanzposten. • Verzicht auf den Ausweis personenbezogener Merkmale • Darstellung des Vermögens und des Kapitals in: ⇒ **Kontoform**

Inventar und Bilanz haben grundsätzlich gleichen materiellen Charakter. Inventar und Bilanz lassen sich allerdings nicht unmittelbar ineinander überführen. Aus § 240 Abs. 2 HGB ergibt sich folgender Zusammenhang:

Inventur → Inventar → Bücherberichtigung → Bilanz und GuV

Gewöhnlich sind für die Bilanzerstellung noch Wertkorrekturen durch **materielle Abschlussbuchungen** durchzuführen, wenn die Inventurwerte nicht als endgültige Bilanzwerte anzusehen sind. Außerdem kann es im Rahmen der Bücherberichtigung notwendig sein, eine Anpassung der Buch(soll-)bestände an die Inventur(ist-)bestände vorzunehmen (sog. Inventuranpassungen).

Um die Bilanz herzuleiten, sind folgende Transaktionen durchzuführen:

- Die einzelnen Positionen des Inventars aufgegliedert nach Art, Menge und Wert werden zu **Gruppen**, sog. **Positionen**, zusammengefasst (z. B. Schreibtische, Schränke, Schreibmaschinen, Telefone usw. zur Position

"Betriebs- und Geschäftsausstattung"), so dass nur noch Wertangaben und keine Mengenangaben erfolgen (Verdichtung der Informationen; Verbesserung der Übersichtlichkeit).

- Die Gegenüberstellung der Vermögenswerte und Schulden erfolgt i. d. R. in der **Form** eines **Kontos**.
- Das **Eigenkapital** wird auf der **kleineren Seite des Bilanzkontos** ausgewiesen. Dadurch wird erreicht, dass beide Seiten der Bilanz (ital. bilancia = Waage) wertmäßig immer gleich groß sind.

Es lässt sich festhalten, dass die Bilanz als komprimiertes Inventar die Unternehmensaktivitäten und -situation nur sehr begrenzt und schemenhaft wiedergibt. Auf jeden Fall "verbergen" sich in den Zahlen der Bilanz komplexe Prozesse, oder anders ausgedrückt: Die Bilanz ist das **stichtagsbezogene**, zahlenmäßige Ergebnis komplexer Prozesse im Unternehmen, die entsprechend den gesetzlichen Pflichten eines Kaufmanns in einer mehr oder weniger ausführlichen Form aufzustellen ist.

Bevor wir uns mit der eigentlichen Technik der doppelten Buchführung näher beschäftigen, d. h., wie aus den laufenden Geschäftsvorfällen ein Jahresabschluss in der Finanzbuchhaltung "entsteht", soll vorweg das Resultat dieser Tätigkeit, die handelsrechtliche Bilanz und die Gewinn- und Verlustrechnung betrachtet werden.

3.2 Unterschiedliche Bilanzarten und -typen

Die Bilanz ist nicht nur ein rechnerisch ermitteltes Ergebnis, sondern mit der Bilanzaufstellung werden vor allem auch bestimmte Ziele und Interessen verfolgt (Bilanzpolitik). **Die** Bilanz gibt es demzufolge nicht. Zwar sind die Handels- und die Steuerbilanz die in der Wirtschaft bedeutsamsten und am häufigsten erstellten Bilanzen, aber je nach Anlass und Zielsetzung werden außerdem **spezifische Bilanzen** aufgestellt.[10]

Die Gliederungs- bzw. Systematisierungsmöglichkeiten von Bilanzen sind zahlreich, wobei hier insbesondere die Unterscheidung in **externe** (in erster

---

10 Vgl. G. Wöhe (1997), S. 29 ff., A. G. Coenenberg (2000), S. 25 ff., R. Federmann (1990), S. 30 ff.

Linie an Außenstehende gerichtet) und **interne** Bilanzen (lediglich der Information der Geschäftsführung dienende) hervorgehoben sei. Beide Bilanzarten lassen sich außerdem in sog. **ordentliche** oder **außerordentliche** Bilanzen einteilen. Soweit es sich um regelmäßige und nach gesetzlichen Vorschriften oder auf Grund vertraglicher Vereinbarungen erstellte Bilanzen handelt, spricht man von ordentlichen Bilanzen. Als außerordentliche Bilanzen werden dagegen Bilanzen bezeichnet, die bei besonderen einmaligen oder in unregelmäßigen Abständen auftretenden rechtlichen oder wirtschaftlichen Anlässen (z. B. Gründung, Kapitaländerung, Fusion, Liquidation) erstellt werden. *Abbildung 47*[11] gibt einen Überblick wichtiger Bilanzarten, die sich in der wirtschaftswissenschaftlichen Literatur und der Praxis herauskristallisiert haben.

Abbildung 47

<table>
<tr><th colspan="8">Bilanzarten und –typen</th></tr>
<tr><td>Unterscheidungs-kriterien</td><td colspan="7">Erscheinungsform</td></tr>
<tr><td rowspan="2">zugrundliegende Rechtsnormen</td><td colspan="3">Gesetzliche Bilanz</td><td colspan="4" rowspan="2">Freiwillige Bilanz</td></tr>
<tr><td colspan="2">Handelsbilanz</td><td>Steuerbilanz</td></tr>
<tr><td rowspan="2">Rechtsform der Unternehmung</td><td rowspan="2">Einzelunter-nehmen</td><td colspan="2">Personengesellschaften</td><td colspan="2">Kapitalgesellschaften</td><td colspan="2" rowspan="2">Genossenschaften</td></tr>
<tr><td>OHG</td><td>KG</td><td colspan="2">GmbH AG KGaA</td></tr>
<tr><td>Zahl der einbezogenen Unternehmen</td><td colspan="2">Einzelbilanz</td><td colspan="3">Gesamtbilanz</td><td colspan="2">Konsolidierte Bilanzen (Konzern-Bilanzen)</td></tr>
<tr><td rowspan="2">Bilanzierungsanlass</td><td colspan="3">Ordentliche Bilanz</td><td colspan="4">Außerordentliche Bilanz</td></tr>
<tr><td>Eröffnungs-bilanz</td><td>Zwischen-bilanz</td><td>Abschluss-bilanz</td><td>Gründungs-bilanz</td><td>Sanierungs-bilanz</td><td>Fusions-bilanz</td><td>Konkurs-bilanz</td></tr>
<tr><td>Stellung der Bilanzempfänger zur Unternehmung</td><td colspan="3">Externe Bilanz</td><td colspan="4">Interne Bilanz</td></tr>
<tr><td>Bilanzinhalt</td><td colspan="2">Bestände-Bilanz</td><td colspan="3">Bestands-Differenzen-Bilanzen (Bewegungs-Bilanzen)</td><td colspan="2">Erfolgsbilanz (Erfolgsrechnung)</td></tr>
<tr><td>Zugrundeliegender Gewinnbegriff</td><td colspan="2">Nominalwertbilanz</td><td colspan="3">Realwertbilanz</td><td colspan="2">Bilanz mit Substanzwerterhaltung</td></tr>
</table>

11 Nach C. Meyer (1998), S. 45.

3.3 Formaler Aufbau der Bilanz

Die meisten Personen dürften bereits eine Bilanz, ob nun die des eigenen oder die eines fremden Unternehmens (z. B. Daimler-Benz, Siemens, veröffentlicht in regionalen oder überregionalen Zeitungen), betrachtet oder sogar analysiert haben. Was ist eine Bilanz und wie ist sie aufgebaut (vgl. *Abbildung 48)*?

Abbildung 48

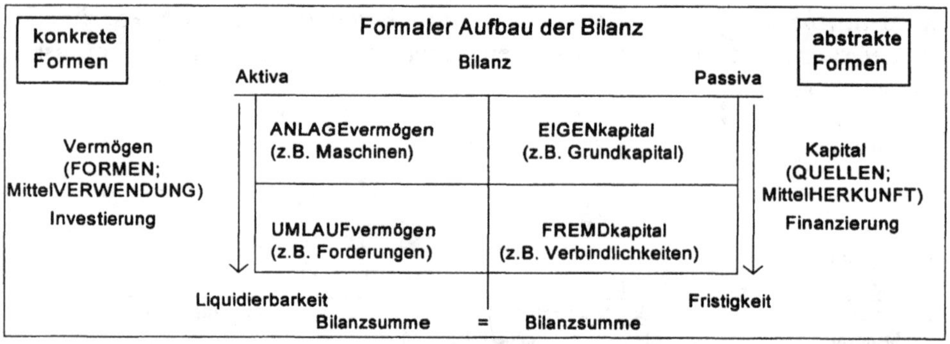

Grundsätzlich lassen sich zwei Gestaltungsformen der **Bilanz** unterscheiden: die **Staffel-** und die **Kontoform**. Während bei der Staffelform Aktivseite und Passivseite untereinander dargestellt werden, ist die hier ausgewiesene Kontoform dadurch gekennzeichnet, dass die **Vermögenswerte** auf der **Aktivseite** (Aktiva = linke Seite) und die **Schulden** oder das **Fremdkapital**[12] auf der **Passivseite** (Passiva = rechte Seite) nebeneinander stehen (vgl. *Abbildung 48*). Bei der Kontoform handelt es sich zweifellos um die anschaulichere Art der Darstellung. Man kann sich die Bilanz als Waage mit gleich schweren Waagschalen vorstellen, da stets die sog. **Bilanzgleichung** gilt: Summe aller Aktiva = Summe aller Passiva.

Für die Bilanz ergeben sich folgende Gleichungen für die **"rechnerische" Gleichheit** beider Bilanzseiten:

12 Im Bereich der Finanzbuchhaltung bzw. der Bilanz wird das Fremdkapital durch die Schulden (= Verbindlichkeiten) verkörpert.

Aktiva	=	**Passiva**
Mittelverwendung	=	Mittelherkunft
Vermögensformen	=	Vermögensquellen
Vermögen	=	Kapital
Vermögen	=	Eigenkapital + Fremdkapital
Eigenkapital	=	Vermögen - Fremdkapital
Fremdkapital	=	Vermögen - Eigenkapital
Fremdkapital	=	Vermögen + negatives Eigenkapital

Die Bilanzstruktur zeigt den Vermögens- und den Kapitalaufbau eines Unternehmens nach ihren **Rechtsverhältnissen.** Während das **Kapital** die Summe aller vom Unternehmer bzw. von Gesellschaftern zur Verfügung gestellten Mittel (**Eigenkapital**) und aller von Dritten überlassenen Mittel (**Fremdkapital**) darstellt, zeigt das **Vermögen** die Sachen (Mobilien/Immobilien) und Rechte auf bzw., welche Verwendung das Kapital im Betrieb gefunden hat. Zusammenfassend kann festgehalten werden: Die **Passivseite** weist **Vermögensquellen, Mittelherkunft** bzw. **Finanzierung** und die **Aktivseite** weist **Vermögensformen, Mittelverwendung** bzw. **Investierung** aus.

Dabei sind die **Vermögenswerte**, wie im Inventar, nach zunehmender **Liquidierbarkeit** (erst das Anlage-, dann das Sachumlauf- und abschließend das Finanzumlaufvermögen) geordnet. Das **Fremdkapital** ist nach der **Fristigkeit** (Fälligkeit) in **langfristige** und **kurzfristige** Schulden unterteilt. Das **Eigenkapital** steht vor dem Fremdkapital, da es dem Unternehmen ständig zur Verfügung steht (vgl. *Abbildung 48*)[13].

Wie den obigen Gleichungen zu entnehmen ist, kann es vorkommen, dass die Schulden das Vermögen eines Unternehmens übersteigen. In diesem Fall liegt eine **Überschuldungssituation** vor. Dies bedeutet, dass durch Verluste das Eigenkapital **vollständig** aufgezehrt wurde und das Vermögen nicht ausreicht, um die Ansprüche der Gläubiger zu befriedigen. Die Bilanzgleichung wird dadurch eingehalten, dass man auf der Aktivseite den "**Nicht durch Eigenkapital gedeckten Fehlbetrag**" (§ 268 Abs. 3 HGB) als letzte Position aufnimmt. Man spricht in diesem Zusammenhang von einer sog. **passiven Bilanz** oder **Unterbilanz** (vgl. *Abbildung 49*).

Während eine Überschuldung bei **Kapitalgesellschaften** infolge der auf die Kapitaleinlagen beschränkten Haftung der Gesellschafter zu einem **Konkurs-** oder zu einem **Vergleichsverfahren** führt, stellt sie bei Personengesell-

13 M. Hüttner (1990), S. 210.

schaften infolge der persönlichen Haftung von Gesellschaftern nicht notwendigerweise einen Konkursgrund dar.

Abbildung 49

Grundstruktur einer aktiven und passiven Bilanz

aktive Bilanz			passive Bilanz		
Aktiva	Bilanz	Passiva	Aktiva	Bilanz	Passiva
Vermögen		**Eigenkapital**	Vermögen		Schulden
		Schulden (Fremdkapital)	**(neg.) Eigenkapital** „Nicht durch Eigenkapital gedeckter Fehlbetrag“		(Fremdkapital)

3.4 Handelsrechtliche Bilanzgliederung

Im Hinblick auf verbindliche Gliederungskriterien für Jahresabschlussbilanzen muss zunächst zwischen Personen- und Kapitalgesellschaften unterschieden werden. Im HGB finden sich nur wenige Hinweise zur Gliederung des Jahresabschlusses der Einzelkaufleute und Personenhandelsgesellschaften. Im Hinblick auf die Bilanz fordert § 247 Abs. 1 HGB, dass das Anlage- und Umlaufvermögen, das Eigenkapital, die Schulden sowie die Rechnungsabgrenzungsposten gesondert auszuweisen und **hinreichend aufzugliedern** sind. Durch diesen Paragraphen wird der **formale Aufbau** und die **Mindestgliederung** bestimmt. Dagegen schreibt das HGB ebenso wie das Aktiengesetz 1965 (Bilanzaufbau und -gliederung § 151 AktG) eine bestimmte Gliederung der Bilanz für große und mittelgroße Kapitalgesellschaften vor (§ 266 Abs. 2 und 3 HGB), wobei für kleine Kapitalgesellschaften nach § 267 Abs. 1 HGB Erleichterungen bestehen. **Kleine** Kapitalgesellschaften sind gemäß § 266 Abs. 1 Satz 3 HGB zur Aufstellung einer **verkürzten Bilanz** verpflichtet (vgl. *Abbildung 50*). Es werden nur die mit Buchstaben und römischen Zahlen bezeichneten Posten ausgewiesen. Für Kapitalgesellschaften ist nur die **Kontoform** zulässig. Soweit sich Personenunternehmen, die nicht unter das Publizitätsgesetz fallen, an der verkürzten Bilanz orientieren, werden sie die Gliederung nochmals um die Unterpunkte beim Eigenkapital verkürzen, weil diese Unternehmensformen - im Gegensatz zu Kapitalgesellschaften - kein konstantes, sondern nur ein variables Eigenkapital ausweisen. Bei Einzelunternehmen wird das Eigenkapital in einem Betrag und bei Personenhandelsgesellschaften der Eigenkapitalanteil jedes Gesellschafters erfasst.

Abbildung 50: Gliederungsschema für kleine Kapitalgesellschaften

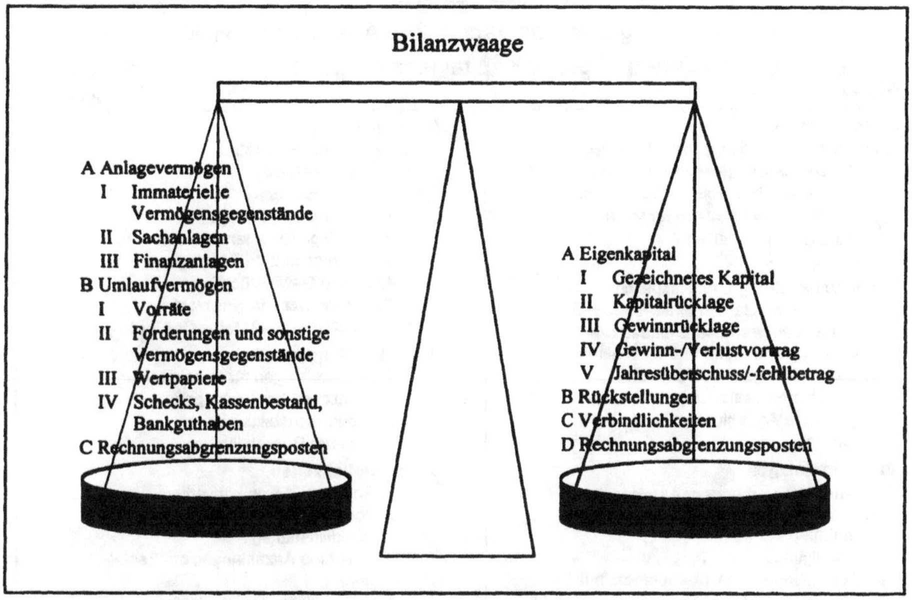

Von dem **Grundschema** der Kapitalgesellschaften abweichende Gliederungsvorschriften bestehen nach spezialgesetzlichen Normen für Bankbetriebe ("Formblattverordnung" für die unterschiedlichen Banktypen), Versicherungs-, Verkehrs- und Transportbetriebe, Krankenhäuser, gemeinnützige Wohnungsbaugesellschaften und Genossenschaften (vgl. § 330 HGB und die entsprechenden Verordnungen über Formblätter für die Gliederung des Jahresabschlusses).

Auch wenn in der Bundesrepublik nur der kleinere Teil der Unternehmen den Vorschriften für große und mittelgroße Kapitalgesellschaften unterliegt, ist eine Orientierung an dem aussagefähigen Bilanzaufbau und der Bilanzgliederung gemäß § 266 HGB Abs. 2 und 3 sinnvoll. Die verbindliche Form und Struktur der Bilanzgliederung - ohne Einbeziehung größenabhängiger Erleichterungen - ist der *Abbildung 51* zu entnehmen.

Abbildung 51

Bilanzaufbau- und -gliederung nach § 266 Abs. 2 und 3 HGB
(für mittlere und große Kapitalgesellschaften)

Aktiva

A. Anlagevermögen
- **I. Immaterielle Vermögensgegenstände**
  1. Konzessionen, gesetzliche Schutzrechte und betriebliche Rechte und Werte sowie Lizenzen an solchen Rechten und Werten
- **II. Sachanlagen**
  1. Grundstücke, grunstücksgleiche Rechte und Bauten einschließlich der Bauten auf fremden Grundstücken
  2. technische Anlagen und Maschinen
  3. andere Anlagen, Betriebs- und Geschäftsausstattung
  4. geleistete Anzahlungen auf Anlagen im Bau
- **III. Finanzanlagen**
  1. Anteile an verbundenen Unternehmen
  2. Ausleihungen an verbundene Unternehmen
  3. Beteiligungen
  4. Ausleihungen an Unternehmen, mit denen ein Beteiligungsverhältnis besteht
  5. Wertpapiere des Anlagevermögens
  6. sonstige Ausleihungen

B. Umlaufvermögen
- **I. Vorräte**
  1. Roh-, Hilfs- und Betriebsstoffe
  2. unfertige Erzeugnisse, unfertige Leistungen
  3. fertige Erzeugnisse und Waren
  4. geleistete Anzahlungen
- **II. Forderungen und sonstige Vermögensgegenstände**
  1. Forderungen aus Lieferungen und Leistungen
  2. Forderungen gegen verbundene Unternehmen
  3. Forderungen gegen Unternehmen, mit denen ein Beteiligungsverhältnis besteht
  4. sonstige Vermögensgegenstände
- **III. Wertpapiere**
  1. Anteile an verbundenen Unternehmen
  2. eigene Anteile
  3. sonstige Wertpapiere
- **IV. Schecks, Kassenbestand, Bundesbank- und Postgiroguthaben, Guthaben bei Kreditinstituten**

C. Rechnungsabgrenzungsposten

Passiva

A. Eigenkapital
- **I. Gezeichnetes Kapital**
- **II. Kapitalrücklage**
- **III. Gewinnrücklagen**
  1. gesetzliche Rücklage
  2. Rücklage für eigene Anteile
  3. satzungsmäßige Rücklagen
  4. andere Gewinnrücklagen
- **IV. Gewinnvortrag/Verlustvortrag**
- **V. Jahresüberschuß/Jahresfehlbetrag**

B. Rückstellungen
1. Rückstellungen für Pensionen und ähnliche Verpflichtungen
2. Steuerrückstellungen
3. sonstige Rückstellungen

C. Verbindlichkeiten
1. Anleihen, davon konvertibel
2. Verbindlichkeiten gegenüber Kreditinstituten
3. erhaltene Anzahlungen auf Bestellungen
4. Verbindlichkeiten aus Lieferungen und Leistungen
5. Verbindlichkeiten aus der Annahme gezogener Wechsel und der Ausstellung eigener Wechsel
6. Verbindlichkeiten gegenüber verbundenen Unternehmen
7. Verbindlichkeiten gegenüber Unternehmen, mit denen ein Beteiligungsverhältnis besteht
8. sonstige Verbindlichkeiten, davon aus Steuern, davon im Rahmen der sozialen Sicherheit

D. Rechnungsabgrenzungsposten

Gemäß § 245 HGB ist der Kaufmann verpflichtet, den Jahresabschluss unter Angabe des Datums zu unterzeichnen. Sind mehrere persönlich haftende Gesellschafter vorhanden, so haben sie alle zu unterzeichnen.

3.5 Kurze Erläuterung der Bilanzpositionen

Zwar kann sich unter einigen Positionen des Anlage- und Umlaufvermögens auf der Aktivseite und den Positionen auf der Passivseite selbst ein "wirtschaftswissenschaftlicher Laie" etwas vorstellen, dies gilt aber wohl kaum für solche Positionen wie z. B. die aktiven und passiven Rechnungsabgrenzungsposten oder die Rückstellungen. Ohne die Kenntnis der Buchführung und der relevanten Bilanzierungsvorschriften ist natürlich das Zustandekommen und die Zusammensetzung bestimmter Positionen nicht zu verstehen und zu interpretieren.

Zu den zentralen Begriffen, die in der Bilanz (vgl. *Abbildung 51*) und im Rahmen der Buchführungstechnik eine wichtige Rolle spielen, werden deshalb im Folgenden kurze Erläuterungen gegeben.

Unter **Anlagevermögen** werden diejenigen Vermögensteile verstanden, die **dauernd** im Unternehmen sind. Hierzu zählen vor allem:

- **Immaterielles** Vermögen, also das nicht materielle Vermögen wie Konzessionen, Patente, Lizenzen sowie der Firmenwert (zum Beispiel Name des Unternehmens oder sein Kundenkreis). Zu beachten ist allerdings, dass immaterielles Vermögen nur im Anlagevermögen aufgenommen werden darf, wenn es käuflich erworben wurde (§ 248 Abs. 2 HGB). Das bedeutet, dass ein Firmenwert oder selbst entwickelte Patente normalerweise in der Bilanz nicht erscheinen, es sei denn, sie wurden gekauft.

- **Sachanlagen,** wozu die **materiellen** Anlagen einer Unternehmung wie Grundstücke und Gebäude, technische Anlagen sowie Betriebs- und Geschäftsausstattung zählen.

- **Finanzanlagen**, also Kapitalanlagen wie Ausleihungen an verbundene Unternehmen[14], Beteiligungen oder Wertpapiere des Anlagevermögens.

Zum **Umlaufvermögen** gehören alle Vermögensgegenstände, die nur **vorübergehend** im Unternehmen sind. Hierzu zählen:

- **Vorräte**, die aus Roh-, Hilfs- und Betriebsstoffen, unfertigen Erzeugnissen und Leistungen, fertigen Erzeugnissen und Leistungen sowie geleisteten Anzahlungen bestehen.

- **Forderungen** und **sonstige Vermögensgegenstände**, worunter Forderungen aus Lieferungen und Leistungen, Forderungen gegen verbundene Unternehmen und sonstige Vermögensgegenstände fallen.

- **Wertpapiere**, zu denen Anteile an verbundenen Unternehmen, eigene Anteile und sonstige Wertpapiere zählen, soweit es sich nicht um Finanzanlagen handelt.

- **Schecks, Kassenbestand, Bank-** und **Postgiroguthaben** sowie **Guthaben bei Kreditinstituten**.

Besondere Positionen stellen die **aktiven** und **passiven Rechnungsabgrenzungsposten** (RAP) dar, mit denen eine **periodengerechte Rechnungslegung** bzw. **periodengerechte Gewinnermittlung** durchgeführt wird; nur derjenige Erfolg (Aufwand und Ertrag) soll einem Geschäftsjahr zugerechnet werden, der zu dieser Rechnungsperiode tatsächlich dazu gehört. Fallen Ausgaben und Aufwendungen sowie Einnahmen und Erträge in einer Wirtschaftsperiode nicht zusammen, erfolgt eine Abgrenzung über die Rechnungsabgrenzungsposten. Bei den **aktiven RAP** handelt es sich **nicht** um Vermögensgegenstände und bei den **passiven RAP nicht** um Schulden. Beide Bilanzpositionen stellen lediglich **Korrekturgrößen** zum Zwecke der periodengerechten Erfolgsermittlung dar.

Nachdem die wesentlichen Vermögenspositionen (Aktivseite) sowie die Rechnungsabgrenzungsposten (Aktiv- bzw. Passivseite) benannt worden sind, werden nun kurz die Kapitalpositionen besprochen.

---

14 Bei verbundenen Unternehmen handelt es sich um Betriebe, die mit der Muttergesellschaft auf Dauer verbunden sind (§ 271 HGB).

Wie bereits erwähnt, wird der Ausweis des Eigenkapitals von der Rechtsform beeinflusst. Beim **Eigenkapital** handelt es sich um **ohne zeitliche Begrenzung zur Verfügung stehende Mittel**, die vom Unternehmer bzw. von den Gesellschaftern selbst zur Finanzierung des Vermögens eingesetzt wurden bzw. die dem Unternehmen durch Zuführung von außen oder durch Verzicht auf Gewinnausschüttung von innen zufließen. Demzufolge gehören das **gezeichnete Kapital** (z. B. das Stammkapital einer GmbH = konstantes Eigenkapital, das mit dem zum Bilanzstichtag im Handelsregister eingetragenen Nennbetrag des Nominalkapitals angesetzt ist), die **Rücklagen** (Kapital- und Gewinnrücklagen)[15], der **Gewinn-** und der **Verlustvortrag** sowie der **Jahresüberschuss** oder **Jahresfehlbetrag** zum Eigenkapital. Bei Personenunternehmen wird für den Unternehmer bzw. die Gesellschafter je eine Kapitalposition bilanziert, zu der Gewinnanteile und Einlagen hinzugerechnet und von der Verlustanteile und Entnahmen abgezogen werden.[16] Solche Aktionen dürfen allerdings den tatsächlichen Gewinn bzw. Verlust nicht verdecken und werden deshalb bei Einzelunternehmen und Personengesellschaften auf den sog. Privatkonten (Unterkonten des Eigenkapitalkontos) gesondert erfasst. Der bilanzielle Ausweis des Eigenkapitals ist für Kapitalgesellschaften gesetzlich geregelt. Für Personenunternehmen gelten lediglich die Grundsätze ordnungsmäßiger Buchführung. Wie alle Kapitalpositionen der Passivseite verfügt auch das Eigenkapital über keinen gesonderten Gegenposten auf der Aktivseite. Es wird durch sämtliche Vermögenswerte gedeckt.

In der Bilanz wird das **Fremdkapital** durch die Positionen **Rückstellungen** und **Verbindlichkeiten** ausgewiesen. Im Gegensatz zum Eigenkapital steht das Fremdkapital dem Unternehmen nur **zeitlich begrenzt** zur Verfügung.

Rückstellungen werden für **ungewisse Verbindlichkeiten** und **drohende Verluste aus schwebenden Geschäften** sowie **bestimmten Aufwendungen**, die am Bilanzstichtag zwar dem Grunde, nicht aber der **Höhe** und/oder der

---

15 Die Bildung sog. offener Rücklagen (Kapital- und Gewinnrücklagen) ist erfolgsneutral. Entweder stellen sie eine Gewinnverwendung dar und sind aus dem zu versteuernden Gewinn zu bilden oder sie entstehen im Zusammenhang mit Kapitaleinlagen (z. B. als Agio). Die Bildung steuerfreier offener Rücklagen erfolgt zu Lasten des steuerpflichtigen Gewinns und erhöht diesen in der Regel bei ihrer Auflösung in einer späteren Periode. In Höhe der späteren Steuerschuld sind sie dem Fremdkapital zuzurechnen und der restliche Teil zum Eigenkapital zu zählen. Vgl. G. Wöhe (1990), S. 139.

16 Ausführlicher zum Begriff des Eigenkapitals siehe A. G. Coenenberg (2000), S. 269 ff.

Fälligkeit nach festliegen, gebildet. Um eine leistungsbedingte Vermögensminderung in der Bilanz unter den Rückstellungen für ungewisse Verbindlichkeiten ausweisen zu können, bedarf es der Schätzung ihrer Höhe. Rückstellungen sind als eine Art Abgrenzungsposten aufzufassen, da sie zwar grundsätzlich als Aufwand erfasst werden und den Erfolg der Periode mindern, in der sie gebildet werden, sich aber in dieser Periode nicht in einer Vermögenskorrektur zeigen.

Verbindlichkeiten sind dagegen **Verpflichtungen eines Unternehmens, die am Bilanzstichtag ihrer Höhe und Fälligkeit nach feststehen**. Hierzu zählen Anleihen (durch Inanspruchnahme des öffentlichen Kapitalmarktes entstandene Verbindlichkeiten), Verbindlichkeiten gegenüber Kreditinstituten, erhaltene Anzahlungen auf Bestellungen, Verbindlichkeiten aus Lieferungen und Leistungen, Verbindlichkeiten aus der Annahme gezogener Wechsel und der Ausstellung eigener Wechsel, Verbindlichkeiten gegenüber verbundenen Unternehmen, Verbindlichkeiten gegenüber Unternehmen, mit denen ein Beteiligungsverhältnis besteht und sonstige Verbindlichkeiten. Gemäß § 253 Abs. 1 Satz 2 HGB sind Verbindlichkeiten grundsätzlich mit dem Rückzahlungsbetrag zu bewerten, d. h. mit diesem Betrag in die Bilanz aufzunehmen.

Das **Grundschema** der handelsrechtlichen Bilanz ist unter bestimmten Voraussetzungen sowohl für die kleine als auch große und mittelgroße Kapitalgesellschaft um Positionen **zu erweitern**, die gesetzlich geregelt sind. Folgende Positionen können die Bilanz erweitern oder ergänzen[17]:

- Ausstehende Einlagen auf das gezeichnete Kapital (§ 272 Abs. 1 Satz 2 HGB), die wahlweise auf der Aktiv- oder Passivseite ausgewiesen werden können
- Aufwendungen für die Ingangsetzung und Erweiterung des Geschäftsbetriebes (§ 269 HGB); Aktivseite
- Eigene Anteile (§ 265 Abs. 3 Satz 2 HGB); Aktivseite
- Aktiver Abgrenzungsposten für latente Steuern (§ 274 Abs. 2 HGB)
- Nicht durch Eigenkapital gedeckter Fehlbetrag (§ 286 Abs. 3 HGB); Aktivseite

17 Vgl. G. Bähr/W. F. Fischer-Winkelmann (1990), S. 211 ff., N. Zdrowomyslaw (2001), S. 288 ff.

- Rücklage für "Wertaufholung und Sonderposten"; Ausweis unter "andere Gewinnrücklagen" (§ 29 Abs. 4 GmbHG bzw. § 58 Abs. 2a AktG); Passivseite
- Bilanzgewinn/Bilanzverlust (§ 268 Abs. 1 HGB)
- Sonderposten mit Rücklageanteil (§§ 247 Abs. 3 und 273 HGB); Passivseite
- Rückstellungen für latente Steuern (§ 274 Abs. 1 HGB); Passivseite
- Haftungsverhältnisse; Ausweis als "Vermerk" unter der Bilanz (§§ 251, 268 Abs. 7 HGB)

4 Handelsrechtliche Gliederung der Gewinn- und Verlustrechnung

4.1 Grundformen

Für **Personenunternehmen** ist laut HGB - ebenso wie bei der Bilanz - **kein Gliederungsschema** vorgeschrieben. Kapitalgesellschaften können im Gegensatz zur bisherigen aktienrechtlichen Gliederung (§ 157 AktG 1965), die das Gesamtkostenverfahren zugrunde legte, zwischen dem **Gesamtkosten-** oder dem **Umsatzkostenverfahren** wählen (vgl. *Abbildung 52*). Für beide Gliederungsverfahren ist die **Staffelform** gesetzlich vorgeschrieben.

Die beiden Verfahren unterscheiden sich durch die Behandlung der Lagerbestände an Halbfertig- und Fertigfabrikaten. Beim **Gesamtkostenverfahren** (besser: Produktionsaufwandsrechnung oder -erfolgsrechnung) werden sämtliche Aufwendungen, die in der Abrechnungsperiode bei der Erstellung der Betriebsleistungen angefallen sind, sämtlichen Erträgen gegenübergestellt (auch die bereits produzierten aber noch nicht verkauften Güter werden einbezogen: Umsatzerlöse - Bestandsabnahme + Bestandserhöhung) und nicht nur dem Umsatzerlös. Beim **Umsatzkostenverfahren** (besser: Absatzaufwandsrechnung oder -erfolgsrechnung) wird dagegen lediglich der Umsatzerlös, der größer oder kleiner als der Periodenertrag sein kann, unter Berücksichtigung der Bestandsveränderungen der Fabrikate auf der Aufwandsseite ausgewiesen, also nur der Umsatzaufwand (Produktionsaufwand + Bestandsabnahme - Bestandserhöhung). **Beide Verfahren führen zum gleichen Ergebnis!**

Abbildung 52

Gliederungsformen der Gewinn- und Verlustrechnung (§ 275 HGB)	
Gesamtkostenverfahren (§ 275 Abs. 2 HGB)	**Umsatzkostenverfahren** (§ 275 Abs. 3 HGB)
1. Umsatzerlöse 2. Erhöhung oder Verminderung des Bestands an fertigen und unfertigen Erzeugnissen 3. andere aktivierte Eigenleistungen 4. sonstige betriebliche Erträge 5. Materialaufwand a) Aufwendungen für Roh-, Hilfs- und Betriebsstoffe und für bezogene Waren b) Aufwendungen für bezogene Leistungen 6. Personalaufwand a) Löhne und Gehälter b) soziale Abgaben und Aufwendungen für Altersversorgung und für Unterstützung, davon für Altersversorgung 7. Abschreibungen: a) auf immaterielle Vermögensgegenstände des Anlagevermögens und Sachanlagen sowie auf aktivierte Aufwendungen für die Ingangsetzung und Erweiterung des Geschäftsbetriebes b) auf Vermögensgegenstände des Umlaufvermögens, soweit diese die in der Kapitalgesellschaft üblichen Abschreibungen überschreiten	1. Umsatzerlöse 2. Herstellungskosten der zur Erzielung der Umsatzerlöse erbrachten Leistungen 3. Bruttoergebnis vom Umsatz 4. Vertriebskosten 5. allgemeine Verwaltungskosten 6. sonstige betriebliche Erträge
8. sonstige betriebliche Aufwendungen 9. Erträge aus Beteiligungen, davon aus verbundenen Unternehmen 10. Erträge aus anderen Wertpapieren und Ausleihungen des Finanzanlagevermögens, davon aus verbundenen Unternehmen 11. sonstige Zinsen und ähnliche Erträge, davon aus verbundenen Unternehmen 12. Abschreibungen auf Finanzanlagen und auf Wertpapiere des Umlaufvermögens 13. Zinsen und ähnliche Aufwendungen, davon an verbundene Unternehmen **14. Ergebnis der gewöhnlichen Geschäftstätigkeit** 15. außerordentliche Erträge 16. außerordentliche Aufwendungen **17. außerordentliches Ergebnis** 18. Steuern vom Einkommen und Ertrag 19. sonstige Steuern **20. Jahresüberschuss/Jahresfehlbetrag**	7. sonstige betriebliche Aufwendungen 8. Erträge aus Beteiligungen, davon aus verbundenen Unternehmen 9. Erträge aus anderen Wertpapieren und Ausleihungen des Finanzanlagevermögens, davon aus verbundenen Unternehmen 10. sonstige Zinsen und ähnliche Erträge, davon aus verbundenen Unternehmen 11. Abschreibungen auf Finanzanlagen und auf Wertpapiere des Umlaufvermögens 12. Zinsen und ähnliche Aufwendungen, davon an verbundene Unternehmen **13. Ergebnis der gewöhnlichen Geschäftstätigkeit** 14. außerordentliche Erträge 15. außerordentliche Aufwendungen **16. außerordentliches Ergebnis** 17. Steuern vom Einkommen und Ertrag 18. sonstige Steuern **19. Jahresüberschuss/Jahresfehlbetrag**
Kleine und mittelgroße Unternehmen können die Positionen Nr. 1-5 zur Position "Rohergebnis" zusammenfassen.	Kleine und mittelgroße Unternehmen können die Positionen Nr. 1-3 und 6 zur Position "Rohergebnis" zusammenfassen.

Die Gliederung der GuV-Rechnung nach dem Gesamtkostenverfahren entspricht im Grundsatz dem bisherigen aktienrechtlichen Schema, allerdings mit dem Unterschied, dass zwischen dem "Ergebnis der gewöhnlichen Geschäftstätigkeit" und dem "außerordentlichen Ergebnis" unterschieden wird. Diese Trennung kennt sowohl das Gesamtkosten- als auch das Umsatzkostenverfahren.

Abbildung 53

Gliederung der Gewinn- und Verlustrechnung in verkürzter Form		
Gesamtkostenverfahren (§ 275 Abs. 2 HGB)		Umsatzkostenverfahren (§ 275 Abs. 3 HGB)
Posten		Posten
1 – 8	= Betriebsergebnis	1 – 7
9 – 13	+ Finanzergebnis	8 – 12
14	= Ergebnis der gewöhnlichen Geschäftstätigkeit	13
15 – 17	+/- außerordentliches Ergebnis	14 – 16
18 – 19	– Steuern	17 – 18
20	= Jahresüberschuss/Jahresfehlbetrag	19

Wie der stark komprimierten Gliederung (vgl. *Abbildung 53*) zu entnehmen ist, wird das Betriebsergebnis beim **Gesamtkostenverfahren** aus den Posten 1-8 ermittelt und beim Umsatzkostenverfahren aus den Posten 1-7. Wird dem **Betriebsergebnis** das **Finanzergebnis** hinzugefügt, so erhält man das **Ergebnis der gewöhnlichen Geschäftstätigkeit**. Unter Berücksichtigung des **außerordentlichen Ergebnisses** und nach Abzug der Steuern vom Einkommen und Ertrag ergibt sich der Jahresüberschuss bzw. Jahresfehlbetrag.

Will ein Industrieunternehmen eine GuV-Rechnung auf Basis des **Umsatzkostenverfahrens** erstellen, so benötigt es zur Ermittlung der Posten 2-5 eine funktionsfähige Kosten- und Leistungsrechnung. Denn in der Regel wird in einer Periode nicht genau die Menge der Produkte verkauft, die in dieser Periode produziert wurde; es kommt zu Bestandsveränderungen an unfertigen und fertigen Erzeugnissen (z. B. Lagerbestand an bereits produzierten Autoteilen und verkaufsbereiten Autos). Während man beim Gesamtkostenverfahren die Kosten der Lagerveränderung durch die Korrekturposten Bestandserhöhungen oder Bestandsminderungen ausgleicht, damit sich das Betriebsergebnis nur auf die verkauften Produkte bezieht, werden beim Umsatzkostenverfahren den unveränderten Umsatzerlösen nur die sog. **Herstellungskosten** der abgesetzten Produkte gegenübergestellt. Für die Ermittlung der Herstellungskosten eines Produktes müssen in einem Unternehmen folgende organisatorische Voraussetzungen gegeben sein:

1. Es muss eine Betriebsabrechnung vorhanden sein, um die Gemeinkosten den einzelnen Produkten anteilig zurechnen zu können.

2. Es ist eine laufende Fortschreibung der Lagerbestände an unfertigen und fertigen Erzeugnissen mit Hilfe eines Materialentnahmeschein-Systems nötig, um die jeweiligen Zu- und Abgänge zu erfassen.

3. Es wird bei jeder Lagerbestandsbewegung auf den Konten "unfertige und fertige Erzeugnisse" gebucht und nicht, wie beim Gesamtkostenverfahren, lediglich zweimal je Periode.

Bei Anwendung des Gesamtkostenverfahrens wird dagegen eine Inventur benötigt, um die Endbestände zu ermitteln. Es wird eben nicht laufend, sondern nur bei der Kontoneröffnung (Anfangsbestände) zu Periodenbeginn sowie beim Kontenabschluss (Schlussbestände und Bestandsänderungen) am Periodenende gebucht. Eine Verarbeitung der aus der Finanzbuchhaltung stammenden Zahlen ist im Gegensatz zum Umsatzkostenverfahren nicht erforderlich (vgl. *Abbildung 54*[18]). Die in § 275 HGB dargelegten Verfahren (Gesamtkosten- bzw. Umsatzkostenverfahren) decken sich mit den in der Kostenrechnung geläufigen Bezeichnungen. Verfahrenstechnisch besteht kein Unterschied zwischen der Gewinn- und Verlustrechnung laut HGB und der kurzfristigen Erfolgs- bzw. Jahresergebnisrechnung der Kosten- und Leistungsrechnung. Zu beachten ist jedoch, dass die verrechneten Werte aufgrund betriebsbezogener Gegebenheiten (mögliche Differenzen zwischen Aufwendungen und Kosten!) in der Regel nicht übereinstimmen.

---

18 G. Eilenberger (1990), S. 182.

Abbildung 54

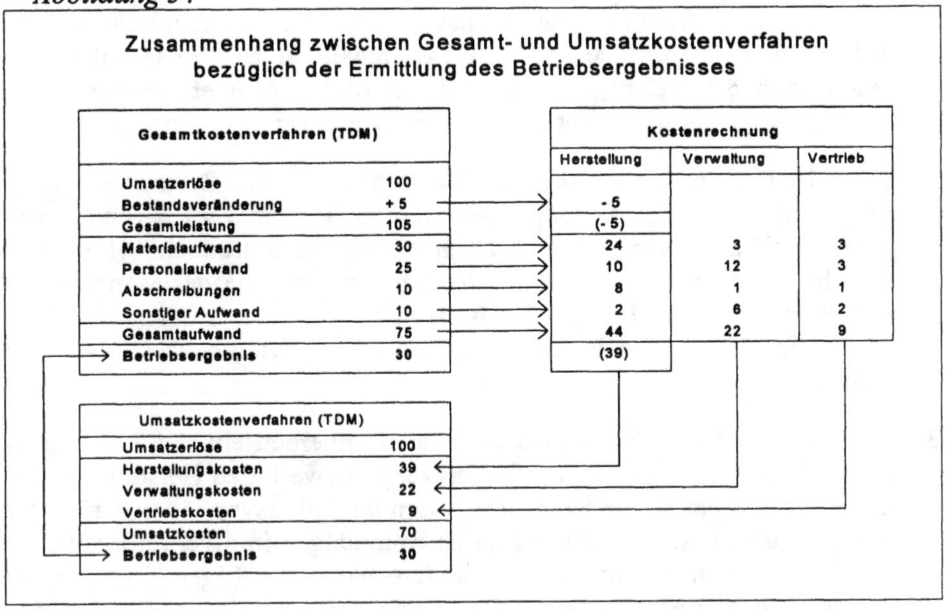

4.2 Kurze Erläuterung ausgewählter GuV-Positionen

Zum einen enthält die handelsrechtliche Gewinn- und Verlustrechnung im Vergleich zum GuV-Konto (Buchführung des Unternehmens) in der Regel weniger (nur die rechtlich erforderlichen) Positionen, zum anderen wird in ihr nicht zwischen Betriebs- und neutralem Ergebnis[19] unterschieden, sondern es erfolgt lediglich eine Trennung in das "Ergebnis der gewöhnlichen Geschäftstätigkeit" (Betriebsergebnis plus betriebsfremdes Ergebnis) und das außerordentliche Ergebnis. Wie aus der *Abbildung 55*[20] zu ersehen ist, setzt sich der **Betriebsertrag (= Gesamtleistung)**[21] aus vier Positionen zusammen:

1. Zu den **Umsatzerlösen** gehören die Erlöse aus dem Verkauf sowie der Vermietung und der Verpachtung von Fertigfabrikaten und Waren, ferner Vergütungen für Dienstleistungen, aus Werkverträgen, Erlöse aus Neben-

19 Das neutrale Ergebnis ergibt sich aus der Differenz zwischen neutralen Erträgen und neutralen Aufwendungen. Verwiesen sei in diesem Zusammenhang auf das zweite Kapitel des Buches.

20 Nach G. Wöhe (1990), S. 62.

21 Vgl. § 157 AktG 1965, alte Fassung.

produkten und Abfällen, aus Verkäufen an Belegschaftsmitglieder und andere. Die Umsatzerlöse sind um Erlösschmälerungen (Preisnachlässe, zu denen nach § 1 Rabattgesetz auch die Skonti gerechnet werden, sowie zurückgewährte Entgelte) und um die Umsatzsteuer zu verringern.

2. Unter der Position **Erhöhung oder Verminderung des Bestandes an fertigen und unfertigen Erzeugnissen** werden Bestandsveränderungen ausgewiesen. Wird in einem Jahr mehr an Erzeugnissen produziert (Industriebetriebe) als abgesetzt, so wird unter Berücksichtigung der Mengen- und Wertänderung (§ 277 Abs. 2 HGB) eine Bestandserhöhung und im umgekehrten Fall eine Bestandsminderung ausgewiesen. Die Bewertung erfolgt zu Herstellungskosten.

3. **Andere aktivierte Eigenleistungen** sind innerbetriebliche Leistungen, z. B. selbsterstellte Anlagen und Werkzeuge bewertet zu Herstellungskosten. Als korrespondierender Posten zu den im Anlagevermögen aktivierten Eigenleistungen, deren notwendige Aufwendungen in diversen Positionen der GuV enthalten sind, müssen andere aktivierte Eigenleistungen als Ertrag ausgewiesen werden. Erfolgte dies nicht, würden die Aufwendungen um die aktivierten Beträge gekürzt, und damit würde ein zu geringes Jahresergebnis ermittelt. Insgesamt stellt dieser Ertrag keine Vermögensmehrung dar, sondern den Ausweis der durch die Selbsterstellung von Vermögensgegenständen des Anlagevermögens verursachten Vermögensumschichtung.

4. Bei der Position **sonstige betriebliche Erträge** handelt es sich um eine Sammelposition unterschiedlicher Erträge (Erträge aus dem Abgang von Gegenständen des Anlagevermögens, Erträge aus der Herabsetzung der Pauschalwertberichtigung zu Forderungen, Erträge aus der Auflösung von Rückstellungen usw.)[22]. Erträge aus der Auflösung des "Sonderpostens mit Rücklageanteil" sind unter der Position "sonstige betriebliche Erträge" gesondert auszuweisen oder im Anhang anzugeben.

---

22 Vgl. G. Eilenberger (1995), S. 177.

Abbildung 55

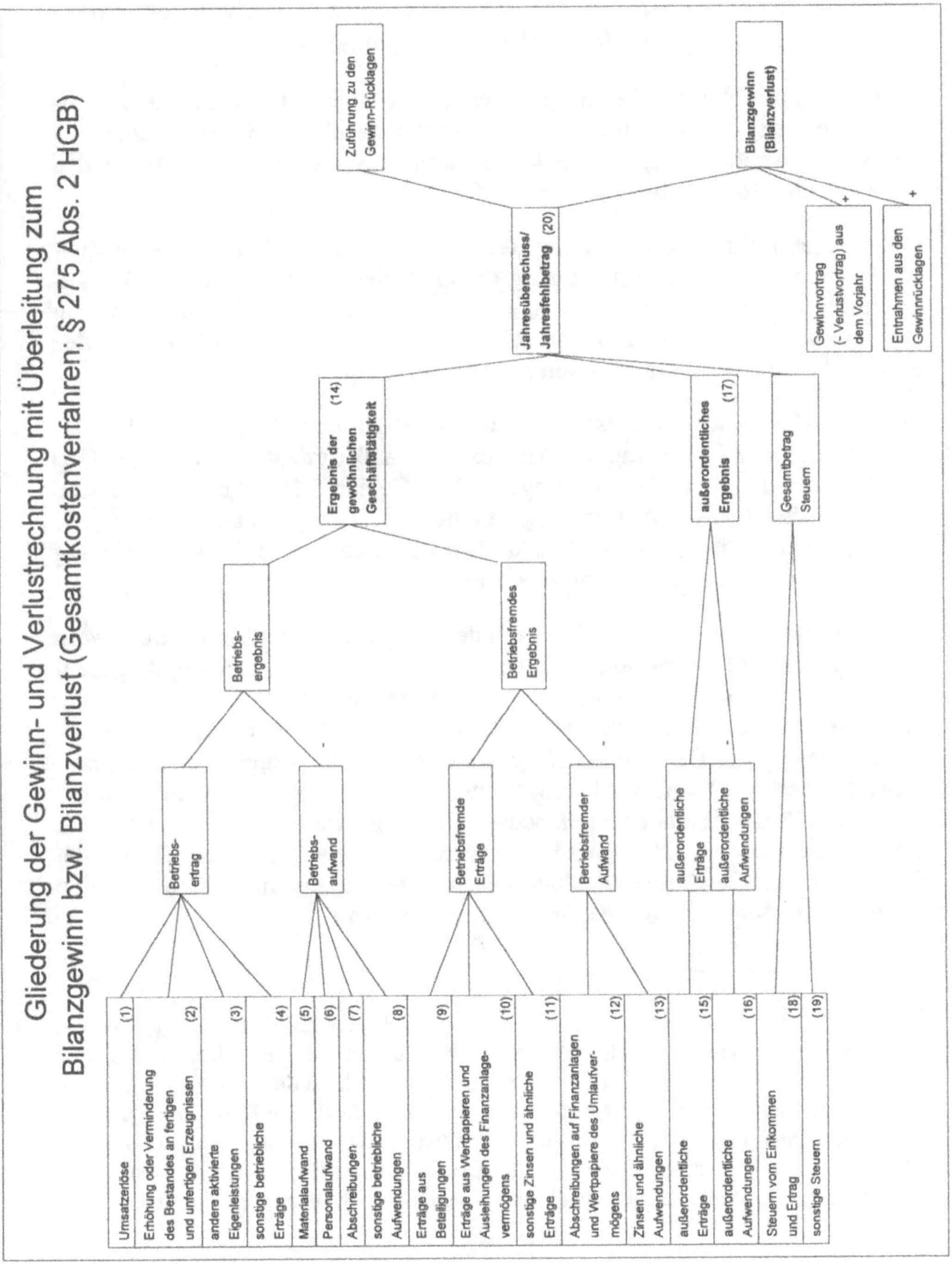

Werden von dem Betriebsertrag (Positionen 1-4) die Positionen Material-, Personal-, Abschreibungs- und sonstiger betrieblicher Aufwand abgezogen (Positionen 5-8), so ergibt sich das **Betriebsergebnis.**[23]

Kleine und mittelgroße Kapitalgesellschaften können für Zwecke der Veröffentlichung bei Anwendung des Gesamtkostenverfahrens die Positionen 1-5 und bei Anwendung des Umsatzkostenverfahrens die Positionen 1-3 und 6 zur Position "**Rohergebnis**" zusammenfassen.

Das "**Ergebnis der gewöhnlichen Geschäftstätigkeit**" (14) stellt eine Zwischensumme unter Berücksichtigung der unter den Positionen 1 bis 13 zugeordneten Erträge und Aufwendungen dar, die, im Gegensatz zu der wenig aussagekräftigen Position "Rohergebnis", den **Überschuss/Fehlbetrag der gewöhnlichen Geschäftstätigkeit** ausweist.

Davon zu unterscheiden ist das "**außerordentliche Ergebnis**" (17) als Überschuss oder Fehlbetrag aus der Position "außerordentliche Erträge" (15) und "außerordentliche Aufwendungen" (16). Gemäß § 277 Abs. 4 HGB sind nur solche Erträge und Aufwendungen unter dieser Position auszuweisen, die **außerhalb** der üblichen Geschäftstätigkeit (z. B. Erträge aus der Vermietung von Werkswohnungen an Mitarbeiter) anfallen.

Die Steueraufwendungen werden nach dem geltenden Recht in **Steuern vom Einkommen und Ertrag** und **sonstige Steuern** unterteilt. Bei Kapitalgesellschaften zählt zu den "Steuern vom Einkommen" die Körperschaftsteuer einschließlich Kapitalertragsteuer und zu den "Steuern vom Ertrag" die Gewerbeertragsteuer. Bei dem Zustandekommen des Jahresüberschusses (bzw. Jahresfehlbetrages) sind noch die Auswirkungen der Steuern vom Einkommen (der Körperschaftsteuersatz beträgt für ausgeschüttete Gewinne und für thesaurierte Gewinne 25 %) und vom Ertrag zu berücksichtigen, die auf der Grundlage des Gewinnverwendungsbeschlusses zu berechnen sind. Position 18 weist die "**Steuern vom Einkommen und Ertrag**" aus.

---

23 Das hier ausgewiesene Betriebsergebnis ist ein Ergebnis pagatorischer Wertgrößen und nicht mit dem kalkulatorischen Betriebsergebnis als Differenz zwischen Leistung und Kosten gleichzusetzen. Das Betriebsergebnis - entsprechend den rechtlichen Rahmenbedingungen - ist durch die Neudefinition der außerordentlichen Erträge und Aufwendungen inhaltlich erweitert worden. Nach altem Recht gehören zu den außerordentlichen Erträgen und Aufwendungen auch periodenfremde Erträge und Aufwendungen, die in einer Berichtsperiode anfallen, in der sie nicht ursächlich begründet sind.

Zu den **sonstigen Steuern** zählen beispielsweise die Vermögensteuer, Gewerbekapitalsteuer, Grundsteuer, Ausfuhrzölle, Kraftfahrzeugsteuer, Mineralölsteuer, Umsatzsteuer, Versicherungsteuer. Gewisse Steuern sind als Anschaffungsnebenkosten (z. B. Grunderwerbsteuer, Eingangszölle, Ausgleichsteuern) in die Bilanz aufzunehmen. Sie sind dann in der Sammelposition "**sonstige Steuern**" (19) enthalten.

Gemäß § 277 Abs. 3 Satz 2 HGB sind **Erträge** und **Aufwendungen** aus **Verlustübernahme** sowie auf Grund einer Gewinngemeinschaft, eines Gewinnabführungs- oder eines Teilgewinnabführungsvertrags erhaltene oder abgeführte Gewinne jeweils gesondert unter entsprechender Bezeichnung auszuweisen. An welcher Stelle der Gewinn- und Verlustrechnung diese Positionen einzuordnen sind, ist demnach handelsrechtlich nicht geregelt. "Erträge und Aufwendungen aus Unternehmensverträgen und aus Verlustübernahme sind zweckmäßigerweise gesondert unter den Erträgen bzw. Aufwendungen aus Finanzanlagen auszuweisen, da sie zum Ergebnis der gewöhnlichen Geschäftstätigkeit gehören."[24]

Wenn die einzelnen Ertrags- und Aufwandspositionen gegeneinander aufgerechnet werden, wobei die Positionen "Steuern vom Einkommen und Ertrag" und "sonstige Steuern" nicht einzubeziehen sind, da sie als gesonderte Positionen abgesetzt werden müssen, ergibt sich der **Jahresüberschuss**. Insofern wäre zur Ermittlung des Periodengewinns eine Abgrenzung der Steuern nach solchen Aufwendungen erforderlich, die die Abrechnungsperiode betreffen und nach solchen, die Abschlusszahlungen für die Vorperiode darstellen. **Der Jahresüberschuss ist nicht mit dem Bilanzgewinn identisch.**

Während bei der GmbH die Schlussbilanz gewöhnlich vor Verwendung des Jahresergebnisses aufgestellt wird, wird bei Aktiengesellschaften in der Regel bei Aufstellung der Bilanz ein Teil des Jahresüberschusses den Gewinnrücklagen zugeführt oder ein Fehlbetrag durch Auflösung von Rücklagen gedeckt. Bei einer solchen **teilweisen Verwendung des Jahresergebnisses vor Bilanzerstellung** tritt dann gemäß § 268 Abs. 1 HGB in der Schlussbilanz an die Stelle der Posten "Jahresüberschuss/Jahresfehlbetrag" und "Gewinnvortrag/Verlustvortrag" der Posten "Bilanzgewinn/Bilanzverlust". Bei dem **Bilanzgewinn** handelt es sich um den Gewinn, den der Vorstand der Hauptversammlung zur Ausschüttung vorschlägt oder um diejenige Größe, die den sog. "verteilungsfähigen Reingewinn" darstellt. "Die Gliederungsschemata des § 275 HGB enthalten nur die Positionen Jahresüberschuss/Jahresfehlbetrag.

24 G. Wöhe (1990), S. 165.

Nach § 275 Abs. 4 HGB dürfen Veränderungen in den Rücklagen erst nach dem Jahresergebnis ausgewiesen werden. Aktiengesellschaften sind allerdings wie bisher verpflichtet, in der Gewinn- und Verlustrechnung oder im Anhang durch Darstellung der Ergebnisverwendung auf den Bilanzgewinn überzuleiten."[25]

5 Grundlagen der Buchungstechnik

5.1 Bilanzänderung durch Geschäftsvorfälle

Die Bilanz weist das Vermögen und das Kapital bezogen auf einen ganz bestimmten Zeitpunkt, den **Bilanzstichtag** aus. Da in der Finanzbuchhaltung nur diejenigen Geschäftsvorfälle erfasst werden, die **die Höhe und/oder die Struktur des Vermögens, des Eigenkapitals und/oder der Schulden** verändern, bewirkt jeder buchführungspflichtige Vorgang zwangsläufig Positionsveränderungen auf der Aktivseite und/oder Passivseite der Bilanz.

Jeder Geschäftsvorfall führt zwar zur Veränderung der Bilanz, aber nicht jeder Geschäftsvorfall ist ein **erfolgswirksamer** Vorfall. **Vier** mögliche Veränderungstypen einer Bilanz, wobei die folgenden Beispiele **nur erfolgsneutrale** Geschäftsvorfälle enthalten, kann es geben:

Aktivtausch

Ein Aktivposten nimmt zu (oder mehrere nehmen zu), gleichzeitig nimmt ein anderer Aktivposten ab (oder mehrere andere nehmen ab).

Beispiel: Barabhebung vom Bankkonto.

Passivtausch

Ein Passivposten nimmt zu (oder mehrere nehmen zu), gleichzeitig nimmt ein anderer Passivposten ab (oder mehrere andere nehmen ab).

Beispiel: Ein Gläubiger wird als Gesellschafter aufgenommen, so dass aus Fremdkapital Eigenkapital wird.

---

25 G. Wöhe (1990), S. 166 f.

Bilanzverlängerung (sog. Aktiv-Passiv-Mehrung)

Durch den Geschäftsvorfall nehmen sowohl ein (oder mehrere) Aktivposten als auch ein (oder mehrere) Passivposten zu.

Beispiel: Wareneinkauf auf Ziel (d. h. auf Kredit).

Bilanzverkürzung (sog. Aktiv-Passiv-Minderung)

Sowohl auf der Aktiv- als auch auf der Passivseite nimmt ein Posten ab (oder mehrere nehmen ab).

Beispiel: Barrückzahlung einer Schuld.[26]

Wie den Beispielen und der *Abbildung 56* zu entnehmen ist, führt jeder einzelne Geschäftsvorfall zwangsläufig zu einer Veränderung von mindestens zwei Bilanzwerten (Bilanzpositionen).

Abbildung 56

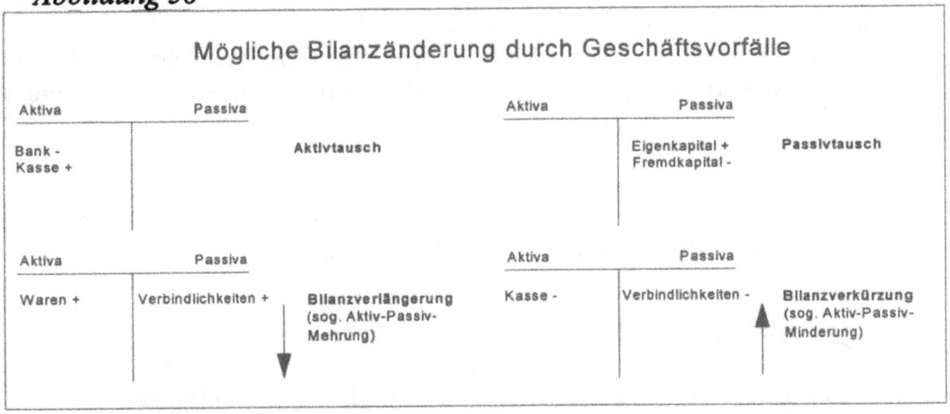

Nachdem bisher nur erfolgsneutrale Beispiele angesprochen wurden, in der Praxis jedoch viele Geschäftsvorfälle zu einer betragsmäßigen Änderung des Eigenkapitals (Mehrung bzw. Minderung) führen, seien nun erfolgswirksame Vorfälle verdeutlicht.

Worin liegt die Besonderheit **erfolgswirksamer** Geschäftsvorfälle im Hinblick auf die Wertänderungen in der Bilanz und um welche Art von Geschäftsvorfällen handelt es sich hierbei? Während bei bestandswirksamen Vorfällen eine eindeutige Veränderung von Beständen gegeben ist, handelt es

---

26 Vgl. M. Heinhold (1989), S. 9.

sich bei erfolgswirksamen Geschäftsvorfällen zwar auch um eine Bestandsänderung, aber eben um eine, die nur ein Bestandskonto berührt und bei der eine korrespondierende Bestandsänderung nicht direkt gegeben ist. Hierfür seien zwei Beispiele angeführt:

1. Eine Barzahlung von Löhnen bewirkt eine Bestandsminderung des Kassenkontos, ohne dass deutlich ist, wo die Gegenbuchung erfolgen muss.
2. Die Vermietung von Räumen erhöht durch die Barzahlung der Miete den Kassenbestand, ohne dass wiederum deutlich ist, wo die Gegenbuchung erfolgen muss.

Solche Geschäftsvorfälle werden als Aufwendungen bzw. Erträge bezeichnet. Da aber jede Buchung eine Gegenbuchung in gleicher Höhe haben muss und in solchen Fällen weder das Vermögens- noch das Schuldenkonto angesprochen wird, müssen Aufwendungen und Erträge zwangsläufig auf dem Eigenkapitalkonto gegengebucht werden bzw. das Eigenkapital verändern.

Beispiel 1: Barzahlung von Löhnen
Durch den Geschäftsvorfall vermindert sich die Aktivseite (Kasse) und ebenfalls die Passivseite (Eigenkapital). Es findet eine **Aktiv-Passiv-Minderung** oder **Bilanzverkürzung** statt.

Beispiel 2: Vermietung von Räumen
Sowohl die Aktivseite (Kasse) als auch die Passivseite (Eigenkapital) wird größer. Es kommt zu einer **Aktiv-Passiv-Mehrung** oder **Bilanzverlängerung**.

In der Regel ist die **erfolgswirksame Verringerung der Bilanzposition Eigenkapital** das Ergebnis einer Aktivminderung (z. B. Zahlung der Löhne) und selten das einer Passivminderung (z. B. das Unternehmen wird schadenersatz- oder garantiepflichtig; eine Konventionalstrafe wird fällig). Umgekehrt resultiert die **erfolgswirksame Erhöhung der Bilanzposition Eigenkapital** gewöhnlich aus einer Aktivmehrung (z. B. Mieteingang; Kasse), seltener aus einer Passivminderung (z. B. Skontoabzug von Lieferantenverbindlichkeit).

Zusammenfassend kann festgehalten werden: Es gibt einerseits Geschäftsvorfälle, die lediglich zu Vermögens- und Kapitalumschichtungen oder zu erfolgsneutralen Vermögens- und Kapitaländerungen (in beiden Fällen bleibt die Höhe des Eigenkapitals unverändert = **erfolgsneutral**) führen und andererseits solche, die das Vermögen und das Kapital in ihrer Höhe verändern. Letztere beeinflussen das Eigenkapital, d. h. sie sind **erfolgswirksam**. Hierbei handelt es sich um Geschäftsvorfälle, die Wertverzehre (Aufwendungen) und Wertzuwächse (Erträge) beinhalten.

5.2 Konten zur systematischen Verbuchung von Geschäftsvorfällen

5.2.1 Die Erfassungsmöglichkeiten von Geschäftsvorfällen

Nicht mit jedem neuen Geschäftsvorfall wird bzw. muss eine neue Bilanz erstellt werden. Es wäre nicht nur umständlich, sondern praktisch auch kaum durchzuführen. Die vielfältigen Geschäftsvorfälle werden deshalb - unter Verwendung eines Kontenrahmens - auf **Konten** gesammelt. Zu Beginn des Geschäftsjahres wird die Bilanz in Konten aufgelöst. Für jeden Bilanzposten wird mindestens ein Konto eröffnet und zum Schluss des Geschäftsjahres werden die einzelnen Konten wieder zu einer Bilanz zusammengeführt.

Die Verbuchung der Geschäftsvorfälle kann untereinander, in **Staffelform** (Skontro), oder nebeneinander, in der Form eines **Kontos** (verbreitet ist die **Reihenform** und die Form des **T-Kontos**), erfolgen. Auf einem **Konto** werden sämtliche Zugänge auf die eine und sämtliche Abgänge auf die andere Seite gebucht. Das bedeutet, dass die Zu- und Abgänge gesondert erfasst werden und keine laufende Saldierung erfolgt. Kennzeichen der **Staffelformverbuchung** oder **Skontration** (Fortschreibung) ist, dass, ausgehend von einem Anfangsbestand, nach jedem Zu- oder Abgang ein neuer Endbestand ermittelt wird.

5.2.2 Das Skontro

Diese Form der Verbuchung findet häufig bei Kassenbüchern Anwendung. Hier wird täglich der Kassenbestand festgestellt. Das folgende Beispiel zeigt die Buchungen in einem Kassenbuch für einige Tage.

Staffelrechnung (Kassenkonto)		
Datum	Vorgang	Betrag
01.07.2001	Anfangsbestand	5.000 €
02.07.2001	Barverkauf (Einzahlung des Kunden A)	2.000 €
02.07.2001	Kassenbestand	7.000 €
03.07.2001	Auszahlung Miete	1.500 €
03.07.2001	Kassenbestand	5.500 €
04.07.2001	Wareneinkauf (Auszahlung an Lieferanten A)	1.200 €
04.07.2001	Kassenbestand	4.300 €

Der **Vorteil** der Fortschreibungsmethode ist, dass man ständig einen Überblick über den aktuellen Buchbestand hat. Diesem Vorteil der Staffelrechnung stehen jedoch zwei **Nachteile** gegenüber. Zum einen bedeutet sie einen erheblichen täglichen Aufwand, da ja sämtliche Vorgänge verrechnet werden müssen. Zum anderen gibt sie keinen Überblick über die Gesamtheit der wertmehrenden und -mindernden Bewegungen (Summe der Einzahlungen einerseits und Summe der Auszahlungen andererseits). Das Skontro bietet sich für diejenigen Größen an, bei denen eine kontinuierliche Kontrolle des Bestandes notwendig und somit der erhöhte Arbeitsaufwand gerechtfertigt ist.

5.2.3 Das Konto

Um die Nachteile der Staffelrechnung zu vermeiden, erfolgt die Verbuchung i. d. R. auf Konten. Als Konto bezeichnet man eine zweiseitig geführte Rechnung, die auf jeder Seite die sachlich zusammengehörigen Vorgänge der entsprechenden Position (Trennung von Zu- und Abgängen) erfasst. Die Bezeichnungen "**Soll**" (linke Kontoseite) und "**Haben**" (rechte Kontoseite) für die beiden Seiten des Kontos - unabhängig davon, um welche Kontenart es sich handelt - haben sich mit der Zeit eingebürgert. Genauso denkbar wäre die Bezeichnung "Links" und "Rechts".[27]

Konten können prinzipiell unterschiedlich dargestellt werden. Verbreitet ist das Konto in **Reihenform** und vor allem das Konto in **T-Form**. Wie das nachfolgende Beispiel zeigt, werden beim Konto in Reihenform die durch die verschiedenen Geschäftsvorfälle hervorgerufenen Zu- bzw. Abgänge jeweils nebeneinander in einer Spalte (Betrag) verbucht.

Charakteristisch für das **T-Konto** ist, dass jeweils der Anfangsbestand und die Zugänge auf der einen Seite, Abgänge und Endbestand auf der anderen Seite des Kontos erfasst werden. Entsprechend der buchhalterischen Konvention in Kontinentaleuropa werden beim Kassenkonto der Anfangsbestand und die

---

27 "Die Ausdrücke sind historisch entstanden, als das Konto im wesentlichen dazu diente, die Forderungen und Forderungstilgungen eines Schuldners festzuhalten. 'Soll' bedeutete die Verpflichtung (zu zahlen!) und 'Haben' die Tatsache, dass der Verpflichtung entsprochen wurde (er hat gut, d. V.). Statt von der Soll-Seite spricht man häufig von der 'Debet-Seite', statt von der Haben-Seite von der 'Credit-Seite'. Die Buchung auf der Soll-Seite wird auch als 'Belastung' und die Buchung auf der Haben-Seite als 'Gutschrift' oder 'Erkennen' bezeichnet." R. Buchner (1997), S. 65 f.

Zugänge auf der linken (Soll) und die Abgänge auf der rechten Seite (Haben) erfasst.

Konto in Reihenform (Kasse)			
Datum	Vorgang (Text)	Betrag	
		Einzahlung	Auszahlung
01.01.	Anfangsbestand	5.000 €	
02.01.	Barverkauf (Einzahlung des Kunden A)	2.000 €	
03.01.	Auszahlung Miete		1.500 €
04.01.	Wareneinkauf (Auszahlung an Lieferanten A)		1.200 €
...	...	...	...

Konto in T-Form			
Soll	Kassenkonto		Haben
01.01. Anfangsbestand	5.000 €	03.01. Auszahlung	1.500 €
02.01. Einzahlung des Kunden A	2.000 €	04.01. Auszahlung an Lieferanten A	1.200 €

Wie bei der Bilanz, muss jedes Konto beim Abschluss ausgeglichen sein. Das bedeutet, dass die Summe der Sollseite der Summe der Habenseite entsprechen muss. In der Regel sind zum Abschluss eines Geschäftsjahres, eines Monats, eines Quartals, oder wann immer die Konten abgeschlossen werden sollen, die beiden Seiten eines Kontos wertmäßig nicht gleich groß. Besteht keine betragsmäßige Übereinstimmung, so ergibt sich ein Restbetrag, Unterschiedsbetrag oder Saldo. Der Endbestand (EB) oder **Saldo** wird ermittelt, indem man die Kontoseite mit den kleineren Beträgen von der Kontoseite mit den größeren Beträgen abzieht und die Differenz auf der kleineren Seite ausweist. Das bedeutet, dass der Saldo als Ausgleichsposten **jeweils auf der betragsmäßig kleineren Kontoseite** steht. Die Ermittlung des Endbestands nennt man **Saldieren**.

Kontenabschluss			
Soll	Kassenkonto		Haben
01.01. Anfangsbestand	5.000 €	03.01. Auszahlung	1.500 €
02.01. Einzahlung	2.000 €	04.01. Auszahlung	1.200 €
		Saldo (Endbestand)	**4.300 €**
	7.000 €		7.000 €

Um Manipulationen (nachträgliches Ändern und Verfälschen der Buchhaltung und des Jahresabschlusses) möglichst zu verhindern, werden nach dem Eintragen des Saldos die verbleibenden Leerräume mit den sog. **Buchhalternasen** versehen.[28]

Kontensicherung gegen nachträgliche Änderungen

Soll	Kasse		Haben
AB	70.000	08.01.	58.800
04.01.	3.600	02.02.	1.200
		EB	13.600
	73.600		73.600

Buchhalter-nasen

Soll	Kasse		Haben
AB	2.000	EB	9.000
04.01.	6.000		
09.01.	1.000		
	9.000		9.000

Die Buchung auf T-Konten ist heute in der Praxis weitgehend unüblich geworden. Allerdings stellen sie nach wie vor ein sehr gutes didaktisches Hilfsmittel dar, um die Zusammenhänge der Buchführung darzustellen und zu erläutern. Daher wird in den folgenden Abschnitten die Technik der Buchführung mit Hilfe der Buchungen auf T-Konten verdeutlicht.

5.3 Von der Eröffnungs- zur Schlussbilanz

5.3.1 Auflösung der Bilanz in Bestandskonten

Um die im Laufe eines Geschäftsjahres anfallenden Buchungen einfach und schnell erfassen zu können, werden die Positionen der Aktiv- und Passivseite der Bilanz in einzelne **Bestandskonten** aufgelöst. Auf den eröffneten Konten werden die durch Geschäftsvorfälle bewirkten **Bestandsveränderungen** erfasst. Die Konten stellen ein Bindeglied zwischen Eröffnungs- und Schlussbilanz dar. Bei Bedarf können die Konten jederzeit wieder zu einer Bilanz zusammengeführt werden.

Das untenstehende Schaubild zeigt die Zerlegung der Eröffnungsbilanz in Bestandskonten und die Übernahme der Bestandskonten in die Schlussbilanz.

---

28 Vereinfachungshalber wird im folgenden bei der Darstellung von Konten auf die Eintragung von Buchhalternasen verzichtet.

Für jede Aktiv-Position und Passiv-Position wird jeweils **mindestens ein Konto** eingerichtet.

5.3.2 Buchen von Bestandsveränderungen auf den Bestandskonten

Das **Bestandskonto** wird zunächst auf der gleichen Seite, auf der die Position in der Bilanz steht, mit dem Anfangsbestand (AB) der Eröffnungsbilanz eröffnet. Bestände, die auf der linken (rechten) Seite in der Bilanz stehen, haben ihren Anfangsbestand auf der linken (rechten) Seite des jeweiligen Bestandskontos. Demzufolge erscheinen bei den **Aktivkonten** (aktiven Bestandskonten) die **Anfangsbestände** und die **Zugänge** (Vermögensmehrungen) auf der **Sollseite** (S), die **Abgänge** (Vermögensminderungen) dagegen auf der **Habenseite** (H). Vergleicht man zum Bilanzstichtag die Soll- mit der Habenseite, so ergibt sich ein Saldo **(Endbestand)** auf der **Habenseite**, der als **Soll-Saldo** bezeichnet und in die Schlussbilanz auf die Aktivseite übertragen wird.

Zerlegung der Eröffnungsbilanz in Bestandskonten und Übernahme der Bestandskonten in die Schlussbilanz

Aktiva	Eröffnungsbilanz zum 1.1.19..		Passiva
A. Anlagevermögen		A. Eigenkapital	200.000 DM
I. Sachanlagen	250.000 DM		
B. Umlaufvermögen		B. Verbindlichkeiten	300.000 DM
I. Waren	170.000 DM		
II. Forderungen	55.000 DM		
III. Kassenbestand, Guthaben bei Kreditinstituten	25.000 DM		
	500.000 DM		500.000 DM

Aktive Bestandskonten:

S	Bebaute Grundstücke		H
AB	170.000	Abgänge	
Zugänge		Saldo (EB)	

S	Betriebs- u. Geschäftsausstattung		H
AB	80.000	Abgänge	
Zugänge		Saldo (EB)	

S	Waren		H
AB	170.000	Abgänge	
Zugänge		Saldo (EB)	

S	Forderungen aus Lieferungen und Leistungen		H
AB	55.000	Abgänge	
Zugänge		Saldo (EB)	

S	Guthaben bei Kreditinstituten		H
AB	15.000	Abgänge	
Zugänge		Saldo (EB)	

S	Kasse		H
AB	10.000	Abgänge	
Zugänge		Saldo (EB)	

Passive Bestandskonten:

S	Eigenkapital		H
Abgänge		AB	200.000
Saldo (EB)		Zugänge	

S	Verbindlichkeiten gegenüber Kreditinstituten		H
Abgänge		AB	220.000
Saldo (EB)		Zugänge	

S	Verbindlichkeiten aus Lieferungen und Leistungen		H
Abgänge		AB	70.000
Saldo (EB)		Zugänge	

S	Sonstige Verbindlichkeiten		H
Abgänge		AB	10.000
Saldo (EB)		Zugänge	

Aktiva	Schlussbilanz zum 31.12.19..	Passiva
A. Anlagevermögen		A. Eigenkapital
I. Sachanlagen		
B. Umlaufvermögen		B. Verbindlichkeiten
I. Waren		
II. Forderungen		
III. Kassenbestand, Guthaben bei Kreditinstituten		
Summe der Aktiva		Summe der Passiva

Bei den **Passivkonten** (passiven Bestandskonten) stehen die **Anfangsbestände** ebenso wie die **Zugänge** (Zunahmen des Eigen- bzw. des Fremdkapitals) auf der **Habenseite**, die **Abgänge** (Verringerungen des Kapitals) auf der **Sollseite**. Die **Sollseite** nimmt den neuen **Endbestand**, der **Haben-Saldo** genannt wird, auf. Dieser wird in die Schlussbilanz auf die Passivseite übertragen.

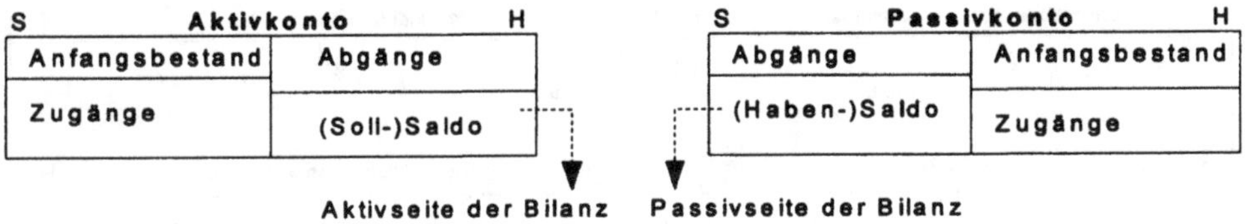

Dem Kontenaufbau der aktiven und passiven Bestandskonten folgend, gilt für **jedes Bestandskonto** folgende Kontengleichung:

Anfangsbestand + Zugänge	=	Abgänge + Endbestand

Endbestand	=	Anfangsbestand + Zugänge - Abgänge

Die kontenmäßige Verbuchung der Geschäftsvorfälle sei, unter Berücksichtigung und vor dem Hintergrund der vier Möglichkeiten einer wertmäßigen Bilanzänderung, also dem Aktivtausch (a), dem Passivtausch (b), der Aktiv-Passiv-Mehrung (c) und der Aktiv-Passiv-Minderung (d), anhand der bereits bei der Darlegung der vier typischen Bilanzänderungsvarianten verwendeten Geschäftsvorfälle verdeutlicht.

(a) Barabhebung vom Konto 1.000 €

(b) Umwandlung einer Lieferantenschuld in eine Darlehensschuld (langfristige Bankverbindlichkeiten); Betrag 5.000 €

(c) Wareneinkauf auf Ziel 2.000 € bei der Firma Mühlbach

(d) Barrückzahlung einer Verbindlichkeit 1.200 €

Verbuchung vier unterschiedlicher Geschäftsvorfälle auf Konten
(Varianten der Bilanzänderung)

Fall a:

S	Bank		H
		Kasse	1.000

S	Kasse		H
Bank	1.000		

Fall b:

S	Langfristige Bankverbindlichkeiten		H
		Verb. aus L.u.L.	5.000

S	Verbindlichkeiten aus L.u.L		H
Langf. Bankv.	5.000		

Fall c:

S	Handelswaren		H
Verb. aus L.u.L.	2.000		

S	Verbindlichkeiten aus L.u.L		H
		Handelswaren	2.000

Fall d:

S	Kurzfristige Bankverbindlichkeiten		H
Kasse	1.200		

S	Kasse		H
		Kurzf. Bankv.	1.200

Neben den aus der Eröffnungsbilanz entnommenen bzw. abgeleiteten Bestandskonten werden im Laufe eines Geschäftsjahres bei Bedarf neue Bestandskonten eingerichtet. Diese Konten enthalten keine Anfangsbestände, sondern nehmen nur Zu- und Abgänge auf. Die Endbestände dieser Konten werden ebenfalls in die Schlussbilanz überführt.

Die zum Bilanzstichtag ermittelten Salden stellen die **buchmäßigen Endbestände** dar, die mit den Ergebnissen der Inventur zu vergleichen sind. Oft kommt es vor, aufgrund von Verderb, Schwund oder Diebstahl, dass der tatsächliche Endbestand geringer als der in der Buchhaltung errechnete ist. Bei Abweichungen zwischen beiden Größen muss eine Korrekturbuchung vorgenommen und der Endbestand zwingend an den Inventarwert angepasst werden. Der **Inventarwert** wird dann in die Schlussbilanz übernommen.

Denkbar sind auch Fälle, in denen aus einem Aktivkonto ein Passivkonto wird und umgekehrt. z. B. kann aus dem Aktivkonto "Bank" (Bankguthaben) - man denke an ein Girokonto - ein Passivkonto (Bankverbindlichkeiten) werden. Oder umgangssprachlich ausgedrückt: Das Bankkonto wurde überzogen. Folgt man dem Kontenaufbau, so bedeutet dies, dass die Abgänge größer sind als die Summe aus Anfangsbestand und Zugängen und der Endbestand in diesem besonderen Fall ausnahmsweise auf der Sollseite steht.

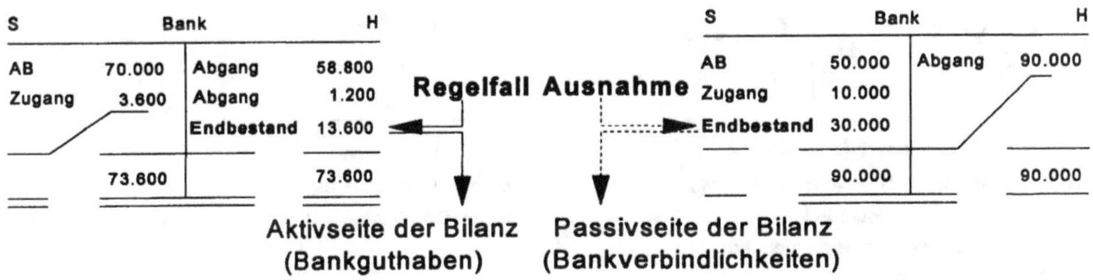

Zusammenfassend lässt sich festhalten:

1. Die Anfangsbestände der Positionen von der Aktivseite der Bilanz stehen in den aktiven Bestandskonten stets auf der Sollseite. Ebenfalls im Soll stehen alle Erhöhungen des Bestandes (Zugänge) eines Aktivkontos, alle Minderungen (Abgänge) auf der Habenseite.

2. Die Anfangsbestände der Positionen von der Passivseite der Bilanz stehen in den passiven Bestandskonten prinzipiell auf der Habenseite. Ebenfalls im Haben stehen alle Erhöhungen des Bestandes (Zugänge) eines Passivkontos, alle Minderungen (Abgänge) auf der Sollseite.

3. Die Verbuchung eines Geschäftsvorfalles mit Hilfe von Konten berührt mindestens zwei Konten.

4. Mindestens auf einem der Konten wird im Soll und mindestens auf einem der Konten wird im Haben gebucht, wobei die Summe der Sollbuchungen immer gleich der Summe der Habenbuchungen sein muss (= **Fundamentalprinzip der doppelten Buchführung**).

5.3.3 Buchungssatz und Kontenanruf

Als eigentliche "Vorarbeit" für die Buchung, d. h. für die erste Eintragung des Geschäftsvorfalls in das Grundbuch (zeitliche Ordnung), wird ein sog. **Buchungssatz** gebildet. Dieser benennt die Konten - mindestens zwei - auf denen gebucht werden muss und auf welcher Kontoseite (Soll oder Haben) der Betrag zu erfassen ist. Die **Kontierung** als vorbereitender Teil der eigentlichen Buchführung erfolgt mit Hilfe von Buchungssätzen. Grundsätzlich ergibt sich folgender Ablauf der Verbuchung von Geschäftsvorfällen:

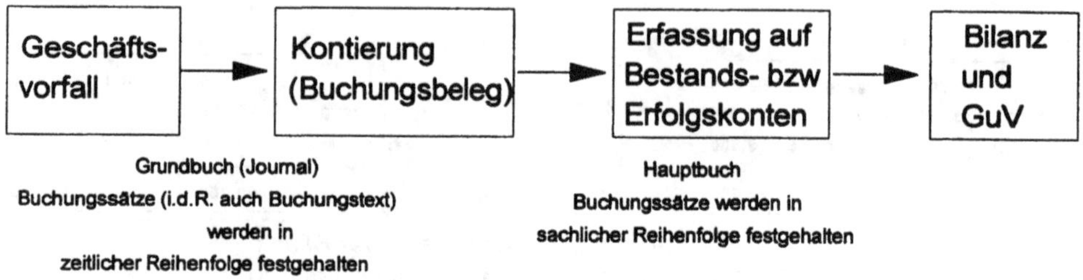

Die übliche und allgemeingültige Regel besagt, dass der Buchungssatz an erster Stelle das Konto nennt, auf dessen Sollseite und dann das Konto, auf dessen Habenseite gebucht wird. Zur Charakterisierung der Sollbuchung war es früher üblich das Wort "per" (oder "von") zu benutzen; heute wird darauf i. d. R. verzichtet. Sollkonto und Habenkonto werden durch das Wort "an" oder einem Schrägstrich verbunden. Die allgemeine Form des **Buchungssatzes** lautet:

per (von) Soll	**an**	Haben (früher)

bzw.

Soll	**an**	Haben

oder verkürzt

Soll	/	Haben

Beispiel (Geschäftsvorfall): Für den Barkauf eines Schreibtisches für 1.800 € sieht der Buchungssatz wie folgt aus:

Büro- und Geschäftsausstattung 1.800 **an** Kasse 1.800

Nach dem Fundamentalprinzip der doppelten Buchführung muss beim Buchungssatz grundsätzlich folgende Gleichung und folgender Grundsatz eingehalten werden:

Summe aller Sollbuchungen	=	Summe aller Habenbuchungen
	Keine Buchung ohne Gegenbuchung!	

Sofern ein Geschäftsvorfall nur zwei Konten anspricht, wird er als **einfacher Buchungssatz** bezeichnet. Werden dagegen mehr als zwei Konten angesprochen, liegt ein sog. **zusammengesetzter Buchungssatz** vor.

Beispiel (Geschäftsvorfall): Kauf eines Schreibtisches für 1.800 €. 800 € werden bar bezahlt und 1.000 € per Bank überwiesen.

Zusammengesetzter Buchungssatz:

Büro- und Geschäftsausstattung	1.800	**an**	Kasse	800
			Bank	1.000

Wie bereits bei der Beschreibung des Kontos verdeutlicht wurde, wird bei der Buchung auf Konten ein Text, das Datum und der Betrag erfasst. Oftmals wird in der Praxis beim Verbuchen auch das Gegenkonto vermerkt, der sog. **Kontenanruf** oder **Kontenruf**. In der Buchungspraxis werden dabei, insbesondere beim Einsatz der EDV, anstatt der verbalen Bezeichnung die Kontennummern (Ziffern) aus dem jeweils benutzten Kontenrahmen bzw. Kontenplan verwendet.

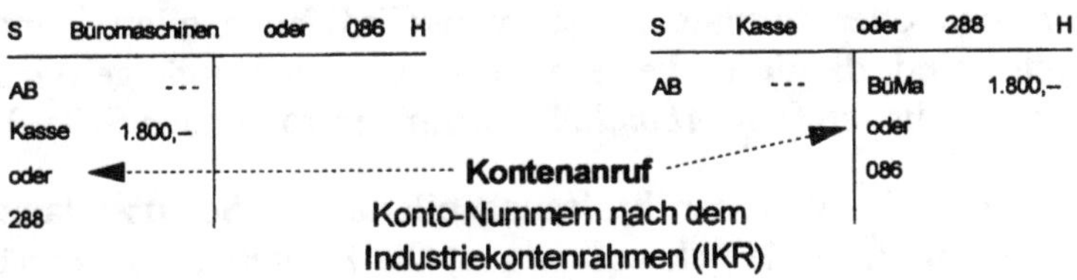

Unabhängig davon, ob konventionelle Buchführungsformen oder moderne zum Einsatz kommen, kann es vorkommen, dass eine Buchung unrichtig erfolgt (falsches Konto, falscher Betrag). Da das Ausstreichen gesetzlich untersagt ist, muss eine Korrekturbuchung, sog. **Stornobuchung**, durchgeführt werden. Das bedeutet, dass zunächst die falsche Buchung durch eine umgekehrte Stornobuchung aufgehoben wird und danach die richtige Buchung folgt. Der Grundsatz der doppelten Verbuchung gilt selbstverständlich auch für Stornofälle. Wurde allerdings versehentlich zweimal auf der gleichen Kontoseite gebucht (z. B. Wareneinkauf auf Ziel wurde nicht nur auf dem Warenkonto, sondern auch auf dem Verbindlichkeitenkonto im Soll gebucht), so kann dieser buchungstechnische Fehler nicht durch eine Stornobuchung beseitigt werden. In solchen Fällen lässt sich der Fehler nur durch Ausstreichen der Eintragung auf der falschen Seite und einer anschließend vorgenommenen Lastschrift (Sollseite) bzw. Gutschrift (Habenseite) auf der richtigen Seite korrigieren.

5.3.4 Übersicht über das Kontensystem

Damit die im folgenden noch zu behandelnden Kontenarten (bisher wurden nur die Bestandskonten ausführlich dargelegt) in ihrer Beziehung zueinander und im Hinblick auf die Entstehung der Schlussbilanz besser eingeordnet werden können, erfolgt zunächst eine kurze Charakterisierung der relevanten Kontenarten nebst Eröffnungs- und Schlussbilanz sowie Gewinn- und Verlustrechnung.

Im Kontensystem der doppelten Buchführung lassen sich die relevanten Kontenarten wie folgt unterteilen: In Kontenarten, die Wertänderungen erfassen (aktivische und passivische Bestandskonten, Eigenkapitalkonto, Aufwands- und Ertragskonten, gemischte Erfolgskonten, gemischte Bestandskonten, Gewinn- und Verlustkonto sowie Privatkonto) und Kontenarten, die nur technische oder formale Hilfskonten (Eröffnungsbilanz- und Schlussbilanzkonto) sind, da diesen keine wirtschaftlichen Vorgänge (Geschäftsvorfälle) zugrunde liegen (vgl. *Abbildung 57* auf den folgenden Seiten).

Die *Abbildung 58* "Von der Eröffnungsbilanz zur Schlussbilanz" (S. 179) verdeutlicht (durch Pfeile gekennzeichnet) die Kontenzusammenhänge sowie die globale Vorgehensweise beim Abschluss. Auf die konkreten Vorarbeiten zur Erstellung des Jahresabschlusses (die Erfassung aller Salden der Einzelkonten im Rahmen einer Hauptabschlussübersicht) wird an späterer Stelle eingegangen werden.

Abbildung 57a

Kontenarten und deren Charakterisierung		
Kontenart	Aufgabe und Charakter	Kontenabschluss
Eröffnungsbilanz (kein Konto)	Entspricht der Schussbilanz des vorangegangenen Geschäftsjahres. Steht außerhalb des Systems der doppelten Buchführung und weist auf der linken Seite alle Aktivpositionen und auf der rechten Seite alle Passivpositionen aus. Die Gliederung erfolgt unter Beachtung der Vorschriften des HGB.	nein
Eröffnungsbilanzkonto	Stellt ein Hilfskonto (Buchführungshilfe) zur Buchführung der Endbestände des vorangegangenen Geschäftsjahres als Anfangsbestände der Bestandskonten des laufenden Geschäftsjahres dar. Wird in der Praxis häufig weggelassen (Ordnungsmäßigkeit der Buchführung ist trotzdem gegeben). Die Gliederung erfolgt ausschließlich nach betrieblichen Gesichtspunkten	Jeweiliges Bestandskonto
Aktivische Bestandskonten	Erfassung der Bestandsveränderungen (Mehrungen und Minderungen) bei den einzelnen Vermögenswerten (Mittelverwendung)	Schlussbilanzkonto
Passivische Bestandskonten	Erfassung der Bestandsveränderungen (Mehrungen und Minderungen) bei den einzelnen Kapitalbeständen (Mittelherkunft)	Schlussbilanzkonto
Eigenkapitalkonto	Passivisches Bestandskonto, das die Entwicklung des Reinvermögens durch Erfassung des betrieblichen Erfolgs (erfolgswirksame Vorgänge) und sonstiger Vorgänge, die zu Vermögensänderungen führen (Entnahmen und Einlagen als erfolgsunwirksame Vorgänge), dargestellt.	Schlussbilanzkonto
Aufwandskonten	Erfassung der Beträge nach Aufwandsarten, die zu einer Eigenkapitalminderung führen (negative Erfolgsbeiträge).	Gewinn- und Verlustkonto
Ertragskonten	Erfassung der Beträge nach Ertragsarten, die zu einer Eigenkapitalmehrung führen (positive Erfolgsbeiträge)	Gewinn- und Verlustkonto

Abbildung 57b

Kontenarten und deren Charakterisierung		
Kontenart	Aufgabe und Charakter	Kontenabschluss
Gemischte Erfolgskonten	Erfassung von Beständen und Erfolgsbeiträgen, wobei eine Inventur (zur Ermittlung der Endbestände) notwendige Voraussetzung ist. Nach dem GoB sind gemischte Konten möglichst zu vermeiden, da bei ihnen der Saldo (Buchbestand) regelmäßig weder mit dem tatsächlichen Bestand noch mit dem Erfolg übereinstimmt.	Gewinn- und Verlustkonto und Schlussbilanzkonto
Gemischte Bestandskonten	Zunächst erfolgt die Ermittlung des Erfolgsanteils (z.B. Abschreibungen auf Maschinen), der dann vom buchmäßig ausgewiesenen Bestand abgezogen wird; auf diese Weise erhält man den neuen Endbestand. Um den Erfolgsanteil zu ermitteln, ist im Gegensatz zu den gemischten Erfolgskonten, eine Bestandsermittlung durch Inventur nicht erforderlich.	Gewinn- und Verlustkonto und Schlussbilanzkonto
Gewinn- und Verlustkonto	Erfassung der Salden der einzelnen Aufwands- und Ertragskonten (unter Angabe der Aufwands- und Ertragsarten)	Eigenkapitalkonto
Gewinn- und Verlustrechnung	Zusammenfassung der Positionen des GuV-Kontos und Umgliederung entsprechend den Gliederungsvorschriften des HGB; steht außerhalb des Systems der doppelten Buchführung.	kein
Privatkonto	Erfassung der Privatentnahmen und Privateinlagen des/der Unternehmer/in (erfolgsneutrale Vorgänge). Spezielles Konto bei Personenunternehmen.	Eigenkapitalkonto
Schlussbilanzkonto	Erfassung der aktiven und passiven Endbestände; somit Darstellung des Vermögens und Kapitals (mit dem Eigenkapital als Reinvermögensgröße). Stellt ein Sammelkonto dar, dessen Gliederungstiefe von der Anzahl der im Verlauf eines Geschäftsjahres eröffneten Bestandskonten abhängt.	(Wird ohne Buchungssätze in die Schlussbilanz übernommen
Schlussbilanz	Zusammenfassung der Positionen des Schlussbilanzkontos unter Betrachtung des Gliederungsvorschriften des HGB. Bildet die Grundlage für die Eröffnungsbilanz des nachfolgenden Geschäftsjahres; steht außerhalb des Systems der doppelten Buchführung.	(Grundlage für Anfangsbestände des Bestandskonten des folgenden Geschäftsjahres

Abbildung 58

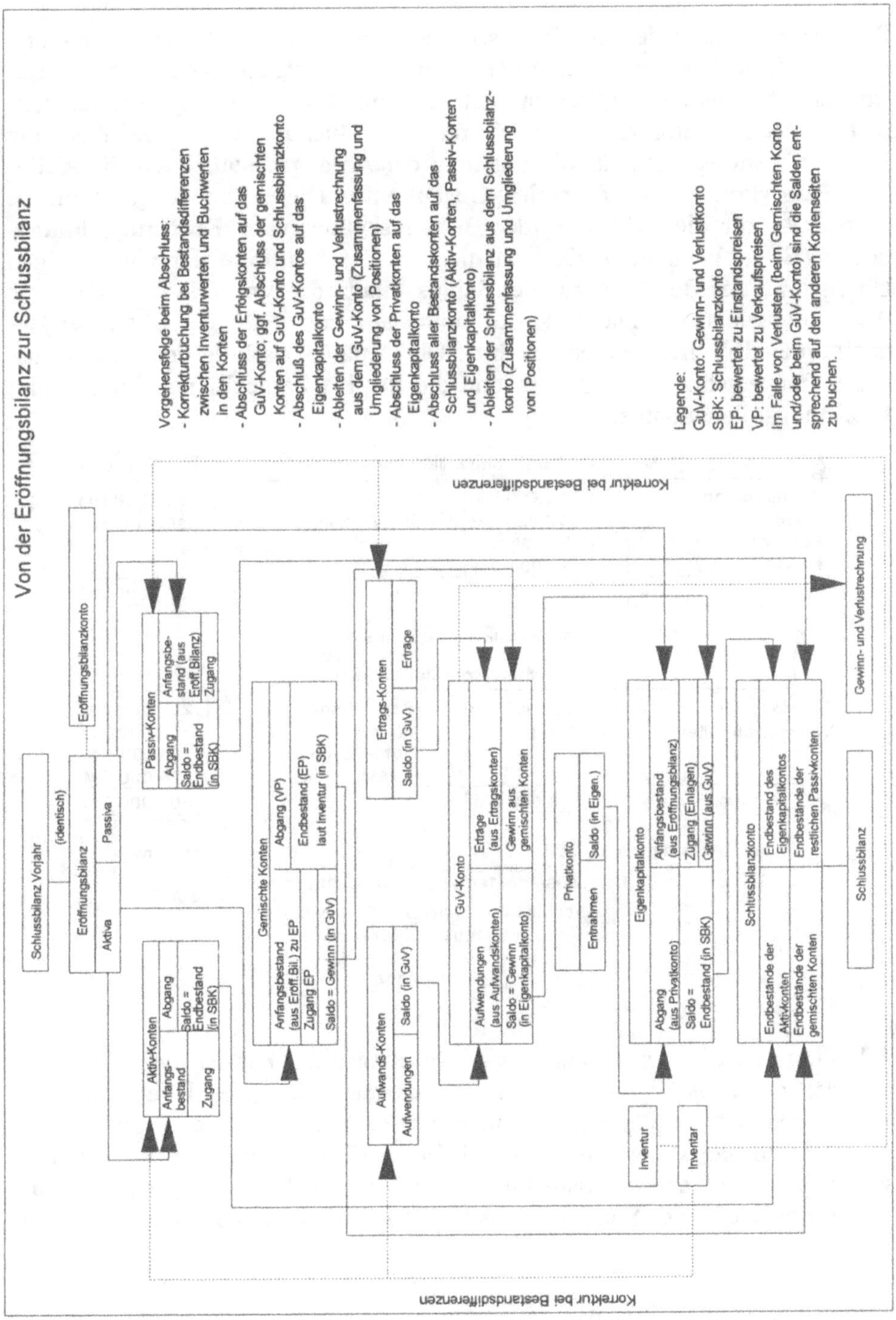

5.3.4.1 Eröffnungs- und Schlussbilanzkonto

Bei der Zerlegung der Eröffnungsbilanz wurden die Werte der Aktiv- und Passivseite bisher nur schematisch, d. h. ohne Buchungssätze auf die Bestandskonten als Anfangsbestände übertragen. Da aber das System der doppelten Buchführung grundsätzlich für jede Buchung eine Gegenbuchung verlangt, benötigt man für die Buchung der Anfangsbestände auf die Aktiv- und Passivkonten ein **formales** Gegenkonto. Dieses buchungstechnische Hilfskonto für die Eröffnung der Bestandskonten wird **Eröffnungsbilanzkonto** (EBK) genannt. Außerdem dient es der Kontrolle der vollständigen Übernahme der Bestände aus der Schlussbilanz der Vorperiode in die neue Abrechnungsperiode. Dieses Konto nimmt alle Positionen der Bilanz auf, jedoch **spiegelbildlich** (seitenverkehrt). Die Anfangsbestände der Vermögenspositionen erscheinen im Haben und die der Kapitalpositionen im Soll des Eröffnungsbilanzkontos.

Aktiva	Eröffnungsbilanz zum 1.1.19..		Passiva
Sachanlagen	250.000 DM	Eigenkapital	200.000 DM
Waren	170.000 DM	Verbindlichkeiten	300.000 DM
Forderungen	55.000 DM		
Kasse	25.000 DM		
	500.000 DM		500.000 DM

Spiegelbild der Eröffnungsbilanz

Soll	**Eröffnungsbilanzkonto**		Haben
Eigenkapital	200.000 DM	Sachanlagen	250.000 DM
Verbindlichkeiten	300.000 DM	Waren	170.000 DM
		Forderungen	55.000 DM
		Kasse	25.000 DM
	500.000 DM		500.000 DM

Aktivkonten an EBK EBK an Passivkonten

Erfassung der laufenden Geschäftsvorfälle

Abschluß der Aktiv- und Passivkonten
in Schlussbilanzkonto
=
Schlussbilanz

Allerdings ist die Benutzung eines Eröffnungsbilanzkontos nicht zwingend erforderlich. Dies ergibt sich u. a. daraus, dass nach der Bilanzgleichung (Vermögensseite = Kapitalseite) auch die Summe aller Buchungen auf den Aktivkonten gleich der Summe sämtlicher Buchungen auf den Passivkonten sein muss. Oder anders ausgedrückt: Die Summe der Anfangsbestände der Aktivseite hat in der Summe der Anfangsbestände der Passivseite ihre **Ge-**

genbuchung. Aus Vereinfachungsgründen wird in der Praxis vielfach auf die Einrichtung des Eröffnungsbilanzkontos verzichtet. Die Buchungssätze bei der Konteneröffnung mit und ohne Verwendung des Eröffnungsbilanzkontos lauten wie folgt:

Konteneröffnung mit EBK:		
Eröffnungsbilanzkonto	**an**	alle Passivkonten
alle Aktivkonten	**an**	Eröffnungsbilanzkonto
Konteneröffnung ohne EBK:		
alle Aktivkonten	**an**	alle Passivkonten

Also nochmals: Das Eröffnungsbilanzkonto ist die spiegelbildliche (seitenverkehrte) Wiedergabe der Positionen der Eröffnungsbilanz der neu begonnenen Abrechnungsperiode, wobei die Eröffnungsbilanz dem Grundsatz der Bilanzidentität (§ 252 Abs. 1 Nr. 1 HGB) entsprechend, mit der Schlussbilanz der vorangegangenen Geschäftsperiode identisch ist.

Für die Zusammenführung der Bestandskonten zu einer neuen Bilanz dient als formales Gegenkonto das **Schlussbilanzkonto** (SKB). Da aber die Haben-Salden der Aktivkonten auf der Sollseite und die Soll-Salden der Passivkonten auf der Habenseite des Schlussbilanzkontos erscheinen, ist das Konto - im Gegensatz zum Eröffnungsbilanzkonto - **kein** Spiegelbildkonto der Schlussbilanz. Die Buchungssätze zur Übertragung der aktiven und passiven Endbestände an das Schlussbilanzkonto lauten:

SBK	**an**	alle Aktivkonten
alle Passivkonten	**an**	SBK

Aus dem Schlussbilanzkonto kann, unter Beachtung der handelsrechtlichen Gliederungsvorschriften, die Schlussbilanz direkt abgeleitet werden.

5.3.4.2 Privat- und Erfolgskonto

Wie bereits im Rahmen der Behandlung des Punktes Betriebsvermögensvergleich und Gewinnermittlung kurz dargelegt, verändern nicht nur Aufwendungen und Erträge, sondern auch Kapitalerhöhungen oder Herabsetzungen das Eigenkapital. Dies bedeutet, dass es sinnvoll ist, in der Buchhaltung **unternehmenszweck-** und **nicht unternehmenszweckbedingte** Aktivitäten zu trennen. Oder anders ausgedrückt: zum einen in **erfolgsneutrale** Geschäftsvorfälle (Entnahmen vom und Einlagen auf das Eigenkapitalkonto) und zum anderen **erfolgswirksame** Geschäftsvorfälle. Bei letzteren handelt es sich vor allem um Geschäftsvorfälle, die in Zusammenhang mit der Herstellung und dem Absatz von Produkten und Dienstleistungen stehen.

Grundsätzlich wäre es möglich, alle das Eigenkapital betreffenden Geschäftsvorfälle direkt auf das Eigenkapitalkonto zu buchen. Diese Art der Verbuchung hat jedoch den Nachteil, dass zum einen das Eigenkapitalkonto unübersichtlich und zum anderen die Quellen des Erfolgs, d. h. die einzelnen Aufwands- und Ertragsarten, kontenmäßig nicht gesondert ausgewiesen würden. Aus Gründen der Klarheit und Übersichtlichkeit werden als **Unterkonten** des Eigenkapitals **Privatkonten** und **Erfolgskonten** geführt. Durch dieses Vorgehen wird das Eigenkapitalkonto zu einem sog. "ruhenden" Konto, da auf ihm nur noch einmal, und zwar zum Ende des Geschäftsjahres, Buchungen vorgenommen werden. Zum Periodenabschluss werden über das Hauptkonto Eigenkapital **alle** dazugehörigen **Unterkonten** abgeschlossen.

5.3.4.3 Privatkonto bei Nicht-Kapitalgesellschaften

Privat verursachte Eigenkapitalveränderungen können nur bei **Nicht-Kapitalgesellschaften** auftreten, da Kapitalgesellschaften keine "Privat"-Sphäre haben.

Um sich eine spätere Herausrechnung bestimmter Posten wie z. B. Barentnahmen, Sachentnahmen[29], Privatsteuern usw. zu ersparen, werden in der Praxis je Gesellschafter oft mehrere Privatkonten geführt. Üblich ist dabei, dass Privateinlagen und Privatentnahmen auf getrennten Konten erfasst werden. Die Privatkonten als Unterkonten des Eigenkapitalkontos folgen dem Kontenformalismus des Hauptkontos. Wie bei allen Passivkonten werden Zugänge (Geld- und Sacheinlagen) im Haben und Abgänge (Geld- und Sachentnahmen) im Soll gebucht. Die Privatkonten werden nicht über das GuV-Konto, sondern direkt über das Eigenkapitalkonto abgeschlossen.

---

29 Der sog. Eigenverbrauch (Entnahmen von Gütern und Dienstleistungen durch den Unternehmer) unterliegt der Umsatzsteuerpflicht!

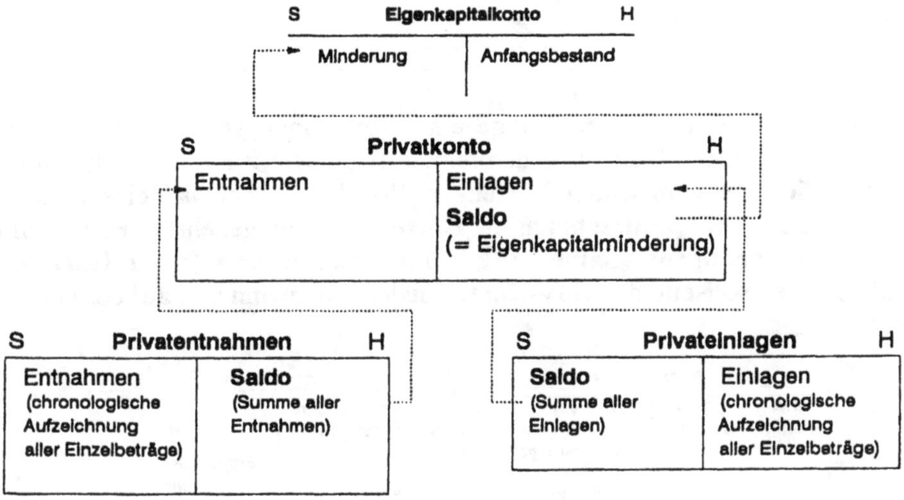

5.3.4.4 Aufgabe und Abschluss der reinen Erfolgskonten

In der Struktur entsprechen die **Erfolgskonten**, d. h. die Aufwands- und Ertragskonten, den Bestandskonten, allerdings mit einem zentralen Unterschied. Auf den Erfolgskonten treten **keine Anfangsbestände** auf. Letztlich erfassen diese Konten nur periodisierte Ausgaben und Einnahmen, d. h. **Stromgrößen** und nicht **Bestandsgrößen**.

Aufwandskonten erfassen alle in einer Rechnungsperiode anfallenden Aufwendungen (z. B. Verbrauch von Roh-, Hilfs- und Betriebsstoffen, Löhne und Gehälter, Mieten, Abschreibungen usw.), die mit dem jeweiligen Saldo in das GuV-Konto eingehen. Sieht man von Stornierungen und Umbuchungen ab, so berühren die **Aufwendungen** der Periode praktisch ausschließlich die **Sollseite**. Die Soll-Salden auf der Habenseite gehen in das GuV-Konto und stehen dort auf der Sollseite.

Ertragskonten erfassen alle in der Rechnungsperiode anfallenden Erträge (z. B. Umsatzerlöse, Mieterträge, Zinserträge usw.) auf der **Habenseite**, ggf. reduziert um bestimmte Ertragsminderungen (sofern diese nicht auf gesonderten Erfolgskonten erfasst werden) auf der Sollseite. Die Salden werden in das GuV-Konto auf die Habenseite überführt. In allgemeiner Form lauten die Buchungssätze für den Abschluss der Erfolgskonten wie folgt:

GuV-Konto	an	Aufwandskonto
Ertragskonto	an	GuV-Konto

Übersteigt die Summe aller Erträge einer Abrechnungsperiode die Summe aller Aufwendungen (sowohl in den reinen Erfolgskonten als auch in den Erfolgsanteilen der gemischten Konten), so handelt es sich um eine **erfolgswirksame Eigenkapitalmehrung (= Gewinn)**. Im umgekehrten Fall kommt es zu einer **erfolgswirksamen Eigenkapitalminderung (= Verlust)**. Ein Saldo auf der Sollseite des GuV-Kontos bedeutet Gewinn und auf der Habenseite Verlust.

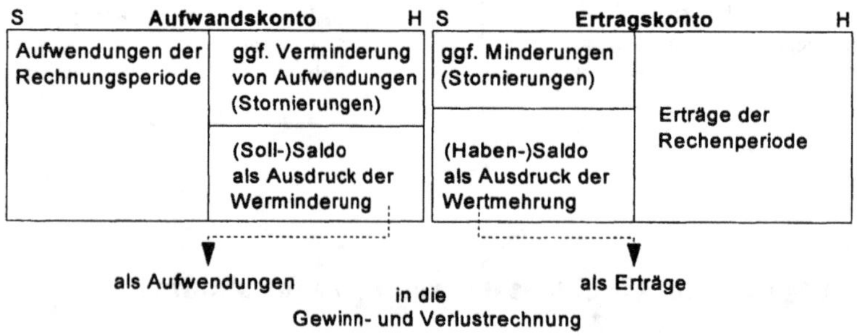

Der Saldo des GuV-Kontos fließt in das Eigenkapitalkonto. Ein **Gewinn** erscheint als Mehrung des Reinvermögens auf der **Habenseite** und ein **Verlust** als Minderung auf der **Sollseite** des Eigenkapitalkontos. Die Buchungssätze lauten:

GuV-Konto	an	EK-Konto (im Gewinnfall)
EK-Konto	an	GuV-Konto (im Verlustfall)

Zum einen spiegelt sich das Ergebnis des GuV-Kontos in der Bilanzposition Eigenkapital wider, zum anderen wird es gemäß den handelsrechtlichen Vorschriften zu einer komprimierten GuV-Rechnung zusammengefasst. Außer den Gliederungsvorschriften gilt es, das sog. Verrechnungsverbot oder Bruttoprinzip (§ 256 Abs. 2 HGB) im Rahmen der Erstellung des GuV-Kontos und der GuV-Rechnung zu beachten. Dieses untersagt die Saldierung von Aufwands- und Ertragskonten (z. B. Aufrechnung von "Zinsaufwand" und "Zinsertrag"), damit dem externen Adressaten über die GuV-Rechnung ein Einblick (unverfälschter, wenn auch sehr beschränkter) in die Erfolgslage des Unternehmens möglich ist.

5.3.4.5 Gemischte Konten

Charakteristisch für ein **gemischtes Konto** ist, dass es sowohl einen Endbestand als auch einen Erfolgssaldo ausweist. Diese Vermischung wesensverschiedener Konten führt dazu, dass die Saldierung dieser Konten schwierig und unübersichtlich ist. Um die Aussagekraft der Ergebnisse der Buchhaltung zu erhöhen, bemüht man sich, gemischte Konten durch die Teilung in ein reines Bestandskonto und ein reines Erfolgskonto zu vermeiden. Grundsätzlich lassen sich zwei Arten von gemischten Konten unterscheiden:

- Bestandskonten mit Erfolgsanteil

- Erfolgskonten mit Bestandsanteil

Der zentrale Unterschied der beiden Kontenarten liegt in der Feststellung des Erfolgsanteils. Während bei den **Bestandskonten mit Erfolgsanteil** zur Ermittlung des Erfolgs **keine Inventur** erforderlich ist, ist die Bestimmung des Erfolgsanteils bei **Erfolgskonten mit Bestandsanteil** nur **mit Hilfe der Inventur** möglich. Der **ohne Inventur** ermittelte Saldo enthält sowohl Bestands- als auch Erfolgsanteile, d. h. Bestands- und Erfolgsanteile sind **untrennbar vermischt**.

Typische Beispiele für **Bestandskonten mit Erfolgsanteil** sind die Anlagekonten für Maschinen, Fuhrpark, Geschäftseinrichtung u. ä. Als typische Beispiele für **Erfolgskonten mit Bestandsanteil** sind das gemischte (einheitliche oder ungeteilte) Warenkonto und das gemischte Effekten- oder Devisenkonto zu nennen. Anhand der beispielhaften Darstellung jeweils eines dieser Kontenarten werden die Gemeinsamkeiten und Unterschiede verdeutlicht:

a) **Bestandskonto mit Erfolgsanteil "Maschinen"**: Maschinen unterliegen einer Wertminderung, so dass der Anfangsbestand nebst den Zugängen (erfasst zu Anschaffungs- oder Herstellungskosten) in der betrachteten Periode einer periodischen Wertkorrektur bedarf. Als Korrekturposition dient dabei die **Aufwandsart** "Abschreibung". Ist die Abschreibung (= Aufwand) buchtechnisch vollzogen, wird der Rest- oder Buchwert (neuer Bestandswert) des Kontos Maschinen ermittelt und in das Schlussbilanzkonto auf die Sollseite überführt. Der Abschreibungsbetrag wird zunächst auf der Sollseite des Kontos "Abschreibungen auf Maschinen" erfasst und zum Abschluss auf die Sollseite des GuV-Kontos überführt.

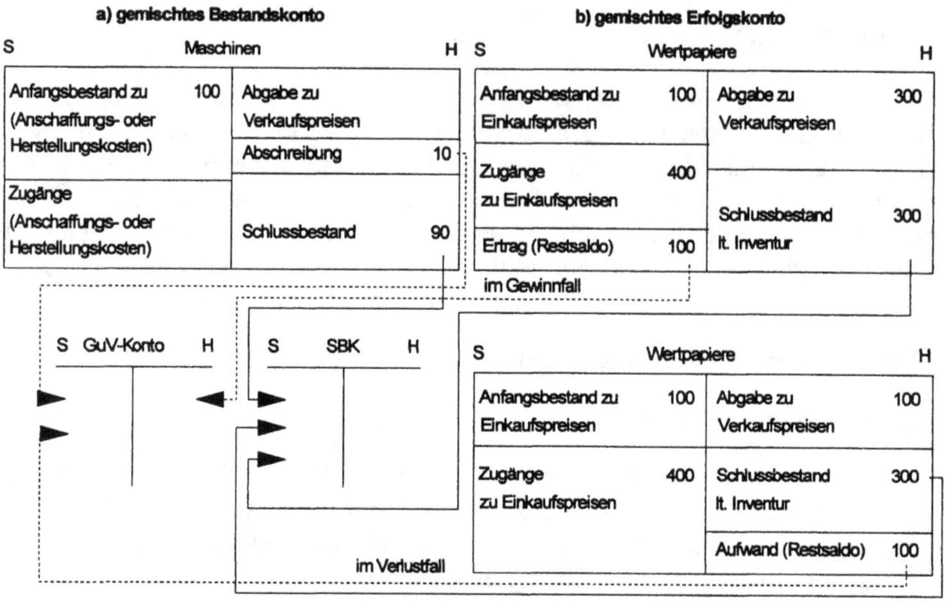

b) **Erfolgskonto mit Bestandsanteil "Wertpapiere"**: Auf dem gemischten Wertpapierkonto wird zu Beginn der Periode der **Anfangsbestand** zu Einkaufspreisen im Soll vorgetragen. Ebenfalls auf dieser Seite werden die **Käufe** (Zugänge) während des laufenden Geschäftsjahres zu **Einkaufspreisen** gebucht. Die **Verkäufe** (Abgänge) werden dagegen mit den zugehörigen **Verkaufspreisen** auf der Habenseite erfasst. Es findet also eine Verrechnung zu verschiedenen Preisen statt, womit die Berechnung des Erfolgssaldos erst nach der Feststellung des Endbestandes möglich ist. Der durch die Inventur ermittelte (bewertete) Endbestand wird auf der Habenseite des Kontos gegengebucht. Der nach Abzug des Inventurbestandes verbleibende Restbetrag oder Saldo ist der Erfolgsanteil des gemischten Kontos (Ertrag oder Aufwand), der wiederum seinen Niederschlag im GuV-Konto findet.

Gemischte Konten sind gemäß den GoB zu vermeiden. Im Falle des gemischten Erfolgskontos Wertpapiere wird dies dadurch erreicht, dass zum einen sofort bei jeder Veräußerung der Abgang zum Buchwert (d. h. in der Regel zu Anschaffungskosten) auf dem Konto Wertpapiere erfasst wird und der Veräußerungserfolg (Differenz zwischen Einkaufs- und Verkaufswert) auf einem separaten Erfolgskonto. Das Bestandskonto Wertpapiere weist den Buchbestand aus, der sich ceteris paribus stets mit dem tatsächlichen Bestand deckt. Folgendes Beispiel verdeutlicht die Auflösung von gemischten Erfolgskonten.

Beispiel: Wir verkaufen von 10 Aktien einer Augenoptikkette, die im Vorjahr zu 300 € das Stück erworben waren, 5 Stück für 1.700 €, der Verkaufspreis wird uns auf dem Bankkonto gutgeschrieben.

Buchungssatz:

1) Bank	1.700,–	an	Wertpapiere	1.500,–
			Ertrag	200,–

S	Bank		H
AB	......		
1)	1.700		

S	Wertpapiere		H
AB	3.000	1)	1.500
		SB	1.500

S	Ertrag (WP)		H
		1)	200

Auf dem Konto Wertpapiere kann zu jeder Zeit der rechnerische Buchbestand (Endbestand 1.500 € = 5 Aktien) ermittelt werden, da nunmehr auf beiden Seiten des Kontos zu Anschaffungskosten gebucht wurde. Der endgültige Endbestand wird mit Hilfe der Inventur festgestellt, so dass die Kontrollfunktion der Inventur wiederhergestellt und ein wirksamer Soll-Ist-Vergleich möglich ist.

5.3.4.6 Ergebnisse der doppelten Buchführung

Das endgültige Ergebnis zu einem bestimmten Stichtag sind die Bilanz und die GuV-Rechnung, die außerhalb des eigentlichen (Konten-)Systems der doppelten Buchführung stehen (vgl. *Abbildung 59*).

Um letztlich den Jahresabschluss zu erstellen, müssen die Schlussbestände aller Bestandskonten und gemischten Konten über das Schlussbilanzkonto und alle reinen Erfolgskonten und gemischten Konten über das GuV-Konto abgeschlossen werden. Die Unterkonten des Eigenkapitalkontos, das GuV-Konto und das Privatkonto, werden über das Eigenkapitalkonto abgeschlossen und das neu ermittelte Eigenkapital in das Schlussbilanzkonto überführt. Durch das Führen des GuV-Kontos, das lediglich erfolgswirksame Geschäftsvorfälle erfasst, ergibt sich die bereits erörterte Erfolgsermittlung auf zwei Wegen. Zum einen aus der Differenz sämtlicher Erträge und sämtlicher Aufwendungen und zum anderen durch Reinvermögens- oder Eigenkapitalvergleich (vgl. *Abbildung 60*).

Abbildung 59

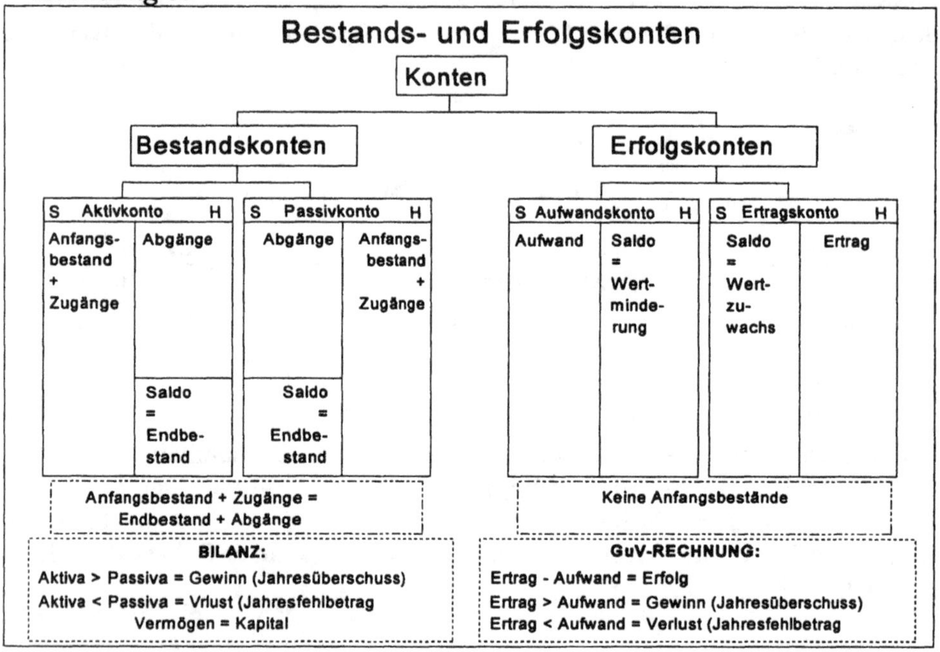

Abbildung 60

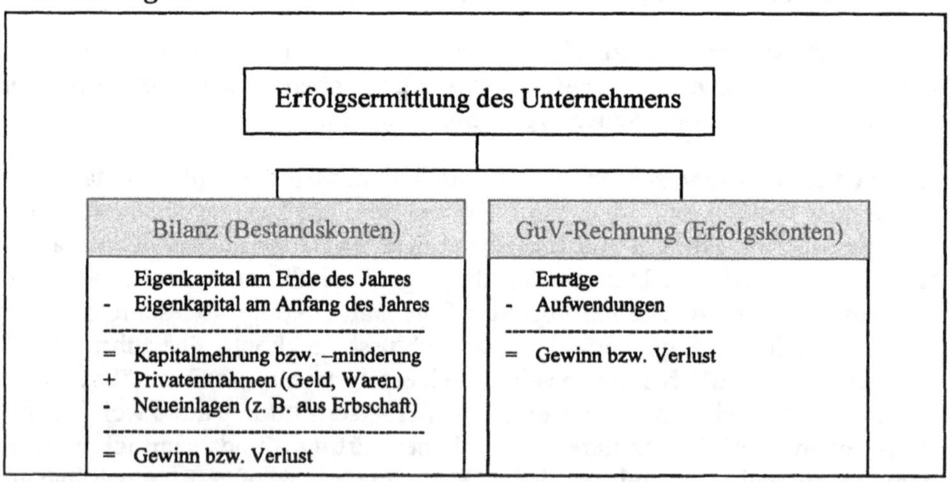

In diesem Zusammenhang sei abschließend darauf hingewiesen, dass der Ausweis des Jahreserfolges von der Gesellschaftsform des Unternehmens abhängt. Während bei Personenunternehmen in der Schlussbilanz das durch den Jahreserfolg veränderte Eigenkapital (sog. variable Kapital) erscheint, hängt der Ausweis bzw. die Art des Ausweises des Jahresüberschusses oder Jahresfehlbetrages einer Kapitalgesellschaft von den Beschlüssen der Organe der Kapitalgesellschaft hinsichtlich der Ergebnisverwendung ab. Zwar verändert der Jahreserfolg das Eigenkapital einer Kapitalgesellschaft (Mehrung oder Minderung), aber diese Eigenkapitalveränderungen dürfen nicht unmittelbar mit dem **Gezeichneten Kapital** (Grund- oder Stammkapital) verrechnet werden, denn es handelt sich hierbei um ein sog. festes oder konstantes Eigenkapital, das sich nicht zwangsläufig in Abhängigkeit vom Jahreserfolg ändert.

5.3.4.7 Exkurs: Ermittlung des internen Erfolges

Wie bereits im Rahmen der Behandlung des Kontenrahmens herausgestellt worden ist, können mehrere Systeme zur Abgrenzung von Aufwendungen und Kosten sowie Erträgen und Leistungen in der Buchführung in Frage kommen. Mit ein Ziel der Unternehmensführung ist es, neben dem handels- und steuerrechtlichen Unternehmenserfolg, den internen Erfolg oder das kalkulatorische Betriebsergebnis für kürzere Perioden zu kontrollieren. Die innerbetriebliche Abrechnung wird dabei in der Regel - anders als die kontenmäßige Finanzbuchführung - in tabellarischer oder statistischer Form durchgeführt.

In der groben Trennung können - bezogen auf Industriebetriebe - zum einen die Einkreissysteme (Gemeinschaftskontenrahmen der Industrie [GKR]) und zum anderen die Zweikreissysteme (Industriekontenrahmen [IKR]) im Rahmen der Abgrenzungsrechnung unterschieden werden. Im Folgenden wird beispielhaft die Trennung von Unternehmenserfolg und Betriebserfolg sowie die "Erfolgsneutralität" der kalkulatorischen Größen im Hinblick auf den nach handels- und steuerrechtlichen Richtlinien auszuweisenden Gewinn aufgezeigt.

Einkreissystem: Will man alle für Kalkulation und Kostenrechnung erforderlichen Kosten in der Buchhaltung erfassen, müssen in der Kontenklasse 4 (**Gemeinschaftskontenrahmen der Industrie**) auch die kalkulatorischen Kosten gebucht werden. Dies hat zur Folge, dass sich in den Salden der Kontenklasse 4, die über das Betriebsergebniskonto in das GuV-Konto fließen, ein bestimmter Anteil kalkulatorischer Kosten befindet. Um den Einfluss der kalkulatorischen Kosten buchtechnisch im GuV-Konto zu neutralisieren (HGB und EStG!), muss eine "Ertrags"-Gegenbuchung vorgenommen werden. Die kalkulatorischen Kosten werden stets entsprechend dem folgenden Buchungssatz verbucht:

Klasse 4 (kalk. Kosten)	**an**	Klasse 2 (verrechnete kalk. Kosten)

Wie *Abbildung 61*, S. 191 verdeutlicht, wird hierdurch erreicht, dass

- sowohl die Grundkosten als auch die kalkulatorischen Kosten, also alle für die Kalkulation erforderlichen Kosten, in der Kontenklasse 4 stehen,
- die kalkulatorischen Kosten zwar Bestandteil des (kalkulatorischen) Betriebsergebnisses sind,
- aber durch sie das Unternehmensergebnis (Gewinn der GuV) nicht beeinflusst wird.

Die Finanz- und die Betriebsbuchhaltung bilden im Rahmen des **Einkreissystems** eine Einheit, d. h., die Gesamtbuchhaltung wird nicht eingeteilt.

Zweikreissystem: Dagegen sind im **Zweikreissystem** die Finanz- und die Betriebsbuchhaltung voneinander getrennt, so dass zwei Abrechnungskreise existieren, von denen jeder in sich geschlossen ist, was aber keineswegs bedeutet, dass eine Abgrenzungsrechnung nicht erfolgt. Die Benutzung eines anders aufgebauten Kontenrahmens, der lediglich ein Hilfsmittel zur Verrechnung ist, setzt selbstverständlich nicht die Grundstruktur einer Trennung von Aufwand und Kosten außer Kraft. Denn ob ein Industrieunternehmen nun den GKR oder den IKR benutzt, führt zu keinerlei Veränderungen bei den einzelnen, innerhalb der Finanz- und der Betriebsbuchhaltung sich vorfindenden Ergebnissen.

Auch im Zweikreissystem (IKR) gilt es, aus den im Rechnungskreis 1 (Finanzbuchhaltung) in den Kontenklassen 5, 6 und 7 erfassten Erträgen und Aufwendungen die Leistungen und Kosten zu entwickeln. Die Abgrenzung erfolgt, wie anhand der Daten in *Abbildung 62*[30] (S. 192) nachvollzogen werden kann, in drei Schritten:

1. Aus der Spaltengruppe I werden zunächst die Werte der Kontenklassen 5, 6 und 7 als Erträge (insgesamt 360) und Aufwendungen (insgesamt 250), deren Differenz den externen Erfolg oder Unternehmenserfolg (+110) aufzeigt, aus der Finanzbuchhaltung übernommen. In der Spaltengruppe II erfolgt dann der erste Abgrenzungsschritt, indem hier die neutralen Erträge (60) und Aufwendungen (40), deren Differenz den neutralen Erfolg (+20) zeigen, separiert werden.
2. Im zweiten Schritt werden die Aufwendungen und Erträge, die in der Kostenrechnung mit einem anderen Betrag als in der Finanzbuchhaltung angesetzt werden sollen, in die Spaltengruppe III des Rechnungskreises II übernommen. Diesen Beträgen wird ebenfalls in der Spaltengruppe III der in der Kosten- und Leistungsrechnung jeweils anzusetzende Betrag gegenübergestellt und gleichzeitig in die interne Erfolgsrechnung übernommen.
3. Im dritten Schritt werden im Rechnungskreis II außerdem alle Kosten und Leistungen - in die Spalte kostenrechnerische Korrekturen und in die Spalte "Kosten- und Leistungsrechnung" - hinzugefügt, denen in der Finanzbuchhaltung keine Aufwendungen und Erträge gegenüberstehen.

30 In Anlehnung an K.-D. Däumler/J. Grabe (1996), S. 209.

Abbildung 61

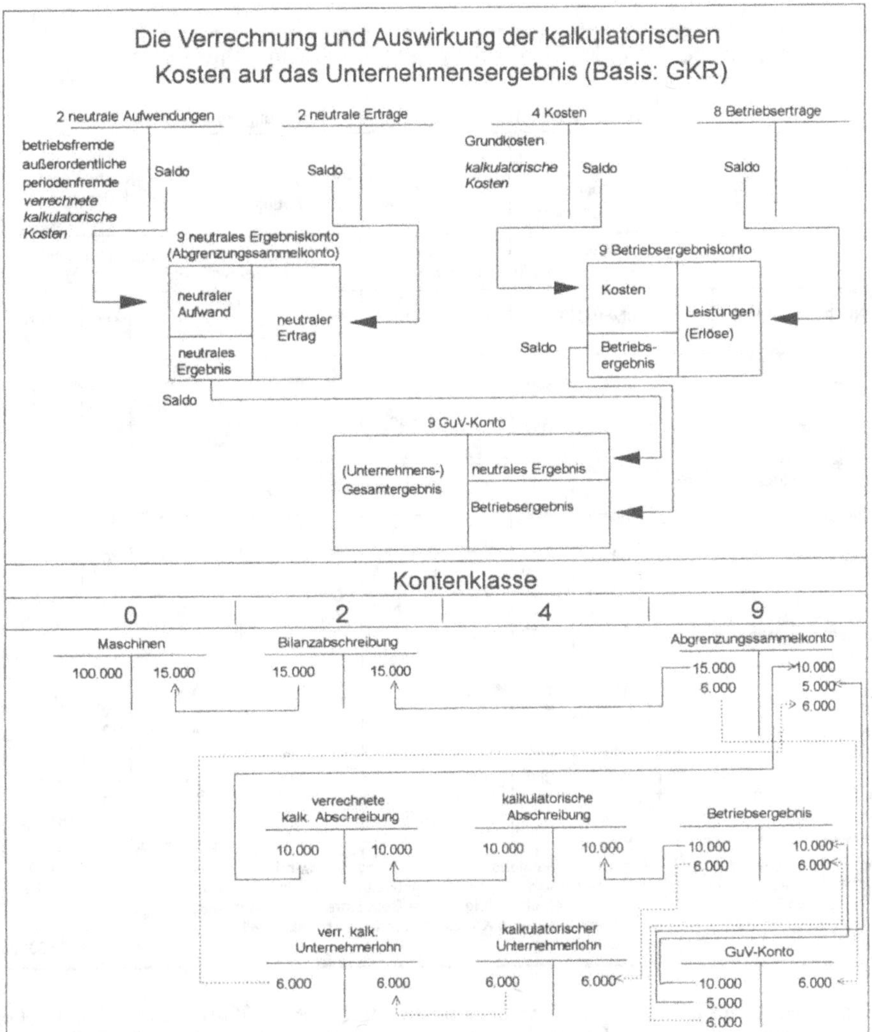

Beispiel 1: ————> Bilanzabschreibung 15.000 DM, kalkulatorische Abschreibung 10.000 DM

Beispiel 2: ··········> Kalkulatorischer Unternehmerlohn 6.000 DM

Die Pfeilspitze dokumentiert den Buchungssatz Soll an Haben.

Kalkulatorische Abschreibung:

Buchung der bilanzmäßigen Abschreibung

2 bilanzmäßige Abschreibung an 0 Maschinen 15.000

Buchung der kalkulatorischen Abschreibung

4 kalkulatorische Abschreibung an 2 bilanzmäßige Abschreibung 10.000

Abschluss der Konten

9 Abgrenzungssammelkonto an 2 bilanzmäßige Abschreibung 15.000
2 verrechnete kalk. Abschreibung an Abgrenzungssammelkonto 10.000
9 Betriebsergebniskonto an 4 kalk. Abschreibung 10.000
9 GuV-Konto an 9 Betriebsergebniskonto 10.000
9 GuV-Konto an 9 Abgrenzungssammelkonto 5.000

Kalkulatorischer Unternehmerlohn:

entfällt
entfällt

Buchung des kalkulatorischen Unternehmerlohns

4 kalk. Unternehmerlohn an 2 verr. kalk. Unternehmerlohn 6.000

Abschluss der Konten

entfällt
2 verr. kalk. Unternehmerlohn an Abgrenzungssammelkonto 6.000
9 Betriebsergebniskonto an 4 kalk. Unternehmerlohn 6.000
9 GuV-Konto an 9 Betriebsergebniskonto 6.000
9 Abgrenzungssammelkonto an GuV-Konto 6.000

Abbildung 62

Abgrenzungsrechnung im Zweikreissystem in tabellarischer Form

		Rechnungskreis 1		Rechnungskreis 2					
		Finanzbuchhaltung		Abgrenzungsrechnung				Kosten- und Leistungsrechnung	
		Externer Gesamterfolg (I)		Neutraler Erfolg (II)		Kostenrechnerische Korrekturen (III)		Interner Erfolg	
	Kontobezeichnung	Aufwand	Ertrag	Neutraler Aufwand	Neutraler Ertrag	Zweckaufwand → / Andersleistung ←	Anderskosten / Betr. Ertrag	Kosten	Leistung
(1)	Umsatz		300						300
(2)	Zinserträge		40		40				
(3)	Erträge aus der Auflösung von Rückstellungen		20		20				
(4)	Materialaufwand	80						80	
(5)	Löhne	60				60	70	70	
(6)	Abschreibungen	70				70	50	50	
(7)	Verluste aus Anlagenverkäufen	30		30					
(8)	Spenden	10		10					
(9)	Kalk. Unternehmerlohn	–				–	40	40	
		250	360	40	60	130	160	240	300
		+ 110		+ 20		+ 30		+ 60	

Zusammenhang zwischen dem externen Gesamterfolg und dem internen Erfolg			
	Externer Gesamterfolg	= Ertrag - Aufwand	= +110
	- Neutraler Erfolg	= Neutr. Ertrag - Neutr. Aufwand	= 20
	= Externer betriebl. Erfolg	= Betr. Ertrag - Betr. Aufwand	= +90
	- Kostenrechnerische Korrekturen (= Gewinnbestandteil)		= 30
	= Interner Erfolg		= +60

In diesem Fall ergibt sich aufgrund kostenrechnerischer Korrekturen, d. h. bei Berücksichtigung aller kalkulatorischen Kosten (Anders- und Zusatzkosten), eine zusätzliche Kostengröße von insgesamt 30, die als erlöste Wertgröße (Gewinnbestandteil) zu interpretieren ist und demzufolge vom externen betrieblichen Erfolg (**externer Gesamterfolg** 110 - **neutraler Erfolg** 20 = **externer betrieblicher Erfolg** 90) abzuziehen ist. Im Abgrenzungsbereich werden die kalkulatorischen Kosten als "verrechnete Kosten" quasi als neutraler Ertrag den Aufwendungen der Finanzbuchhaltung gegenübergestellt. Sofern die verrechneten Kosten im Abgrenzungsbereich höher angesetzt sind als in der Finanzbuchhaltung, ergibt sich ein neutraler Gewinn aus kostenrechnerischen Korrekturen, im umgekehrten Fall ein neutraler Verlust. Unter Ausklammerung des eigentlichen neutralen Erfolges und einer weiteren Reduzierung des Erfolges durch die Hinzurechnung fiktiver Kostenbestandteile (neutraler Gewinn aus kostenrechnerischen Korrekturen) ergibt sich letztlich ein **interner Erfolg** von 60.

6. Kapitel: Die Verbuchung ausgewählter Geschäftsvorfälle

1 Laufende, periodenvorbereitende und -abschließende Buchungen

Unabhängig von Unternehmensgröße und Branchenzugehörigkeit lässt sich zunächst die grundsätzliche Differenzierung in **laufend zu buchende Vorgänge** und **periodenvorbereitende** bzw. **periodenabschließende Buchungen** zum Jahresabschluss vornehmen (vgl. *Abbildung 63*). So werden im Verlauf einer Wirtschaftsperiode z. B. Löhne und Gehälter mehrmals gebucht, während z. B. Abschreibungen auf Sachanlagen i. d. R. nur zum Bilanzstichtag verbucht werden. Viele Buchungsvorgänge (sowohl laufende als

Abbildung 63

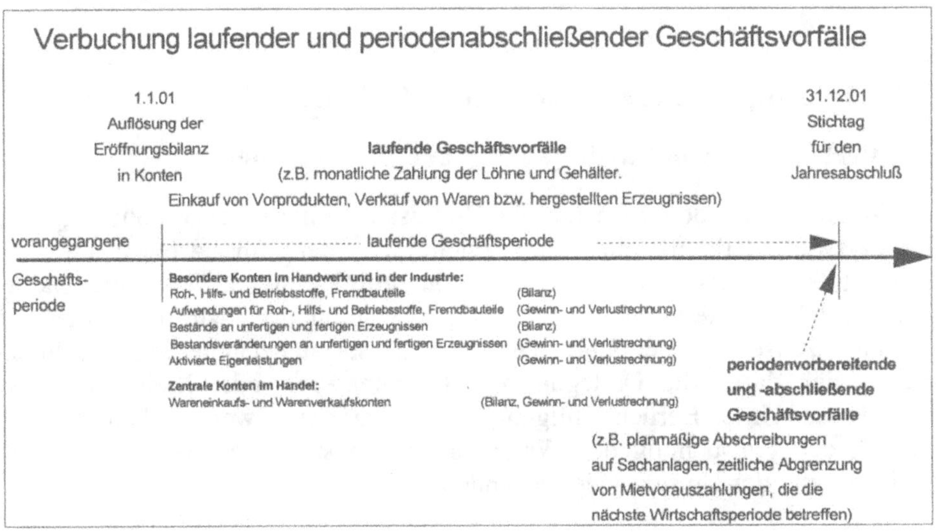

auch vorbereitende und abschließende) decken sich in Handels-, Handwerks, Industriebetrieben u. a. Dies gilt z. B. für die Verbuchung des Zahlungsverkehrs, der Umsatzsteuer, des Personalaufwandes und auch für die Jahresabschluss vorbereitende Verbuchung planmäßiger Abschreibungen auf Sachanlagen. Neben diesen Gemeinsamkeiten treten allerdings aufgrund verschiedenartiger Leistungserstellungsprozesse in Handels-, Handwerks- und Industriebetrieben auch deutliche Unterschiede auf. Diese beziehen sich vor allem auf die Verbuchung des **Warenverkehrs**. Die **Bestandskonten** "2000 Rohstoffe", "2010 Vorprodukte/Fremdbauteile", "2020 Hilfsstoffe" und "2030 Betriebsstoffe" sowie die **dazugehörigen Aufwandskonten** "6000 Aufwendungen für Rohstoffe", "6010 Aufwendungen für Vorprodukte/Fremdbauteile", "6020 Aufwendungen für Hilfsstoffe" und "6030 Aufwendungen für Betriebsstoffe" (= Verbrauch an Rohstoffen usw.) werden in Handelsbetrieben nicht geführt, da eine Produktion nicht stattfindet. Ebenso werden im (reinen) Handelsbetrieb die **Bestandskonten** "2100 unfertige Erzeugnisse" und "2200 fertige Erzeugnisse" sowie die **Erfolgskonten** "5201 Bestandsveränderungen an unfertigen Erzeugnissen", "5202 Bestandsveränderungen an fertigen Erzeugnissen" und "5300 Aktivierte Eigenleistungen" nicht benötigt. Die Verbuchung von Geschäftsvorfällen in Industriebetrieben unterliegt gewissen Besonderheiten, auf die bei der Darlegung des Warenverkehrs gesondert eingegangen wird. Bei Handelsunternehmen steht die Verbuchung des "reinen" Warenverkehrs (Ein- und Verkauf von Handelswaren) im Zentrum der Buchführung; aber auch Industriebetriebe vertreiben gelegentlich Handelswaren, für deren Verbuchung im IKR das Konto Umsatzerlöse für Waren vorgesehen ist.

2 Verbuchung im Einkaufs- und Verkaufsbereich

2.1 Verbuchung von Handelswaren ohne Umsatzsteuer

Im folgenden werden zunächst die Grundsachverhalte der Verbuchung des Handelswarenverkehrs ohne Berücksichtigung der Umsatzsteuer auf dem gemischten (ungeteilten) und dem getrennten Warenkonto erläutert. Da jedoch i. d. R. Lieferungen und sonstige Leistungen, wozu u. a. auch die Wareneinkäufe und -verkäufe zählen, der Umsatzsteuer unterliegen, schließt sich gleich daran die Darlegung des Umsatzsteuer- oder Mehrwertsteuersystems an. Unter Berücksichtigung der Umsatzsteuer werden dann die Varianten der Verbuchung des Warenverkehr nebst Korrekturen des Warenverkehrs und der Umsatzsteuer behandelt.

2.1.1 Gemischtes Warenkonto

Auf dem gemischten (ungeteilten, einheitlichen) Warenkonto wird - wie auf jedem aktiven Bestandskonto - zu Beginn der Wirtschaftsperiode der **Anfangsbestand (zum Einkaufspreis = zugehörige Anschaffungskosten oder Einstandswerte)** im Soll vorgetragen. Ebenfalls auf dieser Seite werden die **Wareneinkäufe (zum Einkaufspreis)** gebucht. Die **Warenverkäufe (zum Verkaufspreis)** oder die Verkaufserlöse werden auf der Habenseite erfasst. Der durch die **Inventur** ermittelte und **zu Anschaffungskosten bewertete Schlussbestand** (Warenvorräte auf Lager) wird auf der Habenseite gegengebucht (SBK an Warenkonto). Der Restbetrag oder Saldo des gemischten Warenkontos stellt den **Warenbruttoerfolg** oder **Warenroherfolg** (= Rohgewinn bzw. Rohverlust) dar und wird im Gewinn- und Verlustkonto gegengebucht (Warenkonto **an** GuV-Konto). Zu einem reinen Erfolgskonto wird das Warenkonto in dem **Ausnahmefall**, wenn der Warenbestand am Schluss der Periode gleich Null ist, d. h. der gesamte Warenbestand in der Periode umgesetzt worden ist. Die Sollseite weist dann den Anfangsbestand und die Wareneinkäufe auf, die zusammen die Aufwendungen für die verkauften Waren (= Wareneinsatz) darstellen und die Habenseite die Verkaufserlöse (Umsatz zum Verkaufspreis). Die Differenz zwischen dem Warenverkauf (Verkaufserlöse) und dem Wareneinsatz bezeichnet man demnach als **Roherfolg** (Rohgewinn- bzw. Rohverlust). Der Wareneinsatz wird aber im gemischten Warenkonto nicht ausgewiesen.

Gemischtes (ungeteiltes, einheitliches) Warenkonto			
Soll			**Haben**
Anfangsbestand zum	**Einkaufspreis**	Warenverkäufe zum	**Verkaufspreis**
Wareneinkäufe zum	**Einkaufspreis**	Warenrücksendungen an Lieferanten zum	**Einkaufspreis**
Warenrücksendungen der Kunden zum	**Verkaufspreis**	Preisnachlässe der Lieferanten zum	**Einkaufspreis**
Preisnachlässe gegenüber Kunden zum	**Verkaufspreis**	Warenentnahmen zum	**Einkaufspreis**
Saldo: Rohgewinn		Endbestand zum	**Einkaufspreis**

Angesichts der Tatsache, dass Anfangsbestand und Wareneinkäufe zu Anschaffungskosten oder Einkaufspreisen erfasst werden und gewöhnlich ein **Warenendbestand - mengen-** und **wertmäßig** durch Inventur ermittelt - zu verzeichnen ist, erhält man zwar den Roherfolg, nicht aber den Wert für den Wareneinsatz (= Einstandswert der umgesetzten Waren). Den im gemischten Warenkonto angeführten Werten kann nicht entnommen werden, welche Mengen hinter den Zahlenwerten stehen, da Konten keine Mengenangaben enthalten. Wäre im folgenden Beispiel (Fall B) der Verkaufserlös von 1.800 € durch den Absatz von nur 250 Mengeneinheiten erzielt worden, so wäre noch ein Endbestand von 50 Mengeneinheiten vorhanden, der wertmäßig auf der Habenseite angesetzt werden müsste. Die Aufwandsgröße Wareneinsatz (= Aufwendungen für Waren) kann nur durch eine Sonderrechnung ermittelt werden. Anhand von Zahlenwerten in einem gemischten Warenkonto sei die **Berechnung des Wareneinsatzes** und die des **Rohgewinns** mit und ohne Schlussbestand (Annahme: Inventur ergibt einen Endbestand von 50 Mengeneinheiten) verdeutlicht.

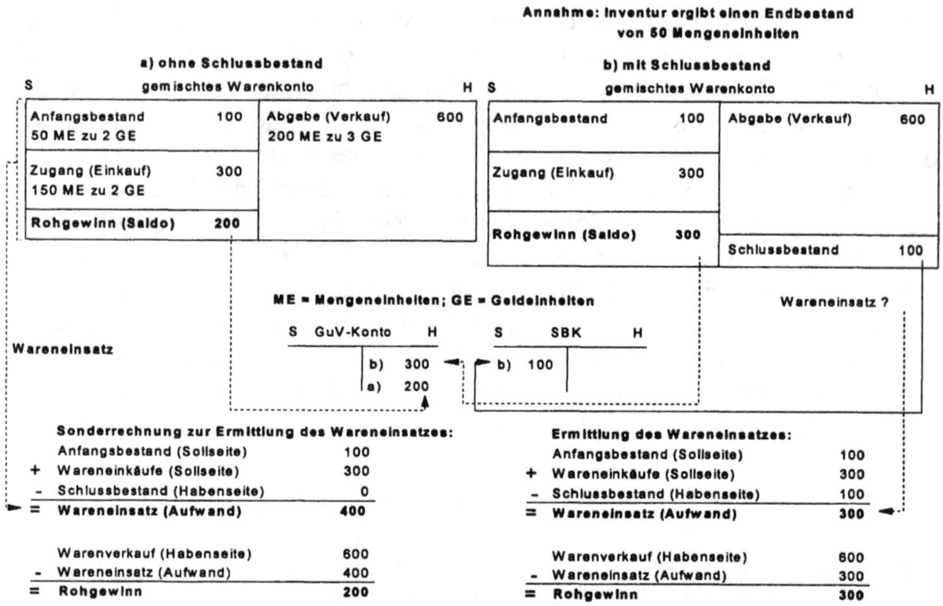

Berücksichtigt man ferner, dass neben den normalen Einkaufs- und Verkaufsvorgängen das Warenkonto auch **Storno- bzw. Korrekturbuchungen** (Warenrücksendungen bzw. Preisnachlässe gegenüber Kunden- wie auch Lieferantenseite) mit uneinheitlichen Wertebenen (Einkaufs- und Verkaufspreise sowohl auf der Soll- als auch auf der Habenseite) aufnehmen muss, so wird das Konto schnell unübersichtlich und wenig aussagekräftig. Es ist deshalb zweckmäßiger, für den Wareneinkauf und den Warenverkauf getrennte Konten zu führen.

2.1.2 Getrenntes Warenkonto

Die Trennung des Warenkontos in ein **Wareneinkaufs-** und ein **Warenverkaufskonto** entspricht zum einen der Forderung nach Übersichtlichkeit der Buchführung und zum anderen den Informationserfordernissen der Geschäftsführung. Mit der Auflösung in zwei Konten wird erreicht, dass alle Buchungen zu Einkaufspreisen und alle Buchungen zu Verkaufspreisen getrennt erfasst werden. Größere Unternehmen, die mit verschiedenartigen Waren handeln, richten oft für jede Warengruppe Wareneinkaufs- und Warenverkaufskonten ein, um bessere Kontrollmöglichkeiten zu haben und den steuerrechtlichen Erfordernissen gerecht zu werden (Verprobung).[1] Soweit die Warenverkäufe **zunächst** mit ihren Bruttobeträgen einschließlich Umsatzsteuer erfasst werden, sind zum Zwecke der Umsatzsteuer-Berechnung nach Steuersätzen getrennte Verkaufskonten erforderlich. Da die Umsatzsteuer eine sog. "durchlaufende" Steuer ist und den Jahreserfolg nicht beeinflusst, weist das GuV-Konto zum Jahresabschluss grundsätzlich Nettobeträge (Umsatzerlöse und Aufwendungen ohne USt) aus.

Das **Wareneinkaufskonto** - sieht man von Korrekturbuchungen ab - enthält neben dem Anfangsbestand und den Zugängen die Abgänge zu Einkaufspreisen und den Endbestand. Werden die Abgänge z. B. mit Hilfe eines Materialentnahmescheins fortlaufend mengen- und wertmäßig erfasst, dann ergibt sich als Saldo der Endbestand, der sich auch ohne vorherige Inventur als Buchbestand ermitteln lässt (inventurunabhängige Methoden).[2] Insofern kann das Wareneinkaufskonto in diesem besonderen Fall als **reines Bestandskonto** angesehen werden. In der Regel erfolgt jedoch der buchmäßige Abschluss des Wareneinkaufskontos, wie beim gemischten Warenkonto, erst nach vorhergehender Inventur. In diesem Fall ist das Wareneinkaufskonto zwar ein getrenntes Konto, aber weiterhin vor Durchführung der Abschlussbuchungen ein **gemischtes Erfolgskonto**. Es enthält nämlich neben dem Warenbestand lt. Inventur als verbleibenden Saldo den Wareneinsatz und damit einen Erfolgsbestandteil. Der auf Basis einer Stichtagsinventur ermittelte Abgang oder Wareneinsatz erfolgt nach der bereits dargelegten **Befundrechnung**:

Anfangsbestand + Zugang - Endbestand	=	Abgang(Wareneinsatz)

Im Gegensatz zum ungeteilten gemischten Warenkonto zeigt das Wareneinkaufskonto nicht den Rohgewinn, sondern den Wareneinsatz oder Aufwand für die verkauften Waren.

---

1 Zum Aspekt der Verprobung siehe H. Falterbaum/H. Beckmann (1996), S. 154 ff.

2 Zum inventurunabhängigen Buchungsverfahren des Warenverkehrs vgl. G. Wöhe/H. Kußmaul (2000), S. 111 ff. und J. Schöttler/R. Spulak (1989), S. 69 ff.

S	Wareneinkaufskonto (zu EP geführt) H
Anfangsbestand	Rücksendungen an Lieferanten
Wareneinkäufe	Preisnachlässe von Lieferanten (Gutschriften)
	Privatentnahmen
	Warenbestand lt. Inventur
Beschaffungsaufwand	**Saldo = Wareneinsatz**

S	Warenverkaufskonto (zu VP geführt) H
Rücksendungen von Kunden	Warenverkäufe
Preisnachlässe an Kunden (Gutschriften)	
Saldo = Verkaufserlös	

Warenrücksendungen an Lieferanten, Preisnachlässe oder Gutschriften von Lieferanten und Warenentnahmen zum Zwecke des Eigenverbrauchs (Privatentnahmen)[3], die regelmäßig zu Einkaufspreisen (steuerlich: Teilwert) erfolgen, werden im Haben des Wareneinkaufskontos gebucht[4].

Auftretende Beschaffungsaufwendungen (Anschaffungsnebenkosten werden i. d. R. auf dem Konto "Bezugskosten" gebucht[5]) werden zunächst auf der Sollseite erfasst, jedoch muss bei der Ermittlung des Gewinns beachtet werden, dass die zu aktivierenden Beschaffungsaufwendungen nicht als

---

3 Jährlich erscheinen die amtlichen **Steuerrichtsätze** für Gewerbetreibende mit den entsprechenden Pauschbeträgen für den **Eigenverbrauch** sowie der Prüfschlüssel der Kosten und Richtsätze aus den Oberfinanzdirektions-Bezirken West, Süd und Nord. Herausgegeben werden sie z. B. von der Wachsmann & Co GmbH (1992).

4 Private Warenentnahmen können auch "wie ein normaler Warenverkauf" (Umsätze mit sich selbst!) im Warenverkaufskonto zu Einkaufspreisen oder einem besonderen Erlöskonto (Warenentnahmen) erfasst und ausgewiesen werden. Wegen der in § 22 Abs. 2 Nr. 4 UStG vorgeschriebenen Aufzeichnungspflicht, die eine buchmäßige Trennung des sog. Eigenverbrauchs von den übrigen Umsätzen erfordert, werden die Warenentnahmen in der Praxis meist auf einem besonderen Erlöskonto verbucht. Für diesen Zweck enthalten die DATEV-Kontenrahmen entsprechende Ertragskonten und der Industriekontenrahmen sieht dafür das Ertragskonto "Eigenverbrauch" vor, das über das Warenverkaufskonto oder GuV-Konto abzuschließen ist. In einem solchen Fall erfasst der Endbestand des Wareneinsatzes auch den Wert des Eigenverbrauchs.

5 Zu Recht betonen Wöhe/Kußmaul, dass die historisch gewachsene Bezeichnung des Kontos "Bezugskosten" irreführend ist. "Erstens wäre für die Zwecke der Finanzbuchführung der Begriff 'Aufwand' zutreffend. Zweitens handelt es sich aber nicht einmal um einen Aufwand, sondern lediglich um eine Ausgabe, die zur Erhöhung eines Bestands (des Warenbestands) führt. Erst mit der Veräußerung des Bestands wird aus der Ausgabe über die Wareneinsatzverbuchung ein Aufwand." G. Wöhe/H. Kußmaul (2000), S. 121.

Aufwand der Wirtschaftsperiode verrechnet werden. Sie sind Bestandteil des Warenendbestandes, der in die Schlussbilanz übernommen wird. Im Hinblick auf die buchtechnische Behandlung der Beschaffungssphäre besteht auch die Möglichkeit, anstelle des Wareneinkaufskontos die Konten

"Wareneinkauf",

"Warenbestand" und

"Warenbestandsveränderung" zu führen. Eine Variante, die vor allem in größeren Betrieben des Groß- und Außenhandels anzutreffen ist.[6]

Das **Warenverkaufskonto** ist ein **reines** Erfolgskonto. Auf der Habenseite werden alle Warenumsätze zum Rechnungsbetrag (Netto-Verkaufspreis), auf der Sollseite die Rücksendungen von Kunden und an Kunden gewährte Preisnachlässe erfasst.

Als **Saldo** aus den gesamten Warenumsätzen und Umsatzkorrekturen (Erlösschmälerungen oder -berichtigungen) verbleibt der reine Verkaufserlös der veräußerten Waren (Umsatzerlöse).

Allerdings kann, je nachdem welches Kontenabschlussverfahren gewählt wird, der Saldo des Warenverkaufskontos unterschiedliche Größen aufnehmen. Erfolgt der Abschluss des Einkaufs- und Verkaufskontos nach dem **Nettoverfahren**, so ist der Saldo (**Rohgewinn**) kleiner als beim **Bruttoverfahren (Saldo = Umsatzerlöse)**.

Der **Rohgewinn** – vergleichbar dem Deckungsbeitrag 1 (Erlöse – variable Kosten) hat in vielen Unternehmen als Kennzahl der Planung, Steuerung und Kontrolle eine wichtige Bedeutung.

Im folgenden werden die beiden Verfahren, ohne Berücksichtigung von Beschaffungsaufwendungen und Stornobuchungen, miteinander verglichen.

---

6 C.-Ch. Freidank/H. Eigenstetter (1992), S. 81 ff.

Abschluss nach dem Nettoverfahren:

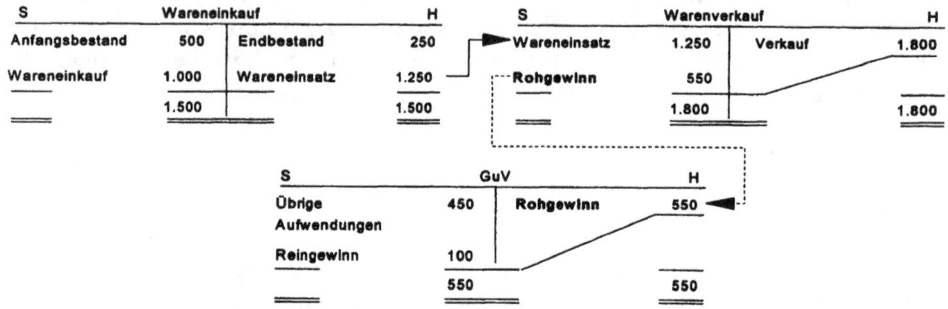

Abschlıeß nach dem Bruttoverfahren:

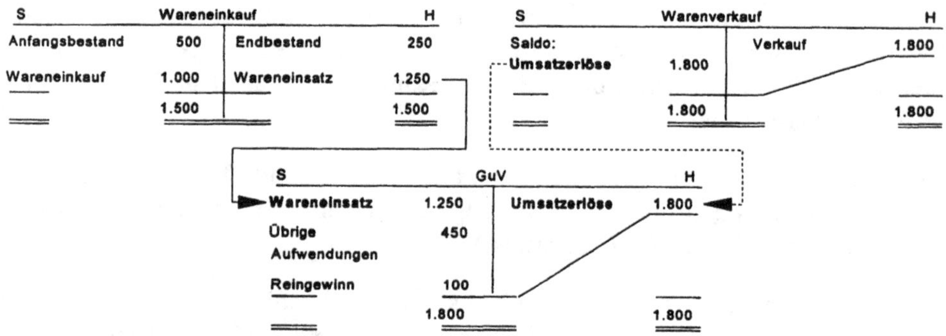

Aus Gründen der Übersichtlichkeit und Kontrolle werden die aufgrund der laufenden Einkaufs- und Verkaufsaktionen erforderlich gewordenen Beschaffungsaufwendungen, Rücksendungen, Preisnachlässe und Gutschriften regelmäßig auf separaten **Unterkonten** festgehalten. Die Salden dieser Konten werden bei Abschluss auf das jeweilige Wareneinkaufs- bzw. Warenverkaufskonto übertragen (vorbereitende Abschlussbuchungen). Vor diesem Hintergrund sowie aus Vereinfachungsgründen werden bei der Darstellung des Netto- und Bruttoverfahrens lediglich "reine" Wareneinkaufs- und Warenverkaufstransaktionen zugrunde gelegt.

Nettoverfahren:

- Beim **Nettoverfahren** wird der Wareneinsatz als Saldo des Wareneinkaufskontos auf die Sollseite des Warenverkaufskontos übertragen (Buchungssatz: Warenverkauf **an** Wareneinkauf). Auf dem Warenverkaufskonto ergibt sich als **Saldo** entweder ein Rohgewinn oder ein Rohverlust, der an das GuV-Konto abzugeben ist.

- Im Falle eines Rohgewinns lautet der Buchungssatz Warenverkauf **an** GuV-Konto und im Falle eines Rohverlustes GuV-Konto **an** Warenverkauf.
- Das GuV-Konto weist demnach den **Warenbruttoerfolg** aus, der sowohl eine Ertrags- als auch eine Aufwandskomponente enthält. Es handelt sich also um eine vermengte Wertgröße mit beschränkter interner und externer Aussagekraft.

Bruttoverfahren:

- Das **Bruttoverfahren** ist da schon aussagekräftiger, da bei dessen Anwendung im Gegensatz zum Nettoverfahren unsaldierte Beträge ausgewiesen werden.[7]
- Bei dieser Methode werden die **Salden** Wareneinsatz (Aufwand) und die Umsatzerlöse (Ertrag) **direkt in das GuV-Konto** übertragen.
- Die Buchungssätze lauten: GuV-Konto **an** Wareneinkauf, Warenverkauf **an** GuV-Konto.
- Auf diese Weise gelangen die Ergebnisse des Verkaufs und die der Aufwendungen für die verkauften Waren **brutto** in das GuV-Konto und damit auch in die Gewinn- und Verlustrechnung.
- Die Bruttowerte gestatten einen besseren Einblick in das Zustandekommen des betrieblichen Erfolgs.
- Die **Höhe** des Erfolgsausweises (Gewinn oder Verlust) bleibt von dem gewählten Verfahren unberührt.

Beide Verfahren lassen erkennen, wie bedeutsam das Inventurergebnis für den Erfolgsausweis ist. Die **Erfassung** der Bestände und vor allem deren **Bewertung**[8] beeinflussen direkt die Höhe des Roherfolgs. In diesem Zusam-

---

7 Obwohl der Informationsgehalt des Bruttoabschlusses höher ist, **können** Personenunternehmen, kleine und mittelgroße Kapitalgesellschaften (§ 276 HGB) sowie Genossenschaften (§ 336 Abs. 2 S. 1 HGB) ihre Warenkonten sowohl nach dem Netto- als auch nach dem Bruttoverfahren abschließen (Wahlrecht). Große Kapitalgesellschaften sowie unter das Publizitätsgesetz fallende Unternehmen **müssen** das Bruttoverfahren anwenden (§ 275 Abs. 2 und Abs. 3 HGB, § 5 Abs. 1 S. 2 PublG). Im Interesse der besseren Periodenvergleichbarkeit sind die bereinigten Umsatzerlöse (reduziert um Erlösschmälerungen oder -berichtigungen) auszuweisen.

8 Vgl. A. G. Coenenberg (2000), S. 223 ff., W. Eisele (1999), S. 95 ff., C.-Ch. Freidank/H. Eigenstetter (1992), S. 290 ff., G. Wöhe/H. Kußmaul (2000), S. 111 ff.

menhang sind auch die **Inventurdifferenzen** infolge unfreiwillig verminderter Warenvorräte (Verderb, Schwund, Diebstahl) zu beachten, die als Warenabgang (Aufwand) dem Warenverkaufskonto oder GuV-Konto belastet werden, um den Ausweis eines zu hohen Rohgewinns zu verhindern.

2.2 Verbuchung von Handelswaren mit Umsatzsteuer

2.2.1 System der Umsatzsteuer

Bei den bisherigen Ausführungen zum Warenverkehr wurde vernachlässigt, dass Einkäufe und Verkäufe von Waren grundsätzlich eine **Umsatzsteuerpflicht** auslösen. Allerdings gilt es im Rahmen des Umsatzsteuersystems im allgemeinen, zwischen **steuerbaren** und **nichtsteuerbaren Umsätzen** zu unterscheiden (vgl. *Abbildung 64*).

Abbildung 64

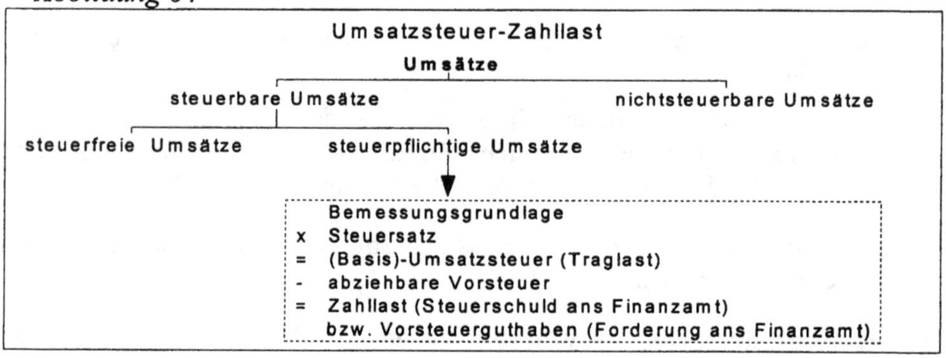

In folgenden Fällen handelt es sich um sog. **steuerbare** Umsätze. Gemäß § 1 Abs. 1 UStG unterliegen - wie *Abbildung 65* verdeutlicht - **jede Lieferung und sonstige Leistung**, die ein Unternehmer im Inland gegen Entgelt im Rahmen seines Unternehmens ausführt, der **Eigenverbrauch**, der **Gesellschafterverbrauch** (die unentgeltlichen Lieferungen und Leistungen von Körperschaften und Personenvereinigungen) und die **Einfuhr** von Gegenständen aus Drittlandsgebiet (Einfuhr-Umsatzsteuer; § 1 Abs. 1 Nr. 4 UStG) und **innergemeinschaftlicher Erwerb** (Erwerbssteuer; § 1 Abs. 1 Nr. 5 UStG) der Umsatzsteuer. **Nicht der Umsatzbesteuerung** unterliegen dagegen die **Ausfuhrlieferungen** (§ 4 Nr. 1 UStG) und die sonstigen in § 4 UStG bezeichneten, zwar grundsätzlich steuerbaren, jedoch auf Grund dieser Bestimmung **steuerbefreiten** Lieferungen, sonstigen Leistungen und Eigenverbräuche (steuerfreie Umsätze). Neben Lieferungen im Ausland zählen zu den **nichtsteuerbaren** Umsätzen z. B. Innenumsätze (Umsätze zwischen Organgesellschaften, z. B. Mutter- und Tochtergesellschaft), Privatverkäufe von Unternehmern und Nichtunternehmern sowie Schadenersatzleistungen und Schenkungen.[9]

Abbildung 65

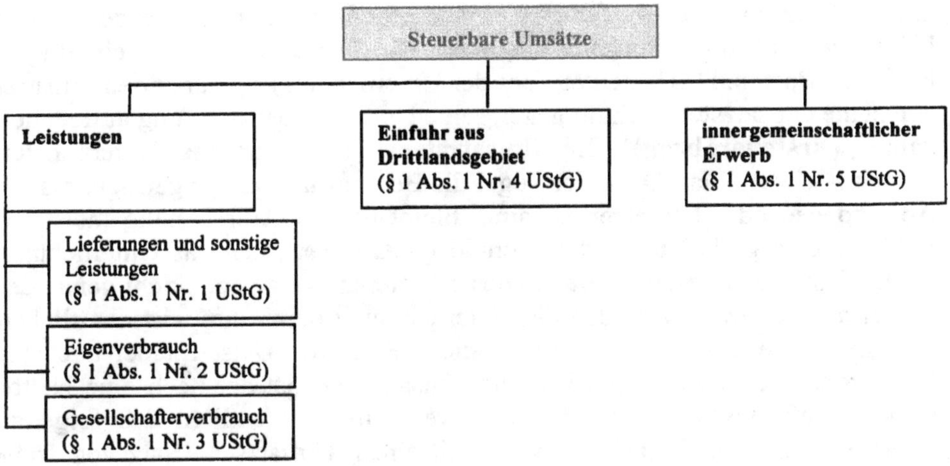

An der obigen Zuordnung wird ersichtlich, dass die Umsatzsteuer zwar **im Rechtssinne** eine Verkehrsteuer ist, da sie an dem Umsatz als Tatbestand des allgemeinen Rechtsverkehrs anknüpft. **Wirtschaftlich** betrachtet ist sie aber eine echte Verbrauchsteuer, da sie nach dem Willen des Gesetzgebers (Staates) im Preis der umgesetzten Lieferungen und Leistungen auf den Endverbraucher (Konsument) überwälzt werden soll. Diese Vorgehensweise gewährleistet, dass der Endverbraucher (Steuerdestinatar) und nicht der Unternehmer belastet wird; dieser bleibt unbelastet. Er "treibt" lediglich die Umsatzsteuer für das Finanzamt ein, womit er Steuerschuldner und -zahler ist. Das Unternehmen selbst soll umsatzsteuerfrei bleiben, d. h. die Umsatzsteuer soll für das Unternehmen keine Aufwandsposition darstellen. Dies wird durch folgendes System erreicht: Die Steuer auf den einzelnen Umsatzstufen, von der Urerzeugung bis hin zum Einzelhandel, wird lediglich von dem aus Bruttoumsatz abzüglich Vorumsatz ermittelten Nettoumsatz erhoben

9 Detailliert zur Umsatzsteuer siehe z.B. C. Grefe (2001).

(**Allphasen-Nettoumsatzsteuer**).[10] Dies führt dazu, dass nur die **Wertschöpfung** (sog. Mehrwert) auf jeder einzelnen Umsatzstufe besteuert wird. Da die aus Verkäufen eingenommene Umsatzsteuer an das Finanzamt abzuführen und gleichzeitig die bei Einkäufen (Vorleistungen: Kauf von Waren, Rohstoffen, Maschinen sowie Aufwendungen für Büromaterial, Reparaturaufwendungen usw.) bezahlte Umsatzsteuer (= **Vorsteuer**) als Forderung ans Finanzamt geltend zu machen ist, wirkt die Umsatzsteuer wie ein durchlaufender Posten. Das bedeutet, dass der Unternehmer gegenüber dem Finanzamt seine Umsatzsteuerschuld gegen seine Umsatzsteuerforderung aufrechnen kann (**Vorsteuerabzug**). Die **Umsatzsteuer** stellt für das Unternehmen **keinen Aufwand** dar. Da in der Regel die Beschaffungspreise geringer als die Absatzpreise oder Umsatzerlöse sind, bleibt bei der Aufrechnung meist ein Differenzbetrag als Umsatzsteuerschuld (= **Zahllast**), den das Unternehmen an das Finanzamt bezahlen muss. Dieser Differenzbetrag entspricht genau der Steuer auf den Mehrwert, den die Unternehmung durch ihre wirtschaftlichen Tätigkeiten geschaffen hat, weshalb diese Form der Umsatzsteuer auch als Mehrwertsteuer bezeichnet wird. Die Umsatzsteuer ist demnach eine Nettosteuer. Die Funktionsweise der Mehrwertsteuer verdeutlicht das folgende Beispiel eines 3-stufigen Warenwegs mit einem Umsatzsteuersatz von 16 % (vgl. *Abbildung 66*).

---

10 Nach intensiven Diskussionen entschied sich der deutsche Gesetzgeber in Abstimmung mit der EWG-Kommission für die Einführung des Systems einer **Allphasen-Nettoumsatzsteuer** mit Vorsteuerabzug. Durch das Umsatzsteuergesetz vom 29.5.1967 wurde das neue System mit Wirkung vom 1.1.1968 eingeführt. Mit ein Grund für die Abschaffung der **Allphasen-Bruttoumsatzsteuer** war deren konzentrationsfördernder Charakter. "Die umsatzsteuerliche Gesamtbelastung einer Leistung (Warenumsatz oder Dienstleistung) war letztlich abhängig von der Anzahl der durchlaufenen Umsatzphasen. Je mehr unternehmerische Umsatzvorgänge auf dem Weg von der Ur-Produktion bis zum Endverbraucher erforderlich waren, desto höher war die Umsatzsteuerbelastung. Diese ließ sich durch vertikale Unternehmenszusammenschlüsse reduzieren, indem Unternehmen verschiedener Produktionsstufen in einem Unternehmen zusammengefasst wurden und dadurch die umsatzsteuerrechtlichen Phasen verringert werden konnten. Die als Allphasen-Bruttoumsatzsteuer ausgestaltete Steuer war daher nicht wettbewerbsneutral und förderte die Konzentrationsbewegungen innerhalb der Wirtschaft." D. Dziadkowski (1990), S. 3.

Abbildung 66

Beispiel eines 3-stufigen Warenwegs mit Umsatzsteuer

Umsatzstufen	Fakturierung (Ausgangsrechnung)		Mehrwert	Ust	Vorsteuer	Zahllast ans Finanzamt
Herstellung	Warenwert (Netto-Rechnungsbetrag)	2.000	2.000	320	---	
	+ 16 % Ust	320				
	Brutto-Rechnungsbetrag	2.320				
Großhandel	Warenwert (Netto-Rechnungsbetrag)	3.000	1.000	480	320	
	+ 16 % Ust	480				
	Brutto-Rechnungsbetrag	3.480				
Einzelhandel	Warenwert (Netto-Rechnungsbetrag)	5.000	2.000	800	480	
	+ 16 % Ust	800				
Endverbraucher	Brutto-Rechnungsbetrag	5.800				
	Probe:		5.000 Wert-schöpfung	1.600 Ust-Traglast (Schuld)	800 Steuerfor-derung v. Finanzamt	**800** Abzuführende MwSt

Auf jeder Umsatzstufe wird i. d. R. ein Wertzuwachs (**Mehrwert**) geschaffen. Es ist der Differenzbetrag zwischen den Netto-Rechnungsbeträgen (Warenwert) zweier Produktions- oder Handelsstufen und wird als **Wertschöpfung** bezeichnet. Die Wertschöpfung der drei Stufen beträgt hier 5.000 €. Die **USt-Traglast** beläuft sich auf insgesamt 1.600 €. Die sog. **Vorsteuer**, die eine Steuerforderung ans Finanzamt kennzeichnet, macht insgesamt 800 € aus und die abzuführende MwSt. 800 € (**Zahllast**). Da der Endverbraucher im Brutto-Rechnungsbetrag genau diesen Betrag von 800 € an Umsatzsteuer bezahlt, den die vorangegangenen Unternehmensstufen des Warenweges **zusammen** ans Finanzamt abgeführt haben, wird offensichtlich, dass die Umsatzsteuer eine echte Verbrauchsteuer ist.

Aus obigem Beispiel wird ersichtlich, dass die **Bemessungsgrundlage** der Umsatzsteuer nicht die Wertschöpfung oder der Mehrwert, sondern der **Umsatz** ist. Gemäß § 10 Abs. 1 UStG ist es das (**vereinbarte bzw. verlangte**) **Entgelt**, welches der Empfänger einer Lieferung oder sonstigen Leistung aufzuwenden hat, um den **Nettowert** (also ohne Umsatzsteuer!) der Lieferung zu erhalten. Das bedeutet, dass nicht die Zahlung, sondern die Absendung der Rechnung bzw. der Erhalt der Rechnung die Grundlage der Umsatzbesteuerung bilden. Mit Hilfe des Steuersatzes wird die **Sollbesteuerung** (§ 16 Abs. 1 UStG), auch **Steuertraglast** genannt, berechnet. Der z. Zt. aktuelle allgemeine Steuersatz beträgt 16 % (Regelsteuersatz) bzw. der in gesetzlich geregelten Ausnahmefällen (z. B. bei Büchern, Zeitschriften, land- und forstwirtschaftlichen Erzeugnissen; i. d R. als "förderwürdig" eingestufte Güter) ermäßigte Steuersatz 7 %. Die vom Unternehmen ans Finanzamt **abzuführende Steuerschuld** oder **Zahllast** errechnet sich als Differenz von Traglast minus abziehbarer Vorsteuer und stellt eine **Sollbesteuerung** dar.

Zahllast:

Summe der Umsatzsteuer **lt. Ausgangsrechnungen**
- Summe der gezahlten Vorsteuer **lt. Eingangsrechnungen.**

In den seltenen Fällen, in denen die Steuertraglast kleiner als die Vorsteuer ist, besteht seitens des Unternehmens in Höhe des Saldos eine **Forderung** ans Finanzamt.

Im Regelfall sieht das UStG die Sollbesteuerung vor. Die Tatsache jedoch, dass nicht die Zahlungen, sondern die Ausgangs- und Eingangsrechnungen (**Sollbesteuerung**) umsatzsteuerrelevant sind, kann bei Unternehmen ggf. beachtliche Finanzierungsauswirkungen mit sich bringen. Aus diesem Grund sieht § 20 UStG auf Antrag auch die Versteuerung nach **vereinnahmten** Entgelten (**Istbesteuerung**) vor, wenn z.B. der Vorjahresumsatz die Grenze von 250.000 DM (127.822,97 €) nicht überschritten hat. Für die neuen Bundesländer gilt § 20 Abs. 2 UStG, der besagt, dass vom 1. Januar 1996 bis zum 31. Dezember 2004 an die Stelle von 250.000 DM der Betrag von 1.000.000 DM (511.291,88 €) tritt. Bestimmte Vereinfachungen für die Besteuerung von Kleinunternehmern sieht § 19 UStG vor und gemäß § 23 und § 24 UStG kann neben den Vereinfachungsmöglichkeiten für bestimmte Gruppen von Unternehmern die Umsatzbesteuerung mit Hilfe branchenspezifischer Vor- und Umsatzsteuerdurchschnittssätze erfolgen.

Die Höhe der zu zahlenden Umsatzsteuer wird jährlich festgestellt, oder anders ausgedrückt: Der Besteuerungszeitraum ist das Kalenderjahr (§ 16 UStG). Das **Besteuerungsverfahren** ist in § 18 UStG geregelt. Gemäß § 18 Abs. 1 hat der Unternehmer bis zum 10. Tag nach Ablauf jedes Kalendermonats (Voranmeldezeitraum) eine **Umsatzsteuer-Voranmeldung** nach amtlich vorgeschriebenem Vordruck abzugeben, in der er die Steuer für den Voranmeldezeitraum (**Umsatzsteuer-Zahllast** bzw. **Vorsteuer-Erstattungsanspruch**) selbst zu berechnen hat. Im Fall einer Zahllast ist eine Vorauszahlung an das Finanzamt zu entrichten, im anderen Fall hat das Finanzamt den Betrag rückzuerstatten. Beträgt die Steuer für das vorangegangene Kalenderjahr nicht mehr als 6.000 DM (3.067,75 €), so ist das Kalendervierteljahr Voranmeldezeitraum (§ 18 Abs. 2 UStG). Gemäß § 18 Abs. 3 UStG muss der Unternehmer für das Kalenderjahr oder für den kürzeren Besteuerungszeitraum eine Steuererklärung nach amtlich vor-geschriebenem Vordruck abgeben (sog. **Steueranmeldung**). Die Steuervoranmeldungen und die Steuererklärung sind laut § 21 AO dem für das Unternehmen zuständigen Finanzamt vorzulegen.

2.2.2 Verbuchung der Umsatzsteuer

In den folgenden Abschnitten erfolgt die Verbuchung von Geschäftsvorfällen mit Umsatzsteuer. Aus didaktischen Gründen wird in den weiteren Ausführungen allerdings nicht mit dem z. Zt. aktuellen Regelsteuersatz von 16 %, sondern **stets mit 10 % Umsatzsteuer gerechnet**.

Da die dem Unternehmer von Lieferanten berechnete Umsatzsteuer eine Forderung und die von ihm an Kunden berechnete Umsatzsteuer eine Verbindlichkeit gegenüber dem Finanzamt darstellen, müssen die Einzelbeträge zwischen den Voranmeldezeiträumen auf besonderen Konten gesammelt werden. Gewöhnlich ist die Ermittlung der Beträge einfach, da die Umsatzsteuer grundsätzlich in der Rechnung als gesonderter Betrag auszuweisen ist, wenn der Abnehmer der betrieblichen Leistung dies verlangt (§ 14 Abs. 1 UStG). Der getrennte Ausweis ist i. d. R. die Voraussetzung für den Vorsteuerabzug und damit die Reduzierung der Zahllast. Gemäß § 63 Abs. 4 und § 63 Abs. 6 UStDV kann der Unternehmer das Entgelt und die darauf entfallende Umsatzsteuer aus Vereinfachungsgründen auch in einer Summe aufzeichnen. Ferner ist auf § 33 UStDV hinzuweisen, der aus Vereinfachungsgründen das Bruttoverfahren bei sog. Kleinrechnungen (z. B. Benzinquittungen) bis zu einem Betrag von 200 DM (102,66 €) zulässt. Spätestens zum Ende eines jeden Voranmeldezeitraumes hat der Unternehmer dann allerdings die gesammelten Bruttobeträge in den Nettobetrag und die Umsatzsteuer zu trennen.

Vor diesem Hintergrund haben sich in der Buchhaltungspraxis mit dem Netto- und Bruttoverfahren zwei unterschiedliche Vorgehensweisen bei der USt-Traglast-Verbuchung und der Vorsteuer-Verbuchung etabliert. Während das Nettoverfahren vor allem von Industrie- und Großhandelsbetrieben angewendet wird, kommt das Bruttoverfahren eher im Einzelhandel zum Einsatz, da in diesem Wirtschaftszweig angesichts geringer Beträge oft keine Rechnungen ausgestellt und die Bruttoerlöse auf Kassenzetteln oder ähnlichen Belegen erfasst werden.

Bei der Anwendung des **Nettoverfahrens** wird bei jedem Umsatz die jeweilige Umsatzsteuer sofort auf ein aktives Bestandskonto (**Vorsteuer-Konto**) bzw. passives Bestandskonto (**Umsatzsteuer- oder Mehrwertsteuer-Konto**) gebucht. Beim **Bruttoverfahren** werden die Bruttoerlöse (= Entgelt + USt) zunächst in einer Summe aufgezeichnet. Erst am Schluss eines Voranmeldezeitraumes werden die Bruttoerlöse in Entgelt (Nettopreis) und USt getrennt. Anhand der folgenden Beispiele wird deutlich, dass auf den Zahlungsmittelkonten und den Konten für Forderungen und Verbindlichkeiten **immer** der **volle Brutto-Rechnungsbetrag** einschließlich USt gebucht wird; auf den

Aufwands- und Erlöskonten (Erträge) sowie den Bestandskonten wird beim Nettoverfahren sofort und beim Bruttoverfahren zwar später, letztlich aber **immer nur der reine Netto-Rechnungsbetrag** verbucht, während die Umsatzsteuer auf dem Konto Vorsteuer und Umsatzsteuer getrennt gesammelt wird. Die beiden Verfahren seien anhand von Geschäftsvorfällen eines Industriebetriebes verdeutlicht.

Beispiel: Wir kaufen Waren (Handelswaren) im Wert von 2.000 € netto zuzüglich 10 % USt = 200 € auf Ziel (Eingangsrechnung).

Buchungssatz beim Nettoverfahren:

Waren (Handelswaren)	2.000			
Vorsteuer	200	**an**	Verbindlichkeiten aus LuL	2.200

Buchungssätze beim Bruttoverfahren:

Waren	2.200	**an**	Verbindlichkeiten aus LuL	2.200
(**Ende des Monats**:)				
Vorsteuer	200	**an**	Waren	200

Beispiel: Wir verkaufen Waren (Handelswaren) gegen bar im Wert von 2.500 € und auf Ziel (Ausgangsrechnung) für 2.500 € jeweils zuzüglich 250 € USt.

Buchungssätze beim Nettoverfahren:

Kasse	2.750	**an**	Umsatzerlöse für Waren	2.500
			Umsatzsteuer	250
Forderungen aus LuL	2.750	**an**	Umsatzerlöse für Waren	2.500
			Umsatzsteuer	250

Buchungssatz beim Bruttoverfahren:

Kasse	2.750	**an**	Umsatzerlöse für Waren	2.750
Forderungen aus LuL	2.750	**an**	Umsatzerlöse für Waren	2.750
(**Ende des Monats**:)				
Umsatzerlöse für Waren	500	**an**	Umsatzsteuer	500

Im Endergebnis unterscheiden sich Netto- und Bruttoverfahren nicht. Eine gewisse Vereinfachung des Bruttoverfahrens liegt lediglich darin, dass die Herausrechnung der USt aus der Summe der verbuchten Bruttoerlöse am Ende des Voranmeldezeitraumes auf der Ein- und Ausgangsseite durch Anwendung eines **Multiplikators** (sog. **rechnerischer Steuersatz**, der z. T. von der Finanzverwaltung als "Faktor" bezeichnet wird) oder **Divisors** auf die Bruttoerlöse in einem Rechengang erfolgen kann. Die folgende *Abbildung 67* enthält die Umrechnungsfaktoren für die derzeitig gültigen Umsatzsteuersätze (16 % und 7 %) sowie die aus didaktischen Gründen vereinfachten Steuersätze (10 % und 5 %).

Abbildung 67

Umrechnungsfaktoren: Multiplikator und Divisor				
	Regelsteuersatz		**ermäßigter Steuersatz**	
Umsatzsteuersatz	**aktueller** 16 %	**fiktiver** 10 %	**aktueller** 7 %	**fiktiver** 5 %
Multiplikator	0,1379310 (16 : 116)	0,90909 (10 : 110)	0,0654206 (7 : 107)	0,047619 (5 : 105)
Divisor	7,25 (116 : 16)	11,00 (110 : 10)	15,285714 (107 : 7)	21,00 (105 : 5)
Den Umsatzsteuerbetrag erhält man, indem der Bruttobetrag mit dem Umrechnungsfaktor multipliziert bzw. der Bruttobetrag durch den Umrechnungsfaktor dividiert wird.				

Werden keine Multiplikatoren bzw. Divisoren verwendet, so lässt sich der Anteil der Umsatzsteuer bei einem Umsatzsteuersatz von 16 % aus dem **Bruttobetrag** (Warennettowert 100 % + 16 % USt; Beispiel: Bruttobetrag 116 €) im Rahmen einer sog. Auf-Hundert-Rechnung[11] wie folgt herausrechnen:

$$\text{Steueranteil} = \frac{\text{Bruttobetrag x 16}}{116} = \frac{(116 \text{ x } 16)}{116} = 16\text{ €}$$

Ein besonderes Problem ergibt sich im Rahmen der Verbuchung von in Rechnung gestellten Umsatzsteuerbeträgen, die **nicht als Vorsteuer abzugsfähig** sind. Da z. B. Vermietungs- und Verpachtungsleistungen von Grund-

11 Erfahrungsgemäß tauchen bei der Prozentrechnung bzw. deren korrekte Anwendung im Rahmen von Umsatzsteuerkorrekturen und im Rahmen von Kalkulationen immer wieder Berechnungsprobleme auf. Grundsätzlich lassen sich drei Arten von Prozentrechnungen unterscheiden: Die Vom-Hundert-Rechnung, die Auf-Hundert-Rechnung und die Im-Hundert-Rechnung. Die "normale" **Vom-Hundert-Rechnung** wird angewendet, **wenn als Berechnungsbasis der erforderliche Wert (100 %) gegeben ist** (z. B. Warennettopreis = 100 % und Umsatzsteuersatz sind bekannt und der Brutto-Rechnungspreis ist zu ermitteln). Die **Auf-Hundert-Rechnung** wird angewendet, wenn als Berechnungsbasis der um den gesuchten Wert vermehrte Wert gegeben ist (**100 % + x %**; z. B. Brutto-Rechnungsbetrag im Textbeispiel). Die **Im-Hundert-Rechnung** wird angewendet, wenn als Berechnungsbasis der um den gesuchten Wert verminderte Wert (**100 % - x %**) gegeben ist. Beispiel: Gegeben ist der Netto-Barverkaufspreis von 28.160,00 € und Skonto 3 %. Wie viel betragen Netto-Zielverkaufspreis und Skonto in €? Der Netto-Zielverkaufspreis errechnet sich wie folgt:

28.160,00 € * 100 : (100 - 3) = 29.030,93 €

und der Skonto: 28.160,00 € * 3 : (100 - 3) = 870,93 €.

stücken und Gebäuden grundsätzlich[12] umsatzsteuerfrei sind, können auch für die Gebäudeherstellungsaufwendungen keine Vorsteuern abgezogen werden. Die entsprechenden Vorsteuerbeträge werden zu den Anschaffungs- oder den Herstellungskosten hinzugerechnet und **als verbuchte Anschaffungsnebenkosten** in das Vermögen aufgenommen. Auch bei Warenlieferungen, die zu steuerfreien Umsätzen führen, wird die Vorsteuer dem Warenwert hinzugerechnet. Gemäß § 9b EStG kann unter bestimmten Voraussetzungen die Vorsteuer auch **sofort als Aufwand** - i. d. R. bei dem zugehörigen "Waren"aufwandskonto - erfasst werden.[13]

Gemäß UStG im allgemeinen und der Sollbesteuerung im speziellen, die bei Leistungs- bzw. Zahlungsänderungen prinzipiell eine Korrektur der bezahlten sowie der verrechneten Vorsteuer sowohl bei Abnehmern als auch Lieferanten bewirkt (z. B. nachträgliche Zahlungszuschläge wegen verspäteter Zahlung, nachträgliche Zahlungsabschläge durch Preisnachlässe), sind für die Umsatzbesteuerung bestimmte Konten gesetzlich vorgeschrieben.[14]

1. So sind nach **Steuersätzen** getrennte **Erlöskonten** zu führen, für
   - dem **Regelsteuersatz** unterliegende Lieferungen und Leistungen,
   - dem **ermäßigten Steuersatz** unterliegende Lieferungen und Leistungen,
   - umsatzsteuerfreie Leistungen **ohne** Vorsteuerabzugsverlust und
   - umsatzsteuerfreie Leistungen **mit** Vorsteuerabzugsverlust.
2. Für getätigte Lieferungen und sonstige Leistungen ist das Konto (**"berechnete") Umsatzsteuer** bzw. **"Mehrwertsteuer"** zu führen.
3. Für erhaltene Lieferungen und sonstige Leistungen ist das Konto **"Vorsteuer"** zu führen.
4. Für nicht abzugsfähige Vorsteuerbeträge ist ein Konto **"Umsatzsteueraufwand"** zu führen.

---

12 Allerdings kann nach § 9 UStG auf die Umsatzsteuerbefreiung verzichtet werden, wodurch auch ein Vorsteuerabzug möglich ist.

13 Vgl. G. Wöhe/H. Kußmaul (2000), S. 139.

14 Vgl. G. Wöhe/H. Kußmaul (2000), S. 137 f., noch detaillierter hierzu W. Eisele (1999), S. 102 ff.

Wie bereits erwähnt, muss das Unternehmen am Ende eines jeden Umsatzsteuervoranmeldezeitraums selbst den Umsatzsteuerbetrag ermitteln, d. h., ob und in welcher Höhe eine Verbindlichkeit oder Forderung ans Finanzamt besteht. Der monatliche Abschluss der Umsatzsteuerkonten erfolgt dabei **in vier Schritten**:

1. Ermittlung des Saldos des Vorsteuerkontos.
2. Buchung des Vorsteuersaldos auf das Umsatzsteuerkonto (Umsatzsteuer **an** Vorsteuer).
3. Ermittlung des Saldos des Umsatzsteuerkontos.
4. Buchung des Umsatzsteuersaldos auf das entsprechende Zahlungskonto (z. B. Bank).

Im Falle einer Steuerschuld (Zahllast) lautet der Buchungssatz: Umsatzsteuer **an** Bank und im Falle einer Steuererstattung lautet der Buchungssatz: Bank **an** Umsatzsteuer.

Zusätzlich zum Umsatzsteuer- und Vorsteuerkonto wird in der Praxis vielfach das Übergangskonto **"Geleistete/empfangene Umsatzsteuerzahlungen"** geführt. Erfolgt die buchmäßige Verrechnung der Umsatzsteuerkonten erst zum Jahresabschluss, dann werden die monatlich errechneten und abgeführten Umsatzsteuervorauszahlungen auf diesem Konto festgehalten und am Jahresende mit verrechnet. Ist zur buchmäßigen Abwicklung und Ermittlung der monatlichen Zahllast die Saldenzusammenführung mehrerer Vorsteuer- und Umsatzsteuerkonten erforderlich, so erfolgt aus Gründen der Übersichtlichkeit der Kontenabschluss oftmals unter Zwischenschaltung eines **Umsatzsteuer-Verrechnungskontos.**[15]

Im Normalfall übersteigen die Umsatzsteuerbeträge eines Voranmeldezeitraums die Vorsteuerbeträge, so dass es zu einer Zahllast kommt. Ist am Ende des Jahres die fällige Umsatzsteuerschuld noch nicht in voller Höhe abgeführt, was angesichts des Anmeldetermins zum 10. eines Monats eher der

---

15 Eine ausführliche buchungssatz- und kontenmäßige Darstellung der Erfassung der monatlichen Vorauszahlungen und Rückerstattungen unter Verwendung des Kontos Geleistete/empfangene Umsatzsteuerzahlungen und des Abschlusses der Konten Vorsteuer, Vorsteuer und Geleistete/empfangene Umsatzsteuerzahlungen sowie des Abschlusses des Umsatzsteuer-Verrechnungskontos bei Passivierung der Zahllast bzw. Aktivierung des Erstattungsanspruchs liefern C.-Ch. Freidank/H. Eigenstetter (1992), S. 103 ff.

Regelfall ist, so ist der noch zu zahlende Betrag auf dem Konto Sonstige Verbindlichkeiten festzuhalten. Der Buchungssatz lautet:

Umsatzsteuer	**an**	Sonstige Verbindlichkeiten

Übersteigen die Vorsteuerbeträge die Umsatzsteuerbeträge eines Voranmeldezeitraums, dann entsteht ein Erstattungsanspruch gegenüber dem Finanzamt. In diesem Fall lautet der Buchungssatz:

Sonstige Forderungen	**an**	Umsatzsteuer

Diese Situation ergibt sich insbesondere bei Existenzgründungen und bei kleineren Unternehmen z. B. dann, wenn in einem Monat größere Investitionen getätigt bzw. überdurchschnittlich viele Waren eingekauft wurden. Der Erstattungsbetrag wird vom Finanzamt rückerstattet oder er wird mit den nächsten Voranmeldungen verrechnet.

2.3 Buchungsmäßige Korrekturen der Beschaffungs- und Absatzseite

Es dürfte deutlich geworden sein, dass im Zusammenhang mit Ein- und Verkäufen grundsätzlich buchmäßige Korrekturen - unabhängig ob es sich um einen Handels- oder Industriebetrieb handelt - erforderlich werden können. Die Verbuchung eines "reinen" Einkaufs- oder Verkaufswertes stellt eher einen Ausnahmefall dar. Der Regelfall ist der, dass z. B. beim Warenverkehr Bezugs- und Vertriebsaufwendungen, Rücksendungen, Rabatte, Preisnachlässe und unfreiwillige Reduzierungen des Warenlagers (Schwund, Diebstahl usw.) zu berücksichtigen sind. Bestimmte Korrekturposten sind bereits bei Erstellung der Rechnung bekannt und können berücksichtigt werden, andere werden erst nachträglich verbucht. Im folgenden werden die Buchungen stets nach dem Nettoverfahren (sofortige Trennung in Nettobetrag und Umsatzsteuer) durchgeführt.

2.3.1 Bezugs- und Vertriebsaufwand

Beim Einkauf von Waren und Roh-, Hilfs- und Betriebsstoffen können Aufwendungen z. B. für Eingangsfrachten, Verpackungsspesen, Rollgelder, Postgebühren, Provisionen, Transportversicherungen und Einfuhrzölle entstehen, die, soweit sie den erworbenen Gütern einzeln (direkt) zugeordnet werden können (§ 255 Abs. 1 HGB), zum wirtschaftlichen Wareneinsatz gehören. Diese auch als "Bezugskosten" (besser: Bezugsaufwendungen bzw. Bezugsausgaben) bezeichneten Aufwendungen erhöhen als Nebenkosten des

Erwerbs (**Anschaffungsnebenkosten**) die reinen Einkaufspreise der Waren bzw. Stoffe und sind demzufolge dem Wareneinkaufskonto zu belasten. Der Netto-Einkaufspreis einschließlich Bezugsaufwendungen netto, unter Berücksichtigung der Einstandspreiskorrekturen (sämtliche nachträglich von Lieferanten eingeräumte Preisnachlässe sind abzuziehen), ergibt den (endgültigen) **Einstandspreis**, der gleich den Anschaffungskosten[16] ist.

Um einen Überblick über Art und Höhe der **Bezugsaufwendungen** zu erhalten, werden diese regelmäßig auf besonderen Unterkonten der Stoffe-Bestandskonten (z. B. 2001 Bezugskosten für Rohstoffe und 2021 Bezugskosten für Hilfsstoffe usw.) bzw. des Wareneinkaufskontos (Warenvorkonten) erfasst.[17] Der Abschluss des sog. **Bezugskostenkontos** (für Handelswaren) bzw. der jeweils eigenen Konten erfolgt im Wareneinkaufskonto.

Beispiel: Ein Großhändler tätigt einen Zielkauf von Handelswaren im Wert von 1.000 € zuzüglich 10 % USt. Die Eingangsfracht in Höhe von 50 € netto wird bei Warenlieferung bar an den Fahrer der Spedition gezahlt.

Buchungssätze zum Zeitpunkt des Warenbezugs:

Waren	1.000			
Vorsteuer	100	**an**	Verbindlichkeiten aus LuL	1.100
Warenbezugskosten	50			
Vorsteuer	5	**an**	Kasse	55

Buchungssatz zum Abschluss des Warenbezugskostenkontos:

Wareneinkauf	50	**an**	Warenbezugskosten	50

Im Wareneinkaufskonto erscheinen somit die Zugänge letztendlich zu Einstandspreisen. Ein direkter Abschluss von Bezugskosten über das GuV-Konto wird in der Literatur mehrheitlich als nicht richtig bzw. unzulässig erachtet.[18]

---

16 Vgl. zu den Bestandteilen der Anschaffungskosten das 8. Kapitel dieses Buches.

17 Das Konto "Bezugskosten" wird z. B. im Industriekontenrahmen in der Kontengruppe 20, im Einzelhandelskontenrahmen in Kontengruppe 60 und im Kontenrahmen des Groß- und Außenhandels in Kontengruppe 30 geführt.

18 Vgl. C.-Ch. Freidank/H. Eigenstetter (1992), S. 138 ff, W. Eisele (1999), S. 92 ff., G. Bähr/W. F. Winkelmann (1990), S. 71, für zulässig erachten dagegen diese Vorgehensweise H. Falterbaum/H. Beckmann (1996), S. 156: "Der Abschluss über das Gewinn- und Verlustkonto ist vorzuziehen. Er steigert den Aussagewert der Erfolgsrechnung."

Beim Verkauf von Waren und Fertigerzeugnissen treten i. d. R. Aufwendungen z. B. für Ausgangsfrachten, Versandverpackungen, Postgebühren, Provisionen und Transportversicherungsbeiträge auf, die als Vertriebskosten bezeichnet werden.

Beispiel: Ein Großhändler verkauft Südfrüchte im Wert von 1.000 € zuzüglich 10 % USt auf Ziel und lässt diese durch ein Transportunternehmen ausliefern. Die Rechnung des Spediteurs über 50 € netto zuzüglich 10 % USt wird vom Großhändler bar bezahlt.

Buchungssätze zum Zeitpunkt des Warenverkaufs:

Forderungen aus LuL	1.100	**an**	Warenverkauf	1.000
			Umsatzsteuer	100
Warenvertriebskosten	50			
Vorsteuer	5	**an**	Kasse	55

Buchungssatz zum Abschluss des Warenvertriebskostenkontos:

GuV-Konto	50	**an**	Warenvertriebskosten	50

Im Gegensatz zu den Bezugskosten, deren Saldo gewöhnlich auf das Wareneinkaufskonto übertragen wird, werden die auf gesonderten Aufwandskonten verbuchten Vertriebsaufwendungen nicht über das Warenverkaufskonto abgeschlossen, sondern am Ende des Geschäftsjahres direkt über das GuV-Konto. Zum einen handelt es sich um keine Erlösschmälerungen im Sinne des § 277 Abs. 1 HGB und zum anderen verbietet das Saldierungsverbot des § 246 Abs. 2 HGB, dass Warenvertriebskosten (= Aufwendungen) und Umsatzerlöse aus Waren (= Erträge) miteinander verrechnet werden.

2.3.2 Gutschriften aus Rücksendungen und Mängelrügen

Gutschriften vom Lieferanten und Gutschriften an Kunden aus **Rücksendungen** (z. B. Falschlieferung) und aufgrund von **Mängelrügen** (Preis-, Gewichts- oder Mengendifferenzen) verändern den Waren-Ursprungswert bzw. den Wert des Stoffe-Bestandskontos und führen zu einer neuen Bemessungsgrundlage für die Umsatzsteuer. Im Falle von **Mängelrügen** kommt es lediglich zu einer Minderung oder Herabsetzung des Kaufpreises und zu **keiner physischen** Rücksendung der fehlerhaften Güter, so dass diese Vorgänge der Kategorie "Preisnachlässe" zugeordnet werden können. Dagegen handelt es sich bei der Verbuchung von **Rücksendungen**, die z. B. wegen Wandlung (Rücktritt vom Vertrag) oder Umtausch (in eine mangelfreie Lieferung) hervorgerufen werden, buchhalterisch um **Stornobuchungen** (Umkehr- oder Rückbuchungen) auf den entsprechenden Waren- bzw. Stoffe-Bestandskonten. In der Regel werden Stornobuchungen nicht unmittelbar auf den Waren- bzw. Stoffe-Konten erfasst, sondern zunächst in entsprechenden **Unterkonten** aufgezeichnet, deren Salden zum Ablauf des Geschäftsjahres auf die jeweiligen Hauptkonten (z. B. Wareneinkaufs- und Warenverkaufskonto) zu übertragen sind.[19] Wie die folgenden Beispiele (**hier direkte** Verbuchung auf den Hauptkonten) zeigen, vermindern Rücksendungen an Lieferanten den Bestand an Stoffen bzw. Handelswaren und Rücksendungen von Kunden die Umsatzerlöse.

Beispiel (Rücksendung an Lieferanten): Einkauf von Handelswaren auf Ziel 2.000 € netto zuzüglich 10 % USt. Bei Lieferung wird festgestellt, dass Waren im Wert von 1.000 € netto beschädigt sind. Diese Waren werden an den Lieferanten zurückgeschickt, so dass die Gutschrift vom Lieferanten sich auf 1.100 € (Nettowert der zurückgesandten Waren + anteilige Vorsteuer) beläuft.

Buchung aufgrund der Eingangsrechnung:

Waren	2.000			
Vorsteuer	200	**an**	Verbindlichkeiten aus LuL	2.200

Buchung der Rücksendung aufgrund der Gutschriftenanzeige des Lieferanten:

Verbindlichkeiten	1.100	**an**	Handelswaren	1.000
			Vorsteuer	100

Beispiel (Rücksendung vom Kunden): Ein Kunde, dem Waren im Wert von 5.000,00 € netto auf Ziel verkauft wurden, sendet beschädigte Waren im Nettowert von 800,00 € zurück. Die Gutschrift an den Kunden beträgt 880,00 € (Nettowert der beanstandeten Waren + anteilige Umsatzsteuer).

Buchung aufgrund der Ausgangsrechnung:

Forderungen aus LuL	5.500	**an**	Umsatzerlöse für Waren	5.000
			Umsatzsteuer	500

Buchung der Rücksendung aufgrund der Gutschriftenanzeige des Kunden:

Umsatzerlöse für Waren	800			
Umsatzsteuer	80	**an**	Forderungen aus LuL	880

---

19 Vgl. C.-Ch. Freidank/H. Eigenstetter (1992), S. 144 ff.

2.3.3 Preisnachlässe

Die drei zentralen Formen der Preisnachlässe sind **Rabatt, Bonus** (Pl.: **Boni**) und **Skonto** (Pl.: **Skonti**). Ebenfalls zu den Preisnachlässen können **Herabsetzungen des Kaufpreises aufgrund einer Mängelrüge** (sog. **Minderungen** i. S. d. § 462 BGB) gezählt werden. Die verschiedenen Arten von Preisnachlässen können nach dem Zeitpunkt der Gewährung des Nachlasses systematisiert werden (vgl. *Abbildung 68*). Während der Rabatt ein Preisnachlass ist, der direkt bei Erstellung der Rechnung, d. h. im voraus (ex-ante) berücksichtigt wird, handelt es sich beim Bonus, beim Skonto und bei der Preisminderung aufgrund einer Mängelrüge um später (ex-post) gewährte und verbuchte Preisnachlässe.

Abbildung 68

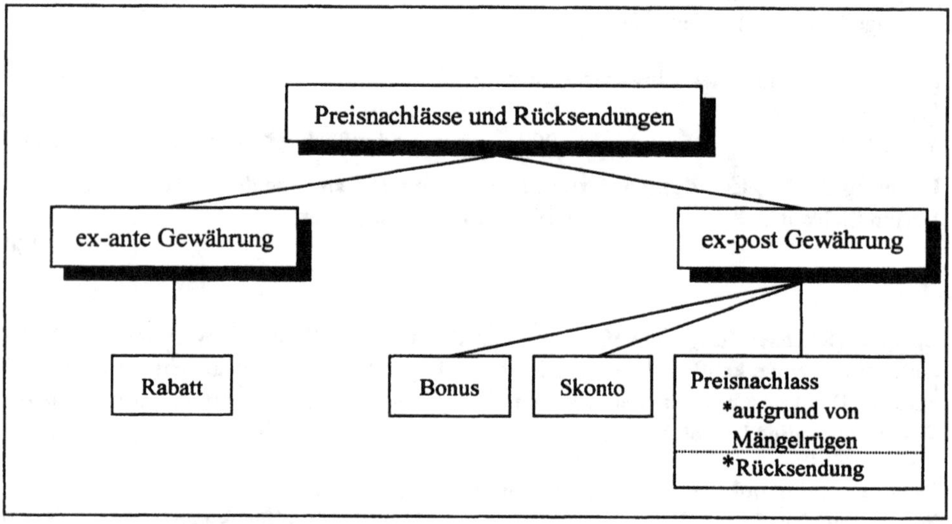

2.3.3.1 Rabatt

Rabatte sind **sofortige**, aus verschiedenen Gründen gewährte Preisnachlässe vom Rechnungsbetrag, ausgedrückt entweder in einem absoluten Betrag oder als Prozentsatz. Sie können eingeteilt werden in:

- **Barzahlungsrabatte**, die vor allem im Einzelhandel anzutreffen sind.

- **Mengen-** und **Treuerabatte**, die bei der Abnahme größerer Mengen oder aufgrund langjähriger Geschäftsbeziehungen gewährt werden.

- **Sonderrabatte**, z. B. bei Personalkäufen, bei Räumungs- und Jubiläumsverkäufen.
- **Handelsstufen-** oder **Funktionsrabatte** (Wiederverkäuferrabatte, die nachgelagerten Handelsstufen gewährt werden).

Rabatte werden, anders als die ex-post gewährten Preisnachlässe, **sofort** vom Rechnungsbetrag gekürzt und vermindern so den Nettopreis des eingekauften Gutes (Einstandspreis oder Anschaffungskosten) bzw. beim Verkauf die Umsatzerlöse. Rabatte werden zwar in den Rechnungen **offen ausgewiesen**, in der Finanzbuchhaltung aber i. d. R. nicht erfasst, sondern die reduzierten Netto-Rechnungsbeträge.

Listenpreis
./. Rabatt

= Netto-Rechnungsbetrag
\+ Umsatzsteuer

= Brutto-Rechnungsbetrag

Beispiel (Ausgangsrechnung): Zielverkauf von 10 Heimtrainern à 200 € netto an einen Einzelhändler. Der Kunde erklärt sich bereit, die Ware am nächsten Tag mit eigenem LKW abzuholen. Es wird ihm daraufhin ein Sonderrabatt von 10 % gewährt:

2.000 € Listenpreis
./. 200 € Rabatt

= 1.800 € Netto-Rechnungsbetrag
\+ 180 € Umsatzsteuer

= 1.980 € Brutto-Rechnungsbetrag

Buchungssatz beim Lieferanten (Ausgangsrechnung):

Forderungen aus LuL	1.980	**an**	Umsatzerlöse für Waren	1.800
			Umsatzsteuer	180

Buchungssatz beim Kunden (Eingangsrechnung):

Waren	1.800			
Vorsteuer	180	**an**	Verbindlichkeiten aus LuL	1.980

Der Übergang zwischen Rabatten und Boni (nachträglich gewährte Preisnachlässe) ist fließend. Absatzpolitisch fungieren beide als Anreiz und zur Kundenbindung.

2.3.3.2 Bonus

Der Bonus ist ein Preisnachlass, der bei der Rechnungsstellung noch nicht bekannt ist. Im Gegensatz zu Rabatten sind Boni **nachträgliche** Preisnachlässe, die grundsätzlich erst nach Erfüllung bestimmter Voraussetzungen gewährt bzw. beansprucht werden können (z. B. bei Erreichen der 20.000 € Umsatz-Marke 1 % Bonus, bei 50.000 € 2 % Bonus usw. innerhalb eines bestimmten Zeitraums). Ein Bonus besitzt demnach einen anderen Charakter als eine nachträgliche Gutschrift des Verkäufers wegen einer Mängelrüge des Käufers (zurückgewährte Entgelte). Zu unterscheiden sind die **Lieferantenboni** (Buchungen auf der Einkaufsseite) und **Kundenboni** (Buchungen auf der Verkaufsseite). Die **von Lieferanten erhaltenen** und gutgeschriebenen Boni werden bei Anwendung des IKR über das Konto **"Nachlässe für ..."** der Klasse 2 verbucht und **die an Kunden gewährte** Boni über das Ertragskonto **"Erlösberichtigungen für ..."** der Klasse 5 erfasst. Die Zuordnung und Abschlussbehandlung dieser Konten wird in den Kontenrahmen (Großhandel, Einzelhandel, GKR der Industrie, IKR) allerdings nicht einheitlich vorgenommen.[20] Denn wirtschaftlich betrachtet kommt die Gewährung eines (Umsatz-)Bonus beim Bonusgeber einer **Erlösschmälerung** und beim Abnehmer einer nachträglichen **Einstandspreis-** oder **Anschaffungskostenminderung** gleich. Sowohl der Bonusgeber (Verkäufer) als auch der -empfänger (Käufer) haben deshalb entsprechende Korrekturen vorzunehmen.

Beispiel (Lieferantenbonus): Einkauf von Handelswaren auf Ziel 20.000 € netto zuzüglich 10 % USt. Am Quartalsende gewährt der Lieferant einen Bonus in Höhe von 6 %.

Buchung aufgrund der Eingangsrechnung:

Waren	20.000			
Vorsteuer	2.000	**an**	Verbindlichkeiten aus LuL	22.000

Buchung des vom Lieferanten erhaltenen Bonus:

Verbindlichkeiten aus LuL	1.320	**an**	Nachlässe für Waren	1.200
			Vorsteuer	120

Umbuchung am Ende der Rechnungsperiode:

Nachlässe für Waren	1.200	**an**	Waren	1.200

---

20 Vgl. W. Eisele (1999), S. 101 und die Positionen in den einzelnen Kontenrahmen im vierten Kapitel dieses Buches.

Beispiel (Kundenboni): Einem Kunden werden Waren im Wert von 50.000 € netto auf Ziel zuzüglich 10 % USt verkauft. Am Quartalsende wird diesem Kunden ein Bonus in Höhe von 5 % gewährt.

Buchung aufgrund der Ausgangsrechnung:

Forderungen aus LuL	55.000	**an**	Umsatzerlöse für Waren	50.000
			Umsatzsteuer	5.000

Buchung des dem Kunden gewährten Bonus:

Erlösberichtigungen für Waren	2.500			
Umsatzsteuer	250	**an**	Forderungen aus LuL	2.750

Umbuchung am Ende der Rechnungsperiode:

Umsatzerlöse für Waren	2.500	**an**	Erlösberichtigungen für Waren	2.500

2.3.3.3 Skonto

Völlig analog zum Bonus wird der wohl häufigste Fall von Entgeltminderungen behandelt, der **Skontoabzug** beim Einkauf (**Lieferantenskonto**) und beim Verkauf (**Kundenskonto**). Durch ihn verändert sich sowohl beim Abnehmer als auch beim Lieferanten nachträglich die ursprüngliche Bemessungsgrundlage für die Umsatzbesteuerung (Änderung des steuerlichen Entgelts).

Ein- und Ausgangsrechnungen werden häufig innerhalb einer auf der Rechnung vorgegebenen Zahlungsfrist bezahlt. Die Formulierung lautet beispielsweise "Zahlbar innerhalb von 14 Tagen nach Rechnungsdatum mit Abzug von 2 % Skonto oder innerhalb von 30 Tagen ohne jeden Abzug". Das bedeutet, dass der Rechnungsbetrag bei Zahlung innerhalb von 14 Tagen um 2 % gekürzt werden darf. Die *Abbildung 69* zeigt die zeitlichen Zusammenhänge dieses Zielgeschäfts. An die 14tägige Skontofrist schließt sich die Kreditgewährung für 16 Tage an.

Der Skonto ist demnach ein meist in Prozent des Rechnungsbetrags ausgedrückter Preisnachlass, der dem Käufer zugebilligt wird, wenn er innerhalb der vereinbarten Frist bezahlt. Vor diesem Hintergrund kann der Skonto folglich als Zins angesehen werden, der für die Kreditierung eines Geld

Abbildung 69

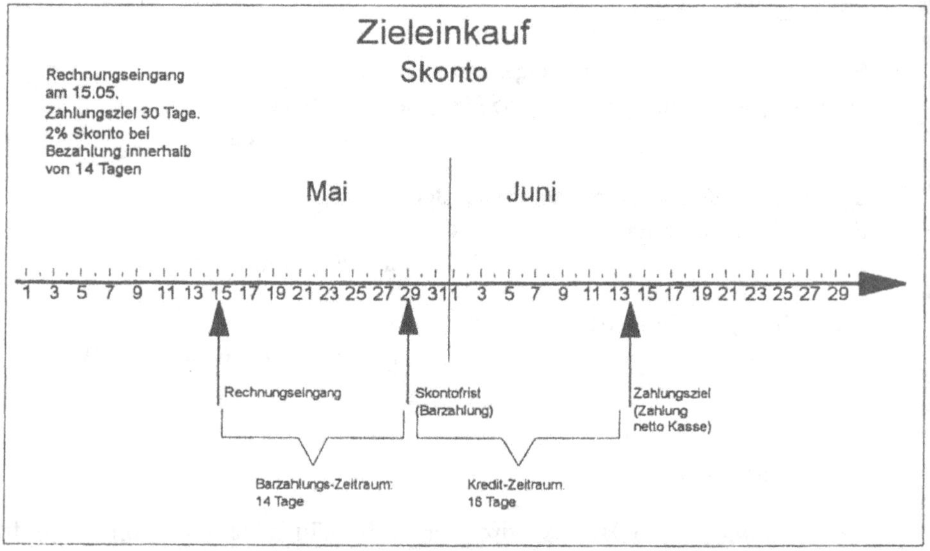

betrages erhoben wird, wenn also im obigen Beispiel das Zahlungsziel von 30 Tagen voll genutzt wird (Lieferantenkredit). Auf der anderen Seite impliziert der Skonto eine Prämie für Einsparung von Verwaltungsaufwand und Risikominderung bei Barzahlung gegenüber Zielumsätzen (Überwachung des Zahlungsziels, eventuelle Mahngebühren usw.). Grundsätzlich stellen außerdem alle Formen des (freiwilligen) Preisnachlasses auch ein absatzpolitisches Instrument dar.

Ein solcher Lieferantenkredit ist einer der teuersten Kredite, die im Geschäftsleben auftreten. Unter Zugrundelegung der obigen Formulierung beträgt der Zins 45 % p. a.[21] Sofern die Möglichkeit besteht, sollten Rechnungen deshalb immer innerhalb der Skontofrist bezahlt werden.

Buchungstechnisch werden Skonti entsprechend den anderen Preisnachlassformen behandelt; auch bei ihrer Verbuchung werden i. d. R. Vorkonten benutzt. Im Industriekontenrahmen werden somit wiederum die Konten der Klasse 2 **"Nachlässe für ..."** und die Konten der Klasse 5 **"Erlösberichti-**

---

21 Skonto * 360 / Kreditzeitraum (30 - 14 = 16) = 2 * 360 / 16 = 45.

gungen für ..." angesprochen.[22]

Beispiel (Lieferantenskonto): Am 15.5. geht eine Rechnung über den Kauf von Handelswaren über 136.500 € zuzüglich 10 % USt ein. Zahlungsbedingungen: 2 % Skonto bei Zahlung innerhalb von 14 Tagen nach Erhalt der Rechnung; innerhalb von 30 Tagen ohne jeden Abzug (Kasse oder Bank).

Zwei Möglichkeiten sind denkbar: Entweder erfolgt die Zahlung **nach Ablauf** der 14tägigen Frist (Fall A: Nichtinanspruchnahme) oder **innerhalb** dieser Frist (Fall B: Inanspruchnahme). Im zweiten Fall erfolgt eine Kürzung des Rechnungsbetrags (Brutto-Zieleinkaufspreises) in Höhe von 150.150 € um 2 %. Durch den Abzug des Lieferantenskontos reduziert sich einerseits die Zahlungsverpflichtung gegenüber dem Lieferanten um 2.903 €, andererseits auch die Vorsteuer um 273 €. Der Differenzbetrag von 2.730 € stellt den Ertrag aufgrund der Inanspruchnahme des Skontos dar. Der folgenden Tabelle sind die einzelnen Rechenschritte zu entnehmen:

	100 %	+ 10 %	=110 %
	Netto-Zieleinkaufspreis 136.500	Vorsteuer 13.650	Brutto-Zieleinkaufspreis 150.150
./.	Skonto 2 % netto 2.730	Vorsteuer 273	Skonto 2 % brutto 2.903
=	Netto-Bareinkaufspreis 133.770	Vorsteuer 13.377	Brutto-Bareinkaufspreis 147.147

Buchung aufgrund der Eingangsrechnung am 15.5.:

Waren	136.500			
Vorsteuer	13.650	**an**	Verbindlichkeiten aus LuL	150.150

Fall A, Rechnung wird ohne Inanspruchnahme des Skontos bar bezahlt:

Verbindlichkeiten aus LuL	150.150	**an**	Bank	150.150

Fall B, Banküberweisung erfolgt innerhalb von 14 Tagen:

Verbindlichkeiten aus LuL	150.150	**an**	Bank	147.147
			Nachlässe für Waren	2.730
			Vorsteuer	273

22 Ausführliche Darstellungen der Verbuchung von Preisnachlässen aufgrund von Mängelrügen, Boni und Skonti enthalten u. a. folgende Werke: C.-Ch. Freidank/ H. Eigenstetter (1992), S. 150 ff. und W. Eisele (1999), S. 112 ff. sowie G. Wöhe/ H. Kußmaul (2000), S. 122 ff. Bei der Verbuchung der Skonti wird in der Praxis die **Bruttomethode** bevorzugt. "Die buchhalterische Praxis wendet überwiegend die Bruttoverbuchung an." W. Eisele (1999), S. 120 ff.

(Umbuchung am Ende der Rechnungsperiode):

Nachlässe für Waren	2.730	**an**	Waren	2.730

Beispiel (Kundenskonto): Wird obiges Beispiel zugrundegelegt, allerdings nicht von einem Kauf, sondern von einem **Verkauf** der Handelswaren ausgegangen, so handelt es sich um einen **Kundenskonto**. Hier erfolgt analog zu den Fällen A und B die Verbuchung des Kundenskontos.

Buchung aufgrund der Ausgangsrechnung am 15.5.:

Forderungen aus LuL	150.150	**an**	Umsatzerlöse für Waren	136.500
			Umsatzsteuer	13.650

Fall A, Rechnung wird ohne Inanspruchnahme des Skontos vom Kunden bar bezahlt:

Bank	150.150	**an**	Forderungen aus LuL	150.150

Fall B, Bankeinzahlung erfolgt innerhalb von 14 Tagen:

Bank	147.147			
Erlösberichtigungen für Waren	2.730			
Umsatzsteuer	273	**an**	Forderungen aus LuL	150.150

(Umbuchung am Ende der Rechnungsperiode):

Umsatzerlöse für Waren	2.730	**an**	Erlösberichtigungen für Waren	2.730

Wie beim Bonus kommt es im Falle einer Inanspruchnahme des Skontos beim Skontogeber (Verkauf) zu einer **Erlösschmälerung** und beim Abnehmer (Einkauf) zu einer nachträglichen **Einstandspreis-** oder **Anschaffungskostenminderung.** Eine Saldierung von Skontoaufwand und Skontoertrag ist nach dem Bruttoprinzip nicht zulässig (§ 246 Abs. 2 HGB).

2.3.4 Private Warenentnahmen und Eigenverbrauch

Die Warenentnahme für private Zwecke lässt sich inhaltlich als eine Lieferung an sich selbst interpretieren bzw. als ein Umsatz mit sich selbst und nicht mit Dritten. Private Warenentnahmen sind prinzipiell dem **Privatkonto** zu belasten und können dem **Wareneinkaufskonto**, dem **Warenverkaufskonto** oder einem besonderen Erlöskonto (im IKR ist es das zur Kontengruppe "Sonstige betriebliche Erträge" gehörenden Konto **"Eigenverbrauch")** gutgeschrieben werden. Auf welchem Konto die Warenentnahmen gebucht werden, tangiert zwar die Höhe des ausgewiesenen Wareneinsatzes, nicht jedoch die endgültige Höhe des Reingewinns.[23] Auch **Leistungs-** und **Aufwendungs-Eigenverbrauch** werden durch das Konto Privat (auf der Sollseite Nettowert zuzüglich USt) im Hinblick auf die Gewinnermittlung abgegrenzt. Bei der Privatverbrauchsentnahme (Leistungs-Eigenverbrauch) wird auf der Habenseite entweder auf dem Wareneinkaufskonto oder auf einem entsprechenden Aufwandskonto, das bisher zu hoch angesetzt wurde, der Nettobetrag gegengebucht und beim Aufwendungs-Eigenverbrauch erfolgt die Gegenbuchung grundsätzlich auf dem entsprechenden Aufwandskonto.[24]

Beispiel: Die Unternehmerin entnimmt Waren im Wert von 2.000 € netto für private Zwecke.

Buchungssatz:

Privat	2.200	**an**	Wareneinkauf	2.000
			Umsatzsteuer	200
oder				
Privat	2.200	**an**	Eigenverbrauch	2.000
			Umsatzsteuer	200

Eine gewisse Präferenz für die Verbuchung der Warenentnahme auf einem Wareneinkaufskonto leitet sich aus der Tatsache ab, dass die Warenentnahme im allgemeinen zu Einkaufspreisen bewertet wird und somit die Verbuchung auf dem Wareneinkaufskonto den Warenabgang zutreffender wiedergibt.

2.3.5 Unfreiwillige Verminderung von Warenvorräten

Unfreiwillige, nicht durch Verkäufe hervorgerufene Verminderungen des Warenlagers können durch Schwund, Verderb oder Diebstahl von Waren auftreten. Will man einen korrekten Ausweis des Wareneinsatzes und damit des Warenrohgewinns erreichen, muss die Reduzierung der auf Lager liegenden Waren im Wareneinkaufskonto berücksichtigt und ausgebucht werden.

---

23 Zu dieser Problematik vgl. H. Falterbaum/H. Beckmann (1996), S. 181 ff., G. Wöhe/H. Kußmaul (2000), S. 146 ff.

24 Vgl. hierzu die Beispiele bei G. Wöhe/H. Kußmaul (2000), S. 149. Ausführliche buchungs- und kontenmäßige Darlegungen zu der Verbuchung der Eigenverbrauchsvarianten finden sich bei C.-Ch. Freidank/H. Eigenstetter (1992), S. 121 ff.

Werden Warenreduzierungen unmittelbar festgestellt (z. B. durch Verderb, Katastrophen oder Diebstahl), dann können Erfolgs- und Bestandsanteil gleich korrigiert werden. Dies erfolgt unter Verwendung des Kontos "sonstiger betrieblicher Aufwand" oder "außerordentlicher Aufwand" durch folgende Buchung:

Außerordentliche Aufwendungen	**an**	Wareneinkauf

Diese Buchung hat zur Folge, dass sich der Wareneinsatz (Aufwand) in Höhe des außerordentlichen Aufwands verringert. Prinzipiell ist auch eine indirekte Verbuchung - durch die Zwischenschaltung eines Unterkontos - zum Wareneinkaufskonto möglich. Gewöhnlich werden unfreiwillige Warenreduzierungen erst später entdeckt und durch die Inventur erfasst. Zwar ist in diesem Fall der ausgewiesene Wareneinsatz um den außerordentlichen Aufwand zu hoch und damit auch das Rohgewinnergebnis verfälscht, aber eine Beeinflussung des Reingewinns findet nicht statt.

Handelt es sich um **größere** Differenzbeträge, die zum Abschluss der Geschäftsperiode auftreten, so dürfen diese steuerlich nicht ohne weiteres erfolgswirksam, also gewinnmindernd (Aufwand), ausgebucht werden. Im Gegensatz zu Erlösschmälerungen oder zu Warenentnahmen ruft eine festgestellte unfreiwillige Abnahme des Warenlagers im Rahmen der steuerlichen Gewinnermittlung jedoch keine Korrektur der Umsatzsteuer hervor.[25]

3 Buchungstechnische Besonderheiten bei Industriebetrieben

Buchungstechnische Besonderheiten treten - in Abgrenzung zu Handelsbetrieben - bei Industrie- und Handwerksbetrieben insbesondere im **Materialbereich** und in abgeschwächter Form im **Anlagenbereich** auf.

So sind im **Materialbereich** folgende Vorgänge als Besonderheit zu charakterisieren:

1. Die **Beschaffung** und der **Verbrauch** von Roh-, Hilfs-, und Betriebsstoffen sowie die **Bestandsveränderungen** von (unfertigen und fertigen) Erzeugnissen und der **Verkauf** von Erzeugnissen und

25 Vgl. W. Eisele (1999), S. 122 ff.

2. die **Bewertung** von Beständen und Verbrauch von Roh-, Hilfs- und Betriebsstoffen sowie von Halbfertig- und Fertigfabrikaten (unfertigen und fertigen Erzeugnissen).

Bezogen auf den **Anlagenbereich** kommt, angesichts einer höheren Anlagenintensität in Industriebetrieben, der Anlagenwirtschaft, d. h. der "Verwaltung" des **abnutzbaren** Anlagevermögens (z. B. Gebäude, Maschinen und maschinelle Anlagen, Werkzeuge usw.), vergleichsweise eine größere Bedeutung zu. D. h., der Anlagenbereich unterscheidet sich vor allem quantitäts- und weniger qualitätsmäßig in den einzelnen Wirtschaftszweigen. Deshalb wird in diesem Abschnitt lediglich auf die Besonderheiten der Materialwirtschaft eingegangen.

3.1 Erfassung des Materials und des Materialverbrauchs

Im Industriebetrieb werden **Roh-**, **Hilfs-**, **Betriebsstoffe** und **Fremdbauteile** beschafft, i. d. R. kurzfristig gelagert (eine "Just-in-Time-Fertigung", d. h. Anlieferung erst dann, wenn die Stoffe in der Produktion benötigt werden, lässt sich in den Unternehmen nur bedingt realisieren) und eingesetzt (verbraucht), um Produkte herzustellen.

Bar- bzw. Kreditkäufe von Stoffen werden auf den **Bestandskonten** Roh-, Hilfs- und Betriebsstoffe auf der Sollseite festgehalten. Sobald sie in die Produktion eingehen, d. h. verbraucht werden, "entstehen" Wertverzehre, die als **Kosten** (Grundkosten) zu erfassen sind. Die für die Leistungserstellung benötigten Stoffe werden dem Lager entnommen (Materialentnahmeschein) und über die entsprechenden Aufwandskonten (IKR: Klasse 6) verrechnet. Der Kauf und Verbrauch von Stoffen sei im Folgenden beispielhaft verdeutlicht.

Beispiel: Die Maschinenfabrik Spok kauft bei der Firma Müller Rohstoffe für 10.000 € und für 5.000 € Hilfsstoffe auf Ziel, außerdem Betriebsstoffe für 1.000 €, die bar bezahlt werden sowie Fremdbauteile für 4.000 €, die per Bank überwiesen werden. Es handelt sich jeweils um Nettobeträge, die umsatzsteuerpflichtig sind.

Buchungssätze:

Rohstoffe	10.000			
Hilfsstoffe	5.000			
Vorsteuer	1.500	**an**	Verbindlichkeiten aus LuL	16.500

Betriebsstoffe	1.000			
Vorsteuer	100	**an**	Kasse	1.100
Vorprodukte/Fremdbauteile	4.000			
Vorsteuer	400	**an**	Bank	4.400

Das Beispiel zeigt, dass auf den Stoffe-Bestandskonten immer nur die **Nettobeträge** verbucht werden.

Der **Verbrauch** an Material kann laufend mit Hilfe von **Materialentnahmescheinen** (Skontrationsmethode oder Fortschreibungsmethode) also **belegmäßig** erfasst werden oder **nachträglich durch Inventur** (vgl. *Abbildung 70*).

Der Verbrauch von Stoffen berührt einerseits die Bestandskonten (Abgang im Haben) und andererseits die entsprechenden Aufwandskonten (Sollbuchung). Im Industriebetrieb besteht zwischen den Stoffe-Bestandskonten und den dazugehörigen Aufwandskonten der gleiche Zusammenhang wie im Handelsbetrieb zwischen den Konten "Warenbestand" und "Wareneinsatz".

Wird in Unternehmen (i. d. R. in mittleren und größeren) die **Fortschreibungsmethode** angewendet, so führt jede Materialentnahme während des Jahres **sofort** zu einer Umbuchung in der Finanzbuchführung. Am Jahresende lässt sich der Materialbestand buchmäßig errechnen und muss dann nur mit dem Inventurergebnis durch körperliche Bestandsaufnahme (tatsächlich festgestellter Bestand) verglichen werden. Inventurdifferenzen treten nur dann auf, wenn während der Periode außergewöhnliche Umstände (z. B. Erfassungsfehler, Warenschwund, Diebstahl usw.) zu verzeichnen gewesen sind.

Abbildung 70

Erfassungs- und Bewertungsmethoden für Materialkosten

Erfassung und Bewertung	Einsatz- und Eignungsmöglichkeiten
1. Skontrationsmethode (Fortschreibungsmethode) Anfangsbestand + Zugang - Abgang (Verbrauch) = (Soll-)Endbestand Verbrauch = Summe der Entnahmemengen laut Materialentnahmescheinen	○ Sehr genau, aber arbeitsaufwendig, da laufende Aufschreibung der Zugänge und Abgänge erforderlich ist. ○ Üblich bei Einzel- und Serienfertigung. ○ Da jeder Materialentnahmeschein auch Angaben zur empfangenen Kostenstelle und Auftragsnummer enthält, sind Verwendungsort und -zweck der Stoffe genau feststellbar. ○ Die Gegenüberstellung des ermittelten Endbestandes (Soll-Endbestandes) mit dem durch Inventur ermittelten Ist-Bestand ermöglicht eine Feststellung von Inventurdifferenzen.
2. Inventurmethode (Befundrechnung, Bestandsdifferenzrechnung) Anfangsbestand + Zugang - Endbestand = Abgang (Verbrauch)	○ Zeitraubend, da Feststellung des Endbestandes (Ist-Bestand) durch Inventur erfolgt. ○ Da kein Soll-Verbrauch, auch keine Inventur-Differenzen-Analyse möglich.
3. Rückrechnung (retrograde Methode) Verbrauch = Produzierte Stückzahlen (Menge) x Sollverbrauchsmenge pro Stück	○ Grundlage ist die Berechnung oder Schätzung des Verbrauchs für jedes Produkt; Festhalten als Sollverbrauch in einer Materialkartei. ○ Fehlende Kontrollmöglichkeit: Bestandsminderungen über den Soll-Verbrauch hinaus nicht feststellbar.

Für die Bewertung des Materialverbrauchs stehen zwei grundsätzliche Methoden zur Verfügung: Istpreis-Verfahren (tatsächliche Werte) und Festpreis-Verfahren (geschätzte und für einen Zeitraum festgesetzte Preise)

Der sofortige Materialverbrauch (lt. Materialentnahmeschein) wird grundsätzlich wie folgt gebucht.

6000 Aufwendungen für Rohstoffe	**an**	2000 Rohstoffe
6020 Aufwendungen für Hilfsstoffe	**an**	2020 Hilfsstoffe
6030 Aufwendungen für Betriebsstoffe	**an**	2030 Betriebsstoffe

Erfolgt die Erfassung des Materialverbrauchs durch eine **Befundrechnung** (Inventurmethode), so werden während der Periode lediglich die Einkäufe auf den Bestandskonten der Klasse 2 erfasst, wogegen der Materialverbrauch buchmäßig nicht sofort erfasst wird. Zum Bilanzstichtag werden dann die tatsächlichen Bestände an Roh-, Hilfs- und Betriebsstoffen ermittelt. Der Materialverbrauch wird ermittelt (Anfangsbestand + Zugang - Endbestand = Abgang oder Verbrauch) und erst danach kann er (einmalig) auf die Aufwands-Stoffekonten (Klasse 6) umgebucht werden. Diese Vorgehensweise der Ermittlung des Materialverbrauchs ist eher in Klein- und Mittelbetrieben anzutreffen.

3.2 Erfassung des Verkaufs von Erzeugnissen

Industriebetriebe sind bemüht, bei einem möglichst geringen Materialverbrauch und den sonst erforderlichen Aufwendungen, Produkte herzustellen

und gewinnbringend auf dem Markt abzusetzen. Der Verkauf hergestellter Produkte oder eigener Erzeugnisse wird auf dem Konto **"Umsatzerlöse"** gebucht (in der Praxis können und werden oftmals nach Erzeugnisarten differenzierte Umsatzerlös-Konten geführt). Grundsätzlich unterscheidet sich dieses Konto nicht vom Warenverkaufskonto eines Handelsbetriebes.

Beispiel: Es werden 100 Fahrräder à 200 € netto zuzüglich USt auf Ziel verkauft.

Buchungssatz:

Forderungen aus LuL	22.000	**an**	Umsatzerlöse	20.000
			Umsatzsteuer	2.000

Zu beachten ist in diesem Zusammenhang, dass der Verkauf von Gütern **nie** das Bestandskonto fertige Erzeugnisse berührt, sondern **immer** das Konto Umsatzerlöse und die Gegenbuchung im Konto Forderungen oder einem Zahlungsmittelkonto erfolgt.

3.3 Erfassung des Bestands an unfertigen und fertigen Erzeugnissen

3.3.1 Differenzierung in Produktions- und Absatzleistung

Während in Handelsbetrieben eine Leistung erst durch den Verkauf der beschafften Waren erbracht worden ist, gilt es bei Industriebetrieben zwischen der **Produktionsleistung** und der **Absatzleistung** zu unterscheiden. Im Verlauf einer Geschäftsperiode entstehen durch den Einsatz der "Produktionsfaktoren" kontinuierlich neue Halbfertig- und Fertigfabrikate die gelagert (erfasst werden sie auf den Bestandskonten **"2100 unfertige Erzeugnisse"** [uE] und **"2200 fertige Erzeugnisse"** [fE]) bzw. veräußert werden. Die Produktionsleistung ist der Absatzleistung vorgelagert. Nur im **Ausnahmefall,** wenn keine Bestandsveränderungen der unfertigen und fertigen Erzeugnisse (Zu- oder Abnahme der Lagerbestände) zu verzeichnen sind, ist die Erfolgsermittlung in Industrie- und Handelsbetrieb identisch. Im **Regelfall** ergeben sich aber im Verlauf einer Periode Differenzen zwischen den hergestellten Produkten (Ertrag) und verkauften (Umsatzerlöse). Wird **mehr produziert als verkauft** kommt es zu einer **Mehrung** der Bestände an unfertigen und fertigen Erzeugnissen, wird **mehr verkauft als produziert** tritt eine **Minderung** der Bestände ein. Erfasst werden die Differenzen auf dem Erfolgskonto **"5200 Bestandsveränderungen"**, das im GuV-Konto abgeschlossen wird. Im Industriebetrieb werden auch Leistungen erstellt, die nicht für den Verkauf bestimmt sind, sondern **innerbetrieblichen Zwecken** dienen. Eigenleistungen, also Leistungen die im eigenen Betrieb erstellt und genutzt werden und eine Werterhöhung des Anlagevermögens (z. B. selbsterstellte Druckmaschine) darstellen, sind als Vermögenszugang zu aktivieren und als Ertrag (**"53 Andere aktivierte Eigenleistungen"**) auszuweisen. Solche Eigenleistungen haben keine Anschaffungskosten und sind demzufolge - wie die Bestände an unfertigen und fertigen Erzeugnissen - zu **Herstellungskosten**[26] zu bewerten und mit diesen zu aktivieren. Vereinfacht formuliert, stellen Herstellungskosten den Geldbetrag dar, der bei der Produktion der auf Lager genommenen Erzeugnisse bzw. der bei den hergestellten, aber für eigene Zwecke benutzten Güter angefallen ist.

3.3.2 Gesamt- und Umsatzkostenverfahren

Die Erfolgsermittlung in einem Industriebetrieb kann zwar auf zweierlei Weise durchgeführt werden: Als **Gesamtkostenverfahren (Produktionserfolgsrechnung)** oder als **Umsatzkostenverfahren (Absatzerfolgsrechnung)**.[27] Im Ergebnis aber stimmen Produktionserfolgsrechnung und Absatzerfolgsrechnung eines Unternehmens grundsätzlich überein, es sei denn, die Bestände an unfertigen und fertigen Erzeugnissen werden in den beiden Verfahren unterschiedlich bewertet.

Gesamtkostenverfahren (§ 275 Abs. 2 HGB):

	Ertrag	(Umsatzerlöse der Periode + Bestandserhöhungen an uE und fE + andere aktivierte Eigenleistungen)
-	**Aufwand**	(Produktionsaufwendungen der Periode + Bestandsverminderungen an uE und fE)
=	**Erfolg**	

26 Zum Begriff der handels- und steuerrechtlichen Herstellungskosten vgl. das 8. Kapitel dieses Buches.

27 Siehe hierzu auch die Ausführungen zur handelsrechtlichen Gliederung der Gewinn- und Verlustrechnung in Kapitel 5 dieses Buches.

Umsatzkostenverfahren (§ 275 Abs. 3 HGB):

	Ertrag	(Umsatzerlöse der Periode)
-	**Aufwand**	(Umsatzaufwand = Produktionsaufwand - Bestandserhöhungen an uE und fE + Bestandsverminderungen an uE und fE - Aufwand für andere aktivierte Eigenleistungen)
=	**Erfolg**	

Die beiden Verfahren unterscheiden sich lediglich darin, wie sie unter Berücksichtigung von Lagerbestandsveränderungen und Eigenleistungen die Erfolgskomponenten (Aufwand und Ertrag) mengenmäßig vergleichbar machen. Weichen produzierte und abgesetzte Leistungen voneinander ab, wird beim Gesamtkostenverfahren die Differenz zwischen Menge bzw. Wert der produzierten und abgesetzten Leistungen durch die Posten "Bestandsveränderungen" und "Andere aktivierte Eigenleistungen" berücksichtigt. Stellt man sich die GuV-Rechnung in Kontoform vor, so setzt die **Gesamtkostenrechnung** an den **in der Geschäftsperiode angefallenen Aufwendungen** auf der Sollseite der Erfolgsrechnung an. Diesen wird auf der Habenseite der **gesamte Ertrag der Periode** (Umsatzerlöse, Bestandsveränderungen sowie aktivierte Eigenleistungen) gegenübergestellt. Das **Umsatzkostenverfahren** geht von den **Umsatzerlösen** auf der Habenseite der Erfolgsrechnung aus und stellt diesen die **Aufwendungen** gegenüber, die für Herstellung und Vertrieb **dieses Umsatzes** notwendig waren.

Kontenabschluss nach dem Gesamt– und Umsatzkostenverfahren am Beispiel eines einstufigen Produktionsprozesses[28].

Produzierte Menge x_p	100	Stück
Abgesetzte Menge x_a	60	Stück
Diverse Aufwendungen x_p	1.000	€
Herstellungskosten / Stück	10	€
Umsatzerlöse x_a (60 Stück á 20 €	1.200	€
Anfangsbestand fE (50 Stück á 10 €)	500	€
Endbestand fE (90 Stück á 10 €)	900	€

Beim Gesamtkostenverfahren erscheinen im Soll des GuV-Kontos die gesamten Aufwendungen in Höhe von 1.000 €. Im Haben werden die Umsatz-

---

28 Vgl. Döring, Buchholz; Buchhaltung und Jahresabschluss mit Aufgaben und Lösungen, 7. Auflage, 2000

Beim Gesamtkostenverfahren erscheinen im Soll des GuV-Kontos die gesamten Aufwendungen in Höhe von 1.000 €. Im Haben werden die Umsatzerlöse (1.200 €) sowie die Bestandserhöhung (400 €) explizit ausgewiesen. Der Gewinn beträgt als Saldo 600 € und die Kontensumme des GuV-Kontos beläuft sich beim Gesamtkostenverfahren auf insgesamt 1.600 €.

Kontenabschluss nach dem Gesamtkostenverfahren

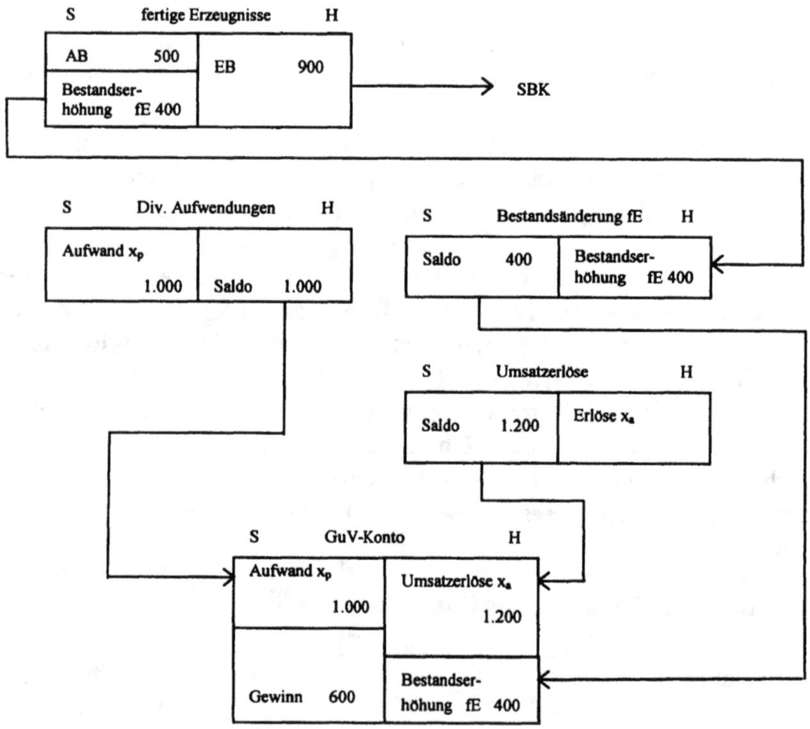

Der Bestand des Kontos „Fertige Erzeugnisse" steigt durch die nicht abgesetzte Menge von 500 € auf 900 €, bewertet zu Herstellungskosten. Dieser Bestand wird in das Schlussbilanzkonto übertragen und erscheint somit am Bilanzstichtag in der Bilanz.

Beim Umsatzkostenverfahren werden die zur Herstellung der Fertigerzeugnisse getätigten Aufwendungen nicht im GuV-Konto gegengebucht. Sie werden vielmehr auf dem Bestandskonto „fertige Erzeugnisse" als Zugang im Soll gegengebucht (a). Das Ertragskonto „Umsatzerlöse" gibt seinen Saldo an die Habenseite des GuV-Kontos ab (b). Hat man den Endbestand auf dem Bestandskonto „fertige Erzeugnisse" verbucht („SBK an fertige Erzeugnisse“), erhält man im Haben dieses Kontos einen Saldo in Höhe des Abgangs. Bei diesem Abgang handelt es sich um die abgesetzte Menge x_a, bewertet zu Herstellungskosten. Dieser Saldo, der dem Wareneinsatz im Handelsbetrieb vergleichbar ist, wird als Aufwand ins GuV-Konto gebucht (c). Es handelt sich hierbei um den Herstellungsaufwand, der zur Erzielung der Umsatzerlöse angefallen ist; im Beispiel beläuft sich dieser auf 600 €.

Kontenabschluss nach dem Umsatzkostenverfahren

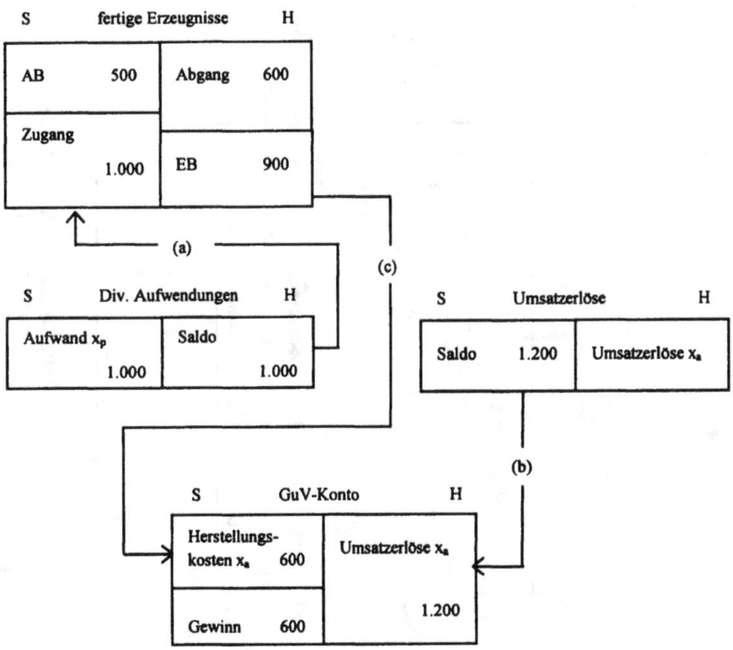

Das Beispiel zeigt, dass die Kontensumme des GuV-Kontos nach dem Umsatzkostenverfahren (1.200 €) niedriger ist, als nach dem Gesamtkostenverfahren (1.600 €). Die Ursache ist darin zu sehen, dass beim Umsatzkostenverfahren nur die Herstellungskosten für die abgesetzte Menge berücksichtigt werden. Die Lagerbestandsveränderung wird also implizit berücksichtigt, in dem die Aufwendungen auf das niedrigere x_a-Niveau heruntergeschleust werden. Insgesamt führen jedoch Gesamt- und Umsatzkostenverfahren immer zum gleichen Erfolg.

Die Grundstruktur der Buchungstechnik nach dem Gesamt- und dem Umsatzkostenverfahren zeigen *Abbildung 71* und *Abbildung 72*.

Abbildung 71

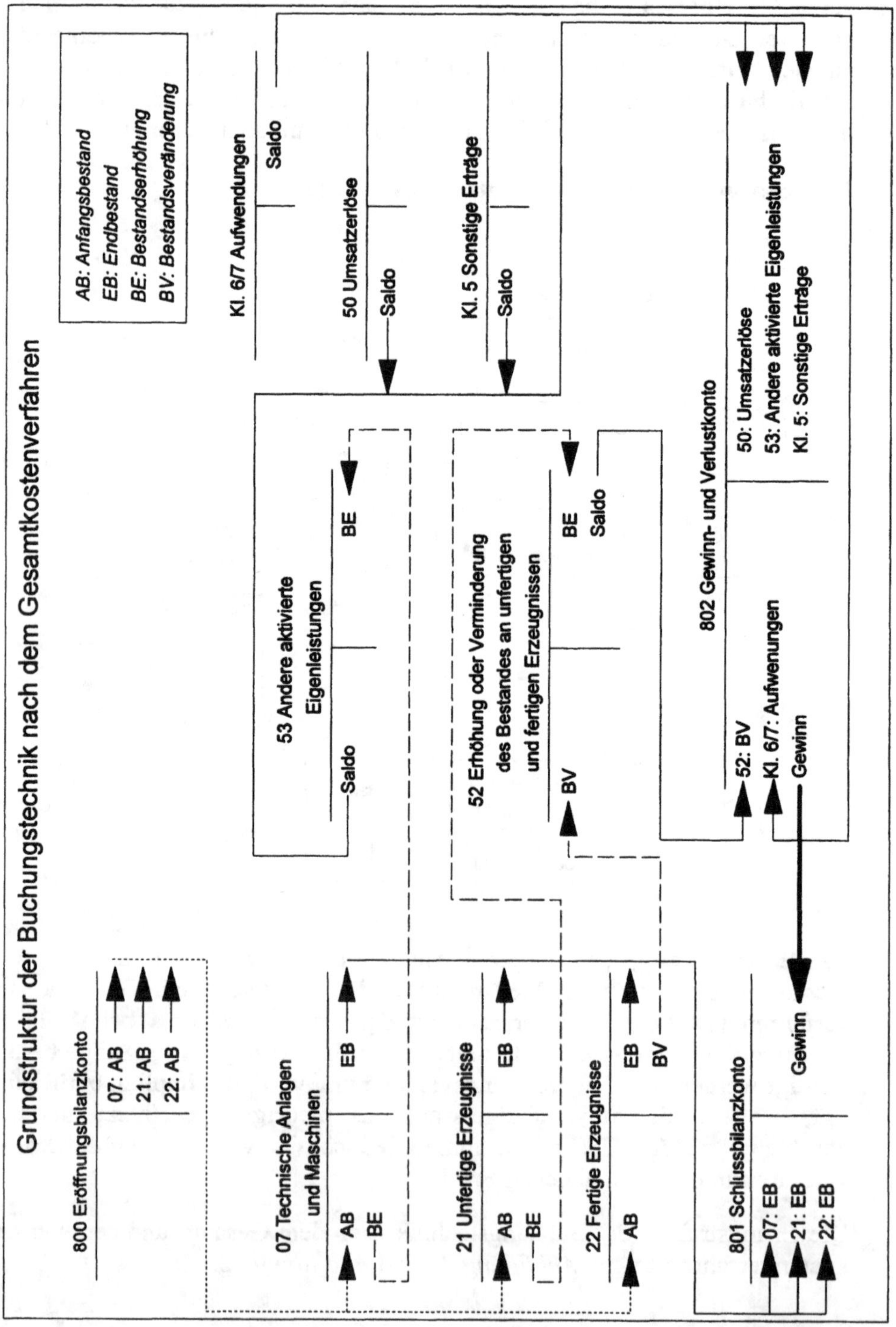

Abbildung 72

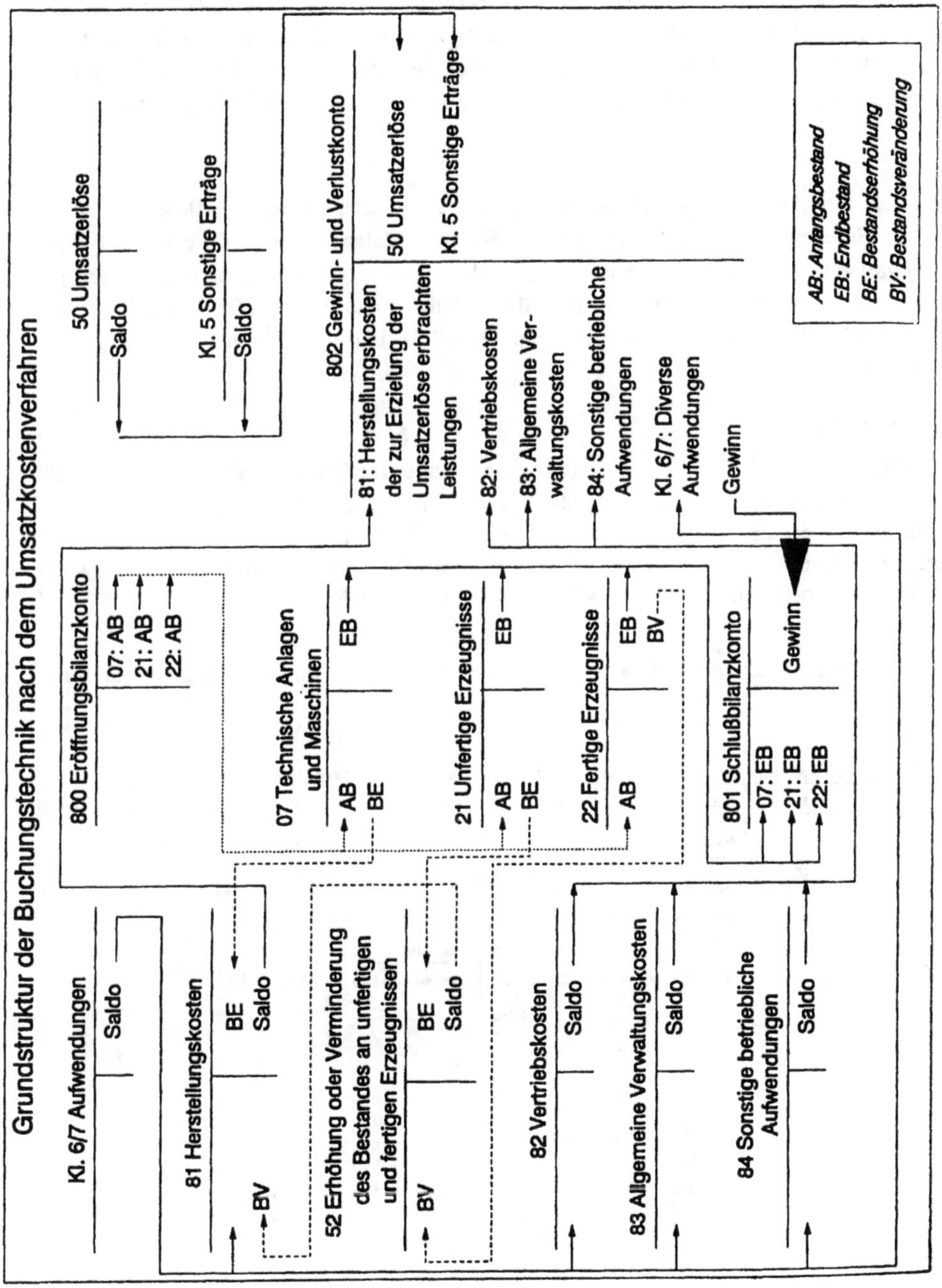

3.3.2.1 Verbuchung von Bestandsveränderungen

Sind die mengenmäßig festgestellten und mit den Herstellungskosten bewerteten Schlussbestände der Konten unfertige Erzeugnisse und fertige Erzeugnisse kleiner oder größer als die Anfangsbestände, so sind diese Bestandsveränderungen zu verbuchen. Dies sei anhand eines Beispiels veranschaulicht.

Beispiel: Der **Anfangsbestand** an unfertigen Erzeugnissen beträgt 10.000 € und der an fertigen Erzeugnissen 8.000 €. Am **Schluss der Geschäftsperiode** wird für die unfertigen Erzeugnisse ein Endbestand von 6.000 € (Minderbestand von 4.000 €) und für die fertigen Erzeugnisse ein Endbestand von 16.000 € (Mehrbestand von 8.000 €) ermittelt. Die Umsatzerlöse der Periode belaufen sich auf 800.000 € und die Gesamtaufwendungen auf 750.000 €.

Buchungssätze:

Schlussbilanzkonto	6.000	**an**	unfertige Erzeugnisse	6.000
Schlussbilanzkonto	16.000	**an**	fertige Erzeugnisse	16.000
Bestandsveränderungen	4.000	**an**	unfertige Erzeugnisse	4.000
fertige Erzeugnisse	8.000	**an**	Bestandsveränderungen	8.000
Bestandsveränderungen	4.000	**an**	GuV-Konto	4.000

Unter Zugrundelegung der Zahlen aus dem Beispiel ergibt sich folgendes Kontenbild (ohne SBK):

Kontenbild:

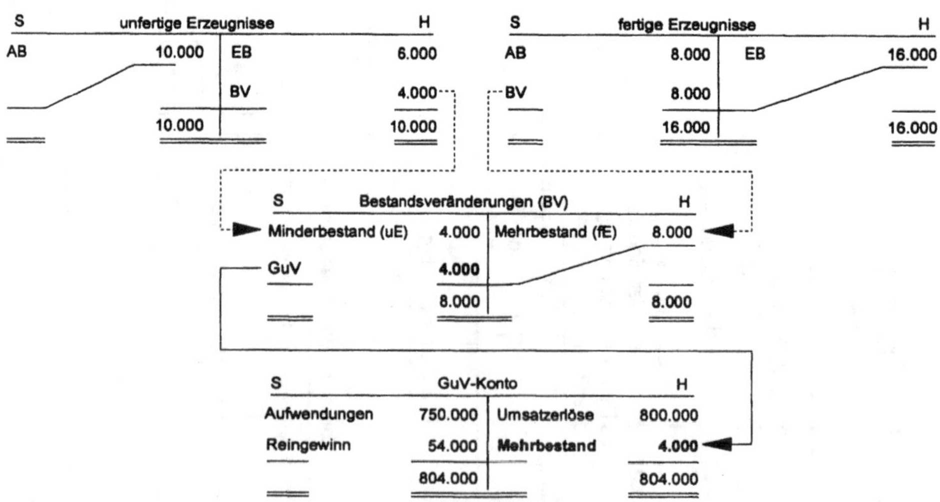

Nach Eintragung der Schlussbestände lt. Inventur auf die Konten unfertige Erzeugnisse und fertige Erzeugnisse, die ihre Gegenbuchung im Schlussbilanzkonto haben, erfolgen die Umbuchungen der Minder- bzw. Mehrbestände. Das "Sammelkonto" Bestandsveränderungen erfasst im Soll die Minderbestände und im Haben die Mehrbestände der Erzeugniskonten, der Saldo wird in das GuV-Konto überführt.

3.3.2.2 Aktivierungspflichtige innerbetriebliche Leistungen

Innerbetriebliche Leistungen, also nicht für den Verkauf bestimmte Leistungen, sind mit ihren Herstellungskosten zu bewerten und auf den entsprechenden Anlagekonten zu aktivieren. Werden **werterhöhende Reparaturen**[29] durchgeführt (hierzu zählt nicht die Instandhaltung von Anlagegütern, sondern es muss die Funktion des Anlagegutes entweder in seiner Funktion verbessert bzw. verändert oder in seiner Substanz vermehrt werden [§ 255 Abs. 2 HGB]) bzw. wird ein **Anlagegut** (z. B. Werkzeugmaschine) mit eigenen Arbeitskräften und Materialien hergestellt, so fallen bei der Produktion Aufwendungen an, die erfasst und gebucht werden müssen. Im Vergleich zu den Anschaffungskosten sind die entsprechenden Herstellungskosten (besser: Herstellungsaufwendungen) nur schwierig zu ermitteln, da keine externen Belegunterlagen (Rechnungen) vorliegen. Ausgangspunkt der Herstellungskosten sind zwar die Herstellkosten der Kostenrechnung, diese dürfen aber nur dann berücksichtigt werden, sofern sie den handelsrechtlichen Aufwendungen bzw. den steuerlich abzugsfähigen Betriebsausgaben entsprechen.

Beispiel[30]: Das Metallwerk M. Heine. Kfm. erstellt mit eigenen Arbeitskräften ein Fließband zur eigenen Nutzung. Die Herstellungsaufwendungen betragen 63.500 €. Sie setzen sich zusammen aus: 41.000 € Rohstoffe und 22.500 € Lohn .

Zu aktivierende Eigenleistungen sind als **Vermögenszuwachs** und als **Ertrag** zu erfassen. Dementsprechend wird das Fließband als Eigenleistung auf dem Konto Maschinen aktiviert. Zum Ausgleich der während der Herstellung angefallenen und auf verschiedenen Aufwandskonten (Kl. 6/7) gebuchten **Herstellungskosten**, die ihre jeweilige Gegenbuchung in den Bestandskonten der Kl. 0 und 2 haben, muss die **Eigenleistung als Ertrag** gebucht werden.

---

29 Vgl. M. Deitermann/S. Schmolke (2000a), S. 216.

30 Beispiel nach M. Deitermann/S. Schmolke (2000a), S. 216 f.

Laufende Buchungen bei Anfall der Aufwendungen:

Diverse Aufwandskonten	63.500	**an**	Diverse Bestandskonten	63.500

Einmalige Buchung bei Aktivierung der Eigenleistung:

Maschinen	63.500	**an**	Aktivierte Eigenleistungen	63.500

Abschlussbuchungen:

Aktivierte Eigenleistungen	63.500	**an**	GuV-Konto	63.500
Schlussbilanzkonto	63.500	**an**	Maschinen	63.500

Die Wertminderung dieses Fließbandes wird, wie bei gekauften Sachanlagen, nach betriebsgewöhnlicher Nutzungsdauer über die Abschreibungen als Aufwand verrechnet.

4 Laufende und abschließende Buchungen im Sachanlagenbereich

4.1 Aufgabe der Anlagenbuchhaltung

Die Aufgabe der Anlagenbuchhaltung besteht in der vollständigen Erfassung des selbst hergestellten und gekauften Anlagevermögens. Gemäß § 247 Abs. 2 HGB gehören zum Anlagevermögen alle Gegenstände, die dazu bestimmt sind, **dem Betrieb dauernd zu dienen**, wobei unter dauernd mindestens **länger als 1 Jahr** zu verstehen ist. Gemäß § 253 Abs. 1 HGB sind die gekauften Vermögensgegenstände **(bewertet zu Anschaffungskosten)** zum Zeitpunkt der Anschaffung auf den Anlagekonten zu aktivieren.

Entsprechend den Anforderungen der GoB ist es unerlässlich, eine sog. **Anlagenkartei** einzurichten. Unabhängig davon, ob diese in Form von Anlagenkarteikarten oder als Datenbank (für jeden Anlagegegenstand wird ein eigener Datensatz angelegt) geführt wird, muss für jeden Vermögensgegenstand eine eigene Karteikarte vorliegen (vgl. *Abbildung 73*).

Abbildung 73

Muster einer Anlagenkartei

Inventar Nr.	Bezeichnung der Anlage	Baujahr
070300	*CNC-Fräse*	*2002*

Anschaffungsdatum	*12.3.2002*
Nutzungsdauer	*10 Jahre*
Anschaffungskosten	*120.000 €*
Abschreibungsmethode	*linear*
voraussichtlicher Restwert	*1.000 €*

Abschreibungsplan

Jahr	AfA Betrag	Buchwert
02		120.000
03	12.000	108.000
04	12.000	96.000
05	12.000	84.000
06	12.000	
07		
08		
09		
10		
11		

In der Anlagenkartei sind alle Anlagegüter aufzunehmen, auch die sog. **"Geringwertigen Wirtschaftsgüter"** (GWG, Kt. 089). Letztere braucht man nur einmal, und zwar im Jahr der Anschaffung oder Herstellung, auf einer Sammelkarte oder auf einem Sammelkonto zu erfassen. Gemäß § 6 Abs. 2 EStG sind **GWG abnutzbare, bewegliche Wirtschaftsgüter des Anlagevermögens**, die einer **selbständigen Nutzung** fähig sind, wenn ihre **Anschaffungs- oder Herstellungskosten 800 DM** (408°€) ohne USt nicht übersteigen. Sie **können** (Wahlrecht) sofort in voller Höhe abgeschrieben werden. Gemäß Abschnitt 31 Abs. 3 EStR sind **GWG mit Anschaffungs- oder Herstellungskosten bis zu 100 DM** (51 €) ohne USt von der Pflicht zur Registrierung ausgenommen, die sofort als Aufwand verrechnet werden **können** (Wahlrecht). Voll abgeschriebene, abnutzbare Anlagegüter, die der Betrieb weiterhin nutzt, sind mit einem **Erinnerungswert von 1 DM** (0,51°€/ 1 €) in der Kartei zu führen (vgl. *Abbildung 74*).

Abbildung 74: Aktivierung,, Abschreibung, Aufwand

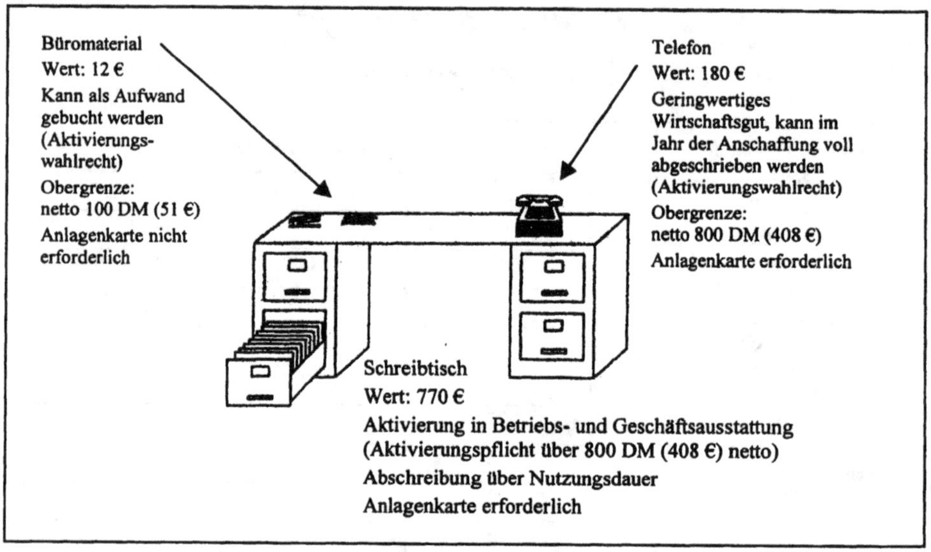

Als **Mindestdaten** enthält die **Anlagenkarte** zweckmäßig die Bezeichnung der Anlage, das Datum der Anschaffung oder Herstellung (sofern davon abweichend auch das Datum der Inbetriebnahme), Höhe der Anschaffungs- bzw. Herstellungskosten, die betriebliche Inventarnummer, das Abschreibungsverfahren, die jährliche Abschreibungsquote, das Datum des Abgangs und der Rest- oder Schrottwert; als **Zusatzdaten** können der Lieferant, der Versicherungswert, die Garantie-Dauer des Herstellers, der Einsatzort (Kostenstelle), die Reparaturen usw. aufgenommen werden.

4.2 Anschaffungskosten als Wertmaßstab

Die Anschaffungskosten bilden den zentralen Bewertungsmaßstab für die entgeltlich erworbenen Anlagegüter. Sie stellen den Wertansatz bzw. den Ausgangswert für die Abschreibungen der einzelnen Anlagegüter dar. In § 255 Abs. 1 HGB sind **Anschaffungskosten** als die Aufwendungen definiert, "die geleistet werden, um einen Vermögensgegenstand zu erwerben und ihn in einen betriebsbereiten Zustand zu versetzen, soweit sie dem Vermögensgegenstand **einzeln zugeordnet** werden können. Zu den Anschaffungskosten gehören auch die **Nebenkosten** sowie **nachträglichen Anschaffungskosten**. **Anschaffungspreisminderungen** sind abzusetzen." Die Anschaffungskosten setzten sich somit wie folgt zusammen:

	Anschaffungspreis (ohne USt)
+	Anschaffungsnebenkosten (ohne USt)
-	Anschaffungskostenminderungen (ohne USt)
+	nachträgliche Anschaffungskosten (ohne USt)
-	nachträgliche Anschaffungskostenminderungen (ohne USt)
	Anschaffungskosten (ohne USt)

Zu den **Anschaffungsnebenkosten** gehören insbesondere Aufwendungen für Transport und Transportversicherung sowie für das Aufstellen und die Montage des Vermögensgegenstandes wie z. B. der Bau eines Fundamentes für die Aufstellung einer Anlage oder die Anbringung einer Werbeschrift auf einem LKW. Weiter gehören zu den Anschaffungsnebenkosten Aufwendungen für die Beurkundung des Kaufvertrags (insbesondere bei Grundstückskäufen), Provisionen, Steuern (Grunderwerbsteuern), Zölle und sonstige Abgaben. D. h. sämtliche Aufwendungen, die anfallen, um den erworbenen Vermögensgegenstand in Dienst zu stellen bzw. wenn er zur Weiterverarbeitung oder Verkauf bestimmt ist, auf Lager zu nehmen. Rabatte und sonstige Nachlässe führen, wie bei der Beschaffung von Handelswaren, zu **Anschaffungspreis-** oder **Anschaffungskostenminderungen**. Auch **nachträglich** entstandene **Anschaffungskosten** bzw. **Anschaffungspreisminderungen** (Boni, Skonti) sind zu berücksichtigen.[31]

Die aktivierungspflichtigen handelsrechtlichen Anschaffungskosten (ohne USt!) sind die Bemessungsgrundlage für die Abschreibungen. Bei dem Begriff Anschaffungskosten (besser: Anschaffungsaufwendungen bzw. -ausgaben) handelt es sich um einen pagatorischen Wertmaßstab, d. h., dass nur aufwandsgleiche Kosten berücksichtigt werden dürfen.

Zu beachten ist, dass **Finanzierungskosten nicht** zu den Anschaffungsnebenkosten gehören und ferner, dass die Nachlässe für Skonti als Minderung des Anschaffungspreises des Anlagegutes - anders als bei Roh-, Hilfs- und Betriebsstoffen - unmittelbar in dem entsprechenden Anlagekonto im Haben zu buchen sind.

Beispiel: Zielkauf einer CNC-Fräsmaschine zu einem Nettopreis von 92.000 € zuzüglich Transport- und Montagekosten in Höhe von netto 8.000 €. Die USt beträgt lt. Rechnungen 10.000 €. Der Rechnungsausgleich erfolgt durch Banküberweisung mit 2 % Skontoabzug.

31 Vgl. R. Federmann (1990), S. 254 ff.

	Anschaffungspreis	92.000
+	Nebenkosten	8.000

		100.000
-	2 % Skonto	2.000
		----------
	aktivierungspflichtige Anschaffungskosten	98.000

Buchung bei Anschaffung:

TA und Maschinen	100.000			
Vorsteuer	10.000	**an**	Verbindlichkeiten aus LuL	110.000

Buchung beim Rechnungsausgleich (einschließlich Skontoabzug):

Verbindlichkeiten aus LuL	110.000	**an**	TA und Maschinen (Nettoskonto)	2.000
			Vorsteuer (Steuerberichtigung)	200
			Bank	107.800

Da es sich beim Nettoskonto um eine Minderung der Anschaffungskosten handelt, wird dieser direkt auf dem Konto Maschinen gebucht. Damit weist - unter Zugrundelegung dieses Beispiels - das Konto Technische Anlagen (TA) und Maschinen nunmehr als Saldo Anschaffungskosten in Höhe von 98.000 € aus. Auch die Bemessungsgrundlage für die USt hat sich aufgrund des Skontoabzugs verringert, so dass eine entsprechende Korrektur auf dem Konto Vorsteuer vorzunehmen ist.

4.3 Ermittlung und Verbuchung von Abschreibungen auf Anlagegüter

4.3.1 Begriff, Arten und Aufgaben der Abschreibung

Abnutzbare Anlagen wie z. B. Gebäude, Maschinen, Werkzeuge u. a. haben eine begrenzte "Lebensdauer". Aus diesem Grund sind die Anschaffungs- oder Herstellungskosten **abnutzbarer** Anlagegüter unter betriebswirtschaftlichem Gesichtspunkt und im Interesse einer **periodenrichtigen Aufwandsverteilung** durch **planmäßige, jährliche Abschreibungen** (= Aufwand) zu mindern.

Die vom Bundesministerium für Finanzen und den Finanzministern (Finanzsenatoren) der Länder herausgegebenen **AfA-Tabellen** weisen **eine Vielzahl von Anlagegütern**, differenziert nach **nichtbranchengebundenen** (allgemein verwendbaren) und **wirtschaftszweigbezogenen Anlagegütern** sowie deren **betriebsgewöhnliche Nutzungsdauer** aus. Die angegebene Nutzungsdauer, die aufgrund der Erfahrungen der steuerlichen Betriebsprüfung im Bundesgebiet ermittelt wird, schließt die wirtschaftliche und technische Nutzung ein. Dabei werden die gegenwärtig üblichen Verhältnisse des in einer Schicht arbeitenden Betriebes zugrunde gelegt. Die AfA-Tabellen geben einen Anhalt dafür, ob die Nutzungsdauer zutreffend geschätzt worden ist. Wird die Nutzungsdauer unterschritten, so müssen dafür besondere, objektiv nachprüfbare Gründe vorliegen, z. B. Einfluss von Nässe, Säure, außergewöhnlich hohe Beanspruchung oder veränderte wirtschaftliche Verhältnisse.

Einige **Beispiele** betriebsgewöhnlicher Nutzungsdauer für ausgewählte **abnutzbare** Vermögensgegenstände bei linearer Abschreibung sowie für **nicht abnutzbare** und damit nicht planmäßig abzuschreibende Anlagegüter:

Vermögensgegenstand	Nutzungsdauer	AfA-Satz	Abschreibungsmethode
Solaranlagen	10 Jahre	10 %	lineare Abschreibung
Personenkraftwagen	6 Jahre	16,6 %	lineare Abschreibung
Handy	5 Jahre	20 %	lineare Abschreibung
Büromöbel	13 Jahre	7,7 %	lineare Abschreibung
Personalcomputer	3 Jahre	33,3 %	lineare Abschreibung
Gebäude (§ 7 Abs. 4 EStG)	25 Jahre	3 %	lineare Abschreibung
Grund- und Boden	0 Jahre	0 %	keine
Finanzanlagen des Anlagevermögens	0 Jahre	0 %	keine

Sowohl in der Handels- als auch in der Steuerbilanz besteht ein **Zwang zur Abschreibung** (§ 253 Abs. 2 Satz 1 HGB, § 7 Abs. 1 Satz 1 EStG), wobei in den Gesetzen abweichende Benennungen für den Begriff Abschreibungen vorzufinden sind. Während im Steuerrecht von Absetzung für Abnutzung (AfA), Absetzung für außergewöhnliche Abnutzung (AfaA), Absetzung für Substanzverringerung (AfS), Teilwertabschreibungen und Sonderabschreibungen gesprochen wird, spricht man im Handelsrecht - unabhängig von der Interpretation - bei Wertminderungen der Vermögensgegenstände aber auch im Zusammenhang mit dem Umlaufvermögen (§ 253 Abs. 3 Satz 1 HGB) von Abschreibungen (vgl. *Abbildung 75*). Andererseits gilt es zu berücksichtigen, dass im Gegensatz zu den steuerrechtlichen Bestimmungen, **handelsrechtlich** grundsätzlich **alle Abschreibungsverfahren**, Kombinationen und Übergänge

zulässig sind, wenn sie nur im Rahmen eines **Abschreibungsplanes** erfolgen.[32] Planmäßige Abschreibungen sind gemäß § 253 Absatz. 2 HGB, eben weil sie "geplant werden können", in einem **Abschreibungsplan** niederzulegen. In ihm wird für Vermögensgegenstände des Anlagevermögens, deren Nutzung zeitlich begrenzt ist, die Abschreibungsdauer und das Abschreibungsverfahren festgelegt.

Abbildung 75: Überblick über die wichtigsten Abschreibungsgruppen in HB und STB

<table>
<tr><th>Unterscheidungsmerkmal</th><th colspan="2">Abschreibungsart</th></tr>
<tr><td>Verwendung in Geschäfts- oder Betriebsbuchführung</td><td colspan="2">• bilanzielle Abschreibung
• kalkulatorische Abschreibung</td></tr>
<tr><td>Buchungstechnik</td><td colspan="2">• direkte Abschreibung
• indirekte Abschreibung</td></tr>
<tr><th>Abschreibungsursache</th><th>Handelsrecht</th><th>Steuerrecht</th></tr>
<tr><td>normaler, technischer Verschleiß (Gebrauch, Zeitverschleiß, Fristablauf)</td><td rowspan="2">Planmäßige Abschreibung laut § 253 Abs. 2 Sätze 1. u. 2 HGB</td><td>AfA § 7EStG = Absetzung für Abnutzung</td></tr>
<tr><td>Substanzverringerung (z.B. Bergbauunternehmen, Kiesgruben usw.)</td><td>AfS § 7 Abs. 6 EStG = Absetzung für Substanzverringerung</td></tr>
<tr><td>Katastrophenverschleiß, erhöhter Gebrauch, unterlassene Reparaturen</td><td rowspan="3">Außerplanmäßige Abschreibung auf den „niedrigeren beizulegenden Wert“ laut § 253 Abs. 2 Satz 3 HGB</td><td>AfaA § 7 Abs. 1 EStG letzter Satz = Absetzung für außergewöhnliche technische Abnutzung</td></tr>
<tr><td>technischer Fortschritt, Modewechsel, sinkender Ertragswert</td><td>AfaA § 7 Abs. 1 EStG letzter Satz = Absetzung für außergewöhnliche wirtschaftliche Abnutzung</td></tr>
<tr><td>sinkende Wiederbeschaffungskosten, Fehlinvestitionen</td><td>Teilwertabschreibung § 6 Abs. 1 EStG (Abschreibung auf den niedrigeren Teilwert)</td></tr>
<tr><td>wirtschaftspolitische Gründe</td><td>Außerplanmäßige Abschreibung auf den „niedrigeren steuerlich zulässigen Wert“ laut § 254 HGB</td><td>Steuerrechtliche Abschreibungen (erhöhte Absetzungen, Sonderabschreibungen gemäß § 7a EStG i.V.m. den Einzelsteuergesetzen)</td></tr>
</table>

Die **Ursachen** für Wertminderungen bei Anlagegütern liegen im wesentlichen in der Nutzung (Gebrauch, Verschleiß), dem technischen Fortschritt und außergewöhnlichen Ereignissen. Bezogen auf die bilanziellen Abschrei-

32 Vgl. R. Federmann (1990), S. 306 ff.

bungen gilt es insofern, bei Anlagegütern zwischen **planmäßigen** und, infolge möglicher Überbewertung zum Bilanzstichtag, **außerplanmäßigen** Abschreibungen zu unterscheiden. Mit der außerplanmäßigen Abschreibung als **Wertanpassung an gesunkene Marktwerte** soll einer dauernden oder vorübergehenden Wertminderung Rechnung getragen werden.[33]

Zu einer "zusätzlichen" bzw. außerordentlichen Wertminderung kann es z. B. dadurch kommen, dass die technische Kapazität einer Anlage anfänglich überschätzt wurde, oder dass durch den technischen Fortschritt die Verwendungsmöglichkeit eines Wirtschaftsgutes stark gemindert ist bzw. wegfällt (z. B. ein Kühlcontainer wird wegen Aufgabe der Erzeugnisgruppe "Tiefkühlkost" nicht mehr benötigt). Während planmäßige Abschreibungen nur bei Anlagegütern erfolgen, können **außerplanmäßige** Abschreibungen auch bei **nichtabnutzbaren Anlagegütern** oder **Gütern des Umlaufvermögens** auftreten. Sie erfassen unvorhersehbare, außergewöhnliche Ereignisse (Planungsfehler, Katastrophen, Maßnahmen des Gesetzgebers); außerplanmäßige Abschreibungen sind demzufolge **außerordentlicher Aufwand** und als solcher zu buchen. Im Hinblick auf die Buchungstechnik besteht kein Unterschied zwischen planmäßigen und außerplanmäßigen Abschreibungen. Es muss lediglich darauf geachtet werden, dass die außerplanmäßige Abschreibung nicht anstelle der planmäßigen verrechnet wird, sondern zusätzlich zu berücksichtigen ist. Sowohl Außerplanmäßige Abschreibungen beim abnutzbaren Anlagevermögen als auch Zuschreibungen (Wertaufholungen)[34] bewirken eine Änderung des Abschreibungsplanes.

4.3.2 Verfahren der planmäßigen Abschreibung

Wie *Abbildung 76* verdeutlicht, lassen sich planmäßige Abschreibungen in **leistungsbedingte** und **nutzungsdauerbedingte** Abschreibungen (drei Grundformen) unterteilen.

---

33 Vgl. diesbezüglich das 8. Kapitel dieses Buches.

34 Vgl. diesbezüglich die Ausführungen zum Anlagenspiegel im 7. Kapitel dieses Buches.

Abbildung 76

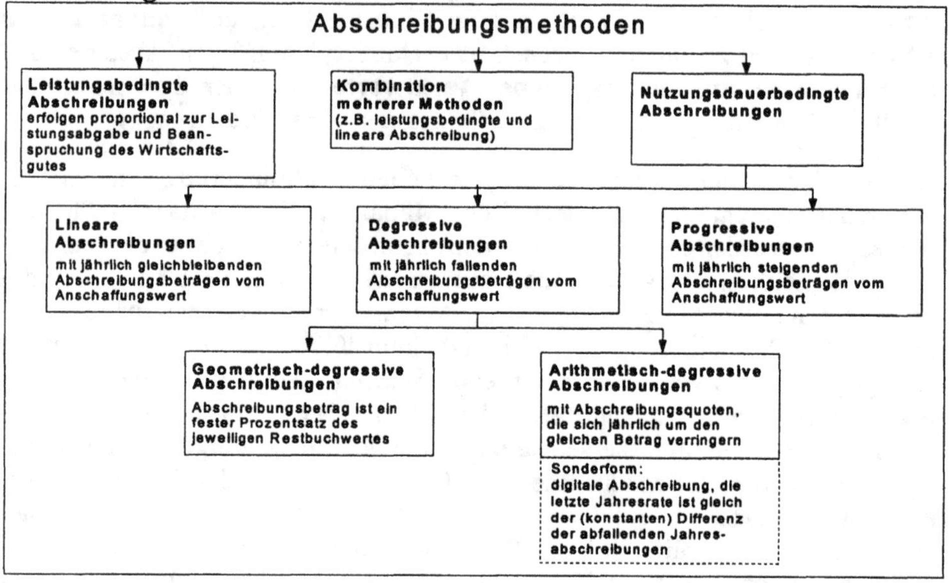

Die **leistungsbedingte Abschreibung** oder die **Abschreibung nach Inanspruchnahme** bietet sich bei Anlagegütern an, dessen Wertminderung nicht in erster Linie durch die Nutzungsdauer, sondern durch die schwankende Inanspruchnahme oder Leistung (z. B. zu fahrende Kilometer, Maschinenstunden, zu produzierende Stückzahl) des Gegenstandes bewirkt wird. Die Anschaffungs- oder Herstellungskosten werden entsprechend der jährlichen Leistungsabgabe auf die einzelnen Nutzungsjahre verteilt. Dieses handelsrechtlich erlaubte Verfahren ist auch steuerrechtlich für bewegliche Wirtschaftsgüter zulässig (§ 7 Abs. 1 Satz 4 EStG). Der Abschreibungsbetrag muss jedoch wirtschaftlich zu begründen und nachzuweisen sein (z. B. durch ein Zählwerk).

Für die Anwendung dieses Abschreibungsverfahrens müssen die erwartete **Gesamtleistung** und die **jährliche Leistungsabgabe** bekannt sein. Die Abschreibungsbeträge lassen sich dann wie folgt berechnen:

$$\text{Abschreibungsprozentsatz} = \frac{\text{Jahresleistung x 100}}{\text{Gesamtleistung}}$$

Die Anschaffungs- oder die Herstellungskosten multipliziert mit dem Abschreibungsprozentsatz ergeben die jeweilige **jährliche Abschreibungs-**

quote. Zu den **nutzungsdauerbedingten Abschreibungen** zählen die lineare, degressive und progressive Abschreibung.

Die **lineare** Abschreibung ist die einfachste Art der zeitlichen Abschreibung. Die Anschaffungs- (AK) oder die Herstellungskosten (HK) werden durch die Nutzungsdauer geteilt, so dass der jährlich abzuschreibende Betrag gleich hoch ist. Basis eines jeden Abschreibungsbetrages sind die **ursprünglichen** oder **historischen Anschaffungs-** oder **Herstellungskosten**. Am Ende der Nutzungsdauer ist das Anlagegut aufgrund der gleichbleibenden Beträge voll abgeschrieben. Der **jährliche Abschreibungsbetrag** wird nach einer der folgenden beiden Berechnungsformeln ermittelt:

$$\text{Linearer AfA-Betrag} = \frac{\text{AK oder HK}}{\text{Nutzungsdauer}} \qquad \text{Linearer AfA-Satz (\%)} = \frac{100\,\%}{\text{Nutzungsdauer}}$$

Die **degressive** Abschreibung verteilt die Anschaffungs- oder die Herstellungskosten in fallenden Raten auf die geschätzte Nutzungsdauer. Unterschieden wird die geometrisch degressive (**Restwertabschreibung**) und die arithmetisch degressive Abschreibung (**Digitalabschreibung**).

Bei der **geometrisch degressiven Abschreibung** kommt es zu jährlich fallenden Abschreibungsbeträgen, wobei die Abschreibungsbeträge eine unendliche geometrische Reihe bilden. Der **jährliche Abschreibungsbetrag** wird durch einen **festen Prozentsatz** (z. B. 20 %) ermittelt. Da die Abschreibung nur im ersten Nutzungsjahr von den Anschaffungs- oder Herstellungskosten vorgenommen wird, in den folgenden Jahren dagegen vom **jeweiligen Buch-** oder **Restwert**, verbleibt nach Ablauf der Nutzungsdauer grundsätzlich ein Restbetrag. Gemäß EStG unterliegt die Wahl degressiver AfA-Methoden wegen der mit ihnen erreichbaren Steuerverschiebungen zahlreichen Beschränkungen. Fraglich ist, ob steuerrechtlich andere degressive Verfahren als die geometrisch degressive Buchwertabschreibung überhaupt zulässig sind.[35]

Wählt man die geometrisch degressive Abschreibung bei einem beweglichen Wirtschaftsgut des Anlagevermögens, so müssen zwei Bedingungen beachtet werden: Steuerrechtlich (§ 7 Abs. 2 Satz 2 EStG) darf der degressive AfA-Satz **höchstens das Doppelte des linearen AfA-Satzes** (relative Höchst-

35 Vgl. R. Federmann (1990), S. 307.

grenze) betragen, jedoch **nicht höher als 20 %** (absolute Höchstgrenze) sein. Ein **Wechsel** von der degressiven auf die lineare Abschreibung ist steuerlich erlaubt, jedoch nicht von der linearen auf die degressive; er ist zu dem Zeitpunkt sinnvoll, wenn die Abschreibungsbeträge der linearen höher als die der degressiven sind (vgl. Beispiel nächste Seite). Der Übergang von der degressiven zur linearen Abschreibung berechnet sich wie folgt:

$$i = n \cdot \frac{100}{p} + 1$$	i = Übergangsjahr n = Nutzungsdauer p = AfA-Satz

Bei der **arithmetisch degressiven Abschreibung** stellen die Anschaffungs- oder Herstellungskosten die Bemessungsgrundlage dar, von der nach gleichmäßig fallenden Sätzen die jährlichen Abschreibungsbeträge berechnet werden. Die Berechnung erfolgt, indem man zunächst die **einzelnen Ziffern der geschätzten Nutzungsjahre addiert** und anschließend die **Anschaffungs- oder Herstellungskosten durch den Summenwert dividiert**. Im vorliegenden Beispiel beläuft sich der Anschaffungswert auf 100.000 € bei einer geschätzten Nutzungsdauer von 10 Jahren. Der Summenwert der Nutzungsjahre (1 + 2 + 3 + ... + 10) beträgt somit 55, als Abschreibungssatz ergeben sich für das erste Jahr 18,182 %, für das zweite 16,364 % usw.[36] Auf Grundlage der Abschreibungssätze lassen sich Abschreibungsbeträge ermitteln, indem man die Anschaffungs- oder Herstellungskosten mit dem jeweiligen Prozentsatz addiert und den Betrag durch 100 dividiert. Den Degressionsbetrag sowie die jeweiligen Abschreibungsbeträge erhält man auch wie folgt:

$$\text{Degressionsbetrag} = \frac{\text{(AK oder HK)}}{\text{Summenwert}} = \frac{100.000}{55} = 1.818{,}20$$

Abschreibungsbetrag (1. Jahr) = 10 x 1.818,20 = 18.182,00
(2. Jahr) = 9 x 1.818,20 = 16.364,00

$$\text{Abschreibungssatz (1. Jahr)} = \frac{10}{55} = 18.182\,\% \quad \text{(2. Jahr)} = \frac{9}{55} = 16{,}364\,\%$$

---

36 Die Werte sind auf- bzw. abgerundet.

Beispiel zum Einfluss des Abschreibungsverfahrens auf den Verlauf von Buchwerten und Jahresabschreibungen (Nutzungsdauer: 10 Jahre)

	linear	geometrisch degressiv Abschreibungssatz 20 %	geometrisch degressiv mit Übergang zur linearen Methode	arithmetisch degressiv (digital)	nach Leistung oder Inanspruchnahme	Jährliche Nutzung in %
AHK	100.000	100.000		100.000	100.000	15
a_1	10.000	20.000		18.182	15.000	
BW_1	90.000	80.000		81.818	85.000	10
a_2	10.000	16.000		16.364	10.000	
BW_2	80.000	64.000		65.454	75.000	5
a_3	10.000	12.800		14.545	5.000	
BW_3	70.000	51.200		50.909	70.000	15
a_4	10.000	10.240		12.727	15.000	
BW_4	60.000	40.960		38.182	55.000	20
a_5	10.000	8.192		10.909	20.000	
BW_5	50.000	32.768		27.273	35.000	10
a_6	10.000	6.554		9.091	10.000	
BW_6	40.000	26.214	26.214,00	18.182	25.000	5
a_7	10.000	5.243	6.553,50	7.273	5.000	
BW_7	30.000	20.971	19.660,50	10.909	20.000	10
a_8	10.000	4.194	6.553,50	5.455	10.000	
BW_8	20.000	16.777	13.107,50	5.454	10.000	5
a_9	10.000	3.355	6.553,50	3.636	5.000	
BW_9	10.000	13.422	6.533,50	1.818	5.000	5
a_{10}	10.000	2.684	6.533,50	1.181	5.000	
BW_{10}	0	10.738	0	0	0	

(AHK = Anschaffungs-/Herstellungskosten, BW = Buchwert, a = anno)

Die **progressive** Abschreibung (in der obigen Tabelle nicht als Beispiel erfasst) führt zu steigenden Abschreibungsbeträgen, weil die ersten Jahre der Nutzung weniger mit Abschreibungen belastet werden als die letzten. Da die progressive Abschreibung eine **Umkehrung** der degressiven darstellt, unterscheidet man demzufolge auch zwischen **geometrisch progressiver** und **arithmetisch progressiver Abschreibung**. Die jährlichen Beträge der progressiven Abschreibung erhält man durch die Umkehrung der Reihenfolge der degressiven Quoten. Bei der Ermittlung der geometrisch progressiven Abschreibungsbeträge ist von einer degressiven Abschreibung auszugehen, die den Restwert des Anlagegutes im letzten Jahr der Nutzung voll abschreibt. Die Anwendung dieses handelsrechtlich erlaubten Verfahrens ist bei Anlagegütern denkbar, die bis zu ihrer Nutzung eine längere Anlaufzeit benötigen (z. B. Verkehrs- und Versorgungsbetriebe). Ob die progressive Abschreibung steuerrechtlich zulässig ist oder nicht, ist eine Interpretationsfrage.

Ist zu erwarten, dass eine Anlage nach Ablauf ihrer Nutzungsdauer noch einen nennenswerten **Schrottwert** erbringt, so ist dieser gemäß Abschnitt 43

Abs. 3 EStR zu berücksichtigen. Soweit ein Schrottwert angesetzt wird, so berechnet sich die Abschreibung - unabhängig von der gewählten Abschreibungsmethode - **grundsätzlich von den um den Schrottwert geminderten Anschaffungs- oder Herstellungskosten**. Die Berücksichtigung des Schrottwerts sei hier anhand der linearen Abschreibung verdeutlicht.

$$\text{Linearer AfA-Betrag} = \frac{\text{AK oder HK - Schrottwert}}{\text{Nutzungsdauer}}$$

Grundsätzlich beginnt der Abschreibungszeitraum mit dem Zeitpunkt der Anschaffung (Übertragung der Verfügungsmacht) oder der Herstellung, und die Abschreibungen werden **zeitanteilig** - bezogen auf ein Jahr -, d. h. **monatlich** berechnet. Abweichend hiervon ist gemäß Abschnitt 43 Abs. 7 EStR für bewegliche, abnutzbare Anlagegüter die **Halbjahresregel** zugelassen. Danach darf bei Anschaffungen in der 1. Jahreshälfte der **volle** Jahresabschreibungsbetrag und bei Anschaffungen in der 2. Jahreshälfte nur der **halbe** abgeschrieben werden. Diese Vereinfachungsregel gilt allerdings nicht bei **Ausscheiden von Wirtschaftsgütern**; der letzte Abschreibungsbetrag ist damit **monatsgenau** zu berechnen.

4.3.3 Verbuchung und Ausweis der Abschreibungen

Im Rahmen der Buchhaltung und bezogen auf den Ausweis in der Bilanz lassen sich **direkte** und **indirekte** Abschreibungen (Wertberichtigungen) unterscheiden. Im ersten Fall wird der entsprechende Abschreibungsbetrag **unmittelbar** auf dem betreffenden **Bestandskonto** als Minderung "gegengebucht", zu Lasten eines Aufwandskontos "Abschreibungen".

Bei der direkten Methode der Abschreibungsverbuchung erscheint auf dem Schlussbilanzkonto der jeweilige **Buchwert** der Anlagegüter; am Ende der Nutzungsdauer steht dann der Erinnerungswert 1 DM (0,51 €/1 €).

Bei der **indirekten Abschreibung** bleibt dagegen das **Bestandskonto "unberührt"** (Anschaffungswert eines Anlagegutes bleibt auf dem Anlagekonto unverändert) und die Gegenbuchung für den Abschreibungsbetrag erfolgt durch die Bildung eines **Wertberichtigungspostens** (Passivkonto), quasi als Korrekturposten auf der Habenseite des Schlussbilanzkontos. Das jeweilige **Anlagekonto** weist im Schlussbilanzkonto in jedem Jahr die **ursprünglichen Anschaffungs-** oder **Herstellungskosten** aus; der Buchwert ist nicht zu erkennen. Den Buchwert erhält man, indem das Anlagekonto mit dem entsprechenden Wertberichtigungskonto saldiert wird. Bei der Bildung von Wertberichtigungen handelt es sich um eine besondere Methode der Erfassung von Wertminderungen (indirekten Abschreibungen) des Anlagevermögens[37] oder von Forderungen (die später behandelt werden).[38] Laut gesetzlicher Bestimmungen wird bzw. muss überwiegend direkt abgeschrieben werden. Die Bildung einer Wertberichtigung wirkt sich zwar sowohl vermögens- als auch erfolgswirksam aus, da sie einen in der Bilanz angesetzten Vermögensposten nach unten korrigiert und damit zugleich den Periodengewinn verringert, aber sie darf weder zum Eigen- noch zum Fremdkapital gerechnet werden. Der ermittelte Periodengewinn bleibt - unabhängig, ob direkt oder indirekt abgeschrieben wurde - gleich.

Die **Merkmale** der direkten und indirekten Abschreibungsverbuchung im Überblick ist der folgenden tabellarischen Aufstellung zu entnehmen:

37 "Im Bilanzrecht des HGB werden Wertberichtigungen im Rahmen der Anpassung an Art. 35 Abs. 1 Buchstabe b und c der Vierten EG-Richtlinie auf der Passivseite der Bilanz von Kapitalgesellschaften nicht mehr zugelassen, d. h. Abschreibungen dürfen nur noch auf der Aktivseite durchgeführt werden. Eine Ausnahme bildet die Erfassung der Differenz zwischen einer handelsrechtlich gebotenen und einer steuerrechtlich zulässigen höheren Abschreibung. Sie darf als Wertberichtigung in den **Sonderposten mit Rücklageanteil** aufgenommen werden. Beträgt z. B. die jährliche Abschreibung laut Handelsrecht 10.000 €, lässt das Steuerrecht zur Realisierung außerfiskalischer Ziele z. B. im ersten Jahr der Nutzung eine Sonderabschreibung von 50.000 € zu, so besteht ein Wahlrecht, die 50.000 € entweder direkt abzuschreiben oder nur 10.000 € direkt, die Differenz von 40.000 € aber durch Bildung einer Wertberichtigung unter dem Sonderposten mit Rücklageanteil zu erfassen." G. Wöhe (1997), S. 523.

38 "Für Vermögensgegenstände des Umlaufvermögens, insbesondere für Forderungen, ergibt sich das Verbot einer Wertberichtigung (der Pauschalwertberichtigung wegen des allgemeinen Kreditrisikos zu Forderungen) aus dem Vollständigkeitsgebot und aus dem Verrechnungsverbot (§ 246 HGB). So dürfen, wenn überhaupt, Pauschalwertberichtigungen auf Forderungen künftig nur noch auf der Aktivseite der Bilanz vorgenommen werden." W. Lück (1990), S. 404.

Merkmale der Abschreibungsverfahren

direkt	indirekt
Jede Abschreibung vermindert den Buchwert auf dem Anlagekonto direkt.	Buchwert auf dem Anlagekonto bleibt immer in Höhe der Anschaffungskosten
Ursprüngliche Anschaffungskosten der Anlagen sind nicht mehr aus der Bilanz ersichtlich.	Ursprüngliche Anschaffungskosten der Anlagen bleiben immer in voller Höhe erhalten.
Alter der Anlagen kann nicht geschätzt werden, da Werte über bisherige Abschreibungen nicht aus den Konten abgelesen werden können	Alter der Anlagen kann geschätzt werden. Saldo des Wertberichtigungskontos gibt die bisherigen Abschreibungen an
Aktueller Buchwert sofort ablesbar. Bilanzsumme entspricht eher dem tatsächlichen Wert des Vermögens.	Aktueller Restbuchwert erst nach Differenzbildung von Anlagesaldo und Wertberichtigungssaldo verfügbar. Aufblähung der Bilanzsumme

Bei **direkter** Verbuchung lautet der **Buchungssatz**:

Abschreibungen auf Sachanlagen	**an**	Sachanlagen

Bei **indirekter Verbuchung** lautet der **Buchungssatz**:

Abschreibungen auf Sachanlagen	**an**	Wertberichtigungen zu SA

Beispiel: Eine Maschine zu Anschaffungskosten von 100.000 € wird über 10 Jahre linear abgeschrieben. Jährlich sind zum Abschluss der Wirtschaftsperiode folgende Buchungen vorzunehmen.

Bei **direkter** Verbuchung:

Abschreibungen auf SA	10.000	**an**	Maschinen	10.000
GuV-Konto	10.000	**an**	Abschreibungen auf SA	10.000
Schlussbilanzkonto	90.000	**an**	Maschinen	90.000

Bei **indirekter** Verbuchung:

Abschreibungen	10.000	**an**	Wertberichtigungen zu SA	10.000
GuV-Konto	10.000	**an**	Abschreibungen	10.000
Schlussbilanzkonto	100.000	**an**	Maschinen	100.000
Wertberichtigungen zu SA.	10.000	**an**	Schlussbilanzkonto	10.000

Kontenbild:

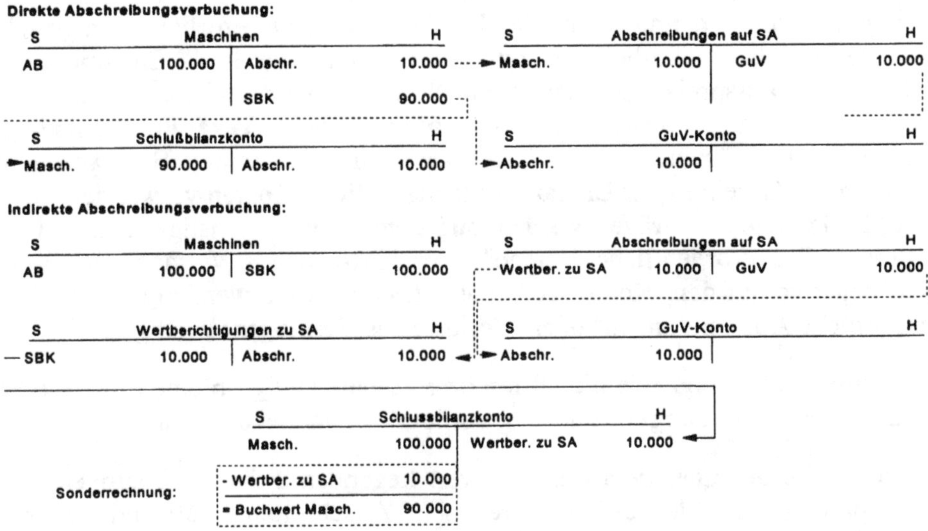

4.3.4 Verbuchung des Abgangs von Anlagegütern und Zuschreibungen

Vermögensgegenstände des Anlagevermögens können sowohl während ihrer geschätzten Nutzungsdauer als nach Ablauf dieser entgeltlich oder unentgeltlich (z. B. an Schrotthändler) abgegeben werden bzw. durch Privatentnahme (zum Teilwert) das Anlagevermögen reduzieren. Bei Verkäufen bzw. Entnahmen während der Nutzungsdauer bildet der **Buchwert** den Ausgangspunkt der Verbuchung. D. h., dass für ein noch nicht voll abgeschriebenes Anlagegut die Abschreibung für das letzte Jahr der Nutzung (bis zum Zeitpunkt des Abgangs) grundsätzlich zu berechnen und zu verbuchen ist, wobei der Monat des Ausscheidens i. d. R. nicht mehr mitgezählt wird.

Wird im Fall des Vorhandenseins eines Buchwertes ein Anlagegut verkauft, so lassen sich drei Möglichkeiten unterscheiden:

1. Verkauf **zum** Buchwert
2. Verkauf **unter** Buchwert
3. Verkauf **über** Buchwert

Zu beachten ist hierbei, dass bei einem Ausscheiden eines indirekt abgeschriebenen abnutzbaren Vermögensgegenstandes die zwischenzeitlich gebildete Wertberichtigung im Wege der Verrechnung mit dem betreffenden Anlagekonto aufgelöst wird, um den gegenwärtigen Buchwert zu erhalten (**Buchungssatz:** Wertberichtigungen zu ... **an** Anlagekonto). Ferner bedarf es einer Auflösung der gebildeten Wertberichtigung und Ausbuchung des Anlagegutes immer dann, wenn die der Abschreibungsberechnung zugrunde gelegte betriebsgewöhnliche Nutzungsdauer verstrichen ist.[39] Entspricht der (Netto-)Verkaufspreis bzw. der (Netto-)Entnahmewert nicht dem Buchwert des Anlagegutes, entsteht ein **außerplanmäßiger Veräußerungserfolg**. Dabei werden für die Erfassung der Differenzen zwischen Buchwert und Nettoverkaufspreis in der Literatur unterschiedliche Konten verwendet: Positive Differenzen (Erträge) werden auf dem Konto "sonstige betriebliche Erträge", "außerordentliche Erträge" oder "Erträge aus Vermögensabgang" und negative auf dem Konto "sonstige betriebliche Aufwendungen", "außerordentliche Aufwendungen" oder "Verluste aus Vermögensabgang" verbucht.

Abbildung 77[40] zeigt wie die Differenzen - unabhängig ob eine direkte oder indirekte Abschreibungsverbuchung vorliegt - zustandekommen.

In der Höhe des über dem Restbuchwert liegenden Teils des Nettoveräußerungspreises wird der bisher verrechnete Abschreibungsaufwand dadurch korrigiert, dass ein **außerordentlicher Ertrag** ausgewiesen wird. Auf diese Weise wird die im Vergleich zu den Anschaffungskosten bis zur Veräußerung eingetretene Werteinbuße von 2.000 € ersichtlich (kumulierter Abschreibungsaufwand von 7.000 € - 5.000 € Veräußerungsgewinn = 2.000 € Nettoaufwand).

Abbildung 77

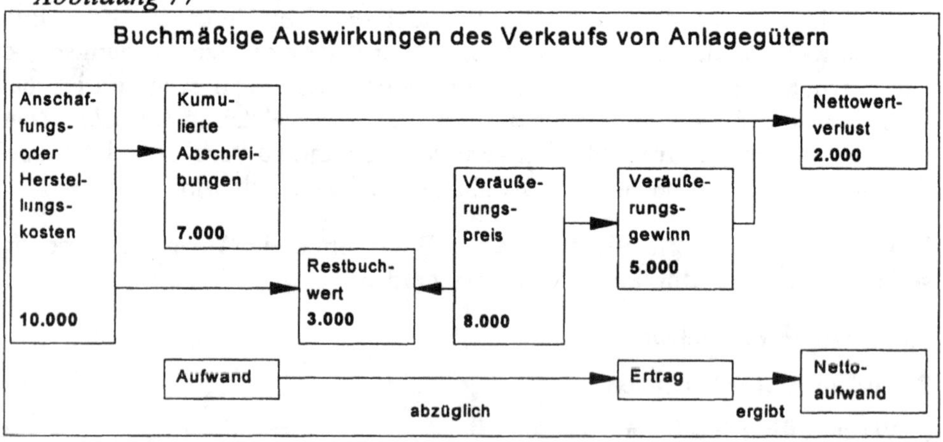

39 Vgl. C.-Ch. Freidank/H. Eigenstetter (1992), S. 274 f.

40 Nach G. Wöhe/H. Kußmaul (2000), S. 244.

Im Folgenden wird die buchungstechnische Behandlung der einzelnen Varianten (entgeltliche und unentgeltliche Abgabe) bei Anwendung sowohl der direkten als auch der indirekten Abschreibung anhand eines Beispiels dargelegt.[41]

Beispiel: Die Anschaffungskosten einer Maschine betragen 10.000 € zuzüglich 10 % USt; bisher wurden Abschreibungen von 8.000 € vorgenommen. Bei Verkauf wird jeweils in bar bezahlt.

1. Fall: Anlagenverkauf **zum** Buchwert (2.000 € zuzüglich 10 % USt).

Bei **direkter** Abschreibung:

Kasse	2.200	**an**	Maschinen	2.000
			USt	200

Bei **indirekter** Abschreibung:

Wertberichtigung zu SA	8.000	**an**	Maschinen	8.000
Kasse	2.200	**an**	Maschinen	2.000
			USt	200

(Zunächst wird das Wertberichtigungskonto auf das Maschinenkonto umgebucht, ehe die Ausbuchung auf dem Maschinenkonto durchgeführt wird.)

2. Fall: Anlagenverkauf **unter** Buchwert (500 € zuzüglich 10 % USt).

Bei **direkter** Abschreibung:

Kasse	550			
Außerordentliche Aufwendungen	1.500	**an**	Maschinen	2.000
			USt	50

Bei **indirekter** Abschreibung:

Wertberichtigung zu SA	8.000	**an**	Maschinen	8.000
Kasse	550			
Außerordentliche Aufwendungen	1.500	**an**	Maschinen	2.000
			USt	50

3. Fall: Anlagenverkauf **über** Buchwert (5.000 € zuzüglich 10 % USt).

Bei **direkter** Abschreibung:

Kasse	5.500	**an**	Maschinen	2.000
			Außerordentliche Erträge	3.000
			USt	500

41 Beispiel in Anlehnung an G. Wöhe/H. Kußmaul (2000), S. 245 f.

Bei **indirekter** Abschreibung:

Wertberichtigung zu SA	8.000	**an**	Maschinen	8.000
Kasse	5.500	**an**	Maschinen	2.000
			Außerordentliche Erträge	3.000
			USt	500

4. Fall: Unentgeltliche Anlagenabgabe.

Bei **direkter** Abschreibung:

Außerordentliche Aufwendungen	2.000	**an**	Maschinen	2.000

Bei **indirekter** Abschreibung:

Wertberichtigung zu SA	8.000	**an**	Maschinen	8.000
Außerordentliche Aufwendungen	2.000	**an**	Maschinen	2.000

5. Fall: Unentgeltliche Anlagenabgabe bei **Buchwert von 0 €**.

Das obige Beispiel wird dahingehend modifiziert, dass anstatt einer bisher unterstellten Abschreibung von 8.000 € nunmehr 10.000 € abgeschrieben wurden.

Bei **direkter** Abschreibung:
(Nur wenn ein Erinnerungswert von 1 € besteht, erfolgt eine Verbuchung.)

Außerordentliche Aufwendungen	1	**an**	Maschinen	1

Bei **indirekter** Abschreibung:

Wertberichtigung zu SA	10.000	**an**	Maschinen	10.000

Die **private Entnahme von Anlagegütern** unterscheidet sich nicht von der privaten Entnahme von Waren. Entnimmt die Unternehmerin oder der Unternehmer ein Anlagegut aus dem Betriebs- in das Privatvermögen, so liegt ein umsatzsteuerpflichtiger **Eigenverbrauch** vor, der zum Teilwert anzusetzen und gesondert auszuweisen ist. Es besteht die Möglichkeit, den Buchwert des entnommenen Anlagegutes entweder **außerplanmäßig abzuschreiben** oder über das Konto **"Eigenverbrauch"** auszubuchen.

Beispiel: Aus dem Betriebsvermögen wird ein PKW in das Privatvermögen übernommen. Der PKW hat einen marktüblichen Schätzwert (Tages- oder Teilwert) von 3.000 € netto zuzüglich USt. Zum Zeitpunkt der Entnahme beträgt der Buchwert 2.000 € (die zeitanteilige AfA wurde bereits gebucht).

Privat	3.300	**an**	Eigenverbrauch	3.000
			USt	300
Außerplanmäßige Abschreibungen	2.000	**an**	Fuhrpark	2.000

Werden gemäß § 253 Abs. 5 HGB (Zuschreibungswahlrecht) **Zuschreibungen auf ein Anlagegut** vorgenommen, so werden diese in der Finanzbuchhaltung auf dem Konto "Sonstige betriebliche Erträge" bzw. dem Unterkonto "Erträge aus Werterhöhungen von Gegenständen des Anlagevermögens (Zuschreibungen)" erfasst. In der außerhalb des Kontensystems stehenden handelsrechtlichen GuV-Rechnung sind sie als "Sonstige betriebliche Erträge" auszuweisen. Der Buchungssatz lautet grundsätzlich:

Anlagekonto	**an**	Erträge aus Zuschreibungen...

An den Ausführungen zum Anlagenbereich wird erkennbar, dass in der Anlagenbuchhaltung, wie auch in den anderen Nebenbuchhaltungen, sowohl laufende als auch periodenvorbereitende und -abschließende Buchungen vorgenommen werden.

5 Verbuchung der Personalaufwendungen und der Steuern

5.1 Die Bestandteile des Personalaufwands

Die Mitarbeiter eines Unternehmens erhalten für ihre Tätigkeiten nicht das gesamte tariflich festgesetzte oder frei vereinbarte Arbeitsentgelt (Arbeiter: Löhne, Angestellte: Gehälter, wobei dieser Unterscheidung immer weniger Aussagekraft beigemessen wird) ausbezahlt, sondern nur den **Nettobetrag**. Die den Tarifen entsprechenden Löhne und Gehälter einschließlich tariflicher, vertraglicher oder arbeitsbedingter Zulagen werden als **Bruttolöhne** bzw. **Bruttogehälter** bezeichnet.

Gesetzliche Vorschriften verpflichten den Arbeitgeber, verschiedene Abzüge von den Bruttobeträgen einzubehalten und zu festgelegten Terminen an das zuständige Finanzamt (Lohn- und Kirchensteuer) und an die Träger der Sozialversicherung (Renten-, Kranken- und Arbeitslosenversicherung) weiterzuleiten.

Der Nettolohn bzw. das Nettogehalt errechnet sich aus:

Bruttolohn bzw. Bruttogehalt
- Lohnsteuer
- Kirchensteuer
- **Arbeitnehmer**anteil zur SV

Nettolohn bzw. Nettogehalt

Die **Lohnsteuer** wird aus Lohnsteuerabzugstabellen, die im Handel erhältlich sind, abgelesen. Die Höhe der abzuführenden Steuer wird anhand der **Lohnsteuerkarte** bestimmt, die wichtige persönliche Daten des Arbeitnehmers enthält wie z. B. die Lohnsteuerklasse[42], die Anzahl der Kinder, den Familienstand, das Geburtsdatum, die Konfessionszugehörigkeit und bestimmte Freibeträge. Da die Lohnsteuer sich demnach nach den persönlichen und wirtschaftlichen Verhältnissen richtet, kann sie durchaus als personenbezogene Steuer bezeichnet werden. Die Lohnsteuer bzw. Einkommensteuer wird vom Bruttoarbeitsentgelt einbehalten und muss vom Arbeitgeber (Steuerzahler) für den Arbeitnehmer (Steuerschuldner) spätestens bis zum 10. Tag des folgenden Monats an das zuständige Finanzamt abgeführt werden.

Soweit der Arbeitnehmer einer Religionsgemeinschaft angehört, stellt die Lohnsteuer die Bemessungsgrundlage der **Kirchensteuer** dar, wobei die Prozentsätze - je nach Bundesland und Konfessionszugehörigkeit - 8 % bzw. 9 % der Lohnsteuerbeträge betragen können. Sie wird ebenfalls vom Betrieb errechnet und gemeinsam mit der Lohnsteuer an das Finanzamt abgeführt, das die Kirchensteuer an die entsprechende Religionsgemeinschaft weiterleitet.

Das System der Sozialversicherung der Bundesrepublik Deutschland besteht aus vier einzelnen Bereichen: Der **Unfallversicherung**, der **Arbeitslosenversicherung**, der **Rentenversicherung** und der **Krankenversicherung**.

Die folgende *Tabelle*[43] zeigt die Beitragsbemessungsgrenzen sowie die Höhe der Beitragssätze der Sozialversicherungsbereiche im Jahre 2001.

---

42 Das EStG unterscheidet in § 38b insgesamt 6 Steuerklassen die in der folgenden Aufstellung verkürzt wiedergegeben werden. **Steuerklasse I**: Ledige, verwitwete, geschiedene sowie verheiratete Arbeitnehmer, die dauernd getrennt leben. **Steuerklasse II**: Arbeitnehmer der Steuerklasse I mit mindestens einem Kind. **Steuerklasse III**: Verheiratete Arbeitnehmer, die nicht dauernd getrennt leben und deren Ehepartner keinen Arbeitslohn beziehen oder auf gemeinsamen Antrag in Steuerklasse V eingestuft werden. **Steuerklasse IV**: Verheiratete, die beide Arbeitslohn beziehen und nicht dauernd getrennt leben. **Steuerklasse V**: Arbeitnehmer der Steuerklasse IV, wenn einer der Ehegatten auf gemeinsamen Antrag in die Steuerklasse III eingestuft wird. **Steuerklasse VI**: Für eine zweite und jede weitere Lohnsteuerkarte eines Arbeitnehmers, der gleichzeitig Arbeitslohn von mehreren Arbeitgebern bezieht.

43 Vgl. BBK Fach 5, S. 373 ff.

Versicherung	Beitragsbemessungsgrenze				Bemessungsgrundlage in % vom monatlichen Verdienst
	alte Bundesländer		neue Bundesländer		
	DM	Euro	DM	Euro	
Arbeitslosenversicherung	8.700	4.448,24	7.300	3.732,43	6,5
Rentenversicherung	8.700	4.448,24	7.300	3.732,43	19,1
Krankenversicherung	6.525	3.336,18	6.525	3.336,18	im Mittel ca. 12
Pflegeversicherung	6.525	3.336,18	6.525	3.336,18	1,7
Unfallversicherung	trägt der Arbeitgeber nach Risiko der Berufsgruppen				

* Beitragsbemessungsgrenze für die Krankenversicherungspflicht beträgt 75 % der Beitragsbemessungsgrenze der Rentenversicherung.

Die Beiträge zur **Unfallversicherung**, deren Höhe sich nach dem Unfallrisiko der ausgeübten Tätigkeit richtet, muss allein der Arbeitgeber tragen und an die für das Unternehmen zuständige Berufsgenossenschaft abführen. Diese Aufwendungen werden auf dem Konto "Beiträge zur Berufsgenossenschaft" erfasst.[44] Die Beiträge der drei letztgenannten Versicherungen sind **je zur Hälfte** vom Arbeitnehmer (**Arbeitnehmeranteil = 50 %**) und vom Arbeitgeber (**Arbeitgeberanteil = 50 %**) aufzubringen. Die Höhe der abzuführenden Beiträge wird, wie bei der Ermittlung der Lohnsteuerberechnung, in der Regel aus Tabellenwerken abgelesen. Unter Vernachlässigung möglicher freiwilliger sozialer Leistungen und vermögenswirksamer Leistungen des Arbeitgebers setzt sich der **Personalaufwand** demnach aus dem Bruttoarbeitsentgelt **plus** dem Arbeitgeberanteil zur Sozialversicherung zusammen (vgl. *Abbildung 78*).

44 Beim folgenden Beispiel werden die "Beiträge zur Berufsgenossenschaft" nicht separat behandelt.

Abbildung 78: Lohn- und Gehaltszahlung

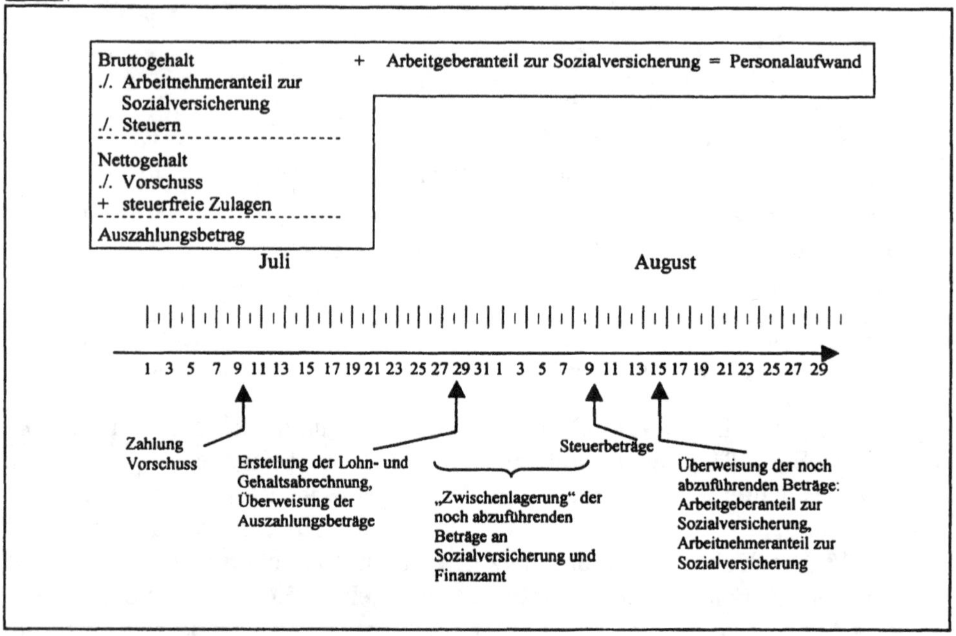

Das 5. Vermögensbildungsgesetz in der Fassung vom 1.1.1999 bietet Arbeitnehmern die Möglichkeit, bis zum Höchstbetrag von jährlich 936 DM (477,36 €),monatlich sind das max. 78 DM (39,78 €), staatlich begünstigt zu sparen; die Anlage dieser Gelder bezeichnet man als **vermögenswirksame Leistungen**. Diese staatliche Förderung der Vermögensbildung der Arbeitnehmer ist an bestimmte Fristen (7 Jahre Sperrfrist), Sparformen (Bausparen, Kapitalbeteiligungen) und Einkommenshöchstgrenzen 35.000 DM (13.770 €) bzw. bei Ehepartnern 70.000 DM (27.540 €) p. a. gebunden. Die Höhe der in Abhängigkeit von der Sparform gewährten Prämie (sog. **Arbeitnehmer-Sparzulage**) 20 %. Außerdem ist der Katalog der geförderten Anlageformen erweitert worden. Befristet bis zum Jahr 2004 gilt für die Beteiligungsförderung der Steuerpflichtigen in den neuen Bundesländern eine Beteiligungshöchstbetrag von 1.000 DM.

Die Auszahlung der Sparzulage erfolgt ab 1.1.1990 durch das Finanzamt im Zuge des Lohnsteuerjahresausgleichs bzw. der Veranlagung zur Einkommensteuer. Die **vermögenswirksamen Leistungen**, die der Arbeitgeber im Rahmen der Lohn- und Gehaltszahlung für den Mitarbeiter einzubehalten und an das jeweilige Institut (z. B. Bank, Bausparkasse, Versicherung) abzuführen hat, können je nach tariflicher Vereinbarung bzw. nach individueller Regelung mit dem Arbeitgeber **allein vom Beschäftigten** aus seinem Nettoarbeitsentgelt, **in voller Höhe vom Arbeitgeber** zusätzlich zum Bruttolohn bzw. -gehalt oder **teilweise** von **Arbeitnehmer** und **Arbeitgeber** gezahlt werden. In den Fällen, in denen das Unternehmen die vermögenswirksamen Leistungen ganz oder teilweise für den Arbeitnehmer erbringt, **erhöht** sich um diesen Betrag das steuer- und sozialversicherungspflichtige Bruttoarbeitsentgelt. Die Beträge sind als Lohn- bzw. Gehaltsaufwand zu buchen und stellen **keine sozialen Aufwendungen** dar. Zu diesen zählen u. a. die **freiwilligen sozialen Leistungen** und/oder **Leistungen für die Altersversorgung** der Arbeitnehmer.

Angesichts der zu verbuchenden komplexen Sachverhalte erfordert das Führen der Lohnkonten i. d. R. eine besondere Lohn- und Gehaltsbuchhaltung (**Nebenbuchhaltung**), die häufig schon bei kleineren Unternehmen den Einsatz von EDV erzwingt.[45]

5.2 Verbuchung der Lohn- und Gehaltszahlungen

Die zentrale Problematik der Lohn- und Gehaltsverbuchung liegt darin begründet, dass sich die zu verbuchenden Beträge aus mehreren Bestandteilen zusammensetzen, die an **unterschiedliche Empfänger** zu **unterschiedlichen Zeitpunkten** (Steuern i. d. R. bis zum 10. und Sozialabgaben spätestens bis zum 15. des Folgemonats) zu zahlen sind. Bis zum Zeitpunkt der Zahlung an die jeweiligen Institutionen werden die Gelder auf speziellen Konten der Buchhaltung "zwischengelagert"; sie sind zu keinem Zeitpunkt Eigentum des Unternehmens. Erfolgt die Entgeltzahlung an den Arbeitnehmer, so entsteht eine **sonstige Verbindlichkeit**, die regelmäßig auf dem Sammelkonto "Noch abzuführende Abgaben" bzw. auf den nach Abgabearten untergliederten Unterkonten "Sonstige Verbindlichkeiten gegenüber Finanzbehörden" (Sonstige FA-Verbindlichkeiten) und "Verbindlichkeiten gegenüber Sozialversicherungsträgern" (SV-Verbindlichkeiten) erfasst werden. Der Arbeitgeberanteil zur Sozialversicherung wird als **zusätzlicher Aufwand** im Konto "Gesetzliche soziale Aufwendungen" oder im Konto "Arbeitgeberanteil zur Sozialversicherung" (Arbeitgeberanteil zur SV) erfasst und auf dem Konto "SV-Verbindlichkeiten" gegengebucht.

Die **Standardbuchungssätze** für die Auszahlung der Löhne und Gehälter und zur Verbuchung des Arbeitgeberanteils zur SV lauten:

---

45 Vgl. N. Wielinski (1987).

Löhne bzw. Gehälter (Bruttolohn = Aufwand)	**an**	Guthaben bei Kreditinstituten Bank/Kasse (**Nettolohn** bzw. **Auszahlungsbetrag**) Noch abzuführende Abgaben
Gesetzliche soziale **Aufwendungen** (Arbeitgeberanteil zur Sozialversicherung)	**an**	Noch abzuführende Abgaben

Gemäß § 41 EStG und § 7 LStDV werden die Bruttolöhne bzw. -gehälter, die Abzüge und der Nettobetrag **je Arbeitnehmer** auf **Lohnkonten** und auf **Lohn-** und **Gehaltslisten** (Sammelbeleg) in der Lohn- und Gehaltsbuchhaltung buchmäßig zusammengestellt und nur die Summen der monatlichen Lohn- und Gehaltslisten auf den Sachkonten des Hauptbuches verbucht. Anhand einer vereinfachten Gehaltsabrechnung für einen Mitarbeiter (Auszug aus der Gehaltsliste des Monats Juli) werden die erforderlichen Verbuchungen aufgezeigt.[46]

Die Gehaltsabrechnung für den Mitarbeiter Franz Möller per 29.7.2001		
Bruttogehalt (Aufwand)		**3.000**
./. Lohnsteuer	310	
./. Kirchensteuer	30	
./. Arbeitnehmeranteil zur Sozialversicherung (SV)	525	845

Nettogehalt		**2.135**
Arbeitgeberanteil zur SV	(zusätzlicher Aufwand) **525**	

Beispiel: Am 29.7. wird die Gehaltsabrechnung erstellt und das Nettogehalt (2.155 €) an den Arbeitnehmer überwiesen. Gemäß obiger Abrechnung wird am 29.7. ein Arbeitgeberanteil zur SV in Höhe von 525 € ermittelt. Die Steuern, der Arbeitnehmeranteil und der Arbeitgeberanteil zur Sozialversicherung werden erst zum 10.8. bzw. 15.8. überwiesen und bis dahin "zwischengelagert". Am 10.8. werden Lohn- und Kirchensteuer von 340 € an das Finanzamt und am 15.8. werden die Verbindlichkeiten gegenüber den Sozialversicherungsträgern (Arbeitnehmer- + Arbeitgeberanteil zur SV) ebenfalls per Bank beglichen.

Buchungssätze am 29.7.:

Gehaltsaufwand	3.000	**an**	Bank	2.135
			Sonstige FA-Verbindlichkeiten	340

46 Beispiel in Anlehnung an U. Döring/R. Buchholz (2001), S. 82.

			SV-Verbindlichkeiten	525
Arbeitgeberanteil zur SV	525	**an**	SV-Verbindlichkeiten	525

Buchungssatz am 10.8.:

Sonstige FA-Verbindlichkeiten	340	**an**	Bank	340

Buchungssatz am 15.8.:

SV-Verbindlichkeiten	1.050	**an**	Bank	1.050

Sind die Beträge der Konten Sonstige FA-Verbindlichkeiten und SV-Verbindlichkeiten bis zum Bilanzstichtag noch nicht abgeführt, so müssen diese passiviert werden:

Buchungssätze zum Bilanzstichtag:

Sonstige FA-Verbindlichkeiten	340	**an**	Schlussbilanzkonto	340
SV-Verbindlichkeiten	1.050	**an**	Schlussbilanzkonto	1.050

Erhält ein Arbeitnehmer einen Vorschuss, so handelt es sich hierbei nicht um einen Personalaufwand, sondern lediglich um einen dem Arbeitnehmer auf freiwilliger Basis zinslos eingeräumten Kredit, der mit künftigen Lohn- und Gehaltszahlungen verrechnet (zurückbezahlt) wird. Demzufolge sind **Vorschüsse** auf dem **aktiven Bestandskonto** "Sonstige Forderungen" oder auf dem entsprechenden Unterkonto "Forderungen an Mitarbeiter" zu erfassen. **Abschlagszahlungen** werden dagegen entweder direkt über das Konto "Lohn- und Gehaltsaufwand" oder über das Konto "Abschlagszahlungen" verbucht.

Unter Zugrundelegung des obigen Beispiels wird nun ein **Vorschuss** in Höhe von 1000 €, den Franz Möller am 15.7. bar erhalten hat, bei der Gehaltsabrechnung am 29.7. verrechnet.

Buchungssatz am 15.12.:

Forderungen an Mitarbeiter	1.000	**an**	Kasse	1.000

Buchungssätze am 29.7.:

Gehaltsaufwand	3.000	**an**	Bank	1.135
			Forderungen an Mitarbeiter	1.000
			Sonstige FA-Verbindlichkeiten	340
			SV-Verbindlichkeiten	525
Arbeitgeberanteil zur SV	525	**an**	SV-Verbindlichkeiten	525

Buchungssatz am 10.8.:

Sonstige FA-Verbindlichkeiten	400	**an**	Bank	400

Buchungssatz am 15.8.:

SV-Verbindlichkeiten	1.050	**an**	Bank	1.050

Zum **Bilanzstichtag** noch nicht verrechnete Vorschüsse werden in der Bilanz unter der Position "sonstige Forderungen" aktiviert. Sachleistungen an die Arbeitnehmer werden mit dem Gehalt verrechnet.

Beispiel: Wohnt Möller z. B. in einer Werkswohnung, für die eine monatliche Miete in Höhe von 400 € bei der Gehaltszahlung verrechnet wird, so wird gebucht:

Gehaltsaufwand	3.000	**an**	Bank	1.675
			Mieterträge	400
			Noch abzuführende Abgaben	925

Bei **Sonderzuwendungen** gilt es zwischen **steuerpflichtigen** (wie Urlaubs- und Weihnachtsgeld, die gewöhnlich auf dem Lohn- bzw. Gehaltsaufwandskonto erfasst werden) und **steuerfreien** (wie Heiratsbeihilfen bis 700 DM (357 €), Geburtsbeihilfen bis 500 DM (255 €) und Sonderzahlungen zum Dienstjubiläum bis zu einem bestimmten Betrag) zu unterscheiden. Die drei letztgenannten Sonderzuwendungen werden i. d. R. auf dem Konto "Aufwendungen für Unterstützung" verbucht.

Legt man wiederum das obige Ausgangsbeispiel (Franz Möller) zugrunde und berücksichtigt nun, dass Möller im Rahmen eines Bausparvertrages laut Tarifvertrag von seinem Arbeitgeber zusätzlich zu seinem Gehalt 20 € (39 DM) **vermögenswirksame Leistung** ("6320 Vermögenswirksame Leistungen" = Aufwand) erhält, die einschließlich seiner eigenen Sparleistung von 20 € (39 DM) (ergibt 40 € (78 DM)) nach Zwischenlagerung auf dem passiven Bestandskonto "Verbindlichkeiten aus Vermögensbildung") auf sein Konto bei der Sparkasse überwiesen werden, so ist unter Korrektur der Steuer- und Versicherungsbeträge[47] wie folgt zu buchen:

Buchungssätze am 29.7.:

Gehaltsaufwand	3.000			
Vermögenswirksame Leistungen	20	**an**	Sonstige FA-Verbindlichkeiten	405
			SV-Verbindlichkeiten	532
			Verbindl. aus Vermögensbildung	40
			Bank	2.043
Arbeitgeberanteil zur SV	532	**an**	SV-Verbindlichkeiten	532

Buchungssätze am 10.8.:

Sonstige FA-Verbindlichkeiten	405	**an**	Bank	405
SV-Verbindlichkeiten	1.064	**an**	Bank	1.064
Verbindl. aus Vermögensbildung	40	**an**	Bank	40

47 Die Beträge sind aus Gründen der Übersichtlichkeit auf volle €-Beträge auf- bzw. abgerundet.

5.3 Buchtechnische Behandlung von Steuerzahlungen und Zuwendungen

Steuern gehören neben bestimmten Gebühren und Beiträgen zu den öffentlichen Abgaben, die im Unternehmensbereich "anfallen" und zu zahlen sind. In der Steuerbilanz ausgewiesene Gewinne unterliegen der Besteuerung. Durch eine entsprechend hohe Besteuerung wird der Liquiditätseffekt der Selbstfinanzierung vermindert, was nicht im Sinne eines Unternehmens liegt. Bezüglich der Höhe der Steuerbelastung, der Steuerverbuchungen sowie der Auswirkungen im Rahmen der Gewinnverwendung ist es zweckmäßig, zwischen Personen- und Kapitalgesellschaften zu unterscheiden. In der Buchhaltung schlagen sich **Steuern** nieder als **Aufwendungen** (betriebliche Steuern), **Privatentnahmen** (Steuern der Unternehmerin/des Unternehmers), **Anschaffungsnebenkosten** und **durchlaufende Posten** nieder. Außerdem sind Steuernachzahlungen, Steuererstattungen, Säumnis- und Verspätungszuschläge buchhalterisch zu berücksichtigen (vgl. *Abbildung 79*[48]).

Abbildung 79

Übersicht über wichtige Steuern und deren Verbuchung			
erfolgswirksame Steuern (Betriebsteuern)	**Steuern des Unternehmers (Personen- oder Privatsteuern)**	**Steuern als Bestandteil des Anschaffungswertes**	**Steuern als durchlaufende Posten**
• Gewerbesteuer • Kraftfahrzeugsteuer • Grundsteuer auf Betriebsgrundstücke und Gebäude	• Einkommensteuer • Kirchensteuer (des/r Inhabers/In) • Grundsteuer auf Privatgrundstücke und Gebäude	• Grunderwerbsteuer • Zölle (nur bei Einfuhr aus nicht EU-Mitgliedsstaaten)	• Lohnsteuer und Kirchensteuer der Arbeitnehmer • Umsatzsteuer
Buchung	Buchung	Buchung	Buchung
Buchung als Aufwand (Betriebsausgabe)	Buchung als Privatentnahme (Einzelunternehmen und Personengesellschaften) bzw. Buchung als nicht abzugsfähige Betriebsausgabe (Kapitalgesellschaften)	Buchung als zusätzliche Anschaffungskosten des betreffenden Wirtschaftsgutes (Aktivierung)	Buchung bei Zahlung ist der Ausgleich einer Verbindlichkeit gegenüber der Finanzverwaltung

Die **betrieblichen (erfolgswirksamen) Steuern** dürfen - unabhängig von der Rechtsform - nach dem Willen des Gesetzgebers als Aufwand verbucht werden und den steuerlichen Gewinn mindern. Hierzu zählen z. B. die Gewerbesteuer, die Grundsteuer, zahlreiche Verbrauchsteuern (z. B. Mineralölsteuer) und die Kraftfahrzeugsteuer. Sind die Grund- und die Kraftfahrzeug-

48 In Anlehnung an J. Koch (1987), S. 89.

steuer bei Personenunternehmen allerdings nicht betrieblich veranlasst, sondern privat, so handelt es sich um Privatentnahmen.

Beispiel: Werden die vierteljährlich fällige, betrieblich veranlasste Grundsteuer (200 €) und die Kfz-Steuer (400 €) sowie die Gewerbesteuervorauszahlung (50.000 €) überwiesen, so ist wie folgt zu buchen:

Grundsteuer	200	**an**	Bank	200
Kraftfahrzeugsteuer	400	**an**	Bank	400
Gewerbesteuer (oder Betriebsteuern)	50.000	**an**	Bank	50.000

Die **Gewerbesteuer** als echte Aufwandsteuer **bei allen Unternehmen** stellt sich insofern als eine Besonderheit dar, da ihrer Ermittlung (vgl. das folgende Beispiel[49]) zwei Bemessungsgrundlagen zugrunde liegen: Der **Gewerbeertrag** und das **Gewerbekapital**.

Ermittlung der Gewerbesteuer			
Gewinn laut EStG (KStG)		2.576.160,00	
+	Hinzurechnungen (§ 8 GewStG)	51.050,00	
-	Kürzungen (§ 9 GewStG)	68.040,00	
	Gewerbeertrag	2.559.170,00	
	abgerundet (§ 11 Abs. 1 GewStG)	2.559.100,00	
	davon 5 % Messbetrag auf den Gewerbeertrag		127.955,00
Gewerbekapital		9.901.600,00	
+	Hinzurechnungen (§ 12 Abs. 2 GewStG)	1.021.200,00	
-	Kürzungen (§ 12 Abs. 3 GewStG)	1.620.000,00	
	Gewerbekapital	9.302.800,00	
	abgerundet (§ 13 Abs. 1 GewStG)	9.302.000,00	
	davon 0,2 % Messbetrag auf das Gewerbekapital	18.364,00	
einheitlicher Steuermessbetrag (§ 14 GewStG)			146.319,00
einheitlicher Steuermessbetrag x 300 % Hebesatz			
	= zu zahlende Gewerbesteuer		438.957,00

Die Steuern dagegen, die den oder die **Unternehmer** (natürliche oder juristische Personen sind Steuersubjekt) betreffen, dürfen den steuerlichen Gewinn nicht mindern. Solche **Personen- oder Privatsteuern** müssen bei Einzelunternehmen und Personengesellschaften sofort als Privatentnahmen (z. B. Einkommensteuer, Grundsteuer auf Privatgrundstücke und Gebäude) auf dem jeweiligen Privatkonto belastet werden; bei Kapitalgesellschaften (juristische

49 Nach J. Langenbeck/J. Wolf (1991), S. 120.

Person) erfolgt die Erfassung der nicht abzugsfähigen Betriebsausgaben, wozu die Körperschaft- und die Vermögensteuer (wird fällig, unabhängig davon, mit welchem Erfolg das Unternehmen gewirtschaftet hat) zählen, **zunächst** auf gesonderten Aufwandskonten (z. B. auf dem Konto "Körperschaftsteuer") erfasst, da diese Steuern handelsrechtlich als Aufwand verbucht werden. Kapitalgesellschaften sind nämlich eigenständige juristische Personen, bei denen es keinen Privatbereich gibt. Erst am Jahresende werden dann die zuvor gewinnmindernd verbuchten Beträge außerhalb der Steuerbilanz im Rahmen der Einkommensermittlung dem zu versteuernden Gewinn hinzugerechnet. Gemäß § 275 Abs. 2 bzw. 3 HGB ist im **handelsrechtlichen Jahresabschluss** der Steueraufwand einer Kapitalgesellschaft in der GuV-Rechnung in zwei Positionen auszuweisen, den **Steuern vom Einkommen und vom Ertrag** einerseits und den **sonstigen Steuern** andererseits.

Beispiel: Der Einzelunternehmer Möllersen überweist die Einkommensteuer (3.000 €) und die Kapitalgesellschaft die Körperschaftsteuer (5.000 €). Es ist wie folgt zu buchen:

Privat	3.000	**an**	Bank	3.000
Körperschaftsteuer	5.000	**an**	Bank	5.000

Die **Steuern als Bestandteil des Anschaffungswertes** (z. B. Eingangszölle, Grunderwerbsteuer, die nicht als Vorsteuer verrechenbare Umsatzsteuer) sind als **Aufwandsteuern** zu charakterisieren, soweit die Anschaffungsnebenkosten i. d. R. (bei Grundstücken nicht, bei Gebäuden ja) über die Abschreibungsbeträge der aktivierten Wirtschaftsgüter den steuerlichen Gewinn mindern.

Beispiel: Für den Kauf eines Grundstücks, Kaufpreis 100.000 €, werden 2 % Grunderwerbsteuer an das Finanzamt überwiesen:

Grundstücke und Bauten	2.000	**an**	Bank	2.000

Bei den **Steuern als durchlaufende Posten** handelt es sich um erfolgsneutrale Steuern. Für das Unternehmen stellen einbehaltene und noch abzuführende Lohn- und Kirchensteuer der Arbeitnehmer und die Umsatzsteuer sog. durchlaufende Steuern dar. Die Lohn- und die Kirchensteuer werden vom Arbeitnehmer bezahlt, in der Buchhaltung als Lohnaufwandsbestandteil verbucht und vom Arbeitgeber somit erfolgsneutral abgeführt. Gleiches gilt für die Umsatzsteuer, die das Unternehmen an das Finanzamt abzuführen hat.

Beispiel: Zahllast wird an das Finanzamt überwiesen (15.000 €):

Umsatzsteuer	15.000	**an**	Bank	15.000

Nachzahlungen und Rückerstattungen von Aufwandsteuern werden als periodenfremder Aufwand bzw. periodenfremder Ertrag gebucht. Säumnis- und Verspätungszuschläge sind wie die entsprechende Steuer oder auf dem Konto "Gebühren" zu erfassen. Steuerberatungskosten werden grundsätzlich auf dem Konto "Rechts- und Beratungskosten" verbucht.

Einerseits müssen Unternehmen Steuern entrichten, andererseits erhalten bestimmte Unternehmen **Zuwendungen** (Subventionen) der öffentlichen Hand, die zu **Einzahlungen** führen. Die Zuwendungen lassen sich nach dem Grad der Rückzahlbarkeit und die nicht rückzahlbaren in Zuschüsse (steuerpflichtig) und Zulagen (steuerfrei) einteilen (vgl. *Abbildung 80*[50]).

Abbildung 80

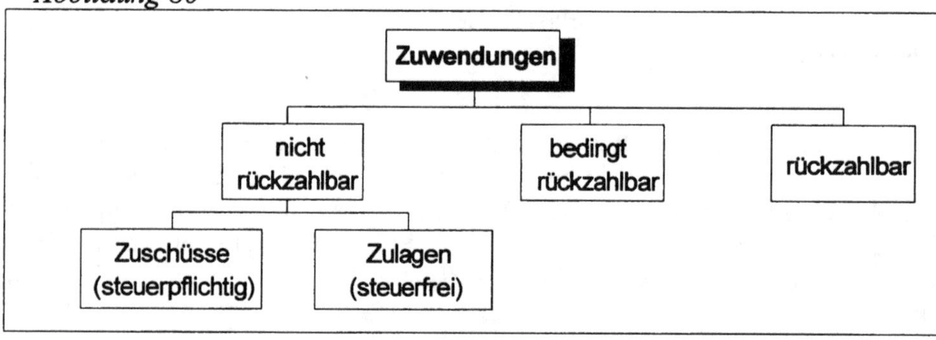

Buchhalterisch kann zwischen **ertragswirksamen** und **verbindlichkeitsbildenden Zuwendungen** differenziert werden. Während **nicht rückzahlbare Zuwendungen** grundsätzlich zu einem **Ertrag** führen, sind **rückzahlbare Zuwendungen** bilanziell prinzipiell wie andere **Verbindlichkeiten** zu behandeln (Buchungssatztyp: "Guthaben bei Kreditinstituten **an** Verbindlichkeiten"). Bei der Verbuchung der **erfolgswirksamen Zuwendungen** sind mehrere Varianten der Erfassung des Ertrages unter Berücksichtigung der Verwendung der Subventionen denkbar wie z. B. "Bank **an** Zuschussertrag",

50 Nach G. Wöhe/H. Kußmaul (2000), S. 207.

"Bank **an** Maschine" oder durch Bildung eines Passivpostens "Bank **an** Sonderposten für Investitionszuschüsse".[51]

6 Buchungen in Finanz- und Zahlungsbereich

Die Begleichung finanzieller Verpflichtungen kann mit Hilfe verschiedener Zahlungsformen (z. B. Bargeld, Überweisung, Scheck, Wechsel) erfolgen. Wie Bar- und Zieleinkäufe bzw. Zielverkäufe buchtechnisch zu erfassen sind, ist bereits dargelegt worden. Finanz- und Zahlungsbereich sind jedoch weiter zu fassen. So sind neben Scheckzahlungen und Wechselgeschäften sowie Anzahlungen auf Lieferungen und Leistungen auch der An- und Verkauf von Wertpapieren diesem Bereich zuzuordnen.

6.1 Wertpapiere und Devisen

6.1.1 Arten und bilanzmäßige Behandlung von Wertpapieren

Obwohl das eigentliche Geschäft von Handels- und Industriebetrieben der Weiterverkauf von Waren bzw. Verkauf von Erzeugnissen ist, legen viele Unternehmen ihr Kapital außerdem in Wertpapieren an. Wertpapiere sind Urkunden, die ein Privatrecht in der Weise verbriefen, dass ohne den Besitz der Urkunde eine Forderung nicht geltend gemacht werden kann. D. h., dass der Gläubiger die Urkunde vorlegen **muss**, um seine Forderung geltend zu machen. Zwei Arten von Wertpapieren lassen sich unterscheiden: Dividendenpapiere und Zinspapiere.

Dividendenpapiere (z. B. Aktien, Kuxen, Investmentanteile) verbriefen **Teilhaberrechte**. Der Inhaber von Dividendenpapieren ist am Eigenkapital des Unternehmens (z. B. Grundkapital einer AG) beteiligt. Er erhält in Form der Dividende oder der Ausschüttung einen Anteil am Gewinn. Gleichzeitig ist er über den Kurswert (Preis, zu dem das Wertpapier an der Börse notiert wird) der Papiere sowohl am Vermögenszuwachs als auch am Vermögensverlust beteiligt. Im Konkursfall haftet der Wertpapierinhaber mit seiner Einlage für die Schulden des Unternehmens. Dividendenpapiere haben einen **Stückkurs** (= € je Stück).

---

51 Vgl. G. Wöhe/H. Kußmaul (2000), S. 207 f.

Zinspapiere (z. B. Anleihen der öffentlichen Hand, Obligationen, Pfandbriefe) verbriefen **Gläubigerrechte**. Der Inhaber dieser Papiere erhält unabhängig von der Ertragslage des Schuldnerunternehmens einen **festen Zins**, weshalb sie auch festverzinsliche Wertpapiere genannt werden. Käufer von Zinspapieren haben Anspruch auf **jährliche** oder **halbjährliche** Zinszahlungen und auf den nominellen Rückzahlungsbetrag. Zu bestimmten Terminen werden die Zinsen, die i. d. R. **nachträglich** fällig werden, ausgezahlt. Zinspapiere haben einen Prozentkurs, d. h. die Stückzinsen werden vom Nennwert oder Nominalwert (= der auf dem Papier angegebene Betrag) berechnet.

Während beim Ankauf von Zinspapieren i. d. R. Zinsaufwendungen und -erträge zu verbuchen sind, zahlt der Käufer eines Dividendenpapiers (z. B. Aktie) dem Veräußerer nur einen Kaufpreis und der erhoffte Dividendenertrag schlägt sich im Kurswert nieder.

Wertpapiere können im allgemeinen als **gewillkürtes Betriebsvermögen** (Wirtschaftsgüter, die zu 10 bis 50 % betrieblich genutzt werden) behandelt werden (Abschnitt 14a Abs. 2 EStR). Dividenden und Zinsen, die zum Betriebsvermögen gehören, sind betriebliche Erträge. Erträge aus Wertpapieren, die zum Privatvermögen gehören, rechnen zu den Einkünften aus Kapitalvermögen (§ 20 Abs. 1 EStG ff.).

Wertpapiere sind beim Kauf mit ihren **Anschaffungskosten** zu buchen. Dazu zählen auch die aktivierungspflichtigen **Anschaffungsnebenkosten** (Bankprovision und Maklergebühr oder Courtage). Die Provision für Aktien und Bezugsrechte beträgt meist 1 % und die Maklergebühr 1 ‰ vom Kurswert Bei den Prozentsätzen für Provision und Maklergebühr handelt es sich um Richtsätze. So können einzelne Banken durchaus abweichende Sätze und weitere Kosten (z. B. für Auslagen und limitierte Aufträge) verrechnen.

Entscheidend dafür, ob Wertpapiere im **Anlagevermögen** oder im **Umlaufvermögen** ausgewiesen werden, ist die hinter dem Erwerb stehende **Absicht**.

Im **Anlagevermögen**, auf dem Konto **"1300 Beteiligungen"**, werden Aktien gebucht, die mit der Zielsetzung erworben wurden, auf ein anderes Unternehmen **Einfluss auszuüben**. Gemäß § 271 Abs. 1 HGB liegt im Zweifelsfall eine Beteiligung vor, wenn die Summe der Nennbeträge der von einem Unternehmen gehaltenen Aktien 20 % des Nennkapitals der Aktiengesellschaft überschreitet. Werden Aktien lediglich als **langfristige Anlage** erworben, so werden diese wie auch alle übrigen Wertpapiere ebenfalls im Anlagevermögen, allerdings auf dem Konto **"1500 Wertpapiere des Anlagevermögens"** erfasst.

Wertpapiere des Anlagevermögens	**an**	Bank

Im **Umlaufvermögen**, auf dem Konto **"2700 Wertpapiere des Umlaufvermögens"**, sind diejenigen Wertpapiere zu erfassen, die lediglich als Liquiditätsreserve zur **vorübergehenden (kurzfristigen) Anlage** erworben werden.

Wertpapiere des Umlaufvermögens	**an**	Bank

In der handelsrechtlichen Bilanzgliederung gemäß § 266 Abs. 2 HGB erfolgt also die Einteilung der Wertpapiere nach der beabsichtigten **Dauer der Kapitalanlage**.

I. **Anlagevermögen**
   1. Anteile an verbundenen Unternehmen
   2. Beteiligungen
   3. Wertpapiere des Anlagevermögens

II. **Umlaufvermögen**
   1. Anteile an verbundenen Unternehmen
   2. Eigene Anteile
   3. Sonstige Wertpapiere

An der unterschiedlichen kontenmäßigen Erfassung der Wertpapiere und deren Ausweis in der Bilanz wird u. a. ihr besonderer Charakter offensichtlich. Wertpapierkonten sind **gemischte Konten**. Der An- und Verkauf von Wertpapieren führt einerseits zu Bestandszunahmen und -abnahmen und andererseits zu Erfolgen (Kursgewinnen und -verlusten). Die Bewertung der Wertpapiere zum Jahresabschluss erfolgt auf der Grundlage des durch die Inventur ermittelten Wertpapierbestandes; der sich aus dem An- und Verkauf ergebende Erfolg wird gewöhnlich erst beim Jahresabschluss berechnet. Anders als der Erwerber eines festverzinslichen Wertpapiers, zahlt der Käufer eines Dividendenpapiers dem Veräußerer nur einen Kaufpreis für die Aktie, während sich der erhoffte Dividendenertrag im Kurswert niederschlägt. Mit entscheidend für die Höhe des Erfolges sind die sich ergebenden Kursänderungen (Vergleich des Anschaffungswertes mit dem Kurswert am Bilanzstichtag). Die Anschaffungskosten der Wertpapiere dürfen **nie** überschritten werden; sie stellen den **Bilanzierungshöchstwert** dar. Bei der Bilanzierung **muss** der niedrigere der beiden Werte zugrundegelegt werden (Niederstwertprinzip).

Beispiel für die Ermittlung des Niederstwertprinzips		
Anschaffungswert (einschließlich anteilige Anschaffungskosten)	Börsenkurs oder Tageswert am Bilanzstichtag	Bilanzwert (Wertansatz des Schlussbestandes zum Niederstwert)
150	200	**150**
180	**170**	**170**
220	230	**220**
210	**200**	**200**
160	160	**160**

Gemäß § 253 Abs. 3 HGB sind **Wertpapiere des Umlaufvermögens** nach dem **strengen Niederstwertprinzip** zu bewerten. Das bedeutet, dass zur kurzfristigen Anlage erworbene Wertpapiere immer zum niedrigeren Wert zu bilanzieren sind, auch wenn die Kursminderung am Abschlussstichtag nur vorübergehend ist.

Für **Wertpapiere des Anlagevermögens** (Finanzanlagen) gilt dagegen das **gemilderte (erweiterte) Niederstwertprinzip**. Das bedeutet, dass sie bei nur vorübergehender Kursminderung mit dem niedrigeren Wert angesetzt werden können (Wahlmöglichkeit). Gemäß § 253 Abs. 2 HGB wird aus der "Kann-" eine "Mussbestimmung", wenn die Kurse dieser Anlagepapiere am Abschlussstichtag nachhaltig gesunken sind und von einer **voraussichtlich dauernden Kursminderung** auszugehen ist (strenges Niederstwertprinzip).

Außerdem ist laut § 253 Abs. 3 Satz 3 HGB eine niedrigere Bewertung der Wertpapiere möglich, wenn in der nächsten Zukunft nach vernünftiger kaufmännischer Beurteilung mit Verlusten zu rechnen ist.

Mit dem Niederstwertprinzip wird aus Gründen der Vorsicht und zum Schutz der Gläubiger sichergestellt, dass keine Gewinne (Buchgewinne) ausgewiesen werden, die noch nicht durch Wertpapierverkäufe entstanden (realisiert) sind.

Ein Kursverlust aus dem Verkauf von Wertpapieren des Umlaufvermögens wird über das Konto **"7460 Verluste aus dem Abgang von Wertpapieren des Umlaufvermögens"** gebucht, ein Kursgewinn über das Konto **"5780 Erträge aus Wertpapieren des Umlaufvermögens"**. Die Stückzinsen beim Ankauf festverzinslicher Wertpapiere werden auf dem Konto **"7510 Zinsaufwendungen"** und beim Verkauf auf dem Konto **"5780 Erträge aus Wertpapieren des Umlaufvermögens"** erfasst. Erst nach Eintragung des durch die Inventur ermittelten Schlussbestandes erhält man also als Saldo den Erfolg des Wertpapierkontos. Wertminderungen der Wertpapiere am Bilanzstichtag sind als außerordentlich abzuschreiben. Abschreibungen auf einen niedrigeren Tageswert im Rahmen des Jahresabschlusses erfolgen auf das Konto **"7420 Abschreibungen auf Wertpapiere des Umlaufvermögens"**.

6.1.2 An- und Verkauf von Dividendenpapieren

Wie bereits dargelegt, erfolgt beim Ankauf von Wertpapieren (z. B. Aktien) ein Zugang in Höhe des Kurswertes **zuzüglich** der dazugehörigen **Anschaffungsnebenkosten**. Beim Verkauf wird ein Abgang zum Kurswert **abzüglich** der von der Bank einbehaltenen **Verkaufskosten** (Bankprovision und Maklergebühr) gebucht. Während also die Anschaffungsnebenkosten aktiviert werden, werden die Verkaufskosten buchhalterisch nicht erfasst.[52]

Beispiel (Ankauf von Aktien): Zur kurzfristigen Anlage werden 30 Stück Maschinenbau-AG-Aktien zu einem Nennwert von 100,00 € und einem Stückkurs von 250,00 € zuzüglich 1,01 % Anschaffungsnebenkosten (75,00 € Bankprovision und 7,50 € Maklergebühr) gekauft. Das Bankguthaben verringert sich um 7.582,50 € (Anschaffungskosten).

Buchungssatz:

Wertpapiere des UV	7.582,50	**an**	Bank	7.582,50

Beispiel (Verkauf von Aktien): 25 Stück der Maschinenbau-AG-Aktien werden zum Stückkurs von 280,00 € durch die Bank verkauft. Die Bank behält 77,00 € Verkaufskosten ein (70,00 € Bankprovision und 7,00 € Maklergebühr). Das Bankguthaben erhöht sich 6.923,00 €.

Buchungssatz:

Bank	6.923,00	**an**	Wertpapiere des UV	6.923,00

6.1.3 An- und Verkauf von Zinspapieren

Auch beim An- und Verkauf festverzinslicher Wertpapiere stellen die Anschaffungskosten die Buchungsgrundlage dar. Beim Kauf von festverzinslichen Wertpapieren innerhalb eines Zinszahlungszeitraumes ist dabei buchhalterisch zu berücksichtigen, dass die in einen bestimmten Zeitraum anfallenden Zinsen anteilig zwischen Käufer und Verkäufer zu verteilen sind. In der Regel erhält der Käufer den laufenden Zinsschein und bekommt am Ende der Zinsperiode die gesamten Zinsen - auch für die Zeit ab dem letzten Zinstermin bis zum Tag des Kaufes - gutgeschrieben (vgl. *Abbildung 81*).

---

52 Beispiele nach: J. Langenbeck/J. Wolf (1996), S. 111 ff.

Deshalb muss er dem Verkäufer die ihm zustehenden Zinsen erstatten. Für den Käufer entstehen Zinsaufwendungen und für den Verkäufer Zinserträge (vgl. Abschnitt 155 EStR).

Abbildung 81

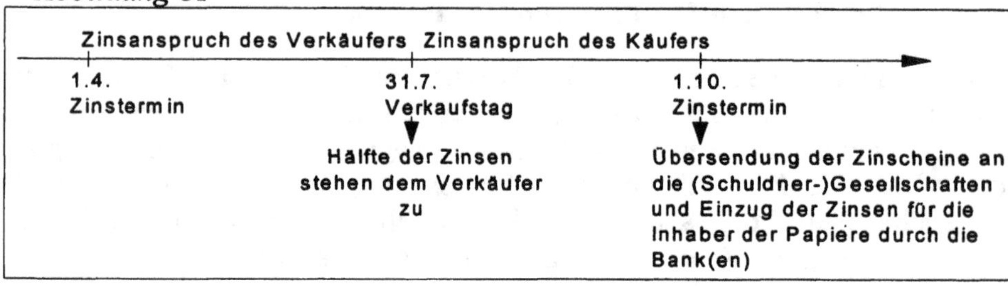

Beispiel (Ankauf von Anleihen): Am 31.7.2001 werden 100 Stück 6%-Anleihen mit dem Zinstermin April bis Oktober zum Kurswert von 9.700,00 € (Nennwert 10.000,00 €) gekauft. Auf den Nennwert von 10.000,00 € werden 50,00 € Bankprovision und 7,50 € Maklergebühr erhoben, so dass sich die **Anschaffungskosten auf 9.757,50 €** belaufen. Außerdem sind 6 % Stückzinsen für April bis Juli von 200,00 € zu berücksichtigen (Zinsen, die dem Verkäufer zustehen), so dass das Bankguthaben sich um 9.957,50 € verringert.

Buchungssätze:

Wertpapiere des UV	9.757,50			
Zinsaufwendungen	200,00	**an**	Bank	9.957,50

Beispiel (Verkauf von Anleihen): Am 31.7.2001 werden 100 Stück 6%-Anleihen mit dem Zinstermin April bis Oktober zum Kurswert von 9.900,00 € (Nennwert 10.000,00 €) verkauft. Auf den Nennwert von 10.000,00 € werden 50,00 € Bankprovision und 7,50 € Maklergebühr erhoben, so dass sich die **Anschaffungskosten auf 9.842,50 €** belaufen. Außerdem sind 6 % Stückzinsen für April bis Juli von 200,00 € zu berücksichtigen (Zinsen, die dem Verkäufer zustehen), so dass sich das Bankguthaben um 10.042,50 € erhöht.

Buchungssätze:

Bank	10.042,50	**an**	Wertpapiere des UV	9.842,50
			Erträge aus Wertp. des UV	200,00

6.1.4 Buchtechnische Behandlung von Devisen

Angesichts der internationalen Ausrichtung vieler Unternehmen müssen des öfteren auch **Devisen** buchhalterisch erfasst werden. Devisen sind Ansprüche auf Zahlungen in fremder Währung an einem ausländischen Platz. Dabei handelt es sich um Guthaben bei ausländischen Banken, um Schecks oder

Wechsel, die auf fremde Währung lauten und im Ausland zahlbar sind. Nicht selten kommt es vor, dass nach einer Warenlieferung ins Ausland zwischen der Buchung eines Warentransfers ins Ausland und der Einlösung des ausländischen Schecks sich der Wechselkurs geändert hat, so dass sich Kursgewinn oder -verluste ergeben.

Da grundsätzlich Beträge (auch Devisen) in € zu buchen sind, muss der ausländische Wert in einem **€-Wert umgerechnet** werden. Ergibt sich (das ist der Regelfall) zwischen Entstehungszeitpunkt der Forderung und Bezahlung der Forderung eine Differenz, so entsteht für den Fall der Wechselkurserhöhung ein außerordentlicher Ertrag und für den Fall der Wechselkursminderung ein außerordentlicher Aufwand.

Beispiel: Ein Unternehmen verkauft am 1.4.2001 an einen amerikanischen Importeur Waren im Wert von 7.000,00 US$ bei einem Wechselkurs von ? €/US$ (keine Umsatzsteuer berücksichtigen!). Der Kunde sendet am 20.5.2001 einen Scheck über 7.000,00 US$. Am 20.5.2001 beträgt der Wechselkurs? €/US$.

Buchmäßig ist die Entstehung der Forderung und die Einlösung des Schecks für den Fall der **Wechselkursminderung** wie folgt zu erfassen:

Buchungssatz bei Entstehen der Forderung (aufgrund der Warenlieferung):

Devisen	10.000	**an**	Warenverkauf	10.000

Buchungssätze bei Einlösung des Schecks:

Bank	9.800			
Außerordentliche Aufwendungen	200	**an**	Devisen	10.000

6.1.5 Bewertung und Abschluss der Wertpapier- und Devisenkonten

Sind am Ende des Geschäftsjahres Wertpapiere inventurmäßig erfasst, so sind diese - unter Beachtung des Niederstwertprinzips - wie andere Vermögenswerte auch in der Schlussbilanz auszuweisen.

Zur Veranschaulichung der Behandlung der Wertpapiere im Rahmen des Jahresabschlusses dient das folgende vereinfachte Beispiel, in dem von Wertpapieren des Umlaufvermögens ausgegangen wird.

S	27 Wertpapier des Umlaufvermögens		H
800 Anfangsbestand	9.660,00	280 Verkauf von Wertpapieren	9.869,00
280	9.780,25	801 Schlussbestand	**9.168,55**
		746 Kursverlust	**402,70**
	19.440,25		19.440,25

Beispiel: Laut Inventur ergeben sich folgende Schlussbestände:

a) 5 Stück Maschinenbau-AG-Aktien zum Anschaffungskurs von 250,00 €, wobei der Börsenkurs am Bilanzstichtag 260,00 € beträgt. Der Bilanzwert errechnet sich demnach wie folgt: 5 x 250,00 € = 1.250,00 € + 13,75 € (1,01 % Anschaffungsnebenkosten) ergibt insgesamt 1.263,75 €.

b) 7%-Obligationen zum Nennwert von 8.000,00 € zum Anschaffungskurs von 101 % werden erfasst, wobei der Kurs am Bilanzstichtag 98 % beträgt. Der Bilanzwert errechnet sich demnach wie folgt: 8.000,00 € x 0,98 = 7.840,00 € + 64,80 € (1,01 % Anschaffungsnebenkosten) ergibt insgesamt 7.904,80 €.

Der **Endbestand** des Kontos "Wertpapiere des Umlaufvermögens" beläuft sich nach Addition der beiden Schlussbestände (a + b) auf **9.168,55 €**. Unter Berücksichtigung des Anfangsbestands sowie des Ankaufs- und Verkaufswertes während der Wirtschaftsperiode ergibt sich zum Jahresabschluss ein **Kursverlust von 402,70 €**.

Buchungssätze:

Verluste aus Wertp. des UV	402,70	**an**	Wertpapiere des UV	402,70
Schlussbilanzkonto	9.168,55	**an**	Wertpapiere des UV	9.168,55
GuV-Konto	402,70	**an**	Verluste aus Wertp. des UV	402,70

Im Falle eines Kursgewinns würde der Saldo auf der Sollseite des Wertpapierkontos erscheinen.

6.1.6 Buchen von Wertpapiererträgen

Dem Inhaber von Wertpapieren fließen laufend Erträge aus Wertpapieren zu. Dividenden und Zinsen, die zum **Betriebsvermögen** gehören, sind gemäß § 20 Abs. 3 EStG Erträge des Betriebes. Erträge aus Wertpapieren, die zum **Privatvermögen** gehören, sind gemäß § 29 Abs. 1 und 2 EStG Einkünfte aus Kapitalvermögen. In der Regel übernimmt die Bank, die die Effekten für den Wertpapierinhaber aufbewahrt, sowohl bei Dividendenpapieren als auch bei festverzinslichen Papieren für den Inhaber den Einzug der Zinsen und schreibt sie seinem Konto gut.

Stammen die Dividenden und Zinsen aus Wertpapieren des **Betriebsvermögens**, sind sie einschließlich der Kapitalertragsteuer (besondere Erhebungsform der Einkommensteuer) und der anzurechnenden Körperschaftsteuer als Einkünfte aus Gewerbebetrieb den Konten "56 Erträge von verbundenen Unternehmen aus anderen Wertpapieren und Ausleihungen des Finanzvermögens" oder "5780 Erträge aus Wertpapieren des Umlaufvermögens" gutzuschreiben.

Zieht die Bank die Zinsen für den Inhaber **festverzinslicher Wertpapiere**, die grundsätzlich nicht der Kapitalertragsteuer unterliegen (Ausnahmen siehe § 43 Abs. 1 EStG), **innerhalb des laufenden Geschäftsjahres** ein, wird wie folgt gebucht:

Bank	**an**	Erträge aus Wertpapieren des UV

Liegt der **Bilanzstichtag innerhalb einer Zinsperiode**, d. h. dass die Zinsen erst im nächsten Jahr fällig werden, müssen die Erträge des laufenden Jahres zum Bilanzstichtag **anteilig abgegrenzt** werden. In Höhe des aufgelaufenen Guthabens ist eine **Sonstige Forderung** zu buchen:

Sonstige Forderungen	**an**	Erträge aus Wertpapieren des UV

Im Gegensatz zu Erträgen aus festverzinslichen Wertpapieren unterliegen die Dividenden aus Aktien der **Kapitalertragsteuer** (25 %) und der **Körperschaftsteuer** (36 %[53]). Die ausschüttende Aktiengesellschaft kürzt die Dividende um die beiden Steuern und führt diese an das Finanzamt ab.

Dividende und Steuergutschrift gehören beim Empfänger nach § 20 Abs, 3 EStG zu den Einkünften aus Gewerbebetrieb, wenn die Wertpapiere zum **Betriebsvermögen** gehören. Gemäß den Bestimmungen des EStG bucht der Empfänger aus steuerlichen Gründen den **Bruttobetrag der Dividende** als Ertrag (5780 Erträge aus Wertpapieren des Umlaufvermögens) und die in Abzug gebrachte Körperschaft- und Kapitalertragsteuer als Vorauszahlung auf seine eigene Einkommensteuer i. d. R. auf dem Konto "3001 Privat".

Beispiel[54]: Die Einzelhändlerin Ulrike Küster hält Aktien der Maschinenbau AG zum Nennwert von 60.000,00 € in ihrem Betriebsvermögen. Noch im Dezember des Jahres hat die AG beschlossen, **für das abgelaufene Geschäftsjahr** eine Dividende von 10 % zu zahlen.

---

53 Die anzurechnende **Körperschaftsteuer** im Falle einer Ausschüttung beträgt **9/16 der Bardividende** und ist durch eine Steuerbescheinigung nachzuweisen. 100 € einkommensteuerlicher Ertrag des Empfängers setzen sich stets aus 64 € Bardividende und 36 € anrechenbarer Körperschaftsteuer zusammen. Die anrechenbare Körperschaftsteuer beträgt somit stets 36/64 oder 9/16 der Bardividende (9/16 von 64 € = 36 €). Die Körperschaftsteuer für einbehaltene Gewinne beträgt 50 % des Gewinns.

54 Nach: J. Langenbeck/J. Wolf (1996), S. 117 f.

Die Einzelhändlerin bucht für das laufende Geschäftsjahr:

Sonstige Forderungen	6.000	**an**	Erträge aus Wertpapieren des UV	6.000

Im Folgejahr stellt die Maschinenbau AG der Einzelhändlerin Ulrike Küster die folgende Abrechnung zu und überweist die Nettodividende:

	Bruttodividende	6.000 €
-	25 % Körperschaftsteuer	1.500 €

	Zwischensumme	4.500 €
-	20 % Kapitalertragsteuer	900 €

	(Netto-) oder Bardividende	3.600 €

Die Einzelhändlerin bucht als Empfängerin der Dividende:

Bank	3.600			
Privat	2.400	**an**	Sonstige Forderungen	6.000

Die Kapitalgesellschaft bucht bei Gutschrift der Dividende:

Bank	3.600			
Sonst. Ford. an Finanzbehörden	2.400	**an**	Sonstige Forderungen	6.000

Gehören die Wertpapiere zum **Privatvermögen** der Ulrike Küster, sind sie als Einkünfte aus Kapitalvermögen (Überschusseinkünfte) erst im Jahr der Ausschüttung in der Anlage KSO zur Einkommensteuererklärung anzugeben (§ 11 EStG).

6.2 Anzahlungen

Anzahlungen sind Vorleistungen auf schwebende bzw. noch nicht abgewickelte Geschäfte aus Lieferungs- und Leistungsverträgen. Sie werden oft bei Großaufträgen, Sonderanfertigungen sowie Aufträgen mit langfristiger Fertigung (z. B. Schiffbau) gefordert. In der Buchhaltung unterscheidet man aus Gründen der Kontenklarheit zwischen **geleisteten** (eigenen) und (von Dritten) **erhaltenen** Anzahlungen.

Geleistete Anzahlungen stellen bis zum Erhalt der Gegenleistung Forderungen gegenüber dem Auftragnehmer dar. Sie sind grundsätzlich, d. h. unabhängig davon, ob es sich um Anzahlungen auf Sachanlagen (Konto: 0900), Geleistete Anzahlungen auf Vorräte (Konto: 2300) oder um Anzahlungen auf

Aufwendungen handelt, als Vermögensposten zu behandeln. Denn erst mit Erbringen der Lieferung oder der Leistung[55] wird entweder ein Bilanzposten aktiviert (z. B. Maschinen, Vorräte) oder, wenn Lieferung oder Leistung für den Empfänger einen Aufwand darstellt, auf einem Aufwandskonto verbucht, wie folgende Beispiele[56] es verdeutlichen:

Beispiel (Anzahlung auf eine bestellte Anlage):

Buchungssatz:

Geleist. Anzahlungen auf SA	8.000	**an**	Bank	8.000

Buchung der Eingangsrechnung bei Lieferung:

Maschinen und Anlagen	50.000			
Vorsteuer	5.000	**an**	Verbindlichkeiten aus LuL	47.000
			Geleist. Anzahlungen auf SA	8.000

Beispiel 2:

Anzahlung auf Vorräte:

Geleist. Anzahlungen auf Vorräte	4.000	**an**	Bank	4.000

Buchung der Eingangsrechnung bei Lieferung:

Rohstoffe	10.000	**an**	Verbindlichkeiten aus LuL	7.000
Vorsteuer	1.000		Geleist. Anzahlungen auf Vorräte	4.000

Beispiel (Anzahlung auf Aufwendungen):

Buchungssatz:

Andere sonstige Forderungen	5.000	**an**	Bank	5.000

Buchung der Eingangsrechnung:

Werbeaufwendungen	10.000			
Vorsteuer	1.000	**an**	Verbindlichkeiten aus LuL	11.000

Begleichung der Rechnung:

Verbindlichkeiten aus LuL	11.000	**an**	Andere sonstige Forderungen	5.000
			Bank	6.000

---

55 Da bei Anzahlungen noch keine Lieferung und Leistung vorliegt, sind diese eigentlich nicht umsatzsteuerpflichtig. Übersteigt allerdings der in Rechnung gestellte Netto-Anzahlungsbetrag (Teilentgelt) die 10.000-€-Grenze, so besteht laut § 13. Abs. 1 UStG eine Umsatzsteuerpflicht.

56 Beispiele nach: J. Langenbeck/J. Wolf (1996), S. 101 ff.

Erhaltene Anzahlungen (Konto: 4300) sind Verbindlichkeiten und deshalb gemäß Handels- und Steuerrecht mit dem **Rückzahlungsbetrag** zu passivieren.

Beispiel:

Buchung bei Eingang der Anzahlung auf dem Bankkonto:

Bank	8.000	**an**	Erhaltene Anzahlungen	8.000

Buchung bei Erteilung der Ausgangsrechnung:

Forderungen aus LuL	55.000	**an**	Umsatzerlöse	50.000
			Umsatzsteuer	5.000
Erhaltene Anzahlungen	8.000	**an**	Forderungen aus LuL	8.000

Zusammenfassend kann festgehalten werden, dass eine **geleistete Anzahlung** eine **Forderung** und eine **erhaltene Anzahlung** eine **Schuld** (auf eine Lieferung oder eine Leistung) darstellen. Existieren zum Bilanzstichtag geleistete Anzahlungen, so sind diese zu aktivieren, erhaltene Anzahlungen i. d. R. zu passivieren (Besonderheiten sind zu beachten)[57].

6.3 Scheckverkehr

Die Verbuchung des Scheckverkehrs hängt im wesentlichen von der Anzahl der täglich zu berücksichtigenden Schecks ab. Prinzipiell sind Schecks als Bargeld bzw. Sichtguthaben zu behandeln. Das bedeutet, dass **ausgehende (eigene) Schecks** grundsätzlich erst gebucht werden, wenn die Belastung durch die Bank erfolgt (Beispiel: 8.000 €).

Verbindlichkeiten aus LuL	8.000	**an**	Bank	8.000

In kleinen Unternehmen wird bei eingehenden Schecks i. d. R. analog verfahren und der Betrag erst gebucht, wenn der Betrag auf dem Konto gutgeschrieben wurde (Gutschrift: 8.000 €).

Bank	8.000	**an**	Forderungen aus LuL	8.000

---

57 Vgl. § 265 Abs. 5 Satz 2 HGB und Beispiele bei J. Langenbeck/J. Wolf (1991), S. 103.

Oftmals werden die **Kundenschecks** von größeren Unternehmen zunächst auf einem gesonderten Konto (**"2860 Kundenschecks"**) erfasst, und erst bei Vorliegen des Kontoauszuges der Bank wird das Bankkonto angesprochen.

Beispiel:

Buchung bei Erhalt des Kundenschecks:

Kundenschecks	8.000	**an**	Forderungen aus LuL	8.000
Buchung bei Gutschrift durch die Bank:				
Bank	8.000	**an**	Kundenschecks	8.000
Buchung bei Bestand am Bilanzstichtag:				
Schlussbilanzkonto	8.000	**an**	Kundenschecks	8.000

Das Konto Kundenschecks ist damit ein reines Durchgangskonto, das zur Klarheit der Buchhaltung beiträgt. Im Falle eines Scheckbestandes zum Bilanzstichtag ist dieser zu aktivieren.

6.4 Wechselverkehr

6.4.1 Wechselarten

Bei Warengeschäften oder Dienstleistungen kommt es öfter vor, dass der Kunde den Kaufpreis nicht sofort bezahlen kann und der Lieferant ihm ein Zahlungsziel (i. d. R. von 1 bis 3 Monaten[58]) einräumt, indem er auf ihn einen Wechsel ausstellt (sog. **Waren-** oder **Handelswechsel**). Davon zu unterscheiden ist der **Finanzwechsel**, dem kein Handelsgeschäft zugrunde liegt und auf den auch im Folgenden nicht eingegangen wird.

Der Wechsel ist eine **abstrakte Zahlungsanweisung** bzw. ein **abstraktes Zahlungsversprechen** des Ausstellers in gesetzlich streng vorgeschriebener Form, losgelöst von dem zugrundeliegenden wirtschaftlichen Vorgang (Wechselgesetz). Buch- und bilanzmäßig lassen sich zwei Wechselarten unterscheiden: der **Besitzwechsel** (Konto: 2450), auch Remisse oder Wech-

---

58 Dass Wechsel gewöhnlich die Drei-Monatsfrist nicht überschreiten, dürfte u. a. daran liegen, dass die Bundesbank nur Wechsel rediskontiert (Weiterverkauf von angekauften Wechseln durch eine Bank an die Bundesbank), die spätestens nach drei Monaten fällig sind.

selforderung und der **Schuldwechsel** (Konto: 4500), auch Tratte, Akzept oder Wechselschuld.

Das Wechselgesetz unterscheidet zwischen dem **gezogenen Wechsel** (Art. 1-74), der die gebräuchliche Form darstellt, und dem **eigenen Wechsel** (Art. 75-78).

Beim **eigenen Wechsel** (Solawechsel) verpflichtet sich der Aussteller (Schuldner), eine bestimmte Geldsumme (Wechselsumme) bei Fälligkeit an einem im Wechsel genannten Dritten (Remittenten, Wechselnehmer) oder dessen Order zu zahlen. Der Solawechsel ist somit ein Zahlungsversprechen und keine Zahlungsanweisung.

Der **gezogene Wechsel** (Tratte) ist eine Anweisung des Ausstellers (Gläubiger) an den Bezogenen (Schuldner), eine bestimmte Geldsumme bei Fälligkeit an den durch die Wechselurkunde als berechtigt ausgewiesenen Dritten (Remittenten oder Indossar) zu zahlen. Die Tratte ist somit nur eine Zahlungsanweisung, aus der eine Zahlungsverpflichtung wird, wenn der Bezogene (Akzeptant) auf dem Wechsel seine Schuld anerkennt (Schuldwechsel), indem er den Wechsel akzeptiert (Akzept). D. h. die Tratte wird durch Unterschrift auf dem Wechselformular zum **Akzept**. Durch das Akzept übernimmt der Bezogene die Haftung für die Einlösung des Wechsels spätestens am Verfalltag.

Beim Solawechsel ist der Aussteller selbst der Wechselschuldner, beim gezogenen Wechsel dagegen der Bezogene, sobald er den Wechsel akzeptiert, d. h. durch seine Unterschrift anerkannt hat.

Gemäß Art. 1 Wechselgesetz muss der gezogene Wechsel folgende Bestandteile aufweisen, damit er gültig ist:

1. Die Bezeichnung als Wechsel im Text der Urkunde, und zwar in der Sprache, in der sie ausgestellt ist (Wechselklausel).
2. Die unbedingte Anweisung, eine bestimmte Geldsumme zu zahlen (Zahlungsklausel).
3. Den Namen dessen, der zahlen soll (Bezogener).
4. Die Angabe der Verfallzeit.
5. Die Angabe des Zahlungsortes.
6. Den Namen dessen, an den oder an dessen Order gezahlt werden soll (Remittent).
7. Die Angabe des Tages und des Ortes der Ausstellung.
8. Die Unterschrift des Ausstellers (Trassant).

Wechselrechte können durch **Indossament** (Vermerk über die Übertragung sämtlicher Wechselrechte auf dem Wechsel) übertragen werden. Diese Vermerke müssen eine lückenlose Kette vom ersten bis zum letzten Wechselgläubiger bilden. Im Falle eines **Wechselprotestes** haftet neben dem Akzeptant als Hauptschuldner, jeder Vorgläubiger für die Einlösung des Wechsels. Wurde der Wechsel erfolglos zur Zahlung oder Annahme vorgelegt, kann der Inhaber des Wechsels Rückgriff (Regress) auf den direkten Vormann oder einen beliebigen Vorgläubiger nehmen. Hat ein Indossant bezahlt, so kann dieser wiederum seine Vorgläubiger in Regress nehmen. Kann der Bezogene am Verfalltag den Wechsel nicht einlösen, so kann der Wechselprotest dadurch vermieden werden, dass er den Aussteller um dessen **Prolongation** (Verlängerung der Wechsellaufzeit) bittet.

Der gezogene Wechsel ist als **Kredit-**, **Sicherungs-** und **Zahlungsmittel** (Geldersatzmittel) verwendbar, da er leicht übertragbar und vom zugrundeliegenden Geschäftsvorfall losgelöst zu betrachten ist.

Soweit Unternehmen verstärkt Wechsel einsetzen, wird ein **Wechselbuch** oder **Wechselkopierbuch** als Nebenbuch der Buchführung geführt, das ausführliche Angaben über die einzelnen Besitz- und Schuldwechsel (z. B. Wechselbetrag, Zahlungsort, Name und Anschrift des Ausstellers, Diskontierung, Verfalltag usw.) enthält. Dieses Nebenbuch dient vor allem der terminlichen Überwachung der Wechsel (**Fälligkeitskontrolle**).

6.4.2 Wechselgrundgeschäft

Hat der Bezogene einen vom Lieferanten ausgestellten Wechsel akzeptiert, so entsteht ein buchungspflichtiger Vorgang. Beim Aussteller (Lieferanten) findet ein Aktivtausch (Ersatz der Forderungen aus Warenlieferung durch die Wechselforderung) und beim Akzeptanten (Kunde) ein Passivtausch (Ersatz der Verbindlichkeiten aus Warenlieferung durch die Wechselverbindlichkeit) statt.

Beispiel: Der Kunde (Bezogene) hat einen vom Lieferanten (Aussteller) ausgestellten Wechsel über 11.000 € akzeptiert.

Verbuchung beim Lieferanten (Aussteller):

Besitzwechsel	11.000	**an**	Forderungen aus LuL	11.000

Verbuchung beim Kunden (Bezogenen):

Verbindlichkeiten aus LuL	11.000	**an**	Schuldwechsel	11.000

Da der Lieferant dem Kunden eine über die normalen Zahlungsziele hinausgehende Stundung einer Forderung bewilligt, lässt er sich gewöhnlich die entstandenen **Wechselkosten** vom Kunden bezahlen. Zu diesen Kosten gehören die **Wechselspesen** (Porto-, Telefonauslagen u. ä.[59]) und der **Wechselzins** oder **-diskont**, der als Schuldzins für die Kreditgewährung zu interpretieren ist.

Der Wechseldiskont berechnet sich nach folgender Formel:

$$\text{Wechseldiskont} = \frac{\text{Wechselsumme} * \text{Diskontsatz}}{100} * \frac{\text{Laufzeit (in Tagen)}}{360}$$

Die **Wechselkosten** können entweder sofort in die Wechselsumme mit einbezogen oder zusätzlich zum Forderungsbetrag extra berechnet werden. Entsprechende Erstattungsansprüche sind in der Bilanz unter der Position "Sonstige Vermögensgegenstände" oder "Sonstige Forderungen" aufzunehmen. Laut § 4 Nr. 8 UStG werden solche Wechselkosten umsatzsteuerlich nicht als Folge einer steuerbefreiten Kreditgewährung behandelt. Das bedeutet, dass Wechselkosten das umsatzsteuerpflichtige Entgelt erhöhen, der Aussteller somit USt zu entrichten hat und der Bezogene vorsteuerabzugsberechtigt ist.

Auf **welchen Konten** Wechselgläubiger und Wechselschuldner das **Wechselgrundgeschäft** erfassen und **wie die Buchungen beim Aussteller** und **beim Bezogenen** - unter Einbeziehung der **Wechselkosten** und des **Wechseldiskonts** - lauten, sei nunmehr dargelegt.

Wechselgläubiger verbucht:

- Wechsel	auf	2450 Besitzwechsel (aktives Bestandskonto)
- vereinnahmte Zinsen	auf	5730 Diskonterträge (Ertragskonto)
- ausgelegte Spesen	auf	6750 Kosten des Geldverkehrs (Aufwandskonto)
- berechnete Spesen	auf	6750 Kosten des Geldverkehrs (Stornobuchung)
- Umsatzsteuer	auf	4800 Umsatzsteuer (passives Bestandskonto)

Wechselschuldner verbucht:

- Wechsel	auf	4500 Schuldwechsel (passives Bestandskonto)
- bezahlte Zinsen	auf	7530 Diskontaufwendungen (Aufwandskonto)
- bezahlte Spesen	auf	6750 Kosten des Geldverkehrs (Stornobuchung!)
- Umsatzsteuer	auf	2600 Vorsteuer (aktives Bestandskonto)

59 Die Wechselsteuer ist am 31.12.1991 entfallen.

Beispiel[60]: Der Einzelhändler Beckers erhält vom Großhändler Goy eine Warenlieferung über 10.000 € netto zuzüglich 10 % USt (**a**). Beckers akzeptiert einen von Goy ausgestellten Wechsel über 11.000 € (**b**). Goy hat als Aussteller/Wechselgläubiger Auslagen (umsatzsteuerfreie Spesen) in Höhe von 25 € (**c**) und stellt diese sowie 165 € Wechseldiskont zuzüglich USt dem Bezogenen/Wechselschuldner Beckers in Rechnung (**d**).

Durch den Warenverkauf hat der Großhändler Goy eine Forderung gegenüber dem Einzelhändler Beckers in Höhe von 11.000 €. Wenn Beckers den Wechsel akzeptiert, erfolgt eine Umbuchung auf das Konto Besitzwechsel. Die Kosten des Geldverkehrs werden zuerst von Goy ausgelegt, die sie anschließend zusammen mit dem Wechseldiskont dem Einzelhändler Beckers in Rechnung stellt. Da der Aussteller die ausgelegten Spesen dem Bezogenen im allgemeinen in Rechnung stellt, erfolgt eine entsprechende Stornobuchung auf dem Konto "Kosten des Geldverkehrs" (**d**).

Analog erfolgt die Verbuchung bei Beckers. Allerdings entfällt ein vergleichbarer Buchungssatz (**c**), da Beckers keine Auslagen hat.

Buchungssätze:

Der Großhändler Goy als Aussteller bucht:

(**a**) Ausgangsrechnung:				
Forderungen aus LuL	11.000	**an**	Umsatzerlöse für Waren	10.000
			Umsatzsteuer	1.000
(**b**) Eingang des Akzeptes:				
Besitzwechsel	11.000	**an**	Forderungen aus LuL	11.000
(**c**) Auslage der Spesen:				
Kosten des Geldverkehrs	25	**an**	Kasse	25
(**d**) Belastung des Einzelhändlers:				
Sonstige Forderungen	209	**an**	Diskonterträge	165
			Kosten des Geldverkehrs	25
			Umsatzsteuer	19

Der Einzelhändler Beckers als Bezogener bucht:

(**a**) Eingangsrechnung:				
Handelswaren	10.000			
Vorsteuer	1.000	**an**	Verbindlichkeiten aus LuL	11.000
(**b**) Akzeptierung des Wechsels:				
Verbindlichkeiten aus LuL	11.000	**an**	Schuldwechsel	11.000
(**d**) Belastung durch den Großhändler:				
Diskontaufwand	165			
Kosten des Geldverkehrs	25			
Vorsteuer	19	**an**	Sonstige Verbindlichkeiten	209

60 Beispiel in Anlehnung an: U. Döring/R. Buchholz (2001), S. 76 ff.

6.4.3 Verwendungsmöglichkeiten des Besitzwechsels

Nachdem das Wechselgrundgeschäft verdeutlicht wurde, werden nun die verschiedenen Verwendungsmöglichkeiten für den Besitzwechsel besprochen und die Verbuchung des Wechselgeschäfts (vgl. *Abbildung 82*) aufgezeigt. Folgende **drei** Verwendungsmöglichkeiten lassen sich unterscheiden:

1. Das **Wechselinkasso**: Aufbewahrung des Wechsels und Einzug oder Einlösung (Inkasso) am Verfalltag (i. d. R. beträgt die Laufzeit 3 Monate, danach wird vom Bezogenen die Zahlung verlangt).

2. Die **Wechseldiskontierung**: Verkauf des Wechsels vor dem Verfalltag an eine Bank.

3. Die **Wechselindossierung**: Weitergabe des Wechsels als Zahlungsmittel an den eigenen Lieferanten zur Begleichung von Verbindlichkeiten.

Zu 1: Wird der Wechsel am Verfalltag der Bank zur Einlösung vorgelegt, so erlöschen Wechselschuld und Wechselforderung.

Wenn der Einzelhändler Beckers durch Banküberweisung zahlt, lauten die Buchungssätze wie folgt:

Verbuchung beim Aussteller (Wechselgläubiger):

Bank	11.000	**an**	Besitzwechsel	11.000

Verbuchung beim Bezogenem (Wechselschuldner):

Schuldwechsel	11.000	**an**	Bank	11.000

Das Inkasso kann natürlich auch anderen Institutionen (z. B. Banken) in Auftrag gegeben werden. Die dafür berechneten Spesen wären dann entsprechend auf dem Konto "Kosten des Geldverkehrs" zu erfassen.

Abbildung 82

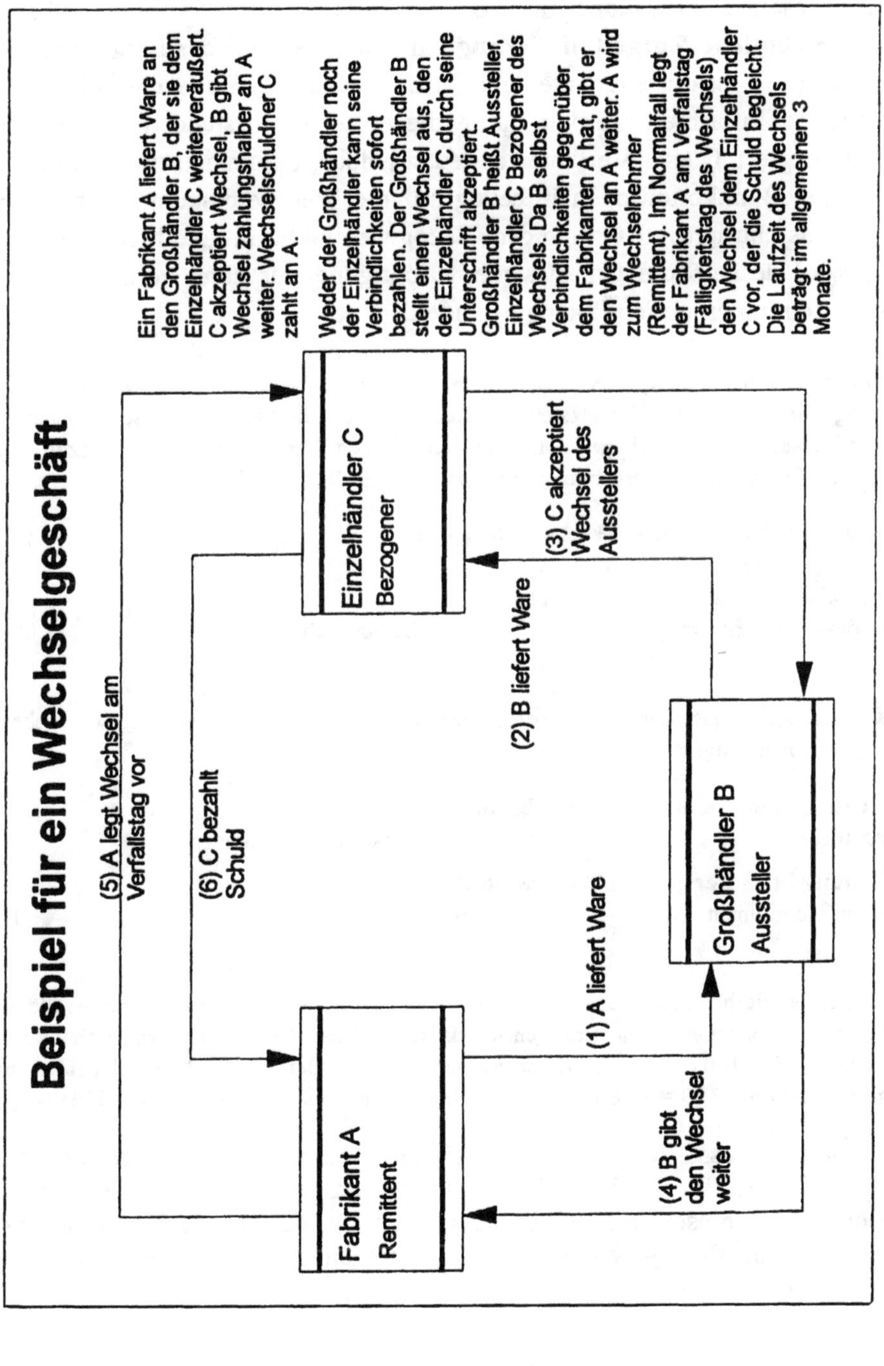

Zu 2: Wird der Wechsel vor dem Verfalltag an eine Bank verkauft (diskontiert), so berechnet diese dem Aussteller Wechselzinsen (Diskont) und Wechselspesen. Der **Diskont** (nicht die Spesen!) stellt wie ein Skontoabzug eine **nachträgliche Entgeltminderung** dar. Entsprechend der Entgeltminderung muss die Umsatzsteuer anteilig gekürzt werden. Der Bezogene sollte von der Kürzung informiert werden, damit dieser seine Vorsteuer (§ 17 Abs. 1 UStG) korrigiert. Dieses Verfahren bedeutet jedoch, dass man seinem Kunden die eigenen Bankkonditionen in bezug auf die Wechseldiskontierung offen legt, so dass häufig die Kürzung dem Bezogenen nicht mitgeteilt wird. In der Praxis wird deshalb die Umsatzsteuerberichtigung nur dann vorgenommen, wenn es sich um erhebliche Beträge handelt.

Die Bank stellt der Fa. Goy (Wechselgläubiger) 10 € Spesen und 100 € Wechseldiskont in Rechnung. Sie stellt keine Umsatzsteuer in Rechnung, da Bankgeschäfte (Geldgeschäfte) nicht der Umsatzsteuer unterliegen. Die Bank schreibt den Wechselbetrag unter Abzug von Diskont und Spesen (ohne Berechnung der Vorsteuer) in Höhe von 10.880 € gut.

Verbuchung beim Aussteller/Wechselgläubiger:

Bank	10.880			
Diskontaufwendungen	110			
Kosten des Geldverkehrs	10	**an**	Besitzwechsel	11.000

Will Goy seine Zahllast kürzen und benachrichtigt Beckers von der Kürzung, so ergeben sich folgende Buchungssätze:

Verbuchung beim Aussteller/Wechselgläubiger:

Umsatzsteuer	10	**an**	Diskontaufwendungen	10

Verbuchung beim Bezogenem/Wechselschuldner:

Diskontaufwendungen	10	**an**	Vorsteuer	10

Zu beachten ist hierbei, dass die zu berichtigende Umsatzsteuer beim Aussteller bzw. die zu berichtigende Vorsteuer beim Bezogenen aus dem Diskontbetrag herauszurechnen ist (110 * 100 : 110 = 100 €) und die Umsatzsteuer über den Betrag von 10 € bei beiden zu korrigieren ist (110 - 100 = 10 € Umsatzsteuer bei einem Umsatzsteuersatz von 10 %).

Zu 3: Hat der Aussteller seinerseits Lieferantenschulden, so besteht auch die Möglichkeit, den Wechsel als Zahlungsmittel an seinen Lieferanten weiterzugeben, soweit dieser damit einverstanden ist. Damit tritt er seine Forderung gegenüber dem Bezogenen an den Wechselnehmer und neuen Wechselgläubiger ab.

Sofort nach Erhalt des Wechsels gibt Goy diesen an Mühlbach weiter **(a)**. Mühlbach stellt Goy Wechselspesen in Höhe von 8,50 € und 165,00 € Diskont zuzüglich. 10 % USt in Rechnung **(b)**.

Verbuchung beim Aussteller/Großhändler Goy:

(a)				
Verbindlichkeiten aus LuL	11.000,00	**an**	Besitzwechsel	11.000,00
(b)				
Diskontaufwendungen	165,00			
Kosten des Geldverkehrs	8,50			
Vorsteuer	17,35	**an**	Sonstige Verbindlichkeiten	190,85

Verbuchung beim Wechselnehmer/Lieferanten Mühlbach:

(a)				
Besitzwechsel	11.000,00	**an**	Forderungen aus LuL	11.000,00
(b)				
Sonstige Forderungen	190,85	**an**	Diskonterträge	165,00
			Kosten des Geldverkehrs	8,50
			Umsatzsteuer	17,35

Mit der Wechselindossierung ist die Forderung gegenüber dem Bezogenen und die Verbindlichkeit gegenüber dem Lieferanten buchmäßig untergegangen. Rechtlich bestehen sie jedoch weiter, da die Wechselannahme gewöhnlich nur zahlungshalber und nicht an Zahlung statt erfolgt. Meist wird in der Praxis bei der Weitergabe eines Besitzwechsels vereinbart, dass die Wechselkosten von demjenigen zu zahlen sind, der mit dem Wechsel seine Verbindlichkeiten begleicht.

6.4.4 Wechselprolongation

Kann der Bezogene am Verfalltag z. B. aufgrund kurzfristiger Liquiditätsschwierigkeiten den Wechsel nicht einlösen, so muss er den Aussteller um Prolongation (Verlängerung der Laufzeit des Wechsels) bitten, um einen drohenden Wechselprotest zu vermeiden. **Zwei** Fälle lassen sich unterscheiden:

1. Der Aussteller hat den Wechsel **nicht weitergegeben** (Inkassowechsel).
2. Der Aussteller hat den Wechsel **bereits weitergegeben**.

Im **ersten Fall** wird der Aussteller den Wechsel gegen Unterzeichnung eines neuen Wechsels (Prolongationswechsel) mit einem späteren Verfalltag an den

Bezogenen zurückgeben. Bei einem gleich hohen Prolongationswechsel wird das Konto "Wechsel" grundsätzlich nicht berührt. Deshalb ist es erforderlich, dass u. a. aus Kontrollgründen der neue Verfalltag im Wechselbuch festgehalten wird. Der Aussteller berechnet dem Bezogenen die **für den Prolongationswechsel entstandenen Aufwendungen** (erneut Zinsen und Spesen zuzüglich USt).

Beispiel: Beckers ist am Fälligkeitstage nicht in der Lage, den Wechsel einzulösen und bittet Goy um Prolongation. Goy stimmt der Prolongation zu und berechnet Beckers für den Prolongationswechsel 190,85 €, die dieser bar bezahlt:

	Wechseldiskont 6 % für 90 Tage	165,00 €
+	Wechselspesen (Bearbeitung/Auslagen)	8,50 €
+	10 % USt	17,35 €

	Lastschrift	190,85 €

Verbuchung beim Aussteller/Großhändler Goy:

Kasse	190,85	**an**	Diskonterträge	165,00
			Sonstige Erträge	8,50
			Umsatzsteuer	17,35

Verbuchung beim Bezogenen/Einzelhändler Beckers:

Diskontaufwendungen	165,00			
Kosten des Geldverkehrs	8,50			
Vorsteuer	17,35	**an**	Kasse	190,85

Im **zweiten Fall** (Wechsel bereits weitergegeben) wird dem Bezogenen gegen Annahme eines **weiteren Wechsels** auf einen späteren Verfalltag der entsprechende Geldbetrag zur Verfügung gestellt, damit dieser den Wechsel einlösen kann. Dies erfolgt ebenfalls nur gegen Erstattung der für die Prolongation entstandenen Aufwendungen. Gebucht wird wie im ersten Fall, nur dass jetzt der **Prolongationswechsel zusätzlich erfasst** werden muss.

Das bedeutet, dass der Großhändler Goy Besitzer eines neuen Wechsels ist und in den Büchern des Einzelhändlers Beckers zwei Schuldwechsel geführt werden.

Verbuchung beim Aussteller/Großhändler Goy:

Bei Eingang des akzeptierten Wechsels vom Bezogenen:

Besitzwechsel	11.000,00	**an**	Forderungen aus LuL	11.000,00

Bei Überweisung des Betrages an den Bezogenen:

Forderungen aus LuL	11.000,00	**an**	Bank	11.000,00

Belastung des Bezogenen mit Prolongationsaufwendungen:

Kasse	190,85	**an**	Diskonterträge	165,00
			Sonstige Erträge	8,50
			Umsatzsteuer	17,35

Verbuchung beim Bezogenen/Einzelhändler Beckers:

Erfassung des Prolongationswechsels:

Verbindlichkeiten aus LuL	11.000,00	**an**	Schuldwechsel	11.000,00

Bankeingang:

Bank	11.000,00	**an**	Verbindlichkeiten aus LuL	11.000,00

Erfassung der Prolongationsaufwendungen:

Diskontaufwendungen	165,00			
Kosten des Geldverkehrs	8,50			
Vorsteuer	17,35	**an**	Kasse	190,85

Bei Einlösung des fälligen prolongierten (ersten) Wechsels:

Schuldwechsel	11.000,00	**an**	Bank	11.000,00

6.4.5 Wechselprotest und Wechselrückgriff

Wird der Wechsel am Verfalltag weder eingelöst noch verlängert, so geht er zu **Protest**. Der letzte Wechselinhaber muss Protest mangels Zahlung erheben lassen. Für alle am Wechsel Beteiligten wird die wechselrechtliche Haftpflicht ausgelöst, wobei sie letztlich den Wechselaussteller trifft (im Beispiel Großhändler Goy). Die Inanspruchnahme der Haftungspflichtigen (Rückgriff oder Regress) ist nicht an die Reihenfolge der früheren Wechselinhaber gebunden. Es kann ein Reihenrückgriff (Rückgriff auf den Vormann) oder Sprungrückgriff (auf irgend einen anderen Indossanten) erfolgen. Der Besitzwechsel stellt bei Protest keine einwandfreie Forderung mehr dar. Protestwechsel müssen deshalb aus Gründen der Bilanzklarheit von den einwandfreien Besitzwechseln getrennt auf dem Konto "246 Protestwechsel" umgebucht werden.

Beispiel: Der Wechsel über 11.000 € geht zu Protest, da Beckers nicht zahlen kann. Die Rechnung des Notars beläuft sich auf 80 € zuzüglich 8 € USt.

Verbuchung beim Aussteller/Großhändler Goy:

Umbuchung des Wechsels:

Protestwechsel	11.000	**an**	Besitzwechsel	11.000

Buchung der Notarrechnung:

Kosten des Geldverkehrs	80			
Vorsteuer	8	**an**	Kasse	88

Nach Protesterhebung und Benachrichtigung aller Beteiligten wird der letzte Wechselinhaber (hier Fabrikant Mühlbach) von seinem **Rückgriffsrecht** Gebrauch machen, ohne dass er sich an die Reihenfolge der früheren Wechselinhaber halten muss. Nach dem Wechselgesetz (Art. 48 und 49) gelten die beim Rückgriff zu zahlenden Aufwendungen (Rückgriffskosten) als **nicht umsatzsteuerbarer Schadenersatz** und unterliegen daher nicht der Umsatzsteuer. Im Wege des Rückgriffs kann der Inhaber die Wechselsumme, die Protestkosten, Auslagen sowie 1/3 % Provision vom Wechselbetrag und mindestens 6 % Zinsen seit dem Verfalltag verlangen.

Beispiel einer Rückrechnung:

	Wechselbetrag	11.000,00 €
+	Protestkosten, netto	80,00 €
+	Auslagen (Porti usw.)	10,00 €
+	1/3 % Provision von 11.000,00 €	36,66 €
+	6 % Zinsen für 10 Tage von 11.000,00 €	18,34 €
Gesamtbetrag der Rückrechnung		11.145,00 €

Der Fabrikant Mühlbach nimmt den Aussteller Großhändler Goy in Regress und schickt diesem obige Rückgriffsrechnung. Der Fabrikant als **letzter Wechselinhaber** und Aussteller der Rückrechnung (Regressnehmer) bucht:

Forderungen aus LuL	11.145,00	**an**	Protestwechsel	11.000,00
			Sonstige Erträge	126,66
			Zinserträge	18,34

Der regresspflichtige Aussteller Goy bucht die Rückgriffsforderung seines Lieferanten Mühlbach wie folgt:

Protestwechsel	11.000,00			
Kosten des Geldverkehrs	126,66			
Zinsaufwendungen	18,34	**an**	Verbindlichkeiten aus LuL	11.145,00

Solange sich Besitzwechsel im Portefeuille des Wechselinhabers befinden, kann der Bestand an Wechselforderungen abgeschrieben werden. Wenn der Regresspflichtige zahlt und seinerseits den Bezogenen nicht mehr in Regress nehmen kann, muss er den Protestwechsel je nach Erfolgsaussicht entweder teilweise oder ganz als **außerordentlichen Forderungsverlust** abschreiben.

Solange die Wechsel nicht weitergegeben sind, kann - wie bei allen anderen Kundenforderungen - eine Wertberichtigung der Wechselforderung vorgenommen werden. Sind die Wechsel jedoch weitergegeben (Diskontierung oder Indossierung), entfällt die Möglichkeit der Wertberichtigung dadurch, dass buch- und bilanzmäßig die Forderung untergegangen ist. Dennoch muss die Möglichkeit der Inanspruchnahme aus den weitergegebenen Kundenwechseln buch- und bilanzmäßig durch einen entsprechenden Passivposten "3930 Rückstellung für Wechselobligo" zum Ausdruck gebracht werden, wenn erfahrungsgemäß in einem bestimmten Umfang damit zu rechnen ist.[61]

7 Abschreibungen und Wertberichtigungen auf Forderungen

7.1 Arten von Forderungen aus Lieferungen und Leistungen

Aus den bisherigen Ausführungen dürfte deutlich geworden sein, dass sich Forderungen unterscheiden lassen in **Kapitalforderungen** (z. B. durch den Kauf von Wertpapieren oder durch die Vergabe eines Kredits) und **Forderungen aus dem Leistungsverkehr**, die dadurch entstehen, dass ein Kunde Waren oder Fertigerzeugnisse beim Erwerb nicht sofort bar zahlt. Im folgenden werden nur die letztgenannten, d. h. die **Forderungen aus Lieferungen und Leistungen**, behandelt.

Forderungen sind erst in der Zukunft zu realisierende und deshalb mit gewisser Unsicherheit behaftete Vermögenswerte. Vor dem Hintergrund einer **Bonitätsprüfung** sind Forderungen wie folgt zu unterteilen[62]:

1. **Einwandfreie** (vollwertige) Forderungen: Es handelt sich um sichere Forderungen, bei denen hinsichtlich Einbringlichkeit weder Einschränkungen noch Zweifel bestehen und die deshalb keine Zahlungsausfälle erwarten lassen. Sie sind mit ihrem Nennbetrag (Nominalbetrag einschließlich Umsatzsteuer), d. h. mit ihren Anschaffungskosten zu bilanzieren.

---

61 Zur Bildung von Einzelrückstellungen oder einer Pauschalrückstellung vgl. W. Eisele (1999), S. 171 ff. und H. Falterbaum/H. Beckmann (1996), S. 778 f.

62 Ausführlicher zu den drei Gütekategorien sowie der Bewertung und Verbuchung von Forderungen: Vgl. R. Buchner (1997), S. 173 ff.

2. **Zweifelhafte** (dubiose) Forderungen: Es handelt sich um unsichere Forderungen, bei denen begründete Zweifel im Hinblick auf deren Zahlungseingang bestehen und die insofern als gefährdet einzustufen sind. Zweifelhafte Forderungen sind von den einwandfreien Forderungen buchungstechnisch aus Gründen der Klarheit der Buchführung zu trennen, indem man sie auf das Konto "2470 zweifelhafte Forderungen" umbucht (Aktivtausch). Der als uneinbringlich geschätzte Teil ist abzuschreiben.

3. **Uneinbringliche** (wertlose) Forderungen: Es handelt sich um Forderungen, die aller Wahrscheinlichkeit nach nicht mehr eingetrieben werden können. Als uneinbringlich (endgültiger Forderungsausfall) sind daher Forderungen immer dann anzusehen, wenn das Konkurs- oder Vergleichsverfahren über das Vermögen des Schuldners ergebnislos abgeschlossen oder das Konkursverfahren mangels Masse eingestellt worden ist, falls fruchtlos gepfändet wurde oder der Aufenthaltsort des Schuldners nicht ermittelt werden kann sowie bei Verjährung der Forderung. Uneinbringliche Forderungen werden über das Konto "6951 Abschreibungen auf Forderungen wegen Uneinbringlichkeit" abgeschrieben.

Forderungen aus Lieferungen und Leistungen werden zum **Bruttowert**, d. h. einschließlich USt in der Bilanz ausgewiesen. Dies gilt auch für zweifelhafte Forderungen. Werden Forderungen zweifelhaft oder uneinbringlich, so sind sie **abzuschreiben**, d. h. mit dem Betrag des erwarteten Zahlungseingangs zu bewerten (Vorsichtsprinzip). Wie bei Abschreibungen auf das abnutzbare Anlagevermögen handelt es sich auch in diesem Fall um einen Wertverzehr, also die Verrechnung von **Aufwand**. Es besteht allerdings ein prinzipieller Unterschied: Während mit der planmäßigen Abschreibung auf das abnutzbare Anlagevermögen primär das Ziel verfolgt wird, die Anschaffungs- bzw. Herstellungskosten der Wirtschaftsgüter im Sinne der periodischen Gewinnermittlung als Aufwand auf die Nutzungsjahre zu verteilen, bedeutet die Abschreibung auf Forderungen eine Antizipation von zukünftigen Mindereinnahmen. Forderungen sind mit den Anschaffungskosten bzw. mit dem Wert anzusetzen, der ihnen am Abschlussstichtag beizulegen ist (§ 253 HGB). Für beide Fälle gilt die Gleichung: **Abschreibung = Aufwand = Erfolgsminderung**. Die Abschreibung erfolgt grundsätzlich vom **Nettowert** (ohne USt) der Forderungen.

7.2 Forderungsbewertung und Buchungsalternativen

Auch für Forderungen gilt das Prinzip der Einzelbewertung. Das strenge Prinzip, "jede Forderung einzeln zu bewerten" und sie auf ihren Abschreibungsbedarf hin zu überprüfen, lässt sich jedoch in der Praxis nicht umsetzen. Zum einen ist nicht für jede einzelne Forderung das Ausfallrisiko bekannt und zum anderen entsteht durch die Beurteilung jeder einzelnen Forderung ein erheblicher Arbeitsaufwand.

Vor diesem Hintergrund wird in der Praxis wie folgt verfahren: Eine **Einzelabschreibung** wird vorgenommen, um die **speziellen** Kreditrisiken (liegen in der Person bzw. in den Gegebenheiten der zu bewertenden Forderung begründet = individuelle Ausfallrisiko beim Kunden) einer bestimmten Forderung zu berücksichtigen. Für gewöhnlich werden hohe Forderungsbeträge genauer untersucht als niedrige. Eine **Pauschalabschreibung** wird dagegen vorgenommen, um das **allgemeine** Kreditrisiko (z. B. Liquiditätsengpässe durch ein Abschwächen der Konjunktur) zu erfassen, das in einer statistisch gesicherten Forderungsausfallquote seinen Niederschlag findet. Dem allgemeinen Ausfall- bzw. Kreditrisiko unterliegen damit letztlich auch die vermeintlich einwandfreien (sicheren) Forderungen. Das allgemeine Ausfallrisiko wird oftmals aus Erfahrungswerten der Vergangenheit (Beobachtung mehrerer Jahre) abgeleitet. Unter Zugrundelegung des so ermittelten Prozentsatzes wird vom Forderungsbestand (Nettowert der Forderungen!) der entsprechende Betrag (wahrscheinlicher Verlust) abgeschrieben. Dieser **Pauschalsatz** muss rechnerisch nachweisbar sein und sollte aus steuerlichen Gründen die 5%-Marke nicht überschreiten. Für die Bewertung von Forderungen zum Bilanzstichtag kommen drei Bewertungsverfahren in Frage:

1. **Einzelbewertung** für das spezielle Ausfallrisiko.

2. **Pauschalbewertung** für das allgemeine Ausfallrisiko.

2. **Einzel-** und **Pauschalbewertung** (gemischtes Bewertungsverfahren).

Wie bei abnutzbaren Gegenständen des Anlagevermögens bestehen auch bei der Umbewertung von Forderungen zwei Abschreibungstechniken, die **direkte** und die **indirekte**. Beide Techniken können prinzipiell sowohl bei der Einzelabschreibung (üblich ist die direkte; für alle Unternehmen erlaubt) als auch bei der Pauschalabschreibung (üblich ist die indirekte; für Kapitalgesellschaften verboten) zur Anwendung kommen. Im Rahmen der **Buchungstechnik** hat sich in der Praxis folgende Vorgehensweise durchgesetzt: Uneinbringliche Forderungsausfälle und Einzelabschreibungen werden **direkt**, Pauschalabschreibungen hingegen i. d. R. **indirekt**, d. h. über ein Wertberichtigungskonto (Delkrederekonto) erfasst. Diese Methodenfreiheit besteht jedoch nur für Personenunternehmen; für Kapitalgesellschaften ist dagegen die direkte Abschreibungsmethode obligatorisch. Denn diese dürfen gemäß § 266 HGB - nach § 5 PublG auch die publizitätspflichtigen Nicht-Kapitalgesellschaften - in den veröffentlichten Bilanzen die Positionen zweifelhafte Forderungen und Wertberichtigungen auf Forderungen nicht ausweisen.

Die **uneinbringlichen Forderungen** werden einzeln erfasst und mit dem **Nennwert abzüglich des sicheren Ausfalls** unter Verwendung der direkten Abschreibungsmethode und gleichzeitiger erfolgsneutraler **Berichtigung der Umsatzsteuer** in den Jahresabschluss aufgenommen. Nur der tatsächliche, endgültige Forderungsausfall berechtigt den Unternehmer, eine Vorsteuerkorrektur vorzunehmen. Die **zweifelhaften Forderungen** werden einzeln oder pauschal erfasst und gelangen mit dem **Nennwert abzüglich des erwarteten Ausfalls** unter Verwendung der direkten oder indirekten Abschreibungsmethode in den Jahresabschluss. Nochmals sei hervorgehoben: Die Wertkorrektur erfolgt **immer** vom Nettobetrag der Forderung. Da bei wahrscheinlich uneinbringlichen Forderungen der Forderungsausfall noch nicht endgültig feststeht (Schätzung!), darf zu diesem Zeitpunkt **keine Berichtigung der Umsatzsteuer** vorgenommen werden. Eine **Berichtigung der Umsatzsteuer** erfolgt erst, wenn der Ausfall (Verlust) sicher feststeht, d. h. die Forderung uneinbringlich geworden ist (§ 17 Abs. 2 Nr. 1 UStG). Die dargelegten Varianten der buchhalterischen Behandlung von Forderungen zeigt die folgende *Tabelle*[63].

Forderungsart	Bewertungsart	Abschreibungstechnik	Buchung im Hauptbuch
sicher uneinbringlich	Einzelwertberichtigung	direkt	Abschreibungen auf Forderungen Ust **an** Forderungen
wahrscheinlich uneinbringlich	Einzelwertberichtigung	direkt	Abschreibungen auf Forderungen **an** Forderungen
	Pauschalwertberichtigung	indirekt	Abschreibungen auf Forderungen an Wertberichtigung auf Forderungen (häufig auch „Delkredere"). Keine Ust-Korrektur, Abschreibung nur vom Nettobetrag der Forderungen

63 In Anlehnung an: M. Heinhold (1991), S. 106

7.2.1 Berücksichtigung von Zahlungseingängen bereits abgeschriebener Forderungen

Es kann vorkommen, dass auf bereits voll, aber vor allem auf teilweise abgeschriebene, wahrscheinlich uneinbringliche Forderungen (Schätzwerte!), Zahlungen eintreffen (vgl. *Abbildung 83*). Losgelöst von den verschiedenen Varianten der Abschreibung auf Forderungen gilt es demnach, zwischen Abschreibungsperiode und Zahlungsperiode zu unterscheiden. Geht auf eine bereits voll oder teilweise abgeschriebene Forderung eine Zahlung ein, so hängt die Buchung wesentlich davon ab, ob die Forderung als sicher uneinbringlich (mit USt-Korrektur) oder nur als wahrscheinlich uneinbringlich (ohne USt-Korrektur) abgeschrieben worden war.

Steht zu einem späteren Zeitpunkt bei Zahlungseingang fest, ob und in welchem Umfang eine Forderung endgültig uneinbringlich geworden ist, dann lassen sich **drei Fälle** zwischen geschätztem und tatsächlichem Forderungsverlust unterscheiden:

Abbildung 83

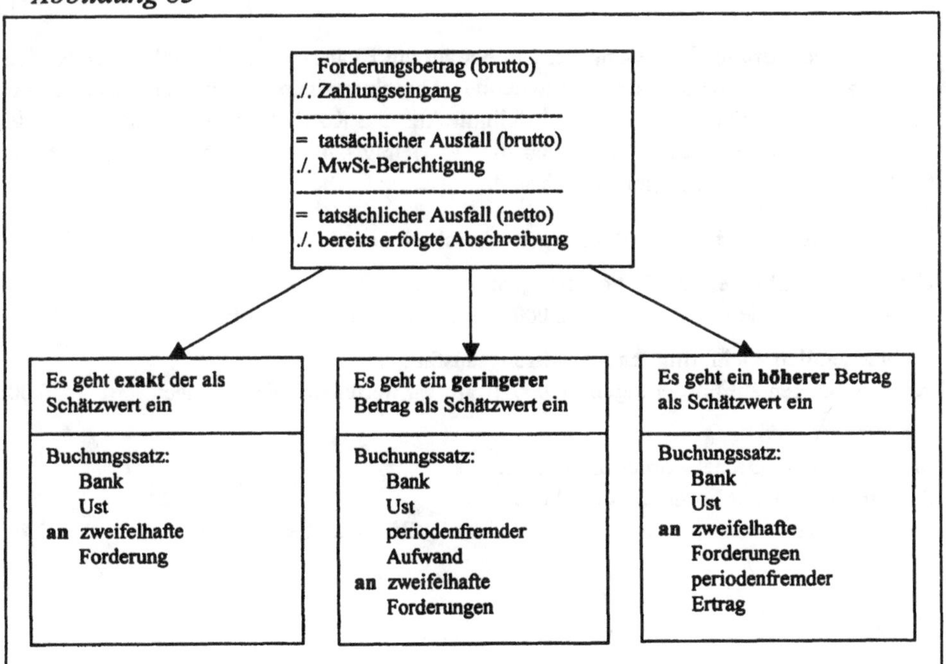

1. Es geht **exakt** der abgeschriebene Schätzbetrag ein.
2. Es geht **weniger** als der abgeschriebene Schätzbetrag ein.
3. Es geht **mehr** als der abgeschriebene Schätzbetrag ein.

Bei einer Differenz zwischen Zahlungseingang und Buchbestand der Forderung wird diese auf dem Konto **periodenfremder Ertrag** bzw. **Aufwand** oder **außerordentlicher Ertrag** bzw. **Aufwand** erfasst. Ein Ausweis im Rahmen der Gewinn- und Verlustrechnung entsprechend den handelsrechtlichen Vorschriften erfolgt unter Position **sonstige betriebliche Erträge** bzw. **Aufwendungen**.

7.2.2 Einzelwertberichtigung

In der Praxis hat sich die **direkte** Abschreibung durchgesetzt, so dass die indirekte Abschreibungsmethode im Rahmen der Einzelabschreibung hier nur der Vollständigkeit halber im Exkurs behandelt wird.[64] Zunächst sei die direkte vorgestellt.

Beispiel: Der (Brutto-)Forderungsbestand beträgt am Bilanzstichtag 110.000 € (einschließlich 10 % USt). Im Rahmen der vorbereitenden Abschlussarbeiten erfolgt die Aussonderung von 22.000 € der Forderungen als zweifelhaft. Aus den Korrespondenzunterlagen und den Nachforschungen ergibt sich, dass von diesem Betrag 4.400 € sicher uneinbringlich und 6.600 € wahrscheinlich uneinbringlich sind.

Buchungssätze bei **direkter** Buchung der Abschreibung:

Umbuchung auf Zweifelhafte Forderungen:

Zweifelhafte Forderungen	22.000	**an**	Forderungen aus LuL	22.000

Wahrscheinlich uneinbringlicher Forderungsausfall:

Abschreibungen auf Forderungen	6.000	**an**	Zweifelhafte Forderungen	6.000

Sicher uneinbringlicher Forderungsausfall:

Abschreibungen auf Forderungen	4.000			
Umsatzsteuer	400	**an**	Zweifelhafte Forderungen	4.400

---

64 Zur indirekten Methode ausführlicher siehe z. B.: W. Eisele (1999), S. 328 ff., M. Deitermann/S. Schmolke (1990), S. 162 ff.

Abschlussbuchungen:

Schlussbilanzkonto	99.600	**an**	Forderungen	88.000
			Zweifelhafte Forderungen	11.600
GuV-Konto	10.000	**an**	Abschreibungen auf Forderungen	10.000

Bei **indirekter** Vornahme der Einzelabschreibung auf erwartete und endgültige Forderungsausfälle bleibt der (zweifelhafte) Forderungsbestand (auf der Aktivseite der Bilanz) nominell ungekürzt. Die Korrektur erfolgt hier durch das passivische Bestandskonto "3670 Einzelwertberichtigungen zu Forderungen" (EWB) in Höhe des gebildeten Abschreibungsbetrages. Muss eine Abwertung der Forderung erfolgen, so geschieht dies mit dem Buchungssatz: 6952 Einstellung in Einzelwertberichtigung **an** 3670 Einzelwertberichtigungen zu Forderungen. Im Rahmen des Einzelwertberichtigungsverfahrens wird zur Bestimmung des **mutmaßlichen Ausfalls** (bei wahrscheinlich uneinbringlichen Forderungen) jede Kundenforderung einzeln untersucht.

Beispiel: Unter Zugrundelegung der Annahme, dass zu Beginn des Geschäftsjahres kein Bestand an Forderungen aus Lieferungen und Leistungen vorhanden ist und sich außer den folgenden drei Warenverkäufen (Kunden: Franz, Goertz, Vogler) keine weiteren Absatzgeschäfte ereignet haben, ist zum **Bilanzstichtag** insgesamt eine Einzelwertberichtigung von 3.580 € zu bilden. Wie sich der mutmaßliche Forderungsausfall und der Abschreibungsbetrag zusammensetzen, ist der untenstehenden *Tabelle* und der dazugehörigen Berechnung zu entnehmen.

Kunden	Forderungsbetrag (in € einschl. 10 % USt) zum 31.12.2001	mutmaßlicher Forderungsausfall	
		prozentual	absolut
G. Franz	11.000	10 %	1.100
H. Goertz	8.800	20 %	1.760
G. Vogler	22.000	5 %	1.100
Summe	41.800	--	3.960

Die bei **wahrscheinlich uneinbringlichen** Forderungsausfällen zu bildende Einzelwertberichtigung errechnet sich wie folgt:

Mutmaßlicher Brutto-Forderungsausfall	1.100 - 110 USt =	990 €
Mutmaßlicher Brutto-Forderungsausfall	1.760 - 160 USt =	1.600 €
Mutmaßlicher Brutto-Forderungsausfall	1.100 - 110 USt =	990 €
Mutmaßlicher Netto-Forderungsausfall insgesamt		3.580 €

Da der Forderungsausfall noch nicht endgültig feststeht (Schätzung), darf zum Bilanzstichtag auch bei der indirekten Abschreibung noch **keine Berichtigung der Umsatzsteuer** vorgenommen werden.

Buchungssätze bei **indirekter** Buchung der Abschreibung:

Umbuchung auf Zweifelhafte Forderungen:				
Zweifelhafte Forderungen	41.800	**an**	Forderungen aus LuL	41.800
Wahrscheinlich uneinbringlicher Forderungsausfall:				
Einstellung in EWB	3.580	**an**	EWB zu Forderungen	3.580
Abschlussbuchungen:				
Schlussbilanzkonto	41.800	**an**	Zweifelhafte Forderungen	41.800
EWB zu Forderungen	41.800	**an**	Schlussbilanzkonto	41.800
GuV-Konto	3.580	**an**	Einstellung in EWB	3.580

Unternehmen, die nicht berechtigt sind, Wertberichtigungsposten in der (veröffentlichten) Bilanz auszuweisen, müssen im Rahmen des Jahresabschlusses diese aktivisch mit den Forderungen aus LuL verrechnen und zusätzlich wie folgt buchen: EWB zu Forderungen **an** Forderungen aus LuL. Die Bilanzposition Forderungen aus LuL weist dann den um die Wertberichtigung (Abschreibung) korrigierten Betrag aus.

Ergibt sich im neuen Jahr ein tatsächlicher (endgültiger) Ausfall der zweifelhaften Forderung wird der Betrag **direkt** über das Konto "6951 Abschreibungen auf Forderungen wegen Uneinbringlichkeit" abgeschrieben, obwohl für diese Forderung bereits eine Wertberichtigung besteht. Die für die zweifelhafte Forderung gebildete Einzelwertberichtigung bleibt bis zum Jahresende unberührt. **Zum Jahresende** ist die bisherige Einzelwertberichtigung (Anfangsbestand) dem aktuellen Wertberichtigungsbedarf (Endbestand) anzupassen. Ist der Endbestand höher, so ist in Höhe des Differenzbetrages eine **Erhöhung der EWB** (zusätzlicher Aufwandsausweis) vorzunehmen: 6952 Einstellung in EWB **an** 3670 EWB zu Forderungen. Im umgekehrten Fall erfolgt eine **Herabsetzung der EWB**, die zu einem zusätzlichen Ertragsausweis führt: 3670 EWB zu Forderungen **an** 5450 Erträge aus der Herabsetzung von Wertberichtigungen zu Forderungen.

Unter Zugrundelegung des Eingangsbeispiels (Brutto-Forderungsbestand 110.000 €, 4.400 € sicher uneinbringlich und 6.600 € wahrscheinlich uneinbringlich) werden nun die drei möglichen Fälle dargestellt, die sich aus einem späteren Zahlungseingang bei **direkter** Forderungsabschreibung ergeben können.

Beispiel 1: Es geht **exakt** der abgeschriebene Schätzbetrag ein. Der vermutete Forderungsausfall in Höhe von 6.600 € wird durch Zahlungseingang von insgesamt 11.000 € bestätigt.

Bank	11.000			
Umsatzsteuer	600	**an**	Zweifelhafte Forderungen	11.600

Beispiel 2: Es geht **weniger** als der abgeschriebene Schätzbetrag ein. Die Kunden überweisen die Summe von 7.700 €, so dass die Differenz in Höhe von 3.300 € den Forderungsausfall erhöht, d. h. ein periodenfremder Aufwand zu erfassen ist.

Bank	7.700			
Umsatzsteuer	900			
periodenfremder Aufwand	3.000	**an**	Zweifelhafte Forderungen	11.600

Beispiel 3: Es geht **mehr** als der abgeschriebene Schätzbetrag ein. Die Kunden überweisen die Summe von 13.200 €, so dass die Differenz in Höhe von 2.200 € den Forderungsausfall mindert, d. h. ein periodenfremder Ertrag zu verzeichnen ist.

Bank	13.200			
Umsatzsteuer	400	**an**	Zweifelhafte Forderungen	11.600
			periodenfremde Erträge	2.000

Die Diskrepanzfälle (Beispiel 2 und 3) lösen zusätzliche erfolgswirksame Vorgänge und Umsatzsteuerkorrekturen aus. Ist der realisierte Verlust höher als der geschätzte, verringert sich die Verbindlichkeit ans Finanzamt (Erhöhung der Umsatzsteuerkorrektur). Fällt dagegen die tatsächliche Zahlung höher aus als der erwartete Ausfallbetrag, werden die durch zu hohe Aufwandsbemessung entstandenen stillen Reserven nun aufgedeckt, und die Verbindlichkeit ans Finanzamt erhöht sich.

7.2.3 Pauschalwertberichtigung

Wie bereits dargelegt, berücksichtigt die **Pauschalwertberichtigung** das allgemeine Kreditrisiko und bezieht sich auf den gesamten Forderungsbestand. Obwohl die Pauschalwertberichtigung prinzipiell sowohl direkt als indirekt erfolgen kann, wird i. d. R. in der Praxis die **indirekte Abschreibungsmethode** gewählt. Bei Anwendung der indirekten Methode lassen sich zwei Verfahren mit jeweils zwei Ausprägungen unterscheiden[65]. Im folgenden soll lediglich auf die "Anpassungsmethode" bzw. die als statisch bezeichnete Vorgehensweise der pauschalen Forderungsbewertung eingegangen werden. Bei dieser Methode wird jeweils nur die **Differenz** zwischen der alten und der neuen Pauschalwertberichtigung zugeführt bzw. aufgelöst (Nebenrechnung erforderlich!). Das bedeutet, dass bei der Zuführung des ermittelten Betrages zu der Pauschalwertberichtigung auf Forderungen evtl. Wertberichtigungen der Vorperiode berücksichtigt werden, so dass sich der insgesamt als Pauschalwertberichtigung anzusetzende Betrag stets nur auf die dem Forderungsbestand am Bilanzstichtag entsprechende Höhe beläuft. Auf die absolute Größe des ausgewiesenen Erfolges (Gewinnermittlung) haben die unterschiedlichen Methoden keinen Einfluss; sie haben dieselbe erfolgsmäßige Auswirkung. Da es sich bei den Pauschalabschreibungen - ähnlich wie auch bei der Einzelkorrektur von Forderungen - um einen geschätzten Betrag, also um einen Verlust handelt, dessen Höhe und dessen tatsächliches Eintreten ungewiss ist, könnte betriebswirtschaftlich korrekter von einer **Pauschal-Rückstellung**[66] statt von einer Pauschal-Wertberichtigung gesprochen werden. Die Bildung einer Pauschalwertberichtigung wird auf dem Konto "3680 Pauschalwertberichtigungen zu Forderungen" (PWB) erfasst. Der Abschreibungsbetrag wird auf dem Konto "6953 Einstellung in PWB" (Aufwandskonto) gebucht.

Beispiel: Der (sichere) Gesamtforderungsbestand der Firma Sonne beträgt - nach Bereinigung der uneinbringlichen Forderungen - zum Jahresende 220.000 € einschließlich USt. Die Vergangenheit hat gezeigt, dass rund 4 % der sicheren Forderungen ausfallen. Für das allgemeine Kreditrisiko wird eine Pauschalwertberichtigung zu Forderungen von 4 % des Netto-Forderungsbetrages gebildet. Der Anfangsbestand des Passivkontos "Pauschalwertberichtigung" beträgt 2.000 €.

	Gesamtbetrag der Forderungen zum 31.12.01 **brutto**	220.000 €
-	Umsatzsteueranteil	20.000 €

=	Netto-Forderungsbetrag, der der Pauschalbewertung unterliegt	200.000 €
	Hierauf 4 % Pauschalabschreibung	8.000 €
	Anfangsbestand des Passivkontos „Pauschalwertberichtigung“	2.000 €
	Neuer PWB-Bestand	8.000 €

Buchungssatz:

Einstellung in PWB	6.000	**an**	PWB zu Forderungen	6.000

65 G. Wöhe/H. Kußmaul (2000), S. 252 ff.

66 Zur buchmäßigen Erfassung von Rückstellungen siehe S. 312 ff. dieses Buches.

Uneinbringliche Forderungen **während des Geschäftsjahres** werden üblicherweise - wie bei der Einzelwertberichtigung - **direkt** auf dem Konto "6951 Abschreibungen auf Forderungen wegen Uneinbringlichkeit" (USt-Korrektur!) gebucht. Im Laufe des Jahres bleibt das Konto "Pauschalwertberichtigung" unberührt. Erst am Ende des neuen Jahres ist die Pauschalwertberichtigung an den veränderten Forderungsbestand anzupassen.

Beispiel (während des Geschäftsjahres): Im September des neuen Geschäftsjahres wird der Kunde Müller zahlungsunfähig. Die Forderung in Höhe von 880 € wird uneinbringlich.

Uneinbringlicher Forderungsausfall:

Abschreibungen auf Forderungen	800			
Umsatzsteuer	80	**an**	Forderungen aus LuL	880

Die **Anpassung** an den veränderten Forderungsbestand **zum Bilanzstichtag** erfolgt durch eine **Zuführung (Heraufsetzung)** bzw. **Auflösung (Herabsetzung)** der Pauschalwertberichtigung. Im ersten Fall wird auf dem Konto "6953 Einstellung in PWB" gebucht, im zweiten Fall auf dem Konto "5450 Erträge aus Auflösung von Wertberichtigungen auf Forderungen".

Beispiel: Die Pauschalwertberichtigung verzeichnet im obigen Beispiel (Fa. Sonne) am 31.12.01 einen Bestand von 8.000 €. Aufgrund des relativ geringen Forderungsausfalls im letzten Jahr wird der Pauschalsatz von 4 % auf 3 % gemindert. Die **Anpassung** erfolgt zum einen (Fall 1) unter der Annahme, dass sich der Netto-Forderungsbetrag zum 31.12.01 auf 300.000 € beziffert und zum anderen (Fall 2), dass er sich zum Bilanzstichtag auf 100.000 € beläuft.

Fall 1:

	3 % von 300.000 € Netto-Forderungsbestand zum 31.12.01	9.000 €
-	Bestand der PWB des Vorjahres (2000)	8.000 €
	Heraufsetzung der PWB zum 31.12.01	**1.000 €**

Buchungssatz:

Einstellung in PWB	1.000	**an**	PWB zu Forderungen	1.000

Fall 2:

	3 % von 100.000 € Netto-Forderungsbestand zum 31.12.01	3.000 €
-	Bestand der PWB des Vorjahres (2000)	8.000 €
	Herabsetzung der PWB zum 31.12.01	**5.000 €**

Buchungssatz:

PWB zu Forderungen	5.000	**an**	Erträge aus PWB-Herabsetzung	5.000

7.2.4 Gemischtes Bewertungsverfahren

In der Praxis werden Einzel- und Pauschalabschreibungen auf Forderungen kombiniert. Zum einen werden einzelne Forderungen als zweifelhaft ausgesondert und entsprechend dem erwarteten Forderungsausfall abgeschrieben und zum anderen wird zur Berücksichtigung des allgemeinen Kreditrisikos eine Pauschalwertberichtigung auf Forderungen gebildet.

Bei der Berechnung der Pauschalwertberichtigung werden zunächst vom Gesamtbestand der Brutto-Forderungen die zweifelhaften Brutto-Forderungen (Summe der einzelwertberichtigten Forderungen) sowie - soweit noch nicht direkt abgeschrieben - die Summe der uneinbringlichen Forderungen abgezogen, und dann wird nach Korrektur des Umsatzsteueranteils auf den Restbestand der Netto-Forderungen die Pauschalwertberichtigung vorgenommen. Die uneinbringlichen (tatsächlichen) Forderungsverluste des laufenden Geschäftsjahres werden auch bei diesem Mischverfahren direkt abgeschrieben. Dabei ist es unerheblich, ob für diese Forderung eine Wertberichtigung gebildet wurde oder nicht.

Beispiel: Das Industrieunternehmen Mühlbach hat zum Jahresende einen Brutto-Forderungsbestand in Höhe von 275.000 €. Forderungen in Höhe von 55.000 € (brutto) werden zweifelhaft, da bei Bestandsaufnahme der Forderungen die Information vorliegt, dass über das Vermögen des Kunden Beckers bereits am 15.12. das Konkursverfahren eröffnet worden ist. Vor Erstellung des Jahresabschlusses geht die folgende Nachricht des Konkursverwalters ein: Es ist mit einer Konkursquote von 40 % zu rechnen. Der Restbestand der einwandfreien Forderungen wird mit 4 % der Pauschalwertberichtigung unterworfen. Der Anfangsbestand der Einzelwertberichtigung beträgt 20.000 € und der der Pauschalwertberichtigung 10.000 €.

Bevor eine Verbuchung der Pauschalwertberichtigung und der Einzelwertberichtigung erfolgen kann, muss der jeweilig zu verbuchende Betrag in Form von **Nebenrechnungen** ermittelt werden.

	Gesamtbetrag der Forderungen zum Bilanzstichtag, **brutto**	275.000 €
-	Zweifelhafte Forderungen (Einzelbewertung; Fa. Beckers)	55.000 €

=	Forderungsbestand, der der Pauschalbewertung unterliegt, **brutto**	220.000 €
-	Umsatzsteueranteil	22.000 €

=	**Netto-Forderungsbetrag**, der der Pauschalbewertung unterliegt	198.000 €
	Hierauf **4 %** Pauschalabschreibung	**7.920 €**

	Anfangsbestand der "Pauschalwertberichtigung"	10.000 €
-	Neuer PWB-Bestand	7.920 €

=	**PWB-Herabsetzung**	2.080 €
	Anfangsbestand der "Einzelwertberichtigung"	20.000 €
-	Neuer EBW-Bestand (Mutmaßlicher Ausfall = 60 % von 50.000 €)	30.000 €

=	**EWB-Heraufsetzung**	10.000 €

Buchungssätze:

PWB zu Forderungen	2.080	**an**	Erträge aus PWB-Herabsetzung	2.080
Zweifelhafte Forderungen	55.000	**an**	Forderungen aus LuL	55.000
Einstellung in EWB	10.000	**an**	EWB zu Forderungen	10.000

8 Zeitliche Abgrenzungen durch Rechnungsabgrenzungsposten und Rückstellungen

8.1 Grundsatz der Erfolgsperiodisierung als Ausgangspunkt

Ein zentrales Ziel, das mit der Erstellung des Jahresabschlusses verfolgt wird, ist die **periodengerechte Erfolgsermittlung**. Den Rechnungsabgrenzungen und den Rückstellungen kommt dabei die Aufgabe zu, Aufwendungen und Erträge denjenigen Geschäftsjahren zuzuordnen, die ihre Entstehung **wirtschaftlich verursacht** haben. Es erfolgt eine zeitliche Abgrenzung der Einnahmen und Ausgaben als Vorgänge des Zahlungsverkehrs (finanzwirtschaftliche Betrachtung) gegenüber Erträgen und Aufwendungen als Kriterium der Erfolgsrechnung (erfolgswirtschaftliche Betrachtung). Es sei in diesem Zusammenhang nochmals darauf hingewiesen, dass Aufwendungen und Erträge nichts anderes als **periodisierte** Ausgaben und Einnahmen sind. Über einen längeren Zeitraum betrachtet (außerperiodisch) sind sie deckungs-gleich, d. h. Aufwendungen und Erträge führen früher oder später immer zu Ausgaben oder Einnahmen.

Unter Berücksichtigung des **Grundsatzes der Periodenabgrenzung** (§ 252 Abs. 1 Nr. 5 HGB) muss die Spanne zwischen Zahlungs- und Erfolgsbetrachtung konten- und bilanzpostenmäßig separat erfasst werden. Es lassen sich grundsätzlich vier Arten von Rechnungsabgrenzungsposten unterscheiden (vgl. *Abbildung 84*).

Abbildung 84

Alternativen der Rechnungsabgrenzung (zeitliche Abgrenzungen der Aufwendungen und Erträge von den Ausgaben und Einnahmen)			
Geschäftsvorfall	**Vorgang** im alten Jahr	im neuen Jahr	**Bilanzposten und Buchung zum Stichtag**
Vom Unternehmen im voraus bezahlter Aufwand (Vom Unternehmen wird im Dezember die Mietzahlung für Januar geleistet)	Ausgabe **transitorischer**	Aufwand	* **Aktive Rechnungsabgrenzung an Aufwandskonto**
Vom Unternehmen im voraus vereinnahmter Ertrag (Mieter eines von der Unternehmung vermieteten Gebäudes zahlt im Dezember die Januar-Miete)	Einnahme **transitorischer**	Ertrag	* **Ertragskonto an Passive Rechnungsabgrenzung**
Vom Unternehmen noch zu zahlender Aufwand (Mietzahlung für Dezember wird erst im Januar gezahlt)	Aufwand **antizipativer**	Ausgabe	* **Aufwandskonto an Sonstige Verbindlichkeiten**
Vom Unternehmen noch zu vereinnahmender Ertrag (Mieter eines von der Unternehmung vermieteten Gebäudes zahlt die Dezember-Miete im Januar)	Ertrag **antizipativer**	Einnahme	* **Sonstige Forderungen an Ertragskonto**

Wenn es sich um sog. **transitorische** Vorgänge (Zahlung im voraus, Leistung später) handelt, werden diese auf dem Konto "2900 Aktive Rechnungsabgrenzung" (ARA) bzw. "4900 Passive Rechnungsabgrenzung" (PRA) erfasst. Dagegen werden seit Inkrafttreten des Aktiengesetzes 1965 die sog. **antizipativen** Vorgänge (Leistung sofort, Zahlung im nachhinein) über das Konto "2690 Sonstige Forderungen" bzw. "4890 Sonstige Verbindlichkeiten" gebucht.[67]

Außerdem beinhaltet das Prinzip der periodengerechten Erfolgsermittlung, dass die aus der Bildung von bestimmten **Rückstellungen** (ungewisse Schulden für Aufwendungen) resultierenden Aufwendungen unabhängig vom späteren Zeitpunkt des eventuellen Anfalls der entsprechenden Ausgaben denjenigen Geschäftsjahren zuzurechnen sind, die ihre Entstehung ausgelöst haben. In diesen Fällen verhält sich also die zeitliche Abfolge von Erfolgs- und

---

67 Seit 1965 - nunmehr in § 250 HGB geregelt - ist lediglich die Verwendung transitorischer Rechnungsabgrenzungsposten zugelassen. In der Steuerbilanz ist die Rechnungsabgrenzung ebenfalls auf die transitorischen Vorgänge beschränkt und für die Betriebe aller Rechtsformen verbindlich (§ 5 Abs. 5 EStG). Diese Art des Ausweises wird damit begründet, dass bei der antizipativen Abgrenzung in Wirklichkeit eine Verbindlichkeit vorliegt. An der Periodenabgrenzung ändert sich dadurch nichts, es tritt lediglich eine andere Konto-Bezeichnung auf.

Zahlungswirkung umgekehrt wie bei Rechnungsabgrenzungsposten. Rückstellungen sind wie Verbindlichkeiten dem Grunde nach bekannt und werden für noch zu zahlende Aufwendungen gebildet, die wirtschaftlich das abgelaufene Geschäftsjahr betreffen, deren genaue Höhe bzw. Fälligkeit jedoch zum Bilanzstichtag noch nicht feststeht (**Schätzung** erforderlich). Die Ungewissheit über Betragsumfang und Schuld unterscheidet demnach die Rückstellungen von den **genau bestimmbaren** "Sonstigen Verbindlichkeiten".

8.2 Verbuchung transitorischer Rechnungsabgrenzungsposten

Enthalten Aufwands- und Ertragskonten am Jahresende Beträge, die wirtschaftlich auf das nächste Jahr entfallen, so müssen diese abgegrenzt werden. Es handelt sich hierbei um Ausgaben oder Einnahmen, die **ganz** oder **teilweise** Aufwand oder Ertrag des nächsten oder eines späteren Jahres sind. Da sie zunächst mit dem Zahlungsvorgang im abgelaufenen Geschäftsjahr (der in die nächste(n) Periode(n) "hinübergeht") erfolgswirksam verbucht worden sind, werden sie zum Bilanzstichtag mittels aktiver und passiver Abgrenzungsposten für das alte Jahr von der Erfolgsseite her neutralisiert (zu den Transitorien vgl. *Abbildung 85*).

Abbildung 85

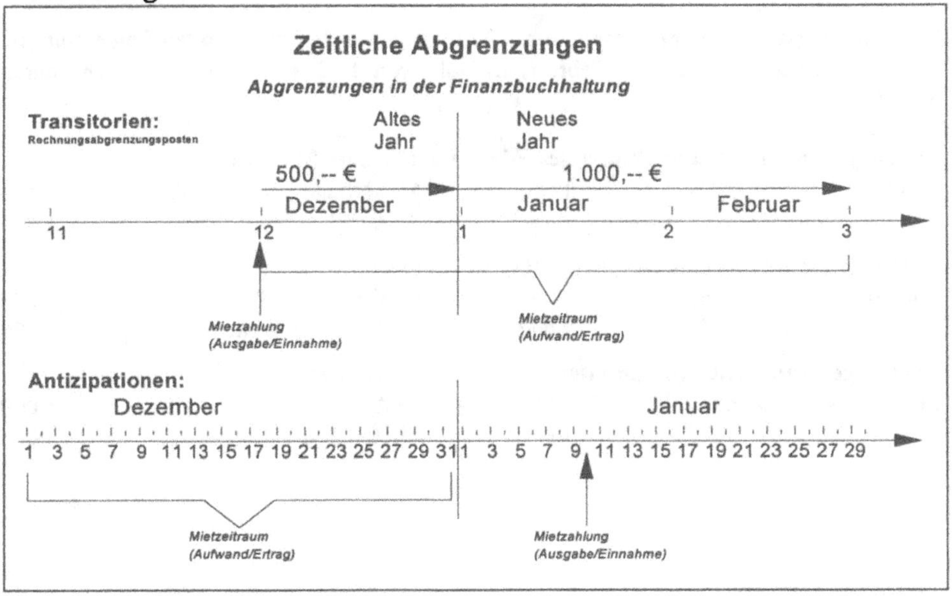

Beispiel für aktive Abgrenzung: Am 1.12.01 wird ein Lagerraum für eine Monatsmiete von 500 € **gemietet**, wobei laut Vertrag die Miete vierteljährlich mit 1.500 € im voraus zu zahlen ist (Banküberweisung).

Buchung der Mietvorauszahlung am 1.12.01:

Mietaufwendungen	1.500	**an**	Bank	1.500

Buchungen zum 31.12.01 (Bilanzstichtag):

ARA	1.000	**an**	Mietaufwendungen	1.000
(für die Abgrenzung und Überführung des Mietaufwandes in das neue Jahr)				
GuV-Konto	500	**an**	Mietaufwendungen	500
(für die Dezember-Miete des alten Geschäftsjahres)				
Schlussbilanzkonto	1.000	**an**	ARA	1.000

Buchungen zum 1.1.02 (Beginn des neuen Geschäftsjahres):

ARA	1.000	**an**	Eröffnungsbilanzkonto	1.000
Mietaufwendungen	1.000	**an**	ARA	1.000

Erfolgt die Abgrenzung bereits bei Zahlung (**direkte** Rechnungsabgrenzung) wird am **1.12.01** wie folgt gebucht:

Mietaufwendungen	500			
ARA	1.000	**an**	Bank	1.500

Beispiel für passive Abgrenzung: Am 1.12.01 geht für den **vermieteten** Lagerraum die Vierteljahresmiete (Dezember - Februar) in Höhe von 1.500 € ein (Vorauszahlung durch den Mieter).

Buchung der Mietvorauszahlung des Mieters am 1.12.01 (direkt):

Bank	1.500	**an**	Mieterträge	500
			PRA	1.000

Buchungen zum 31.12.01 (Bilanzstichtag):

Mieterträge	500	**an**	GuV-Konto	500
PRA	1.000	**an**	Schlussbilanzkonto	1.000

Buchungen zum 1.1.02 (Beginn des neuen Geschäftsjahres):

Eröffnungsbilanzkonto	1.000	**an**	PRA	1.000
PRA	1.000	**an**	Mieterträge	1.000

8.3 Verbuchung antizipativer Rechnungsabgrenzungsposten

Die **Antizipationen** nehmen den Erfolg voraus, der Zahlungsstrom erfolgt im neuen Jahr (vgl. *Abbildung 85*). Die folgenden drei Beispiele verdeutlichen diesen Sachverhalt. Zu unterscheiden ist dabei buchtechnisch, ob Aufwendungen und Erträge **ganz** das alte Geschäftsjahr (Beispiel 1 und 2) oder **teils das alte** und **teils das neue** Geschäftsjahr betreffen.

Beispiel 1: Die Lagermiete für die **gemieteten** Räume im Monat Dezember 2001 in Höhe von 1.500 € wird erst im Januar 2002 bezahlt.

Buchungen zum 31.12.01 (Bilanzstichtag):

Mietaufwendungen	1.500	**an**	Sonstige Verbindlichkeiten	1.500
GuV-Konto	1.500	**an**	Mietaufwendungen	1.500
Sonstige Verbindlichkeiten	1.500	**an**	Schlussbilanzkonto	1.500

Buchungen im neuen Jahr:

Eröffnungsbilanzkonto	1.500	**an**	Sonstige Verbindlichkeiten	1.500
Sonstige Verbindlichkeiten	1.500	**an**	Bank	1.500

Das Konto Sonstige Verbindlichkeiten (passives Bestandskonto) wird hier als Gegenkonto für die Erfassung der Mietaufwendungen genutzt. Der Erfolg wird **vor** dem Zahlungsstrom gebucht.

Beispiel 2: Die Lagermiete für die **vermieteten** Räume im Monat Dezember 2001 in Höhe von 1.500 € wird vom Mieter erst im Januar 2002 bezahlt.

Buchungen zum 31.12.01 (Bilanzstichtag):

Sonstige Forderungen	1.500	**an**	Mieterträge	1.500
Mieterträge	1.500	**an**	GuV-Konto	1.500
Schlussbilanzkonto	1.500	**an**	Sonstige Forderungen	1.500

Buchungen im neuen Jahr (einschließlich Mieteingang):

Sonstige Forderungen	1.500	**an**	Eröffnungsbilanzkonto	1.500
Bank	1.500	**an**	Sonstige Forderungen	1.500

Für die Buchung der Mieterträge wird als Gegenkonto das Konto Sonstige Forderungen (aktives Bestandskonto) verwendet. Auch in diesem Fall wird der Erfolg **vor** dem Zahlungsstrom gebucht.

Das letzte Beispiel verdeutlicht die Verbuchung von Erträgen (Aufwendungen), die **teils das alte** und **teils das neue** Geschäftsjahr betreffen.

Beispiel 3: Einem guten Kunden wird am 1.9.01 ein Darlehen in Höhe von 10.000 € gewährt. Die Zinsen in Höhe von 6 % p. a. werden **halbjährlich nachträglich** fällig. Die erste Zahlung von 300 € erfolgt am 1.3.02.

Bei diesem Fall muss berücksichtigt werden, dass von der am 1.3.02 fälligen Zinszahlung ertragsmäßig 200 € dem alten Geschäftsjahr (4 Monate) und 100 € (2 Monate) dem neuen Geschäftsjahr zuzurechnen sind. Folgende Buchungen sind zum Bilanzstichtag und zum Fälligkeitstermin vorzunehmen:

Buchungen zum 31.12.01 (Bilanzstichtag):

Sonstige Forderungen	200	**an**	Zinserträge	200
Zinserträge	200	**an**	GuV-Konto	200
Schlussbilanzkonto	200	**an**	Sonstige Forderungen	200

Buchung im neuen Jahr (am 1.3.02 ist der gesamte Zinsertrag als Einnahme zu buchen):

Bank	300	**an**	Sonstige Forderungen	200
			Zinserträge	100

8.4 Verbuchung von Rückstellungen

Im Interesse kaufmännischer Vorsicht wird im HGB Verlustantizipation geboten und Gewinnantizipation verboten. Anders ausgedrückt: Aufwand und Ertrag werden in der Bilanzlehre ungleich behandelt (**Imparitätsprinzip**). Die **Bildung von Rückstellungen** ist ein Mittel, die gesetzlich verordnete Vorwegnahme von Aufwand (Verlustantizipation) buchtechnisch zu ermöglichen.

Wann eine Rückstellung vorzunehmen ist bzw. vorgenommen werden kann, regelt § 249 HGB. In der Bilanz zählen Rückstellungen zum Fremdkapital, da sie Verpflichtungen darstellen. In der Praxis werden häufig Rückstellungen für ungewisse Verbindlichkeiten (Antizipation von Steueraufwand, Prozesskosten, Garantieleistungen u. ä.), für unterlassene Reparaturen und für Pensionszahlungen gebildet. Unabhängig vom jeweiligen Anlass bedeutet dies grundsätzlich eine Antizipation künftiger (geschätzter) Auszahlungen.

Die **Bildung** von Rückstellungen erfolgt stets durch den Buchungssatz:

Aufwandskonto	**an**	Rückstellungen (Passivkonto)

D. h., dass zunächst das betreffende Aufwandskonto (z. B. "6160 Fremdinstandhaltung") mit dem periodenrichtigen Betrag belastet und die Gegenbuchung auf dem entsprechenden Rückstellungskonto ("3700 Pensionsrückstellungen", "3800 Steuerrückstellungen", "3900 Sonstige Rückstellungen") vorgenommen wird.

Eine Rückstellung ist dann aufzulösen, wenn der Grund für die Bildung entfallen ist. Die **Auflösung** von Rückstellungen erfolgt erfolgsneutral oder erfolgsunwirksam (Aktiv-Passiv-Minderung) - soweit die Zahlung in ihrer Höhe der gebildeten Rückstellung entspricht - grundsätzlich durch einen Folgendem entsprechenden Zahlungsvorgang:

Rückstellungen	**an**	Zahlungsmittelkonto (Aktivkonto)

Da aber Rückstellungen auf Schätzungen beruhen, ergibt sich bei ihrer Auflösung i. d. R. entweder ein **außerordentlicher Aufwand**, der auf dem Konto "6990 Periodenfremde Aufwendungen" erfasst wird, oder ein **außerordentlicher Ertrag**, der auf dem Konto "5480 Erträge aus der Auflösung von Rückstellungen" gebucht wird.

Beispiel: Die vorgesehene Reparatur einer Produktionsmaschine konnte im abgelaufenen Geschäftsjahr (Bilanzstichtag 31.12.01) nicht mehr durchgeführt werden. Aus Termingründen soll sie im März 2002 nachgeholt werden. Der eingeholte Kostenvoranschlag für die Reparatur lautet auf 4.500,00 €.

Bildung der Rückstellung 31.12.01:

Fremdinstandhaltung	4.500	**an**	Sonstige Rückstellungen	4.500
GuV-Konto	4.500	**an**	Fremdinstandhaltung	4.500
Sonstige Rückstellungen	4.500	**an**	Schlussbilanzkonto	4.500

Im März 2002 wird die Reparatur ausgeführt. Drei Fälle sind denkbar: Die Zahlung

- **entspricht** der Höhe der Rückstellung (4.500 € zuzüglich 450 € USt),
- fällt **geringer** aus (4.000 € zuzüglich 400 € USt),
- fällt **höher** aus (5.500 € zuzüglich 550 € USt).

Fall 1:

Sonstige Rückstellungen	4.500			
Vorsteuer	450	**an**	Bank	4.950

Fall 2:

Sonstige Rückstellungen	4.500			
Vorsteuer (von 4.000 €)	400	**an**	Bank	4.400
			Erträge aus der Auflösung von Rückstellungen	500

Fall 3:

Sonstige Rückstellungen	4.500			
Periodenfremde Aufwendungen	1.000			
Vorsteuer (von 5.500)	550	**an**	Bank	6.050

Wie der beispielhaften Darstellung einer **Rückstellungsauflösung** zu entnehmen ist, muss bei umsatzsteuerpflichtigen Geschäftsvorfällen buchungstechnisch die Umsatzsteuer (Konto: "2600 Vorsteuer") berücksichtigt werden, während bei **Rückstellungsbildung** das entsprechende **Aufwandskonto** (z. B. Instandhaltung oder Personal-, Material- und Steueraufwendungen, wenn eine endgültige Aufwandsart noch nicht feststeht) grundsätzlich nur **Nettobeträge** aufnimmt. Ferner sollten Rückstellungen nicht mit sog. Rücklagen (das zusätzliche, gewöhnlich durch Selbstfinanzierung gebildete Eigenkapital) verwechselt werden. **Rückstellungen** haben in erster Linie **Fremdkapitalcharakter**.

9 Vorläufiger Jahresabschluss

9.1 Vorbereitende Abschlussarbeiten und Abschlussbuchungen

Nachdem alle Geschäftsvorfälle des laufenden Geschäftsjahres verbucht sind, lässt sich durch Abschluss aller Bestands- und Erfolgskonten der Jahresabschluss erstellen. Um aber einen **endgültigen** Kontenabschluss bzw. eine Aufstellung der Schlussbilanz und der Gewinn- und Verlustrechnung vornehmen zu können, zählen die Durchführung einer ordnungsmäßigen **Inventur** und die Erstellung des **Inventars** zu den obligatorischen Abschlussvorbereitungen. Es erfolgt eine Soll-Ist-Abstimmung zwischen den buchhalterisch ermittelten Kontenbeständen (Soll-Größen) und den durch die Inventur festgestellten Endwerten (Ist-Größen). Abweichungen sind erfolgswirksam zu berücksichtigen.

Darüber hinaus sind noch eine Reihe sog. **vorbereitender Abschlussbuchungen** notwendig, bevor im einzelnen der Kontenabschluss durchgeführt werden kann. Zu den wichtigsten vorbereitenden Abschlussbuchungen zählen die Umbuchung des Erfolgsteils (z. B. Abschreibungen) der gemischten Bestandskonten, die Umbuchung von Unterkonten auf die Hauptkonten (z. B. Bezugskosten) sowie die zeitlichen Abgrenzungen (Antizipationen und Transitorien).

Als **vorbereitende Abschlussbuchungen** (zum Ausweis des Vermögens und der Schulden und zur periodenrichtigen Gewinnermittlung) kommen somit insbesondere in Betracht[68]:

---

68 In Anlehnung an: G. Bähr/W. F. Fischer-Winkelmann (1990), S. 158 ff.

1. Abschreibungen auf Anlagen

direkt

65 Abschreibungen	an	0508 Anlagen

indirekt

65 Abschreibungen	an	36 Wertberichtigungen

2. Umbuchungen der zweifelhaften Forderungen

244 Zweifelhafte Forderungen	an	240 Forderungen

3. Abschreibungen auf Forderungen

Einzelwertberichtigungen

6952 Abschreibungen auf Forderungen	an	244 Zweifelhafte Forderungen

Pauschalwertberichtigungen

6953 Pauschalwertberichtigungen auf Forderungen	an	240 Forderungen

4. Rechnungsabgrenzung

Antizipationen

6/7 Aufwandskonten	an	489 Sonstige Verbindlichkeiten
266 Sonstige Forderungen	an	5 Ertragskonten
6/7 Aufwandskonten	an	37-39 Rückstellungen

Transitorien

29 Aktive Rechnungsabgrenzung	an	6/7 Aufwandskonten
5 Ertragskonten	an	49 Passive Rechnungsabgrenzung

5. Stoffe-Bestandskonten

Umbuchung der Bezugskonten - Stoffe-Bestandskonten

200 Rohstoffe	an	204 Bezugskosten für Rohstoffe
202 Hilfsstoffe	an	205 Bezugskosten für Hilfsstoffe
203 Betriebsstoffe	an	206 Bezugskosten für Betriebsstoffe
228 Handelswaren	an	229 Bezugskosten für Handelswaren

6. Umbuchung der Privatkonten auf Kapital

Berichtigung der Erfolgskonten um Privatanteile

3002 Privatkonto (Entnahme)	an	6/7 Aufwandskonten
5 Erfolgskonten	an	Privatkonto (Einlage)

Umbuchung der Privatkonten

30 Kapital	an	3002 Privatkonto (Entnahme)
3002 Privatkonto (Einlage)	an	30 Kapital

7. **Aufrechnung der Umsatzsteuerkonten**

480 Umsatzsteuer	an	260 Vorsteuer

Damit der Jahresabschluss (Schlussbilanz sowie Gewinn- und Verlust-Rechnung) aufgestellt werden kann, müssen zunächst sämtliche Konten abgeschlossen (=saldiert) werden; das geschieht mit sog. **Abschlussbuchungen.**

1. **Abschluss der Erfolgskonten**

802 Gewinn- und Verlustkonto	an	6/7 Aufwandskonten
5 Ertragskonten	an	802 Gewinn- und Verlustkonto

2. **Abschluss des Gewinn- und Verlustkontos**

802 Gewinn- und Verlustkonto	an	30 Kapitalkonto (Gewinnfall)
30 Kapitalkonto	an	802 Gewinn- und Verlustkonto

3. **Abschluss aller Bestandskonten**

801 Schlussbilanzkonto	an	0-2 Aktive Bestandskonten
3/4 Passive Bestandskonten	an	801 Schlussbilanzkonto

Sind alle Abschlussbuchungen erfolgt, muss sich auf dem Schlussbilanzkonto Summengleichheit beider Kontenseiten einstellen, ohne dass dazu ein Saldo notwendig wäre.

9.2 Zentrale Aufgaben der Hauptabschlussübersicht

Vor dem endgültigen Abschluss wird allerdings in der Praxis häufig ein sog. **Probeabschluss** (vorläufiger Abschluss) in Form einer **Hauptabschlussübersicht** (auch Hauptübersicht, Betriebsübersicht, Bilanzübersicht oder Abschlusstabelle genannt) außerhalb der Buchhaltung **vorgelagert**. Diese statistische Übersicht außerhalb der eigentlichen Buchhaltung (i. d. R. technisch und organisatorisch nicht in das Buchführungssystem integriert) geschieht vor allem, um

- Buchungsfehler festzustellen (Korrekturbuchungen),
- bei vorbereitenden Abschlussbuchungen z. B. bei der Festlegung der Höhe der Abschreibungen, der Bildung von Rückstellungen, bei der Bewertung von Forderungen, bei der Bildung von Rechnungsabgrenzungsposten und dergleichen die Wünsche und Entscheidung der Unternehmensführung zu berücksichtigen (Bilanzpolitik),
- eine zusammenfassende Übersicht über alle Daten der Bestands- und Erfolgskonten als Informations- und Entscheidungsgrundlage für die Unternehmensleitung zu gewinnen (z. B. angestrebtes Ziel die Steuerzahlungsminimierung) und
- aus der Handelsbilanz die Steuerbilanz abzuleiten.

Zu den zentralen Aufgaben, die eine Hauptabschlussübersicht erfüllen soll, zählen demnach sowohl **Kontroll-** und **Informations-** als auch **Entscheidungsfunktion**.

9.3 Inhalt und Aufbau der Hauptabschlussübersicht

Die **Abschluss oder Hauptabschlussübersicht** ist in Tabellenform aufgebaut und verfügt neben der Kontenspalte über **fünf bis acht Doppelspalten** (Rubriken) plus einer Spalte "Bemerkungen". In ihrer einfachsten Form (für kleinere Betriebe ausreichend) enthält die Hauptabschlussübersicht neben der Kontenspalte vier Doppelspalten (Summenbilanz/Rohbilanz, Saldenbilanz/ Restbilanz, Vermögensbilanz/Schlussbilanz und Erfolgsbilanz/Gewinn- und Verlustrechnung). Sie weist in tabellarischer Form sämtliche Bestands- und Erfolgskonten und Abschlussbuchungen bis hin zum Schlussbilanzkonto und GuV-Konto aus. Die Konten stehen untereinander und zu jedem Konto gehören mehrere Soll- und Haben-Spalten, in denen Abschlussbuchungen für dieses Konto durchgeführt werden. Gewöhnlich ist in die Abschlusstabelle (zwischen die Spalten Umbuchungen und Saldenbilanz II) eine **Erläuterungsspalte** ("Bemerkungen") eingearbeitet.[69] Die Spalten einer **ausführlichen Hauptabschlussübersicht** (erweiterte Betriebsübersicht) haben im einzelnen folgenden Inhalt (vgl. *Abbildung 86*):

---

69 Vgl. C.-Ch. Freidank/H. Eigenstetter (1992), S. 400 ff.

Abbildung 86
Aufbau einer Hauptabschlussübersicht (Betriebsübersicht)

		1		2		3		4	
Konto-Nr.	Kontenbezeichnung	Eröffnungs-Bilanz (Anfangsbestände)		Summenzugänge (Umsatz- bzw. Verkehrsbilanz)		Summenbilanz (Probe- bzw. Rohbilanz)		Saldenbilanz I (Buch- bzw. Überschussbilanz)	
		Aktiva	Passiva	Soll	Haben	Soll	Haben	Soll	Haben
		A = P		S = H		S = H		S = H	

5			6		7		8	
Umbuchungen (Vorbereitende Abschluss- und Korrekturbuchungen)		Bemerkungen	Saldenbilanz II		Abschlussbilanz		GuV-Rechnung (Erfolgsübersicht)	
Soll	Haben		Soll	Haben	Aktiva	Passiva	Aufwand	Ertrag
					Verlust	Gewinn	Verlust	Gewinn
S = H			S = H		A = P		A = E	

1. Unter Berücksichtigung des jeweils benutzten Kontenplans werden in der **Kontenspalte** sämtliche Bestands- und Erfolgskonten mit ihren Kontennummern bzw. Bezeichnungen aufgenommen.

2. In die Spalte **Anfangsbestände** werden die Endbestände der letztjährigen Bilanz (Schlussbilanz des alten gleich Eröffnungsbilanz des neuen Jahres) eingetragen.

3. Die Spalte **Summenzugänge** (auch Umsatz- oder Verkehrsbilanz genannt) registriert die Summe der Soll- und Habenbuchungen aller Konten, wobei bei den aktiven und passiven Bestandskonten die Anfangsbestände unberücksichtigt bleiben.

4. Die Werte der **Summenbilanz** erhält man, indem die jeweiligen Soll- und Habenbeträge der Spalten **Anfangsbestände** und **Summenzugänge** sämtlicher Bestands- und Erfolgskonten addiert. Da in dieser Spalte die Soll- und Habensummen jedes Kontos übertragen werden, die sich aus der Buchung der Anfangsbestände und aller Geschäftsvorfälle während einer Periode ergeben, muss die Summenbilanz im Sinne der Doppik im Endergebnis im Soll und Haben die gleichen Summen ausweisen (Probebilanz!).

5. Die **Saldenbilanz I** ergibt sich wie folgt: Auf der Grundlage der Zahlen der Summenbilanz werden für die einzelnen Konten die Salden ermittelt. Je nachdem auf welcher Seite (Soll oder Haben) ein Überschuss errechnet wird, erfolgt auch die Eintragung des Saldos. Sie enthält die **vorläufigen** Endbestände der Bestandskonten und die **vorläufigen** Aufwendungen und Erträge. Auch hier muss sich die Summe aller Sollzahlen mit der Summe aller Habenzahlen decken.

6. Die Spalte **Umbuchungen** ist für die erforderlichen **Korrekturbuchungen** (Berichtigung der unzutreffend erfassten Geschäftsvorfälle) und die **vorbereitenden Abschlussbuchungen** vorgesehen wie z. B. Abschreibungen, Abschluss der Unterkonten (wie Privat, Bezugskosten, Erlösberichtigungen, Nachlässe) über die entsprechenden Hauptkonten, Buchung der Inventurangaben und Bestandsänderungen sowie Ermittlung der Umsatzsteuer-Zahllast. Auch hier gilt: Sollsumme = Habensumme.

7. Die Spalte **Bemerkungen** dient der **Erläuterung** der durchgeführten Umbuchungen.

8. Aus den Werten der Saldenbilanz I und den Werten der Umbuchungsspalte ergeben sich die endgültigen Salden in der **Saldenbilanz II**. Aus

ihr werden die Erfolgsrechnung und die Bilanz entwickelt. Ausgehend von dieser Saldenbilanz II werden die Spalten Abschlussbilanz und Erfolgsübersicht (Gewinn- und Verlustrechnung) erstellt.

9. Die ermittelten Endbestände aller Bestandskonten werden in die **Abschlussbilanzspalte** (Inventurbilanz) als endgültige Bilanzansätze übertragen, d. h. diejenigen die der Inventur und Bewertung entsprechen. Der Aufbau dieser Abschlussbilanz gleicht demnach grundsätzlich dem Aufbau des Schlussbilanzkontos. Eine Ausnahme bildet lediglich das Eigenkapitalkonto, das noch nicht um den erzielten Erfolg verändert ist, da dieser durch die Saldierung der Erfolgsübersicht ermittelt wird. Die Divergenz beim Eigenkapital ist demnach darauf zurückzuführen, dass im Saldo des Eigenkapitalkontos der Gewinn bzw. Verlust der Periode bereits enthalten ist, während in der Betriebsübersicht der Jahreserfolg sich als Residualgröße zwischen Aktiva und Passiva darstellt (Erfolgsermittlung durch Vermögensvergleich). Ergibt sich ein Saldo (Gewinn oder Verlust), so geht die Bilanzgleichung (Soll = Haben) erst dann auf, wenn der Differenzbetrag beim Eigenkapital berücksichtigt wurde.

10. Die Spalte **Gewinn- und Verlustrechnung** (auch als Erfolgsbilanz oder Erfolgsübersicht bezeichnet) enthält die Salden sämtlicher Erfolgskonten. Der ermittelte Gewinn (Soll) oder Verlust (Haben) wird in die Abschlussbilanzspalte übertragen. Da der Periodenerfolg im System der doppelten Buchführung sowohl über die Bilanz als auch anhand der Gewinn- und Verlustrechnung ermittelt werden kann, müssen die Salden der beiden Spalten stets gleich sein.

Nach Erstellung der endgültigen Betriebsübersicht werden sämtliche Buchungen aus der Umbuchungsspalte in das Grundbuch und die Konten des Hauptbuches übertragen. Nunmehr erfolgt der Abschluss der Hauptbuchkonten zum Schlussbilanzkonto bzw. zum GuV-Konto. Die Betriebsübersicht ist dann ein selbständiger Teil der Buchführung, der auf Verlangen des Finanzamts bei Vollbuchführung (§ 4 Abs. 1 und § 5 EStG) **zusätzlich** zu Bilanz und Gewinn- und Verlustrechnung der Finanzbehörde vorzulegen ist. Allerdings betrachten in der Wirtschaftspraxis - vor allem Kleinbetriebe - die Betriebsübersicht als Jahresabschluss. Damit aber die Betriebsübersicht als Jahresabschlussersatz Gültigkeit besitzt, müssen zum einen die nicht abgeschlossenen Sachkonten im Hauptbuch durch doppeltes Unterstreichen der Summen im Soll und Haben eindeutig als abgeschlossen gekennzeichnet werden und zum anderen die endgültigen Betriebsübersichten der einzelnen Geschäftsjahre zehn Jahre lang geordnet aufbewahrt werden.

9.4 Beispiel für eine Hauptabschlussübersicht

In *Abbildung 87* ist das Arbeiten mit der Hauptabschlussübersicht an einem Zahlenbeispiel dargestellt. Aufgrund der folgenden Abschlussangaben laut Inventur wurden folgende **vorbereitende Abschlussbuchungen** bzw. **Umbuchungen** vorgenommen:

Sachverhalte: Im Rahmen der Inventurarbeiten wurden die Abschreibungen auf Sachanlagen in Höhe von 35.500 € festgelegt und ein Verbrauch von Rohstoffen in Höhe von 65.000 € sowie eine Bestandsveränderung an Fertigerzeugnissen in Höhe von 7.000 € (Mehrbestand) ermittelt. Außerdem ist zu berücksichtigen, dass die gebuchten Zinsaufwendungen wirtschaftlich nur teilweise zum abgelaufenen Jahr gehören; 1.800 € entfallen auf das nächste Jahr.

Abschreibungen auf Sachanlagen	35.500	**an**	Maschinen	35.500
Rohstoffaufwendungen	65.000	**an**	Rohstoffe	65.000
Fertige Erzeugnisse	7.000	**an**	Bestandsveränderungen	7.000
ARA	1.800	**an**	Zinsaufwendungen	1.800

Außerdem ist der **Abschluss folgender Unterkonten** (bzw. folgende Umbuchungen) erforderlich:

Rohstoffe	1.000	**an**	Bezugskosten	1.000
Eigenkapital	5.000	**an**	Privat	5.000
Umsatzsteuer	900	**an**	Vorsteuer	900

An die Hauptabschlussrechnung kann noch eine Eigenkapitalrechnung angefügt werden.

Abbildung 87

Hauptabschlussübersicht (Betriebsübersicht)

Konto	Summenbilanz		Saldenbilanz I		Umbuchungen		Saldenbilanz II		GuV		Bilanz	
	Soll	Haben	Soll	Haben	Soll	Haben	Soll	Haben	Aufwand	Ertrag	Aktiva	Passiva
Maschinen	335.000		355.000			35.000	319.500				319.500	
Rohstoffe	77.000		77.000		1.000	65.000	13.000				13.000	
Bezugskosten	1.000		1.000			1.000						
Fertigerzeugnisse	45.000		45.000		7.000		52.000				52.000	
Forderungen	347.900	50.000	297.900				297.900				297.900	
Vorsteuer	900					900						
Kasse	186.800	160.300	26.500				26.500				26.500	
Aktive RAP					1.800		1.800				1.800	
Eigenkapital		315.000		315.000	5.000			310.000				310.000
Privat	5.000		5.000			5.000						
Langfr. Verbindlich.		220.000		220.000				220.000				220.000
Verbindlichkeiten	15.000	74.100		59.100				59.100				59.100
Umsatzsteuer	30.000	59.400		29.400	900			28.500				28.500
Umsatzerlöse		294.000		294.000				294.000		294.000		
Bestandsveränder.						7.000		7.000		7.000		
Rohstoffaufwand					65.000		65.000		65.000			
Personalkosten	72.000		72.000				72.000		72.000			
AfA Sachanlagen					35.500		35.500		35.500			
Mietaufwand	24.000		24.000				24.000		24.00			
Zinsaufwendungen	13.200		13.200			1.800	11.400		11.400			
	1.172.800	**1.172.800**	**917.500**	**917.500**	**116.200**	**116.200**	**918.600**	**918.600**	**207900**	**301.000**	**710.700**	**617.600**
								Gewinn	93.100			93.100
									301.000	**301.00**	**710.700**	**710.700**

10 Erfolgsverbuchung bei ausgewählten Unternehmensformen

Die buchtechnische und bilanzielle Behandlung des erwirtschafteten Erfolges ist von der Rechtsform des Unternehmens abhängig. Je nach Rechtsform haben die Faktoren **gesetzliche** und **vertraglich vereinbarte Vorschriften**, die **Anzahl der Gesellschafter** sowie die **Haftungsverhältnisse** Einfluss auf die Erfolgsverbuchung und den bilanziellen Ausweis des Eigenkapitals. Dabei kann grob zwischen Einzelunternehmen, Personenhandelsgesellschaften (OHG, KG) und Kapitalgesellschaften (AG, GmbH) unterschieden werden. In stark vereinfachter Form wird im folgenden die Erfolgsverbuchung für die obigen Rechtsformen vorgestellt.

10.1 Erfolgsverbuchung bei Einzelunternehmen

Die Erfolgsverbuchung unterliegt bei Unternehmen in der Rechtsform des Einzelunternehmens keinen Besonderheiten und lässt sich relativ leicht durchführen. Wie bereits dargelegt, werden die innerhalb eines Geschäftsjahres eingetretenen Aufwendungen und Erträge auf das GuV-Konto gebucht und als Saldo ergibt sich der Erfolg (Gewinn oder Verlust). Dieser Saldo wird auf das Eigenkapitalkonto übertragen. Die Buchungssätze lauten:

Im Gewinnfall:

GuV-Konto	**an**	Eigenkapital

Im Verlustfall:

Eigenkapital	**an**	GuV-Konto

Das Eigenkapital dieser Rechtsform ist somit eine variable Größe, die sich durch den Periodenerfolg sowie durch Privateinlagen und Privatentnahmen verändert. Die Erfolgsverwendung und -verbuchung erfolgt also über das **variable Eigenkapitalkonto** des Eigentümers des Unternehmens.

10.2 Erfolgsverbuchung bei Personenhandelsgesellschaften

Auch bei den Eigenkapitalkonten der OHG (Kapitalkonten der Gesellschafter) und KG (Kapitalkonten der Komplementäre) handelt es sich i. d. R. um variable Kapitalkonten, die typisch für persönlich haftendes Kapital sind.[70]

Jeder Gesellschafter hat sein Eigenkapital- und, soweit er nicht Kommanditist (Teilhafter) ist, auch ein Privatkonto. Die Verteilung des Gesamtgewinns der **OHG** ist entweder von den Gesellschaftern vertraglich geregelt oder richtet sich nach den handelsrechtlichen Vorschriften in § 121 HGB. Dieser Paragraph bestimmt, dass die Kapitaleinlagen mit 4 % zu verzinsen sind und der Rest des Gewinns nach Köpfen zu verteilen ist. Reicht der Jahresgewinn hierzu nicht aus, so bestimmen sich die Anteile nach einem entsprechend niedrigeren Satz (vgl. *Abbildung 88*). Der Verlust wird von den Gesellschaftern zu gleichen Teilen (nach Köpfen) getragen. Für ihre Arbeitsleistung erhalten die geschäftsführenden Gesellschafter einer OHG vorab entsprechende Gewinnanteile. Zu berücksichtigen sind außerdem auf den Kapitalkonten der Gesellschafter (Eigentümer) die Einlagen und Entnahmen, die während des Geschäftsjahres erfolgt sind, wobei die Kapitalveränderungen ohne und mit Verzinsung[71] während einer Abrechnungsperiode behandelt werden können.

---

70 Allerdings kann der Gesellschaftsvertrag einer OHG oder auch KG vorsehen, dass neben den variablen Gesellschafterkonten auch konstante Eigenkapitalkonten (sog. fixe Kapitalkonten) geführt werden.

71 Zu Zinsberechnungen mit Hilfe der Zinsstaffelrechnung vgl. R. Buchner (1997), S. 301 f., G. Eilenberger (1990), S. 184 f. Entsprechend der gesetzlichen Regelung des § 121 HGB wird ein Zinssatz von 4 % angesetzt und nach kaufmännischer Praxis mit Tageszinsen gerechnet, wobei das Jahr mit 360 und der Monat mit 30 Tagen angenommen werden.

Abbildung 88

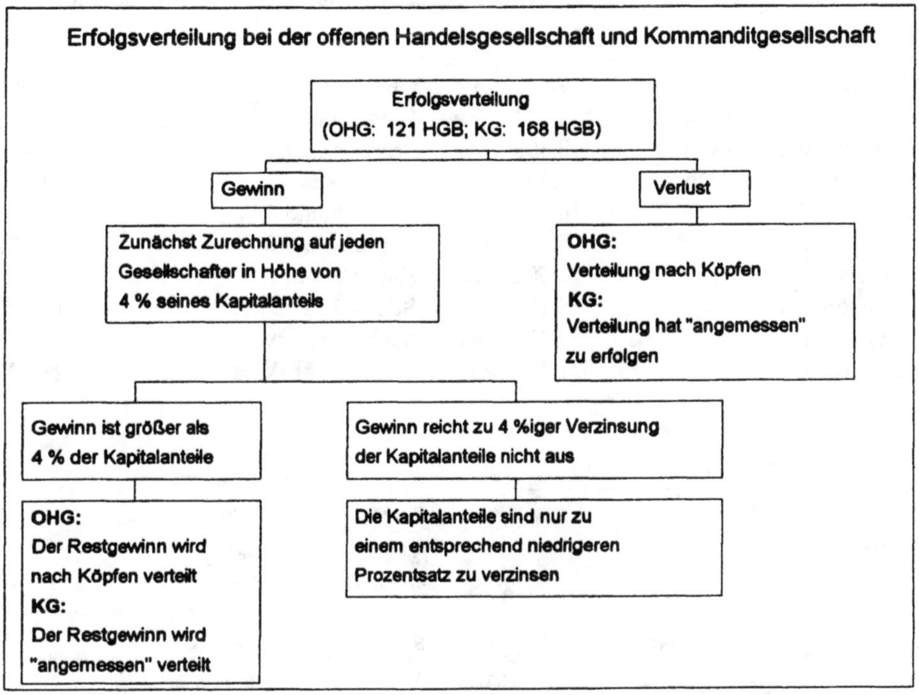

Beispiel: Die Anfangsbestände des Eigenkapitals der drei Gesellschafter der OHG weisen folgende Beträge auf: A = 10.000 €, B = 15.000 € und C = 20.000 €. Es wird ein Jahresüberschuss von 9.900 € erwirtschaftet; im Laufe des Geschäftsjahres hat C 2.000 € **entnommen**, A hat 3.000 € und B 5.000 € zugeführt. Unterstellt wird hier, dass eine Verzinsung der Einlagen bzw. Entnahmen aus Gründen der Arbeitsvereinfachung vertraglich ausgeschlossen wurde.

Gesell-schafter	Eigenkapi-tal AB (€)	Gewinnverteilung (€)			Einlagen (€)	Entnahmen (€)	Eigenkapi-tal SBK (€)
		Verzinsung (4 %)	Kopfanteil (€)	Summe (€)			
A	10.000	400	2.700	3.100	3.000		16.100
B	15.000	600	3.300	3.300	5.000		23.300
C	20.000	800	3.500	3.500		2.000	21.500
Summe	45.000	1.800	8.100	9.900	8.000	2.000	60.900

Wird für die Abwicklung ein **Gewinnverteilungskonto** eingerichtet (direkte Verbuchung des Gewinnanteils auf das jeweilige Konto ist genauso denkbar), so ergeben sich folgende **Buchungssätze**:

GuV-Konto	9.900	**an**	Gewinnverteilungskonto	9.900
Gewinnverteilungskonto	3.100	**an**	Privatkonto A	3.100
Gewinnverteilungskonto	3.300	**an**	Privatkonto B	3.300
Gewinnverteilungskonto	3.500	**an**	Privatkonto C	3.500
Privatkonto A	6.100	**an**	Kapitalkonto A	6.100
Privatkonto B	8.300	**an**	Kapitalkonto B	8.300
Privatkonto C	1.500	**an**	Kapitalkonto C	1.500
Kapitalkonto A	16.100	**an**	Schlussbilanzkonto	16.100
Kapitalkonto B	23.300	**an**	Schlussbilanzkonto	23.300
Kapitalkonto C	21.500	**an**	Schlussbilanzkonto	21.500

Kontenbild:

GuV-Konto

S			H
1) Jahresüberschuss	9.900		

Gewinnverteilungskonto

S			H
2) Privat A	3.100	1)	9.900
3) Privat B	3.300		
4) Privat C	3.500		

Privatkonto A

S			H
5)	6.100	Einlage	3.000
		2)	3.100

Kapitalkonto A

S			H
8)	16.100	AB	10.000
		5)	6.100

Privatkonto B

S			H
6)	8.300	Einlage	5.000
		3)	3.300

Kapitalkonto B

S			H
9)	23.300	AB	15.000
		6)	8.300

Privatkonto C

S			H
Entnahme	2.000	4)	3.500
7)	1.500		

Kapitalkonto C

S			H
10)	21.500	AB	20.000
		7)	1.500

Schlussbilanzkonto

S			H
		8)	16.100
		9)	23.300
		10)	21.500

Bei allen drei Gesellschaftern hat sich das Kapitalkonto erhöht. Im Falle einer Kapitalminderung wäre umgekehrt zu buchen: Kapitalkonto **an** Privatkonto.

Der Unterschied zwischen einer OHG und einer KG liegt vor allem in der abweichenden Haftung der Gesellschafter. Jede KG muss mindestens einen Komplementär (Vollhafter) und einen Kommanditisten (Teilhafter) haben. Letzterer verfügt nicht über ein Privatkonto (§ 161 und 171 HGB). Wie der *Abbildung 88* zu entnehmen ist, ähnelt die Erfolgsverteilung der KG derjenigen der OHG. Allerdings sind Restgewinn und Verlust "angemessen" zu verteilen. Die Erfolgsverbuchung bei einer KG dagegen erfolgt für die Komplementäre analog derjenigen der OHG-Gesellschafter. Unterschiede im Rahmen der Verbuchung des Erfolgs existieren lediglich bezogen auf den Kommanditisten; da sein Eigenkapitalkonto auf den Wert der Einlage fixiert ist (konstant) und er nicht befugt ist, Privateinlagen und Privatentnahmen zu tätigen, wird demnach für ihn kein Privatkonto geführt. Buchtechnisch hat dies zur Folge, dass der **Gewinnanteil** des Kommanditisten als "Sonstige Verbindlichkeit" auf dem Konto "4870 Verbindlichkeiten gegenüber Gesellschaftern" und ein **Verlustanteil** als "Sonstige Forderung" der KG an den Kommanditisten auf dem Konto "2690 Übrige sonstige Forderungen" zu buchen ist.

Im Gewinnfall:

GuV-Konto	**an**	Verb. gegenüber Gesellschaftern

Im Verlustfall:

Übrige sonstige Forderungen	**an**	GuV-Konto

Das vereinbarte Haftungskapital wird in unveränderter Höhe (vergleichbar mit dem Grundkapital einer AG) auf dem Kapitalkonto des Kommanditisten ausgewiesen.

10.3 Erfolgsverbuchung bei Kapitalgesellschaften

Im Gegensatz zu Personenunternehmen haben Kapitalgesellschaften eine eigene Rechtspersönlichkeit (sog. juristische Person). Aus diesem Grund ist es notwendig, zwischen der Haftung der Gesellschaft und der Haftung der Gesellschafter zu unterscheiden. Während die **Gesellschaft** als juristische Person für ihre Verbindlichkeiten wie jede andere Person mit ihrem gesamten Vermögen haftet, begrenzt sich die Haftung der Gesellschafter auf ihre (voll eingezahlte) Kapitaleinlage. Anteilseigner von Kapitalgesellschaften dürfen ihre Kapitalanteile nicht beliebig aufstocken und reduzieren, da die Kapitaleinlage der Gesellschafter in ihrer Summe in der Satzung festgeschrieben ist, weshalb auch von **konstanten** oder **fixen Eigenkapitalkonten** gesprochen wird. Wegen der Vielzahl der Gesellschafter werden die Eigenkapitalanteile nicht - wie bei Personenhandelsgesellschaften - auf getrennten, sondern auf einem einzigen Kapitalkonto geführt. Allgemein wird dieses Eigenkapitalkonto als **"Gezeichnetes Kapital"** (Nominalkapital) bezeichnet. Bei der AG wird es **Grundkapital** und bei der GmbH **Stammkapital** genannt.

Sieht man der Einfachheit halber von sog. **Kapitalrücklagen** ("von außen" zugegangene Kapitalbeträge) ab, setzt sich das Eigenkapital einer Kapitalgesellschaft aus einer **festen Betragsgröße** und einer **variablen Größe** zusammen. Das gezeichnete Kapital wird durch die jährliche Erfolgsbuchung nicht berührt. Gewinne oder Verluste sowie Rücklagen (Kapital- und Gewinnrücklagen) werden im Jahresabschluss der Aktiengesellschaft gesondert ausgewiesen und sämtliche (variable) Posten mit Eigenkapitalcharakter zu einer Gruppe "Eigenkapital" zusammengefasst.[72]

Erwirtschaftet die Kapitalgesellschaft Gewinne, die **nicht** ausgeschüttet werden, erhöht sich durch die einbehaltenen (thesaurierten) Gewinne dieser und vergangener Perioden der Bestand der variablen Eigenkapitalkonten "Gewinnrücklagen". Gemäß § 275 Abs. 4 HGB dürfen Veränderungen der Kapital- und Gewinnrücklagen in der Gewinn- und Verlustrechnung erst nach dem Posten **"Jahresüberschuss/Jahresfehlbetrag"** ausgewiesen werden. Von den obigen Gewinnbegriffen ist der **Bilanzgewinn** bzw. **Bilanzverlust** zu unterscheiden (§ 268 Abs. 1 HGB). Durch den Gebrauch der unterschiedlichen Gewinnbegriffe kommt zum Ausdruck, dass bei Aktiengesellschaften **Ergebnisermittlung** und **Ergebnisverwendung** getrennt zu betrachten sind.[73] Für die Ergebnisverwendung ergibt sich folgendes Rechenschema:

	Jahresüberschuss/Jahresfehlbetrag
+	Gewinnvortrag des Vorjahres
-	Verlustvortrag des Vorjahres
+	Entnahmen aus Kapitalrücklagen
+	Entnahmen aus Gewinnrücklagen
-	Einstellungen in Gewinnrücklagen
=	**Bilanzgewinn/Bilanzverlust**
-	auszuschüttender Betrag
=	**Gewinnvortrag/Verlustvortrag**

72 Zu den einzelnen Bestandteilen des Eigenkapitals vgl. das 8. Kapitel dieses Buches.

73 Eine ausführliche Darstellung im Hinblick auf Erfolgsfeststellung und Erfolgsverwendung bei AG und GmbH findet sich bei: W. Eisele (1999), S. 422 ff.

Anhand des Rechenschemas wird deutlich, dass es durch die Auflösung von Rücklagen vergangener Perioden auch dann möglich ist, einen **Bilanzgewinn** auszuweisen, wenn das Geschäftsjahr mit einem Jahresfehlbetrag abgeschlossen hat. Ein **Bilanzverlust** entsteht, wenn ein Jahresfehlbetrag nicht durch Entnahmen aus Rücklagen oder aus einem Gewinnvortrag aus dem Vorjahr ausgeglichen werden kann. Aus der Differenz zwischen Jahresüberschuss und Bilanzgewinn der AG kann auf die Gewinnverwendungspolitik der Geschäftsleitung geschlossen werden. Gemäß § 58 Abs. 2 AktG können **Vorstand** und **Aufsichtsrat**, sofern sie den Jahresabschluss feststellen, einen Teil des Jahresüberschusses, höchstens jedoch die Hälfte, in **andere Gewinnrücklagen** einstellen.

Nach Feststellung des handelsrechtlichen Jahresüberschusses bzw. Bilanzgewinns kann die Haupt- oder Gesellschafterversammlung (i. d. R. vier bis sechs Monate nach Abschluss eines Geschäftsjahres) der AG über die Verwendung des **Jahresüberschusses** (zuzüglich Gewinnvortrag/abzüglich Verlustvortrag) bzw. **des Bilanzgewinns** beschließen. Bei der AG stellt der Bilanzgewinn jenen Betrag dar, über dessen **Verwendung die Hauptversammlung** zu beschließen hat, **nachdem** Vorstand und Aufsichtsrat die ihnen zustehenden Rücklagenentnahmen bzw. -zuführungen bereits vorgenommen haben. Die Hauptversammlung kann sich theoretisch zur vollständigen Gewinnthesaurierung (Einstellung in freie Gewinnrücklagen bzw. als Gewinnvortrag) oder zur vollständigen Gewinnausschüttung (Dividende/ Auszahlung) entschließen. Der Bilanzgewinn kann demnach als der **"verteilungsfähige Reingewinn"** bezeichnet werden.

Wird zugrundegelegt, dass bei der **Verbuchung der Ergebnisverteilung** zusätzlich bestimmte Personalaufwendungen zu berücksichtigen sind, die **von der Größe des Jahreserfolgs** abhängig sein können, bedarf es am Jahresende einer "Korrektur" des Ergebnisses.[74] Zu den gewinnabhängigen Aufwendungen zählen bestimmte Steuern (Gewerbeertragsteuer und Körperschaftsteuer), Gewinnbeteiligungen der Belegschaft und i. d. R. Vorstands- und Aufsichtsratstantiemen nach deren Berücksichtigung sich der **"endgültige**

74 "Wären alle Aufwendungen vom Jahresüberschuss unabhängig, so ließe sich dieser ohne Schwierigkeit ermitteln. Aufgrund handels- und steuerrechtlicher Vorschriften gibt es aber einige Arten von Aufwendungen, z. B. Aufsichtsrats- und Vorstandstantiemen sowie ertragsabhängige Steuern, die einerseits bei der Ermittlung des Jahresüberschusses abzusetzen sind, deren Höhe aber andererseits von der Höhe des Jahresüberschusses abhängt. Wegen dieser Interdependenzen ist die **exakte Bestimmung** solcher Aufwendungen sowie des Jahresüberschusses **nur mit Hilfe eines simultanen Gleichungssystems** möglich." A. G. Coenenberg (1991), S. 314.

Jahresüberschuss" ergibt. Die **Verbuchung von Vorstands- und Aufsichtsratstantiemen** wird aktienrechtlich nach dem im Folgenden tabellarisch dargestellten Muster durchgeführt:[75]

Verbuchung von Vorstands- und Aufsichtsratstantiemen		
	Soll	**Haben**
Vorstandstantiemen	Sie sind eine Teil des Personalaufwands und in der Gewinn- und Verlustrechnung unter der Aufwandsposition „Löhne und Gehälter" auszuweisen.	Sie sind auf dem Konto „Sonstige Verbindlichkeiten" bilanziell auszuweisen; obwohl sie erst nach dem Bilanzstichtag festgestellt und somit auch gebucht werden können, ist eine rückwirkende Buchung auf den Bilanzstichtag möglich.
Aufsichtsratstantiemen	Da die Aufsichtsräte keine Arbeitnehmer des Unternehmens sind, werden die Aufwendungen als „Sonstige betrieblich Aufwendungen" ausgewiesen.	Entweder werden sie – wenn ihre Höhe satzungsmäßig fixiert ist – ebenfalls rückwirkend als „Sonstige Verbindlichkeit" eingebucht oder es ist – wenn ihre Höhe noch von der Hauptversammlung bewilligt werden muss – am Jahresende in Höhe des geschätzten Aufwandes eine „Rückstellung für ungewisse Verbindlichkeiten (Bilanziell: „Sonstige Rückstellungen") zu bilden.

Am Jahresende ist demzufolge wie folgt zu buchen:

Bei Vorstandstantiemen:

Löhne und Gehälter (Aufwand)	**an**	Sonstige Verbindlichkeiten

Bei Aufsichtsratstantiemen:

Sonstige betriebliche Aufwendungen	**an**	Sonstige Verbindlichkeiten oder Sonstige Rückstellungen

Als Gegenkonto für die Vorstands- und Aufsichtsratstantiemen dient das Konto "Sonstige Verbindlichkeiten", da die Aufwendungen eine Schuld der

75 Nach G. Wöhe/H. Kußmaul (2000), S. 328 f.

Gesellschaft an die Vorstands- und Aufsichtsratsmitglieder darstellen, die erst im neuen Jahr beglichen wird. Ist die Höhe der Aufsichtsratstantiemen nicht satzungsmäßig festgelegt, sondern muss die Hauptversammlung darüber entscheiden, so ist für die noch nicht ausgezahlten Aufsichtsratstantiemen eine Rückstellung gemäß § 249 Abs. 1 HGB für ungewisse Verbindlichkeiten zu bilden.

Sind entsprechende Korrekturen erfolgt, wird für die buchmäßige Abwicklung der Gewinnverwendung ein **"Gewinnverwendungskonto"** oder **"Gewinnverteilungskonto"** (IKR: 3300 Ergebnisverwendung) eingerichtet, das den handelsrechtlichen Jahresüberschuss (zuzüglich eines Gewinnvortrages/ abzüglich eines Verlustvortrages) oder der handelsrechtliche Bilanzgewinn bis zur Beschlussfassung der Haupt- oder Gesellschafterversammlung im neuen Geschäftsjahr aufnimmt.

Entsprechend der Entscheidungsabläufe über den Jahresabschluss, die in **zwei zeitlich voneinander getrennten Stufen** erfolgen, ist es bei Aktiengesellschaften sinnvoll, eine kontenmäßige Trennung zwischen Jahresergebnis und Bilanzergebnis vorzunehmen. Wird die Bilanz gemäß § 268 Abs. 1 HGB unter Berücksichtigung der vollständigen oder teilweisen Verwendung des Jahresergebnisses aufgestellt, so ist - neben dem GuV-Konto - ein besonderes **"Bilanzergebniskonto"** (3350 Bilanzgewinn/Bilanzverlust) einzurichten, auf dem die das Jahresergebnis noch verändernden Vorgänge verbucht werden.

Im Falle einer Dividendenausschüttung ist zu berücksichtigen, dass Dividenden aus Aktien sowohl der Körperschaftsteuer (36 %) als auch der (vom Aktionär zu tragenden) Kapitalertragsteuer (25 %) gemäß § 43 a Abs. 1 EStG unterliegen.[76] Beide Steuern sind von der AG einzubehalten und an das Finanzamt abzuführen. Solange der Betrag ans Finanzamt noch nicht gezahlt ist, die entsprechende Verpflichtung aber bereits besteht, ist er auf das Konto **"4830 Sonstige Verbindlichkeiten gegenüber Finanzbehörden"** oder das Sammelkonto **"4810 Noch abzuführende Abgaben"** zu verbuchen.

Die **Ergebnisverbuchung der AG** (die mit gewissen Einschränkungen wie der Bildung und Verwendung von Rücklagen auch für die GmbH anwendbar

---

76 Die Dividende unterliegt mit ihrem Bruttobetrag beim Empfänger der Einkommensteuer. Die in Abzug gebrachte Körperschaft- und Kapitalertragsteuer wird in voller Höhe auf die Einkommensteuer angerechnet. Ausgezahlt wird demnach nur die um die Steuern gekürzte Nettodividende.

ist) wird nun, unter Berücksichtigung der zwei Entscheidungsstufen, anhand des folgenden Beispiels[77] in den Grundzügen dargestellt.

Beispiel: Verwendung des Jahresüberschusses durch Vorstand und Aufsichtsrat: Eine AG erzielt 2001 einen Jahresüberschuss von 1.000.000 €. Davon müssen gemäß § 150 Abs. 2 AktG zunächst 5 % (50.000 €) der gesetzlichen Rücklage zugeführt werden, vom Restbetrag wird die Hälfte (475.000 €) den freien Rücklagen zugerechnet. Verwendung des Bilanzgewinns durch Hauptversammlung (im neuen Geschäftsjahr): Der verbleibende Betrag von 475.000 € wird nach Beschluss der Hauptversammlung, die am 30.6.1993 stattfindet, in Höhe von 75.000 € als Gewinnvortrag im Unternehmen belassen, der Restbetrag von 400.000 € ist auszuschütten. Am 15.7.2002 werden 84 % des Ausschüttungsbetrags an die Aktionäre vom Bankkonto ausbezahlt, und 16 % werden am 10.8.2002 vom Bankkonto an das Finanzamt überwiesen.

Buchungen am Jahresende 2001:				
GuV-Konto	50.000	**an**	Gesetzliche Rücklagen	50.000
GuV-Konto	475.000	**an**	Andere Gewinnrücklagen	475.000
GuV-Konto	475.000	**an**	Bilanzgewinnkonto	475.000
Buchung am 1.1.2002:				
Bilanzgewinnkonto	475.000	**an**	Gewinnverwendungskonto	475.000
Buchung am 30.6.2002:				
Gewinnverwendungskonto	475.000	**an**	Gewinnvortrag	75.000
			Sonstige Verbindlichkeiten	400.000
Buchung am 15.7.2002:				
Sonstige Verbindlichkeiten	400.000	**an**	Bank	336.000
			Noch abzuführende Abgaben	64.000
Buchung am 10.8.2002:				
Noch abzuführende Abgaben	64.000	**an**	Bank	64.000

Wie bereits erwähnt, unterscheidet sich die Ergebnisverbuchung der GmbH nur unwesentlich von derjenigen der AG. Das gezeichnete Kapital (Stamm-

---

77 In Anlehnung an: G. Wöhe/H. Kußmaul (2000), S. 329. Die Zahlen in diesem Beispiel sind beliebig gewählt und haben mit der tatsächlichen Funktionsweise des körperschaftsteuerlichen Anrechnungssystems nichts zu tun. "Dass noch eine Zahlung an das Finanzamt erfolgt, obwohl der Jahresüberschuss bereits um die Körperschaftsteuer gekürzt ist, ist darauf zurückzuführen, dass der Körperschaftsteuersatz für zurückbehaltene und für ausgeschüttete Gewinne unterschiedlich hoch ist (25 % bzw. 20 %). Im Zeitpunkt der Bildung der Körperschaftsteuerrückstellung ist aber noch nicht bekannt, welcher Teil des Jahresüberschusses ausgeschüttet bzw. zurückgehalten wird, da über die Verwendung des Bilanzgewinns die Hauptversammlung zu entscheiden hat."

kapital) der GmbH wird bei der Gründung durch den Gesellschaftsvertrag festgelegt (§ 3 Abs. 1 GmbHG) und beträgt mindestens 50.000 DM/25.000 € (§ 5 Abs. 1 GmbHG); es setzt sich aus den Anteilen der Gesellschafter zusammen, wobei die Stammeinlage eines Gesellschafters mindestens 500 DM/250 € betragen muss. Die Eigenkapitalstruktur gleicht damit der einer AG. Die Gesellschafter der AG (Aktionäre) sind mit nominell begrenzten Anteilen (Aktien) von mindestens 5 DM/2,50 € (§ 8 Abs. 1 AktG) am nominell festgelegten Grundkapital der AG von mindestens 100.000 DM/ 50.000 € (§ 7 AktG) beteiligt und haften - wie die Gesellschafter der GmbH mit ihrer Einlage - nur in Höhe ihres Anteils. Im Gegensatz zum AktG enthält das GmbHG keine Verpflichtung zur Bildung einer gesetzlichen Rücklage. Die Ergebnisverwendung regelt der § 29 Abs. 1 GmbHG, soweit keine gesellschaftsvertragliche Regelung besteht.

Der **Jahresabschluss** wird **i. d. R. vor** Verwendung des Jahresergebnisses aufgestellt, so dass der Gesamtbetrag in der Schlussbilanz auszuweisen ist. Die eigentliche **Verwendung des Jahresergebnisses** (freie Rücklage, Gewinnvortrag oder Gewinnausschüttung) erfolgt dann **im neuen Jahr** entsprechend dem Beschluss der Gesellschafterversammlung. Die Gewinnverwendungsbuchungen entsprechen denen der AG.[78]

---

78 Vgl. W. Eisele (1999), S. 463 ff.

7. Kapitel: Anhang und Lagebericht

1 Anhang

Gemäß § 264 HGB haben Kapitalgesellschaften "den Jahresabschluss (§ 242) um einen Anhang zu erweitern, der mit der Bilanz und Gewinn- und Verlustrechnung eine Einheit bildet, sowie einen Lagebericht aufzustellen." Vor Inkrafttreten des Bilanzrichtliniengesetzes waren Aktiengesellschaften laut § 160 AktG 1965 zur Aufstellung eines Geschäftsberichtes verpflichtet, der sich aus einem Erläuterungs- und einem Lagebericht zusammensetzte. Nunmehr hat laut HGB der Anhang die Aufgaben des Erläuterungsberichts übernommen und der Lagebericht wurde verselbständigt. Beide Berichte sollen dazu beitragen, ergänzende und erklärende Informationen zur Beurteilung der wirtschaftlichen Lage des Unternehmens, die vorgeschrieben, aber nicht Gegenstand der Bilanz oder Gewinn- und Verlustrechnung sind, oder solche, die in Ausübung eines Wahlrechts nicht in die Bilanz oder in die Gewinn- und Verlustrechnung aufgenommen wurden, zu liefern. Der Anhang hat eine **Erläuterungs-**, **Ergänzungs-**, **Korrektur-** und **Entlastungsfunktion** im Hinblick auf die Bilanz und GuV-Rechnung.[1] Die zentrale Aufgabe der beiden Berichte besteht darin, für mehr Informationstransparenz zu sorgen. Dies geschieht insbesondere durch:

"(1) die Darstellung der angewendeten Bilanzierungs- und Bewertungsmethoden;

(2) die Darstellung, Begründung und Erläuterung der Änderung dieser Methoden;

(3) die Darstellung, Begründung und Erläuterung der Durchbrechung der Gliederungs- und Bewertungskontinuität und

(4) die Berichterstattung über den Geschäftsverlauf, die Lage und die voraussichtliche Entwicklung der Gesellschaft."[2]

Während die Kapitalgesellschaften den Anhang (mit unterschiedlich starken Erleichterungen) und den Lagebericht (verbindlich) erstellen müssen, trifft

---

1 J. Baetge (1996), S. 605 ff.

2 G. Wöhe (1990), S. 169.

dies auf Personengesellschaften und Einzelunternehmen auch dann nicht zu, wenn sie aufgrund der Größenordnung unter das Publizitätsgesetz fallen.

Gemäß § 284 f. HGB enthält der **Anhang** eine Fülle von auszuweisenden Angaben (vgl. die *Tabelle*[3] am Ende dieses Abschnitts). In ihm kann auch laut § 268 Abs. 2 HGB der sog. **Anlagenspiegel** (Anlagengitter)[4] ausgewiesen sein: In der Bilanz oder im Anhang ist die Entwicklung der einzelnen Posten des Anlagevermögens und des Postens "Aufwendungen für die Ingangsetzung und Erweiterung des Geschäftsbetriebs" darzustellen. Dabei sind, ausgehend von den gesamten Anschaffungs- und Herstellungskosten, die Zugänge, Abgänge, Umbuchungen und Zuschreibungen des Geschäftsjahres sowie die Abschreibungen in ihrer gesamten Höhe gesondert aufzuführen. Die Abschreibungen des Geschäftsjahres sind entweder in der Bilanz bei den betreffenden Posten zu vermerken oder im Anhang in einer der Gliederung des Anlagevermögens entsprechenden Aufgliederung anzugeben." Für den Anlagenspiegel gilt die **direkte Bruttomethode** (vgl. *Abbildung 89*).

Die **erste Spalte** enthält den jeweiligen **Posten**. **Spalte 2** weist die **ursprünglichen** (historischen) **Anschaffungs-** oder **Herstellungskosten** aller zu Beginn des Geschäftsjahres vorhandenen Vermögensgegenstände aus, nicht deren Buchwert. In **Spalte 3** und **4** sind die **"Zugänge"** (mengenmäßig) des Geschäftsjahres (= Brutto-Investitionen) und die **"Abgänge"** (mengenmäßig) im Laufe des Geschäftsjahres jeweils mit den **gesamten Anschaffungs-** oder **Herstellungskosten** zu verzeichnen. **Spalte 5** nimmt **"Umbuchungen"** von Posten während des Geschäftsjahres auf (z. B. im Falle der Fertigstellung einer Anlage erfolgt eine Umbuchung des Postens "Anlagen im Bau" auf die entsprechende Anlageposition). **Spalte 6 "Zuschreibungen"** erfasst **Werterhöhungen** von Vermögensgegenständen des Geschäftsjahres im Gegensatz zu Abschreibungen, die Wertminderungen ausdrücken. **Spalte 7** enthält die **kumulierten Abschreibungen** (= Summe der bisherigen Abschreibungen auf alle am Ende des Geschäftsjahres vorhandenen Vermögensgegenstände **minus** Zuschreibungen des vorhergehenden Geschäftsjahres.

---

3 A. G. Coenenberg (2000), S. 823 ff.

4 Vgl. G. Wöhe (1987), S. 188 ff.

Abbildung 89

Muster eines Anlagenspiegels (Anlagegitter)									
Bilanzposten	Historische Anschaffungskosten oder Herstellungskosten kumuliert	Zugänge (+)	Abgänge (-)	Umbuchungen (+) (-)	Zuschreibungen (+)	Abschreibungen kumuliert (-)	Restbuchwert 31.12.	Restbuchwert Vorjahr	Abschreibungen des Geschäftsjahres
		des Geschäftsjahres							
1	2	3	4	5	6	7	8	9	10
Aufwendungen für Ingangsetzung und Erweiterung des Geschäftsbetriebes Anlagevermögen . .									

Sie entwickeln sich wie folgt: Anfangsbestand + Abschreibungen des Geschäftsjahres - bisherige Abschreibungen auf Abgänge +/- Abschreibungen auf Umbuchungen - Zuschreibungen des Vorjahres = Endbestand). Diese Spalte enthält damit den **Saldo aller** bisher durchgeführten **Wertveränderungen**. Der Restbuchwert einer Anlage in **Spalte 8** errechnet sich aus den Spalten 2 - 7 (2 + 3 - 4 +/- 5 + 6 - 7). **Spalte 9** weist den Restbuchwert des Vorjahres oder den Vorjahresvergleichswert (Übernahme aus dem Jahresabschluss des Vorjahres) aus und **Spalte 10** die **gesamten Abschreibungen des Geschäftsjahres** (= in der Gewinn- und Verlustrechnung ausgewiesene Abschreibungen).

Im Hinblick auf die Übersichtlichkeit der Darstellung der Finanzlage eines Unternehmens empfiehlt es sich - insbesondere für mittlere und große Kapitalgesellschaften - die **im Hinblick auf den Ausweis der Verbindlichkeiten erforderlichen Angaben** des § 268 Abs. 5 sowie § 285 Nr. 1 und 2 HGB in einem sog. **Verbindlichkeitenspiegel** zusammenzufassen.[5]

---

5 Vgl. G. Wörner (1998), S. 247.

2 Lagebericht

Im Gegensatz zu der Fülle der geforderten Angaben im Anhang, geht aus dem Gesetz nicht hervor, welche Angaben der **Lagebericht** im einzelnen zu enthalten hat (vgl. *Abbildung 90*)[6]. Vorgeschrieben ist laut § 289 Abs. 1 HGB lediglich, dass zumindest der Geschäftsablauf und die Lage der Kapitalgesellschaft so darzustellen ist, "dass ein den tatsächlichen Verhältnissen entsprechendes Bild vermittelt wird." Gemäß § 289 Abs. 2 HGB soll er ferner eingehen auf:

" 1. Vorgänge von besonderer Bedeutung, die nach dem Schluss des Geschäftsjahres eingetreten sind;

2. die voraussichtliche Entwicklung der Kapitalgesellschaft;

3. den Bereich Forschung und Entwicklung;

4. bestehende Zweigniederlassungen der Gesellschaft."

Abbildung 90

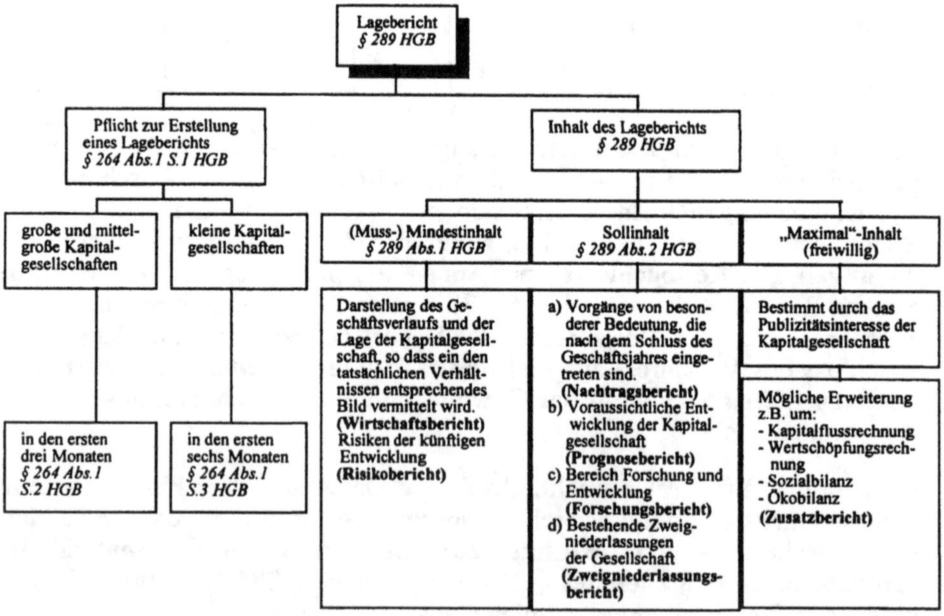

6 Nach G. Bähr/W. F. Fischer-Winkelmann (1990), S. 397.

Einige Unternehmen ergänzen freiwillig den Lagebericht durch einen **Sozialbericht**, in dem Rechenschaft über die sozialen Leistungen und Verhältnisse des Betriebes abgelegt wird. Gemäß § 290, Abs. 1 HGB müssen Konzernunternehmen unter bestimmten Voraussetzungen (§ 271 Abs. 1) "in den ersten fünf Monaten des Konzerngeschäftsjahres für das vergangene Konzerngeschäftsjahr einen Konzernabschluss und einen Konzernlagebericht erstellen."

Da der Lagebericht in Anlehnung an die **Generalnorm für Kapitalgesellschaften** (§ 243 Abs. 2 HGB) nach § 289 Abs. 1 HGB ein den tatsächlichen Verhältnissen entsprechendes Bild des Geschäftsverlaufs und der Lage der Kapitalgesellschaft vermitteln soll, Rechenschaft aber nur über Vergangenes abgelegt werden kann und der Lagebericht auch einen Prognoseteil über Zukunftsaussichten des Unternehmens enthält, lässt sich der Zweck des Lageberichts treffender als **Informationsvermittlung** kennzeichnen.[7]

In der Literatur wird die Benutzung von **Checklisten** zum Lagebericht empfohlen, um eine Systematisierung der diversen quantitativen und qualitativen Informationen zu gewährleisten.

---

7 Vgl. J. Baetge (1996), S. 637 ff.

Anhangangabepflichten (für alle Kapitalgesellschaften und rechtsformspezifisch)

Anzunehmender Sachverhalt	Rechts-grundlage	kleine Kapital-gesell-schaften	große und mittelgroße Kapitalge-sellschaften	vom PublG erfaßte Gesell-schaften	Genossen-schaften	Ausweis fakultativ in
1. Allgemeine Angaben zu Bilanzierung und Bewertung und Währungsumrechnung						
Angabe der auf die Posten von Bilanz und Gewinn- und Verlustrechnung angewandten Bilanzierungs- und Bewertungsmethoden	§ 284 Abs. 2 Nr.1	x	x	x	x	-
Angabe, falls Fremdkapitalzinsen in die Herstellungskosten einbezogen wurden	§ 284 Abs. 2 Nr.5	x	x	x	x	-
Angabe und Begründung, falls von Bilanzierungs- und Bewertungs-methoden abgewichen wurde; gesonderte Darstellung des Einflusses auf die Vermögens-, Finanz- und Ertragslage	§ 284 Abs. 2 Nr.3	x	x	x	x	-
Angabe der Grundlagen für die Umrechnung in Euro	§ 284 Abs. 2 Nr.2	x Übergangsregelung gem. Art 42 Abs.1 EGHGB	x	x	x	-
Angabe und Begründung bei Unter-brechung der Darstellungsstetigkeit	§ 265 Abs. 1	x	x	x	x	-
Angabe und Begründung, falls aufgrund unterschiedlicher Geschäftszweige verschiedene Gliederungsvorschriften zu beachten sind	§ 265 Abs. 4	x	x	x	x	-
2. Informationen zum Jahresabschluß 2.1 Informationen zur Bilanz Angabe, wenn ein Vermögens-gegenstand unter mehrere Posten fällt	§ 265 Abs. 3	x	x	x	x	Bilanz
Gesonderter Ausweis in der Bilanz zur Erreichung größerer Klarheit zusammengefaßter Posten	§ 265 Abs. 7	x	x	x	x	Bilanz
Angabe und Erläuterung, wenn in der Bilanz Vorjahresbeträge mit den aktuellen Beträgen nicht vergleichbar sind, bzw. wenn der Vorjahresbetrag angepaßt wurde	§ 265 Abs. 2	x	x	x	x	-
Erläuterung von Beträgen größeren Umfanges unter den "Sonstigen Vermögensgegenständen", wenn diese erst nach dem Abschlußstichtag rechtlich entstehen	§ 268 Abs. 4 S.2	x	x	x	x	-
Erläuterung des als Bilanzierungshilfe aufgenommenen Postens "Auf-wendungen für die Ingangsetzung und Erweiterung des Geschäftsbetriebes"	§ 269	x	x	x	x	-

Anzunehmender Sachverhalt	Rechts-grundlage	kleine Kapital-gesell-schaften	große und mittelgroße Kapitalge-sellschaften	vom PublG erfaßte Gesell-schaften	Genossen-schaften	Ausweis fakultativ in
Darstellung der Entwicklung der einzelnen Posten des Anlage-vermögens (Anlagespiegel) und des Postens "Aufwendungen für die Ingangsetzung und Erweiterung des Geschäftsbetriebes"	§ 268 Abs. 2 S.1	-	x	x	x	Bilanz
Gesonderte Angabe bestimmter Positionen, falls mittelgroße Kapitalgesellschaften von der Erleichterung des § 327 Abs. 1 S. 1 HGB Gebrauch machen	§ 327 Abs. 1 S.2	-	nur für mittelgroße Kapital-Ges.	-	-	Bilanz
Angabe der Abschreibungen des Geschäftsjahres auf die Posten des Anlagevermögens und des Postens Aufwendungen für die Ingangsetzung und Erweiterung des Geschäftsbetriebes in entsprechender Aufgliederung	§ 268 Abs. 2 S.3	x	x	x	x	Bilanz
Angabe eines nach § 250 Abs. 3 in den aktiven Rechnungsabgrenzungsposten aufgenommenen Unterschiedsbetrags (Damnum, Disagio)	§ 268 Abs. 6	-	x	x	x	Bilanz
Erläuterung eines als Bilanzierungshilfe gesondert ausgewiesenen aktiven Abgrenzungspostens für latente Steuern	§ 274 Abs. 2	x	x	x	x	-
Angabe und hinreichende Begründung des Betrages der im Geschäftsjahr aus steuerlichen Gründen unterlassenen Zuschreibungen	§ 280 Abs. 3	x	x	-	-	-
Angabe und hinreichende Begründung des Betrages der im Geschäftsjahr allein nach steuerrechtlichen Vorschriften vorgenommenen Abschreibungen, getrennt nach Anlage- und Umlaufvermögen	§ 281 Abs. 2 S.1	x	x	x	-	Bilanz, GuV
Ausweis des Differenzbetrages zum Börsen- oder Marktwert, wenn dieser erheblich von dem mittels Durchschnittsbewertung oder Abgangsfiktion (z. B. Lifo, Fifo) ermittelten Wert abweicht	§ 284 Abs. 2 Nr.4	-	x	x	x	-
Angabe der Gründe für die planmäßige Abschreibung des Geschäfts- oder Firmenwertes, falls diese nicht linear zu mindestens einem Viertel erfolgt	§ 285 Nr. 13	x	x	x	x	-
Erläuterung von Beträgen größeren Umfangs unter den "Verbindlich-keiten", wenn diese erst nach dem Abschlußstichtag rechtlich entstehen	§ 268 Abs. 5 S.3	-	x	x	x	-
Gesonderte Angabe eines Gewinn- oder Verlustvortrages bei Bilanzerstellung nach teilweiser Ergebnisverwendung	§ 268 Abs. 1	x	x	x	x	Bilanz

Anzunehmender Sachverhalt	Rechts-grundlage	kleine Kapital-gesell-schaften	große und mittelgroße Kapitalge-sellschaften	vom PublG erfaßte Gesell-schaften	Genossen-schaften	Ausweis fakultativ in
Gesonderte Angabe der Rückstellung für latente Steuern	§ 274 Abs. 1	x	x	x	x	Bilanz
Angabe der Vorschriften, nach denen Sonderposten mit Rücklageanteil gebildet wurden	§ 273; § 281 Abs. 1 S. 2	x	x	x	x	Bilanz
Erläuterung von Rückstellungen, die unter den "Sonstigen Rückstellungen" nicht gesondert ausgewiesen wurden, wenn sie einen nicht unerheblichen Umfang haben	§ 285 Nr. 12	-	x	x	x	-
Angabe des Gesamtbetrages der bilanzierten Verbindlichkeiten mit einer Restlaufzeit von mehr als 5 Jahren	§ 285 Nr. 1a	x	x	x	x	-
Angabe des Gesamtbetrags der bilanzierten Verbindlichkeiten, die durch Pfandrechte oder ähnliche Rechte gesichert sind unter Angabe von Art und Form der Sicherheit	§ 285 Nr. 1b	x	x	x	x	-
Aufgliederung der in § 285 Nr. 1a und 1b (s. o.) geforderten Angaben für jeden Posten der Verbindlichkeit	§ 285 Nr. 2	-	x	x	x	Bilanz
Angabe der Fehlbeträge von nach Art. 28 Abs. 1 EGHGB nicht passivierten Rückstellungen für laufende Pensionen, Anwartschaften auf Pensionen oder ähnliche Verpflichtungen in einem Betrag	Art.28 Abs.2 EGHGB	x	x	x	x	Bilanz
2.2 Erläuterungen zur GuV Gesonderter Ausweis von Posten, die in der GuV zur Verbesserung der Klarheit der Darstellung nur zusammengefaßt ausgewiesen wurden	§ 265 Abs. 7 Nr.2	x	x	x	x	GuV
Angabe der außerplanmäßigen Abschreibungen beim Anlagevermögen (§ 253 Abs. 2 S. 3) und beim Umlaufvermögen zur Vorwegnahme künftiger Wertschwankungen(§ 253 Abs. 3 S. 3)	§ 277 Abs. 3 S.1	x	x	x	-	GuV
Erläuterungen der ausgewiesenen außerordentlichen Aufwendungen und Erträge hinsichtlich Betrag und Art, soweit sie nicht für die Beurteilung der Ertragslage von untergeordneter Bedeutung sind	§ 277 Abs. 4 S.2	x	x	x	x	-
Erläuterung der aperiodischen Erträge und Aufwendungen hinsichtlich Betrag und Art, soweit sie nicht für die Beurteilung der Ertragslage von untergeordneter Bedeutung sind	§ 277 Abs. 4 S.3	x	x	x	x	-

Anzunehmender Sachverhalt	Rechtsgrundlage	kleine Kapitalgesellschaften	große und mittelgroße Kapitalgesellschaften	vom PublG erfaßte Gesellschaften	Genossenschaften	Ausweis fakultativ in
Angaben über das Ausmaß der Ergebnisbeeinflussung durch die Inanspruchnahme steuerlicher Sondervorschriften (Sonderabschreibungen nach § 254, Verzicht auf Zuschreibung § 280 Abs. 2, Bildung eines Sonderpostens mit Rücklageanteil nach § 273), auch soweit früher getroffene Maßnahmen sich im Geschäftsjahr noch auswirken; außerdem Angaben über das Ausmaß erheblicher künftiger Belastungen, die aus diesen Maßnahmen resultieren	§ 285 Nr. 5	-	x	x	-	-
Angabe der Erträge aus der Auflösung des Sonderpostens mit Rücklageanteil und der Aufwendungen aus der Einstellung in den Sonderposten mit Rücklageanteil	§ 281 Abs. 2 S.2	x	x	x	x	GuV
Angabe, in welchen Umfang die Ertragssteuern auf das ordentliche und außerordentliche Ergebnis entfallen	§ 285 Nr. 6	-	x	-	-	-
Angaben bei Anwendung des Umsatzkostenverfahrens: a) Materialaufwand des Geschäftsjahres, gegliedert nach § 275 Abs. 2 Nr. 5	§ 285 Nr. 8a	-	x	x	x	-
b) der Personalaufwand des Geschäftsjahres, gegliedert nach § 275 Abs. 2 Nr. 6	§ 285 Nr. 8b	x	x	x	x	-
Aufgliederung der Umsatzerlöse nach Tätigkeitsbereichen sowie geographisch bestimmten Märkten, soweit sich, unter Berücksichtigung der Organisation des Verkaufs von für die gewöhnliche Geschäftstätigkeit der Kapitalgesellschaft typischen Erzeugnissen und	§ 285 Nr. 4	-	Angabepfl. nur für gr. Kap.-Ges.; bei drohendem Nachteil kann Ang. unterbleiben	x	Pflicht bei Erreichen der Größenmerkmale	-
2.3 Zusätzliche Angaben zur Erreichung der Generalnorm						
Zusätzliche Angaben, wenn der Jahresabschluß trotz Beachtung der GoB ein den tatsächlichen Verhältnissen entsprechendes Bild der Vermögens-, Finanz und Ertragslage nicht vermittelt	§ 264 Abs. 2 S.2	x	x	x	x	-

Anzunehmender Sachverhalt	Rechts-grundlage	kleine Kapital-gesell-schaften	große und mittelgroße Kapitalge-sellschaften	vom PublG erfaßte Gesell-schaften	Genossen-schaften	Ausweis fakultativ in
3. Sonstige Angaben 3.1 Haftungsverhältnisse und sonstige finanzielle Verpflichtungen Gesonderte Angabe von Verbindlichkeiten • aus der Begebung und Übertragung von Wechseln • aus Bürgschaften • aus Wechsel- und Scheckbürgschaften • aus Gewährleistungsverträgen, Haftungsverhältnissen • aus der Bestellung von Sicherheiten für fremde Verbindlichkeiten	§ 268 Abs. 7 § 251	x	x	x	x	gesondert unter der Bilanz
jeweils unter Angabe gewährter Pfandrechte oder sonstiger Sicherheiten						
Angabe des Gesamtbetrages der sonstigen finanziellen Verpflichtungen, die nicht in der Bilanz erscheinen und auch nicht nach § 251 (s.o.) anzugeben sind, sofern diese Angaben für die Beurteilung der Finanzlage von Bedeutung sind	§ 285 Nr. 3	-	x	x	x	-
3.2 Beziehungen zu verbundenen Unternehmen Gesonderte Angabe der in § 251 (s.o.) bezeichneten Haftungsverhältnisse gegenüber verbundenen Unternehmen	§ 268 Abs. 7	x	x	x	x	gesondert unter der Bilanz
Angabe des Gesamtbetrages der sonstigen finanziellen Verpflichtungen, die nicht in der Bilanz erscheinen und nicht nach § 251 anzugeben sind, sofern diese Angabe für die Beurteilung der Finanzlage von Bedeutung ist	§ 285 Nr. 3	-	x	x	x	-
Name und Sitz derjenigen Mutterunternehmen, die den Konzernabschluß mit dem jeweils größten bzw. kleinsten Konsolidierungskreis aufstellen	§ 285 Nr. 14	x	x	x	x	-
3.3 Organe, Organkredite und Aufwendungen für Organe Angabe aller Mitglieder des Geschäftsführungsorgans und eines Aufsichtsrats, auch wenn sie im Geschäftsjahr oder später ausgeschieden sind, mit dem Familiennamen und mindestens einem ausgeschriebenen Vornamen. Der Vorsitzende eines Aufsichtsrats, seine Stellvertreter und ein etwaiger Vorsitzender des Geschäftsführungsorgans sind als solche zu bezeichnen	§ 285 Nr. 10	x	x	x	x	-

Anzunehmender Sachverhalt	Rechts-grundlage	kleine Kapital-gesell-schaften	große und mittelgroße Kapitalge-sellschaften	vom PublG erfaßte Gesell-schaften	Genossen-schaften	Ausweis fakultativ in
Angabe der Gesamtbezüge jeweils des a) Geschäftsführungsorgans b) Aufsichtsrats c) Beirats oder d) einer ähnlichen Einrichtung Hierzu gehören auch nicht ausbezahlte, sondern in andere Ansprüche umgewandelte oder zur Erhöhung anderer Ansprüche verwendete Bezüge	§ 285 Nr. 9a	-	x	x	-	-
Angabe der Gesamtbezüge der früheren Mitglieder der oben bezeichneten Organe und ihrer Hinterbliebenen. Außerdem Angabe der für diesen	§ 285 Nr. 9b	-	x	x	-	-
Angabe der Vorschüsse und Kredite an die Mitglieder der oben bezeichneten Organe, der wesentlichen Bedingungen, der gegebenenfalls im Geschäftsjahr zurückgezahlten Beträge sowie der zugunsten dieses Personenkreises eingegangenen Haftungsverhältnisse	§ 285 Nr. 9c	x	x	x	-	-
3.4 Angabe der - nach Gruppen getrennten - durchschnittlichen Zahl der während des Geschäftsjahres beschäftigten Arbeitnehmer	§ 285 Nr. 7	-	x	x	x	-
Angabe von Name, Sitz, Beteiligungs-quote, Eigenkapital und letztem Jahresergebnis von Unternehmen, an denen die Kapitalgesellschaft oder eine für deren Rechnung handelnde Person mindestens den fünften Teil der Anteile besitzt. Diese Angabe kann unter den	§ 285 Nr. 11	x	x	x	x	ge-sonderte Darst. (s. u. § 287)
Die Angabe des Eigenkapitals und des Jahresergebnisses kann unterbleiben, wenn das Unternehmen, über das zu berichten ist, seinen Jahresabschluß nicht offenzulegen hat und die berichtende Kapitalgesellschaft weniger als die Hälfte der Anteile besitzt.	§ 286 Abs. 3 S.2					
Die in § 285 Nr. 11 geforderten Angaben können auch gesondert in einer Aufstellung des Anteilsbesitzers gemacht werden, die dann Bestandteil des Anhangs ist. In den Anhang ist diesbezüglich ein Hinweis aufzunehmen.	§ 287	x	x	x	x	

Rechtsformspezifische Angabepflichten

	Aufzunehmender Sachverhalt **I. Aktiengesellschaften, KGaA**	Rechtsgrundlage AktG	Ausweis fakultativ in
	Angabe des nach § 58 Abs. 2a AktG in den Posten "andere Rücklagen" eingestellten Eigenkapitalanteils von Wertaufholungen	§ 58 Abs. 2a S. 2	Bilanz
	Gesonderte Angabe des während des Geschäftsjahres in die "Kapitalrücklage" eingestellten oder aus ihr entnommenen Betrages	§ 152 Abs. 2	Bilanz
	Gesonderte Angaben zu den einzelnen Posten der Gewinnrücklagen		
a)	bezüglich der von der Hauptversammlung aus dem Bilanzgewinn des Vorjahres eingestellten Beträge	§ 152 Abs. 3	Bilanz
b)	bezüglich der aus dem Jahresüberschuß des Geschäftsjahres eingestellten Beträge		
c)	bezüglich der für das Geschäftsjahr entnommenen Beträge		
	Darstellung der Entwicklung vom "Jahresüberschuß/Jahresfehlbetrag" zum "Bilanzgewinn/Bilanzverlust"	§ 158 Abs. 1	GuV
	Zusätzliche Vorschriften zum Anhang:	§ 160 Abs. 1	
a)	Angaben über Bestand und Zugang an Aktien, die ein Aktionär für Rechnung der Aktiengesellschaft oder eines von ihr abhängigen oder in Mehrheitsbesitz stehenden Unternehmens oder ein solches Unternehmen selbst übernommen hat; auch über die Verwertung solch	Nr. 1	-
b)	Angaben über den Bestand an eigenen Aktien, die von der Aktiengesellschaft selbst, von einem von ihr abhängigen oder in ihrem Mehrheitsbesitz stehenden Unternehmen oder für Rechnung der Aktiengesellschaft oder eines solchen Unternehmens von einem anderen	Nr. 2	-
c)	Angaben über Zahl und Nennbetrag jeder Aktiengattung; hierbei gesonderte Angabe der im Geschäftsjahr durch bedingte Kapitalerhöhung oder genehmigtes Kapital gezeichneten Aktien	Nr. 3	Bilanz
d)	Angabe des genehmigten Kapitals	Nr. 4	-
e)	Angaben zur Zahl der Wandelschuldverschreibungen und vergleichbarer Wertpapiere unter Angabe der durch sie verbrieften Rechte	Nr. 5	-
f)	Angaben über Genußrechte, Rechte aus Besserungsscheinen und ähnliche Rechte	Nr. 6	-
g)	Angaben über das Bestehen einer wechselseitigen Beteiligung unter Angabe des Unternehmens	Nr. 7	-
h)	Angaben über eine Beteiligung an der Gesellschaft, die ihr nach § 20 Abs. 1 oder 4 mitgeteilt wurde	Nr. 8	-
	Erläuterung der Verwendung von bei Kapitalherabsetzung gewonnenen Beträgen	§ 240 S. 3	-
	Angabe von Gründen und Beifügung einer Sonderrechnung, falls eine bei einer Sonderprüfung festgestellte Unterbewertung nicht mehr zu einer entsprechenden Korrektur der Bilanzansätze führt	§ 261 Abs. 1 S. 3 u. 4	-

Aufzunehmender Sachverhalt	Rechtsgrundlage	Ausweis fakultativ in
II. GmbH	GmbHG	
Angabe des Betrags der Rücklagen, die aufgrund von Wertaufholungen und steuerlichen Rücklagen in Gewinnrücklagen eingestellt wurden	§ 29 Abs. 4	Bilanz
Angabe der Ausleihungen, Forderungen und Verbindlichkeiten gegenüber Gesellschaftern	§ 42 Abs. 3	Bilanz
III. Eingetragene Genossenschaften	HGB	
Angaben über die Zahl der im Laufe des Geschäftsjahres eingetretenen oder ausgeschiedenen sowie die Zahl der am Schluß des Geschäftsjahres der Genossenschaft angehörenden Genossen Angabe des Gesamtbetrages, um den sich Geschäftsguthaben und Haftsummen der	§ 338 Abs. 1	-
Angabe von Name und Anschrift des für die Genossenschaft zuständigen Prüfungsverbands	§ 338 Abs. 2 Nr. 1	-
Angabe aller Mitglieder des Vorstandes und Aufsichtsrates, auch wenn sie im Geschäftsjahr ausgeschieden sind, mit Familien- und mindestens einem ausgeschriebenen Vornamen; ein etwaiger Vorsitzender des Aufsichtsrates ist als solcher zu bezeichnen	§ 338 Abs. 2 Nr. 2	-
Anstelle der Angaben nach § 285 Nr. 9 HGB Angabe der Forderungen der Genossenschaft gegen Mitglieder des Vorstandes oder Aufsichtsrates. Die Beträge für jedes Organ können in einer Summe ausgewiesen werden.	§ 338 Abs. 3	-

8. Kapitel: Jahresabschluss und Bewertung

1 Jahresabschluss im Spannungsfeld unterschiedlicher Interessen

Nachdem der Aufbau, die Struktur und das Zustandekommen von Bilanz und GuV-Rechnung buchungstechnisch aufgezeigt worden ist, soll nunmehr in Grundzügen verdeutlicht werden, dass die allgemeinen Grundsätze ordnungsmäßiger Buchführung bzw. Bilanzierung zwar den notwendigen rechtlichen Rahmen für die Erstellung des Jahresabschlusses bilden, diese aber gleichzeitig "Auslegungsregeln" beinhalten, die den Unternehmen beachtliche Spielräume für bilanzpolitische Maßnahmen bieten. Nach WEBER sind die "Grundsätze ordnungsmäßiger Buchführung (...) quasi die Spielregeln, nach denen die externe Rechnungslegung von Unternehmen in marktwirtschaftlich organisierten Volkswirtschaften abläuft."[1]

Je nachdem, welche Ziele mit dem Jahresabschluss verfolgt werden, müssen - in den Grenzen der Legalität - im Laufe des Geschäftsjahres und bei der Aufstellung des Jahresabschlusses Maßnahmen zur Zeichnung eines eher zu optimistischen oder eher zu pessimistischen Bildes der wirtschaftlichen Lage des Unternehmens erfolgen.

Das Ergebnis einer heute hochentwickelten Kunst des Bilanzierens und die dahinter stehende Interessenbezogenheit (man denke z. B. an die Bemühungen der Daimler-Benz-Führung, mit dem japanischen Mammutkonzern Mitsubishi eine Zusammenarbeit einzugehen) lässt sich am anschaulichsten anhand von konkreten Beispielen, dargelegt in der Wochenzeitschrift "Die Zeit", nachvollziehen:

"In Stuttgart bei Daimler-Benz, dem umsatzstärksten Konzern, leisteten die Finanzartisten ganze Arbeit: Unterm Strich blieben für 1989 nach Steuern sagenhafte und noch nie dagewesene 6,8 Milliarden Mark übrig. Wie viel das ist, zeigt ein Vergleich: Die Gewinne von Volkswagen, Siemens, Veba und BASF, die in der Rangliste die Plätze zwei bis fünf belegen, erreichen selbst zusammengenommen das Daimler-Benz-Format nicht. Der riesenhafte Profit stammt nicht aus besonders gut gehenden Geschäften mit den Mercedes-Automobilen. Die liefen sogar schlechter. Auch die neuen Töchter AEG und Deutsche Aerospace mit MBB, Dornier und MTU haben keine Supergewinne abgeliefert. Der gewaltige Jahresüberschuss ist auf dem Schreibtisch des Finanzvorstands produziert worden. Gerhard Liener zog nämlich kurzerhand

---

1 J. Weber (1989), S. 257.

6,5 Milliarden Mark stiller Reserven aus diversen Schubladen - Gewinne, die er sowie sein Vorgänger und jetziger Konzernchef Edzard Reuter in früheren Jahren geräuschlos hatten verschwinden lassen, bevor die Aktionäre sie zu Gesicht bekommen hatten. (...) Mindestens in Höhe der nun aufgelösten stillen Reserven von 6,5 Milliarden Mark, das ist damit bewiesen, waren die Jahresabschlüsse von Daimler-Benz vor 1989 irreführend, man könnte auch sagen falsch. Damals wussten es nur das Management des Unternehmens, die Aufsichtsräte und die Wirtschaftsprüfer. Heute kann es jeder nachlesen. (...) Der Jahresüberschuss, dem Wesen nach eine Restgröße, wird zur Vorgabe. Was eigentlich unter dem Strich herauskommen soll, steht als erstes da. Und dann werden Aktiva und Passiva herauf- und heruntergerechnet, Rückstellungen für ungewisse Risiken passend erhöht, Maschinen ebenso abgeschrieben und schließlich der Rest durch Abwertung in den Vorräten versteckt. Daimler-Benz hatte zuletzt Gewinne von mindestens 4,9 Milliarden Mark in überhöhten Pensionsrückstellungen verborgen und wenigstens 1,3 Milliarden Mark in zu gering bewerteten Vorräten verschwinden lassen. Vorteilhaft für den Vorstand sind solche Methoden auch deshalb, weil mit Hilfe stiller Reserven manche Ertragstäler elegant eingeebnet werden können, ohne dass Aktionäre und Öffentlichkeit davon erfahren."[2] Das Ergebnis von Shell und Esso ist ebenfalls durch besonders kreative Bilanzierungskünste geprägt. "Beide Öltöchter hatten von ihren Muttergesellschaften offenbar Order, einen Verlust in zweistelliger Millionenhöhe auszuweisen. Sie schafften das, indem sie einen identischen Vorgang höchst unterschiedlich bewerteten. Wegen der Höhe nach noch unbekannter Rückzahlungsverpflichtungen ihrer gemeinsamen Tochter BEB - Esso und Shell halten jeweils fünfzig Prozent daran - bildeten beide in ihrer Bilanz eine Rückstellung. Aufgrund übereinstimmender Informationen von BEB kam Esso zum Ergebnis, dass dafür 350 Millionen Mark erforderlich seien. Shell dagegen bilanziert die gleiche Verbindlichkeit mit 900 Millionen Mark."[3]

Es ist WEBER durchaus zuzustimmen, wenn er feststellt: "Die Rechnungslegung insgesamt muss sich somit von der Illusion lösen, ihr könne jemals eine 'richtige', allgemeingültige und endgültige Abbildung der wirtschaftlichen Realität gelingen. Sie ist vielmehr stets Interessen ausgesetzt, kontextabhängig."[4]

2 H. Blüthmann (1990), S. 24.

3 H. Blüthmann (1990), S. 24.

4 J. Weber (1989), S. 269.

2 Rechnungslegung nach Handels- und Steuerrecht

Wie bereits dargelegt, existieren im Rechnungswesen praktisch zwei Rechnungskreise: die Finanzbuchhaltung und die - auf dem wertmäßigen bzw. kalkulatorischen Kostenbegriff, d. h. unter Einbeziehung fiktiver Kosten, aufbauende - Betriebsbuchhaltung. Im Gegensatz zur Betriebsbuchhaltung hat der Gesetzgeber für die Finanzbuchhaltung entsprechende Normen erlassen, die von den hierzu verpflichteten Unternehmen bei der externen Rechnungslegung zwingend zu beachten sind.

Nach den zugrunde liegenden Rechtsnormen wird dabei zwischen der handelsrechtlichen und der steuerrechtlichen Rechnungslegung getrennt. Es gilt demnach zwischen der **Handelsbilanz** und der **Steuerbilanz**, deren einziger Adressat der Fiskus ist, zu unterscheiden. Mit den gesetzlich geregelten Rechnungslegungsvorschriften soll erreicht werden, dass eine Unternehmung über die in einer Rechnungsperiode angefallenen wirtschaftlichen Vorgänge bzw. Geschäftsvorfälle Rechenschaft ablegt. Die Bilanz, die Gewinn- und Verlustrechnung nebst Anhang und Lagebericht als Ergebnis der Finanzbuchhaltung bieten den Außenstehenden ein gewisses Minimum an interpretationsfähigen Informationen über die wirtschaftliche Lage des entsprechenden Unternehmens. Während bei den Aufgaben der Handelsbilanz nach den fünf Funktionen Dokumentation, Sicherung, Ermittlung, Rechenschaft und Information unterschieden werden kann, dient die Steuerbilanz primär der Ermittlung einer periodengerechten Bemessungsgrundlage für die Festsetzung ertragsabhängiger Steuern durch das Finanzamt.

Allerdings sind Handels- und Steuerbilanz trotz teilweise anderer Rechtsvorschriften nicht völlig isoliert voneinander zu betrachten. Es gilt der sog. **Maßgeblichkeitsgrundsatz** oder das **Maßgeblichkeitsprinzip**:

> Die **Handelsbilanz** ist für die Steuerbilanz maßgeblich.
> Die **Steuerbilanz** ist **keine selbständige**, sondern im Prinzip eine aus dem Jahresabschluss **abgeleitete** Bilanz.
> Der Grundsatz der Maßgeblichkeit wird dann **durchbrochen**, wenn handelsrechtlich gültige Wertansätze gegen zwingende steuerliche Normen verstoßen.

Das Maßgeblichkeitsprinzip (vgl. *Abbildung 91*[5]) besagt, dass grundsätzlich die **handelsrechtliche Bilanzierung** und **Bewertung** für die Steuerbilanz maßgeblich ist, soweit nicht zwingende steuerliche Vorschriften eine abweichende Bilanzierung bzw. Bewertung verlangen. Die **steuerliche Rechtspre-**

5 In Anlehnung an R. Federmann (1990), S. 158 und C. Meyer (1990), S. 38.

chung fordert, Bilanzierungswahlrechte, d. h. ob ein Wirtschaftsgut aktiviert bzw. passiviert wird, möglichst einzuschränken, um den Gewinn möglichst exakt zu bestimmen (Interesse der **Einnahmeerzielung** der Finanzbehörde). Vor diesem Hintergrund **gelten handelsrechtliche Bilanzierungswahlrechte nicht** in der Steuerbilanz

Abbildung 91

Maßgeblichkeitsprinzip und umgekehrte Maßgeblichkeit

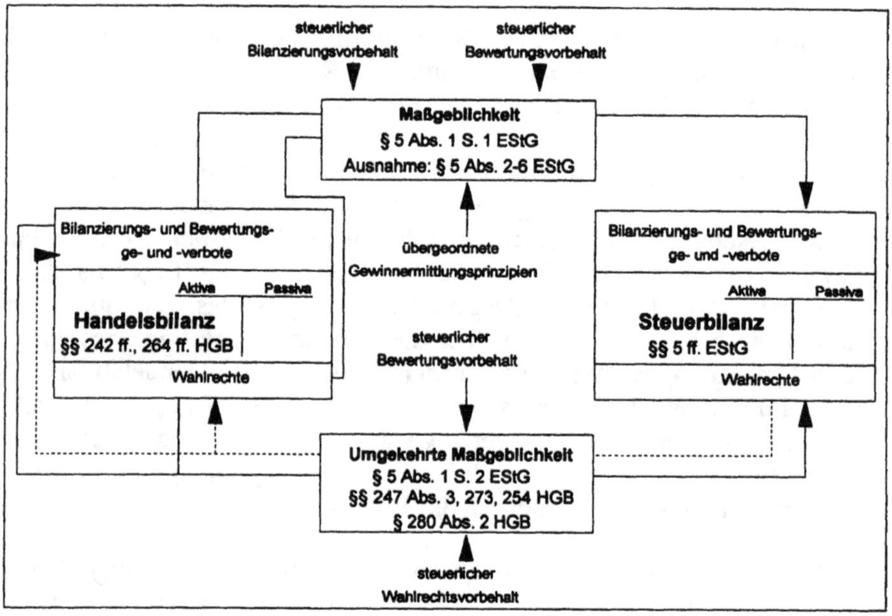

Handelsrechtliche Aktivierungswahlrechte werden steuerlich zu einem Aktivierungsgebot und handelsrechtliche Passivierungswahlrechte steuerlich zu einem Passivierungsverbot. Ausgenommen von dieser Regelung sind die **handelsrechtlichen Bilanzierungshilfen** (z. B. Posten "Aufwendungen für die Ingangsetzung des Geschäftsbetriebs", § 269 HGB). Dagegen **gelten** - im Unterschied zu Bilanzierungswahlrechten - **handelsrechtliche Bewertungswahlrechte** auch im Steuerrecht (vgl. *Abbildung 92*[6]).

6 Nach G. Wörner (1991), S. 85.

Abbildung 92

Handelsbilanz		Steuerbilanz
Bilanzierungsgebot	=	Bilanzierungsgebot
Bilanzierungsverbot	=	Bilanzierungsverbot
Aktivierungswahlrecht	→	Aktivierungsgebot
Passivierungswahlrecht	→	Passivierungsverbot
Bilanzierungshilfe	→	Bilanzierungsverbot

Die beiden Bilanzen verfolgen unterschiedliche Ziele. Überspitzt lässt sich mit HABERSTOCK das Verhältnis von Handels- und Steuerbilanz folgendermaßen charakterisieren:

"- Das **Handelsrecht** will ein **zu günstiges** Bilanzbild, d. h. einen zu hohen Gewinn, **verhindern!**

- Das **Steuerrecht** will ein **zu ungünstiges** Bilanzbild, d. h. einen zu niedrigen Gewinn, **verhindern!**"[7]

Grundsätzlich ist es jedoch nicht notwendig, eine eigenständige Steuerbilanz zu erstellen. Gemäß § 60 Abs. 2 und 3 EStDV hat der Steuerpflichtige dem Finanzamt eine Handelsbilanz einzureichen, die durch die Zusätze oder Anmerkungen den steuerlichen Vorschriften anzupassen ist (*vgl. Abbildung 93*[8]). Er kann allerdings auch eine den steuerlichen Vorschriften entsprechende Vermögensübersicht (Steuerbilanz) einreichen (§ 60 Abs. 3 EStDV). Von dieser Verfahrensweise macht die überwiegende Mehrzahl der Unternehmen Gebrauch. Nur ein kleiner Teil erstellt neben der Steuerbilanz zusätzlich eine eigenständige Handelsbilanz.[9]

---

7 L. Haberstock (1991), S. 87.

8 Nach R. Federmann (1990), S. 27.

9 W. Lück (1990), S. 195.

Abbildung 93

Handels- und Steuerbilanz im System der kaufmännischen Buchführung

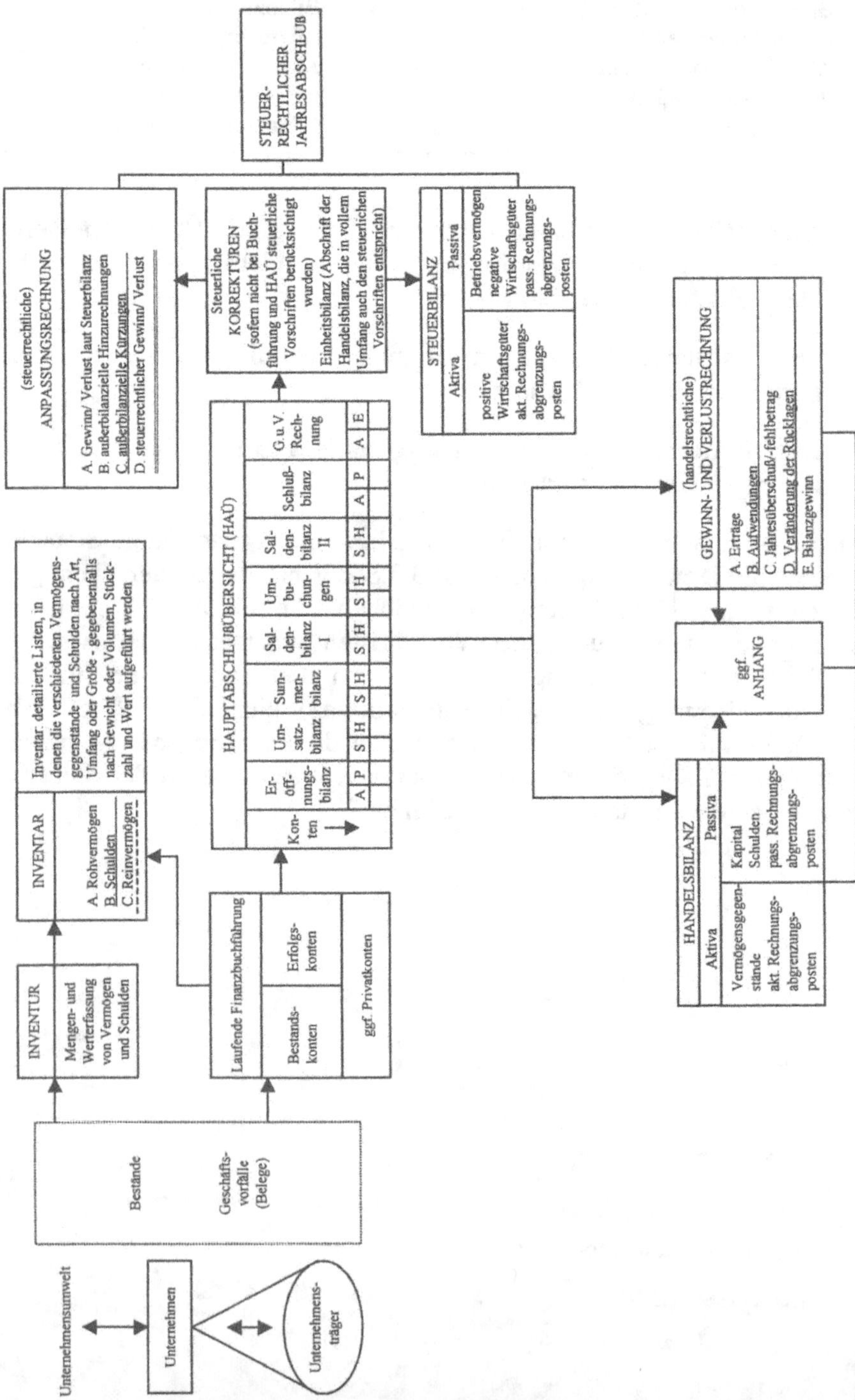

Aus der **Tatsache der Abschlusspraxis**, dass ca. 90% der Einzelkaufleute und Personengesellschaften (sofern sie nicht dem Publizitätsgesetz unterliegen) keine publizitätspolitischen Überlegungen bei der materiellen und formellen Gestaltung ihrer Bilanz und Gewinn- und Verlustrechnung anstellen und bei der Aufstellung der Handelsbilanz meist von steuerlichen Bewertungsvorschriften ausgehen[10], kehrt sich das Prinzip der Maßgeblichkeit der Handelsbilanz für die Steuerbilanz praktisch um (sog. **umgekehrte Maßgeblichkeit**). Statt einer Anlehnung der Steuerbilanz erfolgt eine Ausrichtung der Handelsbilanz an der Steuerbilanz.[11] Zu einer "Umkehrung des Maßgeblichkeitsprinzips" kann es in den Fällen kommen, in denen der Staat aus **außerfiskalischen** (z. B. infrastrukturpolitischen oder sonstigen wirtschaftspolitischen) Gründen den Unternehmen die Möglichkeit einer **Steuerersparnis** bzw. **Steuerverschiebung** einräumt. Diese "umgekehrte Maßgeblichkeit" ist handelsrechtlich insbesondere in § 254 HGB (allgemeine Vorschriften für alle Kaufleute) festgehalten: "Abschreibungen können auch vorgenommen werden, um Vermögensgegenstände des Anlage- oder Umlaufvermögens mit dem niedrigeren Wert anzusetzen, der auf einer nur steuerrechtlich zulässigen Abschreibung beruht." Für Kapitalgesellschaften gilt dieses Abschreibungswahlrecht jedoch nur unter bestimmten Voraussetzungen (§ 279 HGB).

Die Steuerbilanz wird auf Grundlage der Belege in der Regel vom Steuerberater des eigenen Vertrauens erstellt. Der Eigentümer des Geschäftes bzw. der Unternehmer besitzt damit nur eine bedingte Kenntnis über das Zustandekommen seines Gewinns oder Verlustes. Denn diese Größe hängt maßgeblich davon ab, welche Ausgaben im steuerlichen Sinne als Kosten bzw. Aufwendungen der Wirtschaftsperiode in der GuV-Rechnung zur Ermittlung des Gewinns anerkannt werden. Von der Bilanz aus gesehen, lässt sich dieser Tatbestand wie folgt formulieren: Damit anfallende Gewinne im entsprechenden Geschäftsjahr versteuert werden, wurden staatlicherseits besondere steuerliche Bilanzierungs- und Bewertungsvorschriften erlassen, um eine **Unterbewertung von Aktivposten** (Vermögen) und eine **Überbewertung von Passivposten** (Kapital) in der Bilanz zu verhindern.

10 Vgl. C. Meyer (1990), S. 38.

11 Zur Problematik, wissenschaftlichen Diskussion und praktischen Bedeutung der "Umkehrung des Maßgeblichkeitsprinzips" vgl. R. Federmann (1990), S. 160 ff. und W. Lück (1990), S. 426 ff.

Als wichtige Erkenntnis lässt sich bereits an dieser Stelle festhalten, dass trotz der Grundsätze ordnungsmäßiger Buchführung (GoB) wie Bilanzwahrheit und Bilanzklarheit zumindest den veröffentlichten Jahresabschlüssen keine fest umrissenen Größen entnommen werden können. Denn die Bilanzierungs- und Bewertungswahlrechte bieten den Unternehmen die Möglichkeit, einzelne Positionen der Bilanz und der GuV-Rechnung entsprechend den geschäftspolitischen Zielen bewusst zu steuern.

3 Beachtung von Bilanzierungs- und Bewertungsvorschriften

Die Aufstellung des Jahresabschlusses für kleine Unternehmen nimmt in der Regel der Steuerberater vor, während in großen Unternehmen hierfür oftmals das "Finanzmanagement" verantwortlich ist. Unter Berücksichtigung bestimmter Interessen und unter Beachtung der rechtlichen Rahmenbedingungen entsteht der Jahresabschluss. Um im Rahmen der Aufstellung des Jahresabschlusses die Wertänderungen des Betriebsvermögens, die in der Buchführung festgehalten werden, zutreffend erfassen und zuordnen zu können, müssen **zwei** Fragen geklärt werden:

1. **Welche** Güter dürfen bzw. müssen in die Bilanz aufgenommen werden (= Bilanzierung dem Grunde nach)?

2. **Mit welchen Werten** sind diese Güter in der Bilanz anzusetzen (= Bilanzierung der Höhe nach, Bewertung)?

Bevor die "eigentliche" Bewertung vorgenommen werden kann, muss vom Bilanzierenden zunächst über den Bilanzansatz eines Wirtschaftsgutes dem Grunde nach entschieden werden. Die Lösung folgender Fragen kennzeichnet die Struktur bzw. den Ablauf einer Bilanzentscheidung:

" a) Ist das Wirtschaftsgut überhaupt **bilanzierungsfähig** (Aktivierungs- bzw. Passivierungsfähigkeit)?

b) Ist die Bilanzierung **verboten** (Aktivierungs- bzw. Passivierungsverbot)?

c) Ist es aufgrund gesetzlicher Vorschriften oder der Grundsätze ordnungsmäßiger Buchführung (GoB) bilanzierungs**pflichtig** (Aktivierungs- bzw. Passivierungsgebot)?

d) Besteht ein Bilanzierungs**wahlrecht** (Aktivierungs-, Passivierungswahlrecht), d. h. überlassen Gesetz und GoB dem Unternehmen die Entscheidung, **ob** es für ein Wirtschaftsgut im konkreten Falle ein Aktivum oder ein Passivum ansetzen will oder nicht?"[12]

Den Bilanzansatz-Entscheidungs-Prozess in der Handelsbilanz zeigt schematisch *Abbildung 94*[13].

Abbildung 94

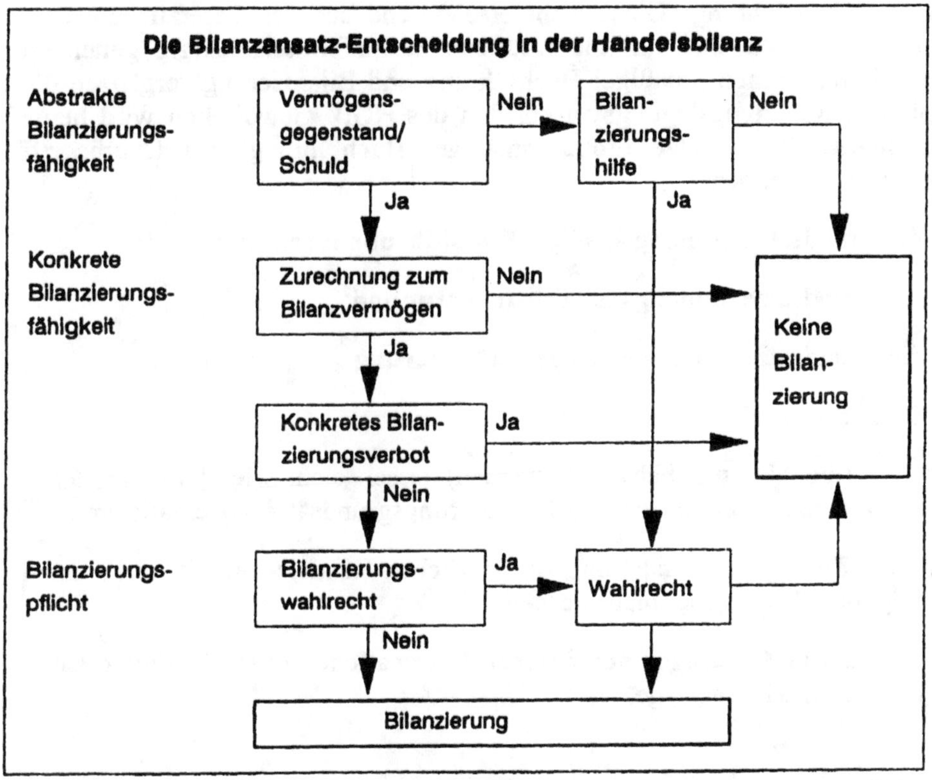

Detaillierte Fragen der Bilanzierungs- und Bewertungsvorschriften für die Handels- und die Steuerbilanz werden in einer Vielzahl von Büchern zu Rechnungslegung sowie Bilanzierung und Bilanzpolitik ausführlich behan-

12 G. Bähr/W. F. Fischer-Winkelmann (1990), S. 266 f.

13 A. G. Coenenberg (2000), S. 98.

delt.[14] Hier geht es lediglich darum, dem Leser einen komprimierten Überblick über diesen Bereich zu geben.

4 Die Grundsätze der Buchführung und Bilanzierung

Wie bereits im 3. Kapitel dargelegt, lassen sich die Grundsätze ordnungsmäßiger Buchführung (GoB) nicht erschöpfend aus den gesetzlichen Vorschriften ableiten. Die für alle Kaufleute rechtsformunabhängig geltenden "Grundsätze ordnungsmäßiger Buchführung und Bilanzierung" ergänzen die expliziten Rechnungslegungsvorschriften des HGB. Gewöhnlich wird heute der Begriff "Grundsätze ordnungsmäßiger Buchführung" als Oberbegriff angesehen, unter dem

- die Grundsätze ordnungsmäßiger **Buchführung** im engeren Sinne,
- die Grundsätze ordnungsmäßiger **Inventur** und
- die Grundsätze ordnungsmäßiger **Bilanzierung**

subsumiert werden.

Letztere (die hier nur betrachtet werden) lassen sich, wie *Abbildung 95*[15] zeigt, in **formelle** und **materielle** Bilanzierungsgrundsätze systematisieren.

Mit dem Zwang zur Aufstellung von jährlichen Handels- und Steuerbilanzen verfolgt der Gesetzgeber mehrere **Ziele**:

1. **Schutz der Gläubiger** vor falschen Informationen über die Vermögens-, Finanz- und Ertragslage.

---

14 Auf einige ausgewählte Werke sei hier verwiesen: H. Adler/W. Düring/K. Schmaltz (1987), J. Baetge (1996), E. Biergans (1988), A. G. Coenenberg (2000), R. Federmann (1990), L. Haberstock (1991), E. Heinen (1986), W. Lück (1990), A. Moxter (1986), WP-Handbuch 1992 Bd. 1 und Bd. 2 (1992), G. Wöhe (1987).

15 C. Meyer (1990), S. 35.

Abbildung 95

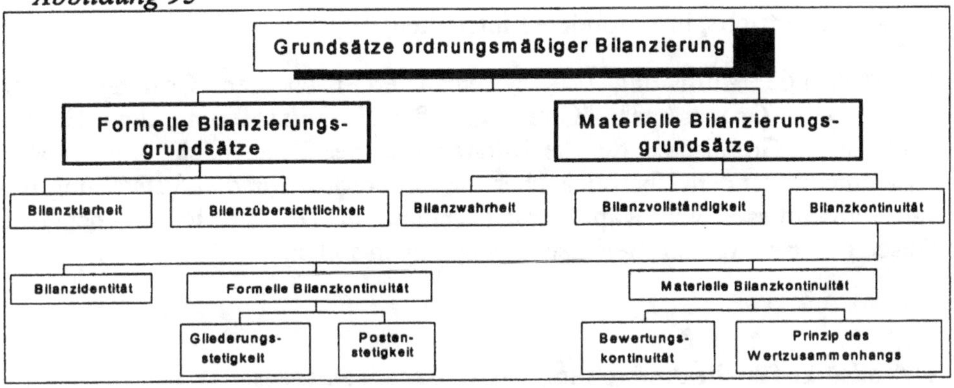

2. **Schutz der Gesellschafter** bei Gesellschaften, deren Führung nicht in den Händen der Eigentümer, sondern von Organen (Vorständen, Geschäftsführern von Kapitalgesellschaften) liegt, vor falschen Informationen über die Vermögens-, Finanz- und Ertragslage, deren Zweck es ist, Gewinnansprüche zu verkürzen oder auf spätere Perioden zu verschieben.

3. **Schutz der vertraglich am Gewinn beteiligten Arbeitnehmer** vor Verkürzung oder zeitlicher Verschiebung ihrer Gewinnansprüche durch Bildung stiller Rücklagen auf dem Wege der Unterbewertung von Vermögenswerten (z. B. überhöhte Abschreibungen, zu niedriger Ansatz von Herstellungskosten) oder der Überbewertung von Passivposten (z. B. Rückstellungen).

4. **Schutz der Finanzbehörden** vor falschen Informationen über die Besteuerungsgrundlagen.

5. **Korrektur der Steuerbemessungsgrundlagen** durch steuerliche Sondervorschriften zur Realisierung außerfiskalischer Zielsetzungen (steuerfreie Rücklagen).

6. **Schutz der am Betriebe interessierten Öffentlichkeit** vor falschen Informationen über die Vermögens-, Finanz- und Ertragslage.

7. **Schutz des Betriebs vor plötzlichem wirtschaftlichen Zusammenbruch** im Interesse der Belegschaft (Sicherung der Arbeitsplätze) und der

gesamten Volkswirtschaft (Rückwirkungen eines Zusammenbruchs auf andere Betriebe, insbesondere Lieferanten).[16]

Die folgende Auflistung[17] - systematisiert nach den Gesichtspunkten "Allgemeine Grundsätze", "Grundsätze für die Bilanzierung dem Grunde nach" und "Grundsätze für die Bilanzierung der Höhe nach" - gibt einen zusammenfassenden Überblick über die Grundsätze für die Aufstellung des Jahresabschlusses von Kapitalgesellschaften, die zur Erreichung der vom Gesetzgeber erstrebten Zielsetzungen beitragen sollen.

Grundsätze für die Aufstellung des Jahresabschlusses

I. Allgemeine Grundsätze

	Grundsatz	Inhalt	Rechtsgrundlage
(1)	Der Jahresabschluss hat den Grundsätzen ordnungsmäßiger Buchführung (GoB) zu entsprechen.	Alle kodifizierten und nicht kodifizierten formellen und materiellen GoB sind zu beachten.	§ 243 Abs. 1 HGB
(2)	Die Generalnorm für Kapitalgesellschaften	Der Jahresabschluss hat ein den tatsächlichen Verhältnissen entsprechendes Bild der Vermögens-, Finanz- und Ertragslage zu vermitteln.	§ 264 Abs. 2 HGB
(3)	Klarheit und Übersichtlichkeit	Insbesondere Beachtung der Gliederungsvorschriften der Bilanz und Erfolgsrechnung sowie klarer Aufbau von Anhang und Lagebericht.	§ 243 Abs. 2 HGB
(4)	Bilanzwahrheit	Die Bilanzansätze sollen nicht nur rechnerisch richtig, sondern auch geeignet sein, den jeweiligen Bilanzzweck zu erfüllen.	nicht kodifiziert
(5)	Einhaltung der Aufstellungsfrist	* Aufstellung innerhalb der einem ordnungsmäßigen Geschäfts-	§ 243 Abs. 3 HGB

16 Vgl. G. Wöhe (1990), S. 39 f.

17 G. Wöhe (2000), S. 908 f.

		gang entsprechenden Zeit	
		* kleine Kapitalgesellschaften innerhalb von 3, spätestens 6 Monaten des folgenden Geschäftsjahres	§ 264 Abs. 1 Satz 3 HGB
		* mittelgroße und große Kapitalgesellschaften innerhalb von 3 Monaten des folgenden Geschäftsjahres	§ 264 Abs. 1 Satz 2 HGB

II. Grundsätze für die Bilanzierung dem Grunde nach

(1)	Bilanzidentität	Mengen- und wertmäßige Übereinstimmung der Ansätze in der Eröffnungsbilanz und der vorangegangenen Schlussbilanz.	§ 252 Abs. 1 Nr.1 HGB
(2)	Vollständigkeit	Ausweis sämtlicher Vermögensgegenstände, Schulden, Rechnungsabgrenzungsposten, Aufwendungen und Erträge sowie sämtlicher Pflichtangaben im Anhang und Lagebericht	§ 246 Abs. 1 HGB §§ 284 und 285 HGB
(3)	Verrechnungsverbot (Saldierungsverbot, Bruttoprinzip)	keine Aufrechnung zwischen Aktiv- und Passivposten oder zwischen Aufwendungen und Erträgen sowie zwischen Grundstücksrechten und -lasten	§ 246 Abs. 2 HGB
(4)	Darstellungsstetigkeit (formelle Bilanzkontinuität)	Die Form der Darstellung, insbesondere die Gliederung der Bilanz und GuV ist beizubehalten.	§ 265 Abs. 1 HGB

III. Grundsätze für die Bilanzierung der Höhe nach

(1)	Unternehmensfortführung	Sog. going-concern-Prinzip. Bewertung und Abschreibung unter dem Gesichtspunkt der Weiterführung des Betriebes, nicht Liquidation.	§ 252 Abs. 1 Nr.2 HGB
(2)	Einzelbewertung	Vermögensgegenstände und Schulden sind einzeln zu bewer-, ten, soweit nicht Ausnahmen zulässig sind. (Gruppenbewertung, § 240 Abs. 4 HGB, Festbewertung, § 240 Abs. 3 HGB, Sammelbewertung mittels Verbrauchsfolgefiktionen	§ 252 Abs. 1 Nr. 3 HGB

		(Lifo-Fifo), § 256 HGB)	
(3)	Vorsichtsprinzip	* **Realisationsprinzip** für Gewinne: kein Ausweis von noch nicht durch Umsatz realisierten Gewinnen. * **Imparitätsprinzip:** noch nicht durch Umsatz realisierte Verluste dürfen oder müssen ausgewiesen werden, für Gewinne gilt das Realisationsprinzip.	§ 252 Abs. 1 Nr.4 HGB
(4)	Anschaffungskostenprinzip (Prinzip der nominellen Kapitalerhaltung)	Die Anschaffungs- bzw. Herstellungskosten bilden die obere Grenze der Bewertung und für die Bemessung der Gesamtabschreibungen. Höhere Wiederbeschaffungskosten dürfen nicht berücksichtigt werden.	§ 253 HGB
(5)	Periodenabgrenzung	Aufwendungen und Erträge des Geschäftsjahres sind unabhängig von den Zeitpunkten der entsprechenden Zahlungen im Jahresabschluß zu berücksichtigen.	§ 252 Abs. 1 Nr. 5 HGB
(6)	Bewertungsstetigkeit (materielle Bilanzkontinuität)	Die im vorhergehenden Jahresabschluss angewendeten Bewertungs und Abschreibungsmethoden sollen beibehalten werden.	§ 252 Abs. 1 Nr. 6 HGB

Der Zusammenstellung ist zu entnehmen, dass es eine Anzahl von **allgemeinen Grundsätzen** der Rechnungslegung gibt, die sowohl bei der Führung der Bücher als auch bei der Aufstellung des Jahresabschlusses berücksichtigt werden müssen. Die Konsequenzen, die sich aus den verschiedenen gesetzlichen Geboten ergeben können, lassen sich wie folgt differenzieren. Während die Nichtbeachtung **formeller Grundsätze** (z. B. Klarheit und Übersichtlichkeit, Beibehaltung der gewählten Gliederung der Bilanz, der Erfolgsrechnung und des Anhangs) keinen Einfluss auf die Höhe des ausgewiesenen Vermögens und Erfolgs hat, kann die Verletzung **materieller Grundsätze** (z. B. Vollständigkeit und Richtigkeit der Buchführung und der Angaben im Anhang) dazu führen, dass der Jahresabschluss nicht mehr ein den tatsächlichen Verhältnissen entsprechendes Bild der Vermögens-, Finanz- und Ertragslage vermittelt (**Generalnorm für Kapitalgesellschaften:** § 264 Abs. 2 HGB).

Die **Grundsätze für die Bilanzierung dem Grunde nach**, d. h. die Aufnahme bzw. Nichtaufnahme von Vermögensgegenständen und Schulden in die Bilanz (Aktivierungs- und Passivierungsgebote, -wahlrechte und -verbote), beeinflussen die Höhe des Vermögens, der Schulden und des Erfolges. Die Grundsätze der Bilanzidentität, der Vollständigkeit, des Verrechnungsverbots und der Darstellungsstetigkeit sind hierbei zu beachten. Entscheidet man sich im Falle eines Aktivierungswahlrechts für die Aktivierung (Ausweis in der Bilanz) eines Vermögensgegenstandes, so wird im Vergleich zur Nichtaktivierung ein höheres Vermögen und ein höherer Gewinn ausgewiesen. Denn bei einer Nichtaktivierung des Vermögensgegenstandes würden nicht nur die Abschreibungen, sondern der gesamte Betrag als Aufwand verbucht werden (z. B. Geringwertige Wirtschaftsgüter). Entscheidet man sich im Falle eines Passivierungswahlrechts für die Passivierung (z. B. Bildung einer Rückstellung), so weist die Bilanz einen höheren Schuldenstand und die Gewinn- und Verlustrechnung aufgrund der Aufwandsverrechnung einen geringeren Periodenerfolg als bei Nichtpassivierung aus.

Um die Bewertungsprobleme möglichst eindeutig und frei von Willkür lösen zu können, wurden Regeln entwickelt, die als Bewertungsgrundsätze und explizite **Wertansätze** (Wertmaßstäbe) Eingang in HGB und Steuergesetzgebung gefunden haben. Die Wertgrößen in der Bilanz und in der Gewinn- und Verlustrechnung hängen demnach in starkem Maße von der Interpretation und Anwendung der **Grundsätze für die Bilanzierung der Höhe nach** ab. Lässt sich in bestimmten Fällen keine der gesetzlich festgelegten Bestimmungen anwenden, so ist auf die **GoB** zurückzugreifen, um "ein den tatsächlichen Verhältnissen entsprechendes Bild der Vermögens-, Finanz- und Ertragslage" geben zu können. Die Bewertung der Bilanzpositionen (eines Vermögensgegenstandes oder einer Schuld) kann insofern als zentraler Punkt der Bilanzpolitik gesehen werden. Es wird zwischen **Bewertungsgeboten** und **Bewertungswahlrechten** bzw. **Bewertungsspielräumen** (Ermessensspielräumen) unterschieden. Während die gesetzlich eingeräumten **Bewertungswahlrechte** - wie das Wort besagt - Wahlmöglichkeiten zwischen gesetzlich zulässigen Wertansätzen eröffnen, ergeben sich dagegen **Bewertungsspielräume** dadurch, "dass der Gesetzgeber einen bestimmten Wert bzw. eine bestimmte Wertart zwar zwingend vorgeschrieben hat, nicht jedoch die jeweilige Methode und die jeweiligen Komponenten zu seiner Bestimmung".[18] Gibt es eine Methode, mit der die Aufwendungen eines bevorstehenden Gerichtsverfahrens genau vorausberechnet werden können?

18 A. Marettek (1976), S. 515, zitiert nach: G. Wöhe (1990), S. 43.

Viele Wertansätze müssen unter unvollkommener Information über die zukünftige Entwicklung festgesetzt werden. So ergeben sich z. B. "Spielräume" bei der Bemessung von Garantie-, Prozess oder Bergschädenrückstellungen oder bei der Bemessung von Abschreibungen auf Vorräte.[19]

Wie sich aus den ausgewiesenen Grundsätzen - vor allem den Grundsätzen für die Bilanzierung der Höhe nach - ableiten lässt, ist das "bilanzpolitische Instrumentarium", das den Unternehmen zur Verfügung steht, vielgestaltig.

5 Bewertungsgrundsätze und -maßstäbe für Handels- und Steuerbilanz

5.1 Allgemeine Bewertungsgrundsätze

Wie den handelsrechtlichen Grundsätzen zur Aufstellung des Jahresabschlusses zu entnehmen ist, wird die Bewertung in der Handelsbilanz vom **Grundsatz kaufmännischer Vorsicht** beherrscht. Mit der Fixierung **gesetzlicher Bewertungsvorschriften** (Handels- und Steuerbilanz) wird vom Gesetzgeber eine nominelle Kapitalerhaltung zugrunde gelegt und mit der Fixierung einer **oberen Grenze** für die Bewertung der Vermögensgegenstände und entsprechend einer **unteren Grenze** für die Bewertung von Schulden vor allem der Schutz der Gläubiger angestrebt.

Vermögens- und Kapitalbestände in der Bilanz stellen **Wertgrößen** dar, d. h. die Bestände unterliegen einer Bewertung. Grundsätzlich ist bei der Ermittlung des Wertansatzes für die zu bilanzierenden Vermögensgegenstände und Schulden von dem Wert auszugehen, der ihnen jeweils am Bilanzstichtag beizulegen ist, und zwar unter der Prämisse, dass das Unternehmen über den Abschlussstichtag hinaus fortgeführt (Unternehmensfortführung oder sog. going-concern-Prinzip) und nicht liquidiert wird.

In diesem Zusammenhang ist folgendes zu beachten: Im Laufe einer Wirtschaftsperiode befinden sich eine Reihe von **Wirtschaftsgütern**, die von der Unternehmung beschafft worden sind, im Zustand der Umformung im Rahmen des Produktionsprozesses, haben durch ihre **Nutzung** an Wert eingebüßt oder ihren nominellen Wert durch Veränderungen der **Marktverhältnisse** verändert. "In allen diesen Fällen, bei denen ein direkter Bezug zu bisherigen ursprünglichen nominellen Werten nicht gegeben ist, sind aktuelle nominelle Werte je Einheit der betreffenden Wirtschaftsgüter zum Bilanzstichtag zu

---

19 Vgl. G. Wöhe (1990), S. 43.

ermitteln und mit den vorhandenen Mengen zu multiplizieren oder durch Berücksichtigung der Abnutzung vom ursprünglichen Wertansatz in Abzug zu bringen."[20]

Im Rahmen der gesetzlichen Vorgaben obliegt es den Unternehmungsverantwortlichen, die Werte festzusetzen und damit Bewertungsentscheidungen zu treffen. In der Regel liegen für die verschiedenen Bilanzbestände keine eindeutig und zwingend zu Grunde zu legende Werte vor, so dass häufig mehrere Wertansätze in Frage kommen können. Die Auswahlmöglichkeiten betreffen insbesondere die Bewertung der Vermögensgegenstände, während die Kapitalien mit Ausnahme der Rückstellungen (Rückstellungen müssen geschätzt werden und stellen damit ein Bewertungsproblem dar) entsprechend den nominellen Werten regelmäßig in die Bilanz übernommen werden müssen.

Zwar unterliegt vor allem bei publizitätspflichtigen Unternehmen die Aufstellung der Handelsbilanz anderen Zielen als die der Steuerbilanz, aber für beide gilt u. a. das **Prinzip der Bewertungsstetigkeit**, das **Einzelbewertungsprinzip** und das **Vorsichtsprinzip** (*vgl. Abbildung 96*).

Das **Prinzip der Stetigkeit** verlangt u. a., dass angewandte Bewertungsmethoden beizubehalten sind: z. B. dürfen die Methoden zur Berechnung von Abschreibungen eines Vermögensgegenstandes von einem Jahresabschluss zum anderen i. d. R. nicht geändert werden. Das **Einzelbewertungsprinzip** besagt, dass Gegenstände des Vermögens und Schulden grundsätzlich **einzeln** zu erfassen und zu bewerten sind. Es soll dadurch verhindert werden, dass unterschiedliche Wertveränderungen bei verschiedenen Vermögensgegenständen durch Zusammenfassung wertmäßig ausgeglichen und dadurch Wertminderungen einzelner Vermögensgegenstände verschleiert werden.

---

20 G. Eilenberger (1990), S. 65.

Abbildung 96: Wichtige Bewertungsprinzipien und Bewertungsregeln

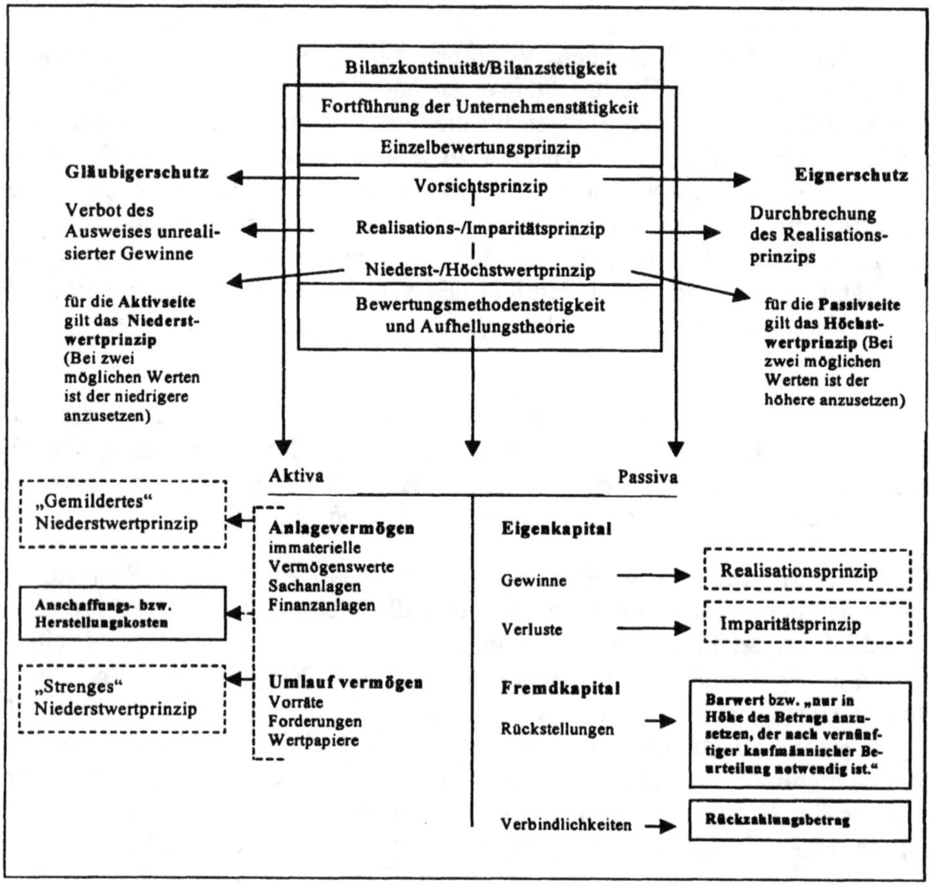

Dem **Vorsichtsprinzip** liegt der Gedanke zugrunde, dass ein "vorsichtiger" Kaufmann sich eher ärmer als reicher rechnet, als er tatsächlich ist (§ 252 Abs. 1 Nr. 4 HGB). Ausfluss von dem im HGB enthaltenen **Realisationsprinzip** (Gewinnantizipations**verbot**)[21] und **Imparitätsprinzip** (Ver-

---

21 Das Realisationsprinzip ist strikt einzuhalten. Denkbar ist eine Durchbrechung des Prinzips nur im Rahmen einer langfristigen (mehrere Geschäftsperioden) Fertigung, wie sie z. B. in der Bauwirtschaft, im Schiffbau oder im Anlagenbau durchaus üblich ist und wo in solchen Fällen eine Abrechnung nach Teilabschnitten (Teilgewinnrealisierung) erfolgt.

lustantizipations**gebot**, das bedeutet, **ungleiche** bilanzielle Behandlung nichtrealisierter Gewinne und Verluste) sind das **Niederstwertprinzip** und das **Höchstwertprinzip**. Sowohl für Handels- als auch Steuerbilanz gilt nach dem Realisationsprinzip als Realisationszeitpunkt die Leistungsbewirkung (Rechnungserteilung, Entstehen von Forderungen, Gefahrenübergang, Vertragserfüllung, Beendigung der Dienstleistung usw.). Im Gegensatz zum gesetzlichen Verbot, nichtrealisierte Gewinne im Jahresabschluss auszuweisen, betont § 252 Abs. 1 Nr. 3 HGB bezogen auf das Imparitätsprinzip ausdrücklich noch die **"Wertaufhellungstheorie"**: Es ist vorsichtig zu bewerten, namentlich sind alle vorhersehbaren Risiken und Verluste, die bis zum Abschlussstichtag entstanden sind, zu berücksichtigen, selbst wenn diese **erst zwischen dem Abschlussstichtag und dem Tag der Aufstellung des Jahresabschlusses bekannt geworden sind**.

Mit einer vorsichtigen Bewertung soll dem **Gläubiger-** und dem **Anteilseignerschutz** Rechnung getragen werden. Dies wird dadurch erreicht, dass für Gegenstände des Anlage- und Umlaufvermögens das **Niederstwertprinzip** (von mehreren möglichen Werten ist der niedrigere anzusetzen) und für die Bewertung der Schulden das **Höchstwertprinzip** (bei mehreren möglichen Werten ist der höhere anzusetzen) zugrunde zu legen ist. Beim Niederstwertprinzip sind zwei Ausprägungen zu unterscheiden: Das **"gemilderte"** für die Bewertung des Anlagevermögens (§ 253 Abs. 2 HGB) und das **"strenge"** für die Bewertung des Umlaufvermögens (§ 253 Abs. 3 HGB). Das strenge Niederstwertprinzip ist zugleich eine **Höchstwertvorschrift**.

5.2 Bewertungsmaßstäbe

Welche **Bewertungsmaßstäbe** (Wertkategorien, -begriffe) für die Handels- und die Steuerbilanz - die jeweils zum Teil eigenständig, zum Teil aber auch für beide Bilanzen gemeinsam maßgeblich sind - in Frage kommen, ist *Abbildung 97*[22] zu entnehmen.[23]

Die Ausgangswerte für den Wertansatz von Vermögensgegenständen und Schulden sind in der Handels- und Steuerbilanz die Anschaffungs- oder Herstellungskosten. Sie bilden die Bemessungsgrundlage für die Abschreibun-

---

22 In Anlehnung an: R. Federmann (1990), S. 253.

23 Zu den einzelnen Wertmaßstäben in ausführlicher Form siehe R. Federmann (1990), S. 253 ff.

Abbildung 97: Handels- und steuerbilanzielle Wertmaßstäbe

Handelsbilanzielle Wertbegriffe (Handelsbilanz)	**Steuerbilanzielle Wertbegriffe** (Steuerbilanz)
• Börsen- oder Marktwert *(§ 253 Abs. 3 S. 1 HGB)* • Beizulegender Stichtagswert *(§ 253 Abs. 2 u. Abs. 3 HGB)* • Schwankungsreservewert *(§ 253 Abs. 3 S. 3 HGB)* • Vernünftiger kaufmännischer Wert *(§ 253 Abs. 1 S. 2 u. Abs. 4)* • Steuerbilanzwert *(§ 254 S. 1 HGB)* • Rückzahlungsbetrag *(§ 253 Abs. 1 S. 2 HGB)* • Barwert *(§ 253 Abs. 1 S. 2 HGB)* • Unterschiedsbetrag *(§§ 250 Abs. 3 u. 255 Abs. 4 HGB)*	• Teilwert *(§ 6 Abs. 1 Nr. 1-7 EStG)* • gemeiner Wert *(§ 16 Abs. 3 S. 3 EStG)* *§ 11 Abs. 3 u. 12 Abs. 1 KStG;* *§ 3 u. 20 UmwStG* *§ 9 Abs. 2 BewG* (steuerliches Bewertungsgesetz enthält die Kennzeichnung des „gemeinen Werts“)

gen.[24] In § 255 Abs. 1 HGB werden die **Anschaffungskosten** als die Aufwendungen definiert, "die geleistet werden, um einen Vermögensgegenstand zu erwerben und ihn in einen betriebsbereiten Zustand zu versetzen, soweit sie dem Vermögensgegenstand einzeln zugerechnet werden können." Bei dem Begriff handelt es sich um einen pagatorischen Wertmaßstab, d. h., dass nur aufwandsgleiche Kosten berücksichtigt werden dürfen. Aus welchen Bestandteilen sich die Anschaffungskosten zusammensetzen, zeigt *Abbildung 98*[25].

---

24 Bei der Bewertung des Vermögensgegenstandes zum Bilanzstichtag dürfen die ursprünglichen Anschaffungs- oder Herstellungskosten nicht überschritten werden. Gemäß § 253 Abs. 5 HGB darf handelsrechtlich bei allen Gegenständen des Anlage- und Umlaufvermögens ein niedrigerer Wert beibehalten werden, auch wenn die Gründe dafür nicht mehr bestehen. Für alle Einzelunternehmen und Personengesellschaften besteht aber die Möglichkeit einer **Wertaufholung**, d. h. der letzte Wertansatz **darf** überschritten werden, allerdings höchstens bis zu den planmäßig fortgeführten Anschaffungskosten. Das Beibehaltungswahlrecht wird in § 280 Abs. 1 HGB für **Kapitalgesellschaften** aufgehoben. Es ist grundsätzlich eine Wertaufholung in Form einer **Zuschreibung (Aktivierung)** vorgeschrieben, wodurch stille Reserven aufgelöst werden. Das Wertaufholungsgebot des § 280 Abs. 1 HGB wird durch Abs. 2 relativiert: "Von der Zuschreibung nach Absatz 1 kann abgesehen werden, wenn der niedrigere Wertansatz bei der steuerrechtlichen Gewinnermittlung beibehalten werden kann und wenn Voraussetzung für die Beibehaltung ist, dass der niedrigere Wertansatz auch in der Bilanz beibehalten wird." Zur Wertaufholung nach Handels- und Einkommensteuerrecht für Kapitalgesellschaften vgl. N. Zdrowomyslaw (2001), S. 395 ff. und S. 427 ff.

25 In Anlehnung an: R. Federmann (1990), S. 257 und C.-Ch. Freidank/ H. Eigenstetter (1992), S. 243.

Abbildung 98: Bestandteile der Anschaffungskosten

Anschaffungspreis (vertragliches Hauptentgelt, Nettorechnungspreis, Listenpreis – jeweils ohne abzugsfähige (Umsatzsteuer) Vorsteuer) + **Anschaffungsnebenkosten** im Sinne von **Erwerbsnebenkosten** soweit direkt zurechenbar (einzeln) (z. B. nicht abzugsfähige Vorsteuer – Wahlrecht bei *§ 9b Abs. 1 EStG*-Fällen, Begutachtungs-, Verpackungs- und Transportkosten, Beurkundungsgebühren, Vermittlungsprovisionen, Transportversicherungsprämien, Grunderwerbsteuer, Einfuhrzölle) + **Anschaffungsnebenkosten** im Sinne von Aufwendungen zur **Versetzung in Betriebsbereitschaft**, soweit direkt zurechenbar (z.B. Kosten für Fundamentierung, Montage, Probeläufe, Abnahme) - **Anschaffungskostenminderungen** (z.B. Rabatte, Skonti, Boni, Preisminderungen, gegebenenfalls Zuschüsse) = **(1) ursprüngliche Anschaffungskosten** + nachträgliche Anschaffungspreiserhöhungen (z.B. spätere Änderungen des Kaufpreises im Rahmen eines Prozesses) - nachträgliche Anschaffungspreisminderungen (z.B. erst zum Ende des Geschäftsjahrs gewährte Rabatte und Skonti) + nachträgliche Erwerbsnebenkosten, soweit direkt zurechenbar (z.B. Neufestsetzung der Grunderwerbsteuer) + nachträgliche Aufwendungen zur Versetzung in Betriebsbereitschaft, soweit direkt zurechenbar (z.B. spätere Reparaturen bei einem Gebäude) = **(2) nachträgliche Anschaffungskosten insgesamt** **(1) + (2) = (endgültige) Anschaffungskosten**	**Ausschluss** nicht direkt zurechenbarer Anschaffungskosten-Bestandteile (Anschaffungsgemeinkosten) Z. B.: betriebliche Personal- und Sachausgaben für Transport mit betrieblichem KFZ, Aufstellung einer gekauften Anlage durch eigene Mitarbeiter, Kosten der Beschaffungsabteilung, keine Finanzierungskosten, keine Zusatzkosten

Soweit Wertminderungen durch planmäßige Abschreibungen erfasst werden und die (historischen) Anschaffungskosten verringern, spricht man von **fortgeführten** Anschaffungskosten bzw. Anschaffungspreisen.

Als Ausgangswert bzw. Bemessungsgrundlage für die Bestimmung von Abschreibungen kommen auch die **Herstellungskosten** in Frage. Diese werden immer dann angesetzt, wenn eine Maschine oder Anlage im eigenen Unternehmen selbst hergestellt und aktiviert wurde. Da auch die Herstellungskosten am pagatorischen Kostenbegriff ausgerichtet sind, dürfen kalkulatorische Zusatzkosten ebenso wenig in Ansatz gebracht werden wie eine Bewertung zu Wiederbeschaffungspreisen (vgl. *Abbildung 99*[26]).

---

26 In Anlehnung an C. Meyer (1990), S. 94.

Abbildung 99: Herstellungskosten nach Handels- und Steuerrecht

Handelsrecht *(§ 255 Abs. 2, 3 HGB)*	Steuerrecht *(R 33, 33a EStR)*

Definition der Herstellungskosten *(§ 255 Abs.2 Satz 1 HGB)*
„Aufwendungen, die durch den Verbrauch von Gütern und die Inanspruchnahme von Diensten für die Herstellung eines Vermögensgegenstandes, seine Erweiterung oder für eine seinen ursprünglichen Zustand hinausgehende wesentliche Verbesserungentstehen".

	Handelsrecht	Steuerrecht	
Ansatzpflicht	***Einzelkosten*** (1) Materialeinzelkosten (2) Fertigungseinzelkosten (3) Sonderkosten der Fertigung **= Wertuntergrenze**	***Einzelkosten*** (1) Materialeinzelkosten (2) Fertigungseinzelkosten (3) Sonderkosten der Fertigung ***Gemeinkosten**** (4) Materialgemeinkosten (5) Fertigungsgemeinkosten (6) Wertverzehr des Anlagevermögens **= Wertuntergrenze**	Ansatzpflicht
Ansatzwahlrecht	***Gemeinkosten**** (4) Materialgemeinkosten (5) Fertigungsgemeinkosten (6) Wertverzehr des Anlagevermögens (7) Kosten der allgemeinen Verwaltung (8) Aufwendungen für soziale Einrichtungen des Betriebes (9) Aufwendungen für freiwillige soziale Leistungen (10) Aufwendungen für betriebliche Altersversorgung (11) Zinsen für Fremdkapital** **= Wertobergrenze**	(12) Kosten der allgemeinen Verwaltung (13) Aufwendungen für soziale Einrichtungen des Betriebes (14) Aufwendungen für freiwillige soziale Leistungen (15) Aufwendungen für betriebliche Altersversorgung (16) Zinsen für Fremdkapital** **= Wertobergrenze**	Ansatzwahlrecht
Ansatzverbot	Erhaltungsaufwendungen*** Vertriebskosten kalkulatorische Kosten	Erhaltungsaufwendungen*** Vertriebskosten kalkulatorische Kosten	Ansatzverbot

Anmerkungen: Bei der Berechnung der Herstellungskosten dürfen nur insoweit auch **angemessene Teile** der **notwendigen Gemeinkosten** eingerechnet werden, als sie auf **den Zeitraum der Herstellung** entfallen.*(§ 255 Abs. 2 Satz 3 u. 5 HGB)*.

* **Gemeinkosten** können sich aus fixen und variablen Kosten zusammensetzen.
Für Fixkosten besteht, solange **keine** „offenbare Unterbeschäftigung" vorliegt **nach HGB i.d.R. Wahlrecht, nach EStR i.d.R. Pflicht**. Fixkosten **bei** „offenbarer Unterbeschäftigung" sowohl handelsrechtlich als auch steuerrechtlich **nur anteilig**.

** nur unter bestimmten Voraussetzungen:
§ 255 Abs. 3 HGB: „Zinsen für Fremdkapital, das zur Finanzierung der Herstellung eines Vermögensgegenstandes verwendet wird, ... , soweit sie auf den Zeitraum der Herstellung entfallen"
R 33 Abs. 7 Satz 3 u. 4 EStR; (Einbeziehungswahlrecht enger als in HGB).

***Aufwendungen, die **keine** Erweiterung oder Verbesserung von Vermögensgegenständen darstellen.

Wertmaßstab kann auch **der aus dem Markt- oder Börsenpreis abgeleitete Wert** sein. Dieser ist gemäß § 253 Abs. 3 HGB dann anzusetzen, wenn am Bilanzstichtag der Wert, der sich aus dem Börsen- oder Marktpreis ergibt, **niedriger** als die Anschaffungs- oder Herstellungskosten ist. Unter Börsenpreis ist "der an einer Börse amtlich festgestellte Preis für die an der betreffenden Börse zum Handel zugelassenen Wertpapiere oder Waren" und unter Marktpreis "der zu einem bestimmten Zeitpunkt an einem bestimmten Ort (Handelsplatz) für bestimmte Waren von durchschnittlicher Qualität geforderte Betrag" zu verstehen.[27] Gemäß Gesetz kann der Marktpreis entweder vom **Beschaffungsmarkt** oder vom **Absatzmarkt** abgeleitet werden. "Der Preis des Beschaffungsmarktes ist maßgeblich für Roh-, Hilfs- und Betriebsstoffe sowie für fertige und unfertige Erzeugnisse, wenn letztere auch bei anderen Unternehmen bezogen werden können. Der Preis des Absatzmarktes ist maßgeblich für die übrigen fertigen und unfertigen Erzeugnisse, für Überbestände an Roh-, Hilfs- und Betriebsstoffen und für Wertpapiere."[28]

Der am Bilanzstichtag beizulegende Wert ist gemäß § 253 Abs. 3 Satz 1 HGB immer dann von Bedeutung, wenn ein Börsen- oder Marktpreis nicht existiert: "Ist ein Börsen- oder Marktpreis nicht festzustellen und übersteigen die Anschaffungs- oder Herstellungskosten den Wert, der den Vermögensgegenständen am Abschlussstichtag beizulegen ist, so ist auf diesen Wert abzuschreiben." Je nachdem um welche Vermögensgegenstände es sich handelt, sind entweder die Preise am Beschaffungs- oder Absatzmarkt relevant.

Beim **Teilwert** handelt es sich um einen Begriff der Steuerbilanz. Der untere Wertansatz in der Steuerbilanz ist der sog. **niedrigere Teilwert**. In § 6 Abs. 1 Nr. 1 Satz 3 EStG steht: "Teilwert ist der Betrag, den ein Erwerber des ganzen Betriebes im Rahmen des Gesamtkaufpreises für das einzelne Wirtschaftsgut ansetzen würde; dabei ist davon auszugehen, dass der Erwerber den Betrieb fortführt". Dieser Mindestwert bezieht sich auf **alle** Wirtschaftsgüter. Ein Ansatz zum niedrigeren Teilwert ist sowohl im abnutzbaren wie nichtabnutzbaren Anlagevermögen als auch im Umlaufvermögen möglich.

Angesichts der Tatsache, dass sowohl innerhalb als auch zwischen dem Handels- und Steuerrecht unterschiedliche Wertgrenzen gelten, sei in diesem Zusammenhang nochmals auf den Grundsatz der Maßgeblichkeit der Handelsbilanz für die Steuerbilanz (§ 5 Abs. 1 EStG) verwiesen. Das Maßgeblichkeitsprinzip besagt, dass in der Steuerbilanz nur dann von den handels-

---

27 W. Lück (1990), S. 397.

28 W. Lück (1990), S. 397 f.

rechtlichen Bilanzansätzen abgewichen werden darf, wenn zwingende Vorschriften des EStG den Wertansätzen der Handelsbilanz entgegenstehen. Lässt das Steuerrecht einen Ermessensspielraum zu, wie z. B. bei der Berechnung der Herstellungskosten[29], dann muss der Wertansatz der Handelsbilanz im Rahmen des gegebenen Spielraums übernommen werden.

Wer sich tiefer mit dem Zustandekommen und der Erfassung einzelner Bilanzpositionen sowie deren Bilanzierungs- und Bewertungsvorschriften unter Berücksichtigung der handels- und steuerrechtlichen Vorschriften einschließlich vorhandener Abschreibungsverfahren beschäftigt, sieht in ihnen nicht nur die rechtlichen Rahmenbedingungen der Rechnungslegung, sondern erkennt auch deren (erfolgssteuernden) Charakter. In ihnen liegt der Schlüssel der Bilanzpolitik; denn die "Aktivierungs- und Passivierungs-Grundsätze" beeinflussen die Höhe des Vermögens, der Schulden und des Erfolges.

6 Bilanzierung und Bewertung ausgewählter Aktiva

6.1 Anlagegüter

Die **handelsrechtliche Bewertung** des **Anlagevermögens** ist in den §§ 253, 279, und 280 HGB geregelt. Dabei gilt es im Hinblick auf die Bewertung zwischen **abnutzbaren** und **nicht abnutzbaren** Anlagegütern (z. B. Grundstücke, Finanzanlagen, wie Beteiligungen, Wertpapiere, die als Daueranlage angeschafft wurden) zu unterscheiden (§ 253 Abs. 2 HGB). In diesem Paragraphen sind auch die dazugehörigen entsprechenden Abschreibungsmöglichkeiten festgehalten.

Bereits den bisherigen Ausführungen konnte die wichtige Rolle der Abschreibungen im Rahmen der Bilanzierung und Bewertung von Vermögensgegenständen entnommen werden. Vor dem Hintergrund der zweifellos besonderen Bedeutung der **Abschreibung** für das Unternehmen ist dieser **Aufwandsgröße** seit langem schon, sowohl in der wissenschaftlichen

---

29 Vgl. G. Wöhe (1997), S. 388 ff. Terminologisch ist die Bezeichnung Herstellungskosten irreführend, besser wäre wohl die Bezeichnung Herstellungsausgaben, "denn nur die Kosten, die aufwands- und - über die Totalperiode - ausgabengleich sind, gehen in die Herstellungskosten ein, nicht dagegen die kalkulatorischen Kosten. Dies gilt gleichermaßen für die Handels- und Steuerbilanz." (S. 414). Vgl. hierzu auch N. Zdrowomyslaw/K. Kairies (1992) und (1993).

Diskussion als auch in der Praxis, ein besonderes Augenmerk geschenkt worden.

Die Besonderheit der Abschreibungen liegt darin, dass sie auch einen **Finanzierungseffekt** besitzen.[30] Für eine Finanzierung aus Abschreibungen müssen zwei Bedingungen erfüllt sein:

"(1) Die verrechneten Abschreibungen müssen über die Umsatzerlöse **verdient** sein und

(2) die Abschreibungsgegenwerte müssen der Unternehmung als **Einzahlungen** zugeflossen sein."[31]

Unter der Voraussetzung, dass die aus Abschreibungsgegenwerten zurückfließenden Mittel nicht zweckgebunden zur Ersatzbeschaffung reinvestiert werden, können sie auch für Erweiterungsinvestitionen genutzt werden. Die Tatsache, dass der Kapitalfreisetzungseffekt der Abschreibungen zu einer Kapazitätsausweitung führen kann, ist keine neue Erkenntnis. Der Kapazitätserweiterungseffekt wird deshalb - in Gedenken an die Entdecker - auch LOHMANN-RUCHTI- oder MARX-ENGELS-Effekt genannt.

Das Wesen von Abschreibungen ist, dass sie Wertminderungen der Anlagegüter, die durch Nutzung, technischen Fortschritt, wirtschaftliche Entwertung oder durch außergewöhnliche Ereignisse verursacht werden, als periodenbezogenen Aufwand erfassen. Die Bedeutung der bilanziellen Abschreibungen wird offensichtlich, wenn man sich vor Augen hält, dass sie in die Gewinn- und Verlustrechnung als Aufwand eingehen. Das bedeutet, dass der steuerpflichtige Gewinn vermindert wird und damit zugleich auch die gewinnabhängigen Steuern (Einkommen- bzw. Körperschaftsteuer, Gewerbeertragsteuer).

In diesem Zusammenhang sei aus einem "impulse"-Artikel über ein legalen Kniff des VW-Konzerns, mehr abzuschreiben ("So sparen Sie mit den Investitionen"), eine Passage zitiert: "Der Satz hat auf den ersten Blick kaum Brisanz: 'In Anlehnung an steuerrechtliche Möglichkeiten werden ... Abschreibungen auf Sachanlagen ... jeweils unter Berücksichtigung des Schichteinsatzes ... vorgenommen', steht im Kleingedruckten des VW-Geschäftsberichts. Hinter dieser steuertechnischen Beiläufigkeit versteckt sich indes ein Bombengeschäft, sogar nach den Maßstäben von Topmanager Carl C. Hahn.

30 Vgl. L. Perridon/M. Steiner (1988), S. 312 ff.

31 L. Perridon/M. Steiner (1988), S. 312.

Mindestens 33 Millionen Mark nach vorsichtiger Rechnung, möglicherweise bis zu gut 55 Millionen Mark pro Jahr spart VW durch diese Ausnahmeregel. Wenn nämlich Maschinen und Anlagen nicht nur in einer Arbeitsschicht, sondern in zwei oder sogar drei Schichten eingesetzt werden, dürfen Unternehmer höher abschreiben als gemeinhin üblich. Bei Doppelschicht lassen sich so 25 Prozent, bei Dreifachschicht 50 Prozent mehr absetzen. Voraussetzung: Die Anlagen werden linear gleichmäßig abgeschrieben."[32]

Von der im folgenden zu betrachtenden **handels-** bzw. **steuerbilanziellen Abschreibung**, die ein Instrument der Finanzbuchhaltung darstellt, sind die **kalkulatorischen Abschreibungen** der Kostenrechnung zu unterscheiden. Während die bilanzielle Abschreibung - geregelt durch Gesetze - nur von Anschaffungs- bzw. Herstellungskosten bemessen werden darf, wird bei der kalkulatorischen Abschreibung - von Gesetzen unabhängig - vor dem Hintergrund der Substanzerhaltung vielfach von Wiederbeschaffungspreisen ausgegangen (vgl. *Abbildung 100*[33]).

Abbildung 100

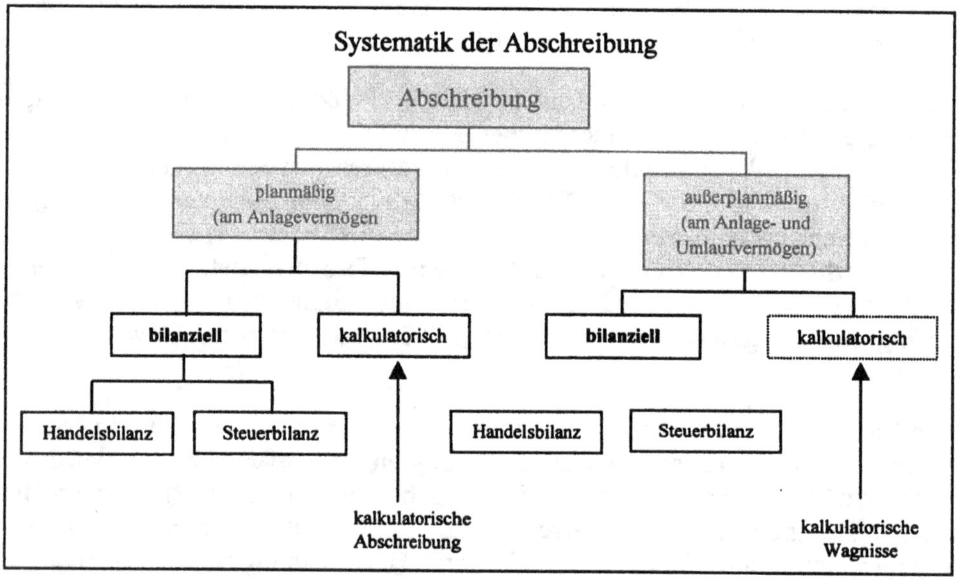

[32] O. V. in: impulse 11/90, S. 198.

[33] Nach L. Haberstock (1975), S. 94.

Sowohl **planmäßige** als auch **außerplanmäßige** Abschreibungen - unabhängig davon, ob Wertminderungen direkt oder indirekt (Wertberichtigung) erfasst werden, bewirken eine zinslose Steuerstundung durch die Verlagerung steuerpflichtiger Gewinne in spätere Perioden.[34] Dies führt beim Unternehmen zu Zins-, Liquiditäts-, Finanzierungs- und Rentabilitätsvorteilen. Wertminderungen bei Umlaufgütern werden durch Berücksichtigung niedrigerer Börsen- oder Marktwerte oder - wenn ein solcher Wert nicht ermittelt werden kann - durch Rückrechnung von den am Bilanzstichtag noch erzielbaren Absatzpreisen erfasst.[35]

Die Höhe der Abschreibung und damit das Auftreten stiller Selbstfinanzierung im Zusammenhang mit der Abschreibung[36] hängt vom **Abschreibungsvolumen**, von der **Abschreibungsdauer** und vor allem vom verwendeten **Abschreibungsverfahren** ab. Nachdem die Nutzungsdauer festgestellt ist, gilt es - entsprechend den Grundsätzen ordnungsmäßiger Buchführung - eine Abschreibungsmethode zu wählen, die sowohl ein Instrument der Bilanz- als auch der Finanzpolitik mit nicht zu unterschätzendem Stellenwert ist. In diesem Zusammenhang sei nochmals hervorgehoben, dass jedoch nicht alle Abschreibungsarten, die handelsrechtlich zur Berechnung des jährlichen Abschreibungsbetrages zugelassen sind, ebenfalls in der Steuerbilanz verwendet werden können (§ 7 EStG). Wählt man die degressive Abschreibungsmethode - unter Beachtung der zwei steuerlichen Bedingungen (degressiver AfA-Satz **höchstens das Doppelte des linearen AfA-Satzes**, jedoch nicht höher als 20 %) -, so kann durch den Wechsel von der degressiven auf die lineare Abschreibung der Gewinn und die Besteuerung beeinflusst werden. In diesem Falle wirken sich die in den ersten Nutzungsjahren höheren Abschreibungsbeträge stärker gewinnmindernd aus und ein Wechsel auf die

---

34 "Durch Sonderabschreibungen oder erhöhte Absetzungen werden Aufwendungen **vorverlagert**, d. h. der steuerpflichtige Gewinn wird in den ersten Jahren der Nutzung stärker gemindert als in den folgenden Jahren. Der insgesamt zu verrechnende Aufwand (Betriebsausgaben) bleibt gleich. Es tritt also grundsätzlich lediglich eine Steuerstundung ein. Eine effektive Steuerminderung tritt z. B. nur dann ein, wenn in späteren Jahren mit geringerem Abschreibungsvolumen der Steuersatz sinkt." G. Bähr,/W. F. Fischer-Winkelmann (1990), S. 323.

35 G. Wöhe (1987), S. 434.

36 "Zur 'Finanzierung aus Abschreibungen' zählt nur der Teil der Abschreibungen, der dem tatsächlichen Wertminderungsverlauf des Wirtschaftsgutes entspricht. Überhöhte Abschreibungen führen zu einer **stillen Selbstfinanzierung**. Der Betrag, der über die tatsächliche Wertminderung hinausgeht, stellt eine stille Reserve dar, die den Periodengewinn mindert." L. Perridon/M. Steiner (1988), S. 313.

lineare Abschreibung bietet sich in dem Jahr an, ab dem der lineare Abschreibungsbetrag höher als der degressive ist (**Steuerverlagerungseffekt**). Ein Steuerverlagerungseffekt kann (unter Beachtung der Gewinnsituation) auch aufgrund des Bilanzierungswahlrechts gemäß § 6 Abs. 2 EStG für sog. "geringwertige" Wirtschaftsgüter geplant werden. So besteht für bewegliche Anlagegüter mit Anschaffungskosten bis 800 € die Möglichkeit, diese entweder im Jahr der Anschaffung voll abzuschreiben oder die Abschreibung nach der Nutzungsdauer zu verteilen. Geringwertige Wirtschaftsgüter mit Anschaffungskosten bis 100 € **können** zum Zeitpunkt des Erwerbs sofort als Aufwand gebucht werden.

Zusammenfassend kann festgehalten werden, dass das Handelsrecht den Unternehmen beachtliche Spielräume lässt, den handelsrechtlichen Gewinn zu manipulieren, und dass selbst das Steuerrecht noch genügend Möglichkeiten der Gewinnbeeinflussung bietet.

6.2 Umlaufvermögen

6.2.1 Vorräte

Die Bewertung des **Umlaufvermögens** (Vorräte, Forderungen, Wertpapiere und flüssige Mittel, wie Bankguthaben, Schecks und Bargeld) ist in den §§ 253, 279 und 280 HGB geregelt.

Bei vielen Unternehmen machen dabei die Vorräte bzw. das Vorratsvermögen (Roh-, Hilfs- und Betriebsstoffe, unfertige und fertige Erzeugnisse sowie Waren) einen beachtlichen Teil des Vermögens aus. So beliefen sich nach Berechnungen der Deutschen Bundesbank im Jahre 1983 die Vorräte - im Durchschnitt betrachtet - bei den Einzelhandelsunternehmen auf rund 45 % der (bereinigten) Bilanzsumme, bei den Großhandelsunternehmen auf rund 31 % und bei den Unternehmen insgesamt (verschiedene Wirtschaftszweige) auf rund 24 %.[37] An diesen Größenordnungen sieht man, dass die Vorräte zweifelsohne eine interessante bilanzpolitische Position darstellen.

Wie beim Anlagevermögen, so führt auch beim Vorratsvermögen die Bewertung dazu, dass Aufwendungen (Abschreibungen) auftreten und zu erfassen sind, die das Vermögen und das Eigenkapital vermindern. Bei Abschrei-

37 Vgl. Deutsche Bundesbank (1983), (1985) und (1989), Sonderdrucke der Deutschen Bundesbank Nr. 5 und Nr. 6.

bungen auf Vorräte handelt es sich um **außerplanmäßige Abschreibungen**, da Vorräte im Gegensatz zu Anlagegütern keiner regelmäßigen Wertminderung durch Abnutzung unterliegen. Sie liegen auf Lager und werden nur einmal genutzt, und zwar entweder beim Produktionsprozess (Roh-, Hilfs- und Betriebsstoffe) durch Umformung zu Fertigerzeugnissen oder als Erzeugnisse und Waren im Absatzprozess durch Umsatz am Markt. Bis diese Nutzung erfolgt, verändert sich i. d. R. aber der Wert der Vorräte, so dass er nicht mehr den Anschaffungs- oder Herstellungskosten entspricht.

Nochmals zur Erinnerung: Die Ausgangswerte für den Wertansatz des Vermögens (auch der Vorräte) sind die Anschaffungs- und Herstellungskosten, und es gilt ferner der Grundsatz der Einzelbewertung. Soweit der tatsächliche Wertansatz nicht endgültig fixiert ist, stehen dem Unternehmen bei bestimmten gesetzlich festgeschriebenen Voraussetzungen mehrere Methoden zur Auswahl, um die **Anschaffungs- oder Herstellungskosten des Umlaufvermögens** zu ermitteln. Dies ist u. a. darauf zurückzuführen, dass es beispielsweise in einem Warenlager nicht immer möglich und wirtschaftlich vertretbar ist, die Vorräte - zu unterschiedlichen Anschaffungs- oder Herstellungskosten erworben bzw. hergestellt - getrennt zu lagern. In solchen Fällen lässt der Gesetzgeber für die Handels- und Steuerbilanz unter bestimmten Voraussetzungen aus Vereinfachungsgründen **pauschale Bewertungsmethoden** zu (vgl. *Abbildung 101*).

Abbildung 101

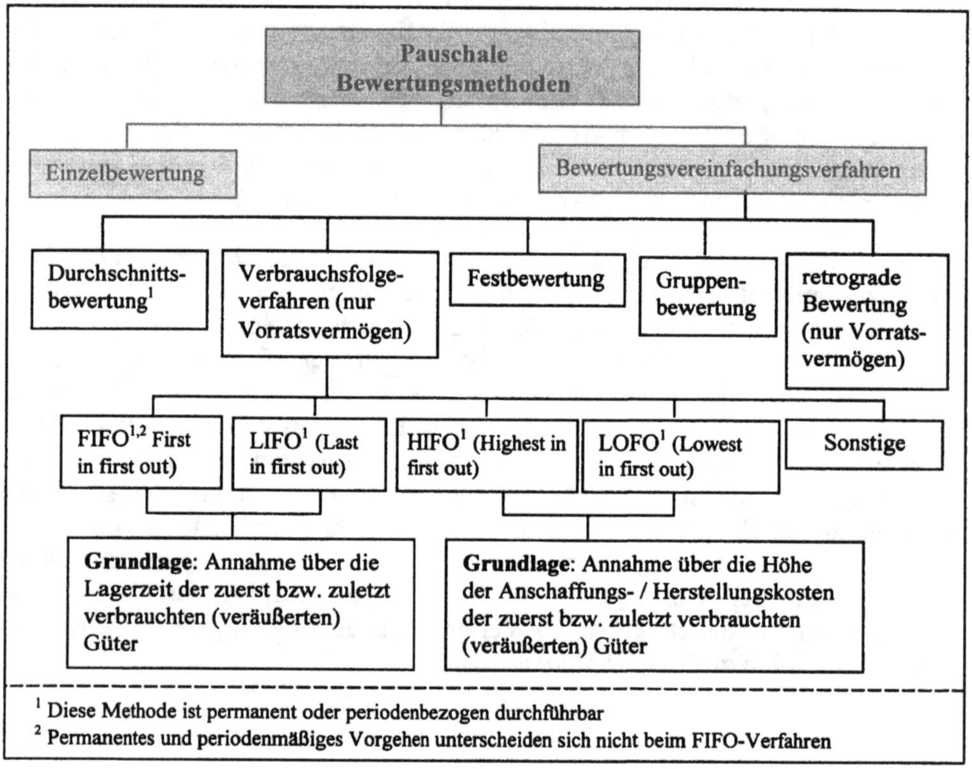

Zur Ermittlung der Anschaffungs- oder Herstellungskosten des Umlaufvermögens kommen die Gruppenbewertung, die Festbewertung, die Verbrauchsfolgefiktionen (Fiktion der Zusammensetzung des Endbestandes und des Verbrauchs) und die Durchschnittsbewertung in Frage, die im Folgenden nach Lück skizziert werden.[38]

Gruppenbewertung: "Gemäß § 240 Abs. 4 HGB dürfen gleichartige Vermögensgegenstände des Vorratsvermögens sowie andere gleichartige oder annähernd gleichwertige bewegliche Vermögensgegenstände jeweils zu einer Gruppe zusammengefasst und mit dem gewogenen Durchschnitt angesetzt werden."

---

38 W. Lück (1990), S. 486 ff.

Festbewertung: "Gemäß § 240 Abs. 3 HGB können Vermögensgegenstände des Sachanlagevermögens sowie Roh-, Hilfs- und Betriebsstoffe, wenn sie regelmäßig ersetzt werden und ihr Gesamtwert für das Unternehmen von **nachrangiger** Bedeutung ist, mit einer gleichbleibenden Menge und einem gleichbleibenden Wert **(Festwert)** angesetzt werden, sofern ihr Bestand in seiner Größe, seinem Wert und seiner Zusammensetzung nur geringen Veränderungen unterliegt."

Durchschnittsmethode: "Es entspricht den Grundsätzen ordnungsmäßiger Buchführung, bei der Wertermittlung von Beständen an gleichartigen Vermögensgegenständen, die im Verkehr nach Maß, Zahl oder Gewicht bestimmt werden, den aus Anfangsbestand und sämtlichen Zugängen ermittelten **Durchschnittswert** anzusetzen. Dabei werden sowohl der Endbestand als auch der Verbrauch mit dem Durchschnitt bewertet. Die Durchschnittsmethode hat zwei Ausprägungen, den **gewogenen** und den **gleitenden** Durchschnitt."

Verbrauchsfolgeverfahren bzw. Verbrauchsfolgefiktionen: "Soweit es den Grundsätzen ordnungsmäßiger Buchführung entspricht, kann gemäß § 256 HGB für den Wertansatz gleichartiger Gegenstände des Vorratsvermögens unterstellt werden, dass die zuerst oder dass die zuletzt angeschafften oder hergestellten Vermögensgegenstände zuerst oder in einer sonstigen bestimmten Folge verbraucht oder veräußert worden sind. Die Verbrauchsfolgeverfahren können danach unterschieden werden, ob die Vorgänge nach der zeitlichen Abfolge (LIFO, FIFO) oder nach der Höhe des Preises (HIFO, LOFO) geordnet werden."

Abbildung 102

Ausgewählte Verfahren der Sammelbewertung im Überblick

Ausgangsdaten: Das Materialbestandskonto einer Unternehmung weist folgende Bewegungen auf.

01.01. Anfangsbestand	150 kg à 40,-- € je kg
19.01. Zugang	250 kg à 42,-- € je kg
01.02. Abgang	100 kg
05.07. Zugang	200 kg à 38,-- € je kg
25.07. Abgang	400 kg
12.09. Zugang	150 kg à 43,-- € je kg
22.11. Abgang	50 kg

Der Preis am Bilanzstichtag beträgt 42,80 € je kg

Beispiel: Gewogene Durchschnittsmethode

Anfangsbestand	150 kg à 40,-- € =	6000,-- €
+ Zugang	250 kg à 42,-- € =	10500,-- €
+ Zugang	200 kg à 38,-- € =	7600,-- €
+ Zugang	150 kg à 43,-- € =	6450,-- €
	750 kg	30550,-- €
- Abgänge	550 kg à 40,73 € =	22403,33 €
Endbestand	200 kg à 40,73 € =	8146,67 €

Durchschnittspreis 30550 : 750 = 40,73 € je kg

Beispiel: Fifo-Verfahren

Anfangsbestand	150 kg à 40,-- €	
+ Zugang	250 kg à 42,-- €	
+ Zugang	200 kg à 38,-- €	
+ Zugang	150 kg à 43,-- €	
	750 kg	
- Verbrauch	550 kg	
Endbestand	200 kg: 150 kg à 43,-- € =	6450,-- €
	50 kg à 38,-- € =	1900,-- €
	200 kg	= 8350,-- €
		41,75 € je kg

Beispiel: Perioden-Lifo-Verfahren

Anfangsbestand	150 kg à 40,-- €	
+ Zugang	250 kg à 42,-- €	
+ Zugang	200 kg à 38,-- €	
+ Zugang	150 kg à 43,-- €	
	750 kg	
- Verbrauch	550 kg	
Endbestand	200 kg: 150 kg à 43,-- € =	6450,-- €
	50 kg à 42,-- € =	2100,-- €
	200 kg	= 8550,-- €
		42,75 € je kg

Beispiel: Perioden-Hifo-Verfahren

Anfangsbestand	150 kg à 40,-- €	
+ Zugang	250 kg à 42,-- €	
+ Zugang	200 kg à 38,-- €	
+ Zugang	150 kg à 43,-- €	
	750 kg	
- Verbrauch	550 kg	
Endbestand	200 kg: 200 kg à 38,-- € =	7600,-- €

Beispiel: Perioden-Lofo-Verfahren

Anfangsbestand	150 kg à 40,-- €	
+ Zugang	250 kg à 42,-- €	
+ Zugang	200 kg à 38,-- €	
+ Zugang	150 kg à 43,-- €	
	750 kg	
- Verbrauch	550 kg	
Endbestand	200 kg: 150 kg à 43,-- € =	6450,-- €
	50 kg à 42,-- € =	2100,-- €
	200 kg	= 8550,-- €
		42,75 € je kg

Wie aus der *Abbildung 102*[39] über ausgewählte Verfahren der Sammelbewertung zu ersehen ist, liegt bei dem Bewertungsverfahren nach dem **gewogenen Durchschnitt** die Fiktion zugrunde, dass im **Endbestand** und im **Verbrauch** die gleiche Mengenrelation aus Anfangsbestand und Einzellieferungen der Periode steckt. Die Durchschnittsmethode zählt zu den verbreitetsten Bewertungsverfahren in der Praxis. Beim **Fifo-Verfahren** wird davon ausgegangen, dass im Endbestand die letzten Lieferungen enthalten sind und der Verbrauch sich aus dem Anfangsbestand und den ersten Lieferungen zusammensetzt. Beim **Perioden-Lifo-Verfahren** geht man dagegen davon aus, dass im Endbestand der Anfangsbestand und gegebenenfalls die ersten Lieferungen enthalten sind und der Verbrauch sich aus den letzten Lieferungen zusammensetzt. Beim **Perioden-Hifo-Verfahren** wird davon ausgegangen, dass im Endbestand die billigsten Lieferungen (gegebenenfalls einschließlich des Anfangsbestandes) enthalten sind und der Verbrauch sich

39 Zusammengestellt nach A. G. Coenenberg 2000, S. 229 ff.

aus den teuersten Lieferungen (gegebenenfalls einschließlich des Anfangsbestandes) zusammensetzt. D. h., der Endbestand wird mit den niedrigsten Beschaffungspreisen bewertet. Beim **Perioden-Lofo-Verfahren** wird davon ausgegangen, dass im Endbestand die teuersten Lieferungen (gegebenenfalls einschließlich des Anfangsbestandes) enthalten sind und der Verbrauch sich aus den günstigsten Lieferungen (gegebenenfalls einschließlich des Anfangsbestandes) zusammensetzt. Folglich wird der Endbestand mit den höchstmöglichen Wertansätzen bilanziert. Bei monoton steigenden Preisen entspricht der mit Hilfe des Lofo-Verfahrens ermittelte Wertansatz dem Wertansatz bei der Anwendung des Fifo-Verfahrens, bei monoton fallenden Preisen deckt er sich mit dem bei Lifo-Bewertung (vgl. *Abbildung 102*). Handelsrechtlich wird das Lofo-Verfahren in der Literatur überwiegend abgelehnt, da es dem Prinzip der kaufmännischen Vorsicht widerspricht.

Beim Lifo-, Hifo- und Lofo-Verfahren kann jeweils zwischen einer **periodenweisen** (vorliegende Beispiele) und einer **permanenten** Berechnung unterschieden werden. Beim permanenten Verfahren wird jeder Zu- und Abgang in zeitlicher Reihenfolge berücksichtigt. Dementsprechend ist dieses Verfahren rechentechnisch sehr aufwendig und nicht sehr verbreitet.

Die Wahl der Bewertungsmethode hat - in Abhängigkeit von der Preisänderung im Zeitablauf - beachtliche Auswirkungen auf den **Vermögensausweis** und das **Unternehmensergebnis**. Zu beachten ist jedoch, dass zwar Gruppenbewertungs-, Festbewertungs- und Durchschnittsmethode handels- und steuerrechtlich zulässig sind, bei der Anwendung der Verbrauchsfolgefiktionen aber steuerrechtliche Einschränkungen (gemäß § 5 Abs. 1 Nr. 2a EStG ist nur die Lifo-Methode steuerlich anerkannt) gegeben sind. Außerdem darf nicht übersehen werden, "dass die mit Hilfe der einzelnen Verfahren ermittelten Werte nicht ohne weiteres als Bilanzansätze in Frage kommen, sondern dass sie die fiktiven Anschaffungs- oder Herstellungskosten der als Bestände zu aktivierenden Vorräte sind. Sie kommen bei Anwendung des **strengen Niederstwertprinzips** nur zum Zuge, wenn sie unter dem Börsen- oder Marktwert liegen."[40] Wie *Abbildung 103*[41] verdeutlicht, ist - unter Berücksichtigung des strengen Niederstwertprinzips - auch die Zulässigkeit der Bewertungsvereinfachungsverfahren nach § 256 HGB in Abhängigkeit von unterschiedlichen Preisentwicklungen zu überprüfen und im Hinblick auf

40 G. Wöhe (1990), S. 121.

41 Nach W. Lück (1990), S. 498.

die Höhe des Gewinnausweises von den Unternehmensverantwortlichen zu analysieren.[42]

Abbildung 103: Unterschiedliche Preisentwicklungen und deren Einfluss auf Zulässigkeit der Bewertungsvereinfachungsverfahren nach § 256 HGB

Preis-entwick-lung	Durchschnitts-methode	Fifo-Methode	Lifo-Methode	Hifo-Methode	Lofo-Methode (beachte Anmerkung)
konstant	**Wertansatz zulässig**				
monoton steigend	Wertansatz zulässig (stille Reserven entstehen)	Wertansatz zulässig (stille Reserven entstehen, wenn Bestände am Bilanzstichtag größer als letzter Zugang)	Wertansatz zulässig (stille Reserven entstehen)	Wertansatz zulässig (stille Reserven entstehen)	Wertansatz zulässig (stille Reserven entstehen, wenn Bestände am Bilanzstichtag größer als letzter Zugang)
monoton fallend	Wertansatz unzulässig: Korrektur auf den niedrigeren Börsen- oder Marktpreis erforderlich!	Wertansatz unzulässig, wenn letzter Zugang kleiner als Bestand am Bilanzstichtag: Korrektur auf niedrigeren Börsen- oder Marktpreis erforderlich! Wertansatz zulässig, wenn letzter Zugang größer oder gleich Bestand am Bilanzstichtag*	Wertansatz unzulässig,: Korrektur auf den niedrigeren Börsen- oder Marktpreis erforderlich!	Wertansatz unzulässig, wenn Bestand größer als letzter Zugang: Korrektur auf niedrigeren Börsen- oder Marktpreis erforderlich! Wertansatz zulässig, wenn Bestand am Bilanzstichtag kleiner oder gleich letztem Zugang*	Wertansatz unzulässig: Korrektur auf den niedrigeren Börsen- oder Marktpreis erforderlich! Anmerkung: Nach ADS ist die Lofo-Methode kein zulässiges Verfahren!
schwankend	Es ist immer zu prüfen, ob nicht eine Sonderabschreibung gemäß dem Niederstwertprinzip erforderlich geworden ist.				

* Dies gilt nur, wenn sich der Börsen- oder Marktpreis vom Tag des letzten Zugangs bis zum Bilanzstichtag nicht mehr verändert hat.

6.2.2 Forderungen

Wie bereits im Rahmen der Behandlung der Verbuchung von Abschreibungen zu Forderungen aus Lieferungen und Leistungen deutlich geworden ist, sind Forderungen Ansprüche eines Unternehmens auf eine Leistung (= Geldleistung oder sonstige Leistung). In der Bilanz sind Forderungen unter verschiedenen Positionen auszuweisen. Der **Forderungsbestand** gemäß § 266 Abs. 2 HGB setzt sich aus folgenden Positionen der Aktivseite der Bilanz zusammen:

---

42 Vgl. G. Wöhe (1990), S. 122 ff.

- Anzahlungen (getrennt nach Anlage- und Umlaufvermögen)
- Ausleihungen (getrennt nach Ausleihungen an verbundene Unternehmen, an Unternehmen, mit denen ein Beteiligungsverhältnis besteht, und sonstigen Ausleihungen),
- Wertpapiere (getrennt nach Anlage- und Umlaufvermögen),
- Forderungen aus Lieferungen und Leistungen,
- Guthaben bei Kreditinstituten,
- Forderungen gegen verbundene Unternehmen,
- Forderungen gegen Unternehmen, mit denen ein Beteiligungsverhältnis besteht,
- sonstige Vorauszahlungen (aktive transitorische RAP).

Angesichts der Vielzahl zum Forderungsbestand zugehöriger ungleicher Bilanzpositionen des Anlage- und Umlaufvermögens erfolgt die Bewertung der Forderungen nicht nach für alle Positionen einheitlichen Kriterien. Die Abschreibungen auf Forderungen sind Ausfluss des handels- und steuerrechtlichen Niederstwertprinzips.

Zum Abschluss der Geschäftsperiode müssen auch die **Forderungen** auf ihre Einbringlichkeit (Bonität) hin überprüft werden und die **einwandfreien** Forderungen zu ihren Anschaffungskosten (i. d. R. Nennwert, zuzüglich aller Nebenkosten) bewertet werden. Entsprechend dem Grundsatz der Vorsicht sind **uneinbringliche** Forderungen (z. B. Konkurs mangels Masse) abzuschreiben und **zweifelhafte** Forderungen (z. B. Beantragung eines Konkurses eines Kunden) mit ihrem wahrscheinlichen Wert anzusetzen. Auch bei Forderungen gilt das Prinzip der Einzelbewertung, von dem allerdings bei einem größeren Bestand an Forderungen aus Warenlieferungen abgewichen und eine Sammelbewertung bzw. Pauschalbewertung (geschätzter Prozentsatz aufgrund von bisherigen Erfahrungen des Betriebes oder der Branche) durchgeführt werden kann. D. h., dass ein bestimmter Prozentsatz des Forderungsbestandes pauschal - formell als "Wertberichtigung" - "abgeschrieben" werden kann, wobei allerdings davon die einzelwertberichtigten Forderungen abzuziehen sind (vgl. *Abbildung 104*).

Abbildung 104

Bewertung und Abschreibung auf Forderungen

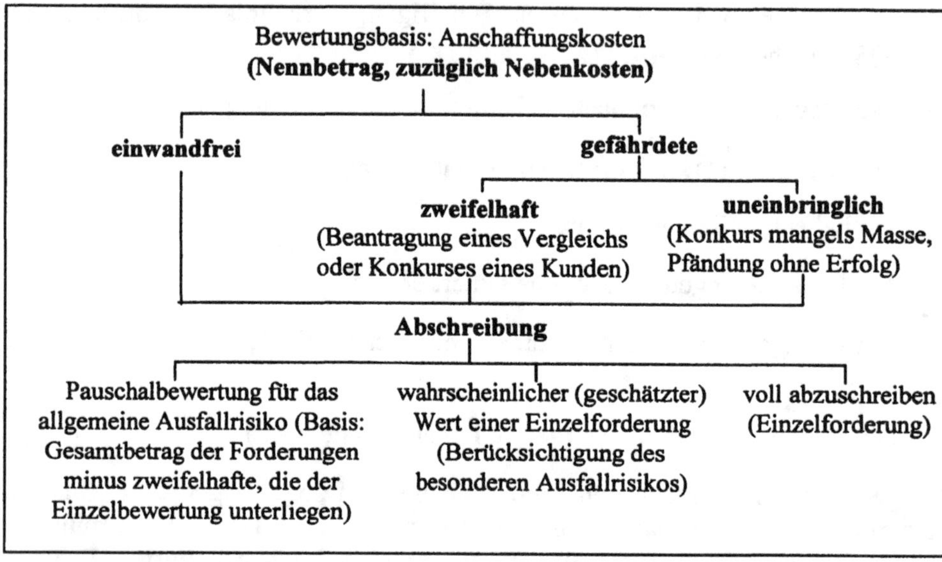

Die Vorschriften des neuen Bilanzrechts (§ 246 HGB) lassen eine (passivische) Pauschalwertberichtigung auf Forderungen bei Kapitalgesellschaften nicht mehr zu. Pauschalwertberichtigungen auf Forderungen dürfen jetzt nur noch auf der Aktivseite der Bilanz vorgenommen (direkte Abschreibung) und dort oder im Anhang vermerkt werden.

Die Bewertung von Forderungen in der **Steuerbilanz** deckt sich nach § 6 Abs. 1 Nr. 2 EStG mit der handelsrechtlichen Bewertung. Nach der steuerlichen Rechtsprechung ist sowohl eine Einzelbewertung der Forderungen als auch eine Pauschalbewertung erlaubt, damit ist gemeint, dass der Bilanzierende zunächst bestimmte Forderungen einzeln und danach den Rest pauschal bewertet.[43]

Auch die Abschreibungen auf Forderungen (mit Hilfe von Einzel- und Pauschalbewertung) können von dem Unternehmen als Instrument zur Korrektur des Vermögensausweises und damit zur Beeinflussung des Gewinns herangezogen werden.

43 W. Lück (1990), S. 504.

6.3 Bilanzierung aktiver und passiver Rechnungsabgrenzungsposten

Wie buchungstechnisch bereits aufgezeigt, sind Rechnungsabgrenzungsposten dann notwendig, wenn am Bilanzstichtag zeitliche Diskrepanzen zwischen Ausgaben und Aufwendungen einerseits und Einnahmen und Erträgen andererseits vorliegen. Allerdings sind Aufwendungen (Erträge), deren zugehörige Ausgaben (Einnahmen) **erst in einem folgenden** Geschäftsjahr (antizipative Vorgänge) erfolgen, nicht mehr mit Hilfe eines Rechnungsabgrenzungspostens, sondern durch den Ansatz einer sonstigen Verbindlichkeit (sonstigen Forderung) zu erfassen. Typische Beispiele für transitorische Rechnungsabgrenzungsposten sind erhaltene oder getätigte Vorauszahlungen von Miete, Pacht, Versicherungsprämien, Zinsen, Kfz-Steuern und Honoraren. Die Notwendigkeit zur aktiven und passiven Rechnungsabgrenzung ergibt sich für die Handelsbilanz aus § 250 HGB und für die Steuerbilanz aus § 5 Abs. 5 EStG.[44]

Allerdings gewährt § 250 HGB in drei bestimmten Sonderfällen ein **Wahlrecht** zur Aktivierung bestimmter als Aufwand berücksichtigter Ausgaben als Rechnungsabgrenzungsposten. Dies ist der Fall

1. bei als Aufwand berücksichtigten Zöllen und Verbrauchsteuern wie z. B. Einfuhrzoll und Brandweinsteuer (§ 250 Abs. 1 Nr. 1 HGB),

2. bei als Aufwand berücksichtigter Umsatzsteuer auf Anzahlungen (§ 250 Abs. 1 Nr. 2 HGB) sowie

3. bei einer Verbindlichkeit, wenn deren Rückzahlungsbetrag höher ist als der entsprechende Auszahlungsbetrag (§ 250 Abs. 3 HGB).

Während die bei einer Darlehensvergabe vereinbarte Differenz zwischen dem Auszahlungsbetrag und dem Rückzahlungsbetrag, bezeichnet als das **Damnum (Darlehensabschlag, Disagio)**, **handelsrechtlich** aktiviert werden **darf** (der Betrag wird entweder sofort als Aufwand geltend gemacht oder aktiviert), **muss** sie **steuerlich** (Abschnitt 37 Abs. 3 EStR) als Damnum aktiviert werden und verteilt auf die Laufzeit des Darlehens abgeschrieben werden. Gemäß § 268 Abs. 6 HGB kann ein Damnum bzw. Disagio in der Bilanz gesondert unter den Posten der aktiven Rechnungsabgrenzung oder im Anhang ausgewiesen werden. Ausnahmsweise kann sich der Fall ergeben, dass der Ausgabebetrag den Rückzahlungsbetrag übersteigt. In diesem Falle

---

44 Detaillierter zur handelsrechtlichen Bilanzierung der Rechnungsabgrenzungsposten vgl. J. Baetge (1991), S. 409 ff.

ist der Unterschiedsbetrag nach herrschender Meinung als Rechnungsabgrenzungsposten zu passivieren und auf die Laufzeit der Verbindlichkeit zu verteilen.[45]

Wie *Abbildung 105* verdeutlicht, erreicht man mit den Rechnungsabgrenzungsposten eine periodengerechte Erfolgsermittlung. Transitorische Rechnungsabgrenzungsposten unterliegen nicht dem Aktivierungs- bzw. Passivierungsgrundsatz.[46]

6.4 Bilanzierung und Bewertung ausgewählter Passiva

6.4.1 Eigenkapital und dessen Bestandteile

Das **Eigenkapital** bezeichnet die Differenz zwischen der Summe der Aktiva und der Summe der Schulden abzüglich der passivischen Rechnungsabgrenzungsposten. Die Höhe des Eigenkapitals ergibt sich somit erst nach Ansatz und Bewertung aller übrigen Bilanzposten. Unabhängig von der Unternehmensrechtsform umfasst das Eigenkapital die der Unternehmung von ihren Eigentümern ohne zeitliche Begrenzung zur Verfügung gestellten Mittel, die dem Unternehmen durch Zuführung von außen oder durch Verzicht auf

---

45 A. G. Coenenberg (1991), S. 218 f.

46 Vgl. J. Baetge (1991), S. 136 ff.

Abbildung 105

Gewinnausschüttung von innen zufließen. Dagegen hängt die Darstellungsform des Eigenkapitals in der Bilanz aufgrund handels-, gesellschafts-, und bürgerlich-rechtlicher Bestimmungen von der Rechtsform der Unternehmung ab. Aus finanzwirtschaftlicher Sicht lassen sich nach der **Veränderlichkeit der Kapitalkonten** feste und variable Eigenkapitalkonten[47] unterscheiden, letztere sind vor allem bei Kapitalgesellschaften zu beachten. Das feste Kapital ändert sich nur unter bestimmten Bedingungen (durch Beschluss der Haupt- bzw. Gesellschafterversammlung), so dass man also von einem **(bedingt) festen Kapitalkonto** sprechen kann. **Variable Eigenkapitalkonten** schwanken dagegen i. d. R. von Jahr zu Jahr.

47 Zu den Typen von Eigenkapitalkonten der einzelnen Unternehmensrechtsformen im Überblick vgl. A. G. Coenenberg (2000), S. 320 ff.

Ferner lässt sich das Eigenkapital auch danach systematisieren, ob und inwieweit es für einen externen Betrachter aus der Bilanz bzw. aus den Bilanzpositionen ersichtlich ist. Die Addition des gezeichneten Kapitals (nomineller Wert der an die Gesellschafter ausgegebenen Kapitalanteile) und des variablen Eigenkapitals (offene Rücklagen und Unternehmensergebnis) ergibt das sog. **rechnerische Eigenkapital**. Der entsprechende Betrag zeigt das insgesamt für die Finanzierung der Vermögensgegenstände zur Verfügung stehende Eigenkapital. Die Ausnutzung von Ansatz- und Bewertungswahlrechten bei einzelnen Posten der Aktiv- und Passivseite der Bilanz ermöglicht zudem die Bildung und Auflösung **stiller Rücklagen** (Reserven), so dass Gewinnbestandteile vor einer möglichen Ausschüttung bewahrt (gesperrt) bzw. zur Glättung von Gewinnschwankungen oder in späteren Jahren zum (stillen) Ausgleich von Verlusten benutzt werden können (vgl. Abschnitt 1). Addiert man zu dem aus der Bilanz ersichtlichen rechnerischen Eigenkapital die aus der Bilanz nicht ersichtlichen stillen Rücklagen, erhält man das **effektive Eigenkapital**. Für bilanzanalytische Zwecke ist schließlich das sog. **bilanzielle Eigenkapital** von Bedeutung. Vor dem Hintergrund, dass das bilanzielle Eigenkapital zur Beurteilung der wirtschaftlichen Lage und der finanzwirtschaftlichen Stabilität der Unternehmung herangezogen wird, sind entsprechende Korrekturen notwendig. Vom rechnerischen Eigenkapital sollten die **ausstehenden Einlagen**, die im Umlaufvermögen gehaltenen **eigenen Anteile** sowie ein eventuell **aktiviertes Disagio** subtrahiert und - wegen der noch zu zahlenden Steuern - nur die Hälfte der **Sonderposten mit Rücklageanteil** addiert werden (vgl. *Abbildung 106*).[48]

---

48 Detaillierte Darlegungen zum bilanziellen und bereinigten Eigenkapital findet man in: A. G. Coenenberg (), S. 883 ff.

Abbildung 106: Eigenkapitalbegriffe

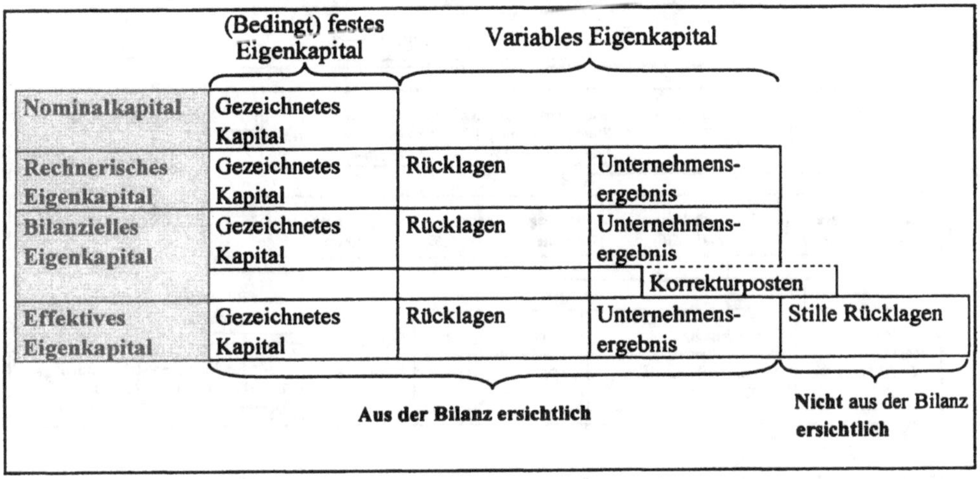

Der Bilanzgliederung nach § 266 Abs. 2 und 3 HGB ist zu entnehmen, dass die Rücklagen, bei Rechtsformen, deren Haftungskapital mit einem festen Nennbetrag (AG = Grundkapital, GmbH = Stammkapital) in der Bilanz ausgewiesen werden muss, **Bestandteil des Eigenkapitals** sind und gesondert ausgewiesen werden. In der Bilanz von Kapitalgesellschaften sind allerdings nur die sog. **offenen Rücklagen** und nicht die **stillen Rücklagen** ausgewiesen. Im Gegensatz zu der Bildung offener Rücklagen ist die Bildung stiller Rücklagen von der Rechtsform unabhängig.

Die Finanzierung aus (einbehaltenem) Gewinn wird üblicherweise als Selbstfinanzierung bezeichnet, wobei der Ausweis der **offenen Selbstfinanzierung** in den einzelnen Rechtsformen verschieden ist. Bei der **Einzelunternehmung** und den **Personengesellschaften** wird der **gesamte** (ausgewiesene) Gewinn dem jeweiligen Kapitalkonto gutgeschrieben, im Prinzip mit der Möglichkeit der jederzeitigen Entnahme. Bei den **Kapitalgesellschaften** dagegen erfolgt - hier jetzt abgesehen von dem (meist nicht sehr bedeutenden) Gewinnvortrag - die Zuweisung zu den **Rücklagen**. Man unterscheidet dabei die **gesetzlichen** (so müssen gemäß § 150 Abs. 2 AktG bei der AG solange 5 % vom Jahresüberschuss in die Rücklagen eingestellt werden, bis 10 % des Grundkapitals erreicht sind) von den **freien**.[49]

49 M. Hüttner (1990), S. 188.

Abbildung 107: Arten von Rücklagen

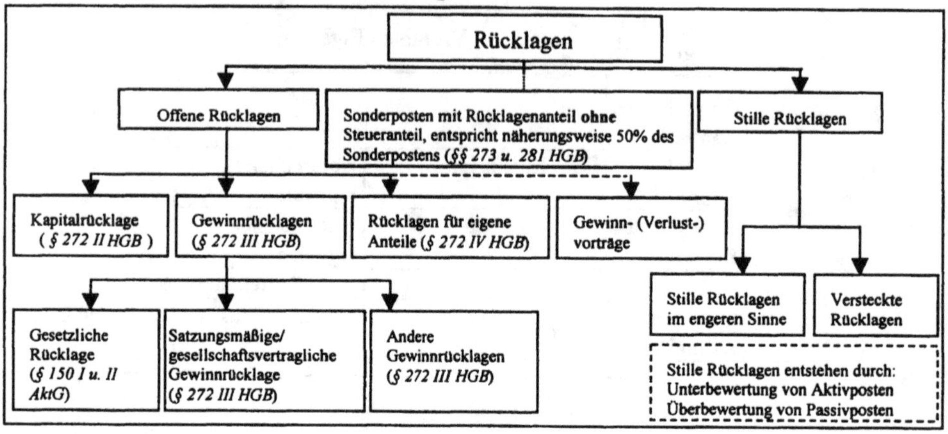

Wie *Abbildung 107* verdeutlicht, setzen sich die **offenen Rücklagen** aus den **Kapitalrücklagen, Rücklagen für eigene Anteile** und **Gewinnrücklagen** zusammen. Letztere lassen sich in **gesetzliche Rücklagen**, **satzungsmäßige/gesellschaftsvertragliche Rücklagen** und **andere Gewinnrücklagen** unterscheiden. Die **stillen Rücklagen** bestehen aus **stillen Rücklagen im engeren Sinne** und **versteckten Rücklagen**. Im Gegensatz zu den offenen Rücklagen erscheinen die stillen Rücklagen im engeren Sinne (Entstehung durch Unterbewertung von Vermögensteilen) überhaupt nicht in der Bilanz und die versteckten Rücklagen in überhöhten Passivposten (z. B. Rückstellungen). Bei dem "Sonderposten mit Rücklageanteil" handelt es sich um eine besondere Position.

Die Bildung **offener Rücklagen** wirkt sich nicht auf die Höhe des Gewinns aus, sie ist **erfolgsneutral**. Werden offene Rücklagen gebildet, so handelt es sich um eine **Gewinnverwendung**. Sie können jedoch nur dann gebildet werden, wenn ein Jahresüberschuss erwirtschaftet worden ist, oder wenn im Rahmen einer Kapitalerhöhung Eigenkapital von außen zugeführt wird, z. B. ein **Agio** (Aufgeld). Es entsteht, wenn die Ausgabe (Emission) von neuen Aktien "über pari" erfolgt. D. h., dass der Ausgabekurs über dem Nennwert der Aktien liegt. Dieser Differenzbetrag, der als Agio bezeichnet wird, ist in die gesetzliche Rücklage einzustellen.

Die Besonderheit der **stillen Rücklagen** ist, dass sich **deren Existenz aus der Bilanz nicht ersehen lässt**. Während die Bildung **versteckter Rücklagen** keinen Einfluss auf die Höhe der Bilanzsumme hat, führen **stille Rücklagen im engeren Sinne** zu einer Änderung der Bilanzsumme.

Abbildung 108

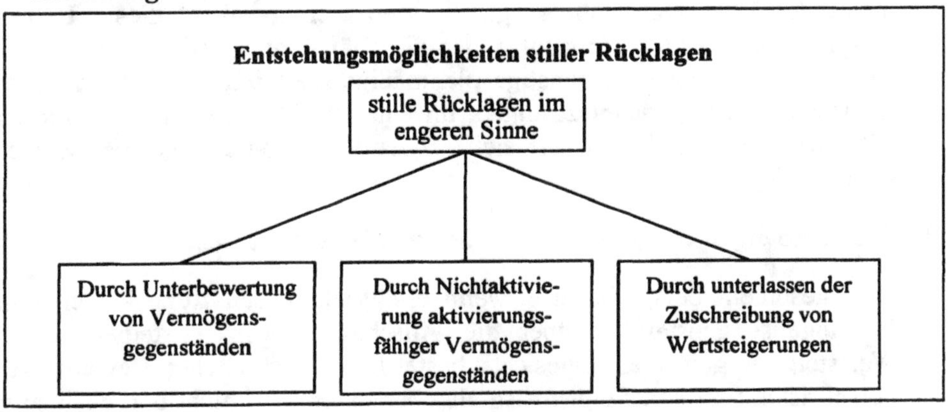

Es lassen sich drei Möglichkeiten zur Bildung[50] **stiller Rücklagen im engeren Sinne** unterscheiden (*vgl. Abbildung 108*):

1. Vermögenswerte werden unterbewertet, weil

   - Abschreibungsquoten verrechnet werden, die die geschätzte Wertminderung erheblich übersteigen,

   - die Herstellungskosten (z. B. von selbsterstellten Anlagen oder Halbfertig- und Fertigfabrikaten) zu niedrig angesetzt werden und

   - im Umlaufvermögen durch eine Überspitzung des Prinzips der kaufmännischen Vorsicht oder durch Anwendung spezieller Bewertungsverfahren (Bewertung von eisernen Beständen mit einem Festwert, Bewertung gleichartiger Vorräte nach dem Lifo-, Fifo- oder Hifo-Methode) Vorräte zu niedrig bewertet werden. Eine sehr vorsichtige Bewertung der Forderungen führt ebenfalls zu stillen Rücklagen.

2. Aktivierungsfähige Vermögensgegenstände werden in der Bilanz nicht erfasst (Nichtaktivierung).

   "Ein Beispiel für ein Aktivierungswahlrecht ist der sog. **derivative Firmenwert**. Nach § 255 Abs. 4 HGB darf bei der Übernahme des Unternehmens der Unterschiedsbetrag, um den die für die Übernahme des Unternehmens gewährte Gegenleistung den Wert der einzelnen Ver-

50 Vgl. G. Wöhe (1990), S. 144 ff.

mögensgegenstände des Unternehmens abzüglich der Schulden im Zeitpunkt der Übernahme übersteigt, aktiviert werden. Wird dieser Betrag aktiviert, so ist er in jedem folgenden Geschäftsjahr zu mindestens einem Viertel oder durch eine sonstige planmäßige Verteilung auf die voraussichtliche Nutzungsdauer zu tilgen. Im Falle der Nichtaktivierung werden stille Rücklagen gebildet, die sich im Laufe der Nutzungsdauer wieder auflösen."[51]

3. Zuschreibungen von Wertsteigerungen werden unterlassen.

   Dies geschieht beispielsweise, wenn die Wiederbeschaffungskosten von Vermögensgegenständen über die Anschaffungskosten steigen, diese Wertsteigerungen aber angesichts bestehender gesetzlicher Bewertungsvorschriften (Anschaffungskosten als oberste Grenze) nicht berücksichtigt werden dürfen (Zwangsrücklage).

Versteckte Rücklagen führen zwar zur Änderung der Bilanzstruktur, aber nicht zur Änderung der Bilanzsumme. Dies ist darauf zurückzuführen, dass versteckte Rücklagen beispielsweise durch absichtliche oder unabsichtliche Überhöhung von Rückstellungen entstehen. In der Tatsache, dass Rückstellungen im Regelfall nicht exakt bestimmt werden können, liegt der Grund für versteckte Rücklagen. Die Differenz zwischen der Höhe der in früheren Wirtschaftsperioden gebildeten Rückstellung (Schätzung) und der zu einem späteren Zeitpunkt erfolgten tatsächlichen (geringeren) Auszahlung wird als versteckte Rücklage bezeichnet. Je mehr versteckte Rücklagen gebildet werden, desto kleiner - bei gleicher Bilanzsumme - ist das in der Bilanz ausgewiesene Eigenkapital. Es findet lediglich eine **Kapitalverschiebung** statt.

Gemäß § 247 Abs. 3 HGB dürfen alle Kaufleute Passivposten in der Bilanz bilden, die für Zwecke der Steuern vom Einkommen und Ertrag zulässig sind. Ein **"Sonderposten mit Rücklageanteil"** ist somit aus unversteuerbaren Gewinnen zu bilden und nach Maßgabe des Steuerrechts aufzulösen. Dieser Posten wird gliederungsmäßig zwischen dem Eigenkapital und Fremdkapital ausgewiesen, womit bereits eine gewisse "Zwitterrolle" dieser Position zum Ausdruck kommt.

Die Position Sonderposten mit Rücklageanteil ist eine direkte Folge des in § 5 Abs. 1 Satz 2 EStG formulierten Maßgeblichkeitsgrundsatzes, der sich hier faktisch umkehrt (umgekehrte Maßgeblichkeit). Will ein Unternehmen die Möglichkeit der Bildung einer steuerfreien Rücklage in Anspruch nehmen,

---

51 G. Wöhe (1990), S. 145.

um den Gewinn vor Steuern zu drücken, so ist dies nach dem Maßgeblichkeitsprinzip nur dann möglich, wenn dieselbe steuerfreie Rücklage zuvor auch in der Handelsbilanz gebildet wurde.

Beim Sonderposten mit Rücklageanteil handelt es sich um einen besonderen Betrag in der Bilanz, der **zwei** Komponenten umfasst (vgl. *Abbildung 109*).

1. **Steuerfreie Rücklagen:** Zunächst müssen Kapitalgesellschaften gemäß § 273 HGB Rücklagen, die aufgrund steuerlicher Vorschriften den steuerpflichtigen Gewinn mindern und erst im Falle ihrer Auflösung zu versteuern sind (sog. "steuerfreie Rücklagen"), unter dieser Position ausweisen. Diese Rücklagen stellen folglich eine **Mischposition** dar, die aus einem Eigenkapitalanteil und in Höhe der bei ihrer Auflösung einsetzenden Steuerverpflichtung besteht und somit **Rücklagen mit Rückstellungscharakter** ausweist.

2. **Sonderposten mit Rücklageanteil aufgrund steuerrechtlicher Sonderabschreibungen:** Gemäß § 281 HGB wird den Kapitalgesellschaften darüber hinaus auch das Wahlrecht eingeräumt, den Betrag der steuerlichen Sonderabschreibungen, die über die rein handelsrechtlich gebotenen Abschreibungen (Normalabschreibung) hinausgehen, unter dieser Position als eine Art Wertberichtigungsposten aufzunehmen.[52]

Abbildung 109: Erscheinungsformen von Sonderposten mit Rücklageanteil und Bildung durch Kapitalgesellschaften und Nicht-Kapitalgesellschaften

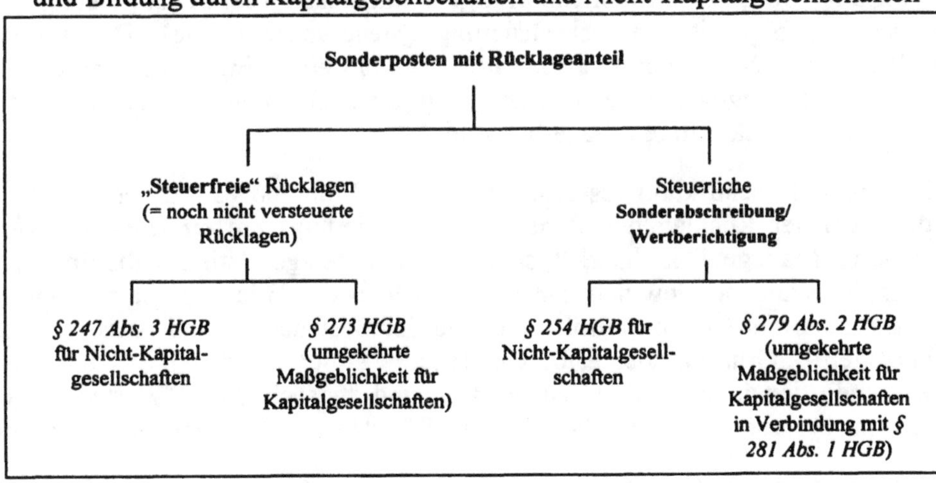

52 Vgl. A. G. Coenenberg (2000), S. 191 ff.

Beispiele für sog. "steuerfreie Rücklagen" oder die Bildung von "Sonderposten mit Rücklageanteil" aufgrund gesetzlicher Vorschriften, die die umgekehrte Maßgeblichkeit bedingen, sind:

- Rücklage für Veräußerungsgewinne bei bestimmten Gütern des Anlagevermögens (§ 6b EStG),
- Rücklage für Ersatzbeschaffung (Abschnitt 35 EStR),
- Rücklage für Zuschüsse aus öffentlichen Mitteln (Abschnitt 34 Abs. 3 EStR),
- Umwandlungsrücklage (§ 8 UmwStG),
- Sanierungsrücklage (§ 6d EStG),
- Rücklage nach § 6 Fördergebietsgesetz
- Rücklage für Kapitalanlagen in Entwicklungsländern (§§ 1 und 2 EntwLStG).

Kennzeichen des "Sonderpostens mit Rücklageanteil" ist, dass mit dessen Bildung Teile des Gewinns der Ertragsbesteuerung vorübergehend entzogen werden. Da es sich um eine zeitlich befristete Steuervergünstigung handelt, ist die aufwandswirksam gebildete Rücklage in späteren Perioden ertragswirksam ("Sonstige betriebliche Erträge") aufzulösen. Erst bei Auflösung des Postens erfolgt die Ertragsbesteuerung (Steuerverschiebung). Der Posten selbst besitzt Mischcharakter: er enthält sowohl einen Eigenkapitalanteil (in Höhe des Nettogewinns nach Steuerabzug) als auch einen Fremdkapitalanteil (in Höhe der zukünftigen Steuerbelastung).

Zusammenfassend kann festgehalten werden: Während es sich bei der Bildung offener Rücklagen (offene Selbstfinanzierung) um einbehaltene, versteuerte Bilanzgewinne handelt, stellen stille Rücklagen (stille Selbstfinanzierung) entstandene Gewinne dar, die jedoch in der Bilanz nicht erscheinen (Instrument der Gewinnpolitik). Sie sind der Besteuerung und Ausschüttung entzogen.[53] Grundsätzlich erfolgt die Bildung stiller Rücklagen dadurch, dass zwischen den in der Bilanz angesetzten und "tatsächlichen" Werten Differenzen bestehen. Die Bildung stiller Rücklagen (Reserven) kann durch

---

53 Zu den möglichen Wirkungen stiller Selbstfinanzierung (Liquiditätswirkung, Zinsvorteil, faktisch dauernde Steuerstundung, effektive Steuerersparnis) vgl. H. Rehkugler/V. Schindel (1986), S. 51 ff.

unzulässige Unterbewertungen von Aktiva und/oder Überbewertungen von Passiva (**Willkürreserven**), durch Schätzfehler (**Schätzreserven**), durch handelsrechtliche Bilanzierungsnormen (**Zwangsreserven**) und durch Spielräume, die sich aus der Unmöglichkeit rechtlicher Normierung ergeben (**Ermessensreserven**), erfolgen. Zu beachten ist in diesem Zusammenhang jedoch, dass im Gegensatz zu Personenunternehmen (§ 253 Abs. 4 HGB) für Kapitalgesellschaften gemäß § 279 Abs. 1 HGB die Möglichkeit, stille Reserven mit Hilfe von Abschreibungen zu bilden, gesetzmäßig nicht gegeben ist.[54] Die Auflösung stiller Reserven kann durch Veräußerung von unterbewerteten Vermögensgegenständen, durch Wertkorrektur und durch "Zeitablauf" geschehen.[55]

6.4.2 Rückstellungen

Es sollte deutlich geworden sein, dass zwar zwischen Rückstellungen und Rücklagen eine gewisse Beziehung besteht, es sich aber um grundsätzlich unterschiedliche Begriffe und Positionen in der Bilanz handelt. Während die Rücklagen Teil des Eigenkapitals sind und nicht zweckgebunden sein müssen, sind die **Rückstellungen** stets zweckgebunden (Abdeckung eines speziellen Risikos) und in der Regel als Bestandteil des Fremdkapitals anzusehen. Wie Abschreibungen und Rücklagen besitzen auch Rückstellungen einen Finanzierungseffekt.[56] Die Finanzierung aus Rückstellungen beruht auf der Überlegung, "dass nämlich die **Einzahlungen** (über die Umsatzerlöse) zeitlich **vor** den **Auszahlungen** entstanden sind."[57]

---

54 Aus dem Wortlaut des für alle Kaufleute geltenden § 253 Abs. 4 HGB, "Abschreibungen sind außerdem im Rahmen vernünftiger kaufmännischer Beurteilung zulässig", lässt sich ableiten, dass generell stille Rücklagen durch Unterbewertungen gebildet werden dürfen. Dieser Passus gilt allerdings nur für Nicht-Kapitalgesellschaften, da gemäß § 279 Abs. 1 Satz (ergänzende Vorschriften für Kapitalgesellschaften) § 253 Abs. 4 nicht bei Kapitalgesellschaften anzuwenden ist.

55 Vgl. G. Eilenberger (1990), S. 95.

56 Zur Finanzierung aus Rückstellungen (innerbetriebliche Fremdfinanzierung) vgl. H. Rehkugler/V. Schindel (1986), S. 57 ff.

57 M. Hüttner (1990), S. 191.

Vorschriften zum Ausweis und zur Erläuterung von Rückstellungen enthält das HGB lediglich für Kapitalgesellschaften. In der Bilanz stehen die Rückstellungen zwischen dem Eigenkapital und den Verbindlichkeiten. Ihnen kommt im Rahmen des handels- und steuerbilanzpolitischen Instrumentariums, allein schon aufgrund des beachtlichen Anteils an der Bilanzsumme, eine wichtige Rolle zu. Nach Berechnungen der Deutschen Bundesbank entfielen im Durchschnitt aller Unternehmen rund 17% der Bilanzsumme auf Rückstellungen.[58]

Abbildung 110

Bildung von Rückstellungen

- Passivierungspflicht (§ 249 Abs. 1 Satz 1 und 2)
  - ungewisse Verbindlichkeiten (z.B. zu erwartende Steuernachzahlungen, Prozesskosten, Garantieverpflichtungen, Pensionsverpflichtungen, Proviosionsverbindlichkeiten, Inanspruchnahme aus Bürgschaften und dem Wechselobligio u.a.)
  - drohende Verluste aus schwebenden Geschäften (z.B. erheblicher Preisrückgang bereits gekaufter, jedoch noch nicht gelieferter Rohstoffe)
  - unterlassenen Instandhaltungsaufwendungen die im folgenden Geschäftsjahr innerhalb von drei Monaten nachgeholt werden
  - Gewährleistungen ohne rechtliche Verpflichtung (Kulanzgewährleistungen)
- Passivierungswahlrecht (§ 249 Abs. 1 Satz 3 und Abs. 2)
  - unterlassene Instandhaltungsaufwendungen, die nach drei Monaten, des folgenden Geschäftsjahres nachgeholt werden
  - bestimmte Aufwendungen, die dem abgelaufenen Geschäftsjahr zuzuordnen sind (Diese "Aufwandsrückstellungen" sind z.B. möglich für Großreparaturen, Werbekampangen, Messen, Betriebsverlegungen u.a.)

Die Bildung von Rückstellungen ist u. a. Ausdruck des Imparitätsprinzips, dem zufolge in der Bilanz auch die unrealisierten Verluste auszuweisen sind. In § 249 Abs. 1 und 2 HGB, der **für alle Rechtsformen** gilt, ist festgehalten (vgl. *Abbildung 110*), wofür Rückstellungen gebildet werden müssen **(Passivierungspflicht)** bzw. dürfen **(Passivierungswahlrecht)**. Die in § 249 HGB genannten Rückstellungen lassen sich in **vier Rückstellungsarten** gliedern:

1. Rückstellungen für ungewisse Verbindlichkeiten,
2. Rückstellungen für drohende Verluste aus schwebenden Geschäften[59],

---

[58] Vgl. Deutsche Bundesbank (1983), (1985) und (1989), Sonderdrucke der Deutschen Bundesbank Nr. 5 und Nr. 6.

[59] Unter "schwebenden Geschäften" versteht man abgeschlossene, noch von keinem Vertragspartner erfüllte gegenseitige Verträge. Erfolge aus schwebenden Geschäften werden nach den GoB nicht im Rechnungswesen erfasst, solange sich Leistung und Gegen-

3. Rückstellungen für Gewährleistungen ohne rechtliche Verpflichtung (Kulanzrückstellungen) und
4. Aufwandsrückstellungen.

Der Rückstellungskatalog ist demnach recht umfangreich. Neben den weitreichenden Formulierungen des § 249 HGB besteht außerdem **für Kapitalgesellschaften** gemäß § 274 Abs. 1 HGB eine Passivierungspflicht für **Rückstellungen für latente Steuern.**[60] Ihre Aufgabe ist, die **Differenz** zwischen dem sich aus der Steuerbilanz ergebenden **tatsächlichen Steueraufwand** und dem **fiktiven Steueraufwand**, der sich aufgrund eines höheren Handelsbilanzgewinns ergeben würde, in der Handelsbilanz als ungewisse Verbindlichkeit zurückzustellen. Für andere als die in § 249 Abs. 1 und 2 HGB genannten Zwecke dürfen gemäß § 249 Abs. 3 Satz 1 HGB keine Rückstellungen gebildet werden **(Passivierungsverbot).**

Gemäß § 266 HGB sind die Rückstellungen in der Bilanz einer Kapitalgesellschaft gesondert nach **Pensions-, Steuerrückstellungen** und **sonstigen Rückstellungen** auszuweisen (Mindestgliederungsschema).

Nach § 253 Abs. 1 Satz 2 HGB ist bei der **Bewertung** der Rückstellungen der Betrag anzusetzen, der nach **vernünftiger kaufmännischer Beurteilung** notwendig ist. An dieser allgemein gehaltenen Formulierung lässt sich erkennen, dass Rückstellungen in der Regel geschätzt werden müssen, so dass sich dem Bilanzierenden beachtliche Beurteilungsspielräume eröffnen.

Rückstellungen dürfen nur **aufgelöst** werden, wenn der Grund hierfür entfallen ist (§ 249 Abs. 1 Satz 2) und Rückstellungen für latente Steuern, sobald

leistung ausgleichen. Soweit eine Vertragspartei aktivierbare Aufwände getätigt hat (z. B. Ausgaben für die Herstellung oder Anzahlungen) werden diese im Rechnungswesen durch entsprechende Aktivierungen berücksichtigt. Ansprüche und Verpflichtungen aus schwebenden Geschäften werden im Jahresabschluss grundsätzlich nicht bilanziert. Droht jedoch ein schwebendes Geschäft aber künftig mit einem **Verlust** abzuschließen, d. h. übersteigt der Wert der eigenen Leistungen den Wert der zu erwartenden Gegenleistungen, so muss das Unternehmen den drohenden zukünftigen "Verlust" (negativen Erfolgsbeitrag) antizipieren und gemäß § 249 Abs. 1 HGB eine Rückstellung bilden." Voraussetzung für die Verlustantizipation ist aber, dass dieser für das Unternehmen aufgrund konkreter Tatsachen vorhersehbar ist. Vgl. J. Baetge (1991), S. 324 ff. und G. Eilenberger (1990), S. 147 ff.

60 Die explizite Vorschrift zur Abgrenzung latenter Steuern - neu geschaffen durch das Bilanzrichtlinien-Gesetz - ist in das deutsche Bilanzrecht erstmals durch das HGB 1985 eingeführt worden. Eine ausführliche Darstellung zum Gesamtthema "latente Steuern" liefert: A. G. Coenenberg (1991), S. 247 ff.

die höhere Steuerbelastung eintritt oder mit ihr voraussichtlich nicht mehr zu rechnen ist (§ 274 Abs. 1 Satz 2 HGB).

Während die Bildung offener Rücklagen eine Gewinnverwendung darstellt, sind Rückstellungen i. d. R. erfolgswirksam, d. h. sie **mindern den steuerlichen Gewinn**. Rückstellungen werden stets durch den Buchungssatz gebildet: Aufwand **an** Rückstellungen. Mit der Auflösung der Rückstellung entsteht - je nachdem ob der Rückstellungsbetrag zu hoch oder niedrig geschätzt worden ist - ein periodenfremder Aufwand oder Ertrag (vgl. *Abbildung 111*).

Abbildung 111

Bilanzbild bei Bildung und Auflösung von Rückstellungen

ohne Rückstellungen

Aktiva		Passiva	
Vermögen	50.000	Eigenkapital	20.000
		Gewinn	15.000
		Fremdkapital	15.000
Bilanzsumme	50.000	Bilanzsumme	50.000

nach Rückstellungen von 5.000 €

Aktiva		Passiva	
Vermögen	50.000	Eigenkapital	20.000
		Gewinn	10.000
		Rückstellung	5.000
		Fremdkapital	15.000
Bilanzsumme	50.000	Bilanzsumme	50.000

Buchungssatz: Prozessaufwand an Prozessrückstellungen 5.000 €

Drei mögliche Fälle der Auflösung der Rückstellungen nach Abschluß des Prozesses:

Aktiva		Passiva	
Vermögen	45.000	Eigenkapital	20.000
		Gewinn	**10.000**
		Fremdkapital	15.000
Bilanzsumme	45.000	Bilanzsumme	45.000

1. Die tatsächliche Inanspruchnahme deckt sich mit der Rückstellungsbildung.
   Buchungssatz:
   Prozessrückstellungen an Bank 5.000

Aktiva		Passiva	
Vermögen	43.000	Eigenkapital	20.000
		Gewinn	**8.000**
		Fremdkapital	15.000
Bilanzsumme	43.000	Bilanzsumme	43.000

2. Die tatsächliche Inanspruchnahme ist größer (z.B. 7.000) als die Rückstellungsbildung.
   Buchungssatz:

Prozessrückstellungen	5.000	
sonstige betriebliche Aufwendungen	2.000	
an Bank		7.000

Aktiva		Passiva	
Vermögen	47.000	Eigenkapital	20.000
		Gewinn	**12.000**
		Fremdkapital	15.000
Bilanzsumme	47.000	Bilanzsumme	47.000

3. Die tatsächliche Inanspruchnahme ist kleiner (z.B. 3.000) als die Rückstellungsbildung.
   Buchungssatz:

Prozessrückstellungen	5.000	
an Bank		3.000
an sonstige betriebliche Erträge		2.000

Da Rückstellungen den steuerpflichtigen Gewinn mindern, ist die Bildung von Rückstellungen in der Steuerbilanz stärker eingeschränkt, um willkürliche Gewinnverlagerungen möglichst zu verhindern.[61] Nach herrschendem Steuerrecht sind Rückstellungen möglich, wenn:

1. eine ihrer Höhe nach ungewisse Schuld gegenüber einem Dritten entweder rechtswirksam besteht oder in der Abrechnungsperiode wirtschaftlich bereits begründet ist;

2. eine sittliche Verpflichtung zu einer Leistung gegenüber einem Dritten in ungewisser Höhe besteht, die wirtschaftlich in der Abrechnungsperiode begründet ist (Gewährleistungen ohne rechtliche Verpflichtung);

3. ein drohender Verlust zu einer Vermögensminderung führt (z. B. Rückstellungen für aufgeschobene Reparaturen, die in den ersten drei Monaten des folgenden Wirtschaftsjahres durchgeführt werden);

4. eine selbständig bewertungsfähige Betriebslast vorliegt (z. B. Rückstellungen für unterlassene Abraumbeseitigung).

Rückstellungen, die nur der Abgrenzung des Periodengewinns dienen sollen, ohne dass einer der oben genannten Gründe vorliegt, sind in der Steuerbilanz unzulässig. Die Passivierungsregelung in der **Steuerbilanz** folgt dem Maßgeblichkeitsgrundsatz (§ 5 Abs. 1 EStG). Diesem Grundsatz folgend, ist in der Steuerbilanz nur zu passivieren, was auch in der Handelsbilanz passiviert werden muss (Passivierungspflicht).

6.4.3 Verbindlichkeiten

Im Gegensatz zu den Rückstellungen besteht für die **Verbindlichkeiten** handels- und steuerrechtlich grundsätzlich eine **Passivierungspflicht**. In Abgrenzung zu den bisher behandelten Bilanzposten besteht eine Verbindlichkeit, "wenn ein Gläubiger berechtigt ist, eine bestimmte Leistung zu fordern. Die Leistung muss grundsätzlich erzwingbar, dem Umfang nach quantifizierbar und für die Unternehmung belastend sein. In der Bilanz sind demnach unter Verbindlichkeiten alle Leistungsverpflichtungen auszuweisen, die hinsichtlich ihrer Höhe und ihrer Fälligkeit feststehen und denen sich ein Unternehmen aus rechtlichen oder wirtschaftlichen Gründen nicht entziehen

61 Eine tabellarische Übersicht über die Anlässe der Rückstellungsbildung und die Zulässigkeit der wichtigsten Rückstellungsarten in der Handels- und der Steuerbilanz ist folgendem Werk zu entnehmen: G. Wöhe/H. Kußmaul (1991), S. 284 f.

kann."[62] Verbindlichkeiten aus schwebenden Geschäften werden grundsätzlich nicht bilanziert. Dem Vorsichtsprinzip folgend sind die Verbindlichkeiten zu ihrem jeweiligen Höchstwert zu passivieren (Höchstwertprinzip). Zum Abschlusstag muss von zwei möglichen Werten jeweils der höhere **Rückzahlungsbetrag** (§ 253 Abs. 1 Satz 2 HGB) in die Bilanz aufgenommen werden. Für Rentenverpflichtungen gilt der Barwertansatz.

Während bei Vermögensgegenständen die Anschaffungs- oder Herstellungskosten die Wertobergrenze fixieren, stellt der **Rückzahlungsbetrag** (Erfüllungsbetrag) für die Verbindlichkeiten die untere Wertgrenze dar, die nicht unterschritten werden darf. Dies sei verdeutlicht anhand von Währungsverbindlichkeiten, also Verbindlichkeiten, die in fremder Währung zu erfüllen sind. Gemäß § 244 HGB müssen die Wertansätze der Valutaverbindlichkeiten in deutscher Währung erfolgen und die Bilanzierung sowohl in der Handelsbilanz (§ 280 Abs. 1 HGB) als auch in der Steuerbilanz (Abschnitt 37 Abs. 2 EStR) unter Beachtung des **Höchstwertprinzips** durchgeführt werden.

Beispiel: Rohstoffimport am 20.12.2001, Zahlungsziel 4 Wochen,
Rechnungsbetrag 10.000 Dollar, Kurs am 20.12.92 1,60 € je $.
Zum Bilanzstichtag am 31.12. beträgt der Kurs 1,80 € je $.

In der Bilanz werden für diesen Geschäftsvorfall insgesamt 18.000 € Verbindlichkeiten ausgewiesen, wobei auf dem Bestandskonto Rohstoffe 16.000 € und auf dem Aufwandskonto "Sonstige betriebliche Aufwendungen" 2.000 € verbucht sind. Vor dem Hintergrund des Höchstwertprinzips erfolgt demnach der Ausweis eines nicht realisierten Verlustes in Höhe von 2.000 €.

Nicht zu bilanzieren sind sog. Eventualverbindlichkeiten (Haftungsverhältnisse); sie sind unter der Bilanz oder im Anhang anzugeben. Unter einer Eventualverbindlichkeit ist eine aufschiebend bedingte Verbindlichkeit zu verstehen, bei der die Bedingung, von der die Wirksamkeit des Schuldverhältnisses abhängt, noch nicht eingetreten ist, und mit deren Eintritt auch kaum zu rechnen ist. Gemäß § 251 HGB sind **unter der Bilanz**, sofern sie nicht auf der Passivseite auszuweisen sind, Verbindlichkeiten aus der Begebung und Übertragung von Wechseln, aus Bürgschaften, Wechsel- und Scheckbürgschaften und aus Gewährleistungsverträgen sowie Haftungsverhältnisse aus der Bestellung von Sicherheiten für fremde Verbindlichkeiten zu vermerken; sie dürfen in einem Betrag angegeben werden. Haftungs-

62 W. Lück (1990), S. 567.

verhältnisse sind auch anzugeben, wenn ihnen gleichwertige Rückgriffsforderungen gegenüberstehen.

Gelten die **Ansatz- und Bewertungsvorschriften** im Hinblick auf die Verbindlichkeiten für alle Kaufleute, so sind **Ausweis** und **Erläuterung** nur für Kapitalgesellschaften detailliert vorgeschrieben (§ 266 HGB, § 268 Abs. 5 HGB, 285 Nr. 1 und 2 HGB und 288 Satz 1 HGB).[63]

6.5 Bilanzpositionen, Bilanzierungs- und Bewertungsvorschriften

Nachdem ausgewählte Positionen der Aktiv- und Passivseite der Bilanz behandelt worden sind, zeigt die folgende *Tabelle*[64] abschließend - unter Berücksichtigung handels- und steuerrechtlicher Vorschriften - die wichtigsten Bilanzierungs- und Bewertungsvorschriften im Überblick. In diesem Zusammenhang sei auf folgendes hingewiesen:

Grundsätzlich sind **Aktiv-** und **Passivposten** einzeln nach dem Prinzip der Vorsicht zu bewerten. Außerdem sollte die angewandte Bewertungsmethode beibehalten werden.

---

63 Ausführliche Abhandlungen zu Begriff und Arten von Verbindlichkeiten sowie deren Ansatz und Bewertung bzw. zur Bilanzierung des Fremdkapitals finden sich in: A. G. Coenenberg (2000), S. 327 ff. und J. Baetge (1991), S. 293 ff.

64 Nach M. Heinhold (1991), S. 210 ff.

Die wichtigsten Bilanzierungs- und Bewertungsvorschriften im Überblick			
Bilanzposition	**Beispiele**	**Handelsbilanz**	**Steuerbilanz**
Anlagevermögen Aufwendungen für die Ingangsetzung und Erweiterung des Geschäftsbetriebs	Aufwendungen für den Aufbau der Organisation	Aktivierungswahlrecht(Bilan zierungshilfe, § 269HGB). Bewertung: Entstandene Kosten, Abschreibung mit mindestens 25 % je Jahr (§ 282 HGB).	Aktivierungsverbot, dakein Wirtschaftsgut
Geschäfts- oder Firmenwert entgeltlich erworben (derivativ) nicht entgeltlich erworben (originär)	Wert der Organisation, Fertigungstechniken, Verfahrenstechniken, Wert des Kundenstammes	Aktivierungswahlrecht (§ 255 IV HGB). Bewertung: AK; Abschreibung mindestens 25 % je Jahr oder planmäßig über Nutzungsdauer Aktivierungsverbot (§ 248 II HGB)	Aktivierungspflicht (§ 5 II EStG). Bewertung: AK, planmäßige Abschreibung über 15 Jahre (§ 7 I EStG) gegebenenfalls niedrigerer Teilwert Aktivierungsverbot (§ 5 II EStG)
andere immaterielle Wirtschaftsgüter entgeltlich erworben (derivativ) nicht entgeltlich erworben (originär)	Patente, Lizenzen, Gebrauchsmuster, Warenzeichen, Konzessionen, Nutzungsrechte, Software u. a.	Aktivierungspflicht (§ 246 I HGB). Bewertung: AK, gegebenenfalls vermindert um Abschreibungen (§ 253 HGB). Aktivierungsverbot (§ 248 II HGB).	Aktivierungspflicht (§ 5 II EStG). Bewertung: AK, gegebenenfalls vermindert um Abschreibungen oder niedrigerer Teilwert (§ 6 I Nr. 1 u. 2 EStG). Aktivierungsverbot (§ 5 II EStG).
Sachanlagevermögen		Aktivierungspflicht (§ 246 I HGB) Bewertung: AK; HK (253, 255 HGB)	Aktivierungspflicht (Maßgeblichkeitsprinzip) Bewertung: AK, HK (§ 6 I EStG)
Nicht abnutzbares Sachanlagevermögen bei dauernder Wertminderung bei vorübergehender Wertminderung	Grundstücke	Abwertungspflicht (außerplanmäßige)Abschreibung: (§ 253 II HGB) Abwertungswahlrecht (§ 253 II HGB), bei Kapitalgesellschaften: Abwertungsverbot (§ 279 I HGB). Ausnahme: § 254 HGB	Abwertungspflicht,(Teilwertabschreibung, wg. Maßgeblichkeitsprinzip) Abwertungswahlrecht (Maßgeblichkeitsprinzip)
Abnutzbares Sachanlagevermögen Planmäßige Abschreibung außerplanmäßige Abschreibung bei dauernder Wertminderung	Gebäude, Maschinen, Geschäftsausstattung	Pflicht (§ 253 II HGB) Abwertungspflicht (beizulegender Wert) Abwertungswahlrecht (253 II HGB), bei Kapitalgesellschaften: Abwertungsverbot (§ 279 I HGB)	Pflicht (§ 7 I EStG) Abwertungspflicht, (Maßgeblichkeitsprinzip), Teilwert Abwertungswahlrecht (Maßgeblichkeitsprinzip)
Finanzanlagevermögen bei dauernder Wertminderung bei vorübergehender Wertminderung	Beteiligungen (Aktien, Stammanteile, stille Beteiligungen, Kommanditeinlagen, Kapitaleinlage der persönlichhaftenden Gesellschafter).Festverzinsliche Wertpapiere (Obligationen, Pfandbriefe, öffentliche Anleihen). Langfristige Ausleihungen	Aktivierungspflicht (§ 246 I HGB) Bewertung: AK, HK (§ 253 I HGB) Abwertungspflicht (§ 253 II HGB) Abwertungswahlrecht (§ 253 II HGB) (auch für Kapitalgesellschaften (§ 297 I HGB)	Aktivierungspflicht Bewertung: AK, HK (§ 6 I Nr. 2 EStG). Abwertungspflicht (Maßgeblichkeitsprinzip) Abwertungswahlrecht (Maßgeblichkeitsprinzip)

Bilanzposition	Beispiele	Handelsbilanz	Steuerbilanz
Bewertungsvereinfachung beim Anlagevermögen	etwa bei Gerüstteilen, Schalungsteilen, Hotelgeschirr, Hotelbettwäsche, Gleisanlagen, Schreib- und Rechenmaschinen	Festwertansatz in bestimmten Fällen erlaubt (§ 240 III HGB) Gruppenbewertung mit gewogenen Durchschnittswerten erlaubt (§ 240 IV HGB)	Festwertansatz erlaubt (R 31 IV EStR, Maßgeblichkeitsprinzip) Gruppenbewertung mit gewogenen Durchschnittswerten erlaubt (R 36 EStR)
Umlaufvermögen	Roh-, Hilfs- und Betriebsstoffe, fertige und unfertige Erzeugnisse, Waren, geleistete Anzahlungen, Forderungen aus Lieferungen und Leistungen, Wertpapiere des Umlaufvermögens, Wechsel, Schecks, Bankguthaben, Kassenbestand	Aktivierungspflicht (246 I HGB). Bewertung: AK, HK (§ 253 I HGB)	Aktivierungspflicht (Maßgeblichkeitsprinzip) Bewertung: AK, HK (§ 6 I Nr. 2 EStG)
bei dauernder oder vorübergehender Wertminderung		Abwertungspflicht auf niedrigeren - Börsenkurs oder - Marktpreis oder - beizulegenden Wert (§ 253 III HGB, strenges Niederwertprinzip), weitergehendes Abwertungswahlrecht auf den niedrigeren - Zukunftswert (§ 253 III HGB) - i. Rahmen vernünft. kfm. Beurteilung zulässigen Wert (§ 253 IV HGB) - steuerlichen Wert (§ 254 HGB)	Abwertungspflicht (Maßgeblichkeitsprinzip) weitergehendes Abwertungswahlrecht auf den niedrigeren Teilwert (§ 6 I Nr. 2 EStG)
Bewertungsvereinfachung beim Vorratsvermögen	Roh-, Hilfs- und Betriebsstoffe, fertige und unfertige Erzeugnisse, Handelswaren	Sammelbewertungsverfahren (FIFO, HIFO, usw.) ohne Nachweis des tatsächlichen Lagerdurchgangs grundsätzlich im Rahmen der GoB erlaubt (§ 256 HGB)	Sammelbewertungsverfahren: Generell erlaubt sind nur: LIFO (§ 6 I 2a EStG) und Durchschnittswertansatz (R 36 IV EStR); sonstige Verfahren nur bei Nachweis des tatsächlichen Lagerdurchgangs erlaubt (R 36 a I EStR)
Rechnungsabgrenzungsposten			
transitorische Aktiva	vorausbezahlte Aufwendungen (z. B. Mieten, Versicherungsprämien), bestimmte Zölle	Aktivierungspflicht (§ 250 HGB)	Aktivierungspflicht (§ 5 V EStG)
Damnum	Dalehensabgeld, Disagio	Aktivierungswahlrecht (§ 250 III HGB), planmäßige Abschreibung, maximal über Darlehenslaufzeit (§ 250 III HGB)	Aktivierungspflicht Abschreibung über Darlehenslaufzeit (R 37 III EStR)

Bilanzposition	Beispiele	Handelsbilanz	Steuerbilanz
Für Anlage- und Umlaufvermögen		Wahlrecht zur Abwertung auf den niedrigeren steuerlichen Wert (§ 254 HGB) generelles Beibehaltungswahlrecht des niedrigeren Werts in den Folgejahren (§ 253 V HGB)	Generelles Beibehaltungswahlrecht für abnutzbares (§ 6 I Nr. 1 EStG), nicht abnutzbares Anlagevermögen und Umlaufvermögen (§ 6 I Nr. 2 EStG). Zuschreibungen nur bis zu den Ansch.- oder Herstellungskosten, gegebenenfalls vermindert um AfA.
		Ein Wertaufholungsgebot, falls die Gründe für die Abwertung entfallen, gilt nur für Kapitalgesellschaften. Wertaufholung nicht erforderlich, wenn steuerliche Gründe (§ 280 II HGB)	
		Wahlrecht der zusätzlichen Abschreibung im Rahmen vernünftiger kaufmännischer Beurteilung (Bildung stiller Reserven, § 253 IV HGB). Gilt nicht für Kapitalgesellschaften (§ 279 I HGB)	unzulässig
Eigenkapital gezeichnetes Kapital Kapitalrücklagen Gewinnrücklagen	Kapitalanteile, Haftungsbeschränktes Kapital, Grundkapital, Stammkapital Agio (bei Ausgabe von Anteilen und Wandelschuldverschreibungen), Zuzahlungen der Gesellschafter Nicht ausgeschütteter Gewinn	Passivierungspflicht zum Nennbetrag (§ 283 HGB)	Passivierungspflichtig zum Nennbetrag
Rückstellungen		Passivierungspflicht für Rückstellungen (§ 249 I HGB) für - ungewisse Verbindlichkeiten (auch Pensionsrückstellungen) - drohende Verluste aus schwebenden Geschäften - unterlassene Instandhaltung (bei Nachholung innerhalb 3 Monaten) - unterlassene Abraumbeseitigung - Gewährleistung ohne rechtliche Verpflichtung - latente Steuern (§ 274 I HGB) Passivierungswahlrecht für - unterlassene Instandhaltung (bei Nachholung innerhalb eines Jahres, § 249 I HGB) - künftige Aufwendungen, die dem Geschäftsjahr zuzurechnen sind (Aufwandsrückstellungen, § 249 II HGB) Bewertung: Nach vernünftiger kaufmännischer Beurteilung (§ 253 I HGB)	Passivierungspflicht (Maßgeblichkeitsprinzip), aber: Rückstellungen für latente Steuern sind steuerlich nicht vorgesehen (R 31 c I EStR). Handelsrechtl. Passivierungswahlrechte führen zu steuerrechtlichem Passivierungsverbot (R 31 c I EStR) seit 1997: Passivierungsverbot für Drohverlustrückstellungen (§ 5 IV a EStG) Bewertung: § 38 EStR, Maßgeblichkeitsprinzip Pensions-Rückstellungen nach § 6 a EStG
Verbindlichkeiten	Anleihen, Verbindlichkeiten gegenüber Banken, Erhaltene Anzahlungen, Verbindlichkeiten aus Lieferungen und Leistungen	Passivierungspflicht (§ 246 I HGB) Bewertung: Rückzahlungsbetrag (§ 253 I HGB) (strenges Höchstwertprinzip)	Passivierungspflicht. Maßgeblichkeitsprinzip Bewertung: Rückzahlungsbetrag (§ 6 I Nr. 3 EStG)
Rechnungsabgrenzungsposten transitorische Passiva	im Voraus vereinnahmte Erträge (z. B. Mieten, Zinsen)	Passivierungspflicht für transitorische Passiva (§ 250 II HGB)	Passivierungspflicht für transitorische Passiva (§ 5 V EStG)

Aus der obigen Tabelle wird nochmals deutlich, dass zu den beherrschenden Prinzipien des deutschen Bilanzrechtes zweifellos das Maßgeblichkeitsprinzip sowie die Umkehrung der Maßgeblichkeit gehört. Es lässt sich eine Anzahl von Beispielen[65] auflisten, die Ausdruck dafür sind, dass bei der Umsetzung der 4. EG-Richtlinie in deutsches Recht zahlreiche Gelegenheiten genutzt wurden, die bestehende Verknüpfung von Handels- und Steuerbilanz und besonders die Umkehrung der Maßgeblichkeit im Bilanzrecht weiter zu zementieren. Zu den Auswirkungen des Bilanzrichtliniengesetzes im Hinblick auf bilanzpolitische Spielräume und bezogen auf die Vergleichbarkeit von Jahresabschlüssen bei Finanzanalysen wird von RAUTENBERG folgende Einschätzung vorgenommen: "Das deutsche Bilanzrecht hat zahlreiche weitere Verstärkungen der umgekehrten Maßgeblichkeit und neue bilanzpolitische Möglichkeiten durch die unklare Fassung des § 6 Abs. 3 EStG gebracht. Die Verbesserung der Aussagefähigkeit des Jahresabschlusses durch indirekten Ausweis der steuerlichen Abschreibungen ist aufgrund des Wahlrechts in § 281 Abs. 1 HGB nicht in die Praxis umgesetzt worden. Das Wahlrecht schafft für die Vergleichbarkeit von Jahresabschlüssen und entsprechende Analysen ein zusätzliches Problem. (...) Die Umkehrung des Maßgeblichkeitsprinzips ermöglicht es deutschen Unternehmen, weit über das nach allgemeinen handelsrechtlichen Bestimmungen zulässige Maß hinaus stille Reserven zu bilden, was möglicherweise sogar gegen die Intention der 4. Richtlinie verstößt. Dadurch können deutsche Unternehmen erhebliche zusätzliche bilanzpolitische Spielräume gewinnen, indem sie sich auf die steuerrechtlichen Bestimmungen berufen."[66]

Als Ergebnis kann festgehalten werden: Mit Hilfe bilanzierungs-, bewertungs- und rücklagenpolitischer Maßnahmen (Bilanzpolitik), d. h. durch die Gestaltung des Jahresabschlusses, wird vor allem die **Beeinflussung des finanziellen Bereichs des Betriebes** (Kapitalsicherung, Kapitalerhaltung, Kapitalerweiterung, Kapitalumschichtung, Liquiditätsverbesserung), die **Minimierung der Steuerbelastung** (Bildung stiller statt offener Rücklagen und dadurch bedingte Steuerverschiebungen und Zinsgewinne) und die **Beeinflussung der am Betriebe interessierten Personengruppen** (Ausschüttungs- und Meinungsbildungspolitik) im Hinblick auf die Bildung und

65 H. G. Rautenberg (1990). S. 260. Die Aufzählung der Paragraphen enthält sowohl diejenigen Paragraphen, die für alle Kaufleute gelten, als auch diejenigen für Kapitalgesellschaften. Deshalb tauchen z. B. die Vorschriften für die Bilanzposition "Sonderposten mit Rücklageanteil" zweifach auf.

66 H. G. Rautenberg (1990), S. 263.

Festigung eines positiven Firmen-Images angestrebt.[67] Diese Feststellung gilt sowohl für den Einzelabschluss als auch für den Konzernabschluss.

6.6 Von der Aufstellung bis zur Publikation des Jahresabschlusses

Nachdem aufgezeigt worden ist, welche gesetzlichen Bilanzierungs- und Bewertungsvorschriften die Unternehmen im Rahmen der Erstellung des Jahresabschlusses zu beachten haben, soll nunmehr der Ablauf von der Aufstellung bis zur Publikation des Jahresabschlusses für Kapitalgesellschaften skizziert werden.

Das Ablaufschema zur Jahresabschlussfeststellung für Kapitalgesellschaften nach dem HGB (*vgl. Abbildung 112*)[68] unterstreicht nochmals, "dass der Jahresabschluss **kein absolutes Bild** der wirtschaftlichen Lage der geprüften Unternehmung vermittelt, sondern immer nur ein durch die spezifischen Rechnungslegungsnormen relativiertes Bild abgeben kann."[69] Es handelt sich demnach um ein recht beschränktes "Bild", das der geprüfte und gegebenenfalls zu veröffentlichende Jahresabschluss zeichnet.

Abgesehen von der Aussagekraft des Jahresabschlusses müssen aber nicht alle, sondern nur einige der Betriebe, und zwar in Abhängigkeit von der Größe, sich einer Prüfung des handelsrechtlichen Jahresabschlusses durch externe Prüfungsinstitute (i. d. R. Wirtschaftsprüfungsgesellschaften, Wirtschaftsprüfer) unterziehen. Einer **gesetzlichen Pflichtprüfung** unterliegen vor allem mittelgroße und große Aktiengesellschaften, Kommanditgesellschaften auf Aktien und GmbHs (§§ 264 ff. HGB), Genossenschaften (§§ 33 Abs. 2, 53 GenG), Großunternehmen (§§ 5 ff. PublG) und Unternehmen bestimmter Wirtschaftszweige (z. B. Kreditinstitute, Versicherungen) aber auch Wirtschaftsbetriebe der öffentlichen Hand. Je nach Zielsetzung des

---

67 Vgl. G. Wöhe (1987), S. 702 ff.

68 Nach A. G. Coenenberg (1991), S. 49 f.

69 W. Korndörfer/L. Peetz (1989), S. 98 f.

Abbildung 112

Ablaufschema zur Jahresabschlussfeststellung für Kapitalgesellschaften nach HGB

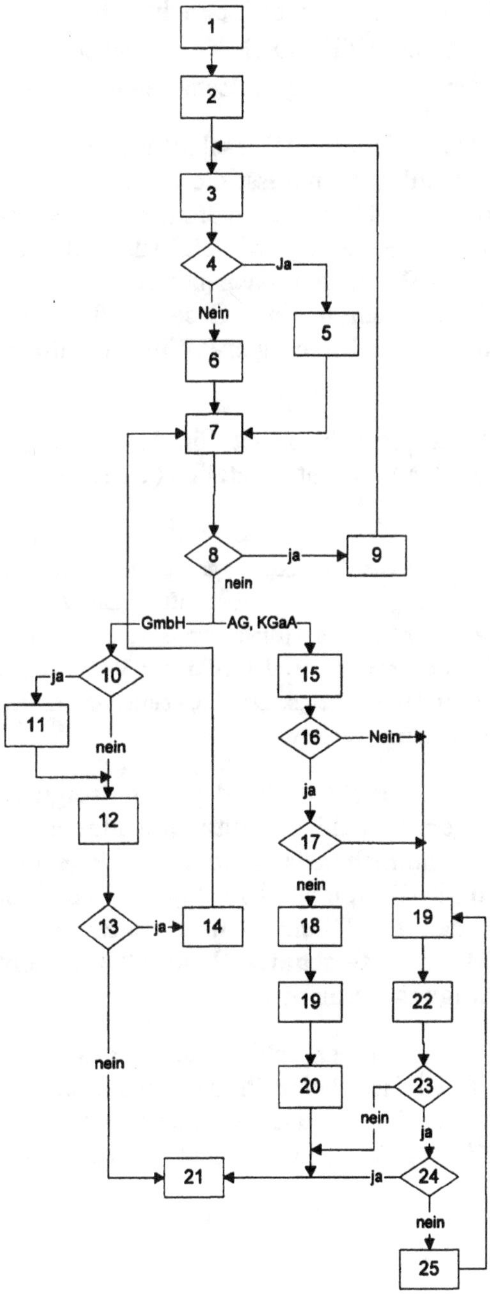

1. Die gesetzlichen Vertreter stellen innerhalb von 3 Monaten nach Bilanzstichtag Jahresabschluss und Lagebericht auf (*§ 264 Abs.1 HGB*). Kleinen Kapitalgesellschaften steht ein Zeitraum vom 6 Monaten zur Verfügung.
2. Unverzügliche Übermittlung des erstellten Jahresabschlusses und Lageberichts durch die gesetzlichen Vertreter an den Abschlussprüfer (*§ 320 Abs.1 HGB*), soweit nicht Befreiung von der Prüfungspflicht, da kleine Kapitalgesellschaft (*§ 316 Abs.1 HGB*).
3. Abschlussprüfer prüft gemäß *§ 317 Abs.1 HGB* und erstellt Prüfungsbericht (*§ 321 HGB*).
4. Sind Einwände gegeben?
5. Bestätigungsvermerk wird eingeschränkt oder verweigert (*§ 322 Abs. 3 HGB*)
6. Bestätigung wird erteilt (*§ 322 Abs. 1 u. 2.HGB*).
7. Abschlussprüfer legt den gesetzlichen Vertretern den Prüfungsbericht (mit Bestätigungsvermerk) vor (*§ 321 Abs. 3, § 322 Abs. 4 S. 2 HGB*).
8. Ändern die gesetzlichen Vertreter den Jahresabschluss (*§ 316 Abs. 3 HGB*)?
9. Übermittlung an Abschlussprüfer zur Prüfung, soweit es die Änderung erfordert (*§ 316 Abs. 3 HGB*).
10. Besteht ein Aufsichtsrat?
11. Vorlage von Jahresabschluss, Lage- und Prüfungsbericht an den Aufsichtsrat (*§ 42a Abs. 1 S. 3 GmbHG*).
12. Vorlage von Jahresabschluss, Lage- und Prüfungsbericht (falls Nr. 11, auch den des Aufsichtsrates) an die Gesellschafter zur Feststellung und Beschluss über die Ergebnisverwendung innerhalb der ersten 8 Monate des Geschäftsjahres (*§ 42a Abs. 1 u. 2 GmbHG*).
13. Weicht der festgestellte Jahresabschluss und Lagebericht vom geprüften Jahresabschluss und Lagebericht ab?
14. Abschlussprüfer prüft die Unterlagen erneut, soweit es die Änderung erfordert (*§ 316 Abs. 3 HGB*).
15. Jahresabschluss, Lage- und Prüfungsbericht werden dem Aufsichtsrat vorgelegt, dessen Bericht mit evtl. Billigung ist dem Vorstand innerhalb von höchstens 2 Monaten zuzuleiten (*§§ 170, 171 AktG*).
16. Billigt Aufsichtsrat den Jahresabschluss?
17. Soll die Hauptversammlung (HV) den Jahresabschluss feststellen (*§ 173 Abs. 1 AktG*)?
18. Jahresabschluss ist festzustellen (*§ 172 AktG*).
19. Der Vorstand beruft die HV mit einer Ladungsfrist von mindestens 1 Monat innerhalb der ersten 8 Monate nach Bilanzstichtag ein (*§ 175 Abs. 1, § 123 AktG*).
20. Die HV nimmt den festgestellten Jahresabschluss entgegen und beschließt die Verwendung des Bilanzgewinns (*§ 174 AktG*).
21. Die gesetzlichen Vertreter reichen den Jahresabschluss mit dem Bestätigungsvermerk oder dem Vermerk über seine Versagung spätestens vor Ablauf des neunten Monats nach Bilanzstichtag mit dem Lagebericht, dem Bericht des Aufsichtsrates und dem Beschluss oder Vorschlag beim Handelsregister (HR) ein (§ 325 Abs. 1 S.1 HGB). Große Kapitalgesellschaften müssen zuvor die Unterlagen im Bundesanzeiger (BA) bekanntmachen, kleine und mittelgroße müssen nur im BA bekanntgeben, bei welchem HR und unter welcher Nummer die Unterlagen eingereicht wurden (§ 325 Abs. 2 u.1 HGB).
22. HV stellt Jahresabschluss fest und beschließt Gewinnverwendung (*§ 173 Abs. 1, § 174 Abs. 1 AktG*).
23. Weicht der festgestellte vom geprüften Jahresabschluss ab?
24. Prüft der Abschlussprüfer innerhalb von 2 Wochen nach Feststellung den Jahresabschluss und erteilt uneingeschränkten Bestätigungsvermerk (*§ 173 Abs. 3, § 316 Abs. 3 AktG*)?
25. Feststellungs- und Gewinnverwendungsbeschluss sind nichtig, eine erneute Feststellung ist nötig (*§ 173 Abs. 3 AktG*).

Gesetzgebers und den Besonderheiten der betroffenen Unternehmen greifen bestimmte Vorschriften (z. B. Bundeshaushaltsordnung, Poststrukturgesetz). Der Konzernabschluss unter Einbeziehung des Geschäftsberichtes bzw. des Konzernlageberichtes ist gemäß § 316 Abs. 2 HGB durch Konzernabschlussprüfer zu prüfen. Was wird laut HGB bei den Kapitalgesellschaften geprüft?

Objekte der Prüfung sind gemäß § 317 HGB der Jahresabschluss und die Buchführung. Die Prüfung des Jahresabschlusses umfasst die Beachtung und Einhaltung der gesetzlichen Vorschriften und die sie ergänzenden Bestimmungen des Gesellschaftsvertrages und der Satzung sowie die Ausführungen im Lagebericht.[70] Wie dem Wortlaut des **Bestätigungsvermerks** zu entnehmen ist, handelt es sich bei der Abschlussprüfung um eine **Gesetzmäßigkeits- und Ordnungsmäßigkeitsprüfung**, die von selbständigen Prüfungsinstituten durchgeführt werden muss.

Für den Einzelabschluss und den Konzernabschluss ist für den **uneingeschränkten** Bestätigungsvermerk folgender Wortlaut gesetzlich (§ 322 Abs. 1 HGB) vorgeschrieben:

"Die Buchführung und der Jahresabschluss entsprechen/Der Konzernabschluss entspricht nach meiner/unserer pflichtmäßigen Prüfung den gesetzlichen Vorschriften. Der Jahresabschluss/Konzernabschluss vermittelt unter Beachtung der Grundsätze ordnungsmäßiger Buchführung ein den tatsächlichen Verhältnissen entsprechendes Bild der Vermögens-, Finanz- und Ertragslage der Kapitalgesellschaft/des Konzerns. Der Lagebericht/Konzernlagebericht steht im Einklang mit dem Jahresabschluss/Konzernabschluss."

Der Zweck der jährlichen Pflichtprüfung besteht darin, den Anteilseignern (Schutz der Anteilseigner), den Gläubigern (Gläubigerschutz) und anderen an der wirtschaftlichen Entwicklung eines Unternehmens interessierten Personen zu bestätigen, dass die Gesetz- und die Ordnungsmäßigkeit bei der Rechenschaftslegung eingehalten worden ist. Direkte Aussagen zur **wirtschaftlichen Lage** bzw. zur **Qualität der Geschäftsführung** sind nicht Gegenstand der Prüfung und des Bestätigungsvermerks.

Während der Bestätigungsvermerk mit dem Jahresabschluss der interessierten Öffentlichkeit vorzulegen ist, handelt es sich beim **Prüfungsbericht des Abschlussprüfers**[71] um ein vertrauliches Papier, das sich nur an den Vorstand bzw. die Geschäftsführung und den Aufsichtsrat als Überwachungs-

---

70 Vgl. G. Eilenberger (1990), S. 195 ff.

71 Vgl. B. Steiner (1991).

organ der Unternehmensführung[72] richtet. Der vorzulegende Abschlußbericht erleichtert die Prüfungspflicht des Aufsichtsrats. Karl-Heinz Forster, Vorstandsmitglied der Treuarbeit AG, äußerte sich in diesem Zusammenhang wie folgt: "Die Prüfung des Aufsichtsrats braucht sich daher weniger mit der formellen Ordnungsmäßigkeit des Jahresabschlusses zu befassen als mit den grundsätzlichen bilanzpolitischen Fragen. Die in der Praxis gelegentlich anzutreffende Auffassung, ein uneingeschränkter Bestätigungsvermerk des Abschlussprüfers mache eine eigene Prüfung des Jahresabschlusses durch den Aufsichtsrat überflüssig und entbinde ihn damit auch von der Verpflichtung, den Prüfungsbericht des Abschlussprüfers durchzusehen, ist jedenfalls unzutreffend."[73]

Abschließend kann festgehalten werden, dass die Daten des Jahresabschlusses kein richtiges Bild von der Vermögens-, Finanz- und Ertragslage und erst recht keinen zutreffenden Einblick in den tatsächlichen Wert eines Unternehmens geben können. Denn es ist zu beachten, dass in der Bilanz nur bilanzierungsfähige und bilanzierungspflichtige Geschäftsvorfälle und nicht "außerbuchhalterische" Vorgänge erfasst werden. "Der Bilanzleser erfährt deshalb weder etwas über die Auftragsbestände bei Zeitungsverlagen oder Investitionsgüterfabriken noch etwas über den Vorrat an Mineralien bei Kiesgruben und Bergwerken, obwohl sie die wichtigsten Vermögensgegenstände darstellen."[74] Über die qualitativen Faktoren, wie z. B. die Qualität des Management oder die Fähigkeiten der Mitarbeiter liegen dem Bilanzleser ebenfalls keine Daten vor. Die Frage, was von der Bilanz summa summarum als Darstellung der Vermögenslage übrigbleibt, wird von POUGIN folgendermaßen beantwortet: "Ein den tatsächlichen Verhältnissen entsprechendes Bild der Vermögenslage wird also durch die Bilanz nicht vermittelt. (...) Der Bilanzleser muss also die Restriktionen der Aussagekraft der Bilanz, in erster Linie die Einhaltung der Grundsätze ordnungsmäßiger Buchführung, kennen und seinen Erwartungshorizont entsprechend reduzieren, um nicht von der Bilanz als Darstellung der Vermögenslage eines Unternehmens enttäuscht zu werden."[75]

---

72 Zum Thema der Kontrolle der Unternehmensführung bei Kapitalgesellschaften vgl. insbesondere M. R. Theisen (1987). Zum Beziehungsfeld Aufsichtsrat, Abschlussprüfer und Prüfungsbericht informieren die Beiträge einer Tagung zusammengestellt in der Schriftenreihe "Der Betrieb": H.-E. Müller (1989).

73 K.-H. Forster (1988), S. 795.

74 E. Pougin (1990), S. 247.

75 E. Pougin (1990), S. 247.

6.7 Jahresabschlusskennzahlen - Ein Überblick

Wenn in der Literatur von **Bilanz-** bzw. **Jahresabschlussanalyse** gesprochen wird, so ist damit meistens die Methode der Informationsgewinnung, Aufbereitung und Bewertung (Sammeln, zweckentsprechendes Aussondern, Gruppieren und Ordnen zur Auswertung) der Daten aus der veröffentlichten Bilanz, der Gewinn- und Verlustrechnung, dem Anhang und dem Lagebericht durch Unternehmensexterne gemeint.

Mit dem Inkrafttreten des Bilanzrichtliniengesetzes vom 1. Januar 1986 hat sich für die Unternehmen das bilanzpolitische Umfeld umfassend verändert. Das geänderte bilanzpolitische Instrumentarium führt nach KÜTING/WEBER zu neuen bzw. veränderten Rahmenbedingungen. Das Bilanzpolitik betreibende Unternehmen muss auch berücksichtigen, "dass die externen Bilanzadressaten wahrscheinlich ihr Verhalten bzw. ihre Reaktion auf bilanzpolitische Maßnahmen ändern werden. Zum einen wird die Menge bilanzieller Daten durch die Erweiterung der Offenlegungspflichten, aber auch durch die Verpflichtung zur Erstellung eines Anhangs und eines Lageberichts wesentlich vergrößert: die Möglichkeiten für zwischenbetriebliche Vergleiche werden also wesentlich zahlreicher und wohl auch durch die Erweiterung der statistischen Menge auch aussagekräftiger. Die analytischen Möglichkeiten durch externe Bilanzadressaten werden aber auch in der Substanz durch die zusätzlichen Erläuterungs- und Angabepflichten im Anhang sowie im Lagebericht und durch die Erweiterung der Konzernrechnungslegungsverpflichtung wesentlich verbessert."[76]

Eine zuverlässige Jahresabschlussanalyse, gleichgültig welchem Wirtschaftszweig das Unternehmen entstammt, ist zumindest für den externen Analytiker aber nach wie vor nicht möglich. Seit langem herrscht nicht mehr die Illusion vor, man könne mit Hilfe der Jahresabschlussanalyse ein Unternehmen tatsächlich durchleuchten. Dies ist mittlerweile allgemein anerkannt. Allein schon das Zustandekommen der Bilanzstruktur, des Jahresüberschusses und Bilanzgewinns und die Tatsache, dass es sich bei der Bilanz um eine stichtagsbezogene Darstellung der Unternehmenssituation handelt, machen diese Einschätzung nachvollziehbar. Angesichts der angedeuteten Grenzen

76 K. Küting/C.-P. Weber (1987), S. 6.

der Aussagefähigkeit des Jahresabschlusses[77] können Daten und Erkenntnisse einer Bilanzanalyse (also von Konkurrenzunternehmen) nur ergänzend im Rahmen der eigenen taktischen und strategischen Unternehmensplanung herangezogen werden und stellen damit ein äußerst eingeschränktes "Führungsinstrument" dar.

Falsch wäre es allerdings, hieraus den vereinfachten Schluss ziehen zu wollen, dass die Durchführung einer Jahresabschlussanalyse, die Beteiligung an **Betriebsvergleichen**, die Bildung von Kennzahlen und die Beobachtung finanzwirtschaftlicher Größen überhaupt keine brauchbaren Daten und Erkenntnisse liefert.

Zumindest eine Jahresabschlussanalyse im Sinne der Aufbereitung der Daten des eigenen Unternehmens stellt - unter weitgehender Kenntnis des Zustandekommens der Daten sowie der Beachtung von Zusammenhängen und Wechselwirkungen - bei vorsichtiger Interpretation zweifelsohne eine Entscheidungshilfe dar. Denn im Gegensatz zur Bilanzanalyse stehen dem Betrachter im Rahmen der **Betriebs-** oder **Unternehmensanalyse** auch unternehmensinterne Daten (Kostenrechnung, Finanzplanung, Auftragsbestand usw.) zur Verfügung. Die Durchleuchtung des eigenen Jahresabschlusses als zeitbezogener (über mehrere Jahre) interner sowie externer Vergleich (Betriebsvergleich) unter Beachtung der Vergleichbarkeit des Zahlenmaterials[78] bietet durchaus gute Ansatzpunkte, um als Führungsinstrument eingesetzt zu werden.

---

77 "Die Grenzen der Bilanzanalyse ergeben sich dort, wo die verfügbaren Informationen nicht den aus den Erkenntniszielen abgeleiteten Informationserfordernissen entsprechen. Diese Erfordernisse des Informationsempfängers hängen von der Art seiner Beziehung zum betreffenden Unternehmen und den damit verbundenen Entscheidungen ab, z. B. Investitionsentscheidungen der Anteilseigner im Hinblick auf zukünftige Ausschüttungen und Kursgewinne, Kreditentscheidungen der Gläubiger im Hinblick auf künftige Tilgung und Verzinsung. All diesen Entscheidungen ist gemeinsam, dass sie zukunftsbezogene Informationen für die Beurteilung der finanz- und erfolgswirtschaftlichen Unternehmensentwicklung erfordern. Dabei gilt, dass das Risiko einer Fehlentscheidung mit dem Umfang der für die Beurteilung der künftigen Unternehmensentwicklung verfügbaren relevanten Daten sinkt. In diesen beiden Forderungen nach **Zukunftsbezogenheit** und möglichst weitgehender **Vollständigkeit** der Informationen zeigen sich unmittelbar die Grenzen der Aussagefähigkeit der Jahresabschlussinformationen." A. G. Coenenberg (1991), S. 548 f.

78 Vgl. z. B. G. Schott (1988).

Die folgenden *Abbildungen 113a-c* enthalten die gebräuchlichsten "Jahresabschluss-Kennzahlen"[79]. Sofern ein Unternehmen seinen Jahresabschluss veröffentlichen muss, besteht prinzipiell die Möglichkeit, für Konkurrenzunternehmen entsprechende Kennzahlen zu berechnen und - unter Kenntnis ihrer beschränkten Aussagekraft - die Situation des Konkurrenzunternehmens einzuschätzen.

Jahresbezogene Daten und Kennzahlen, die im wesentlichen der Finanzbuchhaltung entstammen, reichen in der Regel aber nicht aus, um die Entwicklung eines Unternehmens unter Wettbewerbsbedingungen planen und steuern zu können. Selbst wenn zugrundegelegt wird, dass die Zahlen der Finanzbuchhaltung (z. B. Aufwands- und Ertragsgrößen) in kürzeren Phasen betrachtet und analysiert und sogar **Kennzahlensysteme**[80] entwickelt werden, sind die gewonnenen Informationen zur Unterstützung von Unternehmensentscheidungen unzureichend, da es sich um vergangenheitsbezogene und nicht die Wirtschaftlichkeit eines Betriebs widerspiegelnde Daten handelt. Zur kontinuierlichen Kontrolle der Wirtschaftlichkeit und der Kalkulation benötigt man darüber hinaus die Daten der Kostenrechnung bzw. Betriebsbuchhaltung.

---

79 Nach K. Küting/C.-P. Weber (1987), S. 59 ff.

80 Vgl. G. Schott (1988), S. 287 ff.

Abbildung 113a

Kennzahlen auf Basis des Jahresabschlusses	
Kennzahlen der Vermögensstruktur	
Bezeichnung	Formel
1. Vermögensintensitäten - Anlagenintensität I	Netto-Anlagevermögen / Bilanzsumme
- Anlagenintensität II	Netto-Sachanlagevermögen / Bilanzsumme
- Vorratsintensität	Vorräte / Bilanzsumme
- Forderungsintensität	Forderungen / Bilanzsumme
2. Umsatzrelationen Umschlagshäufigkeit ... des Sachanlagevermögens	Umsatz / Netto-Sachanlagevermögen
... der Vorräte	Umsatz / Vorräte
... Lieferforderungen	Umsatz / Lieferforderungen
3. Investitions- und Abschreibungspolitik - Investitionsquote*	Nettoinvestitionen bei Sachanlagen** / Netto-Sachanlagevermögen zu Beginn der Periode
- Investitionsdeckung*	Jahresabschreibungen auf Sachanlagen / Nettoinvestitionen bei Sachanlagen**
- Abschreibungen auf Zugänge	Abschreibungen auf Zugänge / Zugänge
- Abschreibungsquote pro Periode*	Jahresabschreibungen auf Sachanlagevermögen / Sachanlagevermögen zu Anschaffungs- oder Herstellungskosten
- Gesamtabschreibungsquote (Altersaufbau)*	kumulierte Abschreibungen auf Sachanlagevermögen*** / Sachanlagevermögen zu Anschaffungs- oder Herstellungskosten
- Abschreibungsintensität*	Jahresabschreibungen auf Sachanlagevermögen / kumulierte Abschreibungen auf Sachanlagevermögen***
4. Sonstige Kennzahlen - Kundenziel (Debitorenlaufzeit)	Warenforderungen x 360**** / Umsatzerlöse (Gesamtleistung)
- Umschlagsdauer der Vorräte (Lagerdauer)	Vorräte x 360**** / Umsatzerlöse (Materialaufwand)

* Die Kennzahlen können sich auch auf das gesamte Anlagevermögen beziehen.
** Nettoinvestitionen = Zugänge abzüglich Abgänge
*** Erstmalig ohne weiteres nach den Angaben im Jahresabschluss möglich.
**** Hier auf Basis von Kalendertagen; in Frage kommen auch Geschäftstage, meist 250 Tage

Abbildung 113b

Kennzahlen auf Basis des Jahresabschlusses	
Kennzahlen der Kapitalstruktur und Liquiditätsanalyse	
Bezeichnung	**Formel**
Eigenkapitalquote	Eigenkapital / Bilanzsumme
Rücklagenquote	Rücklagen / Eigenkapital
Selbstfinanzierungsgrad	Gewinnrücklagen / Eigenkapital bzw. Bilanzsumme
Fremdkapitalquote (Verschuldungsgrad, Anpassungskoeffizient)	Fremdkapital / Bilanzsumme
kurzfristige Verschuldungsquote	kurzfristiges Fremdkapital / Bilanzsumme
Statischer Verschuldungsgrad	Eigenkapital / Fremdkapital
Bilanzkurs	Eigenkapital / gezeichnetes Kapital
Intensität des langfristigen Kapitals	Eigenkapital + langfristiges Fremdkapital / Bilanzsumme
Struktur des Fremdkapitals	kurz- bzw. mittel- bzw. langfristiges Fremdkapital / Fremdkapital
Lieferantenziel (Kreditorenlaufzeit), wie tatsächlich zum Stichtag in Anspruch genommen	Waren- und Akzeptverbindlichkeiten* x 360 / Wareneingang (Materialaufwand)
Deckungsgrade	
A	Eigenkapital / Netto-Sachanlagevermögen
B	Eigenkapital + langfristiges Fremdkapital / Netto-Sachanlagevermögen
C	Eigenkapital + langfristiges Fremdkapital / Netto-Sachanlagevermögen + langfristig gebundenes Umlaufvermögen
Liquiditätsgrade	
- Barliquidität	Zahlungsmittel / kurzfristige Verbindlichkeiten (kurzfristiges Fremdkapital)
- Liquidität auf kurze Sicht	Zahlungsmittel + kurzfristige Forderungen + Wertpapiere** / kurzfristige Verbindlichkeiten (kurzfristiges Fremdkapital)
- Liquidität auf mittlere Sicht	Zahlungsmittel + kurzf. Forderungen + Vorräte + Wertpapiere** / kurzfristige Verbindlichkeiten (kurzfristiges Fremdkapital)
Working capital	Umlaufvermögen - kurz- und mittelfristiges Fremdkapital
Cash-Flow****	Jahresüberschuss*** + Abschreibungen +/- Veränderungen der langfristigen Rückstellungen

* Posten § 266 Abs. 3 C. 4 und 5
** des Umlaufvermögens /ohne eigene Anteile und Anteile an verbundenen Unternehmen
*** nach Steuern
**** Eine einheitliche Definition hat sich noch nicht herausgebildet.

Abbildung 113c

Kennzahlen auf Basis des Jahresabschlusses	
	Kennzahlen der Erfolgs- und Rentabilitätsanalyse
Bezeichnung	Formel
Materialintensität (Materialaufwandsquote)	$\frac{\text{Materialaufwand}}{\text{Gesamtleistung* (Umsatzerlöse)}}$
Personalkostenintensität (Personalaufwandsquote)	$\frac{\text{Personalaufwand}}{\text{Gesamtleistung* (Umsatzerlöse)}}$
Abschreibungsintensität (Abschreibungsaufwandsquote)	$\frac{\text{Abschreibungen auf Sachanlagevermögen}}{\text{Gesamtleistung* (Umsatzerlöse)}}$
Zinsintensität (Zinsaufwandsquote)	$\frac{\text{Zinsaufwand}}{\text{Gesamtleistung* (Umsatzerlöse)}}$
Mietaufwandsquote	$\frac{\text{Miet- und Leasingaufwendungen**}}{\text{Gesamtleistung}}$
Rohertragsquote	$\frac{\text{Rohertrag/Rohaufwand***}}{\text{Gesamtleistung*}}$
Umsatz je Beschäftigten	$\frac{\text{Umsatz}}{\text{Beschäftigte****}}$
Pro-Kopf-Ertrag	$\frac{\text{Rohertrag/Rohaufwand***}}{\text{Beschäftigte****}}$
Gesamtkapitalrentabilität	$\frac{\text{Jahresüberschuss/Jahresfehlbetrag***** + Fremdkapitalzinsen}}{\text{Gesamtkapital}}$
Eigenkapitalrentabilität	$\frac{\text{Jahresüberschuss/Jahresfehlbetrag*****}}{\text{Eigenkapital}}$
Umsatzrentabilität I	$\frac{\text{Betriebserfolg (= ordentliches Betriebsergebnis)}}{\text{Umsatzerlöse (bzw. Gesamtleistung)}}$
Umsatzrentabilität II	$\frac{\text{Jahresüberschuss/Jahresfehlbetrag*****}}{\text{Umsatzerlöse (bzw. Gesamtleistung)}}$
Betriebsrentabilität	$\frac{\text{Betriebserfolg (=ordentliches Betriebsergebnis)}}{\text{Betriebsnotwendiges Vermögen**}}$
Gewinn je Aktie	$\frac{\text{Jahresüberschuss x Nennbetrag einer Aktie}}{\text{gezeichnetes Kapital}}$
Price-Earnings-Ratio	$\frac{\text{Preis je Aktie**}}{\text{Gewinn je Aktie}}$
Dividendenrendite	$\frac{\text{Dividende je Aktie}}{\text{Börsenkurs**}}$
Aktienrendite	$\frac{\text{Jahresüberschuß/Jahresfehlbetrag*****}}{\text{Börsenkurs x Aktienzahl}}$
Gesamtkapitalverzinsung	$\frac{\text{Betriebserfolg + Fremdkapitalzinsen}}{\text{Gesamtkapital}}$

* Wird zukünftig nur noch in der GuV nach dem Gesamtkostenverfahren ausgewiesen; beim Umsatzkostenschema wird hier im Regelfall auf die Umsatzerlöse zurückzugreifen sein.
** Für den externen Bilanzanalytiker nicht dem Jahresabschluss zu entnehmen.
*** Gesamtleistung - Materialaufwand = Rohertrag/Rohaufwand
**** Bei mittelgroßen und großen Kapitalgesellschaften im Anhang ausgewiesen.
***** vor Steuern

9. Kapitel: Wichtige Merksätze zu Buchführung und Jahresabschluss

- Die Erfassung der Geschäftsaktivitäten zwischen zwei Bilanzstichtagen, also zwischen Eröffnungs- und Schlussbilanz, bzw. innerhalb einer Geschäftsperiode (i. d. R. 1 Jahr), erfolgt durch die **Buchführung** oder **Buchhaltung**. Die Buchführung ist die Basis des gesamten betrieblichen Rechnungswesens.

- Die Buchführung ist die lückenlose, planmäßige und ordnungsmäßige Aufzeichnung (Kontenrahmen/-plan) aller Geschäftsvorfälle auf der Grundlage von externen und internen Belegen. **Keine Buchung ohne Beleg**!

- Es gibt zwei **kaufmännische Buchführungssysteme**: die **einfache** und **doppelte** Buchführung. Die einfache Buchführung ist heute praktisch ohne Bedeutung. Außerdem gibt es die **kameralistische** Buchführung (Anwendungsbereich in öffentlichen Erwerbs- und Versorgungsbetrieben).

- Um alle Geschäftsvorfälle ordentlich zu erfassen, bedarf es in der Buchführung gegliederter Aufzeichnungen in **Konten** und **Büchern** (Grundbücher, Hauptbuch, Neben- und Hilfsbücher).

- **Kontenrahmen** bzw. betriebsindividuelle **Kontenpläne** stellen Organisationspläne für die Buchhaltung dar. Eine gesetzliche Verpflichtung zur Anwendung eines Kontenrahmens besteht nicht. Der Kontenrahmen ist ein **Vorschlag** für die Organisation der Konten, aus dem die einzelnen Unternehmen ihren individuellen Kontenplan ableiten.

- Im Rahmen der doppelten Buchführung (Doppik) wird jeder Geschäftsvorfall doppelt gebucht, wobei der **Buchungssatz** immer zuerst das Konto (Konten) mit der Sollbuchung (Sollbuchungen) nennt und dann – verbunden durch das Wort "an" - das Konto (Konten) mit der Habenbuchung (Habenbuchungen) folgt. Keine Buchung ohne Gegenbuchung. Sowohl für **einfache** als auch **zusammengesetzte** Buchungssätze gilt stets die Gleichung:

  Summe der Sollbuchungen = Summe der Habenbuchungen!

  Hieraus ergibt sich der Vorteil einer automatischen Kontrolle und Abstimmung. Beispiel für einen zusammengesetzten Buchungssatz (bei 16 % USt):

Rohstoffe	1.000 (Soll)			
Vorsteuer	160 (Soll)	**an**	Verbindlichkeiten	1.160 (Haben)

- **Kontenmäßige Verbuchung**: Die von der linken Seite der Bilanz stammenden Bilanzposten werden Aktivkonten und die von der rechten Seite Passivkonten genannt. Auf dem Aktivkonto steht der Anfangsbestand (Wert der Position von der Aktivseite der Bilanz) im Soll und auf dem Passivkonto im Haben. In beiden Fällen werden die Mehrungen des Bestandes auf der Seite der Anfangsbestände erfasst, weil sie diese Bestände vergrößern, die Minderungen jeweils auf der entgegengesetzten Seite, weil sie diese Bestände verringern. Werden die Minderungen des Kontos zum Abschluss einer Periode mit den Beträgen der anderen Seite saldiert, so ergibt sich ein Schlussbestand, mit der Konsequenz, dass jedes Konto wie eine Waage am Ende auf beiden Seiten (Soll und Haben) mit gleicher Summe abschließt.

- **Verzahnung von Bestands- und Erfolgskonten:** Im System der doppelten Buchführung sind die **Bestandskonten** (Konten aus der Bilanz) und die **Erfolgskonten** (Aufwands- und Ertragskonten = Quellen des Erfolgs bzw. Misserfolgs) als Unterkonten des Eigenkapitalkontos **miteinander verzahnt**. Dies drückt sich auch darin aus, dass der Gewinn bzw. Verlust als Unterschiedsbetrag zwischen dem Eigenkapital am Schluss des Geschäftsjahres (31.12.2001) und dem Eigenkapital am Schluss des vergangenen bzw. Anfang des entsprechenden Jahres (Schlussbilanz am 31.12.2000 = Eröffnungsbilanz am 1.1.2001), vermehrt um den Wert der Privatentnahmen und vermindert um den Wert der Einlagen des Unternehmers, mit dem Gewinn bzw. Verlust der Gewinn- und Verlustrechnung stets übereinstimmen muss. D. h., dass in der doppelten Buchführung der Erfolg auf zwei Wegen ermittelt wird: Zum einen durch Eigenkapitalvergleich und zum anderen durch die Gegenüberstellung der Aufwendungen und Erträge.

- Während die **Bilanz** die Bestandskonten zum Bilanzstichtag enthält (**zeitpunktbezogene Betrachtung**), weist die **Gewinn- und Verlustrechnung** den Erfolg einer Periode aus (**zeitraumbezogene Betrachtung**). Die **Gewinn- und Verlustrechnung** ist keine Einnahmen- und Ausgaben-Rechnung, sondern eine Aufwands- und Ertrags-Rechnung.

- Um das Inventar und den ordnungsmäßigen Jahresabschluss (Bilanz und GuV) erstellen, also auch den Periodengewinn "korrekt" ermitteln zu können, bedarf es einer **Inventur**. Sie ist die mengen- und wertmäßige Bestandsaufnahme aller Vermögensteile (Aktivseite der Bilanz) und

Schulden (Passivseite der Bilanz) eines Unternehmens bezogen auf einen bestimmten Stichtag.

- Das Ergebnis der Inventur wird im **Inventar** festgehalten. Dies ist demnach ein ausführliches Verzeichnis aller durch die Inventur festgestellten und tatsächlich vorhandenen Vermögensteile und Schulden nach Art, Menge und Wert.

- Die Grundlage für die Aufstellung einer **Bilanz** ist das Inventar. Inventar und Bilanz stimmen wertmäßig überein! Die Bilanz ist eine Kurzfassung des Inventars in Kontoform, also eine kurzgefasste **Gegenüberstellung von Vermögen und Kapital**. Die **Passivseite** zeigt, **woher** das Kapital stammt (die Vermögensquellen, die Mittelherkunft bzw. die Finanzierung) und die **Aktivseite, wo** das Kapital angelegt worden ist (die Vermögensformen, die Mittelverwendung bzw. die Investierung). Das Vermögen ist in der Bilanz nach der **Liquidierbarkeit** und das Kapital nach der **Fristigkeit** aufgelistet. Beide Seiten der Bilanz weisen stets die gleichen Summen aus!

- Die Finanzbuchführung und der Jahresabschluss unterliegen **gesetzlichen Vorschriften** (hauptsächlich handels- und steuerrechtlichen).

- **Bewertung und Bilanzpolitik:** Die handels- und die steuerrechtlichen **Ansatz- und Bewertungsvorschriften** bieten dem Unternehmen die Möglichkeit, die Höhe des Vermögens und des Gewinns zu steuern. Die Bildung stiller Rücklagen, die aus der Bilanz nicht direkt ersichtlich sind, erfolgt grundsätzlich durch Unterbewertungen von Aktiv- und/oder Überbewertungen von Passivposten. Mit Hilfe bilanzierungs-, bewertungs- und rücklagenpolitischer Maßnahmen (Bilanzpolitik), d. h. durch die Gestaltung des Jahresabschlusses, wird vor allem die **Beeinflussung des finanziellen Bereichs des Betriebes**, die **Minimierung der Steuerbelastung** und die **Beeinflussung der am Betriebe interessierten Personengruppen** im Hinblick auf die Bildung und Festigung eines positiven Firmen-Images angestrebt.

- **Jahresabschlussanalyse und Kennzahlen:** Unter **Bilanz-** bzw. **Jahresabschlussanalyse** ist zunächst die Methode der Informationsgewinnung, Aufbereitung und Bewertung der Daten aus der veröffentlichten Bilanz, der Gewinn- und Verlustrechnung, dem Anhang und dem Lagebericht durch Unternehmensexterne zu verstehen. Demnach haben die so gewonnenen Kennzahlen nur eine begrenzte Aussagekraft im Hinblick auf die tatsächliche wirtschaftliche Situation und Entwicklung eines Unternehmens.

10. Kapitel: Internationale Bilanzierungsnormen

1 Einführung

Die Technik der doppelten Buchführung ist schon immer ein internationales Verfahren gewesen. Sie unterscheidet sich in den einzelnen Ländern der Welt nicht. Wenn von **Internationalisierung der Rechnungslegung** gesprochen wird, so sind damit in erster Linie die Gesetze und Normen gemeint, die zur Entstehung und Offenlegung des Jahresabschlusses (sowie weiteren Rechenwerken der Rechnungslegung eines Unternehmens) führen. Die Bilanzierungspraktiken (Ansatz- und Bewertungsgrundsätze und –wahlrechte) sind weltweit sehr unterschiedlich, d.h. es bestehen unterschiedliche Auffassungen über Inhalt und Form von Jahresabschlüssen.[1] Abbildung 114 zeigt in komprimierter Form die wesentlichen Unterschiede kontinentaleuropäisch geprägter und anglo-amerkanisch orientierter Rechnungslegungssysteme (US-GAAP als auch zum Teil IAS).

Durch die fortschreitende Globalisierung der Wirtschaft kam es zu einem gewissen Druck, sich international stärker mit der Harmonisierung unterschiedlicher Rechnungssysteme zu befassen. Ferner lassen sich Entwicklungstendenzen für eine Angleichung von internem und externem Rechnungswesen festmachen. National gesehen, haben zweifelsohne das **KapAEG** (Kapitalaufnahmeerleichterungsgesetz vom 20.4.1998) und das **KonTraG** (Gesetz zur Kontrolle und Transparenz im Unternehmensbereich) einen **Schub in Richtung Internationalisierung** und **Neustrukturierung** des Rechnungswesens gebracht. Mit dem neuen § 292a HGB als Gesetzesbestandteil zur Verbesserung der Wettbewerbsfähigkeit deutscher Konzerne an Kapitalmärkten ist die Öffnung für einen nach internationalen Rechnungslegungsstandards erstellen Jahresabschluss geschaffen worden; ein Konzernabschluss nach HGB erübrigt sich nun. Allerdings handelt es sich hierbei um eine bis 2004 befristete Lösung.

Die **Anwendung internationaler Rechnungslegungsnormen** ist auf dem Vormarsch. Heute stehen deutschen Unternehmen bei der Aufstellung eines internationalen Jahresabschlusses insbesondere zwei Normensysteme zur

---

1 Vgl. N. Zdrowomyslaw (2001), S. 178 ff.

Verfügung: die **International Accounting Standards (IAS)** und die **US-amerikanischen Generally Accepted Accounting Principles (US-GAAP)**.[2]

2 Internationale Bilanzierungsnormen im Überblick

Die Vorschriften, Bestandteile, Zwecke usw. der Rechnungslegungssysteme unterscheiden sich zum Teil beträchtlich. Einen Gesamtüberblick über die unterschiedlichen Regelungen für den **Ansatz dem Grunde (Bilanzansatz)** und dem **Ansatz der Höhe nach (Bewertung)** nach den Rechnungssystemen des deutschen HGB, den Rechnungslegungsstandards des IASC (IAS) und den US-amerikanischen Grundsätzen (US-GAAP) geben die nachfolgenden tabellarischen Gegenüberstellungen.[3]

---

2 Mittlerweile gibt es eine Vielzahl von Werken, die detailliert die internationale Rechnungslegung behandeln, wie z.B. R. Buchholz (2001), B. Kremin-Buch (2001), B. Pellens (1999), A. Wagenhofer (1999).

3 Nach R. Federmann (2000), S. 302ff. und S. 427ff.

Abb. 114: Kontinentaleuropäische und anglo-amerikanische Rechnungslegung im Vergleich

		Kontinentaleuropäische Rechnungslegung	Anglo-amerikanische Rechnungslegung
Rahmenbedingungen	Finanzmarktorganisation	Bankenfinanzierung dominiert Banken/Staat/Familien als Eigentümer geringfügig ausgeprägte Aktienkultur	Kapitalmarktfinanzierung dominiert Kleinaktionäre und institutionelle Investoren als Eigentümer Ausgeprägte Aktienkultur
	Kultur	etatistisch	individualistisch
	Rechtssystem	detaillierte Gesetzesvorschriften dominieren (Code Law) Kodifiziertes Rechnungslegungsrecht (Gesetzgebung) Rechnungslegungsvorschriften im Kontext des Gesellschaftsrechts	fallspezifisches Richterrecht dominiert (Case Law/Common Law) Bilanzrecht wird von Berufsverbänden entwickelt, also Standardsetzung durch „private" Vereinigungen Rechnungslegungsvorschriften im Kontext des Wertpapierhandels
	Steuersystem	Handels- und Steuerrecht eng verbunden	Trennung von Handels- und Steuerrecht
Rechnungslegungsfunktionen	Informationsfunktion		
	Dominante Adressaten	Gläubiger, Fiskus, Investoren	Investoren
	Grundsätze (Grundphilosophie)	Vorsichts- und Maßgeblichkeitsprinzip schränken Informationen ein	True and fair view (decision usefulness)
	Offenlegung	tendenziell niedriger Offenlegungsumfang	tendenziell höherer Offenlegungsumfang
	Bilanzpolitik	zahlreiche Bilanzierungs- und Bewertungsrechte	weitgehender Verzicht auf Wahlrechte
	Ausschüttungsbemessung	vorsichtige Ausschüttungsbemessung: • Vorsichtsprinzip • Ausschüttungssperren • tendenziell höhere stille Reserven	Ausschüttungsbemessung ist Ausfluss der Informationsfunktion: • True and fair view • keine Ausschüttungssperren • tendenziell geringe stille Reserven
	Steuerbemessung	Maßgeblichkeitsprinzip	Trennung von Handels- und Steuerbilanz
Länder	zum Bilanzierungsraum gehörende Länder (Auswahl)	Belgien, **Deutschland**, Frankreich, Italien, Japan, Portugal, Schweiz	Australien, Großbritannien, Irland, Kanada, Neuseeland, Singapur, **USA**

Abb. 115: Bilanzansätze nach HGB, IAS und US-GAAP

Bilanzansätze nach	HGB	IAS	US-GAAP
Aktiva			
Aktivierungsgegenstand	Vermögensgegenstand aktive RAP Aktivierungshilfen	gg. HGB weiterer Begriff: Vermögenswert (*asset*); **keine Aktivierungshilfen**	gg. HGB weiterer Begriff: Vermögenswert (*asset*); **keine Aktivierungshilfen**
Ingangsetzungs-/ Erweiterungsaufwand	**Aktivierungswahlrecht**	i. d. R. Aktivierungsverbot; Aktivierungspflicht nur sofern *asset*	Aktivierungspflicht sofern *asset* (wie bei laufendem Unternehmen)
Gründungs-/ Eigenkapitalbeschaffungsaufwand	Aktivierungsverbot	Aktivierungspflicht nur sofern *asset* (ungeregelt), **Aktivierungsverbot** für *start-up-costs*	Aktivierungspflicht nur sofern *asset*, **Aktivierungsverbot** für *start-up-costs*
Immaterielles Vermögen	Aktivierungspflicht bei entgeltlichem, **Aktivierungsverbot bei nichtentgeltlichem Erwerb**	**Aktivierungspflicht bei entgeltlichem, u. U. auch bei nichtentgeltlichem Erwerb** (sofern zusätzliche Kriterien erfüllt), außer: Forschungskosten	**Aktivierungspflicht bei entgeltlichem, u. U. auch bei nichtentgeltlichem Erwerb** (sofern *asset* mit begrenzter Lebensdauer); außer: Forschungskosten
Entwicklungskosten	**Aktivierungsverbot**	u. U. Aktivierungspflicht	i. d. R. Aktivierungsverbot
Originärer Geschäftswert	Aktivierungsverbot	Aktivierungsverbot	Aktivierungsverbot
Derivativer Geschäftswert	**Aktivierungswahlrecht**	Aktivierungspflicht bei *asset deal*	Aktivierungspflicht bei *asset deal*
Sachanlagen	dauernd dem Geschäftsbetrieb dienende Vermögensgegenstände	> 1 Jahr genutzt; AHK messbar; wirtschaftlicher Nutzen erwartet	> 1 Jahr oder einem Produktionszyklus dienend
Leasingvermögen	Zurechnung i. d. R. nach steuerlichen Leasingerlassen	weitere LN-Zurechnung aller *finance lease*-Objekte; **andere** – qualitative – **Kriterien** als HGB.	weitere LN-Zurechnung aller *capital lease*-Objekte; etwas **andere** (insbes. auch quantitative) **Kriterien** als IAS
Finanzanlagen	Nur Unterscheidung Anlage-/Umlaufvermögen	4 Wertpapierkategorien: - *trading securities* - *held-to-maturity securities* - *Available-for-sale securities* - *self originated loans and receivables*	3 Wertpapierkategorien: - *trading securities* - *held-to-maturity securities* - *available-for-sale securities*

Abb. 115: Bilanzansätze nach HGB, IAS und US-GAAP (Fortsetzung)

Bilanzansätze nach	HGB	IAS	US-GAAP
Vorräte	Offene Absetzung erhaltener Anzahlungen möglich	Keine Saldierung mit erhaltenen Anzahlungen	Keine Saldierung mit erhaltenden Anzahlungen, kein Sonderausweis von Waren
Wertpapiere, eigene Anteile	**Eigene Anteile als Wertpapiere des UV**	**Aktivierungsverbot** eigener Anteile; offen vom EK abzusetzen	**Aktivierungsverbot** eigener Anteile; offen vom EK abzusetzen
Aktive latente Steuern	***Timing*-Konzept;** keine Abgrenzung von Verlustvorträgen und quasi-temporären Unterschieden; Abgrenzungsmethode; **Aktivierungswahlrecht** mit Ausschüttungssperre; **Nettoausweis**	***Temporary*-Konzept;** *asset*-Methode; Abgrenzung aller temp. Ansatz-/Wertunterschiede einschl. **Verlustvorträge**; Aktivierungspflicht, wenn wahrscheinlich; i. d. R. Bruttoausweis	***Temporary*-Konzept**; *asset*-Methode; Abgrenzung aller temp. Ansatz-/Wertunterschiede einschl. **Verlustvorträge**; Aktivierungspflicht bei Realisierungswahrscheinlichkeit > 50 %, i. d. R. Bruttoausweis
Aktive RAP	Aktivierungspflicht **Zeitbestimmtheit**	Aktivierungspflicht sofern *asset*	Aktivierungspflicht sofern *asset*
Disagio	**Aktivierungswahlrecht**	Aktivierung und Verteilung *oder* Zuschreibung disagioverminderter Verbindlichkeit	erfolgswirksame Zuschreibung des **disagioverminderten Verbindlichkeitsbetrages**
Zölle und Verbrauchsteuern	**Wahlrecht:** AHK-Einbeziehung oder Abgrenzungsposten	AHK-Einbeziehung	AHK-Einbeziehung
Passiva			
Passivierungsgegenstand	Eigenkapital, Rückstellungen, Verbindlichkeiten, passive RAP	Eigenkapital (*equity*) gg. HGB engerer Begriff Verbindlichkeit *(liability)*, Rückstellungen (*provisions*)	Eigenkapital (*equity*), gg. HGB engerer Begriff Verbindlichkeit (*liability*)
Eigenkapital	**Keine Absetzung** eigener Anteile (zum UV, aber Sonder-Rücklage); gez. Kapital + Kapital-/Gewinnrücklagen, ggf. Jahresergebnis	**Absetzung eigener Anteile,** differenzierter Ausweis, ggf. **Neubewertungsrücklage**	**Absetzung eigener Anteile,** differenzierter Ausweis, ggf. **Neubewertungsrücklage**
Fehlbetrag	Ausweis auf **Aktivseite**		Negativposten des EK
Sonderposten mit Rücklageanteil	**Passivierungswahlrecht**	Passivierungsverbot	Passivierungsverbot
Rückstellungen allgemein	relativ geringe Eintrittswahrscheinlichkeit genügt, Außen- und Innenverpflichtungen	**Eintrittswahrscheinlichkeit** > *50 %* nur Außenverpflichtungen	als *liability*, **Eintrittswahrscheinlichkeit** > 70 – 80 %; nur Außenverpflichtungen

Abb. 115: Bilanzansätze nach HGB, IAS und US-GAAP (Fortsetzung)

Bilanzansätze nach	HGB	IAS	US-GAAP
Pensionsverpflichtungen	Passivierungspflicht von **Neuzusagen** (ab 1987)	Passivierungspflicht bei leistungsorientierten Plänen, bei beitragsorientierten Plänen s. u.	Passivierungspflicht bei leistungsorientierten Plänen; bei beitragsorientierten Plänen s. u.
pensionsähnliche Verpflichtungen	**Passivierungswahlrecht**; keine Aktivierung einer Überdotierung	Passivierungspflicht bei leistungsorientierten Plänen; bei beitragsorientierten Plänen nur Rückstandspassivierung/Aktivierung Überdotierung	Passivierungspflicht bei leistungsorientierten Plänen; bei beitragsorientierten Plänen nur Rückstandspassivierung/Aktivierung Überdotierung
Aufwandsrückstellungen (Instandhaltung, Abraumbeseitigung, allgemein bestimmter Aufwand)	**Passivierungswahlrecht**, Pflicht bei Nachholung der Instandhaltung in 3-Monats-Frist	**Passivierungsverbot**	**Passivierungsverbot**
passive latente Steuern	***timing-Konzept***; keine Abgrenzung quasi-temporärer Unterschiede; *liability*-Methode; Passivierungspflicht, **Nettoausweis**	***temporary-Konzept***; *liability*-Methode; Abgrenzung aller temp. Ansatz-Wertunterschiede; Passivierungspflicht; i. d. R. Bruttoausweis	***temporary-Konzept***; *liability*-Methode; Abgrenzung aller temp. Ansatz-/Wertunterschiede, Passivierungspflicht; i. d. R. Bruttoausweis
Verbindlichkeiten (Schulden)	Vblk. = feststehende, wirtschaftlich belastende Leistungsverpflichtungen; Schulden = Rückstellungen + Verbindlichkeiten; Unterscheidung: Anleihen, erhaltene Anzahlungen, Bank-, Lieferungs- und Leistungs-, Wechsel-, sonstige Verbindlichkeiten Angabe Restlaufzeit Eventualverbindlichkeiten „unter Strich"	*liability* = vergangenheitsbegründeter wahrscheinlicher Ressourcenabfluss; Rückstellungen (*provisions*) neben *liabilities*; HGB-Rückstellungen (*accruals*) teilw. *liabilities*, teilw. nichtpassivierbare *contingent liabilities* (Eventualverbindlichkeiten) Unterscheidung kfr./lfr. *liabilities*	*liability* = vergangenheitsbegründeter wahrscheinlicher Ressourcenabfluss; *liabilities* umfassen Rückstellungen (*accruals*); Unterscheidung *current/non-current liabilities*: lfr. V.: Darlehen, Rückstellungen, Steuerlatenz, sonstige lfr. Vblk. kfr. V.: Bank-, Lieferungs- und Leistungs-, Anzahlungs-, Steuerrückstellung etc.
Passive RAP	Passierungspflicht als gesonderter RAP; **Zeitbestimmtheit**	Passivierungspflicht nur wenn *liability*, je nach Fristigkeit	Passivierungspflicht nur wenn *liability*, je nach Fristigkeit
negativer Unterschiedsbetrag beim Unternehmenskauf (negativer Geschäftswert)	Ungeregelt für Einzelabschluss; h. M.: Sonderposten-Passivierungspflicht nach Buchwertabstockung	*Benchmark*: passive Abgrenzung nach Buchwert-Abstockung; *Alternativ*: passive Abgrenzung ohne Buchwert-Abstockung	Passive Abgrenzung nach Buchwert-Abstockung obligatorisch

Abb. 116: Bewertung nach HGB, IAS und US-GAAP

Bewertung	HGB (nur KapGes)	IAS	US-GAAP
ALLGEMEINES			
Wertbegriffe	AHK Zeitwert (beizul. Wert) Börsen-/Marktwert Zukunftswert Rückzahlungsbetrag Barwert	AHK Nettorealisationswert Markt-/Tageswert (fair value) Gegenwarts-/Barwert Wiederbeschaffungs-kosten	AHK Nettorealisationswert Markt-/Tageswert (*fair value*) Gegenwarts-/Barwert Wiederbeschaffungs-kosten
Anschaffungskosten	Definition § 255 HGB Einbeziehungsverbot für Finanzierungskosten	Einbeziehungswahlrecht zurechenbarer FK-Zinsen bei *qualifying asset*	Einbeziehungspflicht zurechenbarer FK-Zinsen bei qualifying asset
Herstellungskosten	Einbeziehungswahl-rechte, z. B. für allg. Verwaltungskosten; Einbeziehungsverbot für nicht fertigungsbezogene Entwicklungskosten; U. U. Wahlrecht Einbeziehung von Zinsen	Keine Wahlrechte; Einbeziehungsverbot für allg. Verwaltungskosten; Einbeziehung Entwicklungskosten; Einbeziehungs**wahlrecht** zurechenbarer FK-Zinsen bei *qualifying asset*	Einbeziehungsverbot für allg. Verwaltungskosten; Einbeziehungs**pflicht** zurechenbarer FK-Zinsen bei *qualifying asset*
Bewertungsgrundsatz	AHK-Höchstwert	**Neubewertung möglich**	**Neubewertung in einigen Fällen möglich**
Bewertungsmethoden	Durchschnittsbewertung Verbrauchsfolgeverfahren (Lifo, Fifo, Hifo etc.) Festwertverfahren Retrogrades Verfahren Niederstwerttest	Durchschnitts-, empfohlen: Fifo-Verfahren; alternativ: Lifo; zulässig auch: retrogrades Verfahren; Nicht zulässig: Hifo, Lofo	Durchschnitts-, Lifo- oder Fifo möglich, sofern klare Darstellung des Periodenergebnisses aber: gg. HGB anderer Niederstwerttest
Festwertverfahren	u. U. **zulässig**	(unerwähnt) – unzulässig	(unerwähnt) – unzulässig
Planmäßige Abschreibungen	Planmäßigkeit über geschätzte Nutzungsdauer	**Regelmäßige Überprüfung und Anpassung (ND-Verlängerung)**	Planmäßig über geschätzte Nutzungsdauer
Abschreibungsmeth-den	Planmäßig (linear, degressiv, progressiv, nach Leistung); Beibehaltung (außer degressiv-linear-Übergang)	alle dem wirtschaftlichen Nutzungsverlauf entsprechende Verfahren i. d. R. Beibehaltung	Alle dem Nutzenverlauf entsprechende Verfahren; i. d. R. Beibehaltung
Restwertberücksichtigung	Ungeregelt, keine Berücksichtigung	**Erforderlich** wenn erheblich	**Erforderlich** wenn erheblich
Außerplanmäßige Abschreibungen	Auf niedrigeren beizulegenden Wert (WBK), bei vorübergehender und	auf *recoverable amount* (höherer Wert zwischen *net selling price* und	**Werthaltigkeitsprüfung** bei bestimmten Anzeichen; Abwertungs-

Abb. 116: Bewertung nach HGB, IAS und US-GAAP (Fortsetzung)

Bewertung	HGB (nur KapGes)	IAS	US-GAAP
	dauernder Wertminderung; Ertragswert nur in Sonderfällen; keine *cash-generating-units*.	*value in use)*; Spezielle Wertfindung für *value in use* als **diskontierte cash flows** des *assets* oder der **cash-generating units**; keine apl. Abschr. bei **vorübergehender Wertminderung;** Sonderregelung für Finanzanlagen und *good-will*-Verrechnung	pflicht wenn künftig **cash flows** (einzeln oder Gruppenbildung) unter Buchwert; erfolgswirksame Wertminderung in Höhe **Differenz fair value** (WBK, EVP oder disk. *cash flow)* **und Buchwert;** ggf. **Priorität der good-will-Abschreibung;** Sonderregelung für Finanzinstrumente und Medienrechte
Steuerrechtliche Abschreibungen	Zulässig, auch passive Wertberichtigung	**Unzulässig**	**Unzulässig**
Wertaufholung	Bedingte **Wertaufholungspflicht**	Absolute **Wertaufholungspflicht**	**Wertaufholungsverbot**
Immaterielles Vermögen	Max. AHK ggf. abzgl. Abschr.; apl. Abschreibungspflicht bei dauernder Wertminderung, niedrigerer Steuerwert, steuerlich relativiertes Wertaufholungsgebot	AHK ggf. abzgl. Abschr. (i. d. R. max. 20 J.), **Neubewertung** alternativ möglich; apl. Abschreibungspflicht bei jeder Wertminderung, kein Steuerwert. Strenges **Wertaufholungsgebot**	Keine Neubewertung, max. AHK-plm. Abschr.; (max. **40** Jahre; lfd. Anpassung Nutzungsdauer; kein Steuerwert. **Wertaufholungsverbot** Beschränkte Kostenaktivierung bei Selbsterstellung, insbes. Software
Geschäfts- und Firmenwert	**Pos. GW:** Unterschiedsbetrag (plm. Abschreibung über ND oder 4 Jahre mind. 25 %) ggf. apl. Abschr. **Neg. GW:** nur für Konzern-JA geregelt	**Pos. GW:** Differenz Kaufpreis – *fair values*; (plm. Abschreibung max. 5 Jahre linear); ggf. apl. Abschr. **Neg. GW:** Restbetrag nach *asset*-Abstockung oder voller pass. Abgrenzungsposten (Abschreibung 5, max. 20 Jahre)	**Pos. GW:** Differenz Kaufpreis – *fair values* (plm. Abschreibung max. 40 Jahre linear); ggf. apl. Abschr. **Neg. GW:** Restbetrag nach beschränkter *asset*-Abstockung als Passivposten (plm. Abschreibung max. 40 Jahre)
Sachanlagen	Max. AHK ggf. abzgl. Abschreibungen. Abschreibungspflicht auf Zeitwert bei dauernder Wertminderung, niedrigerer Steuerwert, (steuerlich relativiertes) Wertaufholungsgebot	AHK ggf. abzgl. Abschr., **Neubewer-tung** möglich; apl. Abschr. bei jeder Wert-minderung (disk. *cash-flow* aus *asset* < Buch-wert); Vorrang Auflösung Neubewertungsrücklage: kein Steuerwert; strenges Wertaufholungsgebot	AHK ggf. abzgl. Abschr. Keine Neubewertung; apl. Abschreibung wenn *netto-cf* des *assets* < Buchwert (*impairment value*); kein Steuerwert; Wertaufholungsverbot

Abb. 116: Bewertung nach HGB, IAS und US-GAAP (Fortsetzung)

Bewertung	HGB (nur KapGes)	IAS	US-GAAP
Finanzanlagen	**AK-Höchstgrenze;** Abschreibungspflicht bei voraussichtlich dauernder Wertminderung, Wahlrecht bei vorübergehender Wertminderung; Wahlrecht: niedrigerer Steuerwert Keine Portfoliobewertung **Equity-Bewertung** im Einzelabschluss **unzulässig**	Grundsatz: Marktwertbewertung; Available for sale: *fair value* wahlweise erfolgswirksamen oder erfolgsneutral mit ergebnisneutraler Neubewertungsrücklage **(Marktwertbewertung)** Selbstgeschaffene Ausleihungen und bis Endfälligkeit gehaltene Wertpapiere: fortgeführte AK, Niederstwerttest **Portfoliobewertung** **Equity-Bewertung** für Tochter- und assoz. Unternehmen und Gemeinschaftsunternehmen **wahlweise möglich**	Available for sale: AK, später *fair value*; vorübergehende Wertminderung: erfolgsneutral (EK-Pos.); dauernde Wertminderung: erfolgswirksame Abschreibung; Wertaufholung über EK-Pos. geboten. Held to maturity: AK mit Disagioberücksichtigung, nur bei dauerhafter Wertminderung erfolgswirksame Abschreibung auf Zeitwert; keine Wertaufholung. Alle: aplm. Abschreibungen bei nachhaltiger Wertminderung (Niederstwerttest) **Portfoliobewertung** **Equity-Bewertung** für assoz. Unternehmen und Gemeinschaftsunternehmen **obligatorisch**
Vorräte	Max. AHK, niedriger Stichtagswert (Börsen-/Marktpreis/beizuleg. Wert) nach Beschaffungs- bzw. Absatzmarkt obligatorisch, niedrigerer Steuerwert möglich; niedrigerer **Zukunftswert möglich;** Durchschnitts-, Lifo-, Fifo-, Festwertverfahren; relativiertes Wertaufholungsgebot; **Wahlrecht; Voll-/Teilkosten**	Max. AHK, niedrigerer Nettorealisationswert (nach Absatzmarkt); Wertaufholungsgebot Durchschnitts-, Fifo-Meth., Lifo alternativ Kein niedriger Zukunftswert oder Steuerwert, herstellungsbezogene Vollkosten obligatorisch	AK (u. U. auch höher) oder Wieder-AHK zwischen Nettoveräußerungserlös und gewinnverminderten Nettoveräußerungserlös (*lower of cost or market)*; Wertaufholungsverbot; Durch-schnitts-, Fifo-, Lifo-Methode; kein niedrigerer Zukunfts- oder Steuerwert; herstellungsbezogene Vollkosten obligatorisch
Langfristige Auftragsfertigung	Ungeregelt: Anteilige Gewinnrealisierung nur unter strengen Bedingungen (endgültige Teilabrechnung); ***Completed contract method.***	U. U. Gewinnrealisierung nach Projektfort-schritt erforderlich (*percentage of completionmethod*)	***Percentage of completion-method*** (bei Sicherheit) oder *Completed-contract-method* (bei Ungewissheit)

Abb. 116: Bewertung nach HGB, IAS und US-GAAP (Fortsetzung)

Bewertung	HGB (nur KapGes)	IAS	US-GAAP
Forderungen	Einzel- und Pauschalwertberichtigung möglich	(ungeregelt) Angemessene Methode	Lfr. Ford.: Barwert; Pauschalwertberichtigungen *(percentage-of-credit-sale-method)*
Fremdwährungsforderungen	Valuta-Umrechnung zum Kurs bei Erstverbuchung oder niedrigerer Stichtagskurs	Umrechnung zuerst zum **Kurs bei Erstverbuchung,** später zum **Stichtagskurs,** unrealisierte Gewinne möglich	Umrechnung zuerst zum **Kurs bei Erstverbuchung,** später zum **Stichtagskurs,** unrealisierte Gewinne möglich
Wertpapiere des Umlaufvermögens	AK oder niedr. beizulegender Wert (oblig.) oder (fak.) **niedrigerer Zukunftswert**	*Trading-sec.* und u. U. *available-for-sale-sec.:* Marktwert *(fair value)* Ergebnisse von *trading sec.* erfolgswirksam, von *available-for-sale-sec.* auch Wahlrecht zu erfolgsneutraler Neubewertungsrücklage; Oblig. Wertaufholung nur bei *available-for-sale-sec.* erfolgsneutral möglich	*Trading-sec.* und u. U. *available-for-sale-sec.:* Marktwert *(fair value)* Bucherfolge von *trading sec.:* stets erfolgswirksam, von *available-for-sale-sec.* erfolgsneutral bei vorübergehender, -wirksam bei dauerhafter Wertminderung; Wertaufholung nur bei available-for-sale-sec. erfolgsneutral möglich.
Zölle und Verbrauchsteuern auf Vorräte	Zölle und VerbrSt. wahlweise SoPo oder AHK des VV	Berücksichtigung als AHK des VV	Berücksichtigung als AHK des VV
Disagio	Wahlweise als aRAP	Verteilung über Zuschreibung der Verbindlichkeit	Verteilung über Zuschreibung der Verbindlichkeit
Aktive latente Steuern	Abgrenzungsmethode; **GuV-orientiertes *timing*-Konzept**; Verrechnung; künftiger Maximalsteuersatz, Misch- oder Ausschüttungssatz (str.); keine Abzinsung; regelmäßige Werthaltigkeitsprüfung	Vermögenswertmethode; Bilanz-orientiertes *temporary*-Konzept; i.d.R. keine Verrechnung; künftiger Steuersatz; keine Abzinsung; regelmäßige Werthaltigkeitsprüfung (Wahrscheinlichkeit nach Indikatoren)	Vermögenswertmethode; Bilanz-orientiertes *temporary*-Konzept; i.d.R. keine Verrechnung; künftiger Steuersatz; keine Abzinsung; regelmäßige Werthaltigkeitsprüfung (> 50 % Wahrscheinlichkeit)
PASSIVA			
Rückstellungen Allgem.	nach vernünftiger kfm. Beurteilung notwendiger Betrag; **großer Beurteilungsspielraum**; Abzinsung nur bei enthaltenem Zinsanteil	Bestgeschätzter Erfüllungsbetrag, Einbeziehung künftiger Ereignisse, begrenzte Kompensation, Abzinsung bei Wesentlichkeit	Wahrscheinlicher, im Zweifel niedrigerer Wert

Abb. 116: Bewertung nach HGB, IAS und US-GAAP (Fortsetzung)

Bewertung	HGB (nur KapGes)	IAS	US-GAAP
Pensionszusagen	Lfd. Pensionen: Barwert, Anwartschaften: i. d. R. steuerliches Teilwertverfahren, Gleichverteilungs-verfahren; Zins = 3-6 %; keine künftigen Lohn- und Preissteigerungen	*Projected unit credit method*: Anwartschafts-barwertverfahren (Ansammlungsverfahren); fristenadäquater Zins erstklassiger Industrieobligationen; Berücksichtigung Gehalts-/ Inflationstrends	*Projected unit credit method*: Anwartschafts-barwertverfahren (Ansammlungsverfahren); aktueller langfristiger Kapitalmarktzins erstklassiger Wertpapiere; Berücksichtigung künftiger Lohnsteigerungen; weitere Besonderheiten bei Verteilung
Passive latente Steuern	Verbindlichkeitsmethode; GuV-orientiertes *timing*-Konzept; Verrechnung künftiger Maximalsteuersatz, Misch- oder Ausschüttungssatz (str.); keine Abzinsung; regelmäßige Werthaltigkeitsprüfung	Verbindlichkeitsmethode (Bilanz-orientiertes *temporary*-Konzept); i. d. R. keine Verrechnung; künftiger Steuersatz; keine Abzinsung; regelmäßige Werthaltigkeitsprüfung (Wahrscheinlichkeit nach Indikatoren)	Verbindlichkeitsmetho-de (Bilanz-orientiertes *temporary*-Konzept); i.d.R. keine Verrechnung; künftiger Steuersatz; keine Abzinsung; regelmäßige Werthaltigkeitsprüfung (> 50 % Wahrscheinlichkeit)
Verbindlichkeiten Fremdwährungs-verbindlichkeiten	Rückzahlungsbetrag; i. d. R. keine Abzinsung; Rentenverbindlichkeit: Barwert Kurs der Erstverbuchung oder **höherer** Stichtagskurs	Verfügungsbetrag, Rückzahlungsbetrag bzw. Barwert Umrechnung zum Kurs der Erstverbuchung, später zum Stichtagskurs	kurzfristig: Rückzahlungsbetrag langfristig: Barwert (Marktzinsberücksichtigung) Umrechnung zum Kurs der Erstverbuchung, später zum Stichtagskurs
Passive RAP	ertragsanteilig	ungeregelt	wie *liabilities*

Abkürzungsverzeichnis

AB	Anfangsbestand
Abb.	Abbildung
ADHGB	Allgemeines Deutsches Handelsgesetzbuch
AfA	Absetzung für Abnutzung
AfaA	Absetzung für außergewöhnliche Abnutzung
AfS	Absetzung für Substanzverringerung
AG	Aktiengesellschaft
AktG	Aktiengesetz
AO	Abgabenordnung
ARAP	Aktive Rechnungsabgrenzungsposten
AV	Anlagevermögen
BAB	Betriebsabrechnungsbogen
BDI	Bundesverband der Deutschen Industrie
BFH	Bundesfinanzhof
BGA	Betriebs- und Geschäftsausstattung
BiRiLiG	Bilanzrichtliniengesetz
BV	Bestandsveränderung
BWL	Betriebswirtschaftslehre
DATEV	Datenverarbeitungsorganisation des steuerberatenden Berufes in der Bundesrepublik Deutschland
EBK	Eröffnungsbilanzkonto
EDV	Elektronische Datenverarbeitung
EG	Europäische Gemeinschaft
EK	Eigenkapital, auch als Kontobezeichnung
EKRI	Einheitskontenrahmen
Est	Einkommensteuer
ESTDV	Einkommensteuer-Durchführungsverordnung
ESTG	Einkommensteuergesetz
ESTR	Einkommensteuer-Richtlinien
EUST	Einfuhr-Umsatzsteuer
Fifo	First in – first out
GenG	Genossenschafts-Gesetz
GewStG	Gewerbesteuer-Gesetz
GmbH	Gesellschaft mit beschränkter Haftung
GmbHG	GmbH-Gesetz
GKR	Gemeinschaftskontenrahmen
GoB	Grundsätze ordnungsmäßiger Buchführung
GoD	Grundsätze ordnungsmäßiger Datenverarbeitung
GuV	Gewinn- und Verlustrechnung
GWG	Geringwertige Wirtschaftsgüter
HB	Handelsbilanz
HGB	Handelsgesetzbuch
Hifo	Highest in – first out
IAS	International Accounting Standards
IKR	Industriekontenrahmen
IKR 1986	Industriekontenrahmen 1986
KG	Kommanditgesellschaft
KGaA	Kommanditgesellschaft auf Aktien
KGW	Gesetz über das Kreditwesen (Kreditwesengesetz)
KSTG	Körperschaftsteuer-Gesetz
Lifo	Last in – first out
Lofo	Lowest in – first out
LSÖ	Leitsätze über die Preisbildung auf Grundlage der Selbstkosten für Leistungen für öffentliche Aufträge
LuL	Lieferungen und Leistungen

MwSt	Mehrwertsteuer
OHG	Offene Handelsgesellschaft
OP	Offene Posten
PRAP	passive Rechnungsabgrenzungsposten
PublG	Publizitätsgesetz
PWB	Pauschalwertberichtigung
RAP	Rechnungsabgrenzungsposten
RPÖ	Richtlinien für die Preisbildung bei öffentlichen Aufträgen
SBK	Schlussbilanzkonto
STB	Steuerbilanz
StGB	Strafgesetzbuch
Ust	Umsatzsteuer
US-GAAP	Generally Accepted Accounting Principles
USTDV	Umsatzsteuer-Durchführungsverordnung
USTG	Umsatzsteuergesetz
UV	Umlaufvermögen
VersStG	Versicherungsteuer-Gesetz
VGR	Volkswirtschaftliche Gesamtrechnung
VWL	Volkswirtschaftslehre

Abbildungsverzeichnis

Abbildung **Seite**

Abbildung **Seite**

Literaturverzeichnis

ADLER, HANS/DÜRING, WALTHER/SCHMALTZ, KURT. *Rechnungslegung und Prüfung der Unternehmen.* Bearbeitet von Karl-Heinz Forster, Reinhard Goerdeler, Josef Laufermann u. a. 5. Aufl., 9 Stuttgart, 1987. (Loseblattsammlung).

AGTHE, KLAUS. *Stufenweise Fixkostendeckung im System des Direct Costing,* in: Zeitschrift für Betriebswirtschaft 29 (7/1959). S. 404-418.

BAETGE, JÖRG. *Bilanzen,* Düsseldorf, 1991.

BAETGE, JÖRG. *Bilanzen.* 4. Aufl., Düsseldorf, 1996.

BÄHR, GOTTFRIED/FISCHER-WINKELMANN, WOLF F. *Buchführung und Jahresabschluß.* 3. Aufl., Wiesbaden, 1990.

BASSELER, ULRICH/HEINRICH, JÜRGEN/KOCH, WALTER. *Grundlagen und Probleme der Volkswirtschaft.* 13. Aufl., Köln, 1991.

BECHTEL, WILFRIED. *Moderne Finanzbuchführung,* Einführung mit Buchungs-Software. 4. Aufl., München/Wien, 1991.

BECKER, WOLFGANG. *Konzernrechnungslegung, Handelsrechtliche Grundlagen. Wiesba*den, 1989.

BERGMANN, ROBERT. *Grundlagen der Buchführung in der BRD.* Hinweise auf das DATEV-System. Köln, 1990.

BETGE, PETER. *Bestimmung* der *sozialen Kosten des Einsatzes moderner Produktionstechnologie,* in: Umwelt und Ökonomie. Reader zur ökologieorientierten Betriebswirtschaftslehre. Hg. Eberhard Seidel und Heinz Strebel. Wiesbaden, 1991. S. 320-344.

BIEG, HARTMUT. *Buchführung.* Eine systematische Anleitung mit umfangreichen Übungen und einer ausführlichen Erläuterung der GoB. Herne/Berlin, 2000.

BIERGANS, ENNO. *Einkommensteuer und Steuerbilanz.* 4. Aufl., München/Wien, 1988.

BITZ, MICHAEL/SCHNEELOCH, DIETER/WITTSTOCK, WILFRIED. *Der Jahresabschluß.* 3. Aufl., München, 2000.

BITZ, MICHAEL/SCHNEELOCH, DIETER/WITTSTOCK, WILFRIED. *Der Jahresabschluß. Mün*chen, 1991.

BLÜTHMANN, HEINZ. *Reiz der Reserven.* Konzerne verstecken gern einen Teil ihrer Gewinne, in: *Die Zeit* 34/1990. S. 24.

BOCKHOLT, HEINRICH [U.A.]. *Praktisches Lehrbuch Rechnungswesen.* Landsberg am Lech, 1986.

BONTRUP, HEINZ-JOSEF. *Preisbildung bei Rüstungsgütern.* Köln, 1986.

BORNHOFEN, MANFRED/BUSCH, ERNST. *Buchführung 1 + 2.* Mit EDV-Kontierung. 4. Aufl., Wiesbaden, 1991.

BRÜMMERHOF, DIETER. *Gesamtwirtschaftliches Rechnungswesen.* 2. Aufl., Köln, 1982.

BRUNNER, WERNER. Einige aktuelle Probleme aus dem Rechnungswesenunterricht der Berufsschule. *Didaktik des Rechnungswesens.* Hg. Frank Achtenhagen. Wiesbaden, 1990.

BUCHHOLZ, RAINER. *Internationale Rechnungslegung.* Die Vorschriften nach IAS, HGB und US-GAAP im Vergleich – mit Aufgaben und Lösungen. Bielefeld, 2001.

BUCHNER, ROBERT. *Buchführung und Jahresabschluß.* 3. Aufl., München, 1991.

BUCHNER, ROBERT. *Buchführung und Jahresabschluß.* 5. Aufl., München, 1997.

BUSSE VON COLBE, WALTHER/CHMIELEWICZ, KLAUS. *Das neue Bilanzrichtlinien-Gesetz,* in: Die Betriebswirtschaft, Sonderdruck 3/86, S. 289-347.

CASTAN, EDGAR. *Rechnungslegung der Unternehmung.* 3. Aufl., München, 1990.

CHMIELEWICZ, KLAUS. *Betriebliches Rechnungswesen 1.* Finanzrechnung und Bilanz. Reinbek bei Hamburg, 1973.

COENENBERG, ADOLF G. *Jahresabschluss und Jahresabschlussanalyse.* Betriebswirtschaftliche, handels- und steuerrechtliche Grundlagen. 17. Aufl., Landsberg am Lech, 2000.

COENENBERG, ADOLF GERHARD. *Ziele, Systeme und Hauptproblembereiche kosten- und leistungsorientierter Planungs- und Kontrollrechnungen,* in: Unternehmensrechnung, Hg. ders. München, 1976.

COENENDERG, ADOLF GERHARD. *Jahresabschluß und Jahresabschlußanalyse.* Betriebswirtschaftliche, handels- und steuerrechtliche Grundlagen. 13. Aufl., Landsberg am Lech, 1991.

COENENDERG, ADOLF GERHARD. *Kostenrechnung und Kostenanalyse.* Landsberg am Lech, 1992.

DÄUMLER, KLAUS-DIETER/GRABE, JÜRGEN. *Kostenrechnung* Bd. 1: Grundlagen, 4. Aufl., Herne/Berlin, 1990. Bd. 2: Deckungsbeitragsrechnung. 3. Aufl., ebd. 1989. Bd. 3: Plankostenrechnung. 2. Aufl., ebd. 1988.

DEITERMANN, MANFRED/SCHMOLKE, SIEGFRIED. *Industrielles Rechnungswesen IKR.* 16. Aufl., Darmstadt, 1990 (a).

DEITERMANN, MANFRED/SCHMOLKE, SIEGFRIED. *Industriebuchführung mit Kosten- und Leistungsrechnung IKR.* 15. Aufl., Darmstadt, 1991.

DEITERMANN, MANFRED/SCHMOLKF, SIEGFRIED. *Rechnungswesen des Groß- und Außenhandels.* Darmstadt, 1990.

DEITERMANN, WOLFGANG/SCHMOLKE, SIEGFRIED. *Industrielles Rechnungswesen IKR.* 28. Aufl., Darmstadt, 2000a.

DEUTSCHE BUNDESBANK. *Jahresabschlüsse der Unternehmen in der Bundesrepublik Deutschland 1965 bis 1981.* Sonderdruck Nr. 5. 3. Aufl., Frankfurt/M., 1983.

DEUTSCHE BUNDESBANK. *Verhältniszahlen aus den Jahresabschlüssen der Unternehmen in der Bundesrepublik Deutschland 1986.* Sonderdruck Nr. 6. 3. Aufl., Frankfurt/M., 1989.

DEUTSCHE BUNDESBANK. *Verhältniszahlen aus den Jahresabschlüssen der Unternehmen in der Bundesrepublik Deutschland 1983.* Sonderdruck Nr. 6. 2. Aufl., Frankfurt/M., 1985.

DEY, GÜNTHER. *Einführung in das betriebliche Rechnungswesen.* Finanzbuchhaltung mit EDV-Unterstützung. 3. Aufl., München/Wien, JAHR.

DICHTL, ERWIN. *Produktauslegung und Fertigungstiefe als Determinanten der Wertschöpfung,* in: Marketing-Schnittstellen. Herausforderungen für das Management. Hg. Günter Specht, Günter Silberer und Werner Hans Engelhardt. Stuttgart, 1989.

Die amtlichen Steuerrichtsätze für 1986-1991. Hg. Fachverlag für Steuer- und Wirtschaftsliteratur Wachsmann & Co. GmbH, Mönchengladbach, 1992.

DÖRING, ULRICH/BUCHHOLZ, RAINER. *Buchhaltung und Jahresabschluß mit Aufgaben und Lösungen.* 3. Aufl., Hamburg, 1993.

DÖRING, ULRICH/BUCHHOLZ, RAINER. *Buchhaltung und Jahresabschluss.* 6. Aufl., Berlin, 1998.

DÖRING, ULRICH/BUCHHOLZ, RAINER. *Buchhaltung und Jahresabschluss.* 7. Aufl., Berlin, 2001.

DZIADKOWSKI, DIETER. *Umsatzsteuer.* 3. Aufl., München/Wien, 1990.

EBERT, GÜNTER. *Kosten- und Leistungsrechnung.* 6. Aufl., Wiesbaden, 1991.

EBERT, GÜNTER. *Optische Betriebswirtschaftslehre.* Heft 9: Rechnungswesen 3, Herne/Berlin 1978.

EBISCH, HELLMUTH/GOTTSCHALK, JOACHIM. *Preise und Preisprüfungen bei öffentlichen Aufträgen.* 5. Aufl., München, 1987.

EILENBERGER, GUIDO, *Betriebliches Rechnungswesen.* 5. Aufl., München/Wien, 1990.

EISELE, WOLFGANG. *Technik des betrieblichen Rechnungswesens.* Buchführung, Kostenrechnung und Sonderbilanzen 6. Aufl., München, 1999.

EISELE, WOLGANG. *Technik des betrieblichen Rechnungswesens.* Buchführung, Kostenrechnung, Sonderbilanzen, 4, Aufl., München, 1990.

Empfehlungen zur Kosten- und Leistungsrechnung. Hg. Bundesverband der Deutschen Industrie, Bd, 1: *Kosten- und Leistungsrechnung als Istrechnung.* Köln, 1980. Bd. 2: *Kosten- und Leistungsrechnung als Planungsrechnung,* ebd. 1983. Bd. 3: *Kosten- und Leistungsrechnung als Entscheidungshilfe für die Unternehmensleitung,* ebd. 1981.

ENGER, HENNING. *Bilanzen.* Ein Lehrbuch zur Bilanztheorie. München, 1974.

FALTERBAUM HERMANN/ BECKMANN HEINZ. *Buchführung und Bilanz.* Unter Berücksichtigung des Bilanzsteuerrechts und der steuerlichen Gewinnermittlung 16. Aufl., Achim, 1996.

FALTERBAUM, HERRMANN/BECKMANN, HEINZ. *Buchführung und Bilanz.* Unter besonderer Berücksichtigung des Bilanzsteuerrechts und der steuerlichen Gewinnermittlung. 13. Aufl., Achim, 1989.

FEDERMANN, RUDOLF. *Bilanzierung nach Handels- und Steuerrecht.* 8. Aufl., Hamburg, 1990.

FEDERMANN, RUDOLF. *Bilanzierung nach Handels- und Steuerrecht.* Gemeinsamkeiten, Unterschiede und Abhängigkeiten von Handels- und Steuerbilanz unter Berücksichtigung internationaler Rechnungslegungsstandards, 11. Aufl., Berlin, 2000.

FORSTFR, KARL-HEINZ. *Aufsichtsrat und Abschlußprüfung,* in: Zeitschrift für Betriebswirtschaft 58 (8/1988), S. 789-811.

FREIDANK, CARL-CHRISTIAN/EIGENSTETTER, HANS. *Finanzbuchhaltung und Jahresabschluß.* Eine Einführung in die Technik und Vorschriften der

Rechnungslegung deutscher Unternehmen. Bd. I: *Einzelkaufmännisch geführte Handels- und Industriebetriebe.* Stuttgart, 1992.

FRONEK, ROLAND/UECKER, PETER. *Umweltrechnungslegung - Jahresabschluß - Social Accounting,* in: Umwelt und Ökonomie. Reader zur ökologieorientierten Betriebswirtschaftslehre. Hg. Eberhard Seidel und Heinz Strebel. Wiesbaden, 1991. S. 275-303.

GABELE, EDUARD. *Buchführung.* Einführung in die manuelle und PC-gestützte Buchhaltung und Jahresabschlußerstellung. 3. Aufl., München/Wien, 1991.

GABISCH, GÜNTER/HANSCHMANN, ROLF/HEßHAUS, WERNER. *Volks- und betriebswirtschaftliches Rechnungswesen.* Eine Einführung. Wiesbaden, 1977.

GEHRKE, NORBERT. *Informationssysteme im Rechnungswesen und der Finanzwirtschaft.* Informationsprozesse des Finanzmanagements. Ludwigshafen (Rhein), 1997.

GERNET, ERICH. *Das Informationswesen in der Unternehmung.* Aufbau-, Ablauf- und Projektorganisation. München/Wien, 1987.

GREFE, CORD. *Unternehmenssteuern.* 5. Aufl., Ludwigshafen (Rhein), 2001.

HABERSTOCK, LOTHAR. *Steuerbilanz und Vermögensaufstellung mit Fragen, Aufgaben und Lösungen.* 3. Aufl., Hamburg, 1991.

HABPRSTOCK, LOTHAR- *Kostenrechnung II.* (Grenz-)Plankostenrechnung mit Fragen, Aufgaben und Lösungen, 6. Aufl., Hamburg, 1984.

HABPRSTOCK, LOTHAR. *Kostenrechnung.* Einführung. 7. Aufl., Hamburg, 1985.

HEINEN, EDMUND. *Handelsbilanzen.* 12. Aufl., Wiesbaden, 1986.

HEINEN, EDMUND. *Industriebslehre.* 8. Aufl., Wiesbaden, 1985.

HEINHOLD, MICHAEL. *Buchführung in Fallbeispielen.* 5. Aufl., Stuttgart, 1991.

HEINHOLD, MICHAEL. *Buchführung in Fallbeispielen.* 7. Aufl., Stuttgart, 1998.

HEINHOLD, MICHAEL. *Grundfragen der Bilanzierung.* 2. Aufl., München/Wien, 1987.

HERRLING, ERICH/MATHES, CLAUS. *Der Buchführungsratgeber.* Grundlagen und Beispiele, 4. Aufl., München, 2001.

HESSE, KURT/FRALING, ROLF. *Buchführung und Bilanz.* Methodische Einführung mit Übungsaufgaben und Lösungen. 9. Aufl., Wiesbaden, 1991.

HINTERHUBER, HANS H. *Strategische Unternehmungsführung.* Bd. I.: Strategisches Denken. 4. Aufl., Berlin/New York, 1989.

HOPFENBECK, WALDEMAR. *Allgemeine Betriebswirtschafts- und Managementlehre. Das* Unternehmen im Spannungsfeld zwischen ökonomischen, sozialen und ökologischen Interessen. 2. Aufl., Landsberg am Lech, 1990.

HORVATH, PETER [U.A.]. *Standard-Anwendungssoftware für das Rechnungswesen.* 2. Aufl., München, 1986.

HUMMEL, SIEGFRIED/MÄNNEL, WOLFGANG. *Kostenrechnung 1.* Grundlagen, Aufbau und Anwendung. 4. Aufl., Wiesbaden, 1986.

HUNDT, SÖNKE. *Zur Theoriegeschichte der Betriebswirtschaftslehre.* Köln, 1977.

HÜTTNER, MANFRED. *Betriebswirtschaftslehre. Einführung und Überblick.* Berlin/New York, 1990.

IACOCCA, LEE/NOVAK, WILLIAM. *Iacocca.* Eine amerikanische Karriere. Frankfurt a. M./Berlin, 1987.

KILGER, WOLFGANG. *Einführung in die Kostenrechnung.* 3. Aufl., Wiesbaden, 1987.

KILGER, WOLFGANG/SCHEER, AUGUST-WILHELM (HG.). *Rechnungswesen und EDV.* Würzburg/Wien, 1983.

KOCH, JOACHIM. *Betriebliches Rechnungswesen.* 1 Buchführung und Bilanzen. Heidelberg, 1987.

KOESTERS, PAUL-HEINZ. *Ökonomen verändern die Welt.* Stern Buch. Hamburg, 1982.

KORNDÖRFER, WOLFGANG. *Unternehmensführungslehre.* 7. Aufl., Wiesbaden, 1989.

KORTH, HANS-MICHAEL. *Industriekontenrahmen, Kontierung und Jahresabschlußgliederung.* München, 1990.

KORTH, HANS-MICHAEL. *Kontierungs-Handbuch 1989.* Die Kontierung unter Berücksichtigung des gesetzlichen Gliederungsschemas und der DATEV-Kontenrahmen SKR 03 und SKR 04. München, 1989.

KREMIN-BUCH, BEATE. *Internationale Rechnungslegung. Jahresabschluss nach HGB, IAS und US-GAAP.* 2. Aufl., Wiesbaden, 2001.

KÜTING, KARLHEINZ/WEBER, CLAUS-PETER. *Der Übergang auf die DM-Bilanzierung.* Stuttgart, 1990.

KÜTING, KARLHEINZ/WEBER, CLAUS-PETER. *Handbuch der Konzernrechnungslegung,* Kommentar zur Bilanzierung und Prüfung, Stuttgart, 1989.

KÜTING, KARLHPINZ/WEBER, CLAUS-PETER. *Bilanzanalyse und Bilanzpolitik nach neuem Bilanzrecht.* Stuttgart, 1987.

LANG, JOACHIM. "Grundsätze ordnungsmäßiger Buchführung I". *Handwörterbuch unbestimmter Rechtsbegriffe im Bilanzrecht des HGB.* Köln, 1986: 221-246.

LANGENBECK, JOCHEN/WOLF, JACOB. *Buchführung und Jahresabschluß.* 2. Aufl., Herne/Berlin, 1996.

LANGENBECK, JOCHEN/WOLF, JACOB. *Buchführung und Jahresabschluß.* Herne/Berlin, 1991.

LEFFSON, ULRICH. *Die Grundzüge ordnungsmäßiger Buchführung.* 7. Aufl., Düsseldorf, 1987.

LEFFSON, ULRICH/RÜCKLE, DIETER/GROßFELD, BERNHARD (HG.). Handwörterbuch unbestimmter Rechtsbegriffe im Bilanzrecht des HGB. Düsseldorf, 1976.

LION, MAX. *Geschichtliche Betrachtungen zur Bilanztheorie bis zum Allgemeinen deutschen Handelsgesetzbuch.* Berlin, 1928.

LOIDL, CHRISTA. *Buchführung leicht und praxisnah.* Eine Einführung mit Fallbeispielen. 1. Aufl., Stuttgart, 1993.

LÜCK, WOLFGANG. *Einführung in die Rechnungslegung.* 10. Aufl., München/Wien, 1998.

LÜCK, WOLFGANG. *Einführung in die Rechnungslegung.* Marburger Treuhandseminar. Bd. 1. 8. Aufl., Marburg, 1991.

LÜCK, WOLFGANG. *Rechnungslegung nach Handels- und Steuerrecht.* 4. Aufl., Bonn, 1990.

MENRAD, SIEGFRIED. *Rechnungswesen.* Göttingen, 1978.

MEYER, CLAUS. *Bilanzierung nach Handels- und Steuerrecht unter Einschluß der Konzernrechnungslegung und der internationalen Rechnungslegung.* 12. Aufl., Herne/Berlin, 1998.

MEYER, CLAUS. *Bilanzierung nach Handels- und Steuerrecht unter Einschluß der Konzernrechnungslegung und der internationalen Rechnungslegung.* 13. Aufl., Herne/Berlin, 2001.

MEYER, CLAUS. *Bilanzierung nach Handels- und Steuerrecht unter Einschluß der Konzernrechnungslegung.* 8. Aufl., Herne/Berlin, 1990.

MOXTER, ADOLF. *Bilanzlehre.* Bd. II: Einführung in das neue Bilanzrecht. 3. Aufl., Wiesbaden, 1986.

MÜLLER, HANS-ERICH (HG.). *Wirtschaftsprüfung und Mitbestimmung.* Der Jahresabschluß nach dem Bilanzrichtlinien-Gesetz. Stuttgart, 1989.

MÜLLER-WENK, RUEDI. *'Ökologische Buchhaltung' - Eine Einführung,* in: Umwelt und Ökonomie. Reader zur ökologieorientierten Betriebswirtschaftslehre. Hg. Eberhard Seidel und Heinz Strebel. Wiesbaden, 1991. S. 257-274

MÜNSTERMANN, H. *Unternehmensrechnung.* Wiesbaden, 1969.

MUS, GEROLD/HANSCHMANN, ROLF. *Buchführung.* Grundlagen, Aufgaben, Lösungen. Wiesbaden, 1992.

O. V. *Spannender als Tatort-Krimis.* Spitzel, Wanzen, Geheimkameras - wie der Einzelhandel nach diebischem Personal fahndet in: Der Spiegel 49/90. S. 75.
OLFERT, KLAUS/KÖRNER. WERNER/LANGENBECK, JOCHEN, *Bilanzen,* 5. Aufl., Ludwigshafen (Rhein), 1989.

O. V. *Steuern sparen wie die Konzerne.* Machen Sie es wie VW, Siemens oder Daimler, in: impulse 11/90.

O.V. *Brutal zur Sache.* Schlammschlacht unter deutschen Optikern: In der "Haßbranche", wie ein Brillenhändler die Zunft nennt, ließ Preisbrecher Günther Fielmann die Detektive los, in: Der Spiegel 5/91. S. 108 ff.

OLFERT, KLAUS. *Kostenrechnung,* 8. Aufl., Ludwigshafen, 1991.

PELLENS, BERNHARD. *Internationale Rechnungslegung.* 3. Aufl., Stuttgart, 1999.

PERRIDON, LOUIS/STEINER, MANFRED. *Finanzwirtschaft der Unternehmung.* 5. Aufl., München, 1988.

POUGIN, ERWIN. *Die Bilanz - ein unerfülltes Versprechen?,* in: Finanz- und Rechnungswesen als Führungsinstrument. Hg. Dieter Ahlert, Klaus-Peter Franz und Hermann Göppl. Wiesbaden, 1990. S. 237-250.

RAFFEE, HANS. *Grundprobleme der Betriebswirtschaftslehre.* Göttingen, 1974.

RAUTENBERG, GÜNTER. *Externe Rechnungslegung, Maßgeblichkeitsprinzip und Finanzierung,* in: Finanz- und Rechnungswesen als Führungsinstrument. Hg. Dieter Ahlert, Klaus-Peter Franz und Hermann Göppl. Wiesbaden, 1990, S. 251-268.

REHKUGLER, HEINZ/SCHINDEL, VOLKER. *Finanzierung.* 3. Aufl., München, 1986.

RIEDEL, GÜNTER. *So macht man Inventur.* Organisation, Erfassung, Bewertung, Auswertung. 4. Aufl., Stuttgart, 1993.

RÖCK, WERNER. *Preisbildung durch Markt - Macht – Staat.* Stuttgart, 1978.

RONDORF, HANS-DIETER. *Die Erwerbsbesteuerung empfangener Lieferungen aus dem EG-Ausland,* in: Neue Wirtschaftsbriefe. Zeitschrift für Steuer- und Wirtschaftsrecht Nr. 50 (7.12.1992), S. 4129-4146.

ROSENBERG, OTTO/WEBER, WOLFGANG. *Betriebliches Rechnungswesen.* Wiesbaden, 1992.

RUDOLPH, SIEGBERT. *Das DATEV-Buchführungssystem.* 4. Aufl., Köln, 1990.

RUTSCHMANN, ROSMARIE/RUTSCHMANN, WILFRIED. *Kontierung nach den DATEV-Kontenrahmen SKR 01, SKR 02, SKR 03 und SKR 04,* 4. Aufl., Ludwigshafen, 1988.

SCHÄR, JOHANN FRIEDRICH. *Buchhaltung und Bilanz.* 6. Aufl., Berlin, 1932.

SCHIERENBECK, HENNER. *Grundzüge der Betriebswirtschaftslehre.* 10. Aufl., München, 1989.

SCHILDBACH, THOMAS (unter Mitarbeit von Thomas Stobbe). *Der handelsrechtliche Jahresabschluß.* 3. Aufl., Herne/Berlin, 1992.

SCHILDBACH, THOMAS. *Der handelsrechtliche Jahresabschluß.* 6. Aufl., Herne/Berlin, 2000.

SCHILDBACH, THOMAS. *Der handelsrechtliche Konzernabschluß.* 2. Aufl., München/Wien, 1992.

SCHMALENBACH, EUGEN. *Der Kontenrahmen.* 6. Aufl., Leipzig, 1939.

SCHMALENBACH, EUGEN. *Grundlagen der Selbstkostenrechnung und Preispolitik.* 4. Aufl., Leipzig, 1927.

SCHNEIDER, DIETER. "Geschichte der Buchhaltung und Bilanzierung". *Handwörterbuch des Rechnungswesens.* Hg. Erich Kosiol [u. a.], 2. Aufl., Stuttgart, 1981: Sp. 616-630.

SCHNEIDER, DIETER. *Allgemeine Betriebswirtschaftslehre.* 3. Aufl., München, 1987.

SCHOTT, GERHARD. *Kennzahlen, Instrument der Unternehmensführung.* 5. Aufl., Wiesbaden, 1988.

SCHÖTTLER, JÜRGEN/SPULAK, REINHARD. *Technik des betrieblichen Rechnungswesens.* 5. Aufl., München/Wien, 1989.

SCHULTZ, REINHARD. *Betriebswirtschaftslehre.* Sozioökonomische Einführung. München/Wien, 1988.

SCHWEITZER, MARCELL/KÜPPER, HANS-ULRICH. *Systeme der Kostenrechnung.* 6. Aufl., Landsberg am Lech, 1992.

SEIDEL, EBERHARD. *Ökologisches Controlling - Zur Konzeption einer ökologisch verpflichteten Führung von und in Unternehmen,* in: Betriebswirtschaftslehre als Management- und Führungslehre. Hg. Rolf Wunderer. 2. Aufl., Stuttgart, 1988. S. 307 ff.

SEIDEL, EBERHARD/STREBEL, HEINZ (HG.). *Umwelt und Ökonomie.* Reader zur ökologieorientierten Betriebswirtschaftslehre. Wiesbaden, 1991.

SELCHERT, FRIEDRICH W. *Einführung in die Betriebswirtschaftlehre in Übersichtsdarstellungen.* 3, Aufl., München/Wien, 1991.

SIEGWART, HANS. *Das betriebswirtschaftliche Rechnungswesen als Führungsinstrument.* Stuttgart, 1990.

SIKORSKI, RALF. *Änderungen des Umsatzsteuerrechts durch das Umsatzsteuer-Binnenmarktgesetz,* in: Neue Wirtschaftsbriefe. Zeitschrift für Steuer- und Wirtschaftsrecht Nr. 38 (14.9.1992). S: 2987-3008.

SÖFFING, GÜNTER/SÖFFING, MATTHIAS. *Leitfaden der steuerlichen Gewinnermittlung.* Berlin, 1990.

STEINER, BERTRAM. *Der Prüfungsbericht des Abschlußprüfers.* Köln, 1991.

STOBBE, ALFRED. *Volkswirtschaftslehre I* Volkswirtschaftliches Rechnungswesen. 5. Aufl., Berlin/Heidelberg/New York, 1980.

STREIT, MANFRED E./UMBACH, DIETER C./BARTLSPERGER, RICHARD. *Wie funktioniert das?* Die Wirtschaft heute. 3. Aufl., Mannheim [u. a.], 1984.

TANSKI, JOACHIM S./KURPAS, KLAUS P./WEITKAMP, JÜRGEN. *Der gesamte Jahresabschluß.* 3. Aufl., München/Wien, 1991.

TAUSCHER, ROLAND/LOITLSBERGER, WOLFGANG. *Leitfaden der Buchhaltung und Bilanzierung.* Wien, 1989.

THEISEN, MANUEL RENÈ. *Überwachung der Unternehmensführung.* Stuttgart, 1987.

THOMMEN, JEAN-PAUL. *Allgemeine Betriebswirtschaftslehre.* Umfassende Einführung aus managementorientierter Sicht. Wiesbaden, 1991.

WAGENHOFER, ALFRED. *International Accounting Standards.* Bilanzierung und Bewertung, Auswirkungen auf den Jahresabschluß. 2. Aufl., Wien, 1999.

WEBER, HELMUT KURT. *Betriebswirtschaftliches Rechnungswesen.* 3. Aufl. Bd. 1: *Bilanz und Erfolgsrechnung.* München, 1988. Bd. 2: *Kosten- und Leistungsrechnung,* ebd. 1990.

WEBER, JÜRGEN. *Einführung in das Rechnungswesen.* Bd. I: *Bilanzierung.* Stuttgart, 1989. Bd. II: *Kostenrechnung.* ebd. 1990.

WEDELL, HARALD. *Grundlagen des betriebswirtschaftlichen Rechnungswesens.* 5. Aufl., Herne/Berlin, 1988.

WELZK, STEFAN. *Boom ohne Arbeitsplätze.* Köln, 1986.

WIELINSKI, NIKOLAUS. *Lohn- und Gehaltsabrechnung.* Grundlagen, manuelle und EDV-gestützte Abrechnung nach DATEV. Ludwigshafen, 1987.

WINKEL, HARALD. *Einführung in die Wirtschaftswissenschaften.* Paderborn, 1980.

Wirtschaftsprüfer-Handbuch 1992. Handbuch für Rechnungslegung. Hg. Institut der Wirtschaftsprüfer in Deutschland e. V. *Prüfung und Beratung.* Bd. I und II. 10. Aufl., Düsseldorf, 1992.

WÖHE, GÜNTER. *Bilanzierung und Bilanzpolitik.* Betriebswirtschaftlich – Handelsrechtlich - Steuerrechtlich. 7. Aufl., München, 1987.

WÖHE, GÜNTER. *Bilanzierung und Bilanzpolitik.* Betriebswirtschaftlich – Handelsrechtliche – Steuerrechtlich. 9. Aufl., München, 1997.

WÖHE, GÜNTER. *Das betriebliche Rechnungswesen.* München, 1990.

WÖHE, GÜNTER. *Einführung in die Allgemeine Betriebswirtschaftslehre*. 20. Aufl., München, 2000.

WÖHE, GÜNTER. *Einführung in die Allgemeine Betriebswirtschaftslehre*. 17. Aufl., München, 1990 (a).

WÖHE, GÜNTER/KUßMAUL, HEINZ. *Grundzüge der Buchführung und Bilanztechnik*. 3. Aufl., München, 2000.

WÖHE, GÜNTER/KUßMAUL, HEINZ. *Grundzüge der Buchführung und Bilanztechnik*. München, 1991.

WÖRNER, GEORG. *Handels- und Steuerbilanz nach neuem Recht mit US-GAAP, IAS und EURO*. 5. Aufl., Landsberg am Lech, 1998.

WÖRNER, GEORG. *Handels- und Steuerbilanz nach neuem Recht mit US-GAAP, IAS und EURO*. 6. Aufl., Landsberg am Lech, 2000.

WÖRNER, GEORG. *Handels- und Steuerbilanz nach neuem Recht*. 4. Aufl., von "Praktisches Lehrbuch der Handels- und Steuerbilanz". Landsberg am Lech, 1991.

WYSOCKI, KLAUS VON. *Kameralistisches Rechnungswesen*. Stuttgart, 1965.

ZDROWOMYSLAW, NORBERT. *Finanzbuchhaltung und Kostenrechnung*. Grundzüge und Bedeutung als Führungsinstrument. Frankfurt/M. [u. a.], 1992.

ZDROWOMYSLAW, NORBERT. *Jahresabschluss und Jahresabschlussanalyse*. Praxis und Theorie der Erstellung und Beurteilung von handels- und steuerrechtlichen Bilanzen sowie Erfolgsrechnungen unter Berücksichtigung des internationalen Bilanzrechts, München/Wien, 2001.

ZDROWOMYSLAW, NORBERT/KAIRIES, KLAUS. *Der Gewinn - ein Begriff mit vielen Ausprägungen*, in: Kostenrechnungspraxis 5/92. S. 255-261.

ZDROWOMYSLAW, NORBERT/KAIRIES, KLAUS. *Gewinn - was ist das?*, in: Der Betriebswirt 1/93, S. 18-26.

ZIMMERMANN, WERNER/FRIES, HANS-PETER. *Betriebliches Rechnungswesen: Bilanz und Erfolgsrechnung, Kosten- und Leistungsrechnung, Wirtschaftlichkeits- und Investitionsrechnung*. 4. Aufl., München, 1990.

www.ingramcontent.com/pod-product-compliance
Lightning Source LLC
LaVergne TN
LVHW010553300926
849162LV00002B/321